Olaf Hottinger

Eigeninteresse und individuelles Nutzenkalkül in der Theorie
der Gesellschaft und Ökonomie von Adam Smith,
Jeremy Bentham und John Stuart Mill

D1729747

Hochschulschriften

Band 47

Olaf Hottinger

Eigeninteresse und individuelles Nutzenkalkül in der Theorie der Gesellschaft und Ökonomie von Adam Smith, Jeremy Bentham und John Stuart Mill

Metropolis-Verlag
Marburg 1998

Die Deutsche Bibliothek – CIP-Einheitsaufnahme

Hottinger, Olaf:
Eigeninteresse und individuelles Nutzenkalkül in der Theorie der Gesell-
schaft und Ökonomie von Adam Smith, Jeremy Bentham und John Stuart
Mill / Olaf Hottinger. – Marburg : Metropolis-Verl., 1998
(Hochschulschriften ; Bd. 47)
Zugl. Heidelberg, Univ., Diss., 1998
ISBN 3-89518-203-6

Metropolis-Verlag für Ökonomie, Gesellschaft und Politik GmbH
Postfach 1748, D-35007 Marburg
Copyright: Metropolis-Verlag, Marburg 1998
Alle Rechte vorbehalten
Druck: Rosch Buch, Scheßlitz

Gedruckt auf alterungsbeständigem Papier

ISBN 3-89518-203-6

Inhalt

Teil III
Jeremy Bentham und die utilitaristische Gesellschaftstheorie

Teil IV
Ausblick: Die Theorie John Stuart Mills und ihr Verhältnis zu den Theorien Benthams und Smiths

Teil V
Zusammenfassung

Vorwort

Die vorliegende Arbeit entstand im Anschluß an mein Studium der Volkswirtschaftslehre und der Katholischen Theologie und wurde im Sommersemester 1997 von der Wirtschaftswissenschaftlichen Fakultät der Universität Heidelberg als Dissertation angenommen. Ich habe mich darin um einen interdisziplinären Zugang zu einem Thema bemüht, das m.E. eines solchen Zugangs bedarf. In diesem Sinne möchte ich zur wissenschaftlichen Diskussion beitragen. Die Fragen nach dem Bild des Menschen, der Ethik und den entsprechenden Ordnungen von Gesellschaft und Wirtschaft zählen für mich zu den spannendsten Fragestellungen überhaupt. Smith, Bentham und Mill haben hierzu viel Interessantes dargelegt und zahlreiche Erkenntnisse gewonnen, die m.E. noch heute äußerst aktuell sind. Die Beschäftigung mit ihnen war für mich eine gewinnbringende und auch schöne Zeit.

Es gibt daher für mich genug Anlaß zu danken. Der erste Dank gebührt meinen Eltern, die mich während meiner beiden Studiengänge, und natürlich auch schon früher, in vielfältiger Weise vertrauensvoll unterstützt haben.

Ein herzlicher Dank gilt meinem Doktorvater Prof. Dr. Malte Faber. Die Betreuung durch ihn war in jeder Hinsicht vorbildlich.

Dank verdienen auch andere: zunächst Dr. Reiner Manstetten, der mir als wichtiger Diskussionspartner zur Verfügung stand und auch bei schwierigen Fragestellungen zur Klärung der Gedanken beitragen konnte; Prof. Dr. Jürgen Siebke für die Übernahme des Zweitgutachtens im Rahmen des Promotionsverfahrens; Thilo Löwe, Boris Petschulat, Dr. Thomas Petersen für häufige Diskussionen und damit verbundene Anregungen; Prof. Dr. Arno Anzenbacher und Prof. Dr. Rainer Marggraf für Anregungen und für ihre gutachterliche Unterstützung bei der Bewerbung um ein Stipendium; Annemirl Bodemer und Vera Dinnendahl für ihre Hilfe bei der Formulierung der Übersetzungen; Dagobert Dobrowolski für Hilfe bei den Korrekturen.

Ganz besonders möchte ich mich bei Eva Sawatzki bedanken, mit der ich im alltäglichen Zusammenleben immer wieder diskutieren konnte, die mir konstruktiv zur Seite stand, wenn ich manchmal leicht verzweifelt über den Büchern und dem Manuskript saß, und die darüber hinaus wertvolle Korrekturarbeiten geleistet hat.

Last but not least gilt mein Dank der Universität Heidelberg für die finanzielle Unterstützung in Form eines Promotionsstipendiums der Landesgraduiertenförderung.

Olaf Hottinger

Einleitung

Einführung in die Thematik

Gegenstand der vorliegenden Arbeit ist eine dogmengeschichtliche Fragestellung. Es werden die Theorien von Mensch, Gesellschaft und Ökonomie dreier Autoren untersucht, die der Epoche der klassischen Politischen Ökonomie zugerechnet werden. Adam Smith (1723-1790), Jeremy Bentham (1748-1832) und John Stuart Mill (1806-1873) stehen am Beginn, in der Mitte und am Ende dieser Epoche. Die Auswahl dieser drei Autoren umspannt demnach die gesamte Periode.[1]

Smith, Bentham und Mill kommen in der Geschichte des ökonomischen Denkens zentrale Bedeutung zu. Smith gilt gleichsam als Vater der modernen Ökonomik, der bis heute Einfluß auf die ökonomische Theorie ausübt[2]. Bentham begründet in systematischer Weise die utilitaristische Ethik, die das Nützliche als das Gute definiert und deren Einfluß auf die neoklassische Wohlfahrtstheorie anerkannt ist. Mill entwickelt diese Ethik weiter, beschäftigt sich wie Smith mit einem breiten Spektrum ökonomischer Themen und trägt darüber hinaus wesentlich zum modernen Wissenschaftsverständnis der Politischen Ökonomie bei.[3]

Obwohl ihre Bedeutung in der Literatur allgemein anerkannt wird, werden die Werke Smiths, Mills und insbesondere Benthams in ökonomischen Kreisen zum einen offensichtlich mehr zitiert als gelesen und zum anderen vielfach nur ausschnittsweise betrachtet. Die Rezeption beschränkt sich häufig nur auf einzelne Aspekte bzw. Teile des jeweiligen Werks. So bleibt bei Smith vielfach unberücksichtigt, daß sein berühmter *Wealth of Nations* auf verschiedenen früher verfaßten Schriften und Vorlesungen

---

[1] Zur klassischen Politischen Ökonomie und ihrer zeitlichen Abgrenzung vgl. WINCH (1976).

[2] Zur Bedeutung Smiths vgl. u.a. RECKTENWALD (1985a); FRIEDMAN (1985); RECKTENWALD (1988: 64); PATZEN (1992: 21/2) sowie die verschiedenen Beiträge in FRY (1992).

[3] Zum Einfluß des Utilitarismus auf die Wohlfahrtsökonomik vgl. beispielsweise DASGUPTA/HEAL (1979: 260/5); FABER/MANSTETTEN (1988: 110/4); BOHNEN (1964); BOHNEN (1992); SCHERNIKAU (1992). Zur Bedeutung Mills vgl. z.B. auch SCHLENKE (1988: 165, 179).

basiert und in diesem Sinne interpretiert werden muß. Insbesondere wird
der Dimension des Religiösen, die in Smiths Werk unzweifelhaft vorhanden ist, in der Smith-Rezeption, von Ausnahmen abgesehen, zu wenig
Aufmerksamkeit geschenkt.[4] Die deutsche Rezeption des Benthamschen
Werks beschränkt sich, sofern sie überhaupt auf die Quellenliteratur zu-
rückgreift, in der Regel auf Benthams *Introduction to the Principles of Morals
and Legislation*. Es handelt sich hierbei zwar um eine zentrale Abhandlung,
doch stellt sie nur einen sehr kleinen Teil des Benthamschen Schrifttums
dar. In der wirtschaftswissenschaftlichen Rezeption Mills werden die ethischen Aspekte des Werks vielfach nicht beachtet.[5] Auch sollte m.E. der sozio-kulturelle Hintergrund, vor dem Smith, Bentham und Mill ihre Theorien entwerfen, deutlicher hervorgehoben werden[6].

Insbesondere die eingehende Beschäftigung mit dem Werk Benthams in
seinen verschiedensten Aspekten stellt m.E. ein Desiderat dogmengeschichtlicher ökonomischer Forschung ebenso dar wie die Erörterung des
Dreiecksverhältnisses von Smith, Bentham und Mill.

In der vorliegenden Arbeit werden daher die Werke Smiths, Benthams
und Mills zum einen in ihrer jeweiligen Gesamtkonzeption dargestellt und
diskutiert, zum anderen werden sie verglichen und systematisch aufeinander bezogen. Die individuellen Interessen und Nutzenkalküle spielen dabei
eine besondere Rolle. Sie nehmen in den diskutierten Theorien von
Mensch, Gesellschaft und Ökonomie eine Schlüsselstellung ein.

Die Theorien Smiths und Benthams bilden den Schwerpunkt der Abhandlung, da ihnen hinsichtlich der originären Entwicklung einer ökonomischen bzw. ethischen Theorie größere Bedeutung als Mill zukommt.
Mill greift wesentliche Elemente Smiths und Benthams auf, modifiziert sie
zum Teil und versucht, sie in seiner Theorie zu integrieren.

Verschiedene Zielsetzungen sind mit der vorliegenden Arbeit verbunden. Zunächst möchte sie einen Beitrag zu einem ganzheitlicheren Verständnis der Werke Smiths, Benthams und Mills leisten. Des weiteren sollen die Gemeinsamkeiten, Bezüge und Unterschiede der Werke der Autoren deutlich werden. Außerdem soll in der Diskussion der drei Autoren

---

[4] Siehe ausführlicher unten (II.1 und Anm., II.2.2 und Anm.).

[5] Wenn SHELL (1971: 7) vor rund fünfundzwanzig Jahren eine „fast völlige hiesige Un-
kenntnis des Werkes von Jeremy Bentham und der englischen utilitaristischen Schule"
beobachtet, dann gilt diese Feststellung, zumindest im Hinblick auf Bentham, m.E. zu
einem großen Teil auch heute noch.

[6] Siehe auch den nachfolgenden Abschnitt der Einleitung. Zur Beeinflussung der
klassischen Politischen Ökonomie durch den zeitgeschichtlichen Kontext vgl. auch
WINCH (1976: 333/6).

verdeutlicht werden, daß ihre klassisch-ökonomischen Theorien in ein umfassendes Verständnis vom Menschen und der Gesellschaft eingebunden sind und nicht isoliert von anthropologischen, gesellschaftstheoretischen und ethischen Fragestellungen diskutiert werden.

Darüber hinaus soll mit der Erörterung der Nutzentheorie Benthams und Mills zugleich ein Beitrag zum Verständnis der Grundlagen der Wohlfahrtsökonomik geleistet werden.

Im Zusammenhang mit den drei Autoren sollen auch die Ursprünge des insbesondere der neoklassischen Ökonomik zugrundeliegenden Verständnisses des Menschen als *homo oeconomicus* in den Blick genommen werden. Im Gegensatz zum Menschenbild Smiths ist dasjenige Benthams von dieser Vorstellung entscheidend geprägt. Mill geht schließlich von einem ähnlich umfassenden Verständnis des Menschen wie Smith aus, unterscheidet hiervon aber das Menschenbild der Politischen Ökonomie, das aus wissenschaftlich-methodischen Gründen verengt ist.[7]

Da Smith, Bentham und Mill ihre marktwirtschaftlichen Theorien explizit in einen gesellschaftstheoretischen und ethischen Kontext einbinden, möchte die vorliegende Arbeit schließlich einen Beitrag zu gegenwärtigen Diskussionen der Wirtschaftsethik und zur Diskussion moderner marktwirtschaftlicher Wirtschaftsordnungen leisten.

Vorgehensweise

Im Mittelpunkt der Untersuchung steht das Studium der sehr umfangreichen Quellen[8]. Mit dem Ziel, einen umfassenden Eindruck vom Denken und Stil des jeweiligen Autors zu vermitteln, werde ich dabei die Quellen in hohem Maße 'selbst sprechen lassen'.

---

[7] Vgl. zur gegenwärtigen homo oeconomicus-Diskussion u.a. FABER/MANSTETTEN/ PETERSEN (1997); KIRCHGÄSSNER (1991); PERSKY (1995).

[8] Eine umfassende Übersicht zur Sekundärliteratur bezüglich der drei Autoren würde ein eigenes Forschungsprojekt darstellen. Alleine anläßlich des 200. Jahrestags des Erscheinens des *Wealth of Nations* sind RECKTENWALD (1985a: 347 Anm.) zufolge rund 350 Veröffentlichungen vorgelegt worden. Nicht nur angesichts dieser Fülle, sondern auch aufgrund des immensen Umfangs der Quellen kann in der vorliegenden Arbeit nur auf einen begrenzten Ausschnitt der Sekundärliteratur eingegangen werden.
Umfangreiche Artikelsammlungen bieten vor allem WOOD (1983/4) und WOOD (1994) zu Smith, PAREKH (1993) zu Bentham sowie WOOD (1991) zu Mill.

Die vorliegende Arbeit gliedert sich in fünf Teile (I/V). Den Kern der Untersuchung bilden dabei die Teile II bis IV.

Im ersten Teil (I) werden die sozio-kulturellen Bedingungen erörtert, unter denen die Werke Smiths, Benthams und Mills entstehen, da davon ausgegangen wird, daß allgemein jede wissenschaftliche Theorie einen eigenen historischen Kontext besitzt, von dem sie nicht losgelöst betrachtet werden kann. Eine Grundannahme der vorliegenden Arbeit besteht darin, daß insbesondere bei der Untersuchung gesellschafts- und wirtschaftstheoretischer Konzeptionen von einem nicht unerheblichen Einfluß der tatsächlichen sozialen, wirtschaftlichen und auch politischen Gegebenheiten ausgegangen werden muß. Die Art der Einwirkung mag hierbei verschieden sein. Sei es beispielsweise, daß die unmittelbare Lebenserfahrung in der zeitgenössischen Gesellschaft zum Gegenstand der sozialwissenschaftlichen Fragestellung wird oder daß gesellschaftliche Gegebenheiten sogar als Konstanten in das theoretische Modell einfließen.

In den beiden nachfolgenden Teilen werden die Theorien Smiths (II) und Benthams (III) diskutiert, wobei Bentham immer wieder im Vergleich zu Smith betrachtet wird. Um den Vergleich zu erleichtern, ist die Themenfolge der einzelnen Kapitel innerhalb der Teile gleichartig gewählt. In den jeweils ersten Kapiteln der Teile (II.1, III.1) erfolgen einleitende Bemerkungen zur jeweiligen Person und ihrem Werk. In den zweiten Kapiteln (II.2, III.2) werden die philosophischen und weltanschaulichen Prämissen bzw. die wissenschaftstheoretischen Grundlagen der Theorien erörtert. Auf dieser Basis wird in den dritten Kapiteln (II.3, III.3) Smiths und Benthams Verständnis von Individuum und Gesellschaft entwickelt. In den vierten Kapiteln (II.4, III.4) wird die im gesellschaftlichen Miteinander entstehende Frage nach dem rechten Verhalten des einzelnen gegenüber seinen Mitmenschen und der Gemeinschaft, also die Ethik, erörtert. Auf der Grundlage der Ausführungen zu Mensch und Gesellschaft und den in der Gesellschaft bestehenden Verhaltensregeln kann in den fünften Kapiteln (II.5, III.5) mit der Ökonomie ein spezifischer Ausschnitt des gesellschaftlichen Lebens betrachtet werden. Ausgehend vom ökonomischen Geschehen wird dann bei Smith dessen berühmte Redewendung von der unsichtbaren Hand diskutiert (II.6). Die Erörterung der Bedeutung des Staates für Gesellschaft und Wirtschaft erfolgt anschließend (II.7, III.6). Danach (II.8, III.7) werden die bisherigen Erörterungen systematisch miteinander verbunden und Systeme harmonierender Interessen aufgezeigt. Abschließend werden wesentliche Ergebnisse der jeweiligen Theorie zusammengefaßt und bewertet (II.9, III.8).

Im Anschluß an Smith und Bentham wird in einem Ausblick die Theorie Mills diskutiert (IV), und zwar primär hinsichtlich ihrer Bezüge zu Smith und Bentham. Die Struktur der Untersuchung entspricht im wesentlichen derjenigen der Teile II und III.

Im letzten Teil (V) werden wesentliche Ergebnisse der Untersuchung abschließend kurz zusammengefaßt.

Anmerkungen zu den Quellen

Es werden die einschlägigen Werkausgaben verwendet (siehe Literaturverzeichnis). Sofern andere gebräuchliche Ausgaben einzelner Schriften existieren, erfolgen die Stellenbelege in systematischer Form (z.B. *WN* I.viii.24)[9]. Auf die zusätzliche Angabe der Seiten in der Werkausgabe wird aus Gründen der Übersichtlichkeit dort verzichtet, wo die Stellen alleine aufgrund der systematischen Angabe problemlos aufgefunden werden können[10]. Die systematische Stellenangabe hat den Vorteil, daß auch Leser, die mit einer anderen Ausgabe arbeiten, die Stellen relativ leicht auffinden können.

Soweit deutsche Übersetzungen vorliegen, wird unter Angabe der entsprechenden Seiten darauf hingewiesen (z.B. *WN* I.viii.24 dt. 62/3). Ich habe dankbar auf diese Ausgaben zurückgegriffen, auch wenn ich bei meinen Übersetzungen oftmals von ihnen abgewichen bin[11].

Es wird schließlich ausdrücklich auf die gänzlich übernommenen, zum Teil recht eigentümlichen Schreibweisen in den Quellen aufmerksam gemacht. Sie resultieren nicht nur aus der Art des damaligen Schreibens, sondern vor allem daraus, daß einige Schriften auf Manuskripten basieren, die im wesentlichen in ihrer ursprünglichen Verfassung belassen wurden.

---

[9] Die systematische Form beinhaltet entweder römische Ziffern, oder sie wird durch „§" deutlich gemacht (z.B. *HAP* § 9).

[10] Dies gilt für alle Schriften Smiths und für Benthams *Introduction to the Principles of Morals and Legislation* (*IPML*). In der *Glasgow Edition* Smiths und in den *IPML* sind alle Schriften bis in die einzelnen Absätze systematisch durchnumeriert, so daß hier ohne Schwierigkeit nach der systematischen Stelle zitiert werden kann. Bei den Schriften Mills sind die Gliederungspunkte zu lang, als daß auf die Seitenangabe der *Collected Works* verzichtet werden könnte. Siehe hierzu ausführlich im Literaturverzeichnis.

[11] Hinsichtlich der sehr guten Übersetzungen von Smiths *Theory of Moral Sentiments* (*TMS* dt.) und Benthams *Introduction to the Principles of Morals and Legislation* (*IPML* dt.) ist dies nur selten der Fall.

Teil I

Rahmenbedingungen: Großbritannien vom 17. bis 19. Jahrhundert

Im Verlaufe des 17. bis. 19. Jahrhunderts kam es in Großbritannien zu einem Strukturwandel in einem bis dahin unbekannten Ausmaß. Diese Entwicklung vollzog sich insgesamt gesehen zwar über einen langen Zeitraum, doch war sie so tiefgehend, daß von umwälzenden Veränderungen im Sinne von *Revolutionen* gesprochen werden kann.[1] Drei unterschiedliche, jedoch miteinander in Verbindung stehende Entwicklungen sind bei diesem Strukturwandel von Bedeutung. Vom 17. bis 19. Jahrhundert stieg erstens die Einwohnerzahl auf ein Vielfaches an, und zweitens kam es zu einer neuen Art, Landwirtschaft zu betreiben, die zu einer enormen Steigerung der Agrarproduktion führte. Drittens vollzog sich im 18. und 19. Jh. erstmals diejenige grundlegende Umwälzung der Art zu wirtschaften und zu produzieren, die auf den Begriff der *industriellen Revolution* gebracht wird und in späteren Jahren auch das kontinentale Europa erfaßte.

Im folgenden sollen die drei genannten Entwicklungen, die daraus resultierenden gesellschaftlichen Verhältnisse sowie die Rolle des Staates dargestellt werden.

1. Die demographische Revolution

Großbritannien erlebte vom 16. bis 19. Jh. einen Bevölkerungszuwachs, wie es ihn zuvor noch nicht gegeben hatte. Alleine in England stieg die Einwohnerzahl Schätzungen zufolge von ca. drei Millionen im Jahr 1550 auf ca. vier Millionen um 1600, ca. fünf Millionen um 1700 und ca. acht Millionen um 1800 (HAAN/NIEDHART 1993: 71/2). 1850 lebten schließlich ca. siebzehn Millionen Menschen in England (NIEDHART 1993: 414).[2] Im

---

[1] Zur Verwendung des Revolutionsbegriffs im vorliegenden Zusammenhang vgl. in diesem Sinne z.B. HAAN/NIEDHART (1993: 216); kritisch MIECK (1993: 148).

[2] Bis 1800 liegen nur Schätzungen zur Bevölkerungslage vor. Erst ab 1801 wurden in Großbritannien Volkszählungen durchgeführt, jedoch „ohne daß damit das Problem der Datengrundlage befriedigend gelöst worden wäre" (NIEDHART 1993: 413).

gesamten Großbritannien betrug die Einwohnerzahl 1851 ca. 27 Millionen. Sie wuchs bis 1911 nochmals auf ca. 45 Millionen an (ARMENGAUD 1985: 289). Insbesondere nach 1740 war ein „alle Erfahrungswerte hinter sich lassendes Bevölkerungswachstum" zu beobachten, gleichsam eine „Bevölkerungsexplosion" (NIEDHART 1993: 413). Zur Charakterisierung dieser Entwicklung hat sich der Begriff der *demographischen Revolution* in der Literatur durchgesetzt.

Der Hauptgrund für die beobachtete Bevölkerungsentwicklung wird in der Literatur in der durch die Agrarrevolution bedingten, vermehrten und verbesserten Nahrungsmittelproduktion gesehen. Rückläufige Sterblichkeitsraten und höhere Lebenserwartungen stehen hiermit im Zusammenhang. Im 19. Jh. spielten schließlich auch hygienische und medizinische Fortschritte eine bedeutsame Rolle.[3]

2. Die Agrarrevolution

Im 16. Jahrhundert setzte in der britischen Landwirtschaft eine Entwicklung ein, die bis in das 19. Jh. zu großen Strukturveränderungen und Produktivitätsfortschritten führte. Es handelte sich hierbei um eine Vielzahl von Maßnahmen, die anfangs nur vereinzelt in manchen Regionen, später jedoch in ganz Großbritannien ergriffen wurden. Insbesondere ab ca. 1700 zeigten sich ihre Auswirkungen so deutlich, daß sich für diese Entwicklung der Begriff der *Agrarrevolution* eingebürgert hat.[4]

Für den Anstieg und die qualitative Verbesserung der Nahrungsmittelproduktion waren verschiedenste Faktoren verantwortlich. Hierbei gingen viele Neuerungen auf Versuche, Entwicklungen und Veröffentlichungen in den Niederlanden zurück, wo sich das „Mekka aller europäischen Agrarexperten" befand (VAN BATH, zit. nach MIECK 1993: 124).

---

[3] Zur demographischen Revolution vgl. HAAN/NIEDHART (1993: 71/4, 215/8); NIEDHART (1993: 413/9); BAIROCH (1976: 316/9); WILSON (1993: 369/72); ARMENGAUD (1985: 289/95).

[4] HAAN/NIEDHART (1993: 77/86, 217/9) vertreten die hier übernommene Auffassung, daß die Anfänge der Agrarrevolution bis in das 16. Jh. reichten, obgleich die großen Umwälzungen erst im 18. Jh. überall deutlich hervortraten. BAIROCH (1976: 302) spricht hingegen erst für den letztgenannten Zeitraum, beginnend mit 1690, von einer „Agrarrevolution". Zur Begrifflichkeit vgl. auch MIECK (1993: 124), der die lange Prozeßdauer der Umwälzung betont. Vgl. HAAN/NIEDHART (1993: 217/9); NIEDHART (1993: 419/21); MIECK (1993: 122/5); BAIROCH (1976: 297/302).

Eine wesentliche Maßnahme war die Vergrößerung der landwirtschaftlichen Anbaufläche. Sie wurde zum einen durch Eindeichungen, Trockenlegungen von Sümpfen und Rodungen von Waldflächen erreicht. Zum anderen wurde durch veränderte Anbaumethoden bisheriges Brachland nutzbar gemacht. Die Fruchtwechselwirtschaft und der Anbau neuer Feldfrüchte, wie z.b. Rüben, Kartoffeln, Kohl, Raps etc., führte dazu, daß die Nutzflächen nicht mehr wie bisher zur Regeneration immer wieder brachliegen mußten, sondern stattdessen im Jahr länger und auch schonender bewirtschaftet werden konnten. Dadurch wurde zugleich die Nahrungsmittelpalette der Verbraucher sinnvoll erweitert.

Die Auswahl von Saatgut und Zuchttieren wurde systematisiert. Durch den Anbau neuer Futterpflanzen, z.B. von Rüben, konnte die Tierhaltung verbessert und ausgedehnt werden, wodurch wiederum in zunehmendem Maße natürlicher Dünger produziert wurde. Für bestimmte Nutzflächen wurden darüber hinaus Systeme künstlicher Bewässerung eingeführt.

Landwirtschaftliche Geräte wie der Pflug wurden verbessert und zunehmend aus Eisen hergestellt. Schließlich waren die Ablösung des Ochsens durch das Pferd und später die Einführung des Hufbeschlags weitere wichtige Faktoren. Allein durch den Einsatz von Pferden in Kombination mit neuen Pflügen konnte die tägliche Pflugleistung im Vergleich zur herkömmlichen Methode verdoppelt werden.

HAAN/NIEDHART (1993: 77, 218) beziffern die Ergebnisse des agrarischen Fortschritts für das 16. und 17. Jh. auf eine Verdoppelung des jährlichen Durchschnittsertrags. Für das 18. Jh. geben sie eine Produktionssteigerung von 61% an, einen Produktivitätsanstieg je Arbeiter um 50% sowie je Acre um 44%.

In der zweiten Hälfte des 19. Jahrhunderts gelang mit dem Einsatz von landwirtschaftlichen Maschinen, Dampfkraft und chemischem Dünger ein weiterer entscheidender Produktivitätssprung. Das Pflügen mit Dampfkraft bedeutete gegenüber dem Einsatz von Pferden eine Versechsfachung der täglichen Pflugleistung.[5]

Die beschriebenen 'technischen' Veränderungen wurden von einem weitgreifenden sozio-ökonomischen Wandel begleitet[6]. Von besonderer Bedeutung ist dabei, daß im Verlauf der hier betrachteten Epoche das selb-

---

[5] Zu den genannten Maßnahmen vgl. BAIROCH (1976: 297/310); MIECK (1993: 123/8); HAAN/NIEDHART (1993: 77/86, 217/9); NIEDHART (1993: 420/2); WILSON (1993: 387/9).

[6] Im folgenden wird eine typisierende Darstellung vorgenommen. Starke regionale und auch zeitliche Differenzierungen waren durchaus möglich.

ständige Kleinbauerntum immer stärker in die abhängige Lohnarbeit gedrängt wurde.

Rund 75% der Flächen Englands und Wales' waren um 1690 in adeliger Hand, wobei die Besitzverhältnisse zwischen Hoch- (peerage) und Niederadel (gentry) signifikante Unterschiede aufwiesen (vgl. HAAN/NIEDHART 1993: 27/8). Die Ländereien wurden von den adeligen Großgrundbesitzern (landlords) teils unter Einsatz von Lohnarbeitern selbst bewirtschaftet, teils verpachtet – beim Hochadel vielfach ausschließlich. Die bäuerlichen Pächter unterschieden sich nach unbefristeten (Erbpacht) und befristeten Pachtverträgen (copyholders bzw. leaseholders). Zudem gab es freeholders, deren Pachtzahlungen vielfach nicht mehr als „Anerkennungsgebühren" (HAAN/ NIEDHART 1993: 15) waren.

Adel und großbäuerliche Pächter (yeomen), deren Anteil an der Landbevölkerung im 16. und 17. Jahrhundert ca. 3-4% betrug (vgl. HAAN/ NIEDHART 1993: 32), produzierten mit der Absicht, Gewinne zu erzielen, vor allem für die regionalen Märkte. Dies beinhaltete eine Haltung der Offenheit in bezug auf Modernisierungsmaßnahmen und entsprechende Investitionen. Die Kleinbauern, deren Anteil an der englischen Bevölkerung um 1600 auf ca. 50% geschätzt wird (vgl. HAAN/NIEDHART 1993: 33), betrieben hingegen in der Regel Subsistenzwirtschaft. Sie verkauften auf den Märkten nur soviel, wie nötig war, um andere lebensnotwendige Waren im Tausch zu erwerben. Die Höfe der Kleinbauern waren vielfach nicht groß genug, als daß sie den Lebensunterhalt hätten alleine sichern können. Die Kleinbauern waren dann auf die Nutzung von sog. common land angewiesen. Diese der Allgemeinheit gehörenden landwirtschaftlichen Flächen durften die Kleinbauern zusätzlich nutzen, indem sie dort beispielsweise ihr Vieh weideten oder Holz sammelten.[7] Darüber hinaus übernahmen die Kleinbauern teilweise Arbeiten im Rahmen des gewerblichen Verlagssystems oder verdingten sich als Lohnarbeiter auf den größeren landwirtschaftlichen Gütern.

Im Erbfall wurden die bäuerlichen Anwesen oftmals auf alle Nachkommen aufgeteilt und somit noch weiter verkleinert. Gegensätzlich, und zwar im Sinne der Primogenitur, war die Erbfolge der landlords geregelt. Damit wurde die Einheit der großen ländlichen Besitzungen bewahrt.

Im Zuge der betrachteten Epoche kam es nun zu einem Konzentrationsprozeß im Agrarsektor. Er wurde vor allem durch zwei Faktoren ausgelöst. Zum einen kam es – beispielsweise aufgrund von Flurbereinigungen – zu

---

[7] Die Institution des common land war nicht überall verbreitet bzw. wurde im Laufe der Zeit dort, wo sie bestand, in zum Teil unterschiedlichem Maße aufgehoben.

gesetzlich geregelten Einhegungen (enclosures) des common land. Das jetzt eingehegte Land durfte fortan nicht mehr gemeinschaftlich genutzt werden, sondern wurde nun von einem Pächter individuell bewirtschaftet. Zum anderen führten Übernahmen bzw. Zusammenlegungen von und mit anderen landwirtschaftlichen Produktionseinheiten (engrossing) zu einer weiteren Expansion der großen landwirtschaftlichen Betriebe.

Bedingt durch Produktivitätsfortschritte und starkes Bevölkerungswachstum war es im 16. und 17. Jh. zu einer ungleichen Entwicklung der Löhne und Warenpreise gekommen. „Lohnverfall" und „Preisrevolution" (HAAN/NIEDHART 1993: 74) begünstigten Großgrundbesitzer und Großpächter bei gleichzeitiger Benachteiligung der unteren bäuerlichen Schichten. Diese erzielten nunmehr niedrigere Löhne und mußten für auf den Märkten erworbene Güter höhere Preise zahlen. Sie konnten aber im Gegensatz zu den Großbetrieben selbst nicht von den höheren Marktpreisen für Agrarprodukte profitieren, da sie nur in unwesentlichem Maße für den Markt produzierten. Common land, das bisher eine wichtige Rolle für den Lebensunterhalt gespielt hatte, stand ihnen zur Nutzung immer weniger zur Verfügung. Die vermehrte Übernahme von Lohnarbeiten und schließlich vielfach die Aufgabe und der Verkauf des eigenen kleinen Anwesens an größere Betriebe waren die Folge. „Nach dem Aufbau von Großfarmen, die überwiegend von kommerziell orientierten Unternehmern mit Hilfe von Lohnarbeitern bewirtschaftet wurden, verlief die Haupttrennungslinie innerhalb der ländlichen Gesellschaft nicht mehr – wie dies bisher der Fall war – zwischen den adeligen Grundbesitzern und den bäuerlichen Pächtern, sondern zwischen den landlords und den Pächtern auf der einen und den Landarbeitern auf der anderen Seite." (HAAN/ NIEDHART 1993: 83; Herv. dort.)

Der Verlust der Selbständigkeit der großen Masse der ländlichen Bevölkerung war der Preis für die Rationalisierung der Landwirtschaft, die die wesentliche Voraussetzung für die Nahrungsmittelversorgung der stark gewachsenen Bevölkerung darstellte. Die Abwanderung vieler ehemaliger Kleinbauern in die Städte war eine der unmittelbaren Folgen.[8]

Trotz des dramatischen Bevölkerungswachstums gehörten Versorgungskrisen und Hungersnöte, die zuvor als Folge von Mißernten immer wieder aufgetreten waren, zunehmend der Vergangenheit an. Sie hatten nur noch lokalen Charakter. Die Ernteerträge waren so gut, daß nach 1700 Getreide

---

[8] Zu den sozio-ökonomischen Verhältnissen und ihrem Wandel vgl. HAAN/NIEDHART (1993: 11/8, 23/36, 73/86, 217/20); NIEDHART (1993: 419/22); WILSON (1993: 372/8); vgl. auch MIECK (1993: 128/33).

regelmäßig exportiert werden konnte. „Schlechte Ernten wie in den Jahren 1795-1800, 1808-1812, 1816-1817 oder 1846-1847 waren zwar schwer verkraftbar, insgesamt aber war die Agrarproduktion groß genug, um mit dem Bevölkerungswachstum Schritt halten zu können." (NIEDHART 1993: 419)[9]

3. Die industrielle Revolution

Stellten die demographische und die agrarische Revolution bereits tiefgehende Veränderungen in der englischen bzw. britischen Gesellschaft dar, kam es in der zweiten Hälfte des 18. Jahrhunderts zu einer Entwicklung, die noch einschneidender war. Der einsetzende Umwälzungsprozeß im produzierenden Gewerbe, dessen Ende auf die Mitte des 19. Jahrhunderts datiert wird, führte zur Wende vom vorindustriellen in das industrielle Zeitalter.[10] Die *industrielle Revolution* erfaßte – von Großbritannien ausgehend – kurz-, mittel- und langfristig die ganze Welt[11].

Der Prozeß der Industrialisierung führte zu einem strukturellen Umbruch höchsten Ausmaßes. „Überblickt man den Wandel von der überwiegend agrarischen Wirtschaft zur Industriewirtschaft und Dienstleistungsgesellschaft, so handelt es sich im Ergebnis um eine revolutionäre Umwälzung, im Ablauf dieses Vorgangs aber um ein langsames Ablösen alter Entwicklungen und Kontinuitätslinien." (NIEDHART 1993: 442) „Von da an war die Welt nicht mehr die gleiche. ... Die Industrielle Revolution verwandelte die Menschen von Bauern und Schafhirten in Betätiger von Maschinen, welche mit lebloser Energie angetrieben wurden." (CIPOLLA 1976: 1) Andere Charakterisierungen der industriellen Revolution betonen die neuen Methoden der Energiegewinnung, die moderne Innovationsfähigkeit, die Rolle der Eisenbahnen, das einsetzende Wirtschaftswachstum oder die „Dynamik des Wandels, der Wirtschaft und Gesellschaft ... erfaßte und die relative Statik der vorindustriellen Zeit ablöste" (NIEDHART 1993: 411).

---

[9] Vgl. HAAN/NIEDHART (1993: 86, 217); MIECK (1993: 123/4).

[10] „Noch heute gehen die Meinungen darüber auseinander, wann der Anfang anzusetzen ist, da sie ihrerseits davon abhängig sind, was als Kern des Industrialisierungsprozesses Großbritanniens betrachtet werden soll. Allerdings werden wir nicht weit fehlgehen, wenn wir den Beginn um die Jahre 1760-1785 ansetzen." (POLLARD 1994: 116)

[11] Der Begriff der *industriellen Revolution* hat sich zwar insgesamt in der Literatur durchgesetzt, wird aber immer wieder diskutiert. MIECK (1993: 148) plädiert aufgrund der Langfristigkeit des Industrialisierungsprozesses für den Begriff der „Industrialisierung".

„Eines ihrer [der industriellen Revolution; O.H.] Grundmerkmale scheint ihre Unwiderruflichkeit zu sein" (CIPOLLA 1976: 4). Die strukturelle Veränderung, die durch den Industrialisierungsprozeß ausgelöst wurde, läßt sich anhand der Beschäftigungsstruktur verdeutlichen. Waren Anfang des 18. Jahrhunderts noch 75% der Erwerbstätigen in der Land-, Forst- und Fischereiwirtschaft beschäftigt, so sank dieser Anteil auf 50% Mitte des 18. Jahrhunderts und 20% Mitte des 19. Jahrhunderts (vgl. NIEDHART 1993: 436).[12]

Das vorindustrielle Gewerbe war im wesentlichen durch kleinere handwerkliche Betriebe einerseits und das Verlagswesen andererseits charakterisiert. Während erstere vor allem in den Städten angesiedelt waren und sich überwiegend auf die dortigen Märkte beschränkten, zielte das Verlagswesen auf Massenproduktion und überregionale Märkte. Gefertigt wurde vorzugsweise im ländlichen Gebiet, wo genügend Arbeitskräfte zur Verfügung standen. Die Erwerbsarbeit im Rahmen des Verlagswesens war für große Teile der ländlichen Bevölkerung eine wichtige Säule des Lebensunterhalts (s.o. I.2). Diese Erwerbsquelle war jedoch unsicher. Die Verleger legten die Konditionen fest und konnten zudem die Zusammenarbeit jederzeit einschränken oder aufkündigen, so daß Konjunkturschwankungen mit unmittelbaren Rückwirkungen auf die Lohnarbeiter verbunden waren. Für die Verleger war das Risiko in diesem System insgesamt gering. Ihr Kapitaleinsatz war niedrig und die Zusammenarbeit mit den kleinen Produktionseinheiten flexibel. Im Vergleich zu den handwerklichen Betrieben eröffnete sich den Verlegern ein weitaus größerer Handlungsspielraum, da die Verlagsbetriebe nicht den zahlreichen Reglementierungen des Zunftwesens unterlagen. Das Verlagssystem als Form einer „ländlichen 'Protoindustrie'" (HAAN/NIEDHART 1993: 20) erstreckte sich insbesondere auf das Textilgewerbe.

Die „direkte Vorstufe zur späteren Fabrik" (MIECK 1993: 141) bildeten schließlich die zentralisierten Manufakturen. Der Produktionsbetrieb der Manufaktur entstand im 17. Jh., wobei zwischen dezentralisierten und zentralisierten Formen zu unterscheiden ist. Kernpunkt war die maschinelle Produktion. Hier wurden die Produktionsanlagen mit Wasser- und Tierkraft betrieben. Der Kapitaleinsatz der Unternehmer war aufgrund der benötigten Gebäude und Maschinen höher als im Verlagssystem. Die Arbeiter waren reine Lohnarbeiter und im Vergleich zum Verlagswesen nunmehr in

---

[12] Zum Strukturwandel durch die industrielle Revolution vgl. MIECK (1993: 148/53); CIPOLLA (1976); NIEDHART (1993: 410/2, 429/42); HAAN/NIEDHART (1993: 215/25).

starrere Arbeitsformen eingebunden. Insgesamt war die Zahl der im Manu-
fakturwesen beschäftigten Arbeiter allerdings „nur von geringer Bedeutung" (MIECK 1993: 142).[13]

In den Fabriken wurde die maschinelle Art der Produktion schließlich
weiter ausgebaut. Das besondere Merkmal der Fabriken bestand in der
„Motorisierung" der Produktionsanlagen – d.h. vor allem im Einsatz von
Dampfmaschinen, die „die gewerbliche Warenproduktion auf ganz neue
Grundlagen stellte" (MIECK 1993: 141). Im Gegensatz zum Verlagswesen, in
dem die Beschäftigten zuhause ihre Arbeitsabläufe eigenständig organisie-
ren und durchführen konnten, brachte das Fabrikwesen eine starre Ar-
beitsorganisation mit sich, die auch Nachtschichten einschloß. „Die Fabrik
stand für die Umwälzung industrieller Produktion mit ihrer geregelten und
langen Arbeitszeit und mit ihren standardisierten Tätigkeiten." (NIEDHART
1993: 439) Zugleich entwickelten sich Tendenzen zu einer fortschreitenden
Anonymisierung des Arbeitsprozesses. „Die persönliche Beziehung und
Unterordnung der Meister und Gesellen bisher wichen der unpersönlichen,
schematisierten Beziehung zwischen dem Fabrikherrn und seiner Beleg-
schaft. Der Arbeitgeber erkannte keinerlei Verpflichtungen gegenüber seinen Arbeitern an, jenseits der Verpflichtung, den vereinbarten Lohn zu
zahlen. Der Arbeitnehmer seinerseits verlor das persönliche Interesse an
der Qualität der Arbeit." (POLLARD 1994: 125)

Die Produktion in der Fabrik war das Charakteristikum der Industrialisierung. POLLARD (1994: 123) sieht mit ihr eine Umkehrung des Verhältnisses zwischen Mensch und Maschine verbunden. Die Maschine war jetzt
nicht mehr einfach nur ein „Hilfsmittel für den Menschen". Vielmehr wurde dieser „zum Handlanger der Maschine, die die eigentliche Arbeit ver-
richtete und damit die durch die menschliche Muskelkraft gesetzten Grenzen sprengte". Gleichwohl waren bis in das 19. Jh. ländliches Verlagswesen
und handwerkliche Kleinbetriebe weiterhin vorherrschend. NIEDHART
(1993: 440; Herv. dort) verweist darauf, daß 1841 der Bevölkerungsanteil
der Fabrikarbeiter in Großbritannien lediglich rund 5% betrug. „Großstadt
und Fabrik waren in der Mitte des 19. Jh. also nur *ein* Aspekt der Volkswirtschaft. Die meisten britischen Arbeiter waren beschäftigt wie vor der
Industrialisierung." In England betrug der Anteil der Industriearbeiter an
der Bevölkerung nach anderen Schätzungen 10-12% (vgl. EISENBERG 1994:
138). Die Fabrikarbeiter stellten also zwar nur einen kleineren Teil der Ge-

---

[13] Zum vorindustriellen Gewerbe vgl. WILSON (1993: 392/4); MIECK (1993: 137/42);
HAAN/NIEDHART (1993: 18/23, 87/95); POLLARD (1994: 118/20).

sellschaft dar; bei Betrachtung der absoluten Zahlen wird jedoch deutlich, daß mit ihnen eine millionenstarke Schicht neu entstanden war.[14]

Wesentliche Erfindungen der 60er und 70er Jahre des 18. Jahrhunderts markierten den Beginn der industriellen Revolution. Sie waren die Voraussetzung für einen merklichen Anstieg der gewerblichen Produktion. Genannt seien hier die verschiedenen Entwicklungen im Textilgewerbe (Spinn- und Webmaschinen) sowie die von WATT entwickelte Dampfmaschine. „Die Erfindungen waren zunächst ein Ausweg aus Engpässen oder Mangelsituationen" und ihre Erfinder „Autodidakten mit handwerklichem Hintergrund" (NIEDHART 1993: 429). Dies änderte sich im Verlauf des Industrialisierungsprozesses: Eine Systematisierung der Innovationstätigkeit fand statt. Es wurde „die Methode der Erfindung erfunden" (WHITEHEAD, zit. nach CIPOLLA 1976: 4). Die extensive Forschung in den Naturwissenschaften wurde zu einem wichtigen Element der Industrialisierung. Im Verlauf des 19. Jahrhunderts wurden Erfindungen in immer stärkerem Maße gleichsam „als ein eigenes Gut betrachtet" (LILLEY 1976: 144). Sie „schufen ... ihre eigenen Märkte, statt bloß die vorhandenen besser zu beliefern" (LILLEY 1976: 144). Diese Art der Innovationstätigkeit hob sich deutlich vom technischen Fortschritt der vorindustriellen Zeit ab, der sich in einer „Reihe aus der Praxis gewonnener Erfindungen ..., die einzelnen Fabrikanten und Arbeitern glückten" (WILSON 1993: 385), manifestiert hatte.[15]

Das Textilgewerbe, und hier insbesondere die Baumwollverarbeitung, spielte die zentrale Rolle am Beginn der industriellen Revolution. BAIROCH (1976: 321) vertritt die Auffassung, „daß die Mechanisierung der Textilherstellung, die den Anbruch der industriellen Revolution sowohl kennzeichnete als auch grundlegend beeinflußte, wahrscheinlich nie stattgefunden hätte, wenn es diese Faser [die Baumwolle; O.H.] nicht gegeben hätte, die direkt ideal geeignet für die mechanische Verarbeitung war." Drei Viertel der englischen Industriearbeiter waren um 1840 in der Textilbranche tätig (vgl. BAIROCH 1976: 320). Für den britischen Außenhandel gewann die Textilindustrie zentrale Bedeutung.[16]

Bezüglich des Unternehmertums in der frühen Textilindustrie konstatiert BAIROCH (1976: 327): „zu Beginn entstammten die meisten der Kapitalgeber und noch mehr der Unternehmer, die für die Umwälzungen der

---

[14] Zum Fabrikwesen vgl. MIECK (1993: 141/2); NIEDHART (1993: 439/40); POLLARD (1994: 123/6).

[15] Zum technischen Fortschritt vgl. LILLEY (1976: 119/36, 142/60); NIEDHART (1993: 429/35); HAAN/NIEDHART (1993: 219/20); WILSON (1993: 385/6).

[16] Zum Textilgewerbe vgl. BAIROCH (1976: 320/9); LILLEY (1976: 122/5, 129); NIEDHART (1993: 430/2).

industriellen Revolution verantwortlich zeichneten, kleinen und fast ausschließlich ländlichen Verhältnissen". Schätzungen von BAIROCH ergeben, daß noch 1810 mit dem landwirtschaftlichen Produktivkapital, das zur Beschäftigung eines Arbeiters benötigt wurde, alternativ acht Arbeiter in der Industrie beschäftigt werden konnten. Dieser relativ niedrige Kapitalbedarf, der in der anfänglichen Einfachheit der Maschinen begründet war, führte dazu, daß einige Bauern von der landwirtschaftlichen auf die industrielle Produktion umstiegen. „Die Bauern waren umso interessierter daran, sich diese Möglichkeit zunutze zu machen, als die Agrarrevolution viele landwirtschaftliche Betriebe weniger einträglich machte." (BAIROCH 1976: 328) Diese Unternehmer stellten eine neue Gesellschaftsschicht dar. Das industrielle Engagement von Großgrundbesitzern und Kaufleuten spielte in der Textilindustrie hingegen anfänglich eine kleinere Rolle.[17]

Die Eisenindustrie stellte einen weiteren wichtigen frühindustriellen Zweig dar. Hier war das Engagement von Kaufleuten und Adel größer als im Textilbereich. Die Eisenfertigung spielte für andere industrielle Bereiche eine herausragende Rolle. Nach LILLEY (1976: 129) wäre die industrielle Revolution „ohne Vermehrung des Eisens ... unvorstellbar". „Ohne billiges Eisen wären all die technischen Neuerungen, die für die industrielle Revolution charakteristisch sind, ernstlich be- oder sogar verhindert worden." (BAIROCH 1976: 321) Große Nachfrage nach Eisenerzeugnissen bestand in der Landwirtschaft. Von der gesamtwirtschaftlichen Eisennachfrage entfielen 1760 30-50% auf den Agrarsektor. Allein der Bedarf für den Hufbeschlag machte 15% aus (vgl. BAIROCH 1976: 323; HAAN/NIEDHART 1993: 220).[18]

Eine Schlüsselrolle im Industrialisierungsprozeß kam ebenso neuen Formen der Energiegewinnung zu. Die Nutzung der Dampfkraft ist dabei ebenso zu nennen wie die Ablösung von Holz und Holzkohle durch die mineralische Kohle.[19]

Auch die Schaffung einer neuen Infrastruktur im Verkehrswesen hatte für die Industrialisierung entscheidende Bedeutung. Mit dem Ausbau der Kanalsysteme, dem Bau von Straßen und insbesondere der Entwicklung und dem Bau der Eisenbahnen nach 1830 wurde eine der wesentlichen Grundlagen für regionalen, nationalen und internationalen Handel geschaf-

---

[17] Zu den Unternehmern der Frühzeit vgl. BAIROCH (1976: 324/9); BERGIER (1976: 265/72).

[18] Zur Eisenindustrie vgl. LILLEY (1976: 125/9); BAIROCH (1976: 321/4); NIEDHART (1993: 432/5).

[19] Zur Energiegewinnung vgl. LILLEY (1976: 130/1); NIEDHART (1993: 432/5).

fen. Arbeitsteilung und Spezialisierung auf einem neuen Niveau wurden ermöglicht, Wettbewerb gefördert. Durch gesunkene Kosten für den Kohletransport wurde die für die Maschinen benötigte Energie wesentlich billiger. Insgesamt erscheint für LILLEY (1976: 144) „die Entwicklung der Eisenbahnen als das zentrale Ereignis im Heranreifen der Industriellen Revolution". „Erst zu dieser Zeit [des Eisenbahnzeitalters; O.H.] ... war es sicher, daß der Vorgang der Industrialisierung fortdauern würde."[20]

In der Anfangsphase der Industrialisierung war die Selbstfinanzierung der Betriebe – vor allem im Textilgewerbe – vorherrschend. Der Umstieg bäuerlicher Schichten von der landwirtschaftlichen auf die gewerbliche Produktion wurde beispielsweise, wie bereits ausgeführt, durch den Verkauf von Ländereien ermöglicht. Das System der Selbstfinanzierung beinhaltete ungleiche Expansionsmöglichkeiten großer, kapitalreicher Betriebe auf der einen und kleiner, kapitalschwacher Unternehmen auf der anderen Seite. Komplexere Techniken und Fabriken sowie kapitalintensive Industrien wie Bergbau und Eisenbahn erforderten mit Beginn des 19. Jahrhunderts in zunehmendem Maße Fremdfinanzierungen der Industrieunternehmen. Das zu dieser Zeit bereits gut entwickelte britische Banken- und Börsensystem war hierbei eine wichtige Säule.[21]

Aus den bisherigen Ausführungen wird deutlich, daß dem Agrarsektor eine Schlüsselposition im Industrialisierungsprozeß zukommt (vgl. BAIROCH 1976). Durch die Fortschritte in der Landwirtschaft wurde ein Arbeitspotential freigesetzt, das der neu entstehenden Industrie zur Verfügung stand. Zugleich entstand eine große Nachfrage nach industriellen Erzeugnissen, wie z.B. nach Eisen. Schließlich kamen sehr viele der frühindustriellen Unternehmer und Kapitalgeber aus bäuerlichen Schichten.

Insgesamt gesehen waren die Ursachen der industriellen Revolution mannigfaltig. Einige Gründe, demographische und agrarische Revolution, Innovationstätigkeit, Verbesserung der Verkehrssysteme, Vergrößerung der Märkte etc., wurden bereits angeführt. Gesellschaftliche Mobilität, Politik und Wirtschaftspolitik, die u.a. in den beiden folgenden Abschnitten kurz diskutiert werden, sind ebenfalls zu nennen. Darüber hinaus muß das Phä-

---

[20] Zum Verkehrswesen vgl. LILLEY (1976: 131/6, 143/4); NIEDHART (1993: 422/9); HAAN/NIEDHART (1993: 221/2); WILSON (1993: 394/5); SUPPLE (1976: 211/14).
[21] Zu Unternehmensfinanzierung und Finanzsystem vgl. BERGIER (1976: 271/2); MIECK (1993: 149, 171/9); NIEDHART (1993: 440/2); HAAN/NIEDHART (1993: 224/5); WILSON (1993: 397/8).

nomen der industriellen Revolution mitsamt seinen Ursachen im Rahmen der vorliegenden Arbeit indessen nicht diskutiert werden.[22]

4. Gesellschaftliche Verhältnisse

Ein wesentliches Grundmerkmal der britischen bzw. englischen Gesellschaft des 17. bis 19. Jahrhunderts war die große Diskrepanz der individuellen Lebensverhältnisse. Dies betraf sowohl die materiellen Verhältnisse als auch die durch sie bedingte soziale Stellung mitsamt den politischen Rechten. HAAN/NIEDHART (1993: 113) sprechen von einer zunehmenden „Polarisierung der Gesellschaft in Reiche und Arme", die im 18. Jh. ihren „Höhepunkt" erreichte, sich aber schon in den zwei vorhergehenden Jahrhunderten zu vollziehen begann.

Untersuchungen KINGS von 1696 zeigen, daß zum damaligen Zeitpunkt die Hälfte der Bevölkerung „Menschen ohne festes Einkommen, viele ohne festen Wohnsitz und ohne regelmäßige Beschäftigung" waren (WILSON 1993: 372). Die Unzufriedenheit der Unterschichten mit den sozialen Verhältnissen im allgemeinen und diversen schwierigen Versorgungslagen im speziellen schlug sich in Bevölkerungsunruhen und Plünderungen (riots bzw. food riots) nieder. Insbesondere sind die Unruhen der Jahre 1756/57, 1766, 1772/73, 1795/96, 1800/01 und 1816 zu nennen (NIEDHART 1993: 446). Weil die einzelnen Gesellschaftsschichten unterschiedlich an den Erträgen der Produktionsfortschritte des 18. Jahrhunderts partizipierten, verbesserte sich die Lage der Masse der Bevölkerung im Vergleich zu den Jahrhunderten zuvor nur wenig. Um 1800 verteilten sich auf den Adel, dessen Bevölkerungsanteil lediglich rund 1,5% betrug, ca. 16% des Volkseinkommens und auf die mittleren Schichten (rund ein Drittel der Bevölkerung) ca. 60%. Die unteren Schichten, die rund zwei Drittel der Bevölkerung ausmachten, partizipierten hingegen nur zu ca. 25% am Volkseinkommen (vgl. NIEDHART 1993: 443/6), und „die Hälfte der Unterschichten lebte in Armut am Rand oder unterhalb des Existenzminimums" (NIEDHART 1993: 446).

Ein allgemeiner Anstieg des Lebenshaltungsniveaus entwickelte sich erst im Verlauf des 19. Jahrhunderts. Die letzten food riots fanden 1847 statt (vgl. NIEDHART 1993: 446). Die Bevölkerungsschichten profitierten jedoch auch von dieser Entwicklung in unterschiedlichem Maße: Im Laufe der

---

[22] Zusammenfassende Übersichten bieten beispielsweise POLLARD (1994: 116/29); MIECK (1993: 148/53).

ersten Hälfte des 19. Jahrhunderts sank der Anteil des Volkseinkommens, der auf die 'unteren' 90% der Gesellschaft entfiel, von rund 55% auf rund 47% (vgl. NIEDHART 1993: 449). Für den konservativen Politiker und späteren Regierungschef Benjamin DISRAELI (1804-1881) bestand die britische Bevölkerung 1845 aus „zwei Nationen", die voneinander getrennt nebeneinander her lebten (zit. nach NIEDHART 1993: 450). Gleichwohl steht für NIEDHART (1993: 450) fest, „daß große Teile der Arbeiterschaft am Wirtschaftswachstum zwar unterproportional partizipierten, daß sich ihre Lage insgesamt aber verbesserte".[23]

Bis in das 19. Jh. war der Adel (gentlemen) die bestimmende gesellschaftliche Schicht. Sein Anteil an der Bevölkerung lag im 17. bis 19. Jh. bei rund 1,5%, nach anderen Schätzungen bei 2-3 % im 16./17. Jh.. Die wesentlichen Merkmale der adeligen Klasse waren Landbesitz, finanzielle Unabhängigkeit und umfassende politische Mitbestimmung. Hierbei gab es zwischen Hochadel (peerage) und niederem Adel (gentry) signifikante Unterschiede in materieller und politischer Hinsicht. So wurde beispielsweise der Landbesitz verschiedenartig, nämlich in Form von Verpachtung oder Selbstbewirtschaftung, genutzt (vgl. oben I.2).

Der Adel war die zentrale politische Institution der lokalen Gemeinschaften. Wichtige Positionen in der Verwaltung und der Jurisprudenz wie das Amt des Friedensrichters wurden von Angehörigen der gentry übernommen. Die gentry waren das „Rückgrat der der lokalen Verwaltung" (NIEDHART 1993: 444).

Die Verleihung politischer Ämter auf kommunaler und grafschaftlicher Ebene durch den König stellte eine Auszeichnung dar. Ein Berufungskriterium waren die privaten Vermögens- und Einkommensverhältnisse. Die Amtstätigkeit erfolgte ehrenhalber und unbezahlt. Während sich das parlamentarische Oberhaus aus der peerage zusammensetzte, war im Unterhaus hauptsächlich die gentry vertreten.

Ein gentleman zeichnete sich nicht nur durch Landbesitz und Pachteinkünfte aus, sondern zudem durch entsprechende Bildung, Umgangsformen, Garderobe und gesellschaftliche Aktivitäten. Zu letzteren zählte die bereits erwähnte Übernahme politischer Ämter ebenso wie das Veranstalten von Empfängen etc.

Die Industrialisierung änderte nichts an der politischen und gesellschaftlichen Vormachtstellung des Adels. Dies galt jedoch nicht in ökonomischer

---

[23] Zu den unterschiedlichen Lebensverhältnissen im 16. bis 19. Jh. und der Polarisierung der Gesellschaft vgl. HAAN/NIEDHART (1993: 23/36, 107/20, 222/3); NIEDHART (1993: 443/50); NIEDHART (1987: 39/49); WILSON (1993: 369/74).

Hinsicht. Mit der zunehmenden Bedeutung des industriellen Sektors und der aufkommenden Schicht des wirtschaftsstarken oberen Industriebürgertums verlor der Adel relativ gesehen an Bedeutung. „Die führende Stellung des Adels war politisch und gesellschaftlich in der Mitte des 19. Jahrhunderts fast ebenso stark wie hundert Jahre zuvor. Die wirtschaftliche Vorherrschaft war ihm aus den Händen geglitten, aber die Industrielle Revolution hat das soziale Gefüge in Großbritannien nicht von Grund auf umgestoßen." (NIEDHART 1987: 39/40)[24]

Unterhalb des Adels standen im ländlichen Bereich (vgl. die Ausführungen im obigen Abschnitt zum Agrarsektor) die Großbauern (yeomen). Sie unterschieden sich von den Unterschichten durch große Ländereien, die weitgehend gepachtet waren, und die Art ihrer Bewirtschaftung. Produziert wurde in erster Linie für den Markt. Auch in politischer Hinsicht hatten die yeomen Bedeutung. So waren sie u.a. vielfach als Geschworene an der Rechtsprechung beteiligt. Für das 16. und 17. Jh. wird der Anteil der yeomen an der ländlichen Bevölkerung auf 3-4% geschätzt (HAAN/NIEDHART 1993: 32).

Die ländlichen Mittel- und Unterschichten bildeten Kleinbauern (husbandmen, smallholders), Häusler (cottagers) und Landarbeiter (living in servants, outworkers). Die Kleinbauern, von denen bereits die Rede war (I.2), lebten im wesentlichen von ihrem eigenen oder gepachteten Anwesen. Die Nutzung von common land, die Übernahme von Gewerbetätigkeiten im Rahmen des Verlagswesens und auch Lohnarbeiten konnten zusätzliche Erwerbsquellen darstellen. Letztere wurden erst in größerem Maße bedeutsam und überlebenswichtig, als im Laufe der Zeit die kleinbäuerlichen Anwesen durch Erbschaftsteilung kleiner wurden bzw. common land nicht mehr zur Verfügung stand. Anders war der Sachverhalt bei den Häuslern, deren Anwesen in der Mehrzahl der Fälle nur einen mehr oder weniger großen Garten umfaßte. Lohnarbeit und Verlagsproduktion waren hier in der Regel seit jeher existenznotwendig. Die dritte Gruppe schließlich, die Lohnarbeiter, sind einerseits zu unterteilen in die outworker, Tagelöhner bzw. Saisonarbeiter, die zusätzlich im Rahmen des Verlagssystems produzierten, und andererseits in die living in servants, die auf dem Anwesen ihrers Arbeitgebers mitlebten und keinen eigenen Haushalt führten. Mit dem im Zuge der Agrarrevolution sich vollziehenden „Niedergang der Kleinbauern" (HAAN/NIEDHART 1993: 113; vgl. oben I.2) vergrößerte sich

---

[24] Zum Adel vgl. HAAN/NIEDHART (1993: 23/9); NIEDHART (1987: 39/42); MIECK (1993: 207/12). Zum politischen System bzw. zur Verwaltung vgl. HAAN/NIEDHART (1993: 57/69).

die Kluft zwischen der adeligen Ober- und der bäuerlichen bzw. lohnarbeitenden Unterschicht.[25]

Zentrale Bedeutung für das Leben auf dem Land hatten die nachbarschaftlichen Beziehungen (vgl. HAAN/NIEDHART 1993: 53/6). „'Ein guter Nachbar zu sein', war wahrscheinlich das zentrale Verhaltensgebot der lokalen Gemeinschaften." (HAAN/NIEDHART 1993: 53) Die gegenseitige Hilfe, die u.a. nicht nur die Unterstützung bei der landwirtschaftlichen Arbeit, sondern auch das Verleihen von Geld einschloß, stand hierbei im Mittelpunkt. Zugleich beinhaltete das nachbarschaftliche Verhältnis eine Kontrollfunktion, die den gesamten individuellen Lebensbereich umfaßte.[26]

Charakteristisch für die ländliche Familie war die enge Verbindung der privaten und beruflichen Sphären. Die Familie war zugleich eine Produktionseinheit.[27]

Im Zuge des Bevölkerungswachstums, der Produktivitätsfortschritte in der Landwirtschaft und der Industrialisierung setzte der Prozeß einer nachhaltigen Urbanisierung ein. Lebten in Großbritannien 1750 15% der Bevölkerung in den Städten, so waren es 1801 nunmehr 25% und 1850 schließlich 60% (vgl. NIEDHART 1993: 418). Eine kontinuierliche Zunahme des städtischen Bevölkerungsanteils hatte sich in England bereits zuvor im 16. und 17. Jh. gezeigt. Das wesentliche Motiv für den Umzug vom Land in die Stadt war die Hoffnung, dort einen Arbeitsplatz zu finden.[28]

Auch die städtische Bevölkerungsstruktur hatte pyramidenförmigen Charakter. Der Anteil des Großbürgertums (citizens, burgesses) wird für das 16. und 17. Jh. mit 3-4% ungefähr so hoch geschätzt wie der Anteil der yeomen an der ländlichen Bevölkerung (vgl. HAAN/NIEDHART 1993: 32). Das Großbürgertum gehörte vor allem zu den trades und professions. Während die trades beispielsweise als Großkaufleute im Handel tätig wa-

---

[25] Zur Situation im ländlichen Bereich vgl. HAAN/NIEDHART (1993: 13/23, 29/36, 57/61, 66/9, 113/6); NIEDHART (1987: 42/9); WILSON (1993: 376/9); MIECK (1993: 219/22).

[26] Ein besonders eindringliches Instrument dieser Kontrolle war die sog. Katzenmusik (rough music, charivari), der ausgesetzt wurde, wer die Regeln der Nachbarschaft oder die guten Sitten mißachtete. Nachts versammelten sich dann die Nachbarn vor dem Haus des zu maßregelnden Dorfgenossen und veranstalteten Geräusche und Lärm in verschiedensten Variationen. Bisweilen wurden auf diese Weise Dorfbewohner regelrecht zum Wegzug genötigt.

[27] Zur Familie und Verwandtschaft vgl. HAAN/NIEDHART (1993: 37/53).

[28] Zu diesen strukturellen Veränderungen vgl. HAAN/NIEDHART (1993: 11/3, 71/4, 216/7); NIEDHART (1993: 417/9); BERGIER (1976: 279); CIPOLLA (1976: 7); WILSON (1993: 372/4).

ren, handelte es sich bei den professions um Juristen, Lehrer, Ärzte, Vertreter der Kirche etc. Vom Großbürgertum unterschied sich das Stadtvolk, die common people. Zu ihnen zählten zum einen das Kleinbürgertum bzw. die freemen, Leute mit selbständiger Existenz und diversen politischen Rechten, beispielsweise Handwerksmeister und Angehörige der Mittel- und Unterschichten der trades und professions. Den restlichen Teil der common people bildeten die abhängig Beschäftigten, wie z.b. Handwerksgesellen. Städtische Armut betraf wesentlich diese Gesellschaftsgruppe, und hier vor allem ungelernte Kräfte.

Die Existenz von zwei weiteren bedeutenden gesellschaftlichen Gruppen war unmittelbar mit der industriellen Revolution verknüpft. Zum einen entstand mit der Industrialisierung das zu den Ober- und Mittelschichten zählende Industriebürgertum, zu dem u.a. die Klasse der industriellen Unternehmer gehörte. Zum anderen brachte der Industrialisierungsprozeß absolut betrachtet eine Masse industrieller Lohnarbeiter hervor, wenngleich ihr Bevölkerungsanteil nicht mehr als 12% betrug (siehe oben). Diese Gruppe war von Armut besonders betroffen, insbesondere bei niedriger beruflicher Qualifikation.[29]

Die genannte Gruppe der Industriearbeiter entwickelte bis zur ersten Hälfte des 19. Jahrhunderts nach NIEDHART (1993: 443) zwar durchaus ein „Klassen"-Bewußtsein, aber „keine durchgehende Klassensolidarität". Arbeitervereine, Gewerkschaften etc. wurden etwa ab 1780 ins Leben gerufen. Ihre Gründung vollzog sich jedoch zunächst nur in den Reihen der „Arbeiteraristokratie" (NIEDHART 1993: 448), d.h. qualifizierten Facharbeitern aus Industrie und Handwerk. „Sie waren die Träger der sich formierenden Arbeiterbewegung." (NIEDHART 1993: 448) „Es empfiehlt sich also nicht, von einer einheitlichen Arbeiterklasse zu sprechen, denn die organisierte Arbeiterschaft war eine Minderheit, die sich sehr wohl gegen die unteren Schichten abgrenzte." (NIEDHART 1993: 448) Noch 1870 waren weniger als 7% der britischen Arbeiter Mitglied einer Gewerkschaft (vgl. NIEDHART 1987: 76).

Ein wesentliches Hindernis auf dem Weg zur Bildung einer einheitlichen Arbeiterbewegung stellten BERGIER zufolge die industriellen Arbeitsverhältnisse dar, in denen sich die Masse der Arbeiter befand. Die vielfache Monotonie der industriellen Lohnarbeit, die Länge der Arbeitszeit, Lärm, Gestank etc. riefen einen „Zustand passiver Resignation, den sie nicht zu überwinden vermochten", hervor (BERGIER 1976: 283). „Die

---

[29] Zur Situation in den Städten vgl. NIEDHART (1987: 39/49); NIEDHART (1993: 443/50); HAAN/NIEDHART (1993: 13/23, 29/36, 116/20); BERGIER (1976: 262/75); WILSON (1993: 379/80); MIECK (1993: 212/9); LILLEY (1976: 140/1).

Lebens- und Arbeitsbedingungen für die Fabrikarbeiter waren erbärmlich." (BERGIER 1976: 283) Textil-, Metallindustrie und Bergbau waren Horte der Kinderarbeit[30]. Kinderarbeit wiederum stellte ein zusätzliches Hemmnis der Arbeiterbewegung dar. „Von früher Kindheit an durch die Arbeit und Disziplin der Fabrik geformt, waren die einzelnen Erwachsenen, ohne Schulbildung und häufig krank, gar nicht fähig, ihr Elend genau einzuschätzen, geschweige denn irgend etwas zur Abhilfe zu tun." (BERGIER 1976: 284)

Auch gesetzgeberische Maßnahmen erschwerten die Bildung starker gewerkschaftlicher Vereinigungen. 1799/1800 wurden die Gewerkschaften durch die Combination Acts von der Regierung aus Angst vor Massendemonstrationen und Aufruhr verboten. Ungeachtet der Tatsache, daß Streikenden die Verhaftung drohte, blieben Demonstrationen und Streiks in der Folgezeit dennoch nicht aus. Erst 1824 kam es zur Wiederzulassung der Gewerkschaften, jedoch weiterhin ohne Streikrecht. Nationale Gewerkschaftsbewegungen entstanden im wesentlichen erst ab Mitte des 19. Jahrhunderts.

Neben den Gewerkschaften, deren Aufgabe insbesondere in der Vertretung der Arbeiterschaft bei Lohnverhandlungen bestand, waren zwei andere Organisationsformen bedeutsam: zum einen genossenschaftliche Vereinigungen, zum anderen die sog. friendly societies. „Organisierten die Gewerkschaften die Arbeiter als Produzenten, so organisierten die Konsumgenossenschaften sie als Konsumenten." (EISENBERG 1994: 146) Der genossenschaftliche Zusammenschluß sollte den Mitgliedern einen preiswerten Einkauf ermöglichen. Zu genossenschaftlichen Gründungen kam es darüber hinaus beispielsweise auch im Bankenbereich. Bei den friendly societies handelte es sich um – "häufig mehr schlecht als recht" (EISENBERG 1994: 147) – selbstverwaltete versicherungsähnliche Organisationen der Arbeiterschaft, die im Krankheits- und Todesfall sowie im Alter Unterstützung leisteten.

Eine radikale Gruppierung stellten in der zweiten Dekade des 19. Jahrhunderts die Ludditen dar, die im Namen eines fiktiven Captain Ludd gewalttätig gegen die Vernichtung von Arbeitsplätzen durch die maschinelle Fertigung protestierten. Sie stürmten Fabriken und zerstörten die Maschinen. Ende der 30er Jahre entstand mit dem Chartismus erstmals eine politische Bewegung der Arbeiterklasse. Diese Bewegung, die sich jedoch nur bis Ende der 40er Jahre halten konnte, stritt auf der Basis einer

---

[30] Kinderarbeit war schon seit jeher in der Landwirtschaft weithin üblich (vgl. NIEDHART 1987).

People's Charter für eine umfassende Wahlrechtsreform. Gefordert wurde u.a. das allgemeine Wahlrecht für Männer.[31]

Ein politischer Einfluß der Masse der Bevölkerung auf dem Wege von Parlamentswahlen war bis dahin ausgeschlossen. Das Wahlrecht war allgemein an bestimmte Einkommensgrenzen geknüpft bzw. den steuerzahlenden Bevölkerungsteilen vorbehalten. Lockerungen bezüglich der Anforderungen an die individuellen Vermögensverhältnisse erfolgten im Rahmen der Wahlrechtsreformen von 1832 und 1867. Von der Reform 1832 profitierten im wesentlichen die städtischen Mittelschichten. Ab 1867 konnten auch Kleinbürger und Facharbeiter das Wahlrecht erlangen, sofern sie bestimmte Vermögensvoraussetzungen erfüllten. Das Frauenwahlrecht wurde erst im 20. Jh. eingeführt.[32]

In der Literatur werden verschiedenste Ursachen dafür gesehen, daß es im 18. und 19. Jh. angesichts der vielfältigen sozialen und ökonomischen Diskrepanzen zwischen den verschiedenen Bevölkerungsschichten nicht zu einer politischen Revolution kam. Einige Gründe wurden zum Teil bereits genannt wie das fehlende Klassenbewußtsein der Arbeitermassen, das Verbot von Gewerkschaften und später der bereits genannte Anstieg des allgemeinen Lebensstandards. Ein weiterer Aspekt, der in der Literatur betont wird, soll angeführt werden: die soziale Mobilität der britischen Gesellschaft, die im Zusammenhang mit den individuellen wirtschaftlichen Entfaltungsmöglichkeiten stand. „Daß sich in Großbritannien die vorindustrielle Machtverteilung in Politik und Gesellschaft halten konnte, ohne daß sich gleichzeitig revolutionäre Potentiale bildeten, lag an der Durchlässigkeit des sozialen Gefüges, der freien und sicheren Verfügbarkeit von Eigentum und der Wertschätzung von wirtschaftlicher Leistung, schon *bevor* die Industrielle Revolution zum Durchbruch kam. Es gab keine Abschottung zwischen den besitzenden Schichten." (NIEDHART 1993: 443; Herv. dort.) Das Erbrecht der Primogenitur in der Adelsschicht, das den Erstgeborenen privilegierte, führte dazu, daß die anderen Nachkommen u.a. bürgerliche Berufe ergriffen. So gab es verwandtschaftliche Bande quer durch die meisten Gesellschaftsschichten. Auf der anderen Seite war es auch Kleinbürgern möglich, über wirtschaftlichen Erfolg in die höheren Ränge der Gesellschaft aufzusteigen. In der Literatur (MIECK 1993: 192, 210) wird entsprechend von einer „Abwärts-" und „Aufwärtsmobilität" (downward mo-

---

[31] Zur Lage der Arbeiter und der Entwicklung der Arbeiter- bzw. Gewerkschaftsbewegung vgl. NIEDHART (1987: 42/9, 55/77); NIEDHART (1993: 450/60); BERGIER (1976: 275/90); EISENBERG (1994).

[32] Zum Wahlrecht vgl. NIEDHART (1987: 78/102, 161/2); HAAN/NIEDHART (1993: 64, 156, 222); NIEDHART (1993: 444).

bility, upward mobility) gesprochen. Neben dieser „vertikalen Mobilität" gab es auch die „innerständische, horizontale" Mobilität, die sich innerhalb einer gesellschaftlichen Klasse vollzug (MIECK 1993: 192). „Großbritannien überschritt also die Schwelle zur Industrialisierung als eine vergleichsweise offene Gesellschaft, was die wirtschaftlichen Entfaltungsmöglichkeiten anging. Da alle gesellschaftlichen Schichten davon profitierten, konnten die traditionellen politisch-gesellschaftlichen Abstufungen erhalten bleiben" (NIEDHART 1993: 443).[33]

Statussymbol gesellschaftlichen Aufstiegs und wirtschaftlichen Erfolgs war insbesondere der Besitz bzw. Erwerb von Land. Der Lebensstil des Adels galt allgemein für das Großbürgertum als Vorbild. Die mittleren Schichten der städtischen Bevölkerung siedelten sich vorwiegend in den Vororten an, wo die Lebensbedingungen angenehmer als in den Stadtzentren waren. Blieb den Mittelschichten der Weg zur gesellschaftlichen Anerkennung durch Landbesitz, großzügigen Lebenswandel und – lange Zeit – politische Ämter verwehrt, so mußten sie sich auf andere Weise auszuzeichnen versuchen: „Arbeitsamkeit, Gewissenhaftigkeit, Zielstrebigkeit, Selbständigkeit waren Tugenden, die ihre Mentalität prägten." (NIEDHART 1993: 445)[34]

5. Politik und Wirtschaftspolitik

Politik und Wirtschaftspolitik Großbritanniens im 18. und 19. Jh. waren eng miteinander verwoben. Dies zeigt sich beispielsweise an der „Deckungsgleichheit von nationalem Interesse und Handelsinteresse" (HAAN/NIEDHART 1993: 225). Hierzu wurde in einem Lexikon von 1756[35] im Artikel „Britain" vermerkt: „There is a distinction frequently made, chiefly by foreigners, between the national and commercial interest of Great Britain; but, in reality, this is a distinction, without a difference; for

---

[33] Zur sozialen Mobilität vgl. NIEDHART (1993: 443/6, 453); WILSON (1993: 374/6); MIECK (1993: 187/8, 192/8, 210); HAAN/NIEDHART (1993: 36, 107/13, 215/6); LILLEY (1976: 141).

[34] Zu den individuellen Lebensstilen vgl. NIEDHART (1993: 443/6); WILSON (1993: 374/9); HAAN/NIEDHART (1993: 28/31).
Zum Ende des Abschnitts soll darauf hingewiesen werden, daß es sich bei der vorgenommenen Schilderung der gesellschaftlichen Situation in den Städten und auf dem Land nur um eine grobe Skizzierung der Lebensverhältnisse handeln kann. Je nach Region und Stadt waren natürlich mehr oder weniger große Abweichungen möglich.

[35] A New Dictionary of Trade and Commerce, hg. v. R. Rolt (London 1756).

these are so inseparably united, that they may be very well considered as one and the same ... Therefore, whatever assists, promotes, and extends the commerce of Britain is consistent with its national interest." (Zit. nach HAAN/NIEDHART 1993: 261 Anm.) Nach HAAN/NIEDHART (1993: 224/5) war die „integrierende Wirkung des kommerziellen Interesses" eines der einheitsstiftenden Elemente der britischen Gesellschaft: „Im 'commercial interest' manifestierte sich die Identität des Landes."

Die Wege zur Wahrung des nationalen Interesses, zur Erlangung volkswirtschaftlichen Wohlstands waren verschieden. Im Zeichen des Merkantilismus wurde bis in das 18. Jh. eine aktive Protektionspolitik betrieben. Ende des 18. Jahrhunderts führte dann die Idee des Freihandels zu einer Umkehr der Wirtschaftspolitik, die auch das 19. Jh. prägte. Konstant blieb hingegen die Absicherung der wirtschaftspolitischen Zielsetzungen und Instrumente durch die britische Außenpolitik, die Kriegsführung eingeschlossen.

Die Frage nach der merkantilistischen Theorie kann hier nicht vertieft werden. Einige Hinweise sollen genügen. Die Grundannahme der Merkantilisten bestand in der Auffassung, daß einerseits volkswirtschaftlicher Wohlstand aus Geld und Edelmetallen bestehe und andererseits internationaler Handel gleichsam als Nullsummenspiel zu verstehen sei. „Dementsprechend spiele sich der Handel im Grunde in Form eines ständigen Wirtschaftskrieges ab, da jedes Land nur um das reicher werden könne, was es anderen Ländern entziehe." (MIECK 1993: 143) Der merkantilistische Imperativ verlangte daher eine aktive Handelspolitik mit einer Förderung der Exportwirtschaft und einer Beschränkung der Importe. Subventionen, Monopole, die Eroberung von Kolonien und der billige Erwerb kolonialer Rohstoffe, Importzölle etc. waren hierbei Instrumente staatlichen Handelns. Eine der wichtigsten Maßnahmen waren die Navigation Acts des 17. Jahrhunderts: Britische Schiffe wurden als Transportmittel für den Kolonial- und Außenhandel vorgeschrieben. Ausnahmen waren möglich, jedoch nur gegen höhere Zölle. Die Förderung der Exportwirtschaft konnte allerdings auch zu binnenwirtschaftlichen Deregulierungen führen. Der Abbau innerstaatlicher Zollgesetze verbilligte die Herstellung der zu exportierenden Waren.

Differenzen in der Beurteilung herrschen hinsichtlich der Geschlossenheit der merkantilistischen Theorie und der Anerkennung eines 'merkantilistischen Systems'. MIECK (1993: 143) zufolge handelt es sich bei der merkantilistischen Theorie um ein „System (das eigentlich keins war)". STREISSLER (1984: 20/7) argumentiert, daß es im Rahmen merkantilistischer Wirtschaftspolitik eine Vielzahl „tatsächlich sehr unsystematischer ...

Einzelmaßnahmen" (STREISSLER 1984: 24) gab, die jedoch im Laufe der zweiten Hälfte des 17. Jahrhunderts langsam reduziert wurden. Maßgeblichen Einfluß hatte dabei insbesondere Thomas MUN. Er erkannte, daß zum einen der Staat nicht über ausreichende Kapazitäten verfügte, die eine umfassende Wirtschaftslenkung erlaubt hätten, und daß es zum zweiten Bereiche gab, in denen staatliche Interventionen mehr schadeten als nutzten. Der Merkantilismus des ausgehenden 17. Jahrhunderts mit sowohl interventionistischen als auch liberalen Elementen stellt sich demnach für STREISSLER (1984: 22 mit Bezug auf WILSON[36]) als „ein logisch geschlossenes, wohldurchdachtes und auch erfolgreiches wirtschaftspolitisches System" dar. Zur Zeit Smiths traten unsystematische binnenwirtschaftliche Interventionen nach Auffassung STREISSLERS (1994: 24) „in Wahrheit nur mehr als curiosa gelegentlich auf", auch wenn Smith STREISSLER zufolge (ebd. 24) so tat, als ob sie „noch immer voll im Schwange wären". Für NIEDHART (1993: 425) „ist es eine Tatsache, daß das merkantilistische Großbritannien in der Mitte des 18. Jh. über die größte Freihandelszone der Erde verfügte".[37]

Den theoretischen Argumentationen gegen den Protektionismus, u.a. von Smith, folgte im 19. Jh. die politische Freihandelsbewegung. Antriebskraft war hierbei insbesondere das Industriebürgertum mit seinem Protest gegen die Kornzölle (Anti Corn Law League unter Führung von Richard COBDEN). Mit dem Ziel der Abschaffung dieser Zölle verband sich die Hoffnung auf den Rückgang protektionsbedingter Preisverzerrungen und die Aufhebung diverser Beschränkungen im internationalen Handel, von denen die britische Wirtschaft aufgrund ihrer Wettbewerbsstärke insgesamt profitieren würde. Zugleich vertrat die Freihandelsbewegung die Auffassung, daß internationaler Handel allen Staaten zugute komme, im Gegensatz zur merkantilistischen These also kein Nullsummenspiel sei. Dem zwischenstaatlichen Handel wurde wohlfahrtssteigernder und in diesem Zusammenhang auch pazifistischer Charakter auf nationaler und internationaler Ebene zuerkannt. „Nur bei Verwirklichung des Freihandels sei der gesellschaftliche Friede dauerhaft erreichbar. Frieden durch Freihandel war ein Zauberwort, das auch auf internationale Zusammenhänge angewandt wurde." (NIEDHART 1987: 71)[38]

---

[36] C. WILSON; England's Apprenticeship 1603-1763 (London 1965) 165ff.

[37] Zum Merkantilismus vgl. MIECK (1993: 141/7); STREISSLER (1984: 15/27); NIEDHART (1993: 422/6); WILSON (1993: 392/7); SUPPLE (1976: 201/6). Vgl. zum Merkantilismus im allgemeinen auch HOLLANDER (1987: 19/23); STARK (1960); GALBRAITH (1990: 45/60).

[38] Zur Freihandelsbewegung vgl. NIEDHART (1987: 70/4); NIEDHART (1993: 425/6).

Daß Großbritannien im 18. und 19. Jh. die führende ökonomische Macht in Europa und in der Welt wurde, ist nicht nur auf die industriellen Fortschritte und die aktive Handelspolitik zurückzuführen. Maßgeblichen Anteil hatte daran auch die britische Außen- und Sicherheitspolitik. Die Kolonialpolitik mit der Schaffung neuer Rohstoff- und Absatzmärkte und die militärische Durchsetzung der Navigation Acts sind hierbei ebenso zu nennen wie die kriegerischen Auseinandersetzungen mit dem Erzrivalen Frankreich sowie mit Spanien. „Zwischen 1689 und 1802 befand sich das Land insgesamt 75 Jahre im Kriegszustand." (HAAN/NIEDHART 1993: 226) War das 18. Jahrhundert „das Jahrhundert der weltpolitischen Offensive Großbritanniens" (HAAN/NIEDHART 1993: 226), so erreichte das Land nach den napoleonischen Kriegen im 19. Jh. „einen Weltmachtstatus, wie es ihn im 18. Jahrhundert und früher nie gekannt hatte" (GRUNER 1994: 28). Die zumutbaren kriegsbedingten Lasten für die Bevölkerung einerseits und den Staatshaushalt andererseits waren jedoch an ihre Grenzen angelangt. Nach der außen- und handelspolitischen Offensive der Vergangenheit lag das Augenmerk der britischen Politik nunmehr auf der Bewahrung der erreichten Vormachtstellung. Im ökonomischen Bereich stellte der Freihandel den neuen Weg dazu dar. In der Außenpolitik wurde der Schwerpunkt von Kontinentaleuropa nach Asien und Amerika verlagert, nachdem die Europäer Großbritannien als die bestimmende Großmacht anerkannt hatten. „Die britische Weltmachtstellung ließ sich so ohne große materielle und finanzielle Investitionen wahren. Im Zeichen der 'Pax Britannica' wurde Großbritannien bis in das zweite Drittel des 19. Jahrhunderts zum unangefochtenen politischen und ökonomischen Zentrum des internationalen Systems." (GRUNER 1994: 28)[39]

Wie bereits erörtert, gehörte zur britischen Wirtschaftspolitik des 18. und 19. Jahrhunderts eine Tendenz der Deregulierung zunächst im binnenwirtschaftlichen, dann jedoch auch im außenwirtschaftlichen Bereich. Die Abschaffung verschiedener Zunftvorschriften, das Ende staatlicher Lohnfestsetzung durch Friedensrichter (vgl. WILSON 1993: 400) zugunsten der freien Vereinbarung zwischen Gewerkschaften und Unternehmern und die Aufhebung von Außenzöllen mögen hierfür als Beispiele genannt sein.

Die britische Politik erkannte zugleich das Problem der zunehmenden städtischen Verelendung und den daraus erwachsenden Handlungsbedarf. Verschiedene Gesetze zur Regelung der Arbeitsverhältnisse waren ebenso

---

[39] Zur Verbindung von Außen-, Sicherheits- und Handelspolitik vgl. GRUNER (1994); HAAN/NIEDHART (1993: 224/30); NIEDHART (1987: 102/14); MIECK (1993: 165/70); SUPPLE (1976: 201/7); LILLEY (1976: 138/9).

die Folge wie sozial- und bildungspolitische Maßnahmen. Genannt seien
hier Beschränkungen der Kinder- und Frauenarbeit in der ersten Hälfte des
19. Jahrhunderts, wie beispielsweise der Zehnstundentag für Frauen in der
Industrie und das Verbot der Bergwerksarbeit von Kindern unter elf Jahren. Auch auf die Abschaffung der Sklaverei ist zu verweisen. Ein wesentliches sozialpolitisches Instrument war die – insbesondere nach der Neure-
gelgung der Armengesetzgebung von 1834 teilweise äußerst restriktiv ge-
handhabte – Gewährung von Armenunterstützungen und Lohnsubventio-
nen. Rund 5% der Bevölkerung erhielten 1850 in dieser Form staatliche
Unterstützung. In der Schulbildung engagierte sich der Staat erst 1833, und
zwar in Form von – zunächst noch geringen – Zuschüssen für die vorwiegend kirchlichen Schulen. Erst 1870 kam es zur Gründung von staatlichen
Grundschulen. Die allgemeine Schulpflicht wurde zehn Jahre später eingeführt.[40]

Gleichwohl änderten die verschiedenen Maßnahmen NIEDHART zufolge
nichts an der Tatsache, daß das öffentliche Bewußtsein, beispielsweise auch
in den genossenschaftlichen Arbeiterbewegungen, vom Prinzip der Eigen-
verantwortlichkeit geprägt war. Nach den liberalen und utilitaristischen
Überzeugungen hatte der Staat „nur eine Aufgabe. Er sollte die freie wirtschaftliche Entfaltung und die privaten Eigentumsverhältnisse garantieren."
(NIEDHART 1987: 51) Die beschriebenen Maßnahmen wurden volkswirtschaftlich dadurch legitimiert, daß ihre „Erledigung im Interesse wirtschaftlicher Leistungssteigerung angezeigt war" (NIEDHART 1987: 52). Es handelte sich um Maßnahmen des „liberalen Interventionsstaats" (NIEDHART
1987: 49), nicht aber um 'sozialstaatliche' Handlungen.[41]

6. Ausblick

In den nachfolgend diskutierten Theorien von Smith, Bentham und Mill (II
bis IV) werden die geschilderten sozio-kulturellen Rahmenbedingungen
immer wieder, und zwar in unterschiedlicher Deutlichkeit, zum Ausdruck
kommen. Hier mögen einige Hinweise genügen.

Das Problem des Bevölkerungswachstums, die damit verbundenen Phänomene gesellschaftlichen Elends und die nötige Zunahme der Nahrungs-

---

[40] Zu den staatlichen Arbeitsvorschriften und der staatlichen Armenfürsorge vgl.
NIEDHART (1987: 52/3). Zum Bildungswesen im 17. und 18. Jh. vgl. WILSON (1993:
381/2); NIEDHART (1987: 54).

[41] Zu der skizzierten liberalen Interventionspolitik vgl. NIEDHART (1987: 49/54).

mittelproduktion werden von allen Autoren thematisiert. Smith spricht hiervon u.a. im Zusammenhang mit der Rede von der unsichtbaren Hand (II.6), Bentham in Verbindung mit der Subsistenz-Sicherung (III.6.2). Mill fordert schließlich ausdrücklich Maßnahmen zur Bevölkerungsbegrenzung (IV.5.2).

Die Erörterung der Arbeitsteilung, des Wettbewerbs und Freihandels basiert auf den Erfahrungen der enormen Produktivitätszuwächse und eines bis dahin unbekannten Ausmaßes des Handelswesens, und zwar sowohl binnen- als auch außenwirtschaftlich. Insbesondere in Smiths *Wealth of Nations* wird die neue Art und Weise des Wirtschaftens ausführlich thematisiert und modelliert. Smith, Bentham und Mill beschreiben nicht nur die Vorzüge von Arbeitsteilung und Handel, sondern kritisieren auch die Mißstände, die daraus erwachsen. Sie nennen die ungleichen Machtverhältnisse zwischen Unternehmern und Arbeitern und kritisieren die durch die Arbeitsteilung entstehende Eintönigkeit des Erwerbslebens und daraus resultierende Nachteile für die Lohnarbeiter. Mill weist explizit auf die Bedeutung genossenschaftlicher Arbeitervereinigungen hin. (U.a. II.5, III.5, IV.5.)

Die ökonomischen Triebkräfte der Individuen werden von allen Autoren betont. Dabei spielt stets der Wunsch, die Lebensverhältnisse zu verbessern, eine Rolle. Er richtet sich nicht nur auf materielle Aspekte, sondern auch auf die hiermit verbundene gesellschaftliche Stellung. Die Sicherheit von Privateigentum und von Verträgen ist bei Smith, Bentham und Mill ein zentrales Thema. (U.a. II.6.2, III.6.2, IV.6.)

Auch die großen Differenzen, die in materieller Hinsicht innerhalb der Gesellschaft bestehen, werden thematisiert. Während Smith offensichtlich davon ausgeht, daß die Auswirkungen der industriellen Revolution, die er nur in ihren Anfängen erlebt, zu einer spürbaren Verbesserung der Lebensverhältnisse auch der unteren gesellschaftlichen Schichten führen, wird das Verteilungsproblem von Bentham und Mill ausführlicher diskutiert. Das Erbrecht rückt dabei in den Mittelpunkt. Bentham legt explizite Vorschläge für die Regelung der Armenfürsorge vor. (U.a. II.5.2, II.6, III.5.5, IV.5.)

Die politische Macht des Adels kommt immer wieder zur Sprache. Bentham und Mill fordern in diesem Zusammenhang die Ausweitung des Wahlrechts und die Einführung der Demokratie. (U.a. Exkurs 2, III.6.3, IV.6.)

Die drei Autoren setzen sich auch jeweils ausführlich mit der staatlichen Politik auseinander. Die Diskussion der merkantilistischen Wirtschaftspolitik ist beinahe ein ständiges Thema des *Wealth of Nations*. Smith, Bentham und Mill plädieren für ein liberales Wirtschaftssystem, in dem sich der Staat auf die Errichtung eines grundlegenden Ordnungsrahmens konzentriert und darüber hinaus nur in relativ begrenzter Weise, beispielsweise hinsichtlich bildungspolitischer Maßnahmen, die als unabdingbar erachtet werden, in den Wirtschaftsprozeß eingreift. Darüber hinaus erscheint nicht nur die Errichtung bzw. Bewahrung eines funktionierenden Rechtswesens als überragende Aufgabe des Staates, sondern auch die Gewährleistung der außenpolitischen Sicherheit. Ihre Bedeutung angesichts der zahlreichen militärischen Auseinandersetzungen kommt insbesondere bei Smith und Bentham zum Ausdruck. (U.a. II.6, III.6, IV.6.)

Teil II

Adam Smith und das „System der natürlichen Freiheit"

1. Einführung zu Person und Werk

Adam Smith (1723-1790) zeichnet sich durch seine Beschäftigung mit einem äußerst breiten Themenspektrum aus. In seiner akademischen Zeit als Professor in Glasgow und zuvor als Dozent in Edinburgh hält er Veranstaltungen zur Moralphilosophie, Logik, Rhetorik und Literatur. Die erstgenannten moralphilosophischen Kurse bestehen aus vier Teilen: „The first contained Natural Theology; in which he considered the proofs of the being and attributes of God, and those principles of the human mind upon which religion is founded. The second comprehended Ethics, strictly so called, and consisted chiefly of the doctrines which he afterwards published in his Theory of Moral Sentiments. In the third part, he treated at more length of that branch of morality which relates to *justice* .... In the last part of his lectures, he examined those political regulations which are founded ... upon the principle of ... *expediency*, and which are calculated to increase the riches, the power and the prosperity of a State. ... What he delivered on these subjects contained the substance of the work he afterwards published under the title of An Inquiry into the Nature and Causes of the Wealth of Nations." (STEWART I.18/20; Herv. dort.[1])

Smiths erstes Hauptwerk, die *Theory of Moral Sentiments* (*TMS*), erscheint 1759, die sechste und zu Smiths Lebzeiten letzte Auflage 1790[2]. Das zweite große Buch Smiths, der *Wealth of Nations* (*WN*), der ihn unter den Ökonomen berühmt gemacht hat und den STARK (1960: 23) als das „Evangelium eines optimistischen Jahrhunderts" bezeichnet, wird wesent-

---

[1] Dugald STEWART (1753-1828) gibt hier einen Bericht John MILLARS (1735-1801), der ein Schüler Smiths ist, wieder.

[2] Ausführliche Hinweise zur *TMS* bei RAPHAEL/MACFIE (1976); ECKSTEIN (1985). – Die *TMS* stellt nach WESTERMARCK den „bedeutsamsten Beitrag zur Moralphilosophie dar, der je von einem britischen Denker geleistet wurde" (E. WESTERMARCK; Ethical Relativity, London 1932: 31, zit. nach RAPHAEL 1991: 16). ECKSTEIN (1985: XXIII) zufolge wurde sie von Smith „weit höher geschätzt" als der *WN*.

lich später, 1776, und bis zu seinem Tod in insgesamt fünf Auflagen, die letzte 1789, veröffentlicht[3].

Darüber hinaus plant Smith eine umfassende rechtswissenschaftliche Darstellung („History of Law and Government") und eine große literatur- und philosophiegeschichtliche Abhandlung („History of all the different branches of Literature, of Philosophy, Poetry and Eloquence") (*Letter* 248; Smiths Vorwort zur 6. Aufl. der *TMS*). Beide Vorhaben kann er jedoch zu Lebzeiten nicht mehr abschließen. Die Ergebnisse der Vorarbeiten zu den beiden geplanten Werken sowie zahlreiche Manuskripte, u.a. zur natür- lichen Theologie, werden auf persönliche Veranlassung Smiths kurz vor seinem Tod verbrannt (STEWART V.8). Erhalten bleiben mit Smiths Ein- verständnis diverse kleinere Aufsätze, die 1795 unter dem Titel *Essays on Philosophical Subjects* (*EPS*) von BLACK und HUTTON herausgegeben wer- den und ursprünglich vermutlich als Bestandteil der geplanten umfangrei- chen Philosophie- und Literaturgeschichte konzipiert worden sind. Zu ihnen zählt als bedeutendste Schrift die wahrscheinlich vor 1758 verfaßte *History of Astronomy* (*HA*).[4]

Nähere Aufschlüsse über die Smithsche Rechtsphilosophie liefern zwei Mitschriften seiner Vorlesungen aus den 1760er Jahren, die *Lectures of Jurisprudence* (*LJ*)[5]. Von Bedeutung sind schließlich Smiths *Lectures on*

---

[3] Zum *WN* vgl. umfassend CAMPBELL/SKINNER (1976); RECKTENWALD (1990).

[4] Zu den *EPS* allgemein vgl. ausführlich RAPHAEL/SKINNER (1980); WIGHTMAN (1980). – SCHUMPETER (1965: 242) schreibt hinsichtlich der *EPS*: „Niemand, so wage ich zu behaupten, kann vom geistigen Format von A. Smith eine richtige Vorstellung haben, der diese Aufsätze nicht gelesen hat". Nach SCHUMPETER (ebd.) kann die *HA* gleichsam als „Perle" innerhalb der *EPS* angesehen werden.

[5] Die erste, als *LJ(B)* bezeichnete, wurde erstmals 1896 von CANNAN herausgegeben. Sie basiert vermutlich auf Vorlesungen von 1763 bis 1764 und befindet sich in einem sehr ausgereiften stilistischen Zustand, der darauf schließen läßt, daß sie – damals nicht unüblich – als Kopie an andere Studenten verkauft werden sollte (MEEK/ RAPHAEL/STEIN 1978: 6/9). Die zweite basiert auf dem Vorlesungszyklus von 1762 bis 1763 und wird als *LJ(A)* bezeichnet. Sie wurde Mitte dieses Jahrhunderts von LOTHIAN entdeckt. Im Vergleich zur *LJ(B)* ist sie stellenweise detaillierter, dafür aber thematisch unvollständiger und stilistisch weniger gut überarbeitet. In der vorliegen- den Arbeit wird daher vorwiegend auf die *LJ(B)* rekurriert.
Die deutsche Übersetzung der *LJ(B)* von BLACH basiert noch auf der *LJ(B)*-Ausgabe von CANNAN. Da die CANNAN-Ausgabe gegen Ende von der Glasgow-Edition an einem Punkt in der Reihenfolge der Abschnitte abweicht, folgen bei BLACH auf § 306 (S. 167) die Abschnitte § 326/33 (S. 167/71), bevor § 307 (S. 172) anschließt.

Rhetoric and Belles Lettres (LRBL)[6]. Manche These aus den anderen Werken findet sich hier veranschaulicht wieder[7].

In den nachfolgenden Kapiteln wird deutlich werden, daß Smiths Werk als *Einheit* zu interpretieren ist. Die verschiedenen Komponenten seiner Theorie, wie sie beispielsweise in *TMS* und *WN* dargelegt werden, ergänzen sich bzw. bauen aufeinander auf.[8] Smiths methodische und didaktische Überlegungen in *EPS* und *LRBL* werden in *TMS* und *WN* konkret angewandt[9].

Smiths Theorie entsteht vor einem breiten Wissenshorizont. Er besitzt eine angesehene Bibliothek und verfügt über umfangreiche Kenntnisse nicht nur der lateinischen und griechischen Klassiker, sondern auch der englischen, französischen und italienischen Literatur (vgl. STEWART I.5/10; BRYCE 1980: 219)[10]. Bei seinem Frankreich-Aufenthalt von 1762 bis 1764

Vgl. zu den *LJ* ausführlich MEEK/RAPHAEL/STEIN (1978). Ein sehr guter Überblick zum Verhältnis von *LJ(A)* und *LJ(B)* findet sich in MEEK/RAPHAEL/STEIN (1978: 24/32).

[6] Die *LRBL* wurden 1958 von LOTHIAN entdeckt und stammen im wesentlichen offensichtlich von demselben Verfasser wie die *LJ(A)*. Ausführlich zu den *LRBL* vgl. BRYCE (1983).

[7] BRYCE (1983: 10) betont dabei den Zusammenhang von Rhetorik und Ethik.

[8] Vgl. auch CAMPBELL/SKINNER (1976: 18): „In terms of Smith's teaching, his work on economics was designed to follow on his treatment of ethics and jurisprudence, and therefore to add something to the sum total of our knowledge of the activities of man in society. To this extent, each of the three subjects can be seen to be interconnected". „The three works [*TMS*, *WN*, *LJ*; O.H.] were to form what may be thought of as a philosophical triptych, but the middle panel [*LJ*; O.H.] on which the *TMS*, on the left, and the *WN*, on the right, are hinged is only present as a sketch provided by two of his students from their records of his lectures in Glasgow" (OAKLEY 1994: 32). RECKTENWALD (1985a: 347) zufolge kann „kein ernsthafter Nationalökonom darauf verzichten ..., Smiths ökonomische Theorie samt seiner Wirtschaftspolitik zumindest in Verbindung mit der 'Theorie' [*TMS*; O.H.] zu sehen und zu beurteilen". Nach PATZEN (1992: 28) geht die *TMS* „dem *WN* nicht nur chronologisch, sondern auch systematisch voraus". Vgl. HEILBRONER (1994); RAPHAEL/MACFIE (1976: 20/5). Zum Problem reduktionistischer Interpretationen vgl. auch z.B. RECKTENWALD (1990: XXXII); MESTMÄCKER (1977: 321); TRAPP (1987: 20/3); WÜNSCHE (1991: 261).

[9] Vgl. in diesem Sinne auch HUEBER (1991: 56/65).

[10] HUEBER (1991: 22) verweist auf die Arbeiten von J. BONAR (A Catalogue of the Library of Adam Smith. Author of the 'Moral Sentiments' and 'The Wealth of Nations', New York 1932) und H. MIZUTA (Adam Smith's Library. A Supplement to Bonar's Catalogue with a Checklist of the whole Library, Cambridge 1967), die Aufstellungen von mehr als zweitausend Bänden der Smithschen Bibliothek vorlegen.

kommt er u.a. in umfassenden Kontakt mit Francois QUESNAY (1694-1774) und anderen Vertretern der Physiokratie. Eine tiefe Freundschaft verbindet ihn mit David HUME (1711-1776). Francis HUTCHESON (1694-1746) ist einer seiner Lehrer in Glasgow.[11] An diesem wichtigen schottischen Handelsplatz verkehrt Smith später u.a. mit zahlreichen Kaufleuten, so daß er das wirtschaftliche Geschehen auch in der Praxis erleben kann.

Der oben (Teil I) geschilderte sozio-kulturelle Kontext, in dem Smith lebt, kommt in seinem Werk immer wieder zum Vorschein. Darüber hinaus wird seine Theorie vom damaligen geistesgeschichtlichen Klima in Schottland, das mit dem Begriff der *schottischen Aufklärung* verbunden wird, sichtbar beeinflußt. Es soll im folgenden Exkurs kurz dargestellt werden.

Exkurs 1: Die schottische Aufklärung

Die sog. schottische Aufklärung[12] ist von der Emanzipation der Philosophie und Wissenschaft vom kirchlich-theologischen Bereich geprägt. Ist beispielsweise die Ethik bis um 1700 streng mit der christlichen Offenbarung verknüpft und dieser untergeordnet, kommt es nach 1700 unter dem Einfluß von René DESCARTES (1596-1650), Isaac NEWTON (1642-1727) und John LOCKE (1632-1677) zu einer Betonung der Erkenntnis durch Empirie und Vernunft: „By c. 1700 philosophers had replaced divines as the chief inquirers into the grounds of certainty and acceptable belief. As that happened, a sharper distinction was made between revealed and natural knowledge, and more assurance was placed in the adequacy of the latter." (EMERSON 1990: 16) Besondere Bedeutung kommt hierbei Gershom CARMICHAEL (1672-1729) zu. „Where seventeenth-century thinkers had tended to find in the Decalogue a compend of all human duties, Carmichael found it in the rationally known laws of nature which revelation now confirmed. Ethics had not been secularized, but it had been de-Christianized." (EMERSON 1990: 19) Denker wie HUTCHESON, Thomas REID (1710-1796) und HUME versuchen schließlich, eine Moraltheorie auf der Basis des neuen Wissenschaftsverständnisses zu entwerfen.

Aufschlußreich für die neue Sicht von Philosophie und Ethik sind die Darlegungen in der 1771 in Edinburgh erschienen *Encyclopaedia Britannica*. Dort wird „Philosophie" als „the knowledge or study of nature and

---

[11] Zu Einflüssen von HUME und HUTCHESON auf Smith vgl. RAPHAEL/MACFIE (1976: 10/5).

[12] Zu den folgenden Ausführungen vgl. EMERSON (1990).

morality, founded on reason and experience" beschrieben (Bd. 3: 477, zit. nach EMERSON 1990: 26). Die Moralphilosophie folgt in ihrem Ansatz der Naturphilosophie: „Moral Philosophy has this in common with Natural Philosophy, that it appeals to nature or fact; depends on observations; and builds its reasonings on plain uncontroverted experiments, or upon the fullest induction of particulars of which the subject will admit. ... Therefore Moral Philosophy inquires, not how man might have been, but how he is, constituted: not into what principles or dispositions his actions may be artfully resolved, but from what principles and dispositions they actually flow: not what he may ... come to be, or do; but what, by his nature, ... he is formed to be and do." (*Encyclopaedia Britannica*, Bd. 3: 270, zit. nach EMERSON 1990: 26.)

Eine wichtige Rolle spielen im geistesgeschichtlichen Schottland des 18. Jahrhunderts Einflüsse der Stoa (vgl. MACFIE 1967a: 19/26). Sie zeigen sich u.a. in der Entwicklung der Idee einer „spontanen Ordnung" bzw. einer „harmonischen Ordnung" (EMERSON 1990: 32; MACFIE 1967b: 101/2).

MACFIE (1967a) sieht als wesentliches Element der „schottischen Tradition", zu der er Smith als großen Vertreter zählt, die Beschäftigung mit einem breiten wissenschaftlichen Gegenstand. So ist für das ökonomische Denken dieser Tradition ein „philosophischer" bzw. „soziologischer" Ansatz charakteristisch (ebd.: 19/21). Einzelne Themenbereiche werden nicht separat, sondern – geprägt von der stoischen Philosophie – in einem größeren sozialwissenschaftlichen und auch theologischen Kontext behandelt (ebd.: 19/26, 33/6).

Die Entwicklung einer „Natural History of Society", die ihren Ausgangspunkt in der Naturzustands- und -rechtstheorie von Samuel PUFENDORF (1632-1694) und LOCKE nimmt und von der aus die zeitgeschichtlichen Zustände der bürgerlichen Gesellschaft kritisiert werden, betont MEDICK (1973: 19/28, 134/70) für die schottische Aufklärungsbewegung. Smith erscheint bei MEDICK (1973: 25) als „hervorragendster und einflußreichster Vertreter" der anglo-schottischen Sozialwissenschaften[13].

Die Nähe Smiths zu den Auffassungen der schottischen Schule und der Stoa wird sich im weiteren Verlauf der vorliegenden Arbeit immer wieder zeigen.

---

[13] Zu den „Pionieren des neuen Verfahrens" zählt MEDICK (1973: 143/5) neben Smith u.a. Lord KAMES (1696-1782), MILLAR, Adam FERGUSON (1723-1816), STEWART und HUME.

2. Ein ganzheitlicher Ansatz

Bevor Smiths Theorie der Gesellschaft und Wirtschaft inhaltlich erörtert wird, ist nach den methodischen Grundsätzen zu fragen, die seine Überlegungen leiten. Anschließend ist der religiöse Rahmen des Smithschen Werks zu betrachten. Ohne die Beachtung der methodisch-philosophischen Prämissen einerseits und des religiösen Kontexts andererseits ergibt sich eine in wesentlichen Teilen verkürzte Deutung der Smithschen Theorie.

2.1 Methodisch-philosophische Prämissen

Wesentliche Aufschlüsse über den methodischen Ansatz Smiths gewähren die *Essays on Philosophical Subjects*. Insbesondere drei dieser Essays widmen sich der Art und Weise philosophischer Untersuchungen, wie bereits in ihrem Titel „*The Principles which lead and direct Philosophical Enquiries, illustrated by the History of* ..." zum Ausdruck kommt: die *History of Astronomy*, die *History of Ancient Physics* (*HAP*) und die *History of Ancient Logics and Metaphysics*. Von der *History of Astronomy* gehen hinsichtlich des Verständnisses der Smithschen Methodik die meisten Aufschlüsse aus[14].

Das Wesen der Philosophie besteht nach Smith im beobachtenden, analysierenden und verknüpfenden, synthetisierenden Denken. Ausgangspunkt desselben sind das „Staunen (wonder)" über Neues und Einzigartiges, die „Überraschung (surprise)" durch Unerwartetes und die „Bewunderung (admiration)" des Schönen und Großartigen (*HA* intro.1). Der Mensch wird auf diese Weise zum Nachdenken angeregt. Er beginnt, nach Ähnlichkeiten zwischen Neuem und bereits Bekanntem zu suchen und die verschiedenen Objekte in Arten und Gattungen einzuteilen und zusammenzufassen[15]. Abläufe in der Natur werden auf ihre Ursachen hin untersucht, Thesen aufgestellt, geprüft und verworfen. (*HA* intro./III; vgl. *WN* V.i.f.24 dt. 652; *LRBL* i.117, 157, 164/5; ii.v.18/9.)

---

[14] RECKTENWALD (1985a: 356) sieht in der *HA* den „Schlüssel zum Verständnis von Smiths Methoden". Vgl. sehr ausführlich zur Smithschen Methodik und dem Verständnis von Wissenschaft auch HUEBER (1991: 29/70). – Einen Überblick in die *HA* vermittelt auch LONGUET-HIGGINS (1992).

[15] Das Auffinden von Gemeinsamkeiten und Gattungen spiegelt sich auch in den Anfängen der Sprache wider. Dort bezeichnen beispielsweise Substantive zunächst einzelne Objekte, bevor sie dann kategorial verwendet werden (vgl. *Languages* § 1/3).

Die philosophische Erkenntnis beendet die aus der Erfahrung des Neuen und Unerwarteten resultierende Unsicherheit und Ungewißheit und gewährt einen Einblick in die tieferen Dimensionen des Schönen und Großartigen (*HA* intro./III bes. II.12; vgl. *HAP* § 2). Ihr kommt daher ein eigener Wert zu, der unabhänig von den praktischen oder monetären Vorteilen ist, die aus ihr entstehen (vgl. *HA* II.1):

> „Wonder ... and not any expectation of advantage from its discoveries, is the first principle which prompts mankind to the study of philosophy, of that *science which pretends to lay open the concealed connections that unite the various appearances of nature*, and they pursue this study for its own sake, as an original *pleasure or good in itself*, without regarding its tendency to procure them the means of many other pleasures." (*HA* III.3; Herv. O.H.; vgl. auch *HAP* § 2.)[16]
>
> („Das Staunen und nicht eine Erwartung eines Vorteils durch ihre Entdeckungen ist ... das erste Prinzip, das die Menschen zum Studium der Philosophie veranlaßt, dieser *Wissenschaft, die vorgibt, die verdeckten Verbindungen offenzulegen, die die verschiedenen Erscheinungen der Natur vereinen*; und sie verfolgen dieses Studium um seiner selbst willen, als eine ursprüngliche *Freude oder etwas an sich Gutes*, ohne auf seine Tendenz zu achten, ihnen die Mittel für viele andere Freuden zu verschaffen.")

Es geht demnach in der Philosophie wesentlich um die Entdeckung der Prinzipien, die die Natur zusammenhalten – die Entdeckung der Kausalzusammenhänge ist hierbei das besondere Ziel des Menschen (vgl. *LRBL* II.32/3):

> „Philosophy is the science of the connecting principles of nature." (*HA* II.12)
>
> („Die Philosophie ist die Wissenschaft von den verbindenden Prinzipien der Natur.")

Diese „verbindenden Prinzipien (connecting principles)" (z.B. auch *HA* IV.19) bezeichnet Smith ebenso als „verbindende Ketten (connecting chains)" (*HA* IV.19) und schließlich als „*unsichtbare* Ketten (*invisible* chains)" (*HA* IV.610/1; Herv. O.H.). – Der letztgenannte Begriff ist an späterer Stelle im Zusammenhang mit der Rede von der „*unsichtbaren* Hand (*invisible* hand)" nochmals aufzugreifen (s.u. II.6).

Philosophieren ist für Smith systematisches Denken. Systeme zeichnen sich nach Smith dadurch aus, daß das Zusammenspiel ihrer verschiedenen Elemente auf nur wenige grundlegende Prinzipien zurückgeführt werden

---

[16] Damit hebt Smith sich insbesondere von Francis BACON (1561-1626) ab, für den Erkenntnis immer auch eine anwendungsbezogene Komponente besitzt (vgl. HUEBER 1991: 33/4).

kann. Smith nennt dies die „Newtonsche Methode". Ihr unterlegen ist der nicht-systematische Ansatz, wie ihn Smith beispielsweise bei ARISTOTELES sieht (vgl. *LRBL* ii.132/4)[17]. Smith formuliert hinsichtlich dieser beiden Alternativen:

> „we may either like Aristotle go over the Different branches in the order they happen to cast up to us, giving a principle commonly a new one for every phaenomenon; or in the manner of Sir Isaac Newton we may lay down *certain principles* known or proved *in the beginning, from whence we account for the severall Phenomena, connecting all together by the same Chain.* – This Latter which we may call the Newtonian Method is undoubtedly the *most Philosophical"* (*LRBL* ii.133; Herv. O.H.).[18]
>
> („wir können entweder wie Aristoteles durch die verschiedenen Bereiche gehen, und zwar in der Reihenfolge, wie sie uns begegnen, und jedem Phänomen ein – in der Regel neues – Prinzip zuordnen; oder wir können in der Art Isaac Newtons *bestimmte* bekannte oder bewiesene *Prinzipien am Anfang* zugrunde legen, *von wo aus wir die verschiedenen Phänomene erklären, die alle durch dieselbe Kette miteinander verbunden sind.* – Diese letztere, die wir als Newtonsche Methode bezeichnen dürfen, ist unzweifelhaft die *philosophischste".*)

Zur Verdeutlichung erklärt Smith den Begriff des Systems in Analogie zu einer Maschine. Solche mechanistischen Analogien sind im 18. Jh. sehr gebräuchlich (WIGHTMAN, in: *HA* IV.19 Anm.). Smith verwendet sie auch im Zusammenhang mit seiner Gesellschaftstheorie (s.u. II.3.3.4):[19]

> „Systems in many respects resemble machines. ... A system is an *imaginary machine* invented to *connect together in the fancy* those different movements and effects which are already in reality performed. The machines that are first invented to perform any particular movement are always the most complex, and succeeding artists generally discover that, with fewer wheels,

---

[17] Den Rahmen für die Gegenüberstellung von NEWTONSCHER und ARTISTOTELISCHER Methode bilden Smiths Überlegungen zur Didaktik. – Smiths Plädoyer für systematische Darstellungen zeigt sich auch in seiner Kritik an einem Wörterbuch der englischen Sprache (*Review of Johnson's Dictionary* § 1) und in den *LRBL*: „The task Smith set himself in the Rhetoric [*LRBL*; O.H.] was to substitute a 'Newtonian' ..., a philosophical and 'engaging' explanation of beauty in writing, for the old rigmarole about figures of speech and of thought, 'topics' of argument, subdivisions of discourse, characters of style and the rest." (BRYCE 1983: 36)

[18] Das zentrale Prinzip in NEWTONS astronomischem System ist die Gravitation (vgl. *HA* IV.67).

[19] „Smith ... recognized the importance of *analogy* in suggesting that philosophers, in attempting to explain unusual 'appearances', often did so in terms of knowledge gained in unrelated fields." (RAPHAEL/SKINNER 1980: 13; Herv. dort.)

with fewer principles of motion, than had originally been employed, the same effects may be more easily produced. The *first systems*, in the same manner, *are always the most complex*, and a particular connecting chain, or principle, is generally thought necessary to unite every two seemingly disjointed appearances: but it often happens, that one great connecting principle is afterwards found to be sufficient to bind together all the discordant phaenomena that occur in a whole species of things." (*HA* IV.19; Herv. O.H.; vgl. *Languages* § 41.)

(„Systeme ähneln in verschiedenen Hinsichten Maschinen. ... Ein System ist eine *imaginäre Maschine*, die entwickelt ist, um in der *Vorstellung* diejenigen verschiedenen Bewegungen und Effekte, die in der Realität bereits stattfinden, *miteinander zu verbinden*. Die Maschinen, die als erste entwickelt werden, um eine bestimmte Bewegung zu vollbringen, sind stets die komplexesten, und nachfolgende Gelehrte entdecken im allgemeinen, daß mit weniger Rädern, mit weniger Bewegungsprinzipien als den ursprünglich verwendeten die gleichen Effekte einfacher herbeigeführt werden können. In der gleichen Weise sind *die ersten Systeme stets die komplexesten*, und eine besondere Verbindungskette oder ein Prinzip wird grundsätzlich als nötig gedacht, um jeweils zwei scheinbar getrennte Erscheinungen zu verbinden. Aber oft geschieht es, daß später ein großes Verbindungsprinzip gefunden wird, das ausreicht, all die verschiedenen Phänomene, die in einer ganzen Art von Dingen erscheinen, zu verbinden.")

Wissenschaftlicher Fortschritt zeigt sich demnach in einer wachsenden Plausibilität der Systeme und darüber hinaus in einer Verringerung der ihnen innewohnenden grundlegenden Prinzipien (vgl. *LRBL* i.v.34).[20]

Die dergestalt beschriebene philosophische Erkenntnis stellt eine Quelle der Freude dar, und zwar einer größeren als die aus der ARISTOTELISCHEN Methode erwachsende:

„It gives us a pleasure to see the *phaenomena* which we reckoned the most unaccountable *all deduced from some principle* (commonly a wellknown one) and *all united in one chain*, far superior to what we feel from the unconnected method where everything is accounted for by itself without any reference to the others." (*LRBL* ii.134; Herv. O.H.)

(„Es macht uns Freude zu sehen, wie sich die *Phänomene*, die wir als am wenigsten erklärbar einschätzten, *auf ein Prinzip* (normalerweise ein wohlbekanntes) *zurückführen* und *alle durch eine Kette vereinigen* lassen, und zwar weit mehr als wir bei der unverbundenen Methode fühlen, wo alles ohne Bezug zu anderem aus sich selbst erklärt wird.")

---

[20] Im Bereich ethischer Theorien sieht Smith das Ziel, mit möglichst wenigen Prinzipien auszukommen, beispielsweise in der hedonistischen Konzeption EPIKURS verwirklicht (*TMS* VII.ii.2.14 dt. 499). – In Musik und Tanz ist der Rhythmus das jeweilige zentrale Prinzip (*Imitative Arts* II.2).

Das erkannte funktionsfähige System strahlt Ästhetik aus. Smith spricht von der „Schönheit einer systematischen Anordnung von verschiedenen Beobachtungen, verbunden durch einige Grundprinzipien (beauty of a systematical arrangement of different observations connected by a few common principles)" (*WN* V.i.f.25 dt. 652/3), von der „Liebe zum System (love of system)" und der „Schönheit der Ordnung (beauty of order)" (*TMS* IV.1.11 dt. 317; vgl. *Imitative Arts* II.30; *LRBL* i.v.25).

Ob das philosophisch Erkannte auch tatsächlich der Realität entspricht, das entzieht sich Smith zufolge vielfach dem menschlichen Beurteilungsvermögen. Philosophie ist zunächst eine Angelegenheit der *menschlichen Vorstellungskraft*. In der *History of Astronomy* steht dieser Aspekt bei der Darstellung der verschiedenen (natur-) philosophischen Systeme im Vordergrund:

> „Let us examine ... all the different systems of nature, which, in these western parts of the world ... have successively been adopted by the learned and ingenious; and, *without regarding their absurdity or probability, their agreement or inconsistency with truth and reality*, let us consider them *only* in that particular point of view which belongs to our subject; and *content ourselves with inquiring how far each of them was fitted to sooth the imagination*, and to render the theatre of nature[21] a more coherent, and therefore a more magnificent spectacle, than otherwise it would have appeared to be." (*HA* II.12; Herv. O.H.; vgl. III.3; IV.76; *HAP* § 2.)[22]
>
> („Laßt uns ... all die verschiedenen Systeme der Natur untersuchen, die sich im westlichen Teil der Welt ... nach und nach von den Gelehrten und Erfindern zu eigen gemacht wurden, und zwar *ohne ihre Absurdität oder Wahrscheinlichkeit, ihre Übereinstimmung oder Unvereinbarkeit mit Wahrheit und Realität zu betrachten*; laßt sie uns *nur* von dem besonderen Standpunkt aus, der unserem Subjekt zukommt, bedenken, und *begnügen wir uns mit der Untersuchung, wie weit jede von ihnen geeignet war, die Vorstellungskraft zu beruhigen* und das Theater der Natur zu einem stimmigeren und daher schönerem Schauspiel zu machen, als es andernfalls erscheinen würde.")

Gleichwohl spielen Erfahrung und Experiment eine nicht unerhebliche Rolle bei der Gewinnung philosophischer Erkenntnisse und deren Beurtei-

---

[21] Der Begriff des „Theaters der Natur" erinnert an die Stoa: „Für die Stoa ist die Welt *Schauspiel* für Götter und Menschen." (SPAEMANN/LÖW 1981: 81; Herv. dort.) „Das Universum als Ganzes ist ein Schauspiel für vernünftige Wesen" (ebd.: 82).

[22] RAPHAEL/SKINNER (1980: 21) sehen hier eine große Aktualität Smiths: „In these days of relativity theory, physics itself seems to cast doubt on any idea of strictly objective truths in nature independent of observers at different points of space and time. Adam Smith's view of science appears more perceptive today that it will have done in the eighteenth century."

lung (vgl. *External Senses* § 16; *HA* iv.44). Die vergleichende Beobachtung als Erkenntnisquelle zeigt sich beispielsweise in *External Senses* (§ 70/86). In *TMS* und *WN* akzentuiert Smith die Bedeutung dieser empirischen Dimension philosophischer Theorien für deren Geltungsanspruch. Weil der Mensch beispielsweise mit naturphilosophischen Fragestellungen weit weniger vertraut ist als mit den ihn betreffenden moralphilosophischen, kann er von falschen Theorien der letztgenannten Art weit weniger getäuscht werden als von solchen der erstgenannten (vgl. *TMS* VII.ii.4.14 dt. 522/3; *WN* V.i.f.26 dt. 653). Während es in der Physik durch „Experimentieren und Beobachten (experiment and observation)" vielfach zu „nützlichen Entdeckungen (useful discoveries)" kommt, hat die Metaphysik letztlich „nur Verworrenheit und Scheinwissen (nothing but obscurity and uncertainty)" zu bieten (*WN* V.i.f.28 dt. 654; vgl. auch *External Senses* § 18: „metaphysics ... explains nothing"; vgl. *Letter to the Edinburgh Review* § 5).[23] In diesem Sinne formuliert Smith:

> „Science is the great antidote to the poison of enthusiasm and superstition" (*WN* V.i.g.14 dt. 676).
> („Die Wissenschaft ist das wichtigste Mittel gegen das Gift der Schwärmerei und des Aberglaubens".)

„Philosophie (philosophy)" und „Wissenschaft (science)" sind bei Smith, ebenso wie zu seiner Zeit, – zumindest in seinen früheren Schriften – beinahe austauschbare Begriffe (vgl. WIGHTMAN 1980: 12/4; SKINNER 1985: 290/1). Smith spricht von den „mechanical, moral, political, chymical philosophers" (*LJ(B)* § 218 dt. 121). Die Naturwissenschaften werden als *naturphilosophische* Disziplinen (vgl. z.B. *HA* IV.76; *TMS* VII.ii.4.14 dt. 522; *LRBL* ii.130), beispielsweise als „chemical philosophy" (*HA* II.12), bezeichnet.

Die philosophische Tätigkeit wird von Smith in zweifacher Hinsicht bestimmt: Erstens geht es primär um intellektuelle statt praktische Arbeit und zweitens um den Blick für das Ganze und nicht nur für Details. In diesem Sinne spricht Smith von den

---

[23] RAPHAEL/SKINNER (1980: 1; Herv. O.H.) bemerken bezüglich der NEWTONSCHEN Methode: „the task of establishing a system of thought must be conducted in terms of the combination of *reason* and *experience*". CAMPBELL/SKINNER (1976: 3) sprechen im Zusammenhang mit NEWTON von der „experimental method", die es in der Wissenschaft anzuwenden gilt.
Den höchsten Wahrheitsgehalt aller wissenschaftlichen Disziplinen besitzt Smith zufolge die Mathematik (*TMS* III.2.20 dt. 188).

> „philosophers or *men of speculation*, whose trade it is *not to do any thing*, but to *observe every thing*; and who, upon that account, are often capable of combining together powers of the most distant and dissimilar objects" (*WN* I.i.9 dt. 14; Herv. O.H.).
>
> („Philosophen oder *spekulativen Menschen*, deren Aufgabe es *nicht ist, etwas zu tun*, sondern *alles zu beobachten*. Sie sind aufgrund ihrer Spekulationen häufig imstande, Kräfte, die sehr verschieden sind und wenig Bezug zueinander haben, sinnvoll zu verknüpfen".)

Der analysierende und synthetisierende Aspekt des Philosophierens zeigt sich auch im folgenden Zitat aus dem ingenieurwissenschaftlichen Bereich:

> „Some miserable slave who had perhaps been employed for a long time in grinding corn between two stones probably first found out the method of supporting the upper stone by a spindle. A miln wright perhaps found out the way of turning the spindle with the hand. But he who contrived that the outer wheel should go by water was a *philosopher, whose business it is to do nothing, but observe every thing*. They must have *extensive views of things*, who as in this case bring in the assistance of new powers not formerly applied. Whether he was an artizan, or whatever he was who first executed this, he must have been a philosopher; fire machines, wind and watermilns, were the invention of philosophers, whose dexterity too is encreased by a division of labour." (*LJ(B)* § 217/8 dt. 121; Herv. O.H.)
>
> („Irgendein elender Sklave, der vielleicht lange Zeit das Getreide zwischen zwei Steinen mahlen mußte, erfand vielleicht zuerst die Methode, den oberen Stein durch eine Welle zu stützen. Ein Mühlenarbeiter fand vielleicht den Weg heraus, die Welle mit der Hand zu drehen, aber der, der zuerst ersann, daß das äußere Rad vom Wasser getrieben werden solle, war ein *Philosoph, dessen Beschäftigung es ist, nichts zu tun, aber alles zu beobachten*. Diejenigen, die wie in unserem Falle die Hilfe neuer, vorher nicht verwendeter Kräfte einführen, müssen einen *weiten Blick* haben. Ob es nun ein Handwerker oder wer sonst immer gewesen ist, der solches zuerst zur Ausführung brachte, jedenfalls muß er ein Philosoph gewesen sein. Dampfmaschinen, Wind- und Wassermühlen waren die Erfindung von Philosophen, deren Gewandtheit gleichfalls durch eine Arbeitsteilung erhöht wird.")

Smith erkennt die zentrale Bedeutung der wissenschaftlichen Tätigkeit für den Fortschritt innerhalb der Gesellschaft. Dabei kann er ihre Auswirkungen im Zusammenhang mit der industriellen Revolution (s.o. I.3) nur in ihren Anfängen erleben. (Vgl. *WN* I.i.9 dt. 14; V.i.f.28 dt. 654; V.i.f.51 dt. 663; *LJ(B)* § 217/8 dt. 121.)

Unter den im heutigen Sprachgebrauch geisteswissenschaftlichen Disziplinen ist die Moralphilosophie für Smith „der bei weitem wichtigste Zweig der Philosophie" – sofern sie sich nicht in 'unnütze' Kasuistik verliert –, geht es hier doch um die grundlegende Frage nach dem Glück und der Vollkommenheit des Menschen („the most important of all the different branches of philosophy"; *WN* V.i.f.30 dt. 654/5).

Während die philosophische bzw. wissenschaftliche Beschäftigung in den modernen Gesellschaften nach Smith extensiv betrieben wird, ist sie in primitiven Völkern ohne Bedeutung. Der tägliche Kampf um die Beschaffung der Güter zur Befriedigung der existentiellen Bedürfnisse verhindert die Muße, die notwendig ist, um bei den Phänomenen der Natur zu verweilen und ihnen – motiviert durch Staunen, Überraschung und Bewunderung – näher auf den Grund zu gehen (*HA* III.1). Erst in zivilisierten Gesellschaften hält das philosophische Denken Einzug:

> „when law has established order and security, and subsistence ceases to be precarious, the curiosity of mankind is increased, and their fears are diminished" (*HA* III.3).

> („wenn das Gesetz Ordnung und Sicherheit begründet und die Subsistenz nicht mehr länger gefährdet ist, nehmen die Sorgen der Menschen ab und ihre Neugier nimmt zu".)

Daß in der westlichen Welt das antike Griechenland zur Wiege der Philosophie wurde, liegt für Smith in dieser Überlegung begründet (*HA* III.3/4).

Ohne die im Philosophieren erkannten Zusammenhänge der Natur erscheint dem Menschen vieles unverständlich. Smith nennt in diesem Sinne heidnische oder polytheistische Vorstellungen von einem willkürlichen, wirkmächtigen Eingreifen personifizierter Wesen oder Gottheiten in die Welt (*HA* III.1/2; *HAP* § 9). In diesem Zusammenhang gebraucht Smith den Begriff einer „invisible hand of Jupiter" (*HA* III.2; vgl. *WN* V.i.f.24 dt. 652). – Auf diesen Begriff wird in Verbindung mit der Metapher von der unsichtbaren Hand bei Smith an späterer Stelle nochmals ausführlicher eingegangen (s.u. II.6).

2.2 Religiöse Prämissen

War nach Smith ein unsystematisches Verständnis der Welt mit den Vorstellungen heidnischer Gottheiten u.ä., die einen direkten Einfluß auf das Weltgeschehen ausüben, verbunden, so änderte sich diese Sicht mit der Entdeckung grundlegender Prinzipien, die die Welt zusammenhalten:

> „In the first ages of the world, the seeming incoherence of the appearances of nature, so confounded mankind, that they despaired of discovering in her operations any regular system. Their ignorance, and confusion of thought, necessarily gave birth to that pusillanimous superstition, which ascribes almost every unexpected event, to the arbitrary will of some designing, though invisible beings, who produced it for some private and

particular purpose. ... As soon as the Universe was regarded as a complete machine, as a *coherent system, governed by general laws,* and directed to general ends, viz. its own preservation and prosperity, and that of all the species that are in it; the resemblance which it evidently bore to those machines which are produced by human art, necessarily impressed those sages with a belief, that in the original formation of the world there must have been employed an art resembling the human art, but as much superior to it, as the world is much superior to the machines which that art produces. The unity of the system, which, according to this ancient philosophy, is most perfect, suggested the idea of the unity of that principle, by whose art it was formed; and thus, as ignorance begot superstition, *science gave birth to the first theism* that arose among those nations, who were not enlightened by divine Revelation." (*HAP* § 9; Herv. O.H.)

(„In den frühen Zeiten der Welt verwirrte die scheinbare Inkohärenz der Erscheinungen der Natur die Menschen derart, daß sie alle Hoffnung aufgaben, in ihren Tätigkeiten ein planmäßiges System zu entdecken. Ihre Unwissenheit und die Verwirrung der Gedanken gebar notwendigerweise den kleinmütigen Aberglauben, der beinahe jedes unerwartete Ereignis dem launenhaften Willen von einigen hinterhältigen, obgleich unsichtbaren Wesen zuschrieb, die es zu einem persönlichen oder besonderen Zweck hervorbrachten. ... Sobald das Universum als vollständige Maschine betrachtet wurde, als ein *kohärentes System, das von allgemeinen Gesetzen regiert wird* und auf allgemeine Ziele ausgerichtet ist, d.h. die Erhaltung und das Gedeihen seiner selbst und aller Arten in ihm, da beseelte die Ähnlichkeit, die es offensichtlich mit denjenigen Maschinen aufwies, die durch menschliches Handwerk entstehen, jene Weisen notwendigerweise mit einem Glauben, daß mit der ursprünglichen Gestaltung der Welt eine Kunst beschäftigt gewesen sein muß, die der menschlichen Kunst ähnlich, aber doch weit größer als diese ist, so wie die Welt viel größer ist als die Maschinen, die jene Kunst herstellt. Die Einheit des Systems, die gemäß dieser antiken Philosophie die perfekteste ist, legte die Idee der Einheit des Prinzips nahe, durch dessen Kunst es geformt wurde; und so wie das Unwissen Aberglauben zeugte, *gebar die Wissenschaft den ersten Theismus,* der in jenen Nationen aufkam, die nicht durch die göttliche Offenbarung erleuchtet wurden.")

Im Zusammenhang mit diesem Theismus verweist Smith auf PLATON und ARISTOTELES mit deren Ideen einer göttlichen Weltseele bzw. eines unbewegten Bewegers (*HAP* § 9/10). Auch die Stoa, „die religiöseste der antiken Philosophieschulen (the most religious of all the ancient sects of philosophers)" (*HAP* § 11), wird ausdrücklich genannt. Hierbei spielt der Harmoniegedanke eine wichtige Rolle: „Die Ordnung, Harmonie und Kohärenz, die diese Philosophie dem universalen System zusprach, erfüllte sie mit größtem Respekt und mit Ehrfurcht." („The order, harmony, and coherence which this philosophy bestowed upon the Universal System, struck them with awe and veneration."; *HAP* § 11)

Für die Interpretation des Smithschen Werkes ist nun entscheidend, daß solche Vorstellungen einer *natürlichen Theologie* bzw. einer *natürlichen Religion* auch und besonders im damaligen Großbritannien zentrale Bedeutung haben. Geistesgeschichtlich hat sich hierfür (bis Ende des 18. Jh.) der Begriff des „Deismus" eingebürgert, dessen 'Blütezeit' in der Literatur übereinstimmend auf ca. 1650 bis 1750 datiert wird (z.b. KESSLER 1995: 60). Hinsichtlich des deistischen Verständnisses in der für Smith relevanten Epoche kann zunächst auf Herbert von CHERBURY (1581-1648), der gemeinhin als „Vater des englischen Deismus" gilt (z.B. VELDHUIS 1986: 796; HORNIG 1984: 118), verwiesen werden. CHERBURY (De Veritate, 1624, nach HORNIG 1984: 118/9; VELDHUIS 1986: 796) nennt fünf zentrale Momente der natürlichen Religion: die Existenz eines höchsten Gottes, die Pflicht der Gottesverehrung, das Verständnis der Tugend als religiöse Praxis, Reue als Sühne für Sünde und schließlich den Glauben an ein zukünftiges Leben, in dem das irdische Leben belohnt bzw. bestraft wird.

Allgemein wird dem Deismus ein mechanistisches Weltbild zugeschrieben (GAWLICK 1972: 45; MUCK 1983: 41; ENGERT 1986: 196). „Im wesentlichen wird Gott als Schöpfer einer harmonischen und darum ihrer eigenen Naturgesetzlichkeit überlassenen Welt begriffen, in der der Mensch sein Leben ohne Erwartung eines göttlichen Eingriffs durch Gnade oder partikuläre Vorsehung zu gestalten hat." (BAUER 1990: 208)[24]

Der Deismus tritt jedoch in verschiedensten Facetten auf, so daß er nicht einheitlich definiert werden kann. Bis in das späte 18. Jh. wird gleichbedeutend auch der Begriff des „Theismus" verwendet (z.B. VELDHUIS 1986: 795; GAWLICK 1972: 45; BAUER 1990: 7), der begrifflich nicht auf das lateinische „deus", sondern das griechische „theos" zurückgeht.

WOOD (1987: 263) weist darauf hin, daß sich im 17. und 18. Jh. Deismus und Christentum nicht nur als gegensätzliche, sondern vielfach auch als sich ergänzende Auffassungen darstellen, so daß der Begriff „Christian Deist" nicht unüblich ist. „No sharp dividing line can be drawn between Christian or revelationist Deists and Deists who recognized no revelation."

---

[24] STÖRIG (1985, Bd. 2: 26) bezeichnet den Deismus der englischen Aufklärung als diejenige Auffassung, „die zwar einen Gott als letzten Urgrund der Welt anerkennt, aber die Möglichkeit eines göttlichen Eingreifens in den Lauf der einmal bestehenden Welt verwirft. Es gibt daher für den Deisten keine Wunder und ebensowenig eine Offenbarung."

(Ebd.)[25] Die Möglichkeit einer zur natürlichen Gotteserkenntnis zusätzlichen, übernatürlichen Offenbarung wird von CHERBURY übrigens nicht bestritten (HORNIG 1984: 119).

Das zentrale Anliegen des Deismus als „Religion der Aufklärung" (GANOCZY 1987: 82) besteht in der Abwehr atheistischer Vorstellungen bei – gemäß dem Zeitalter der Aufklärung – gleichzeitiger kritischer Prüfung der Lehren der Offenbarungsreligionen (vgl. z.B. HORNIG 1984: 116/8). Natürliche Religion und Offenbarungsreligionen können demnach ausdrücklich gemeinsame Wahrheiten besitzen. Dies gilt auch für den Bereich der Ethik. Bedeutsam für die deistische Erkenntnis ist dabei insbesondere die Prägung durch die Stoa (vgl. HORNIG 1984: 116/8; GESTRICH 1981: 392).[26]

Smith lebt nicht nur in einer Zeit, die durch die Vorstellung einer natürlichen Religion ganz entscheidend geprägt ist, sondern er vertritt auch selbst diesen Glauben. Wie oben (II.1) bereits erwähnt, stellt die Be-

---

[25] In dem von Smith rezensierten Dictionary JOHNSONS zeigt sich eine andere Auffassung des Deismus (S. JOHNSON; A Dictionary of English Language, 1755). Die wesentlichen Merkmale sind hier (nach WOOD 1987: 263): eine Gottesvorstellung ohne persönliche Attribute, die Verneinung einer göttlichen Vorsehung, die Verneinung zukünftigen Lebens, die Verneinung anderer religiöser Glaubensinhalte als die Existenz Gottes. JOHNSONS Position steht offensichtlich in Verbindung mit der laut GESTRICH (1981: 393) in der zweiten Hälfte des 18. Jh. beginnenden begrifflichen Trennung von De- und Theismus, die bis heute dominiert und vor allem von Immanuel KANT (1724-1804) geprägt wird.
Im heutigen allgemeinen Verständnis beinhaltet der Deismus den Glauben an einen Schöpfergott, der nach dem Schöpfungsakt die Welt sich selbst überläßt. Es gibt keine spezifischen göttlichen Eingriffe in Form von Offenbarung und Wunder. Diese sind hingegen im Theismus möglich. Der Theist kann Gott in analoger Rede gleichsam 'menschliche' Attribute zuweisen. (Vgl. BERTOCCI 1987: 421; HOLSTEN 1962; KLEIN 1962; KESSLER 1995: 60; VELDHUIS 1986: 795.)
KANT unterscheidet in der 1781 erschienenen Kritik der reinen Vernunft (KrV: B 659/61) De- und Theismus dahingehend, daß der Deist an „einen Gott", der Theist hingegen an „einen lebendigen Gott" glaubt. „Der erstere [der Deist; O.H.] gibt zu, daß wir allenfalls das Dasein eines Urwesens durch bloße Vernunft erkennen können, wovon aber unser Begriff bloß transzendental sei, nämlich nur als von einem Wesen, das alle Realität hat, die man aber nicht näher bestimmen kann. Der zweite [der Theist; O.H.] behauptet, die Vernunft sei im Stande, den Gegenstand nach der Analogie mit der Natur näher zu bestimmen, nämlich als ein Wesen, das durch Verstand und Freiheit den Urgrund aller anderen Dinge in sich enthalte. Jener stellt sich also unter demselben bloß eine Weltursache ..., dieser einen Welturheber vor."
[26] Zum Deismus bzw. Theismus insgesamt vgl. neben den erwähnten Autoren auch SECKLER/KESSLER (1985: 35/42); KEILBACH (1986).

schäftigung mit der natürlichen Theologie auch einen Teil der moralphilosophischen Vorlesungen Smiths dar[27]. Der Gedanke einer natürlichen Religion kommt auch im *WN* zum Audruck, wo Smith von der Vorstellung der

> „pure and *rational* religion, free from every mixture of absurdity, imposture, or fanaticism, such as wise men have in all ages of the world wished to see established" (*WN* V.i.g.8 dt. 673; Herv. O.H.)
>
> („echten und *vernünftigen* Religion ..., die von jeder Beimischung aus Ungereimtheit, Unwahrheit oder Fanatismus so frei wäre, wie sie weise Menschen zu allen Zeiten zu sehen wünschten",)

spricht.

Zu dem oben beschriebenen deistischen bzw. theistischen Verständnis findet sich bei Smith eine Vielzahl von Parallelen, wie im folgenden dargelegt wird. Da De- und Theismus zu Zeiten Smiths dasselbe bezeichnen und Smith selbst den Begriff des Theismus statt des Deismus gebraucht (s.o. *HAP* § 9), wird seine Position im folgenden als *theistisch* bezeichnet.

Smiths Theismus zeigt sich vor allem in seinem Weltbild. Hier findet sich wieder die schon im vorhergehenden Kapitel erwähnte Analogie von System und Maschine. Smith beschreibt das Universum als „große Maschine" („the great machine of the universe"; *TMS* I.i.4.2 dt. 20; vgl. VI.ii.3.5 dt. 400). In diesem 'System der Welt' ist alles aufeinander abgestimmt. Nichts ist dem Zufall überlassen:

> „In *every part of the universe* we observe means *adjusted with the nicest artifice* to the *ends* which they *are intended* to produce; and in the *mechanism* of a plant, or animal body, *admire* how every thing is contrived for advancing the *two great purposes of nature*, the *support of the individual*, and the *propagation of the species*." (*TMS* II.ii.3.5 dt. 129; Herv. O.H.; vgl. ebd. II.i.5.10 dt. 113/4.)
>
> („In *jedem Teil des Universums* beobachten wir, daß die Mittel *auf die genaueste und kunstvollste Weise* den *Zwecken* angepaßt sind, die sie hervorzubringen *bestimmt* sind, und wir *bewundern* es, wie in dem *Mechanismus* einer Pflanze oder eines tierischen Körpers alles so ausgedacht ist, daß es die zwei *Hauptabsichten der Natur*, die *Erhaltung des Individuums* und die *Fortpflanzung der Gattung*, befördert.")

Was sich bei Smith durch das gesamte Werk hindurchzieht, wird hier explizit formuliert: Alle Natur hat eine innere, mechanistische Ordnung und

---

[27] Bedauerlicherweise sind die Manuskripte hierzu nicht mehr erhalten. Sie zählen offensichtlich auch zu den auf Geheiß von Smith kurz vor seinem Tod verbrannten Schriften. Vgl. MEEK/RAPHAEL/STEIN (1978: 4): „we know nothing whatever" bezüglich Smiths Vorlesungen zur Theologie.

ist aufeinander abgestimmt. Dabei ist die obige Formulierung beachtenswert: Es ist wie bei einem Kunstwerk, das bis ins Detail harmonisch ist. Es handelt sich um eine filigran gearbeitete Schöpfung, die vor Schönheit erstrahlt. Die Schönheit eines Systems (vgl. oben II.2.1) wird hier konkret erfahrbar.

Für Smith hat alles in der Natur einen Sinn, einen Zweck; seine Sicht der Natur ist teleologisch. Die genannten Hauptzwecke der Lebenserhaltung und der Lebensweitergabe weisen auf einen gegenwärtigen und auf einen zukünftigen Zweck der Natur hin. Die Zwecke aller Dinge in der Natur sind diesen beiden primären Zielen zu- und untergeordnet.[28] Dieser Ordnung unterliegt die Welt nicht aus sich selbst heraus. Sie ist ihr vielmehr von einem Schöpfer gegeben, der sich alles sorgfältig „ausgedacht (contrived)"[29] (s.o. *TMS* II.ii.3.5 dt. 129) hat. Die „Weisheit Gottes (wisdom of God)" hat die Natur so eingerichtet, wie sich diese uns darstellt (*TMS* II.ii.3.5 dt. 130). Gott („God", „Deity") gilt als „Schöpfer der Natur", der einen „Plan ... zur Herbeiführung der Glückseligkeit und Vollkommenheit der Welt entworfen hat" bzw. den „Plan der Vorhersehung" („the scheme which the Author of nature has established for the happiness and perfection of the world", „plan of Providence"; *TMS* III.5.7 dt. 250/1; vgl. II.iii.3.2 dt. 159). Er ist der „Verwalter (administrator)" und der „große Direktor (great director)" des Universums (*TMS* VI.ii.3.3/4 dt. 399), der die „Glückseligkeit der Menschen (happiness of mankind)" zum Ziel (*TMS* III.5.7 dt. 250) und hierfür auch „Vorsorge (provision)" (*WN* IV.ix.28 dt. 571) getroffen hat:

> „The idea of that divine Being, whose benevolence and wisdom have, from all eternity, contrived and conducted the immense machine of the universe, so as at all times to produce the greatest possible quantity of happiness, is certainly of all the objects of human contemplation by far the most sublime." (*TMS* VI.ii.3.5 dt. 400)
> („Die Vorstellung von jenem göttlichen Wesen, dessen Wohlwollen und Weisheit von aller Ewigkeit her die unendliche Maschine des Universums so ersonnen und geleitet hat, daß sie das größtmögliche Maß von Glückseligkeit hervorbringe, ist sicherlich von allen Gegenständen menschlicher Betrachtung weitaus der erhabenste.")

---

[28] So stellt für Smith beispielsweise die Ausstattung des Menschen mit Sehkraft eine „wohlwollende Absicht der Natur (benevolent purpose of nature)" dar: Das Individuum wird so in die Lage versetzt, sich über das ihn umgebende Geschehen zu informieren und Bedrohungen zu erkennen (*External Senses* § 60; vgl. ebd. § 88).

[29] Smith verwendet den Begriff „to contrive" auch im Zusammenhang mit der Entwicklung neuer Maschinen durch die „Philosophen" (*LJ(B)* § 218 dt. 121).

Die teleologische Interpretation der Welt ist für Smith letztlich die ihr angemessene Deutungsweise. Er unterscheidet dabei zwischen kausalen und finalen Erklärungsansätzen. Die ersten entspringen vielfach einer nur „oberflächlichen Betrachtung (superficial view)" (*TMS* II.ii.3.5 dt. 130). Im Bereich des Humanen wird entsprechend vieles der „Weisheit von Menschen (wisdom of man)" zugeschrieben, „was in Wirklichkeit die Weisheit Gottes ist (which in reality is the wisdom of God)" (*TMS* II.ii.3.5 dt. 130).[30] – Dies ändert jedoch nichts an Smiths Auffassung, daß der Mensch grundsätzlich als freies und selbstbestimmtes Wesen geschaffen ist (vgl. unten II.4).

Zur Verdeutlichung des Verhältnisses von Gott und Welt verwendet Smith im Anschluß an das weiter oben genannte Zitat (*TMS* II.ii.3.5 dt. 129) die Analogie von der Uhr und dem Uhrmacher[31]:

„The wheels of the watch are all admirably adjusted to the end for which it was made, the pointing of the hour. All their various motions conspire in the nicest manner to produce this effect. If they were endowed with a desire and intention to produce it, they could not do it better. Yet we never ascribe any such desire or intention to them, but to the watch-maker" (*TMS* II.ii.3.5 dt. 130).

(„Die Räder einer Uhr sind alle wunderbar dem Zwecke angepaßt, für den diese verfertigt wurde, nämlich die Stunden anzuzeigen. Alle ihre verschiedensten Bewegungen wirken in der genauesten Weise zusammen, um diese Wirkung hervorzubringen. Sie könnten es nicht besser tun, wenn sie mit dem Wunsch oder der Absicht, diesen Zweck zu erreichen, begabt wären. Doch schreiben wir einen solchen Wunsch oder eine solche Absicht niemals ihnen zu, sondern dem Uhrmacher".)

Eine aktive Intervention Gottes in das innerweltliche Geschehen findet Smith zufolge grundsätzlich nicht statt. Letzteres vollzieht sich allein aufgrund der immanenten Gesetze der Natur.[32] Diese muß der Mensch letztendlich als gegeben akzeptieren. Als Teil der Schöpfung kann er sich über die Naturgesetze nicht hinwegsetzen:

„The natural course of things cannot be entirely controlled by the *impotent* endeavours of man: the current is too rapid and too strong for him to stop it" (*TMS* III.5.10 dt. 255; Herv. O.H.).

---

[30] Vgl. zum Begriff der „final cause" auch *TMS* II.iii.3 dt. 159.

[31] Der Vergleich von Uhrmacher und Uhr stellt eine klassische deistische Analogie dar (vgl. GESTRICH 1981: 394).

[32] Auch die Rede Smiths von der unsichtbaren Hand, die die Menschen führt, (s.u. II.6) ist nicht als Beleg für ein solches aktives Eingreifen zu verstehen.

(„Der natürliche Lauf der Dinge kann durch die *ohnmächtigen* Bemühungen des Menschen nicht gänzlich beherrscht werden; der Strom ist viel zu rasch und zu stark, als daß der Mensch ihm Einhalt tun könnte".)

In den Rahmen des englischen Theismus passen schließlich auch Smiths kritische Bemerkungen zum Katholizismus als dem klassischen Vertreter einer Offenbarungsreligion (vgl. *TMS* VII.iv.16 dt. 556; *WN* V.i.g.8/9, 17 dt. 672/4, 677/8). Gleichwohl schließt er eine übernatürliche Offenbarung („divine revelation"; *HAP* § 9) nicht aus. Smith unterscheidet zwischen einem „Gebot der Natur (precept of nature)" und einem „Gesetz des Christentums (law of Christianity)" (*TMS* I.i.5.5 dt. 29).[33]

Weitere Belege für Smiths theistische Überzeugung treten im weiteren Verlauf der Arbeit immer wieder zutage: Der Glaube an das Leben nach dem Tod mit der Perspektive der Vergeltung des irdischen Tuns spielt bei Smith ebenso eine wichtige Rolle (z.B. *TMS* II.ii.3.12 dt. 137; III.2.33 dt. 195/7; vgl. unten II.4.4) wie die Verbindung der Gottesidee mit gleichsam menschlichen Attributen (z.B. *TMS* VI.ii.3.4/5 dt. 399/400; III.2.33 dt. 195/7). Dies gilt auch für das Verständnis moralischen Tuns als Befolgung göttlicher Gebote (vgl. *TMS* III.5.3/8 dt. 247/52; vgl. unten II.4.5).

Verbindungen zwischen Smiths Sichtweise und dem teleologischen Weltbild der Stoa, auf deren Bedeutung für den Deismus und die in der schottischen Aufklärung bestehende Idee einer harmonischen Ordnung hingewiesen wurde (oben und Exkurs 1) sind offensichtlich (vgl. z.B. *TMS* VII.ii.1.15/47 dt. 458/89; *HAP* § 11)[34]. Dabei umschließt der Weltenplan für Smith nicht die zwingende Notwendigkeit von Übel und Leid. In diesem Punkt distanziert er sich von der Stoa (*TMS* I.ii.3.4 dt. 47/8). Dennoch ist er geneigt, Unheil und Böses in der Welt dadurch zu relativieren, daß es u.U. letztendlich der Welt zum Guten gereicht. Zumindest der weise und tugendhafte Mensch kann zu dieser Auffassung gelangen (vgl. *TMS* VI.ii.3.3 dt. 398/9).

Die Ansicht, daß Smith ein theistisches bzw. deistisches und teleologisches Weltverständnis besitzt, wird in der Sekundärliteratur mehrheitlich

---

[33] Bis zur fünften Auflage spricht Smith ebenfalls in *TMS* (II.ii.3.12 dt. 137 bzw. 291/2 Anm.) von „Lehren der Offenbarung (doctrines of revelation)" sowie von einer Verantwortung des Menschen gegenüber Gott. Daß dieser Passus in der sechsten Auflage nicht mehr vorhanden ist, wertet MACFIE (1967b: 108) als Zeichen für eine zunehmende Distanzierung Smiths gegenüber einem Offenbarungsglauben.

[34] Zum teleologischen Weltbild der Stoa vgl. beispielsweise SPAEMANN/LÖW (1981: 79/82).

geteilt[35]. Es bestehen jedoch erhebliche Unterschiede hinsichtlich der Bewertung dieser religiösen Haltung. Die unterschiedlichen Auffassungen können im Zusammenhang mit der Frage nach der Art der Gotteserkenntnis gesehen werden. Die Erkenntnis Gottes kann im The- bzw. Deismus auf zwei Wegen erfolgen: „Der Mensch, als Vernunftwesen geschaffen, kann Gottes Dasein und Vollkommenheit durch *a priori* Beweisführung *oder* durch Rekurs auf die *Betrachtung* der Naturgesetze, die die materielle und geistige Weltordnung regieren, erkennen." (BAUER 1990: 208; Herv. O.H.; vgl. HORNIG 1984: 117.) Demgemäß ergeben sich hinsichtlich der Smith-Interpretation zwei alternative Möglichkeiten: Sein Glaube an Gott ist erstens das Resultat der menschlichen Erfahrung der guten Ordnung der Welt mit ihren verschiedensten Naturgesetzen oder zweitens ein Konstitutivum für die Erkenntnis einer solchen guten Ordnung.

Viele Autoren vertreten implizit die erste Alternative. So behauptet beispielsweise RAPHAEL (1991: 48), daß „Smith' Darstellung natürlicher Vorgänge ... sich auch als verhinderte naturwissenschaftliche Untersuchung lesen [läßt; O.H.], die ohne theologisches Fundament auskommt. ... Allerdings war für Smith selbst wie auch für die meisten seiner Leser eine Darstellung natürlicher Abläufe überzeugender und auch lebendiger, wenn die Natur personifiziert oder als das Werk eines persönlichen Gottes behandelt wurde." Für die These RAPHAELS spricht die bereits erörterte Auffassung Smiths, daß philosophische Systeme *zunächst* Systeme der menschlichen Vorstellungskraft sind.

Daß die religiöse Interpretation der Welt für Smith jedoch weit mehr ist als nur eine philosophische Deutungsweise, zeigt m.E. Smiths häufige und vielfältige Rede von einem persönlichen Gott, der allgemeinen Vorsehung, dem göttlichen Gericht etc. Die religiöse Haltung stellt demnach einen existentiellen Zugang Smiths zu dem ihn umgebenden Kosmos dar. Die erfahrbare Welt wird im Horizont Gottes interpretiert.[36]

---

[35] Vgl. z.B. MACFIE (1967b); VINER (1985: 72/7); BÜSCHER (1991: 125/9); PATZEN (1992: 47/50); ECKSTEIN (1985: XLVII/IX). RAPHAEL (1991: 48) ist etwas zurückhaltender und bezeichnet Smith als „vermutlichen" Deisten. Vgl. auch HUEBER (1991: 70/7).

[36] Vgl. auch MACFIE (1967b: 109/10): „two important aspects of Adam Smith's belief in a system of Nature controlled by a benevolent God should be examined. (The theory may be called his optimistic theism.) The first is that it did vitally affect the balance of his ethical, and therefore (though less) his economic system. And, secondly, this belief stands on a different level from the rest of his thinking. For it nowhere

Im Zusammenhang mit der letztgenannten Sichtweise stellt sich die Frage, ob Smiths Glaube die Ordnung der Welt nicht idealer erscheinen läßt, als sie tatsächlich ist.[37]

2.3 Ausblick

Smiths Verständnis von Philosophie und seine theistische Haltung prägen seine Theorie von Gesellschaft und Wirtschaft in höchstem Maße, wie sich in den nachfolgenden Kapiteln zeigen wird. Vier Aspekte sollen dabei abschließend hervorgehoben werden.

Erstens plädiert Smith für die Anwendung der sog. NEWTONSCHEN Methode, also einen systematischen Ansatz, der die Wirkungszusammenhänge innerhalb der verschiedenen Systeme mit möglichst wenigen, zentralen Prinzipien zu erklären versucht. Für die Smithsche Theorie ist die Annahme solcher zentraler Prinzipien fundamental.[38]

Zweitens besteht nach Smith die Aufgabe der Philosophen in der Beschäftigung mit dem Ganzen. Zum einen folgt daraus für Smith, daß er sich mit einem umfassenden Themengebiet befaßt, das viele zentrale Bereiche menschlichen Denkens und Tuns beinhaltet. Zum anderen bedeutet dies beispielsweise im Hinblick auf die Gesellschaftstheorie und Ethik, daß nicht nur die Individuen und ihre Interessen, sondern auch die Allgemeinheit mit ihren Interessen zu sehen ist.

Drittens besitzt Smiths Betrachtung des Menschen als Mittelpunkt der ethischen, soziologischen und ökonomischen Überlegungen ihren Ausgangspunkt in der Empirie. Die Nähe zur schottischen Aufklärung (s.o.) ist

---

receives any absolute logical proof. It is an article of faith." Smith „certainly maintained to the end his belief in a benevolent Deity" (MACFIE 1967b: 108).

[37] Vgl. auch BÜSCHER (1991: 140; Herv. dort und O.H.): „Als Ahnherr und Stammvater der Wirtschaftswissenschaft ist Adam Smith bei seinen modernen Fachkollegen wenig bekannt als Philosoph – seine *theologischen* Vorgaben und *religionsgeschichtlichen Grundlagen mit einem wohlwollenden Schöpfergott als dem Garanten des harmonischen Laisser-faire* sind noch weniger beachtet."

[38] MEDICK (1973: 145) spricht von Smith als dem „Newton der Sozialwissenschaften". Ähnlich bereits MILLAR, der Smith als „Newton" der „History of Civil Society" (vgl. oben Exkurs 1) bezeichnet (J. MILLAR; Historical View of the English Government, hg. v. J. Craig, J. Mylne, Bd. 2, London 1803, 431, zit. nach MEDICK 1973: 247). Vgl. auch CAMPBELL/SKINNER (1976: 4): „in each case [ethics, jurisprudence, economics; O.H.] Smith sought to explain complex problems in terms of a small number of basic principles, and each conforms to the requirements of the Newtonian method in the broad sense of that term".

unübersehbar. Es wird nach derjenigen humanen Natur gefragt, die sich im alltäglichen Leben darstellt, nach den anthropologischen Konstanten, die offen zutage treten und von jedermann eingesehen werden können (vgl. z.B. *TMS* I.i.1.1/3 dt. 1/3).[39] Smiths vielfacher Gebrauch des Begriffs der „Natur des Menschen" bzw. der „natürlichen" Veranlagungen des Menschen o.ä. (z.B. *TMS* I.i.1.1 dt. 1: „man ... his nature"; III.2.1 dt. 171/2: „man naturally ..."; III.3.3 dt. 200: „human nature"; *LJ(B)* § 134 dt. 69: „to be natural to mankind") ist in diesem Sinne zu verstehen.

So wie zur Philosophie allgemein das verweilende Staunen gehört (s.o. II.2.1), versucht Smith auch den Menschen zu betrachten und in seiner Anthropologie hinter das unmittelbar Erfahrbare vorzustoßen. Sein Ansatz soll daher als *phänomenologisch* bezeichnet werden.[40] Wie sich in den nachfolgenden Kapiteln zeigen wird, gelangt Smith auf diese Weise zu einem vielschichtigen Bild des Menschen.

Viertens stellt Smith die gewonnenen Erkenntnisse in einen größeren, religiösen Horizont und bewertet sie von diesem aus.

Im folgenden wird sich ingesamt zeigen, daß Smith ein ganzheitlicher Zugang zu einer Theorie von Gesellschaft und Ökonomie gelingt.

3. Individuum und Gesellschaft

Drei Charakteristika sind für das Smithsche Menschenbild von zentraler Bedeutung und sollen in den folgenden Abschnitten (II.3.1/3) entwickelt werden: Sympathie, Eigeninteresse und Sozialnatur. Das dritte Merkmal folgt hierbei aus den beiden erstgenannten.

---

[39] Vgl. auch KRÜSSELBERG (1984: 187): „Wenn es eine menschliche Natur gibt, dann muß sie sich wie alle andere Natur in der unmittelbaren Erfahrung äußern. Die Wissenschaft hat bei ihrer Analyse nicht darauf zu achten, was sich der Mensch als Mensch zu sein einbildet, sondern darauf, wie er sich tatsächlich verhält." RECKTEN-WALD (1989: 139): Es geht um den Menschen, „wie er ist – nicht wie er sein sollte".

[40] Vgl. auch HUEBER (1991: 37; Herv. O.H.): „Philosophische Erkenntnis hat ... in hohem Maße ein *kontemplatives Interesse*; die Freude, die sich aus Erkenntnis ergeben kann, ist entsprechend gebunden an die *Fähigkeit, die Natur ohne den Wunsch einer Instrumentalisierung zu sehen*. Smith sieht in diesem kontemplativen Interesse jedoch durchaus auch einen praktischen Aspekt, denn Natur kann, so Smith, als Natur überhaupt nur dann adäquat erkannt werden, wenn das Anwendungsinteresse nicht im Vordergrund steht und so den Blick auf die Natur beeinträchtigt."

3.1 Die Sympathie als erstes Charakteristikum des Individuums

3.1.1 Individuelle Sympathiefähigkeit

Der genannte phänomenologische Ansatz (s.o. II.2.3) verweist gleich zu Beginn der *Theory of Moral Sentiments* auf eine Konstante menschlichen Lebens, von der Smiths ethische Untersuchung wie ein roter Faden durchzogen wird:

> „How selfish soever man may be supposed, there are *evidently* some principles in his *nature*, which interest him in the fortune of others, and render their happiness necessary to him, though he derives nothing from it except the pleasure of seeing it." (*TMS* I.i.1.1 dt. 1; Herv. O.H.)
> („Mag man den Menschen für noch so egoistisch halten, es liegen doch *offensichtlich* gewisse Prinzipien in seiner *Natur*, die dazu führen, daß er sich für das Schicksal anderer interessiert, und die ihm selbst die Glückseligkeit dieser anderen zum Bedürfnis machen, obgleich er keinen anderen Vorteil daraus zieht, als das Vergnügen, Zeuge davon zu sein.")

Der Mensch wird als sympathisierender charakterisiert. „Sympathie (sympathy)" wird hierbei als

> „our fellow-feeling with any passion whatever" (*TMS* I.i.1.5 dt. 4)
> („unser Mitgefühl mit jeder Art von Affekten")

verstanden[41].

Sympathie ist für Smith nicht identisch mit „Mitleid (compassion)" oder „Erbarmen (pity)" (*TMS* I.i.1.1 dt. 1), den seiner Auffassung nach ursprünglichen Bedeutungen des Begriffs (*TMS* I.iii.1.1 dt. 60). Sie ist auch nicht im Sinne des modernen Sprachgebrauchs zu verstehen, daß eine Person A einer Person B 'sympathisch' ist, sie also gleichsam 'nett findet'[42]. Vielmehr findet im Akt der Sympathie eine Selbsttranszendenz statt. Das Ich übersteigt die eigene Gefühlswelt, es taucht in diejenige des Anderen ein und nimmt diese in sich auf:

---

[41] Der Begriff der Sympathie entstammt dem griech. „sym-pathein". Das griech. „páthos" meint „Leiden" oder auch „Leidenschaft". Demgemäß ist unter Sympathie „Mit-Leid" bzw. „Mit-Gefühl" zu verstehen (vgl. auch *TMS* I.i.1.5 dt. 4 und Anm. 4 in *TMS* dt.).

[42] Auf diesem Mißverständnis beruhte im wesentlichen das sog. *Adam-Smith-Problem* (s.u. III.3.1.4 Anm.). OAKLEY (1994: 40/1) und HEILBRONER (1994: 123) halten den Begriff der „Empathie (empathy)" für besser geeignet, das von Smith Gemeinte auszudrücken.

„By imagination we place ourselves in his [our brother's; O.H.] situation ...,
we enter as it were into his body, and *become in some measure the same
person with him*" (*TMS* I.i.1.2 dt. 2; Herv. O.H.).
(„Vermöge der Einbildungskraft versetzen wir uns in seine [des Mitmenschen; O.H.] Lage, ... in unserer Phantasie treten wir gleichsam in seinen
Körper ein und *werden gewissermaßen eine Person mit ihm*".)

Sympathetische Gefühle können sich demgemäß gleichermaßen auf Freude
und Leid, Dankbarkeits- und Rachegefühle etc. beziehen, je nach der
Gefühlslage desjenigen, mit dem sympathisiert wird (vgl. z.B. *TMS* I.i.1 dt.
1/9; *LRBL* ii.16).[43]
    Diese Art der Imagination, der Identifizierung mit dem Gegenüber, ist
ein spezifisch menschliches „Seelenvermögen (faculty)" (*TMS* I.i.1.2 dt. 2).
Sie bedarf zugleich gewisser Voraussetzungen. So erfordert sie eine generelle Sensibilität. Wer schon für seine eigenen Gefühle nicht empfänglich
ist, kann auch nichts für andere fühlen:

„The man who feels little for his own misfortunes must always feel less for
those of other people, and be less disposed to relieve them." (*TMS* VI.iii.18
dt. 413)
(„Derjenige, der für das Unglück, das ihn selbst trifft, wenig empfindet,
wird notwendigerweise immer noch weniger für das Unglück anderer Leute
fühlen und noch weniger geneigt sein, sie zu unterstützen.")

Weiterhin erfordert sie eine gewisse Existenzsicherheit: Wer täglich von
der Sorge um den notwendigen Lebensbedarf geplagt wird, kann sich nicht
mit der Gefühlswelt seiner Mitmenschen beschäftigen (*TMS* V.2.9 dt. 350).
Schließlich muß Sympathie auch gewollt werden. Ohne diesen Willen wird
es nicht zur Identität der Gefühle kommen (*TMS* I.i.4.6 dt. 23).[44]
    Gleichwohl bleibt die menschliche Sympathie*fähigkeit* stets begrenzt:

„Mankind, though *naturally sympathetic*, *never* conceive, for what has be-
fallen another, that degree of passion which naturally animates the person
principally concerned." (*TMS* I.i.4.7 dt. 23/4; Herv. O.H.; vgl. *TMS* VI.ii.1.1
dt. 371; VI.iii.18 dt. 413.)
(„Die Menschen sind zwar *von Natur mit Sympathie* begabt, aber *niemals*
fühlen sie für dasjenige, was einem anderen zugestoßen ist, jene gewaltige

---

[43] Auch in der *HA* (II.11) findet sich der Begriff der Sympathie: Smith spricht davon,
daß man mit dem Staunen eines Mitmenschen sympathisieren, d.h. dessen Staunen
nachempfinden kann.

[44] In seiner Rhetorik-Vorlesung stellt Smith eine Verbindung zwischen Sprache und
Sympathie dergestalt her, daß eine verbale Äußerung um so gelungener bzw. exakter
ist, je mehr der Sprechende den Zuhörer an seiner Gefühlswelt teilhaben läßt, also
Sympathie ermöglicht (vgl. *LRBL* i.v.56; i.96, 133/6).

Leidenschaft, wie sie naturgemäß denjenigen erfüllt, der selbst von dem Ereignis betroffen wurde.")

Es ist daher möglich, daß der Mensch von einer existentiellen Bedrohung seines Mitmenschen weit weniger betroffen wird als von einer vergleichsweise geringfügigen Angelegenheit, die ihn selbst angeht (*TMS* II.ii.2.1 dt. 122/3).

Im Zusammenhang mit der Rede von den Interessen folgt aus dieser Beschränktheit der Sympathiefähigkeit, daß der Mensch seinem Eigeninteresse in der Regel mehr Bedeutung beimißt als den Interessen anderer (vgl. unten II.5.1).

Sympathetische Gefühle, die dem Menschen erwiesen werden, sind ihm angenehm. Nichts erfreut ihn mehr als die Sympathie eines Mitmenschen mit allen seinen Gefühlen (*TMS* I.i.2.1 dt. 9). Umgekehrt „scheint es, daß auch wir uns freuen, wenn wir *fähig sind*, mit ihm [dem Mitmenschen; O.H.] *zu sympathisieren*, und daß wir uns kränken, wenn wir dazu nicht imstande sind (we, too, seem to be pleased when we *are able to sympathize* with him, and to be hurt when we are unable to do so)" (*TMS* I.i.2.6 dt. 13; Herv. O.H.). Darüber hinaus beobachtet Smith, daß die Menschen lieber mit freudigen Gefühlen als mit leidvollen sympathisieren, da ihre eigene Freude dadurch zunimmt (*TMS* I.iii.2.1 dt. 70; vgl. VII.iii.2.8 dt. 534). Das Phänomen 'Geteiltes Leid ist halbes Leid, und geteilte Freude ist doppelte Freude' ist Smith gut bekannt (*TMS* I.i.2.4 dt. 11/2).

Die Tatsache, daß es sich beim Prinzip der Sympathie um eine Konstante menschlichen Lebens handelt, einen der „ursprünglichen Affekte des Menschen (original passions of human nature)" (*TMS* I.i.1.1 dt. 2; vgl. I.i.4.7 dt. 23), ist für Smith offensichtlich und empirisch erwiesen (vgl. *TMS* I.i dt. 1/9). Es ist eines der grundlegenden Prinzipien seines soziologischen und ethischen Systems (vgl. oben II.2.1). Nicht zufällig markiert die Sympathie den Beginn der *Theory of Moral Sentiments* – so wie später auch der *Wealth of Nations* mit dem zentralen Prinzip der Arbeitsteilung eröffnet wird.[45]

---

[45] „'Sympathie' im Smithschen Verständnis ist weder sozialer Instinkt oder Gattungstrieb (Shaftesbury) noch als intuitiver Bestandteil des 'Moral Sense' (Hutcheson) noch als utilitaristisch zentriertes, sozial sublimiertes Mitgefühl (Hume) ausreichend zu verstehen." (MEDICK 1973: 212) Vgl. zum Verhältnis der Sympathie-Begriffe Smiths und HUMES auch RAPHAEL/MACFIE (1976: 13, 17).

3.1.2 Die Bedeutung der Sympathie für das gesellschaftliche Miteinander

Das Prinzip der Sympathie verweist auf die Sozialnatur des Menschen. In der *TMS* wird es von Smith als das entscheidende gesellschaftsstiftende Element zwischen den Individuen dargestellt.[46] Für RAPHAEL (1991: 14; vgl. ebd. 43) ist die Sympathie demgemäß „der eigentliche 'Kitt' der Gesellschaft". Ohne Sympathie gibt es keine friedliche Koexistenz der Individuen:

> „*We become intolerable to one another.* I can neither support your company, nor you mine." (*TMS* I.i.4.5 dt. 23; Herv. O.H.)
> („*Wir werden einander unerträglich werden.* Ich werde deine Gesellschaft so wenig ertragen können wie du die meine.")

Bei der zwischenmenschlichen Verbindung durch sympathetische Gefühle betont Smith nicht nur die Rolle des Sympathisierenden und dessen Fähigkeit und Bereitschaft zum Mitgefühl. Weil seine Sympathiefähigkeit, wie oben (II.3.1.1) erörtert, prinzipiell begrenzt ist, ist nach Smith auch das Verhalten desjenigen, der die ursprünglichen Gefühle empfindet, von zentraler Bedeutung: Er muß seine Gefühle soweit mäßigen, daß andere in diese Gefühlswelt eintauchen und sich mit ihr identifizieren können. (*TMS* I.i.4.8/i.5 dt. 25/32)

> „Unless one can so bring down his passions and restrain his will and so accomodate it to that of others as that they can go along with him, it is impossible for him to have any peace or enjoyment in society." (*LJ(A)* iii.5)
> („Wenn einer seine Leidenschaften nicht in dem Maße zügeln und seine Launen nicht soweit im Zaum halten kann, daß sie den Gefühlen der anderen in dem Sinne angepaßt sind, daß sie mit ihm einverstanden sind, ist es für ihn unmöglich, Frieden oder Freude in Gesellschaft zu erfahren.")

Gesellschaftliches Miteinander trägt zur Mäßigung der Affekte bei, weil der einzelne weiß, daß häufig seine ungemäßigten Gefühle von den Mitmenschen nicht oder nur stark begrenzt geteilt werden können. In der Gesellschaft mit anderen kommt es somit gleichsam zu einer Beruhigung bzw. Objektivierung der ursprünglichen Gefühle:

> „Society and conversation, therefore, are the most powerful remedies for restoring the mind to its tranquillity, if, at any time, it has unfortunately lost it; as well as the best preservatives of that equal and happy temper,

---

[46] Mittels der Sympathie wird „ein sozialer Interaktionszusammenhang konstituiert". Sie ist „eine wirksame soziale Kraft ..., die den Prozeß sozialen Handelns und sozialer Integration allererst konstituiert" (MEDICK 1973: 215).

which is so necessary to self-satisfaction and enjoyment." (*TMS* I.i.4.10 dt. 26; vgl. I.i.4.8/10 dt. 25/6.) („Gesellschaft und Unterhaltung mit Menschen sind darum die mächtigsten Heilmittel, um dem Gemüte seine Ruhe wiederzugeben, wenn es sie einmal unglücklicherweise verloren hat, sie sind aber auch die besten Schutzmittel um jene gleichmütige und glückliche Gemütsstimmung zu bewahren, die zur Selbstzufriedenheit und zur Lebensfreude so notwendig ist.")

Aufgrund dieser Überlegungen stellt die Selbstbeherrschung desjenigen, der die ursprünglichen Gemütsbewegungen empfindet, eine Tugend dar. Sie ermöglicht Sympathie zwischen den Individuen, welche ihrerseits das Band der Gesellschaft festigt (vgl. unten II.4.6). Das gleiche gilt analog für die Nachsicht des Zuschauers. Sie ist daher ebenfalls eine Tugend. (*TMS* I.i.5 dt. 27/32)

Zwischenmenschliche Beziehungen können nach Smith hinsichtlich des ihnen innewohnenden Sympathiegrades unterschieden werden. Der Grad der Sympathie zu Familienmitgliedern ist naturgemäß besonders hoch, obgleich auch hier die eigenen Gefühle wichtiger eingeschätzt werden als die der Familienmitglieder (*TMS* VI.ii.1.2/7 dt. 372/4). Grundsätzlich ist der Grad der Sympathie wesentlich davon abhängig, wie tiefgehend sich Menschen kennenlernen und aneinander gewöhnen und in diesem Sinne zu einem *Habitus* der Sympathie gelangen (*TMS* VI.ii.1.1/17 dt. 371/81). So wird die zwischenmenschliche Sympathie beispielsweise auch durch Nachbarschaftsverhältnisse in den meisten Fällen vergrößert werden (*TMS* VI.ii.1.16/7 dt. 380/1)[47]. Auch „Zuneigung (affection)" ist für Smith letztendlich nichts anderes als Sympathie aus Gewohnheit („*habitual* sympathy"; *TMS* VI.ii.1.7 dt. 373; Herv. O.H.).

Die edelsten zwischenmenschlichen Beziehungen („the most respectable") sind für Smith jedoch jene, die zwischen Tugendhaften bestehen. Sie gründen sich auf eine – durch die beiderseitige Freude an der Tugend bedingte – „natürliche Sympathie (natural sympathy)", im Gegensatz zu der genannten gewohnheitlichen. (*TMS* VI.ii.1.18 dt. 381/2)

Eine ganz andere und durchaus eigenartige Sympathie („peculiar sympathy") entwickelt der Mensch zu den Großen und Reichen. Sie erwächst zum einen aus dem menschlichen Traum vom vermeintlichen Glück, das diese Menschen scheinbar bereits erreicht haben (vgl. unten II.3.2.3/4, oben I.4) und zum anderen aus der grundsätzlichen Neigung, eher mit angeneh-

---

[47] „Nachbarn können einander sehr förderlich sein, und sie können einander sehr zur Last fallen." („Neighbours can be very convenient, and they can be very troublesome, to one another."; *TMS* VI.ii.1.16 dt. 380). – Der Regelfall ist für Smith offensichtlich das spannungsfreie, gutnachbarschaftliche Verhältnis (vgl. *TMS* VI.ii.1.16/7 dt. 380/1).

men als mit unangenehmen Gefühlen zu sympathisieren (vgl. oben
II.3.1.1). Den Großen und Reichen wird daher Anteilnahme und beinahe
göttliche Verehrung („to worship"; *TMS* I.iii.3.1 dt. 86) entgegengebracht:

> „When we consider the condition of the great, in those delusive colours in
> which the imagination is apt to paint it, it seems to be almost the abstract
> idea of a perfect and happy state. ... We feel, therefore, a *peculiar sympathy*
> with the satisfaction of those who are in it. We favour all their inclinations
> and forward all their wishes. ... We could even wish them immortal" (*TMS*
> I.iii.2.2 dt. 73; Herv. O.H.).
>
> („Wenn wir die Situation der Großen in jenen trügerischen Farben sehen,
> in denen die Einbildungskraft sie sich gerne auszumalen pflegt, so scheinen
> sie beinahe die ideale Vorstellung eines vollkommenen und glücklichen Zu-
> standes darzustellen. ... Wir fühlen deshalb eine *eigentümliche Sympathie* mit
> dem Vergnügen derjenigen, die sich in diesem Zustand befinden. Wir unter-
> stützen sie in all ihren Neigungen und erfüllen all ihre Wünsche. ... Ja, wir
> möchten geradezu wünschen, daß jene Menschen unsterblich wären".)

Im Zusammenhang mit den Überlegungen zum Aufbau der Gesellschaft
und des Staates spielt dieses Mitgefühl mit den sog. Großen und Reichen
eine zentrale Rolle. Von ihr hängt nach Smiths Auffassung die Ordnung
und Beständigkeit des Staatswesens wesentlich ab (s.u. Exkurs 2, II.3.3.5).

3.1.3 Sympathie als Voraussetzung des ethischen Urteils

Die menschliche Sympathie ist nicht nur im grundsätzlichen ein Konstitutivum jedweder menschlichen Gemeinschaft, sondern darüber hinaus im
speziellen ein Konstitutivum der moralischen Urteilsbildung. An späterer
Stelle (II.4.2) wird gezeigt, daß die ethische Beurteilung einer Handlung
maßgeblich von den ihr zugrundeliegenden Motiven bestimmt wird. Motive aber entspringen Gefühlen. Somit geht die Frage, in welcher Weise und
in welchem Ausmaß der Mensch die Empfindungen seiner Mitmenschen
billigt oder mißbilligt, der Frage nach Art und Weise der Beurteilung von
Handlungen der Mitmenschen voraus.

Der Maßstab für die Schicklichkeit bzw. Unschicklichkeit der Gefühle
eines Menschen („propriety or impropriety of the affections"; *TMS* I.i.3 dt.
14) besteht für einen Betrachter in dem Grad, in dem seine sympathetischen Gefühle mit den Gefühlen der beobachteten Person übereinstimmen.

> „To approve of the passions of another, therefore, as suitable to their
> objects, is the same thing as to observe that we entirely sympathize with
> them; and not to approve of them as such, is the same thing as to observe
> that we do not entirely sympathize with them." (*TMS* I.i.3.1 dt. 14)

(„Wenn wir also die Affekte eines anderen als ihren Gegenständen angemessen billigen, so bedeutet das nichts anderes, als daß wir unserer vollen Sympathie mit diesen Affekten inne geworden sind; und sie nicht als solche billigen, heißt bemerken, das wir nicht gänzlich mit ihnen sympathisieren.")

Die Frage der Billigung der Gefühle eines Mitmenschen beinhaltet eine rationale Komponente: Sie können um so besser beurteilt werden, je mehr der Betrachter über ihre Ursachen weiß (*TMS* I.i.1.8/10 dt. 5/7; I.ii.3.5 dt. 48/9). In welchem Ausmaß Sympathie möglich ist, hängt für Smith schließlich auch von Art, Stärke, Ursache und Ziel der Gefühle und Leidenschaften ab, auf die sie sich bezieht (vgl. *TMS* I.i.1.6/10 dt. 5/7; I.i.3.5 dt. 17; I.ii.intro. dt. 32).

Hinsichtlich der Art der Gefühle sind in diesem Zusammenhang drei Gruppen hervorzuheben: die egoistischen, die sozialen und die unsozialen Gefühle. Während sich die „egoistischen Affekte (selfish passions)" (*TMS* I.ii.5 dt. 55) nur auf das diese Empfindungen besitzende Individuum beziehen, sind die beiden letztgenannten Arten auch auf andere Individuen bezogen. Zu den „sozialen Empfindungen (social passions)" (*TMS* I.ii.4 dt. 52) zählen u.a. Dankbarkeit und Liebe, zu den „unsozialen (unsocial passions)" (*TMS* I.ii.3 dt. 44) Haß und Vergeltung. Damit der außenstehende Betrachter diese sozialen und unsozialen Affekte billigen kann, muß er bei der Beurteilung auch diejenigen Gefühle berücksichtigen, die in den von diesen Affekten betroffenen Personen herrschen. Im ersten Fall ist daher gleichsam eine doppelte Sympathie möglich, und zwar mit demjenigen, der die soziale Empfindung besitzt, und mit demjenigen, der von diesen betroffen ist. Soziale Affekte werden von einem neutralen Betrachter daher als positiv und angenehm angesehen. Im zweiten Fall hingegen kann die Sympathie mit demjenigen, der die unsozialen Affekte besitzt, durch die Sympathie mit demjenigen, der von ihnen betroffen ist, vermindert werden. Ein neutraler Betrachter wird unsoziale Affekte daher weit weniger billigen als beispielsweise soziale oder egoistische Gemütsbewegungen.[48] (*TMS* I.ii.3/5 dt. 44/60)

---

[48] Mit der Rede von einem neutralen Betrachter kommt hier eine zentrale Figur der *Theory of Moral Sentiments* in den Blick, die Smith im Zusammenhang mit den sozialen Gefühlen beiläufig einführt, ohne sie zu diesem Zeitpunkt schon näher zu definieren: die des „unparteiischen Zuschauers (indifferent spectator)" (*TMS* I.ii.4.1 dt. 52; in den meisten anderen Fällen als „impartial spectator" bezeichnet). Da das Konzept des unparteiischen Zuschauers die Ethik-Konzeption Smiths beherrscht, wird dieser Punkt erst im Rahmen des Ethik-Kapitels (s.u. II.4.3) weitergehend diskutiert.

3.1.4 Die Rolle der Sympathie in *TMS* und *WN*

Während die Sympathie in den soziologischen und ethischen Überlegungen Smiths eine überragende Rolle spielt, findet sich der Begriff im später erschienenen *Wealth of Nations* nicht. Daraus ist nicht zu folgern, daß er im Widerspruch zu den im *Wealth of Nations* vertretenen Positionen stünde bzw. zu Inkonsistenzen führte – eine Auffassung, die im Rahmen der Debatte um das sog. *Adam-Smith-Problem* vertreten wurde[49]. Vielmehr handelt die *Theory of Moral Sentiments* von solchen Grundlagen des individuellen und gesellschaftlichen Lebens, auf denen die Ausführungen des *Wealth of Nations* aufbauen. Demgemäß müssen sie dort nicht nochmals eigens erwähnt werden.

3.2 Das interessegeleitete Denken und Handeln als zweites Charakteristikum des Individuums

3.2.1 Zum Begriff des Interesses

Neben der Sympathie spielt ein zweites Thema eine zentrale Rolle im Smithschen Menschenbild: das individuelle Interesse.[50] Im folgenden sowie

---

[49] Das sog. *Adam-Smith-Problem* wurde im 19. Jahrhundert insbesondere im deutschen Sprachraum und im Zusammenhang mit der Smith-Interpretation des Engländers BUCKLE diskutiert. Es wird inzwischen als inexistent betrachtet, da es aus heutiger Sicht auf Fehlinterpretationen von *WN* und *TMS*, die im Zusammenhang mit dem Verständnis der Sympathie standen, beruhte. Zu einer ausführlichen Darstellung vgl. RAPHAEL/MACFIE (1976: 20/5); RAPHAEL (1991: 100/8); ECKSTEIN (1985: LIII/LXVI); PATZEN (1992: 24/7).

[50] Der Begriff des Interesses stammt aus dem Lateinischen und bedeutet ursprünglich „dazwischen sein" bzw. „sich dazwischen befinden". In der römischen Rechtsprechung kennzeichnet das „Interesse" eine Ersatzpflicht für entgangenen Nutzen bzw. entstandenen Schaden. Hiervon ausgehend kommt ihm im Mittelalter u.a. die Bedeutung des Zinses zu. Beide Verwendungen finden sich später – beginnend ab dem 12. Jh. – u.a. in den romanischen Sprachen, im Englischen und auch im Deutschen. Zwischen dem 15. und 17. Jh. erhält der Begriff zusätzlich die allgemeinere Bedeutung von „Nutzen", „Vorteil" oder auch „Profit", wobei primär materielle Sachverhalte betrachtet werden. Eine Ausnahme bildet hierbei die Entwicklung in Spanien ab dem 15. Jh. Dort wird „Interesse" auch losgelöst vom Materiellen im umfassenderen Sinn von „Eigennutz" oder „Selbstsucht" gebraucht. In diesem Sinne bezieht sich Interesse nicht mehr nur auf konkreten Besitz, sondern zugleich auf Immaterialitäten wie soziale Anerkennung oder Ehre. Dieses Verständnis des Interesse-Begriffs wird ab dem 16. Jh. u.a. in Frankreich, Italien, England und im deutschen Sprachraum übernommen. (Vgl. FUCHS 1976: 479/82; ESSER 1973; ORTH 1982.)

später im Zusammenhang mit der Ökonomie (II.5) und dem gesellschaftlichen System der natürlichen Freiheit (II.8) wird die Tragweite dieses Begriffs für das Individuum, die Gesellschaft im allgemeinen und die Ökonomie im speziellen deutlich.

Zunächst bedeutet „to be interested" bei Smith im Sinne des lat. „interesse" eine Aufmerksamkeit für etwas, ein Involviert-Sein in ein bestimmtes
Geschehen, eine mehr oder weniger existentielle Ausrichtung auf etwas
hin. In diesem Sinne wird „to be interested" beispielsweise in der *LRBL*
(vgl. ii.16, 27, 32, 81, 84, 91) gebraucht.[51] Das entscheidende Charakteristikum des Interessebegriffs Smiths besteht jedoch darin, daß der Begriff des
„Interesses" in der Regel mit Aspekten des Nutzens verknüpft ist[52].

Vom „Nutzen" bzw. von „Notwendigkeit" ist im Zusammenhang mit
den nationalen „Interessen" die Rede, die die Kolonialpolitik der Antike
leiteten:

> „But, though the Roman colonies were in many respects different from the
> Greek ones, the *interest* which prompted them, was equally plain and
> distinct. Both institutions derived their origin either from irresistible *neces-
> sity*, or from clear and evident *utility*." (*WN* IV.vii.a.3 dt. 467; Herv. O.H.;
> vgl. IV.vii.a.1/4 dt. 465/7 u. ö.)
> („Obwohl sich aber die römischen Kolonien in mancherlei Hinsicht von
> den griechischen unterscheiden, ist doch das *Interesse*, das zu ihrer Grün-

---

In psychologisch-anthropologischer Hinsicht kann das 'Interesse' als Antrieb menschlichen Handelns bzw. allgemein als „genuin anthropologische Kategorie", von der her
sich der Mensch „in seiner Wesensart ... als 'das interessierte Wesen'" verstehen läßt,
beschrieben werden (ESSER 1973: 745). „Im selben Maße, wie seine Fähigkeit und
Bereitschaft Interesse zu nehmen abnimmt, verebben seine menschlichen Vollzüge"
(ebd.). MITTELSTRAß (1975: 126) formuliert unter Verweis auf HEGEL: „Es kommt
nichts ohne Interesse zustande."

[51] Vgl. auch BRYCE (1983: 19).
Der Mensch „interessiert" sich beispielsweise für die philosophische Erkenntnis, und
zwar weil sie seinen Wissenswunsch befriedigt (vgl. oben II.2.1):
> „There is no connection with which we are so much *interested* as this of cause
> and effect; we are not *satisfied* when we have a fact told us which we are at a
> loss to conceive what it was that brought it about." (*LRBL* ii.32; Herv. O.H.)
> („Es gibt keine Verbindung, an der wir so sehr *interessiert* sind, wie die von
> Ursache und Wirkung; wir sind nicht *zufrieden*, wenn wir von einem Faktum
> erzählt bekommen, von dem wir uns nicht vorstellen können, wie es zustande
> gebracht wurde.")

[52] Etymologisch wird der Zusammenhang zwischen Interesse und Nutzen auch daran
deutlich, daß Smith den „Zins (interest)" als „Nutzen des Geldes (use of money)"
versteht (*WN* I.vi.18 dt. 46).

dung führte, gleichermaßen klar und deutlich zu erkennen: Beide verdanken ihren Ursprung entweder einer zwingenden *Notwendigkeit* oder einem
offenliegenden und augenfälligen *Nutzen*.")

Anstelle vom Nutzen spricht Smith auch vom „Vorteil", auf den das individuelle Interesse gerichtet ist:

„If he [every man; O.H.] is naturally active and a lover of labour, it is his
interest to employ that activity in any way, from which he can derive some
advantage" (*WN* V.i.f.7 dt. 646; Herv. O.H.).

(„Wenn er [der Mensch; O.H.] von Natur aus aktiv ist und gerne arbeitet,
dann ist es sein *Interesse*, diese Aktivität in einer Weise einzusetzen, daß er
durch sie einen *Vorteil* erlangt".)

Vom individuellen Interesse („self-interested consideration") ist auch im
Zusammenhang mit dem Begiff der „Selbstliebe (self-love)" die Rede (*TMS*
I.i.2.1 dt. 9/10).

Das Interesse hat motivierende Wirkung und führt zur Tat. Smith
spricht vom „Eigeninteresse (self interest)" als

„that general principle which regulates the actions of *every man*, and which
leads men to act in a certain manner from *views of advantage*" (*LJ(B)* § 327
dt. 168; Herv. O.H.).

(„jenem Grundprinzip, das die Handlungen *aller* Menschen leitet und das
die Menschen dazu führt, in gewisser Weise aus *Gesichtspunkten des Vorteils*
zu handeln".)

Das Eigeninteresse ist ein offensichtliches, wirkmächtiges Prinzip menschlichen Handelns („the *powerful motive of self-interest*"; *WN* V.i.g.2 dt. 669;
Herv. O.H.; „a very powerful principle, the plain and evident interest of
every individual"; *WN* II.iii.19 dt. 279). Denken und Handeln des Individuums sind grundlegend durch sein Interesse bzw. Eigeninteresse bestimmt.

Im Sinne der Selbstlosigkeit bzw. dort, wo das Individuum nicht aus
Nutzenerwägungen handelt, gebraucht Smith hingegen den Begriff des
„interesselosen" Handelns: Liebe, Dankbarkeit, Freundschaft und Achtung
den anderen Gesellschaftsgliedern gegenüber sind „edle und *interesselose*
Beweggründe (generous and *disinterested* motives)" (*TMS* II.ii.3.1/2 dt. 127;
Herv. O.H.).

Für Smith existieren im Gegensatz zu „tatsächlichen" auch „vermeintliche" Interessen („supposed ... interest"; „real interest"; *WN* III.ii.16 dt.
322; IV.vii.c.102 dt. 537). Während letztere im Sinne der bisherigen Darstellung real mit einem Vorteil verknüpft sind, richten sich erstere auf Dinge, die bei näherer Betrachtung keinen Vorteil bieten. Ein Beispiel hierfür
kann im Zusammenhang mit der o.a. Kolonialpolitik genannt werden. Das

den europäischen Kolonialgründungen – die Smith z.T. miterlebte – zugrundeliegende ‚Interesse' liegt nach Smith u.a. in der merkantilistischen Zielsetzung, die Handelsbilanz zu verbessern, Edelmetalle aus den Kolonien einzuführen und so den Reichtum des Mutterlandes zu fördern. Da nach Smith der Reichtum eines Volkes aber nicht in Edelmetallen besteht und die merkantilistische Handelsbilanz-Theorie von ihm abgelehnt wird,[53] handelt es sich hierbei nur um einen scheinbaren Nutzen. Das vermeintliche Interesse, das zu europäischen Koloniegründungen führt, ist für Smith in Wahrheit „Torheit, Gold und Silber nachzujagen, und die Ungerechtigkeit, den Besitz eines Landes zu begehren (the folly of hunting after gold and silver mines, and the injustice of coveting the possession of a country)" (*WN* IV.vii.b.59 dt. 494 in Verbindung mit IV.vii.a.1/6 dt. 465/8; vgl. IV.vii.c.66 dt. 518/9).[54]

3.2.2 Die existentiellen Interessen

Entsprechend der genannten Verbindung des Begriffs des Interesses mit „Notwendigkeit" einerseits und mit „Nutzen" bzw. „Vorteil" andererseits (siehe Zitate im vorhergehenden Abschnitt II.3.2.1) kann zwischen existentiellen Interessen und solchen Interessen, die auf Vorteile gerichtet sind, die über das Existenznotwendige hinausgehen, unterschieden werden.

Es sind zwei existentielle Interessen, die bei Smith dem Menschen von Natur aus zukommen. Sie stehen in Verbindung mit den bereits erwähnten generellen „Hauptabsichten der Natur", nämlich der „Erhaltung des Individuums und ... Fortpflanzung der Gattung (support of the individual, ... propagation of the species)" (*TMS* II.ii.3.5 dt. 129; vgl. II.1.5.10 dt. 113/4; vgl. oben II.2.2). Gemäß diesen Zielsetzungen richtet sich das Interesse des Menschen erstens auf die Erhaltung der eigenen Existenz und zweitens auf die Bewahrung der Gesundheit. Hiermit verbunden ist das Ziel der Befriedigung der „natürlichen Bedürfnisse (natural wants)" (*LJ(B)* § 206 dt. 115).

Die Natur unterstützt das Individuum hierbei in zweifacher Hinsicht. Zum einen lehrt sie den Menschen mittels der unmittelbaren natürlichen Bedürfnisse und der Lust-Unlust-Motivation („pleasure", „pain"), die beiden

---

[53] Die Auseinandersetzung mit dem Merkantilismus zieht sich durch den ganzen *WN* hindurch; ausführlich wird sie in *WN* (IV.i/viii dt. 347/559) diskutiert.

[54] Vgl. die Diskussion von realen und vermeintlichen Interessen im Zusammenhang mit dem Pachtwesen (*WN* III.ii.4/16 dt. 316/22), von realen Interessen der Bank von England im Zusammenhang mit Überlegungen zum Recht der Münzprägung (*WN* IV.vi.21/9 dt. 461/3) und von einem falsch verstandenen Interesse der Grundbesitzer (*WN* IV.v.a.24 dt. 426).

genannten Interessen zu wahren (*TMS* VI.i.1/3 dt. 360/1; vgl. II.i.5.10 dt. 114). Zum anderen stellt sie ihm darüber hinaus das Lebensnotwendige zur Verfügung:

> „Nature produces for every animal every thing that is sufficient to support it without having recourse to the improvement of the original production. Food, cloaths, and lodging are all the wants of any animal whatever" (*LJ(B)* § 206 dt. 115).
>
> („Die Natur bringt für jedes Lebewesen alles hervor, was zu seinem Unterhalt hinreicht, ohne daß es zu einer Verbesserung des Urprodukts zu schreiten brauchte. Nahrung, Kleidung und Wohnung sind alles, was ein jedes Lebewesen braucht".)

Gleichwohl handelt es sich hierbei um primitive Mittel, die dem Tier oder dem „Wilden (savage)" genügen mögen, jedoch nicht dem zivilisierten Menschen. Für diesen stellt die Verfeinerung der Naturprodukte ebenfalls ein Grundbedürfnis dar, da ohne sie keine Abwechslung entsteht, ohne Abwechslung aber der menschliche Geist „ermüdet" („uniformitiy tires the mind"; *LJ(B)* § 208 dt. 116; vgl. ebd. § 206/9 dt. 115/6; vgl. *LJ(A)* vi.8/13):

> „Such is the delicacey of man alone, that no object is produced to his liking. He finds that in every thing there is need of improvement." (*LJ(B)* § 206 dt. 115; vgl. *LJ(A)* vi.13.)
>
> („Doch ist die Verfeinerung des Menschen derart, daß nichts nach seinem Gefallen erzeugt wird. Er findet, daß alles der Vervollkommnung bedarf.")

Um seine wesentlichen Bedürfnisse dauerhaft befriedigen zu können, strebt der Mensch die Schaffung „äußeren Wohlstandes (external fortune)" an (*TMS* VI.i.2 dt. 361).

3.2.3 Das Interesse an gesellschaftlichem Ansehen

Im Anschluß an die letztgenannte Stelle, die auf die existentiellen Interessen des Menschen und den äußeren Wohlstand verweist (*TMS* VI.i.1/2 dt. 360/1), fährt Smith fort:

> „Though it is in order to supply the necessities and conveniencies of the body, that the advantages of external fortune are originally recommended to us, yet we cannot live long in the world without perceiving that the respect of our equals, our credit and rank in the society we live in, depend very much upon the degree in which we possess, or are supposed to possess, those advantages." (*TMS* VI.i.3 dt. 361)
>
> („Obwohl sich die Vorteile der äußeren Glücksgüter uns ursprünglich nur darum als begehrenswert darstellen, weil sie den Bedürfnissen und den Bequemlichkeitsansprüchen des Körpers Abhilfe gewähren, so können wir

doch nicht lange in der Welt leben, ohne dessen inne zu werden, daß die Achtung, die wir bei den uns Gleichgestellten genießen, daß unser Ansehen und unser Rang in der Gesellschaft, in der wir leben, sehr stark davon abhängt, wieviel wir von jenen Vorteilen besitzen oder wieviel man wenigstens glaubt, daß wir von ihnen besitzen.")

Mit dieser Bemerkung ist der Rahmen für die Diskussion derjenigen Interessen geschaffen, die über das Existentielle hinausreichen. Es geht dabei vor allem um *ein* Interesse, das den Menschen beherrscht und von dem sich weitere individuelle Interessen ableiten lassen: Smith spricht von einem natürlichen Verlangen des Menschen, anderen zu gefallen („an original desire to please"; *TMS* III.2.6 dt. 176).

Gesellschaftliches Ansehen ist hierbei nicht nur ein an sich erstrebenswertes Gut für den Menschen, sondern besitzt zugleich praktische Relevanz für den Alltag. So beeinflußt die gesellschaftliche Stellung den Grad der Sympathie, den der einzelne von seinen Mitmenschen erhoffen darf (vgl. *TMS* I.iii.2.1/2 dt. 70/4). Auch das sittliche Urteil ist abhängig vom Ansehen des Menschen – sehr zum Verdruß von Smith (vgl. *TMS* I.iii.3.1 dt. 86/7):

> „The profligacy of a man of fashion is looked upon with much less contempt and aversion, than that of a man of meaner condition." (*TMS* I.iii.3.4 dt. 89)
> („Die Verworfenheit eines Mannes von Welt wird mit weit weniger Verachtung und Abneigung betrachtet als die eines Mannes aus niedrigerem Stande.")

Schließlich hat ein guter Ruf vielfach Auswirkungen auf den beruflichen Erfolg (vgl. *TMS* I.iii.3.5 dt. 89).

Gesellschaftliches Ansehen kann Smith zufolge prinzipiell auf zwei alternativen Wegen erreicht werden. Der erste Weg führt über den Erwerb bzw. die Übernahme von Reichtum, Ämtern und Macht – die Übergänge zwischen diesen Komponenten sind hierbei fließend. Den zweiten Weg stellt das tugendhafte Leben dar. Zunächst soll die erste Alternative betrachtet werden.

Im Zusammenhang mit dem Weg zum Ansehen über Reichtum, Ämter und Macht spricht Smith von dem menschlichen „Wunsch, die Lebensbedingungen zu verbessern (desire of bettering our condition)" (*WN* II.iii.28 dt. 282)[55]. Nach Smith handelt es sich bei diesen Wunsch um

---

[55] Vgl. auch RECKTENWALD (1986: 13): „Das Selbstinteresse eines jeden Menschen ist die Antriebskraft zu dauerndem Streben, sein Los und seine Lebensbedingungen zu verbessern."

„a desire which, though generally *calm and dispassionate*, comes with us from the womb, and never leaves us till we go into the grave. In the whole interval which separates those two moments, there is *scarce* perhaps a *single instant* in which any man is so perfectly and completely satisfied with his situation, as to be without any wish of alteration or improvement, of any kind. An augmentation of *fortune* is the means by which the greater part of men propose and wish to better their condition. It is the means the most vulgar and the most obvious" (*WN* II.iii.28 dt. 282; Herv. O.H.).

(„ein Verlangen, das uns zwar im allgemeinen *ruhig und leidenschaftslos* läßt, aber doch ein ganzes Leben lang begleitet, von der Geburt bis zum Tode. In dem Intervall zwischen beiden Ereignissen … gibt es wahrscheinlich *nicht einen Augenblick*, in dem jemand mit seiner Lage so uneingeschränkt und vollkommen zufrieden ist, daß er sich nicht wünscht, sie irgendwie zu ändern oder zu verbessern. Die meisten Menschen sehen in der Vergrößerung ihres *Vermögens* einen Weg, um ihr Los zu verbessern. Es ist der verbreitetste und augenfälligste Weg".)

Für das Individuum gilt hier offensichtlich die Nicht-Sättigungs-Hypothese der modernen Ökonomik[56]. Zugleich wird die enge Beziehung zwischen dem 'Ansehens-Interesse' und dem ökonomischen Interesse deutlich[57]. Letzteres folgt aus dem ersten, wie auch im folgenden Zitat zum Ausdruck kommt:

„From whence, then, arises that emulation which *runs through all the different ranks of men*, and what are the advantages which we propose by that

---

[56] Zur Nicht-Sättigungs-Hypothese vgl. auch *WN* (I.xi.c.7 dt. 143):

„What is over and above satisfying the limited desire, is given for the amusement of those desires which cannot be satisfied, but seem to be altogether endless."

(„Was man nicht für den begrenzten Bedarf benötigt, wird für die Erfüllung von Wünschen verwendet, die scheinbar allesamt ohne Grenzen sind.")

Es geht grundsätzlich um die Befriedigung „vieler unbedeutender Bedürfnisse, die wir durchaus nicht dringend nötig haben (many insignificant demands which we by no means stand in need of)" (*LJ(B)* § 209 dt. 116). Smith spricht auch vom Erwerb von – letztlich 'unnützen' – Luxusgütern („conveniencies, which may be regarded as *superfluities*" – im Gegensatz zu den „necessities of nature"; *TMS* I.iii.2.1 dt. 71; Herv. O.H.; vgl. *WN* III.iv.10 dt. 338). Bei dieser Sicht des Reichtums besteht eine Ähnlichkeit zur ARISTOTELISCHEN Unterscheidung von „notwendiger" und „überflüssiger Erwerbskunst" (zu dieser Unterscheidung vgl. beispielsweise MANSTETTEN 1995: 41/3).

[57] Vgl. in diesem Sinne auch CAMPBELL/SKINNER (1976: 18): „the whole object of bettering our condition was to find ourselves as objects of general esteem"; MEDICK (1973: 228): „Reichtum als Ausweis von Macht, Status und Sozialprestige wird primäres Ziel menschlichen Handelns".

great purpose of human life which we call bettering our condition? *To be observed, to be attended to, to be taken notice of with sympathy, complacency and approbation*, are all the *advantages* which we can propose to derive from it. It is the *vanity*, not the ease, or the pleasure, which *interests* us. But vanity is always founded upon the belief of our being the object of attention and approbation." (*TMS* I.iii.2.1 dt. 71; Herv. O.H.)

(„Woher entsteht also jener Wetteifer, der sich durch *alle die verschiedenen Stände der Menschen hindurchzieht*, und welches sind die Vorteile, die wir bei jenem großen Endziel menschlichen Lebens, das wir 'Verbesserung unserer Verhältnisse' nennen, im Sinne haben? *Daß man uns bemerkt, daß man auf uns Acht hat, daß man mit Sympathie, Wohlgefallen und Billigung von uns Kenntnis nimmt*, das sind alle *Vorteile*, die wir daraus zu gewinnen hoffen dürfen. Es ist die *Eitelkeit*, nicht das Wohlbefinden oder das Vergnügen, was uns daran anzieht. Eitelkeit aber beruht immer auf der Überzeugung, daß wir der Gegenstand der Aufmerksamkeit und Billigung sind.")

Für Smith ist die enge Verknüpfung zwischen individuellen Besitzverhältnissen und gesellschaftlichem Ansehen evident. Er kennt verschiedene Ursachen, die zu hoher gesellschaftlicher Achtung und daraus resultierender Überlegenheit gegenüber anderen führen. Die Vermögensverhältnisse stellen hierbei die gravierendste dar (vgl. unten Exkurs 2)[58]. Der Gegensatz zwischen der sozialen Achtung von Arm und Reich könnte nicht deutlicher geschildert werden als im nachfolgenden Zitat:

„The poor man ... is ashamed of his poverty. He feels that it either places him out of the sight of mankind, or, that if they take any notice of him, they have, however, scarce any fellow-feeling with the misery and distress which he suffers. ... The poor man goes out and comes in unheeded, and when in the midst of a crowd is in the same obscurity as if shut up in his

---

[58] Illustriert wird dieser Sachverhalt beispielsweise in *Imitative Arts* (I.13/4). Dort stellt Smith u.a. fest, daß Gegenstände nicht deshalb anderen vorgezogen werden, weil sie schöner oder praktischer wären als andere, sondern weil sie teurer und exklusiver sind:

„As the idea of expence seems often to embellish, so that of cheapness seems as frequently to tarnish the lustre even of very agreeable objects. ... The rich and the great, the proud and the vain, will not admit into their gardens an ornament which the meanest of the people can have as well as they."

(„So wie der Gedanke des Teuren oftmals zu verschönern scheint, scheint der des Billigen häufig den Glanz selbst der angenehmsten Gegenstände zu trüben. ... Die Reichen und Großen, die Stolzen und Eitlen werden in ihren Gärten kein Ornament zulassen, das der Geringste des Volkes ebenso gut wie sie haben kann.")

Vgl. zu der hier vorliegenden Thematik des Demonstrativkonsums auch SCHEFOLD (1981: 62/6, 90).

own hovel. ... The man of rank and distinction, on the contrary, is observed by all the world. Every body is eager to look at him, and to
conceive, at least by sympathy, that joy and exultation with which his
circumstances naturally inspire him." (*TMS* I.iii.2.1 dt. 72)
(„Der Arme ... schämt sich seiner Armut. Er fühlt, daß sie ihn entweder aus
dem Gesichtskreis der Menschen ausschließt oder daß diese doch, wenn sie
irgendeine Notiz von ihm nehmen, kaum irgendwelches Mitgefühl mit dem
Elend und der Not haben werden, die er erduldet. ... Unbeachtet kommt
und geht der arme Mann, und inmitten einer Menschenmenge befindet er
sich in der gleichen Verborgenheit, wie wenn er in seine Hütte eingeschlossen wäre. ... Dagegen wird der Mann von Rang und Distinktion von aller
Welt beobachtet. Jedermann ist begierig, nach ihm zu schauen und wenigstens durch Sympathie jene Freude und Heiterkeit nachzuempfinden, mit
welcher seine glücklichen Verhältnisse ihn naturgemäß erfüllen müssen.")

Die besondere Sympathie, die das Individuum hier für die Großen und
Reichen empfindet, steht damit im Zusammenhang, daß die Lebenswelt des
Reichen dem ärmeren Menschen als „beinahe die ideale Vorstellung eines
vollkommenen und glücklichen Zustandes" erscheint, den auch er erreichen will („it seems to be almost the abstract idea of a perfect and happy
state"; *TMS* I.iii.2.2 dt. 73; vgl. oben II.3.1.2).
   Wenn Smith in einem der vorherigen Zitate (*WN* II.iii.28 dt. 282) darauf
verweist, daß der Weg zum Ansehen über das Vermögen „weithin beliebt
und leicht zu beschreiten sei", dann kommt hier im übrigen eine Erfahrung
der damaligen Zeit zum Ausdruck, die bereits oben (I.4) erörtert wurde: Im
prosperierenden Großbritannien des 18. Jahrhunderts vollzieht sich die
soziale Mobilität vorwiegend durch beruflichen Erfolg und damit verbundenen Besitzerwerb. Die Rolle des Grundbesitzes als Statussymbol kennt
offensichtlich auch Smith (vgl. *WN* III.iv.3 dt. 334; vgl. oben I.4).
   Auch Ämter begründen nach Smith Ansehen und wecken so das
menschliche Interesse. Ein „Objekt des Ehrgeizes (object of ambition)" ist
in diesem Sinne beispielsweise das Amt des Friedensrichters (s.o. I.4), obwohl es schlecht bezahlt ist (*WN* V.i.b.19 dt. 608). Ähnliches gilt für den
Beruf: Das Ansehen, das mit der Ausübung eines ehrbaren Berufs verbunden ist, kann neben der Bezahlung eine weitere Komponente der Entlohnung darstellen (vgl. *WN* I.x.b.24 dt. 92; I.x.c.35 dt. 115; I.x.b.29/30 dt. 94).
   Im Zusammenhang mit dem Wunsch nach gesellschaftlichem Ansehen
steht ein weiteres Interesse des Menschen: das Streben nach Herrschaft
gegenüber anderen. Smith spricht von der „love to domineer", die er im
menschlichen Stolz begründet sieht (*WN* III.2.10 dt. 319; vgl. *TMS* VII.iv.25
dt. 561). Ihr korrespondiert die „tyrannische Anlage (tyranic disposition)",
welche dem Menschen „fast natürlich angeboren ist (which may almost be

said to be natural to mankind)" *(LJ(B) § 134 dt. 69).* Folge dieser Herrschsucht ist für Smith u.a. die Institution der Sklaverei *(LJ(B) § 134 dt. 69),* die unter ökonomischen Gesichtspunkten für Smith letztendlich nicht gerechtfertigt werden kann (vgl. *WN* III.ii.9 dt. 319; *LJ(B) § 138 dt. 70/1).*

Die zweite grundsätzliche Möglichkeit, Achtung zu erlangen, besteht für Smith im „Streben nach Weisheit (study of wisdom)" und in der „Betätigung der Tugend (practice of virtue)" *(TMS I.iii.3.2 dt. 87).* Diese Alternative ist im Vergleich zum bisher diskutierten Weg für Smith „richtiger und von erlesenerer Schönheit (more correct and more exquisitely beautiful)" (ebd. dt. 88; vgl. I.iii.3.8 dt. 92).

Insbesondere das „gemeine Volk (common people)" *(WN* V.i.g.38 dt. 689/90) – und hier kommen wieder zeitgeschichtliche Erfahrungen zum Ausdruck (vgl. oben I.4) – muß den Pfad des Fleißes, der Klugheit und Gerechtigkeit gehen, da den unteren und mittleren Schichten der Gesellschaft der Weg zum Reichtum oft verwehrt ist. Zur Erlangung gesellschaftlichen Ansehens pflegen sie daher einen Lebensstil („a tolerably regular conduct"; *TMS* I.iii.3.5 dt. 89), der von ihrer Umgebung gebilligt werden kann. Diese Tatsache wertet Smith nicht nur in bezug auf die sittliche Verfassung der Gesellschaft sehr positiv *(TMS* I.iii.1 dt. 86/94). Auch die staatlichen Institutionen sind auf solche Mitarbeiter, die sich in erster Linie durch Persönlichkeit und fachliche Qualifikationen auszeichnen, angewiesen *(TMS* I.iii.2.4/5 dt. 76/81).

Tugendhaftes Leben stellt in diesem Falle für den betreffenden Menschen keinen Wert an sich, sondern lediglich ein Mittel zum Zweck dar. Es geht nicht primär um den Weg zum Glück im tieferen Sinne („happiness"; vgl. unten II.3.2.4, II.4.6), sondern um den Weg zum Erfolg, zum Ansehen („road to fortune"; *TMS* I.iii.3.5 dt. 89). Anschaulich formuliert Smith in diesem Sinne:

> *„Nothing but* the most exemplary morals can give dignity to a man of small fortune. The vices of levity and vanity necessarily render him ridiculous, and are, besides, almost as ruinous to him as they are to the common people. In his own conduct, therefore, he is *obliged to follow that system of morals* which the common people respect the most. He gains their esteem and affection by that plan of life which *his own interest* and situation would *lead him* to follow." *(WN* V.i.g.38 dt. 689/90; Herv. O.H.; vgl. V.i.g.10 dt. 674.)
>
> („*Nichts außer* einer vorbildlichen Moral kann einem Mann mit bescheidenem Vermögen Würde verschaffen. Die Laster der Leichtfertigkeit und Eitelkeit lassen ihn notwendigerweise lächerlich erscheinen, außerdem ruinieren ihn diese Laster fast ebenso wie den einfachen Mann. Er ist daher in seiner Lebensführung gezwungen, *sich an die moralischen Werte und Vorstel-*

lungen zu halten, welche vom gemeinen Volk am meisten beachtet werden. Er gewinnt dessen Hochschätzung und Zuneigung dann, wenn er sich in seiner Lebensführung *von seinem eigenen Interesse* und seiner persönlichen Lage *leiten läßt.*")

Im übrigen belegt dieses Zitat, daß Smith im *WN* die Frage moralischen Verhaltens nicht ausklammert.

Entsprechend der Bedeutung des gesellschaftlichen Ansehens ist für Smith der Verlust desselben oder der Absturz in die 'niederen Ränge' der Gesellschaft eines der größten individuellen Unglücke (vgl. *WN* II.iii.40 dt. 287/8).[59]

3.2.4 Interessenverfolgung und Glück

Da der Mensch die Situation der „Reichen und Vornehmen (the rich and the great)" bewundert und beneidet (*TMS* I.iii.3.7 dt. 91; vgl. *TMS* IV.1.9 dt. 314/5; vgl. oben II.3.2.3), ist er geneigt, alles in seinen Möglichkeiten Stehende zu tun, um diese hohe Stufe ebenfalls zu erklimmen. Haben die Menschen das 'Ziel ihrer Träume' schließlich erreicht, erleben sie allerdings eine unangenehme Überraschung:

„But, though they should be so lucky as to attain that wished-for greatness, they are *always* most miserably disappointed in the happiness which they expect to enjoy in it." (*TMS* I.iii.3.8 dt. 92; Herv. O.H.)
(„Wenn sie aber auch so glücklich sein sollten, die ersehnte Größe zu erreichen, so werden sie doch *immer* in bezug auf die Glückseligkeit, die sie darin zu genießen erwarteten, höchst jammervoll enttäuscht werden.")

Besitz und Macht sind nach Smith keine Garanten für wahres Glück („happiness"[60]). Dabei hätte vermutet werden können, daß – ausgehend von den Darlegungen des letzten Abschnitts – menschliches Glück aus der Realisierung der genannten Interessen folgt. Formal könnte man in diesem Sinne eine individuelle Nutzenfunktion aufstellen[61] und diese zu optimieren versuchen. Das Vorhaben, mit einem solchen Vorgehen Smiths Vorstellungen gleichsam mathematisch abzubilden, entspricht jedoch nicht

---

[59] Die Pranger-Strafe gehört demgemäß zu den schlimmsten Strafen, da sie entehrende Wirkung hat (*TMS* I.iii.2.10 dt. 85).

[60] ECKSTEIN (*TMS* dt.) übersetzt „happiness" in der Regel mit „Glückseligkeit".

[61] RECKTENWALD (1986: 13) formuliert eine solche Nutzenfunktion: W = W (E, A, P, F); mit E = Mittel zur Existenzsicherung, A = Annehmlichkeiten, P = gesellschaftliche Stellung und F = Freizeit.

Smiths Auffassungen und muß daher scheitern[62]. Für Smith sind nämlich
glänzende äußere Lebensumstände für die menschliche Glückseligkeit gerade nicht entscheidend:

> „In the most glittering and exalted situation that our idle fancy can hold out
> to us, the pleasures from which we propose to derive our *real happiness*, are
> *almost always* the same with those which, in our actual, though humble
> station, we have *at all times* at hand, and in our power. Except the *frivolous
> pleasures of vanity and superiority*, we may find, in the most humble station,
> where there is only *personal liberty*, every other which the most exalted can
> afford; and the pleasures of vanitiy and superiority are seldom consistent
> with *perfect tranquillity, the principle and foundation of all real satisfactory
> enjoyment*.") (*TMS* III.3.31 dt. 223/4; Herv. O.H.)

(„In den glänzendsten und erhabensten Lagen, die unsere eitle Phantasie uns
vorzuspiegeln vermag, sind die Freuden, aus welchen wir unsere *wahre
Glückseligkeit* zu schöpfen gedenken, *beinahe immer* die gleichen wie diejenigen, die uns schon in unserer gegenwärtigen niedrigen Stellung *allzeit*
zur Verfügung stehen und zur Hand sind. Wenn wir von den *nichtigen
Freuden der Eitelkeit und des hohen Ranges* absehen, so können wir in der
niedrigsten Lebensstellung, sofern sich in ihr nur *persönliche Freiheit* findet,
ganz die gleichen Freuden antreffen, wie uns die erhabenste Stellung gewähren kann; und die Freuden der Eitelkeit und des hohen Ranges sind
selten mit *vollkommener Seelenruhe* verträglich, die doch die *Grundlage und
Voraussetzung jedes wahren und befriedigenden Genusses bildet*.")

Für Smith besteht das zentrale Merkmal individuellen Glücks demnach in
der inneren Ruhe bzw. Seelenruhe. Ohne diese gibt es keinen Genuß (vgl.
TMS III.3.30 dt. 222). Sie ist die wesentliche Bedingung für „Selbstzufriedenheit (self-satisfaction)" und „Lebensfreude (enjoyment)" (*TMS* I.i.4.10 dt.
26).

Seelenruhe wird sich schwerlich dort entwickeln, wo die Befriedigung
der existentiellen Bedürfnisse des Menschen nicht gegeben ist. Hierzu gehören die im Zitat genannte „persönliche Freiheit" sowie die Befriedigung
der grundlegenden biologischen und ökonomischen Bedürfnisse. Eine ausreichende materielle Grundversorgung ist zwar notwendig (vgl. *TMS*

---

[62] Es gibt bei Smith keinen Ansatz, der dazu berechtigen und befähigen würde, die einzelnen Komponenten einer solchen Wohlfahrtsfunktion zu quantifizieren und miteinander zu vergleichen bzw. sie zu gewichten. Beim Aufstellen einer solchen Nutzenfunktion, wie z.B. bei RECKTENWALD (s. vorherige Anm.), wird Smith ein späteres,
mathematisches, von Bentham geprägtes Konzept (s.u. III.3.1.4, III.4.1) zugeschrieben,
das ihm letztlich nicht gerecht wird.

II.iii.3.3 dt. 161), genügt aber auch[63]. Im folgenden Zitat spricht Smith sogar nur von der Notwendigkeit der Schuldenlosigkeit und nennt die Gesundheit noch vor dieser:

„What can be added to the happiness of the man who is *in health*, who is *out of debt*, and has a *clear conscience?* To one in this situation, all accessions of fortune may properly be said to be superfluous" (*TMS* I.iii.1.7 dt. 63; Herv. O.H.).
(„Was kann der Glückseligkeit eines Menschen noch hinzugefügt werden, der *gesund* ist, *ohne Schulden* ist und ein *reines Gewissen* hat? Für einen Menschen in dieser Lage kann man füglich jeden Zuwachs an Glück als überflüssig bezeichnen".)

Das „reine Gewissen" (zum Begriff „conscience" vgl. auch *TMS* III.2.32 dt. 194) bzw. moralisch korrektes Verhalten ist hierbei für Smith die wesentliche Ursache der oben genannten Seelenruhe. Die innere Ruhe ist das Merkmal des Tugendhaften und Weisen. (Vgl. *TMS* III.1.7 dt. 171; VII.ii.2.12 dt. 496/7; vgl. auch *TMS* II.ii.3.1 dt. 127; s.u. II.4.6.)

Innere Ruhe beinhaltet eine innere Ausgeglichenheit und Gelassenheit, die sich auch darin ausdrückt, daß nicht ständig auf die Chance nach weiterer Besitzmehrung bzw. auf die mögliche Gefahr des Besitzverlustes geschaut wird (vgl. *TMS* III.3.30/1 dt. 222/4). Es wird erkannt, daß der Nutzen von Reichtum und Größe letztendlich „lächerlich gering (of *frivolous* utility)" ist (*TMS* IV.1.8 dt. 312; Herv. O.H.; vgl. *TMS* IV.1.9 dt. 315). Sie gehören nicht zu den entscheidenden Ursachen des Glücks. Dies ist vor allem deshalb bedeutsam, weil Smith beobachtet, wie der Ehrgeiz, immer mehr haben zu wollen, gleichsam religiösen Charakter annehmen kann. Der Mensch „weiht" so sein ganzes Leben dem „Streben nach Reichtum und Größe" („he devotes himself for ever to the pursuit of wealth and greatness"; *TMS* IV.1.8 dt. 311). Um dieses Ziel zu erlangen, gibt er seine

---

[63] Vgl. auch MEDICK (1973: 224): „Es muß betont werden, daß Smith die Existenz gesellschaftlichen Reichtums in den 'civilized nations' als eine notwendige, aber keine hinreichende Voraussetzung einer aufgeklärt-humanen Existenz des Menschen betrachtete." „Smiths Auffassung menschlichen Glücks ... ist durchaus meta-ökonomisch formuliert." (Ebd.: 222)
An früherer Stelle (II.2.2.3 Anm.) wurde auf Ähnlichkeiten zwischen Smith und ARISTOTELES hinsichtlich der Unterscheidung von notwendigen und überflüssigen Gütern hingewiesen. In der *Nikomachischen Ethik* schreibt ARISTOTELES (NE: 1178b/ 1179a, S. 350/1): „Der Glückselige wird als Mensch auch in guten äußeren Verhältnissen leben müssen. ... Indessen darf man, wenn man ohne die äußeren Güter nicht glückselig sein kann, darum nicht meinen, daß dazu viele und große Güter erforderlich wären. ... Es genügt also, wenn die nötigen Mittel vorhanden sind. Denn das Leben wird glückselig sein, wenn es in tugendhafter Tätigkeit verbracht wird."

Würde gleichsam an der 'Garderobe zum Saal der überflüssigen Annehmlichkeiten' ab:

> „To obtain the conveniencies which these [wealth and greatness; O.H.] afford, he submits in the first year ... to more fatigue of body and more uneasiness of mind than he could have suffered through the whole of his life from the want of them. ... For this purpose he makes his court to all mankind; he serves those whom he hates, and is obsequious to those whom he despises. Through the whole of his life he pursues the idea of a certain artificial and elegant repose which he may never arrive at, for which he *sacrifices a real tranquillity* that is at all times in his power, and which, *if in the extremity of old age he should at last attain to it*, he will find to be *in no respect* preferable to that humble security and contentment which he had abandoned for it." (*TMS* IV.1.8 dt. 311; Herv. O.H.; vgl. ebd. 313/4.)

> („Um die Bequemlichkeiten zu erlangen, die diese [Reichtum und Größe; O.H.] gewähren, unterwirft er sich allein im ersten Jahr ... seiner Bemühungen ... größeren körperlichen Anstrengungen und größeren seelischen Beschwerden, als er sein ganzes Leben hindurch infolge des Mangels jener Bequemlichkeiten hätte erdulden können. ... Zu diesem Zweck macht er aller Welt den Hof; er erweist denjenigen Dienste, die er haßt, und ist denjenigen gegenüber unterwürfig, die er verachtet. Sein ganzes Leben hindurch jagt er hinter dem Bilde einer gewissen künstlichen und vornehmen Ruhe her, die er vielleicht niemals erreichen wird, und der er eine *wirkliche Seelenruhe opfert*, die zu erwerben jederzeit in seiner Macht steht. Und *sollte er im höchsten Greisenalter jene Ruhe endlich erlangen*, dann wird er finden, daß sie in *keiner* Hinsicht der Sorglosigkeit und Zufriedenheit jener niedrigen Lebenslage vorzuziehen war, die er um ihretwillen preisgegeben hatte.")

Viele Güter sind im übrigen nicht nur deshalb „überflüssig" („superfluities"; *TMS* I.iii.2.1 dt. 71), weil sich das mit ihnen verbundene unmäßige Erfolgsstreben kontraproduktiv auf die Gemütsruhe des Menschen auswirkt, sondern weil sie Bedürfnisse befriedigen sollen, die prinzipiell unendlich sind und daher ex definitione nicht befriedigt werden können (vgl. *WN* I.xi.c.7 dt. 143; II.iii.28 dt. 282). Smith spricht auch von der „maßlosen Größe der Bedürfnisse" („immensity of ... desires"; *TMS* IV.1.10 dt. 316).[64]

---

[64] Die dargelegte Spannung zwischen Reichtum und Glück bleibt auch bestehen, wenn man, wie z.B. CAMPBELL/SKINNER (1976: 38), davon spricht, daß individuelles Wohlergehen im *WN* quantitativ, im *TMS* hingegen qualitativ gefaßt wird.
Die Ambivalenz Smiths zum Reichtum sieht auch HIRSCHMAN (1984: 54/7). Nach HIRSCHMAN (1984: 57) spiegelt sich darin eine Haltung „ganzer Generationen von westlichen Intellektuellen gegenüber dem zugleich gepriesenen und geschmähten materiellen Fortschritt" wider.

Der tugendhafte, in sich ruhende und mit sich selbst zufriedene Mensch muß nicht der gesellschaftlichen Aufmerksamkeit entbehren, wie oben (II.3.2.3) dargelegt wurde. Dieses gesellschaftliche Ansehen ist nach Smith eine wesentliche Ursache des persönlichen Glücks („the chief part of human happiness arises from the consciousness of being beloved"; *TMS* I.ii.5.1 dt. 56; vgl. III.1.7/2.6 dt. 171/6). Anders liegt der Fall beim Eitlen und Stolzen: Dieser wünscht sich immer noch mehr Aufmerksamkeit und Ehrerbietung und ist daher stets unzufrieden (vgl. *TMS* VI.iii.32/47 dt. 428/37).

Eine Ursache menschlicher Glückseligkeit stellt für Smith schließlich auch die Dimension des Religiösen dar. Dazu zählt wesentlich die Hoffnung auf das Leben nach dem Tod. (Vgl. *TMS* III.2.33 dt. 195/7.)

Auf die Täuschung des Menschen durch Reichtum, Macht und Ansehen hinsichtlich des ihnen vermeintlich innewohnenden Glücks wird an späterer Stelle (II.6) zurückzukommen sein. Sie ist nämlich für Smith im Zusammenhang mit der Entstehung nationalen Wohlstands von erheblicher Bedeutung.

3.3 Die verschiedenen sozialen Ebenen

3.3.1 Ausgangspunkt: der Mensch als Sozialwesen

Der Mensch wird bei Smith ebenso wie alle anderen Lebewesen von den beiden bereits genannten Hauptzwecken der Natur, der Erhaltung des Individuums und der Fortpflanzung der Gattung, umspannt (vgl. oben II.2.2):

> „Mankind are endowed with a desire of those ends, and an aversion of the contrary; with a love of life, and a dread of dissolution; with a desire of the continuance and perpetuity of the species, and with an aversion to the thoughts of its intire extinction." (*TMS* II.i.5.10 dt. 113/4)
> („Die Menschen sind nun mit einem Verlangen nach jenen Endzwecken und mit einer Abneigung gegen ihr Gegenteil begabt: mit einer Liebe zum Leben und Furcht vor Auflösung; mit einem Verlangen nach beständiger Fortdauer der Art und mit einer Abneigung gegen den Gedanken ihres völligen Erlöschens.")

Nicht nur die Arterhaltung erfordert Gesellschaftlichkeit, sondern auch das Ziel der Selbsterhaltung, wenn unterstellt wird, daß menschliches Leben über die primitivsten Formen der Existenzsicherung hinausgehen soll. Letzteres ist für Smith selbstverständlich, geht es doch für ihn vor allem um den Selbsterhalt in der kommerziellen Gesellschaft.

Die Natur hat den Menschen nicht nur zu den beiden Hauptzwecken bestimmt, sondern ihn darüber hinaus auch mit den Anlagen ausgestattet, die ihn zum Leben in Gemeinschaft befähigen. Hier zeigt sich der Smithsche Glaube an die Ordnung und Zweckmäßigkeit der Natur (s.o. II.2.2). Zu den sozialen Anlagen zählen die erörterte Sympathiefähigkeit (s.o. II.3.1) und die genannten individuellen Interessen (s.o. II.3.2). Auch die Sprache kommt dem Menschen nicht zufällig zu, ist sie doch die zentrale Voraussetzung zwischenmenschlicher Kommunikation im allgemeinen und der Phänomene von Arbeitsteilung und Tausch im speziellen (vgl. *TMS* VII.iv.28 dt. 563; *WN* I.ii.1/2 dt. 16). Darüber hinaus ist der Mensch in seiner Natur so verfaßt, daß in seinem Denken und Handeln Gerechtigkeits- und Vergeltungsgefühle eine dominierende Rolle spielen. Dies ist wichtig, weil Gerechtigkeit nach Smith eine zwingende Voraussetzung jeglichen Gemeinschaftslebens ist. (*TMS* II.ii.2/3 dt. 122/37) Smith formuliert in diesem Zusammenhang eine These, die als allgemeingeltend für die sozialen Anlagen des Menschen angesehen werden kann:

> „It is thus that *man*, who *can subsist only in society*, was fitted by nature to that siutation for which he was made." (*TMS* II.ii.3.1 dt. 127; Herv. O.H.)
> („So wurde der *Mensch*, der *nur in Gesellschaft bestehen kann*, von der Natur jener Situation angepaßt, für die er geschaffen war.")

Gesellschaftliche Erfahrungen führen zu Lernprozessen des Individuums hinsichtlich seiner Stellung und seines Verhaltens den Mitmenschen gegenüber. Dies wird insbesondere im Bereich der Ethik deutlich (vgl. unten II.4).[65]

3.3.2 Individuum und Familie

Die genannten Hauptziele des Menschen, also Selbst- und Arterhaltung, führen zunächst zur Familie (*LJ(B)* § 101 dt. 52)[66]. Für Smith gehört es

---

[65] Vgl. auch MEDICK (1973: 218): „Smith … betrachtet den Menschen als ein Wesen, das nicht nur von Natur aus 'sozial' ist – hätte er lediglich dies behauptet, so wäre er über Aristoteles und Grotius nicht hinausgekommen –, sondern als ein Wesen, das durch die … Kraft und Dynamik der gesellschaftlichen Beziehungen … erst richtig 'sozial' wird. Die Smithsche Sozialisationstheorie ist gerade als eine Theorie sozialen Lernens auch eine Theorie der Individuierung". HUEBER (1991: 108): „Das Selbstverständnis des Individuums entwickelt sich … bei Smith dadurch, daß der Mensch sich in Gesellschaft anderer Menschen befindet."

[66] In der *TMS* und dem *WN* sind die Bemerkungen über die Familie verstreut. Smith widmet ihr nur in den Rechtsvorlesungen einen eigenen Abschnitt (*LJ(B)* § 101/48 dt. 52/76).

offensichtlich zu den existentiellen Rechten des Individuums, eine eigene Familie zu gründen. In diesem Sinne fordert er in Verbindung mit der Idee des Mindestlohnes auch einen Subsistenzlohn, der es dem Menschen grundsätzlich ermöglichen *muß*, eine Familie zu ernähren (*WN* I.viii.15 dt. 59). Seines Erachtens wird dieser Lohn nirgendwo in Großbritannien unterschritten (*WN* I.viii.28 dt. 64).

Auf die besondere (habituelle) Sympathie zwischen den Mitgliedern einer Familie wurde bereits hingewiesen (s.o. II.3.1.2). Eine 'gute' Familie zeichnet sich darüber hinaus durch Tugend und Liebe sowie die Inexistenz bzw. die gütliche Lösung von Konflikten der verschiedenen individuellen Interessen aus:

> „With what pleasure do we look upon a family, through the whole of which reign mutual love and esteem, where the parents and children are companions for one another, without any other difference than what is made by respectful affection on the one side, and kind indulgence on the other; where ... *no opposition of interest divides the brothers*, nor any rivalship of favour sets the sisters at variance" (*TMS* I.ii.4.2 dt. 53; Herv. O.H.).

> („Mit welchem Vergnügen betrachten wir eine Familie, in der durchaus wechselseitige Liebe und Achtung herrscht, in der Eltern und Kinder einander gute Gefährten sind, ohne jeden anderen Unterschied als den, der durch ehrerbietige Zuneigung auf der einen Seite und gütige Nachsicht auf der anderen gebildet wird; in welcher ... *kein Gegensatz der Interessen die Brüder trennt*, noch irgendwelche Nebenbuhlerschaft um die Gunst der Eltern die Schwestern entzweit".)

Gleichwohl wird diese Situation nicht überall angetroffen. Smith hat auch diejenigen Fälle im Blick, in denen „die wechselseitigen Eifersüchteleien ... unter der Oberfläche brennen, und die jeden Augenblick hervorzubrechen ... drohen (mutual jealousies which burn within them, and which are every moment ready to burst out)" (ebd. dt. 54).

Eine wesentliche Aufgabe der Familie besteht in der Erziehung der Kinder. Wichtig ist für Smith dabei, daß die Kinder lernen, sich in ihre Eltern hineinzuversetzen, also Sympathie, Einfühlungsvermögen zu entwickeln, und anschließend ihre eigenen Gefühle so zu mäßigen, daß zwischen ihnen und den Eltern eine weitreichende Sympathie möglich ist. Mit dieser Förderung der Sympathiefähigkeit leistet die Familie einen Dienst für die Gesellschaft:

> „We may observe an utility in this constitution of our nature, that children have so long a dependance upon their parents, *to bring down their passions to theirs*, and thus be *trained up* at length *to become usefull members of society*.

Every child gets this piece of education, even under the most worthless parent." (*LJ(B)* § 102 dt. 52; Herv. O.H.; vgl. *LJ(A)* iii.5.)[67]
(„Wir können in der Einrichtung der Natur, daß die Kinder lange in Abhängigkeit von den Eltern bleiben, einen Nutzen erkennen, da sie *ihre Neigungen mit denen der Eltern in Einklang bringen* und auf diese Weise zu *nützlichen Mitgliedern der Gesellschaft* werden. Jedes Kind erhält diesen Teil der Erziehung, selbst unter den schlechtesten Eltern.")

Eine weitere wichtige Aufgabe der Familie besteht in der Erziehung zur Unparteilichkeit. Diese ist Voraussetzung für die im gesellschaftlichen Alltag nötige ethische Urteilsfindung. (*TMS* III.3.7 dt. 205; s.u. II.4.3.)

Schließlich soll die Erziehung auch den Wunsch des Menschen nach Ansehen in die richtigen Bahnen lenken:

„The great secret of education is to direct vanity to proper objects. Never suffer him [your son; O.H.] to value himself upon trivial accomplishments. But do not always discourage his pretensions to those that are of real importance. ... afford him every means to facilitate the acquisition" (*TMS* VI.iii.46 dt. 437).

(„Das große Geheimnis der Erziehung ist es, die Eitelkeit auf die richtigen Ziele zu lenken. Gestattet ihm [eurem Sohn; O.H.] nie, daß er sich wegen unbedeutender Fertigkeiten hochschätze. Aber entmutigt nicht immer die anmaßenden Ansprüche, die er auf den Besitz solcher Fertigkeiten erhebt, die wirklich von Wichtigkeit sind. ... verschafft ihm alle Mittel, die es ihm leichter machen, diese Fertigkeiten zu erwerben".)

Die wichtigen Gegenstände der familiären Erziehung sind demnach in der Förderung der sozialen Anlagen der Kinder zu sehen.

Eine andere Funktion der Familie besteht darin, für die Sicherheit ihrer Mitglieder zu sorgen. Hierdurch wird zugleich der familiäre Zusammenhalt gestärkt. Wenn staatliche Institutionen bestehen, die für die Sicherheit der Individuen sorgen, verliert diese Aufgabe jedoch an Bedeutung. (*TMS* VI.ii.1.12/3 dt. 378/9)

Im übrigen gibt es bei Smith auch ein familiäres *Interesse*: Er spricht von dem „wirklichen Interesse einer kinderreichen Familie (real interest of a numerous family)" an einer ausreichenden materiellen Versorgung der Familienmitglieder (*WN* III.ii.4 dt. 316).

---

[67] In der Übersetzung von BLACH heißt es: „Jedes Kind erhält eine *gewisse* Erziehung" (Herv. O.H.). Damit wird der zentrale Punkt, die Erziehung zur Sympathie, nicht getroffen.

3.3.3 Das Individuum als Mitglied der Gesellschaft

Eine weitere soziale Ebene, die im Zusammenhang mit den Aufgaben der familiären Erziehung (II.3.3.2) bereits genannt wurde, ist die Gesellschaft.

Smith differenziert vier verschiedene gesellschaftliche Stadien: erstens das Volk der Jäger und Sammler; zweitens die Gesellschaft der Hirtenvölker, in der das Privateigentum im Sinne des Viehbesitzes bedeutsam wird; drittens die vom Ackerbau gekennzeichnete Gesellschaft, in der Rechtsinstitutionen immer nötiger werden; und schließlich viertens die moderne, von Handel und Gewerbe geprägte Gesellschaft. Kennzeichnend für die Entwicklung von der ersten bis zur vierten Stufe sind erstens die zunehmende Arbeitsteilung, zweitens die verstärkte Möglichkeit, Privateigentum zu bilden, und, daraus resultierend, wachsende Vermögensunterschiede zwischen den Individuen und drittens die Entwicklung und Verfeinerung von Verwaltungs- bzw. Staatsstrukturen.

Smith betont in seiner Theorie der gesellschaftlichen Entwicklung die Verbindung zwischen den Eigentumsverhältnissen einerseits und den Gesellschaftsverhältnissen bzw. Formen der staatlichen Verfassung andererseits:

> „Property and civil government very much depend on one another. The preservation of property and the inequality of possession first formed it, and the state of property *must always* vary with the form of government." (*LJ(B)* § 11 dt. 7; Herv. O.H.)
>
> („Eigentum und Staat hängen eng miteinander zusammen. Die Erhaltung des Eigentums und die Ungleichheit des Besitzes schufen zuerst den Staat, und der Stand der Eigentumsverhältnisse *muß immer* wechseln mit den Herrschaftsformen.")

Smiths Geschichtstheorie zieht sich durch den ganzen *WN* hindurch. Explizit wird sie in *WN* (V; insbes. V.i.a/b dt. 587/612) und in *LJ(B)* (§ 12/75 dt. 7/38) behandelt. Sie wird unten ausführlicher in einem Exkurs dargestellt (Exkurs 2).[68]

---

[68] Zur Entwicklungstheorie bzw. Geschichtsphilosophie Smiths vgl. auch oben Exkurs 1 und MEDICK (1973: 183/206, 249/95). „Die Smithsche 'Natural History' kann ... als eine hypothetische Geschichtsphilosophie in praktischer Absicht begriffen werden, welche als normativer und zugleich analytischer Rahmen konzipiert war, von dessen Perspektive her Smith seine zeitgenössische Gesellschaft einerseits aus ihrer historischen Genesis verstehen und andererseits als bildungsbürgerlicher Aufklärer kritisch beurteilen wollte." (Ebd.: 179; zu Smiths „Natural History of Society" vgl. auch ebd.: 189/206). MEDICK versucht, in seinem Buch insbesondere die Komponenten der Rechtsphilosophie innerhalb der Smithschen Geschichtsphilosophie herauszuarbeiten.

Wenn im folgenden die zentralen Grundlagen gesellschaftlichen Zusammenhalts diskutiert werden, dann bildet die staatlich verfaßte Gesellschaft der vierten Entwicklungsstufe („state", „souvereignty"; *TMS* VI.ii.2.2
dt. 386) den entsprechenden Hintergrund. Smith spricht hier von der
„civilized" bzw. „improved society" (*WN* III.i.1 dt. 311 bzw. *WN* I.i.4 dt.
10; vgl. *LJ(B)* § 12   dt. 7). Das zentrale Merkmal dieser fortgeschrittenen
Gesellschaft, die in Smiths Schriften allgegenwärtig ist, besteht in einer
„kommerziellen Gesinnung (commercial spirit)" (*LJ(B)* § 328 dt. 168), die
ihren Ausdruck in der umfassenden Arbeitsteilung und im entsprechenden
Handel findet (vgl. z.B. *WN* III.i.1 dt. 311). Das Individuum ist auf dieser
Stufe in besonderer Weise auf seine Mitmenschen verwiesen, da es nicht
alle von ihm benötigten Güter selbst herstellen kann (vgl. *WN* I.ii.2 dt. 16).
Gleichwohl kommen im folgenden auch solche Phänomene zur Sprache,
die für vorhergehende Entwicklungsstufen gelten, ohne daß dies eigens
erwähnt werden müßte.

Der ideale Gesellschaftszustand ist für Smith jener, in dem Tugend und
Liebe das entscheidende Band des gemeinschaftlichen Zusammenhalts darstellen, in dem Wohlwollen und Selbstlosigkeit herrschen:

> „Where the necessary assistance is reciprocally afforded from love, from
> gratitude, from friendship, and esteem, *the society* florishes and *is happy*. All
> the different members of it are bound together by the agreeable bands of

WAIBL (1984: 138; Herv. dort), dem es u.a. um die Aufdeckung von Ähnlichkeiten
zwischen Smith und MARX geht, formuliert: „Es ist ein ebenso verbreitetes wie hart-
näckiges Mißverständnis, die *materialistische Erklärungsweise gesellschaftlicher Prozesse
und geschichtlicher Entwicklungen* als eine originäre 'Erfindung' von Marx/Engels anzusehen. ... In Wirklichkeit finden wir jene wissenschaftliche Erklärungsweise ...
bereits bei Theoretikern des 18. Jahrhunderts in Verwendung und vor allem bei Smith
in eindrucksvoller und überzeugungskräftiger Weise vorgetragen."
Während WAIBL (1984: 139) in der vierten Stufe den „Schlußpunkt" der gesellschaftlichen Entwicklung sieht, besteht MEDICK (1973: 28, 223/5) zufolge das Ziel Smiths
und der schottischen Aufklärungsbewegung im Erreichen einer human-aufgeklärten
Gesellschaft mit herrschaftsfreier Kommunikation, also einer Gesellschaft der
Tugendhaften.
Vgl. auch HOLLANDER (1987: 312): Smith „engaged partly in a description of the
historical record as he understood it – the long-term transition from an agricultural
economy to a mixed economy ...; and he also attempted to interpret the transition. In
approaching these secular trends he used themes and principles, which were
characteristic of the so-called Scottish Historical School, including (to use a Marxian
term) a 'materialistic' conception of history – the view that customs and institutions
(including legal systems) reflect productive relations or the way people make their
living".

love and affection, and are, as it were, drawn to one commom centre of mutual good offices." (*TMS* II.ii.3.1 dt. 127; Herv. O.H.)
(„Wo jener notwendige Beistand aus wechselseitiger Liebe, aus Dankbarkeit, aus Freundschaft und Achtung von einem Mitglied dem anderen gewährt wird, da *blüht die Gesellschaft* und da ist sie *glücklich*. Alle ihre Mitglieder sind durch die schönen Bande der Liebe und Zuneigung verbunden und gravitieren gleichsam zu einem gemeinschaftlichen Zentrum gegenseitiger guter Dienste.")

Wenn Smith wie hier vom „Glück (happiness)" der Gesellschaft spricht, dann geht es – wie beim individuellen Glück (s.o. II.3.2.4) – immer um immaterielle Werte wie Liebe, Freundschaft, Tugend, Gerechtigkeit (*TMS* II.ii.3.1 dt. 127; IV.2.1.1 dt. 321; VII.iii.3.16 dt. 544) oder um eine spezielle Frage der Gerechtigkeit, nämlich hinsichtlich der gesellschaftlichen Machtverteilung (*WN* III.iv.12/17 dt. 339/40[69]).[70] Ein Mindestmaß an Wohlstand gehört zu den Voraussetzungen des gesellschaftlichen Glücks:

„No society can surely be flourishing and happy, of which the greater part of the members are poor and miserable." (*WN* I.viii.36 dt. 68)
(„Eine Gesellschaft, in der der größte Teil der Mitglieder in Armut und Elend lebt, kann sicherlich nicht aufblühen und glücklich sein.")

Die „glückliche" Gesellschaft ist jedoch eine Utopie. Smith kennt den menschlichen Alltag zu genau, so daß er weiß, daß sich Liebe, Wohlwollen etc. de facto immer nur auf einen begrenzten Personenkreis beziehen können. Demgemäß wird ein anderes Prinzip zum entscheidenden: das Verständnis von der Gesellschaft als Zweckgemeinschaft, die durch die individuellen Nutzenkalküle zusammengehalten wird:

„*Society may subsist* among different men, as among different merchants, *from a sense of its utility*, without any mutual love of affection; and though no man in it should owe any obligation, or be bound in gratitude to any other, it may still be upheld by a *mercenary exchange of good offices* according to an agreed valuation." (*TMS* II.ii.3.2 dt. 127/8; Herv. O.H.)
(„Die *Gesellschaft kann* zwischen einer Anzahl von Menschen – wie eine Gesellschaft unter mehreren Kaufleuten – *auch aus einem Gefühl ihrer Nützlichkeit* heraus, ohne gegenseitige Liebe und Zuneigung *bestehen bleiben*; und mag auch kein Mensch in dieser Gesellschaft einem anderen verpflichtet oder in Dankbarkeit verbunden sein, so kann die Gesellschaft doch noch

---

[69] Für RECKTENWALDS Übersetzung von „publick *happiness*" mit „*Wohlfahrt* aller" in *WN* (III.iv.17 dt. 340; Herv. O.H.) gibt es keine Argumente.

[70] Gemäß meiner Interpretation greift die Auffassung HUEBERS (1991: 253; Herv. O.H.) zu kurz: „Der ideale Zustand des Gemeinwesens wie des Subjektes wäre für Smith eine Synthese und nicht das Gegeneinander der partikulären *Interessen*."

durch eine Art *kaufmännischen Austausches guter Dienste*, die gleichsam nach einer vereinbarten Wertbestimmung geschätzt werden, aufrechterhalten werden.")

Die bürgerliche Gesellschaft ist also eine für alle Individuen nützliche Institution. Auf der Basis von Verträgen vollzieht sich der genannte Austausch „guter Dienste". Die Arbeitsteilung, die unten (II.5.1) ausführlich diskutiert wird, hat hier eine ihrer Grundlagen.[71]

Sind die gesellschaftlichen Verhältnisse in diesem Sinne charakterisiert, gewinnt die Frage der Gerechtigkeit und der Einhaltung bestimmter Verhaltensgrundsätze zentrale Bedeutung. Hiervon hängt die Funktionsfähigkeit der 'nützlichen Gesellschaft' ab:

> „Society, however, cannot subsist among those who are at all times ready to hurt and injure one another. ... If there is any society among robbers and murderers, they must at least ... abstain from robbing and murdering one another. ... Society may subsist though not in the most comfortable state, without beneficence; but the prevalence of injustice must utterly destroy it." (*TMS* II.ii.3.3 dt. 128)
> („Indessen kann eine Gesellschaft zwischen solchen Menschen nicht bestehen, die jederzeit bereit sind, einander wechselseitig zu verletzen und zu beleidigen. ... Wenn es eine Gesellschaft zwischen Räubern und Mördern gibt, dann müssen sie ... sich wenigstens des Raubens und Mordens untereinander enthalten. ... Eine Gesellschaft kann ohne Wohlwollen weiter bestehen, wenn auch freilich nicht in einem besonders guten und erfreulichen Zustande, das Überhandnehmen der Ungerechtigkeit dagegen müßte sie ganz und gar zerstören.")

Ohne Gerechtigkeit gibt es weder Vertragssicherheit im allgemeinen noch Eigentumsschutz im speziellen. Die Einhaltung der Regeln der Gerechtigkeit („laws of justice"; *TMS* II.ii.3.6 dt. 131) wird zur conditio sine qua non der zivilisierten Gesellschaft:

> „It [beneficence; O.H.] is the ornament which embellishes, not the foundation which supports the building ... . Justice, on the contrary, is the main

---

[71] TRAPP (1987: 291/2; Herv. dort) sieht im Tauschvertrag eine „gesellschaftliche *Institutionalisierung* der Wohltätigkeit". „Wohltätigkeit (beneficence)" und „Wohlwollen (benevolence)" kennzeichnen bei Smith jedoch gerade die – von Nutzenüberlegungen freie – menschliche Freigebigkeit (vgl. *TMS* II.ii.1.1/3 dt. 115/6). M.E. ist es daher zutreffender, von einer 'institutionellen Absicherung der Individualinteressen' zu sprechen. – Die positiven Wirkungen des Tausches sind hierbei nicht mit dem Phänomen der sog. unsichtbaren Hand zu verwechseln, welches zum Ausdruck bringt, daß die Verfolgung des Eigeninteresses zugleich eine ungeplante und unbewußte Verfolgung des Gesellschaftsinteresses beinhalten kann (vgl. unten II.6).

pillar that upholds the whole edifice. If it is removed, the great, the immense fabric of human society ... must in a moment crumble into atoms." (*TMS* II.ii.3.4 dt. 128/9)
(„Sie [die Wohltätigkeit; O.H.] ist die Verzierung, die das Gebäude verschönt, nicht das Fundament .... Gerechtigkeit dagegen ist der Hauptpfeiler, der das ganze Gebäude stützt. Wenn dieser Pfeiler entfernt wird, dann muß der gewaltige, der ungeheure Bau der menschlichen Gesellschaft ... in einem Augenblick zusammenstürzen und in Atome zerfallen.")

Der gesellschaftlichen Notwendigkeit der Gerechtigkeit entspricht die natürliche Anlage des Menschen zur Gerechtigkeit. Im Zusammenhang mit ihr steht das Vergeltungsgefühl („resentment"), auf das oben (II.3.3.1) bereits hingewiesen wurde. Es ist „der Schutz der Gerechtigkeit (safeguard of justice)" (*TMS* II.ii.1.4 dt. 116). Das Vergeltungsgefühl kann neben dem Recht auf Selbstverteidigung als ein Naturrecht angesehen werden, das dem Menschen bereits im gesellschaftlichen Urzustand, also in der vorkonstitutionellen Gesellschaft, zukommt (*TMS* II.ii.1.7/10 dt. 118/22). Dem Vergeltungsgefühl eines durch Unrecht Geschädigten entspricht seitens des Schädigenden das Schuldgefühl (vgl. *TMS* II.ii.3.4 dt. 129; II.ii.2.3 dt. 125/6). Auf diese Weise ist der Mensch bereits natürlich dazu angelegt, die Regeln der Gerechtigkeit zu beachten.

Eine vom Tausch- und Vertragswesen sowie von der Institution des Privateigentums geprägte Gesellschaft, in der die Menschen zunächst ihrem eigenen Interesse und erst dann dem Interesse der Mitmenschen und der Gesellschaft Bedeutung beimessen (können) und in der dem materiellen Interesse ein besonderes Gewicht zukommt, darf sich jedoch auf die vorgenannten individuellen Anlagen alleine nicht verlassen. Eine institutionelle gesellschaftliche Verankerung der Rechtssicherheit in bezug auf die Geltung und Verpflichtung von Verträgen und hinsichtlich der Garantie des Privateigentums ist unabdingbar (vgl. unten Exkurs 2, II.7.2).

Wie die staatlichen Institutionen, die für diese Sicherheit sorgen sollen, entstehen, wird im folgenden Exkurs diskutiert.

Exkurs 2: Smiths Theorie der gesellschaftlichen Entwicklung

Smith sieht die Entstehung von staatlichen Institutionen im Übergang von der ersten zur zweiten gesellschaftlichen Entwicklungsstufe, also von der Gesellschaft von Jägern und Sammlern zum Hirtenvolk. Die entscheidende Rolle spielt hierbei das Privateigentum: Materielle Begehrlichkeiten des Menschen führen zu Übergriffen auf das Eigentum anderer. Solange aber keine Möglichkeit besteht, größeren Besitz anzusammeln – und dies ist im

Volk der Jäger und Sammler noch der Fall –, bleibt die Gefahr solcher Übergriffe insgesamt gering. Erst auf der zweiten Entwicklungsstufe entsteht eine weitreichendere Möglichkeit der Eigentumsbildung, und zwar in Form des Viehbesitzes. Wo Privateigentum vorhanden ist, entsteht aber immer auch materielle Ungleichheit und entsprechender Neid. Es sind daher Institutionen nötig, die den einzelnen nachhaltig vor Übergriffen durch Dritte schützen:

> „It is only under the shelter of the *civil magistrate* that the owner of that valuable property ... can sleep a single night in security. ... The acquisition of valuable and extensive property, therefore necessarily requires the establishment of *civil government*. Where there is no property, or at least none that exceeds the value of two or three days labour, civil government is not so necessary." (*WN* V.i.b.2 dt. 601; Herv. O.H.)

> („Nur unter dem Schutz einer *staatlichen Behörde* kann der Besitzer eines wertvollen Vermögens ... auch nur eine einzige Nacht ruhig und sicher schlafen. ... Für den Erwerb wertvoller und großer Vermögen ist es daher unbedingt erforderlich, daß eine solche *Regierung* eingerichtet ist. Wo es jedoch kein Privateigentum gibt oder wenigstens keines, das den Erlös aus einer Arbeit von wenigen Tagen übersteigt, ist eine Regierung nicht so nötig.")

Staatliche Institutionen können dem einzelnen jedoch nur dann Schutz bieten, wenn sie allgemein anerkannt werden. Es bedarf demnach einer staatlichen *Autorität*. Diese entsteht nach Smith auf natürliche Weise. Dabei argumentiert er wie folgt: Individuen erhalten gesellschaftliche Autorität durch Ansehen bei den Mitmenschen bzw. durch Überlegenheit („superiority") ihnen gegenüber. Diese Überlegenheit basiert im wesentlichen auf vier Gründen (*WN* V.i.b.4/11 dt. 602/5): erstens auf persönlichen Fähigkeiten, wie z.B. Tugendhaftigkeit und Weisheit; zweitens auf fortgeschrittenem Alter; drittens auf Vermögen; und viertens auf gesellschaftlichem Stand durch Geburt. Letztere ist bei näherer Betrachtung eine Folge der Überlegenheit aufgrund von Vermögen vorangegangener Generationen.

Für Smith gilt nun eine Überlegung, die im Zusammenhang mit der besonderen Sympathie der Menschen für die 'Großen und Reichen' (s.o. II.3.1.2) steht:

> „Birth and fortune are evidently the two circumstances which principally set one man above another. They are the two great sources of personal distinction, and are therefore the principal causes which naturally establish authority and subordination among men." (*WN* V.i.b.11 dt. 604; vgl. *LJ(B)* § 12/3 dt. 7/8.)

> („Geburt und Vermögen sind offensichtlich die beiden entscheidenden Umstände, die einen Menschen über den anderen erheben. Sie bilden die

Grundlage für die persönliche Unterscheidung und sind daher die Hauptursachen, warum Autorität und Unterordnung unter Menschen von selbst entstehen.")

Es könnte vermutet werden, daß Smith diesen Sachverhalt bedauere und eine Gesellschaft vorzöge, in der sich das Volk den Weisen und Tugendhaften unterordnete. Schließlich besitzt Smith vor solchen Personen größte Hochachtung, wie an späterer Stelle (II.4.6) zu sehen sein wird. Daß dem nicht so ist, liegt in der Tatsache begründet, daß die gesellschaftliche Ordnung Smith gemäß um so beständiger ist, je offensichtlicher die Rangunterschiede sind. Er sieht hier den umsichtigen Plan der Natur bzw. ihren Schöpfer am Werk:

„Nature has wisely judged that the distinction of ranks, the peace and order of society, would rest more securely upon the plain and palpable difference of birth and fortune, than upon the invisible and often uncertain difference of wisdom and virtue. The undistinguishing eyes of the great mob of mankind can well enough perceive the former: it is with difficulty that the nice discernment of the wise and the virtuous can sometimes distinguish the latter." (*TMS* VI.ii.1.20 dt. 384; vgl. ebd. dt. 383.)
(„Weise hat die Natur erkannt, daß die Rangeinteilung, der Friede und die Ordnung der Gesellschaft sicherer auf dem klaren und handgreiflichen Unterschied der Geburt und des Vermögens als auf dem unsichtbaren und oft unsicheren Unterschied der Weisheit und Tugend ruhen würden. Die nichts unterscheidenden Augen der großen Masse der Menschen vermögen den ersteren gut genug wahrzunehmen; aber selbst das feine Unterscheidungsvermögen der Weisen und Tugendhaften vermag mitunter nur mit Schwierigkeiten den letzteren zu erkennen.")

Da sich mit dem Übergang vom gesellschaftlichen Stadium des Jägervolkes zum Hirtenvolk größere Eigentumsunterschiede entwickeln können und mit ihnen eine gesellschaftliche Autorität einzelner Personen, kommt es auf der zweiten gesellschaftlichen Entwicklungsstufe gleichsam automatisch zu einer Form der nun nötigen Regierungsgewalt, ohne daß die Individuen hierfür explizite verfassungsrechtliche Überlegungen – beispielsweise in Form vertragstheoretischer Konzeptionen – anstellen. (*WN* V.i.b.12 dt. 605; vgl. *LJ(B)* § 11, 20 dt. 7, 11/2; *LJ(A)* iv.21.)

Träger dieser ersten Form der Regierungsgewalt, also Anführer, Stammesfürsten bzw. Richter, werden die Gesellschaftsglieder mit der höchsten Autorität. Da sie sich aber, wie erörtert, vor allem durch Besitz auszeichnen, sind sie zugleich diejenigen, welche von der Sicherheit des Eigentums am meisten profitieren. (Vgl. *WN* V.i.b.11/2, 16 dt. 604/5, 607.) Es ist dies gleichsam die 'Geburtsstunde' des Adels:

„They constitute a sort of *little nobility*, who feel themselves interested to defend the property and to support the authority of their own little sovereign, in order that he may be able to defend their property and to support their authority. *Civil government*, so far as it is instituted for the security of property, is in reality instituted for the defence of the rich angainst the poor, or of those who have some property against those who have none at all." (*WN* V.i.b.12 dt. 605; Herv. O.H.)[72]

(„So bildet sich so etwas wie ein *kleiner Adel*, selbst daran interessiert, das Vermögen seines Anführers zu schützen und dessen Ansehen zu fördern, damit dieser wiederum in der Lage ist, das Umgekehrte für sie zu tun. Wird also eine *Regierungsgewalt* zu dem Zwecke eingerichtet, das Eigentum zu sichern, so heißt das in Wirklichkeit nichts anderes, als die Besitzenden gegen Übergriffe der Besitzlosen zu schützen.")

In Krisenzeiten sucht das 'gemeine Volk' bei seinen durch Reichtum und Geburt qualifizierten Führern Zuflucht und Schutz (vgl. *WN* V.i.b.11 dt. 604). Je mächtiger der Adel, desto größer seine Schutzwirkung für das Volk. Nach Smith „bietet der erbliche Adel die Bürgschaft für die Freiheit des Volkes (hereditary nobility is the great security of the people's liberty)". Denn „überall, wo ein erblicher Adel vorhanden ist, kann das Land nicht leicht erobert werden oder vielmehr überhaupt nicht (Wherever there is a hereditary nobility the country cannot easily be conquered, or rather not at all.)" (*LJ(B)* § 115/6 dt. 59/60). – Aus diesem Grunde lehnt Smith im übrigen die Erbschaftsteilung im Adel ab. Er bestätigt hiermit das Recht der Primogenitur, das zu seiner Zeit im Adel herrscht (vgl. *WN* III.ii.4 dt. 316; vgl. oben I.4).

Mit der zunehmenden gesellschaftlichen Entwicklung, der anwachsenden Komplexität von Rechtsprechung und Verwaltung kommt es zwangsläufig zur Arbeitsteilung auf staatlicher Ebene, zur Gewaltenteilung in Judikative und Exekutive. Zugleich werden hierdurch staatliche Interessenkollisionen zwischen diesen beiden Bereichen vermieden. Andernfalls besteht die Gefahr, „daß die Gerechtigkeit allzu häufig der ... Politik geopfert wird (it is scarce possible that justice should not frequently be sacrificed to ... politics)" (*WN* V.i.b.25 dt. 611; vgl. V.i.b.24/5 dt. 611/2; *LRBL* ii.198/203; *LJ(B)* § 63/74 dt. 33/8; ebd. § 22 dt. 12/3; *LJ(A)* v.5).

Mit seinen Ausführungen zum 'natürlichen' Ursprung des Staates distanziert sich Smith explizit von vertragstheoretischen Ansätzen, wie sie

---

[72] Im übrigen stellt Smith auch in seinen Beobachtungen von feudalrechtlichen und ähnlichen Bindungen fest, daß materieller Besitz in vielen Fällen politische Macht bzw. politischen Einfluß zur Folge hat (zu Beispielen s.u. II.5.5, II.6).

beispielsweise von Thomas HOBBES (1588-1679) vertreten werden (vgl. *LJ(B)* § 15/18 dt. 9/10; *LJ(A)* iv.19; v.114/9).

3.3.4 Der eigene Wert der Gesellschaft

In der staatlich verfaßten Gesellschaft erkennt Smith die harmonischen und mechanistischen Züge der Natur (vgl. oben II.2.2):

> „Human society, when we contemplate it in a certain abstract and philosophical light, appears like a great, an immense machine, whose regular and harmonious movements produce a thousand agreeable effects." (*TMS* VII.iii.1.2 dt. 526)
>
> („Die menschliche Gesellschaft erscheint, wenn wir sie in einem gewissen abstrakten und philosophischen Lichte betrachten, wie eine große, ungeheure Maschine, deren regelmäßige und harmonische Bewegungen tausend angenehme Wirkungen hervorbringen.")

Als funktionierender Mechanismus besitzt das „System der Regierung (great system of government)" mit seinen „Rädern der Staatsmaschine (wheels of the political machine)" bzw. der „Regierungsmaschine (machine of government)" ebenso ästhetische Schönheit wie jedes große System (*TMS* IV.1.11 dt. 317/20; vgl. ebd. IV.1.1 dt. 307/8). Im Zusammenhang mit diesen Erwägungen schreibt nun Smith:

> „From a certain spirit of system ... from a certain love of art and contrivance, we sometimes seem to value the means more than the end, and to be eager to promote the happiness of our fellow-creatures, rather from a view to perfect and improve a certain beautiful and orderly system, than from any immediate sense or feeling of what they either suffer or enjoy." (*TMS* IV.1.11 dt. 318)
>
> („Es scheint ..., daß wir mitunter aus einem gewissen Systemgeist und einer gewissen Liebe zur Kunst und zu Erfindungen überhaupt die Mittel höher schätzen als den Zweck und daß wir eher aus der Absicht heraus, ein bestimmtes schönes und geordnetes System zu vervollkommnen und zu verbessern, darauf bedacht sind, die Glückseligkeit unserer Mitmenschen zu fördern, als aus irgendeinem unmittelbaren Bewußtsein oder Gefühl davon, welches ihre Leiden oder ihre Freuden sind.")

Für Smith selbst und jenen, der sich an der Schönheit eines Systems freuen kann, stellt der Staat demnach einen Wert an sich dar. Dieser „eigene Wert" läßt sich „nicht auf die Vorteile zurückführen, welche ... [die] Mitglieder [der staatlichen Gemeinschaft; O.H.] durch sie genießen" (TRAPP 1987: 111/2).

Diese Auffassung zeigt sich auch in Smiths Verwendung der Analogie von Gesellschaft und Organismus. Sie gilt als klassische Darstellung der These, daß die Gesellschaft mehr als einfach nur die Summe der Individuen ist. Smith gebraucht diese Analogie zum einen in Verbindung mit Fragen der Kolonial- und Wirtschaftspolitik (*WN* IV.vii.c.43 dt. 507/8), zum anderen im Zusammenhang mit der Diskussion der physiokratischen Theorie (*WN* IV.ix.28 dt. 570/1):

> „In the political body, however, the wisdom of nature has fortunately made ample provision for remedying many of the bad effects of the folly and injustice of man; in the same manner as it has done in the natural body, for remedying those of his sloth and intemperance." (Ebd. dt. 571; vgl. auch II.iii.31 dt. 283.)
> („Die Natur hat indes im Körper eines Staatswesens glücklicherweise reichlich Vorsorge getroffen, um viele schlimme Folgen menschlicher Torheit und Ungerechtigkeit selbst zu überwinden, so wie sie auch dem Körper des Menschen jene Abwehrmittel geschenkt hat, mit denen er die üblen Auswirkungen von Trägheit und Unmäßigkeit abwenden kann.")

Die Feststellung MANNS (1956: 291), das soziale Ganze sei bei Smith nicht mehr als die Summe der Individuen, ist somit zurückzuweisen. „Er [Smith; O.H.] gewinnt einen 'ganzheitlichen' Zugang zum Staat, begreift ihn als selbständiges Gebilde von eigener Würde." (TRAPP 1987: 149)[73]

TRAPP (1987: 149) und MACFIE (1967a: 35) ist zuzustimmen, wenn sie im Hinblick auf den eigenen Wert des Staates feststellen, daß Smith das utilitaristisch-liberale Gesellschaftsverständnis übersteigt.[74] Eine Übersteigung dieses Ansatzes zeigte sich bereits in Smiths Begründung der Institution des Staates, in der das natürliche Autoritätsprinzip als erste Grundlage des Staates gilt und vertragstheoretische Konzeptionen ausdrücklich abgelehnt werden (vgl. oben Exkurs 2).

---

[73] STURN (1990: 113) ist zuzustimmen, wenn er feststellt, daß Smith keinen absoluten, sondern einen gemäßigten Individualismus vertritt. „Dieser Individualismus ist zunächst einmal gemäßigt, weil er überindividuellen Gestaltungen, u.a. auch dem Staat, ihren 'natürlichen Platz' zuweist."

[74] Vgl. auch MEDICK (1973: 209). Zum Smithschen Gesellschaftsverständnis und dessen Verhältnis zur schottischen Moralphilosophie vgl. auch MACFIE (1985: 142/50) und KRÜSSELBERG (1984: 187).

3.3.5 Das gesellschaftliche Interesse und sein Verhältnis zu den individuellen Interessen

Neben den individuellen Interessen existiert für Smith das „allgemeine Gesellschaftsinteresse (general interest of society)" (*TMS* II.ii.3.7 dt. 132). Es ist auf die gesellschaftliche Ordnung, auf Recht und Gerechtigkeit (vgl. *TMS* II.ii.3.7 dt. 132; *LJ(B) §* 14 dt. 8), Erhalt und Wohlergehen der Gesellschaft (vgl. *TMS* VI.ii.2.2 dt. 386) gerichtet. Auch ökonomische Zielsetzungen spielen für das Interesse der Gesellschaft eine wichtige Rolle (s.u. II.5.4, vgl. oben I.5).

Der Mensch ist aus verschiedenen Gründen bereit, sich dem gesellschaftlichen Interesse unterzuordnen, es zu fördern bzw. am Erhalt des gesellschaftlichen Gebäudes mitzuarbeiten. Es kann grob zwischen fünf Arten von Gründen unterschieden werden, wobei diese zum Teil ineinander übergehen.

Eine erste Gruppe von Gründen sind solche, die mit dem Eigeninteresse in Verbindung stehen. So resultiert beispielsweise die politische Arbeit des Adels bzw. die Übernahme von Ämtern aus dem Interesse an gesellschaftlichem Ansehen und an Macht, aus dem Wunsch, die eigene soziale Stellung zu verteidigen. Dies zeigt sich für Smith u.a. am Amt des Friedensrichters (s.o. II.3.2.3).

Die Rolle des Adels als Garant gesellschaftlicher Stabilität wurde bereits diskutiert (s.o. Exkurs 2). Gleichwohl sieht Smith, daß die ranghöchsten Stände oftmals mehr mit sich selbst als mit wichtigen Staatsangelegenheiten beschäftigt sind (vgl. *TMS* I.iii.2.4/5 dt. 76/80):

> „The man of rank and distinction ... is unwilling to embarrass himself with what can be attended either with difficulty or distress. To figure at a ball is his great triumph, and to succeed in an intrigue of gallantry, his highest exploit." (*TMS* I.iii.2.5 dt. 80)
> („Der Mann von Rang und Distinktion ... ist nicht willens, sich in Unternehmungen zu stürzen, die von Beschwernissen oder gar von Leiden begleitet sein könnten. Auf einem Ball gute Figur zu machen ist sein größter Triumph, und in einem Liebeshandel einen Erfolg zu erringen, seine höchste Heldentat.")

Daher ist der Staat auf die Mitarbeit solcher Bürger angewiesen, die gesellschaftliches Ansehen nicht durch Besitz und Geburt, sondern nur durch Klugheit, Fleiß und treue Pflichterfüllung erwerben können (vgl. oben II.3.2.3). Das Interesse an diesem Ansehen motiviert zur Mitarbeit:

> „In all governments accordingly, even in monarchies, the highest offices are generally possessed, and the whole detail of the administration conducted,

by men who were educated in the middle and inferior ranks of life, who have been carried forward by their own industry and abilities" (*TMS* I.iii.2.5 dt. 80/1).

(„Demgemäß liegen in allen Staaten, selbst in Monarchien, die höchsten Ämter und die Leitung der ganzen Einzelheiten der Verwaltung zumeist in den Händen von Männern, die in den mittleren oder niederen Gesellschaftsständen aufgewachsen sind und die durch ihren Fleiß und ihre Fähigkeiten emporgetragen wurden".)

Zweitens hat der einzelne deshalb ein Interesse am Staat, weil er selbst ein Teil der staatlich verfaßten Gesellschaft ist und weil dies auch für solche Personen gilt, deren Wohl ihm konkret am Herzen liegt:

„The state or sovereignity in which we have been born and educated ... is accordingly, by nature, most strongly recommended to us. Not only we ourselves, but all the objects of our kindest affections, our children, our parents, our relations, our friends, our benefactors ... are commonly comprehended within it ... . It is by nature, therefore, endeared to us, not only by all our selfish, but by all our private benevolent affections." (*TMS* VI.ii.2.2 dt. 386)

(„Der Staat oder die Landesherrschaft, in der wir geboren und erzogen worden sind, ... wurde uns demgemäß von der Natur auf das dringendste empfohlen. Er umfaßt nicht nur uns selbst, sondern meistens auch alle diejenigen, die das Ziel unserer zärtlichsten Zuneigung bilden, unsere Kinder, unsere Eltern, unsere Verwandten, unsere Freunde, unsere Wohltäter ... . Deshalb hat die Natur bewirkt, daß er uns teuer ist, und zwar nicht nur aufgrund unserer egoistischen, sondern auch aufgrund aller unserer wohlwollenden Gefühle gegen einzelne Personen.")

Drittens sind es Überlegungen der Nützlichkeit, die zur Unterordnung unter das gesellschaftliche Interesse führen. Es geht dabei um die Erkenntnis der Notwendigkeit des Staates als Garant für die Sicherheit, und zwar insbesondere von Eigentum und Verträgen, innerhalb einer Gesellschaft, die vor allem dadurch zusammengehalten wird, daß sich die Individuen als Spender gegenseitigen Nutzens betrachten (s.o. II.3.3.3):

„Every one is sensible of the necessity of this principle [i.e. utility; O.H.] to preserve justice and peace in the society. By civil institutions, the poorest may get redress of injuries form the wealthiest and most powerfull, and tho' there may be some irregularities in particular cases ... yet we submit to them to avoid greater evils." (*LJ(B)* § 13/4 dt. 8)

(„Jedermann empfindet die Bedeutung dieses Grundsatzes [der Nützlichkeit; O.H.] für die Aufrechterhaltung von Recht und Frieden in der Gesellschaft. Durch die bürgerlichen Rechtseinrichtungen können die Ärmsten Schadenersatz für erlittenes Unrecht von den Reichsten und Mächtigsten erlangen; und wenn auch einige Unregelmäßigkeiten in besonderen Fällen vorkommen mögen, ... so ergeben wir uns in diese doch, um größeres Unheil zu verhüten.")

In diesem Zitat klingt bereits an, was Smith im unmittelbaren Anschluß darlegt: Es sind nicht nur Gründe des eigenen Nutzens, sondern des Nutzens der Mitmenschen, die staatliche Strukturen als sinnvoll erscheinen lassen:

> „It is the *sense of public utility*, more than of private, which influences men to obedience. It may sometimes be for my interest to dissobey, and to wish government overturned. But I am sensible that other men are of a different opinion from me and would not assist me in the enterprize. I therefore submit to it's decision for the good of the whole." *(LJ(B)* § 14 dt. 8; Herv. O.H.)
> („Es ist mehr der *Sinn für den öffentlichen* als für den privaten *Nutzen*, der die Menschen zum Gehorsam veranlaßt. Es mag manchmal mehr in meinem Interesse liegen, nicht zu gehorchen und den Sturz der Regierung herbeizuwünschen, aber ich fühle, daß andere Menschen anderer Meinung als ich sind und mich nicht in dem Unternehmen stützen würden. Deshalb unterwerfe ich mich zum Besten des Ganzen ihrer Entscheidung.")

Die staatlichen Institutionen werden in diesem Sinne von den Individuen daran gemessen, inwieweit sie dem gesellschaftlichen Nutzen dienlich sind:

> „All constitutions of government, however, are valued only in proportion as they tend to promote the happiness of those who live under them. This is their sole use and end." *(TMS* IV.1.11 dt. 318)
> („Indessen werden alle Einrichtungen der Regierung und Verwaltung doch nur in dem Verhältnis geschätzt, als sie eben die Tendenz haben, die Glückseligkeit derer, die unter ihnen leben, zu fördern. Das ist ihr einziger Nutzen und ihr einziger Zweck.")

Viertens trägt das Autoritätsprinzip, das ausführlich im obigen Exkurs (Exkurs 2) erörtert wurde, dazu bei, daß die Individuen ihre Interessen dem staatlichen Interesse unterordnen. Ordnung und Friede der Gesellschaft hängen für Smith ganz wesentlich von der festgefügten Rangeinteilung ihrer Mitglieder ab. (Vgl. *TMS* VI.ii.1.20 dt. 383/4; VI.iii.30 dt. 426/7; *WN* IV.vii.c.74/5 dt. 523/4.) Das Autoritätsprinzip spielt nach Smith insbesondere in monarchisch verfaßten Staaten eine wichtige Rolle *(LJ(B)* § 14/5 dt. 8/9).

Fünftens kann die Motivation zum gesellschaftsfördernden Handeln aus der Freude entspringen, die der Mensch angesichts der oben (II.3.3.4) erwähnten Ästhetik des staatlichen Systems erfährt:

> „The same principle, the same love of system, the same regard to the beauty of order, ... frequently serves to recommend those institutions which tend

to promote the public welfare. When a patriot exerts himself for the improvement of any part of the public police, his conduct does not always arise from pure sympathy with the happiness of those who are to reap the benefit of it." (*TMS* IV.1.11 dt. 317)

(„Das gleiche Prinzip, die gleiche Liebe zum geordneten Ganzen, die gleiche Rücksicht auf die Schönheit der Ordnung, ... trägt häufig auch sehr viel dazu bei, uns jene Einrichtungen zu empfehlen, die bestimmt sind, die allgemeine Wohlfahrt zu fördern. Wenn ein Patriot sich um die Verbesserung irgendeines Teiles der öffentlichen Verwaltung bemüht, so entspringt sein Verhalten nicht immer bloß aus der Sympathie für die Glückseligkeit derjenigen, die die wohltätigen Früchte dieser Verbesserung ernten müssen.")

Smith verwendet hierbei den Begriff des „vom Gemeingeist erfüllten Mannes (public-spirited man)" (ebd.).

Die verschiedenen oben genannten individuellen Motivationen für den Dienst an der Gemeinschaft lassen sich bei Smith mit drei Beispielen aus dem Militärdienst verdeutlichen.

Erstens kann der Soldatendienst primär aus Eigeninteresse übernommen werden. Insbesondere junge Menschen verbinden mit ihm die Hoffnung auf den Erwerb von Ansehen und Ehre (vgl. *WN* I.x.b.29/30 dt. 94). In der arbeitsteiligen Gesellschaft mit einem Berufsheer kann der Beruf des Soldaten auch einfach aus Gründen des Gelderwerbs übernommen werden (vgl. *WN* V.i.a.9/19 dt. 590/2).

Zweitens verdeutlicht Smith im Zusammenhang mit der Militärpflicht (*WN* V.i.a dt. 587/600), daß die Bereitschaft des einzelnen, einen Dienst an der Gemeinschaft zu übernehmen, sinkt, wenn dieser Dienst mit zu hohen Kosten bzw. Opportunitätskosten verbunden ist. In der Gesellschaft der Bauern führt der Kriegsdienst zu Zeiten der Feldbestellung und der Ernte zu unzumutbaren Einnahmeausfällen. In der Handelsgesellschaft entgehen dem Kaufmann Gewinne, wenn er nicht seinem Beruf nachgehen kann. Der Staat muß daher für die entstehenden Kosten aufkommen bzw. ein Berufsheer einrichten.

Drittens gibt es den von „Gemeinsinn (public spirit)" (*TMS* IV.2.11 dt. 328) erfüllten Soldaten:

„When a young officer exposes his life to acquire some inconsiderable addition to the dominions of his souvereign, it is not because the acquisition of the new territory is, to himself, an object more desireable than the preservation of his own life. ... But when he compares those two objects [the addition and the preservation of his own life; O.H.] with one another, he does ... view them in the light ... in which they appear to the nation he fights for." (*TMS* IV.2.11 dt. 328; vgl. VI.ii.2.2, 13 dt. 387, 393; VI.ii.3.4 dt. 399.)

(„Wenn ein junger Offizier sein Leben auf das Spiel setzt, um zu den Ländern seines Souveräns ein ganz unbedeutendes Gebiet noch dazu zu erringen, dann geschieht dies nicht, weil ihm selbst die Erwerbung des neuen Territoriums ein mehr erstrebenswertes Ziel wäre als die Erhaltung seines eigenen Lebens. ... Sobald er aber jene beiden Ziele [die Eroberung und die Erhaltung des eigenen Lebens; O.H.] miteinander vergleicht, dann betrachtet er sie ... in jenem Lichte, in welchem sie der Nation erscheinen.")

Solche Soldaten „opfern fröhlich" ihr eigenes Leben zugunsten des Wohls der Gemeinschaft auf („They cheerfully sacrifice their own little systems to the prosperity of a greater system."; *TMS* VI.ii.3.4 dt. 399). Hier deutet sich bereits an, daß das Gesellschaftsinteresse nach Smith im Extremfall auch den Tod eines Individuums erfordern kann (vgl. *TMS* II.ii.3.11 dt. 135/6):

„When the preservation of an individual is inconsistent with the safety of a multitude, nothing can be more just than that the many should preferred to the one." (Ebd. dt. 136)
(„Wenn die Erhaltung eines Individuums unvereinbar ist mit der Sicherheit einer großen Menge, dann kann nichts gerechter sein, als daß die Vielen dem Einen vorgezogen werden.")

Insgesamt ist nach Smith das Gesellschafts- bzw. Staatsinteresse dem Individualinteresse übergeordnet (vgl. *LJ(B)* § 13/4 dt. 8). Der „Bürger (citizen)" erkennt diesen Vorrang an, indem er „willens ist, die Gesetze zu achten und der bürgerlichen Obrigkeit Gehorsam zu leisten (disposed to respect the laws and to obey the civil magistrate)". Der „gute Bürger (good citizen)" ist darüber hinaus bemüht, soweit als möglich einen Beitrag zum Wohl der Gesellschaft zu leisten. (*TMS* VI.ii.2.11 dt. 392)

Nicht nur die Interessen der Individuen, sondern auch der verschiedenen Stände und Klassen sind dem Gemeinwohl untergeordnet (vgl. *TMS* VI.ii.2.7/10 dt. 391/2; *WN* IV.viii.31 dt. 552):

„All those different orders and societies are dependent upon the state to which they owe their security and protection. That they are all subordinate to that state, and established only in subserviency to its prosperity and preservation, is a truth acknowledged by the most partial member of every one of them." (*TMS* VI.ii.2.10 dt. 391/2)
(„Alle jene verschiedenen Stände und Gemeinschaften sind vom Staate abhängig, dem sie ihre Sicherheit und ihren Schutz verdanken. Daß sie alle dem Staate untergeordnet sind und daß sie nur darum eingesetzt wurden, um sein Gedeihen und seine Erhaltung zu fördern, das ist eine Wahrheit, die auch von den parteiischsten Mitgliedern eines jeden dieser Stände anerkannt wird.")

Dem allgemeinen Interesse der Gesellschaft gebührt gegenüber den Indivi-
dual- und Klasseninteressen Vorrang, weil es diese insgesamt umfaßt bzw.
weil seine Realisierung vielfach eine Voraussetzung für die Realisierung der
Individualinteressen ist. Besonders offenkundig wird dies, wenn es um die
Aufgaben des Staates, das Rechtssystem zu garantieren und öffentliche
Güter bereitzustellen, geht (s.u. II.7).[75] Darüber hinaus stellt die Realisierung des gesellschaftlichen Interesses einen Wert an sich dar; denn wird der
staatlich verfaßten Gesellschaft ein eigener Wert zuerkannt (s.o. II.3.3.4),
muß dies entsprechend für das Gesellschaftsinteresse gelten.[76]
    Der Vorrang des Gemeinwohls vor den individuellen oder partikulären
Interessen wird von den Philosophen, den Weisen und Tugendhaften in
besonderer Weise erkannt. – Dieser Sachverhalt wird im Zusammenhang
mit der Ethik vertieft (s.u. II.4.7).

3.3.6 Das Individuum im globalen und universalen Horizont

Die staatlich verfaßte Gesellschaft ist für Smith diejenige soziale Ebene, auf
die das Individuum gerade noch Einfluß ausüben und dabei seiner gesellschaftlichen Verantwortung (vgl. oben II.2.2, II.3.3.1) gerecht werden kann
(*TMS* VI.ii.2.2 dt. 386; VI.ii.3.6 dt. 400/1; VI.ii.3.1/2 dt. 397/8). Im
folgenden wird eine weitere Ebene betrachtet, für die das Individuum zwar
ebenfalls Wohlwollen empfindet, die aber außerhalb seines Einflußbe-
reiches steht. Es geht hierbei um die Einbindung in den globalen bzw.
universalen Kontext. Drei Dimensionen sind hierbei zu unterscheiden: die
humane, die ökologische und die universale.
    Im Zusammenhang mit der ersten Dimension spricht Smith von der
allgemeinen „Liebe zur Menschheit (love of mankind)". Sie geht über die
Vaterlandsliebe hinaus (*TMS* VI.ii.2.4 dt. 389). Das Individuum ist also ein
Mitglied der globalen Menschheitsfamilie.

---

[75] Im Hinblick auf die Verbindung dieser beiden Interessen und mit Bezug auf *LJ(B)* (§
14 dt. 8) bemerkt TRAPP (1987: 154; Herv. dort): „Die Nützlichkeit des Staates für das
Gemeinwesen liegt in der Erhaltung des 'sozialen Friedens' (wenn diese moderne
Wortbildung zur Erläuterung herangezogen werden darf). Dieser Nutzen ... liegt
darin, daß der einzelne die Zwecke verfolgen *kann*, die ihm einen Gewinn eintragen,
und daß er dabei nicht gestört wird."
[76] Hier wird die These MANNS (1956: 291) abgelehnt, daß für Smith die „Interessen
[des Gemeinwesens; O.H.] nichts weiter als die Gesamtsumme der Interessen seiner
Mitglieder seien". MANN leitet dies aus seiner oben (II.3.3.4) diskutierten These ab,
die Gesellschaft sei für Smith nicht mehr als die Summe der Individuen.

Die zweite Dimension steht bei Smith gleichsam zwischen den Zeilen. In *TMS* (III.5.7 dt. 250; Herv. O.H.) schreibt er:

> „The happiness of *mankind, as well as of all other rational creatures*, seems to have been the original purpose intended by the Author of nature, when he brought them into existence."

(„Die Glückseligkeit der *Menschen wie die aller anderen vernunftbegabten Geschöpfe* scheint das ursprüngliche Ziel gewesen zu sein, das dem Schöpfer der Natur vorschwebte, als er diese Wesen ins Dasein rief.")

Es wird nicht deutlich, wer außer den Menschen zu den „rational creatures" (vgl. auch *LRBL* ii.1/2: „rationall agents") zählt. Die Tierwelt erscheint zumindest in *WN* (I.ii.5 dt. 18/9) und *LJ(B)* (§ 221/2 dt. 123/4) nicht vernunftbegabt. In jedem Fall weist Smith auch der außermenschlichen Natur eine explizite Existenzberechtigung zu, die im Zusammenhang mit ihrem Verständnis als Schöpfung Gottes zu stehen scheint. Ich möchte hier von der 'ökologischen Ebene', die den Bereich des Humanen einschließt, sprechen.

Drittens nennt Smith ein „universelles" bzw. „allgemeines Wohlwollen (universal benevolence)" des Menschen (*TMS* VI.ii.3.2 dt. 397/8). Der Blickwinkel des Irdischen wird überschritten, wenn dieses Wohlwollen nach Smith die „Unendlichkeit des Universums (immensity of the universe)" umfassen kann (*TMS* VI.ii.3.1 dt. 397) und er „alle die unbekannten Gegenden des unendlichen und unvorstellbaren Weltraumes (all the unknown regions of infinite and incomprehensible space)" (*TMS* VI.ii.3.2 dt. 398; vgl. *External Senses* § 11/12) erwähnt. Smith spricht vom Universum als

> „that great society of all sensible and intelligent beings, of which God himself is the immediate administrator and director" (*TMS* VI.ii.3.3 dt. 398/9).

(„jener großen Gemeinschaft aller fühlenden und verstandesbegabten Wesen, in der Gott selbst den unmittelbaren Verwalter und Leiter darstellt".)

Es handelt sich hier für Smith nicht nur um eine Ansammlung von verschiedenen Wesen bzw. Menschen. Vielmehr herrscht auch hier komplexe Interaktion, so daß von der „unendlichen *Maschine* des Universums (immense *machine* of the universe)" gesprochen werden kann (*TMS* VI.ii.3.5 dt. 400; Herv. O.H.; vgl. *HAP* § 9). Auch der Begriff des „*Systems* des Universums (*system* of the universe)" wird verwendet (*External Senses* § 12; Herv. O.H.).

Das „universale Wohlwollen" des Menschen bezieht sich auf einen Bereich, auf den der Mensch in seinem Handeln letztlich keinen Einfluß nehmen kann. Der Mensch würde nach Smith an der Last, die ihm aus der unmittelbaren Verantwortung für diesen Bereich entstehen würde, zerbrechen (*TMS* VI.ii.3 dt. 397/401):

> „The administration of the great system of the universe, however, the care of the universal happiness of all rational and sensible beings, is the business of God and not of man. To man is allotted a much humbler department, but one much more suitable to the weakness of his powers and to the narrowness of his comprehension" (*TMS* VI.ii.3.6 dt. 400).
>
> („Die Verwaltung des großen Systems des Universums, die Sorge für die allgemeine Glückseligkeit aller vernünftigen und fühlenden Wesen ist indessen das Geschäft Gottes und nicht das des Menschen. Dem Menschen ist ein weit niedrigerer Arbeitsbezirk zugewiesen, aber einer der der Schwäche seiner Fähigkeiten und der Enge seiner Fassungskraft weit angemessener ist".)

Gott kommt hier und in dem ganzen Abschnitt (*TMS* VI.ii.3 dt. 397/401) angesichts der Unermeßlichkeit des Universums gleichsam als regulative Idee der praktischen Vernunft ins Spiel:

> The „universal benevolence, how noble and generous soever, can be the source of no solid happiness to any man who is not thoroughly convinced that all the inhabitants of the universe, the meanest as well as the greatest, are under the immediate care and protection of that great, benevolent, and all-wise Being, who directs all the movements of nature; and who is determined, by his own unalterable perfections, to maintain in it, at all times, the greatest possible quantity of happiness. To this universal benevolence ... the very suspicion of a fatherless world, must be the most melancholy of all reflections". (*TMS* VI.ii.3.2 dt. 398).
>
> (Das „allgemeine Wohlwollen kann ..., so vornehm und edel es sein mag, für denjenigen nicht die Quelle eines festgegründeten Glücks werden, der nicht durchaus überzeugt ist, daß alle die Bewohner des Universums, die geringsten ebenso wie die höchsten, unter der unmittelbaren Fürsorge und dem Schutz jenes großen wohlwollenden und allweisen Wesens stehen, das alle Bewegungen in der Natur lenkt und das durch seine eigene unabänderliche Vollkommenheit dazu bestimmt ist, in ihr allezeit das größtmögliche Maß an Glück zu erhalten. Für dieses universelle Wohlwollen muß dagegen schon der Verdacht, daß diese Welt vaterlos sei, die trübsinnigste von allen Erwägungen sein".)

Schließlich existiert für Smith auch ein „Interesse des Universums (interest of the universe)" (*TMS* VI.ii.3.3 dt. 398), das allerdings nicht näher bestimmt wird. Es hat seiner Auffassung nach Vorrang gegenüber den niederen Interessen der Individuen und der einzelnen Gesellschaften. Der „Weise und Tugendhafte (wise and virtuous man)" erkennt, daß die letztgenannten Interessen in dem universalen Interesse aufgehoben sind (VI.ii.3.3/4 dt. 398/9; vgl. unten II.4.7). Da Smith im Zusammenhang mit dem Universum auch von nichtmenschlichen fühlenden Wesen spricht (s.o.), ist das universale Interesse m.E. der systematische Rahmen, in dem auch von einem ökologischen Interesse bei Smith gesprochen werden könnte.

3.4 Ausblick

Bei Smith erscheint der Mensch als in verschiedenen sozialen Kontexten stehend, die in den vorhergehenden Abschnitten erörtert wurden. Die beiden zentralen Prinzipien im Verhältnis von Mensch und Mitmensch sind dabei die Sympathie und das Eigeninteresse. Alle gesellschaftlichen Ebenen werden – in je unterschiedlichem Maße – von beiden Prinzipien geprägt. Mittels der Prägung durch Sympathie und Interesse erscheint das Individuum als Teil der teleologischen, von Gott konstruierten Welt. In diesem Sinne ist es nach Smith dazu bestimmt, für das Wohlergehen sowohl seiner eigenen Person als auch seiner Mitmenschen zu sorgen:

> „Man was made for action, and to promote by the exertion of his faculties such changes in the external circumstances both of himself and others, as may seem most favourable to the happiness of all." (*TMS* II.iii.3.3 dt. 161; vgl. VI.ii.6 dt. 401.)
>
> („Der Mensch ist zum Handeln geschaffen und ist dazu bestimmt, durch die Betätigung seiner Fähigkeiten solche Veränderungen in den äußeren Verhältnissen, die ihn selbst oder andere Personen betreffen, herbeizuführen, wie sie für die Glückseligkeit aller am günstigsten sein mögen.")

Wenn der Mensch aber „zum Handeln geschaffen" ist, dann ergibt sich die Frage nach dem 'rechten' Handeln bzw. nach der 'rechten' Abwägung der verschiedenen Interessen innerhalb menschlicher Gemeinschaften. Smith beschäftigt sich hiermit in seiner Ethik. Sie wird im folgenden Kapitel diskutiert.

4. Ethik

Smith zufolge ergeben sich ethische Fragestellungen für den Menschen aus dem Zusammenleben mit anderen. Die Beobachtung, daß Menschen unterschiedlich handeln, gibt Anlaß zur Reflexion dieses Verhaltens und der zugrundeliegenden Maximen (vgl. *TMS* III.1.3/4 dt. 167/9).

4.1 Die Hauptfragen und die Methodik der Ethik

Nach Smith geht es in der Ethik um zwei grundsätzliche Fragen:

> „First, wherein does virtue consist? Or what is the tone of temper, and tenour of conduct, which constitutes the excellent and praise-worthy character, the character which is the natural object of esteem, honour, and approbation?" (*TMS* VII.i.2 dt. 448)
>
> („Erstens: Worin besteht die Tugend? Oder welches ist diejenige Gemütsverfassung und diejenige Art des Verhaltens, die den hervorragenden, lobenswürdigen Typus bilden, denjenigen Typus, der naturgemäß Achtung, Ehre und Billigung verdient?")

Es ist dies die Frage nach der inhaltlichen Bestimmung der ethischen Grundsätze individuellen Verhaltens in der Gesellschaft. Für Smith steht dabei außer Diskussion, daß die gewonnenen Grundsätze Richtlinien und Maßstab des menschlichen Verhaltens sein sollen (vgl. *TMS* III.5.5/6 dt. 248/50).

Die zweite Frage geht hinter die erste zurück, indem sie die Art und Weise, wie die genannten Grundsätze gewonnen werden, thematisiert:

> „And, secondly, by what power or faculty in the mind is it, that this character, whatever it be, is recommended to us? Or in other words, how and by what means does it come to pass, that the mind prefers one tenour of conduct to another, denominates the one right and the other wrong; considers the one as the object of approbation, honour, and reward, and the other of blame, censure, and punishment?" (*TMS* VII.i.2 dt. 448)
>
> („Und zweitens: Durch welche Kraft oder durch welches Vermögen der Seele wird uns dieser Typus – sei es welcher immer – empfohlen? Oder mit anderen Worten: Wie kommt es und woher kommt es, daß die Seele die eine Art des Verhaltens einer anderen vorzieht, die eine als recht, die andere als unrecht bezeichnet und die eine für würdig hält, Billigung, Ehre und Lohn zu empfangen, während der anderen Tadel, Rüge und Bestrafung gebühre?")

Das Anliegen der *Theory of Moral Sentiments* besteht in der Beantwortung der beiden aufgeworfenen Fragen. Dabei gibt der Untertitel der sechsten Auflage an, in welcher Richtung Smith seine Überlegungen anstellt:

> „An Essay towards an Analysis of the Principles by which Men naturally judge concerning the Conduct and Character first of their Neighbours, and afterwards of themselves."[77]
>
> („Versuch einer Analyse der Prinzipien, mittels welcher die Menschen naturgemäß zunächst das Verhalten und den Charakter ihrer Nächsten und

---

[77] Das Titelblatt der sechsten Auflage ist in *TMS* (dt. 276) abgedruckt.

sodann auch ihr eigenes Verhalten und ihren eigenen Charakter beurteilen.")

Die gewählte Methode ist also eine *phänomenologische*: Nicht die Bestimmung *des* Guten ist zunächst das Ziel Smiths, sondern die Bestimmung dessen, was die Menschen gemeinhin als 'gut' definieren. Im Zusammenhang mit den Überlegungen zu Verdienst, Schuld und Vergeltungsgefühl macht er explizit deutlich, daß

> „the present inquiry is not concerning a matter of right ..., but concerning a matter of fact" (*TMS* II.i.5.10 dt. 113).
>
> („die gegenwärtige Untersuchung nicht eine Frage des Sollens betrifft, wenn ich so sagen darf, sondern eine Frage nach Tatsachen".)

Der Bereich des Empirischen wird aber von Smith überstiegen, wenn er, wie sich zeigen wird, die Ethik immer wieder in den Kontext des Religiösen stellt und auf diese Weise einen universalen Horizont eröffnet (s.u. II.4.5).

Ein weiteres Charakteristikum der Ethik Smiths ist der systematische Ansatz: Auch in der Ethik versucht Smith, mit wenigen grundlegenden Prinzipien auszukommen. Dies entspricht seinem grundsätzlichen Verständnis philosophischer Methodik, das bereits (II.2.1) diskutiert wurde.

Im übrigen kommt Smith zufolge jedem Menschen in der ethischen Diskussion eine gewisse fachliche Kompetenz zu, weil die Ethik schließlich stets vom Menschen handelt. Der einzelne kann zumindest erkennen, ob eine ethische Theorie jedweder Erfahrung zuwiderläuft und somit falsch ist oder nicht. Hierin unterscheiden sich ethische von naturphilosophischen Theorien, die der 'gewöhnliche' Mensch letztlich nicht auf ihren Wahrheitsgehalt, sondern nur hinsichtlich der ihnen innewohnenden Plausibilität beurteilen kann (vgl. oben II.2.1). (Vgl. *TMS* VII.ii.4.14 dt. 522/3.)

4.2 Der Gegenstand des moralischen Urteils

Als Kriterium für die ethische Beurteilung einer Handlung kommen nach Smith *prinzipiell* drei Aspekte in Frage: erstens das der Handlung zugrundeliegende Motiv, zweitens die Tat an sich und drittens die mit ihr verbundenen Folgen (*TMS* II.iii.intro.1 dt. 137/8). Moralisch relevant ist *für Smith* tatsächlich jedoch nur das *Motiv* (*TMS* II.iii.intro.1/4 dt. 137/9; vgl. II.iii.3.2 dt. 160; II.i.3/4 dt. 103/8):

> „To the intention or affection of the heart, therefore, to the propriety or impropriety, to the beneficence or hurtfulness of the design, all praise or blame, all approbation or disapprobation, of any kind, which can justly be

bestowed upon any action, must ultimately belong." (*TMS* II.iii.intro.3 dt. 138/9).

(„Auf die Absicht oder auf die Gesinnung, also auf die Schicklichkeit oder Unschicklichkeit, die Nützlichkeit oder Schädlichkeit des Vorhabens, muß sich in letzter Linie alles Lob und aller Tadel, alle Billigung oder Mißbilligung – sie mag welcher Art immer sein – richten, die mit Recht einer Handlung zuerkannt werden können.")

Oder einfacher formuliert:

„Our heart must adopt the *principles* of the agent" (*TMS* II.i.4.1 dt. 106; Herv. O.H.).
(„Unser Herz muß den *Maximen* des Handelnden beipflichten".)

Die Richtigkeit und Angemessenheit des Motivs der Handlung ist hierbei in zweierlei Hinsicht zu erwägen: zum einen in bezug auf die Ursachen, denen es entspringt, zum anderen hinsichtlich der Ziele, auf die es sich richtet (*TMS* I.i.3.5 dt. 17; II.i.intro.2 dt. 95/6).

Die Tat als solche kann nach Smith nicht Gegenstand des moralischen Urteils sein. Für ihn gibt es keine per se schlechten Handlungen. Vielmehr kann ein und derselbe Akt je nach dem Kontext, in dem er vollzogen wird, gut oder schlecht sein. (*TMS* II.iii.intro.1/2 dt. 137/8)

Auch die Folgen einer Tat können nach Smith nicht das Kriterium des moralischen Urteils darstellen, da sie vielfach von Umständen beeinflußt werden, die nicht in der Verfügungsgewalt des Handelnden stehen. Er kann daher nur für die von ihm intendierten Folgen, nicht jedoch für die unbeabsichtigten moralisch verantwortlich gemacht werden (*TMS* II.iii.intro.3 dt. 138/9; vgl. II.iii.1 dt. 140/5). Hat eine 'gute Tat' nicht in der Absicht des 'Wohltäters' gelegen, besteht auch kein echter Anspruch auf Dankbarkeit und Vergeltung (*TMS* II.i.4.1 dt. 106).

Im Gegensatz zu dieser *theoretischen* Sichtweise, die laut Smith als „kühle Verstandesüberlegung (cool reason)" (*TMS* II.iii.3.2 dt. 160) für jedermann evident ist (*TMS* II.iii.intro.3 dt. 139), vollzieht sich moralisches Urteilen in der *Praxis* bzw. im Alltag menschlichen Lebens vielfach anders. Dort beobachtet Smith, daß das moralische Urteil häufig von den – zufallsabhängigen – Folgen einer Handlung beeinflußt wird (*TMS* II.iii.intro.5/iii.2 dt. 139/58). Er spricht in diesem Zusammenhang von einer „Regelwidrigkeit der Empfindung (irregularity of sentiment)" (*TMS* II.iii.2.2 dt. 146). Hierbei ist die Parallele zur „Verfälschung unserer ethischen Gefühle (corruption of our moral sentiments)" (*TMS* I.iii.3.1 dt. 87), die Smith in der besonderen Sympathie für die Großen erkennt, offensichtlich. Dieser Sachverhalt wird von Smith ausdrücklich bedauert:

„That the world judges by the event, and not by the design, has been in all ages the complaint, and is the great discouragement of virtue." (*TMS* II.iii.3.1 dt. 159)

(„Daß die Welt nach dem Erfolg urteilt und nicht nach der Absicht, das war zu allen Zeiten die Klage der Menschen und das bildet die größte Entmutigung der Tugend.")

Dennoch handelt es sich auch hier gewissermaßen um einen weisen Plan der Natur. Zur Verdeutlichung dieser These stellt Smith dem Leser ein Szenario vor Augen, in dem nur die Absichten einer Handlung für deren Beurteilung ausschlaggebend sind. Er betrachtet dabei den Bereich des Rechts, in dem die ethischen Erwägungen schließlich konkreten Niederschlag finden. Dann aber

„every court of judicature would become a real inquisition. There would be no safety for the most innocent and circumspect conduct. Bad wishes, bad views, bad designs, might still be suspected" (*TMS* II.iii.3.2 dt. 160; vgl. ebd. 159/61).

(„würde jeder Gerichtshof ein wahres Inquisitiontribunal werden. Es würde dann selbst für das unschuldigste und vorsichtigste Handeln keine Sicherheit geben. Immer noch könnte man böse Wünsche, böse Absichten, böse Vorsätze argwöhnen".)

Es ist daher nicht die Aufgabe des Menschen, über die Absichten seiner Mitmenschen zu richten, sondern allein die der göttlichen Gerichtsbarkeit (ebd.).

Dieser Legitimation des von Smith in ethischer Hinsicht negativ bewerteten folgenorientierten Urteilens der Menschen kommt im Smithschen System eine entscheidende Bedeutung zu. Das folgenorientierte moralische Urteilen der Menschen ist nämlich eine zentrale Voraussetzung für jedwede Konstruktion eines Gesellschaftssystems, in dem der Zusammenhalt der Individuen primär durch Erwägungen der Nützlichkeit gewährleistet wird (vgl. oben II.3.3.3). Erst wenn das Handeln aus egoistischen Motiven nicht mehr per se als verwerflich gilt – weil nicht das Motiv, sondern das Ergebnis für das moralische Urteil entscheidend ist –, entfallen wesentliche moralische Bedenken gegen das grundlegende Prinzip, daß jeder im Sinne seines Eigennutzens handeln darf.

Ein zweiter Aspekt ist von Bedeutung: Wenn letztlich allein gute Absichten und nicht deren Umsetzung in die Praxis zählten, dann würden zwar möglicherweise große Teile der Gesellschaft ob ihrer 'guten Gesinnung' als ehrbar gelten, doch müßten diese guten Absichten jener Leute nicht zwingend eine Auswirkung im Sinne einer faktischen Veränderung der gesellschaftlichen Lebensverhältnisse haben. Einen aktiven Beitrag zu

einer positiven gesellschaftlichen Veränderung verlangt Smith jedoch ausdrücklich, wenn er den Menschen, wie erörtert (s.o. II.3.4), als von Gott
„zum Handeln geschaffen" und mit dem Auftrag versehen sieht, das Glück
der Mitmenschen zu fördern (*TMS* II.iii.3.3 dt. 161):

> „He [man; O.H.] must not be satisfied with indolent benevolence, nor
> fancy himself the friend of mankind, because in his heart he wishes well to
> the prosperity of the world." (*TMS* II.iii.3.3 dt. 161)
> („Er [der Mensch; O.H.] darf sich nicht bei einem lässigen, untätigen Wohl-
> wollen beruhigen, noch sich einbilden, daß er darum schon ein Menschen-
> freund sei, weil er in seinem Herzen für die Wohlfahrt der Welt alle guten
> Wünsche hegt.")

Die Natur treibt den Menschen an, seine Absichten auch tatsächlich realisieren zu wollen:

> „He is made to know [by nature; O.H.], that the praise of good intentions,
> without the merit of good offices, will be but little avail to excite either the
> loudest acclamations of the world, or even the highest degree of self-
> applause." (*TMS* II.iii.3.3 dt. 161)
> („Sie läßt ihn wissen, daß der Ruhm guter Absichten ohne das Verdienst
> guter Handlungen nur wenig dazu helfen wird, den lauten Beifall der Welt
> hervorzurufen oder auch nur den höchsten Grad der Selbstbilligung zu er-
> wecken.")

4.3 Das Prinzip der moralischen Urteilsbildung

Nachdem der Gegenstand des moralischen Urteils definiert ist, stellt sich
die Frage nach dem Vorgang der moralischen Urteilsbildung. Es geht um
die zweite der beiden eingangs genannten Hauptfragen der Ethik, die Frage
nach dem Prinzip der Billigung menschlichen Handelns (s.o. II.4.1).

Das von Smith dargelegte Prinzip der Billigung menschlichen Handelns
steht in unmittelbarem Zusammenhang mit der Billigung von Gefühlen
durch den sympathetischen Zuschauer (vgl. oben II.3.1.3). Die Sympathie
ist für Smith „Voraussetzung für *jedes* ethische Werturteil" (ECKSTEIN 1985:
LXV; Herv. O.H.). Eine Handlung wird von einem Zuschauer dann
gebilligt, wenn er sich mit der Motivation des Handelnden identifizieren
kann. Außer der „direkten Sympathie" mit dem Handelnden selbst ist
dabei die „indirekte Sympathie" von Bedeutung, d.h. die Übereinstimmung
mit der Gefühlswelt des von der Handlung betroffenen Menschen, die, je
nach Art der Gefühle, eine positive oder negative Rückwirkung auf die
Beurteilung der Handlung hat („direct sympathy", „indirect sympathy";

TMS II.1.5.1 dt. 108; vgl. II.i.5.1/4 dt. 108/10; VII.iii.3.16 dt. 543/4; I.iii.1.9 Anm. dt. 64). Hierbei werden sowohl die Angemessenheit („suitableness") der Handlung bezüglich der ihr zugrundeliegenden Gefühle als auch die Verhältnismäßigkeit („proportion") der mit der Handlung verbundenen Absichten berücksichtigt (vgl. *TMS* II.i.intro.2 dt. 95/6; I.i.1.9 dt. 6; I.ii.3.5 dt. 48/9). Die Person des Zuschauers ist gleichsam eine 'erste richterliche Instanz', die über eine Handlung zu befinden hat (*TMS* III.2.31/2 dt. 193/4). Der Maßstab ihres Urteils wird dabei wesentlich von ihren eigenen Gefühlen bzw. dem eigenen Verhalten gebildet (vgl. *TMS* I.i.3.10 dt. 19).

Die *subjektive* Billigung durch einen Zuschauer („man without"; *TMS* III.2.32 dt. 194) qualifiziert eine Handlung nicht zwangsläufig als *objektiv* gut oder richtig (vgl. ebd. dt. 194/5). Die Objektivierbarkeit ist aber gerade das Merkmal des Kriteriums des Sittlichen. Sie kommt für Smith darin zum Ausdruck, daß ein „*unparteiischer* Zuschauer (impartial spectator)" bzw. „unbeteiligter Augenzeuge (indifferent by-stander)" das Verhalten billigen kann (*TMS* II.i.2.2 dt. 100)[78]. Da ein solcher bei der Beurteilung von Handlungen in der Regel nicht verfügbar ist, wird die Billigung seitens eines „*vorgestellten* unparteiischen und wohlunterrichteten Zuschauers (*supposed* impartial and well-informed spectator)" zum sittlichen Kriterium einer Handlung (*TMS* III.2.32 dt. 194; Herv. O.H.; VII.ii.1.49 dt. 490; vgl. auch II.i.2.2 dt. 100). Dieser vorgestellte Zuschauer wird gleichsam zum „inneren Menschen (man within)" bzw. zum „Menschen in der Brust (man within the breast)" (*TMS* III.2.32 dt. 194; III.3.4 dt. 203; III.3.28 dt. 220). Der innere unparteiische und als solcher „gerechte Richter (equitable judge)" (*TMS* III.1.2 dt. 167) stellt das menschliche „Gewissen (conscience)" dar. Es ist gleichsam die zweite richterliche Instanz, vor der das Individuum sein Handeln rechtfertigen muß (*TMS* III.2.32 dt. 194; vgl. III.3.1 dt. 199):

> „We suppose ourselves the spectators of our own behaviour, and endeavour to imagine what effect it would, in this light, produce upon us." (*TMS* III.1.5 dt. 170)
>
> („Wir stellen uns selbst als die Zuschauer unseres eigenen Verhaltens vor und trachten nun, uns auszudenken, welche Wirkung es in diesem Lichte auf uns machen würde.")

Der Mensch transzendiert hier sein eigenes Ich. Er ist zum einen aktiver Betrachter und Richter und zum anderen das Objekt desselben. Ein und

---

[78] Mit der Figur des unparteiischen Zuschauers greift Smith Gedanken von HUME und HUTCHESON hinsichtlich eines urteilenden Zuschauers auf. Smiths Konzept übersteigt diesen Ansatz jedoch erheblich (vgl. RAPHAEL/MACFIE 1976: 15/7).

dasselbe Individuum teilt sich „gleichsam in zwei Personen" („I divide myself, as it were, into two persons"; *TMS* III.1.6 dt. 170).

Die Billigung einer Handlung durch den inneren unparteiischen Zuschauer drückt sich in der Lobens*würdigkeit* einer Handlung aus – im Unterschied zum tatsächlichen Lob, das aus der Billigung durch einen anderen, real zuschauenden Menschen entsteht (*TMS* III.2.32 dt. 194; vgl. *TMS* III.2.1/5 dt. 167/76). Smith zufolge liegt es in der Natur des Menschen, daß er diese Lobenswürdigkeit anstrebt:

> „Nature ... has endowed him [man; O.H.], not only with a desire of being approved of; but with a desire of being what ought to be approved of; or of being what he himself approves of in other men. ... The second [desire; O.H.] was necessary in order to render him anxious to be really fit [for society; O.H.]." (*TMS* III.2.7 dt. 176/7)
>
> („Die Natur hat ihn [den Menschen; O.H.] ... nicht nur mit dem Verlangen begabt, gelobt und gebilligt zu werden, sondern auch mit dem Verlangen, so zu sein, daß er gelobt werden sollte, oder so zu sein, wie er selbst es an anderen Menschen billigt. ... Das zweite [Verlangen; O.H.] war notwendig, um ihn zu einem Menschen zu machen, der eifrig bemüht ist, wirklich [für die Gesellschaft; O.H.] tauglich zu sein.")

Das von Smith postulierte sittliche Kriterium bleibt auf der Ebene des Gewissens rein formal. Parallelen zu KANTS Kategorischem Imperativ mit der Forderung nach der Verallgemeinerbarkeit einer Handlung sind offensichtlich[79]. Der Handlungsimperativ Smiths kann zusammenfassend wie folgt formuliert werden: 'Handle so, daß dein Verhalten von allen – also sowohl von Außenstehenden als auch von dir selbst – gebilligt werden kann.' Ob diese Billigung erfolgt, entscheidet der unparteiische innere Zuschauer, das Gewissen.

Smiths Idee des impartial spectators kann mit RAPHAEL (1991: 45) als „der originellste und subtilste Teil seiner Theorie" bezeichnet werden. Die Relevanz dieser Figur für die gesamte Gesellschaftstheorie Smiths ist daran ersichtlich, daß ohne sie eine angemessene Berücksichtigung der Interessen anderer bei der Verfolgung des Eigeninteresses nicht möglich ist. Erst wenn

---

[79] Insbesondere ONCKEN (1985: 318/23) verweist auf diese Verbindung und nennt beispielsweise als Gemeinsamkeiten zwischen Smith und KANT die Vorstellung des inneren Gerichts, die Distanzierung des Menschen von sich selbst und die Verantwortung vor Gott. Zum Verhältnis von Smith und KANT vgl. auch ECKSTEIN (1985: LXII/III); MESTMÄCKER (1977: 333/4). – Einen ganz anderen Vergleich, nämlich zwischen Smith und Sigmund FREUD (1856-1939), zieht RAPHAEL (1991: 53/6): Er beschäftigt sich mit Gemeinsamkeiten und Differenzen zwischen Smiths impartial spectator und FREUDS Über-Ich.

die eigenen Interessen und die der anderen von einem neutralen Standpunkt aus erwogen werden, relativiert sich die Bedeutung des Eigeninteresses (*TMS* III.3.1/3 dt. 199/201). Andernfalls wird sich der Mensch immer in dem bereits beschriebenen Zustand befinden, daß ihm die kleinste Kleinigkeit, die ihn selbst betrifft, wichtiger ist als das größte Unglück, das einen anderen betrifft (vgl. *TMS* III.3.1/7 dt. 199/205; vgl. oben II.3.1.1):

> „Before we can make any proper comparison of those opposite interests, we must change our position. We must view them ... from the place and with the eyes of a third person, who has no particular connexion with either, and who judges with impartiality between us." (*TMS* III.3.3 dt. 201)
> („Ehe wir einen gerechten Vergleich zwischen jenen entgegengesetzten Interessen anstellen können, müssen wir unseren Standort verändern. ... Wir müssen sie von dem Platze und mit den Augen einer dritten Person ansehen, die in keiner näheren Beziehung zu einem von uns beiden steht und die mit Unparteilichkeit zwischen uns richtet.")

In der Vorstellung des unparteiischen Zuschauers erfolgt also eine doppelte Distanzierung: einerseits vom eigenen Ich, andererseits vom Mitmenschen. Die Neutralität des auf diese Weise erlangten Standpunktes ist dadurch gekennzeichnet, daß den Gefühlen und Interessen des anderen prinzipiell die gleiche Bedeutung zugemessen wird wie den eigenen.

Unparteiischer Zuschauer, Sympathie und Vernunft stehen bei Smith in einem unabdingbaren Zusammenhang. Sie können nicht voneinander isoliert werden (vgl. *TMS* III.3.4 dt. 201/3).[80]

4.4 Die Bedeutung ethischer Regeln in der Gesellschaft

Nachdem das Prinzip der moralischen Urteilsbildung bei Smith erörtert ist, stellt sich die Frage nach möglichen Schwierigkeiten, die im Zusammenhang mit der Urteilsbildung entstehen können.

Es ist Smith für offensichtlich, daß nur eine kleine auserwählte Gruppe – man könnte von einer 'Elite der Tugendhaften' sprechen – in der Lage

---

[80] TRAPP (1987: 81) bezeichnet den unparteiischen Zuschauer als den „Richter, der durch die Sympathie in sein Amt eingesetzt wird" (vgl. auch ebd.: 69/70; MACFIE 1985: 138/9, 150). Hinsichtlich des Zusammenhangs von Sympathie und Zuschauer formuliert MEDICK (1973: 214): „'Sympathy' kommt immer nur durch die Vermittlung des 'Spectator' zustande, ebenso wie die spezielle Beobachterfunktion des 'Spectator' ohne die orientierende Kraft der 'Sympathy' wirkungslos bleiben würde." – Da auch Sprache und Sympathie miteinander in Zusammenhang stehen (s.o. II.3.1.1 Anm.), spricht BRYCE (1983: 18/9) von einer „Parallele" zwischen den ethischen und rhetorischen Prinzipien Smiths.

ist, das eigene Verhalten durch einen andauernden Prozeß der Gewissensentscheidung zu lenken (vgl. *TMS* III.5.1/2 dt. 243/6). Die anderen sind
hierbei überfordert:

> „None but those of the happiest mould are capable of suiting, with exact
> justness, their sentiments and behaviour to the *smallest difference* of situa-
> tion, and of acting upon all occasions with the most *delicate* and *accurate*
> propriety. The *coarse clay* of which the *bulk of mankind* are formed, cannot
> be wrought up to such *perfection*." (*TMS* III.5.1 dt. 245; Herv. O.H.)
> („Nur Menschen vom glücklichsten und besten Schlag sind imstande, ganz
> genau und ganz richtig ihre Empfindungen und ihr Betragen den *geringsten*
> *Unterschieden* der Situation anzupassen und in allen Fällen nach den *feinsten*
> und *genauesten* Geboten der sittlichen Richtigkeit zu handeln. Der *grobe*
> *Stoff*, aus dem die *große Masse* der Menschen gebildet ist, kann nicht zu sol-
> cher *Vollendung* verarbeitet werden.")

Smith sieht im wesentlichen drei Arten von Beeinträchtigungen der moralischen Urteilsbildung: erstens im Inneren entstehende, zweitens von außen
kommende und drittens aus dem Religiösen erwachsende Einflüsse, die zur
Verfälschung des Urteils des inneren unparteiischen Zuschauers führen. Sie
sollen nachfolgend näher erläutert werden.

Erstens ist der innere Richter mit den ebenfalls im Menschen wohnen-
den Leidenschaften konfrontiert. Diese können so stark sein, daß ein neutrales Urteil nicht zustande kommen kann. Insbesondere im Vorfeld einer
Handlung sind die Leidenschaften heftig. Nach der Handlung und einer
gewissen Beruhigung wird die Verfälschung des Urteils durch die Affekte
dann bewußt (vgl. *TMS* III.4 dt. 235/43):

> „the fury of our own passions constantly calls us back to our own place,
> where every thing appears magnified and misrepresented by self-love" (*TMS*
> III.4.3 dt. 235).
> („die Wut unserer Affekte ruft uns immer wieder auf unseren eigenen
> Standort zurück, von dem aus alles durch die Selbstliebe vergrößert und
> verzerrt erscheint".)

Zweitens wird der „man within", das Gewissen, vom „man without", dem
mitmenschlichen Betrachter, zuweilen derart verunsichert, daß er nur
schwerlich in der Lage ist bzw. sich nicht getraut, ein Urteil entgegen dessen Meinung zu fällen (*TMS* III.2.32 dt. 194/5):

> „The violence and loudness, with which blame is sometimes poured out
> upon us, seems to stupify and benumb our natural sense of praise-worthi-
> ness and blame-worthiness" (*TMS* III.2.32 dt. 195).

(„Die Gewalt und der Lärm, mit welchem der Tadel manchmal über uns ausgegossen wird, scheint unser natürliches Gefühl für das Lobenswerte und das Tadelnswerte zu betäuben und zu lähmen".)

„Brauch und Mode (custom and fashion)" beeinflussen ebenfalls das ethische Urteil (*TMS* V.1.1/4 dt. 331/4; vgl. ebd. V.2.14/6 dt. 357/9).

Drittens konstatiert Smith – insbesondere im Hinblick auf den Einfluß religiöser Lehren – das Phänomen des „irrenden Gewissens (erroneous conscience)" (*TMS* III.6.12 dt. 269). Hier wird sittlich Falsches irrtümlicherweise als sittlich richtig betrachtet (vgl. III.6.12/3 dt. 268/72).

Gegen die aufgeführten Behinderungen und Verzerrungen der moralischen Urteilsbildung hat die Natur dem Menschen ein „Heilmittel (remedy)" (*TMS* III.4.7 dt. 238) an die Hand gegeben: Es sind dies die „allgemeinen Regeln (general rules)", die „allgemeinen Regeln der Sittlichkeit (general rules of morality)" bzw. die „allgemeinen Regeln des Verhaltens (general rules of conduct)" (*TMS* III.4.7/8,12 dt. 238/9, 241). Dabei handelt es sich um einen Verhaltenskodex, der sich im Laufe der Zeit als Resultat unzähliger individueller moralischer Urteile in der Gesellschaft herausgebildet hat und der gemeinhin anerkannt wird. An diesem gesellschaftlichen Konsens kann der einzelne nun sein Verhalten ausrichten, wenn er nach gesellschaftlichem Ansehen strebt und diejenigen Handlungen zu meiden versucht, welche sein Ansehen beschädigen. Auf diese Weise sichern die allgemeinen Regeln der Sittlichkeit den friedlichen Bestand der Gesellschaft, sie machen individuelles Handeln zudem voraussagbar. Zugleich ist das Individuum durch diese Richtschnur von der Notwendigkeit entbunden, bei jeder Tat stets aufs Neue den inneren Menschen konsultieren zu müssen. (Vgl. *TMS* III.4.7/III.5.6 dt. 238/50; VII.iii.2.6/7 dt. 532/3; VII.iii.3.16 dt. 543/4; *WN* V.i.f.35 dt. 652; *LRBL* i.133.)

Das Gros der Menschen ist in ihrer Lebensführung aufgrund der o. g. verschiedenen Verzerrungen der Urteilsbildung auf die allgemeinen Regeln angewiesen. Sie zu befolgen, darin besteht das „Pflichtgefühl" des Menschen:

„The regard to those general rules of conduct, is what is properly called a *sense of duty*, a principle of the greatest consequence in human life, and the only principle by which the *bulk of mankind* are capable of directing their actions." (*TMS* III.5.1 dt. 243; Herv. O.H.; vgl. VI.iii.18 dt. 415.)

(„Die Achtung vor jenen allgemeinen Regeln für das Verhalten ist das, was man im eigentlichen Sinn *Pflichtgefühl* nennt, ein Prinzip von der größten Wichtigkeit im menschlichen Leben und das einzige Prinzip, nach welchem die *große Masse der Menschen* ihre Handlungen zu lenken vermag.")

Die Pflicht zur Befolgung der allgemeinen Regeln erwächst aus der konsensuellen Anerkennung derselben durch die Gesellschaft und dem damit verbundenen Richtlinien-Charakter. Ihre Beachtung – die im übrigen auch durch die Erziehung vermittelt werden soll – kann zu einem Habitus werden, den das Individuum nur unter größten Gewissensbissen abstreift (vgl. III.4.11/12 dt. 240/3; III.5.1 dt. 245).

Besondere Bedeutung kommt den allgemeinen Regeln auf dem Gebiet der Gerechtigkeitserwägungen zu (*TMS* III.6.8/13 dt. 264/72) – entsprechend der Notwendigkeit der Gerechtigkeit in einer von Nutzengesichtspunkten dominierten Gesellschaft (vgl. *TMS* II.ii.3.6/9 dt. 131/4; vgl. oben II.3.3.3). Smith sieht ihre Bedeutung für die Gesellschaft in Analogie zu den Regeln der Grammatik in der Sprache: Sie sind exakt und fundamental. Regeln im Bereich anderer Tugenden sind hingegen vergleichbar mit den weniger präzisen stilistischen und ästhetischen Maximen.[81]

Insgesamt gesehen zeigt sich auf der Basis der bisherigen ethischen Erörterungen, daß der Wunsch des Menschen nach Ansehen ein wesentliches Regulativ individuellen Handelns darstellt. Die Anpassung des Verhaltens an die Erwartungen der Mitmenschen und die allgemeinen Regeln der Sittlichkeit ist zum einen dadurch motiviert, daß das Individuum Anerkennung von außen ersehnt, wie bereits im Zusammenhang mit den menschlichen Interessen erörtert wurde (s.o. II.3.2.3).[82] Zum anderen ist der Mensch um ein moralisch korrektes Verhalten bemüht, weil er auch vor sich selbst, dem eigenen Gewissen bzw. dem inneren gerechten Richter, Anerkennung finden möchte (*TMS* III.1.7/III.2.12 dt. 171/83). Das Lob in der Öffentlichkeit will auch verdient sein. Die Natur hat zwar prinzipiell jedes Individuum mit solchem Denken ausgestattet, gleichwohl charakterisiert es vor allem den Tugendhaften:

> „To be *amiable* and to be *meritorious* ..., are the great characters of virtue; and to be *odious* and *punishable*, of vice." (*TMS* III.1.7 dt. 171; Herv. O.H.)
> („Liebens*wert* und belohnungs*würdig* zu sein, ... das sind die wichtigsten Kennzeichen der Tugend, hassens*wert* und straf*bar* zu sein, die des Lasters.")

---

[81] Zu den hier genannten Regeln der Grammatik und deren Bildung vgl. *LRBL* (i.v.53/5); zu den anderen genannten Maximen vgl. *LRBL* (i.133/5).

[82] Die Sozialkontrolle ist Smith zufolge im ländlichen Bereich – oder auch in kleinen, eng miteinander verbundenen Gruppen, wie z.B. religiösen Gemeinschaften – im übrigen wesentlich ausgeprägter als im städtischen Bereich (vgl. *WN* V.i.g.12 dt. 675; vgl. oben I.4).

Für „jeden gebildeten Geist (every well-informed mind)" ist Smith zufolge diese Würdigkeit wichtiger als das tatsächliche Urteil der Zuschauer (*TMS* III.2.7 dt. 176/7). Aus dem Bewußtsein der Würdigkeit von Anerkennung und Dankbarkeit erwachsen Seelenruhe und Zufriedenheit als wesentliche Ursachen wahren menschlichen Glücks (*TMS* III.1.7 dt. 171; s.o. II.3.2.4). Gleichwohl wurde im Verlauf der bisherigen Ausführungen deutlich, daß Smith sich durchaus bewußt ist, daß die Gruppe der Tugendhaften nur verhältnismäßig klein ist.

4.5 Das sittliche Kriterium der Universalisierbarkeit einer Handlung

Zu Beginn der Ausführungen über Smiths Ethik wurde darauf hingewiesen, daß Smith phänomenologisch vorgeht, indem er fragt, wie sich die ethische Urteilsbildung in der Praxis menschlichen Lebens vollzieht. Insofern kann von einer deskriptiven Ethik Smiths gesprochen werden. Auf dieser Ebene bleibt Smith jedoch nicht stehen: Ihm geht es immer auch um die Entwicklung einer normativen Ethik.[83] Der Anspruch an das menschliche Handeln besteht hierbei in der Frage nach der wünschenswerten Universalisierbarkeit des Handelns. Dieser Gedanke der Universalisierbarkeit wird von Smith in verschiedenen Hinsichten thematisiert.

Erstens wurde bereits verschiedentlich darauf hingewiesen, daß der Mensch Teil des teleologisch verfaßten Ganzen ist. Erkennt er sich als ein solcher Teil, wird er bei der ethischen Reflexion auch das Ganze berücksichtigen. Von der „Liebe zur Menschheit" war ebenso die Rede wie vom „universalen Wohlwollen" (s.o. II.3.3.6).

Zweitens wird der Blick für das Ganze durch die Religiosität des Menschen eröffnet. Wer sich als von Gott her und auf diesen hin lebend versteht, der betrachtet sich als ein Geschöpf unter anderen. Er erkennt eine Verantwortung Gott gegenüber für das Leben der Mitgeschöpfe (vgl. oben II.3.4).

Vor dem Hintergrund dieser beiden Aspekte ist drittens nochmals auf die Parallelen zwischen Smith und KANT (s.o. II.4.3) zurückzukommen: Da der unparteiische Zuschauer völlig neutral urteilt, fragt er nicht nur danach, ob eine Handlung in einem ganz bestimmten Kontext gut ist, sondern er wird immer auch danach fragen, ob es wünschenswert ist, daß

---

[83] TRAPP (1987: 35) formuliert hinsichtlich der Ethik Smiths: „Für ihn existierte der Gegensatz zwischen normativer Moralphilosophie und empirischer Handlungstheorie noch nicht." „Er will eine normative Theorie aufbauen." (ebd.: 37) Vgl. z.B. auch RAPHAEL (1991: 49, 88); abweichend BÜSCHER (1992: 139).

man sich auch in anderen Kontexten so verhält bzw. daß andere sich so verhalten.

Im folgenden soll die explizite Einbindung der Ethik Smiths in seine religiöse Haltung näher betrachtet werden.

Für Smith ist derjenige, der sein Verhalten an den Grundsätzen des Gewissens und dem in der Gesellschaft herrschenden ethischen Konsenses ausrichtet, gleichsam ein Mitarbeiter Gottes („to co-operate with the Deity"; *TMS* III.5.7 dt. 251). Gott selbst hat dem Menschen das moralische Vermögen zur Lenkung seines Verhaltens an die Hand gegeben, auf daß dieser und seine Mitmenschen glücklich werden. (Vgl. *TMS* III.5.3/8 dt. 247/52 u. ö.)

> „By acting otherways, on the contrary, we seem to obstruct, in some measure, the scheme which the Author of nature has established for the happiness and perfection of the world, and to declare ourselves, in I may say so, in some measure the enemies of God." (*TMS* III.5.7 dt. 251)
> („Wenn wir anders handeln, dann scheinen wir dagegen den Plan gewissermaßen zu durchkreuzen, den der Schöpfer der Natur zur Herbeiführung der Glückseligkeit und Vollkommenheit der Welt entworfen hat, und scheinen uns, wenn ich so sagen darf, gewissermaßen als Feinde Gottes zu erklären.")

Im übrigen erscheint Gott auch hier (vgl. oben II.3.3.6) als eine regulative Idee der Vernunft: In denjenigen Fällen, in denen der nach den ethischen Grundsätzen korrekt lebende Mensch wider Erwarten keine Anerkennung durch die Öffentlichkeit oder sogar Mißbilligung erfährt, erwächst die Hoffnung auf Gott als dritte richterliche Instanz, die das gewissensgemäße Verhalten belohnt. Gott erscheint dann nach dem menschlichen Zuschauer als erster und dem Gewissen als zweiter Instanz als „ein noch höheres Tribunal, ... das des alles sehenden Richters der Welt, dessen Augen *niemals* getäuscht und dessen Urteile *niemals* verkehrt werden können" („a still higher tribunal, ... that of the all-seeing Judge of the world, whose eye can *never* be deceived, and whose judgements can *never* be perverted"; *TMS* III.2.33 dt. 195/6; Herv. O.H.; vgl. auch *LJ(B)* § 91 dt. 47):

> „That there is a *world to come*, where exact justice will be done to every man, ... is a doctrine, in every respect so venerable, so comfortable to the weakness, so flattering to the grandeur of human nature, that the virtuous man who has the *misfortune to doubt* of it, cannot possibly avoid *wishing* most earnestly and anxiously *to believe* it." (*TMS* III.2.33 dt. 196/7; Herv. O.H.)
> („Daß es eine *künftige Welt* gibt, in der jedermann volle Gerechtigkeit zuteil werden wird, ... das ist eine Lehre, so verehrungswürdig in jeder Hinsicht, so trostreich für die Schwäche, so schmeichelhaft für die Größe der mensch-

lichen Natur, daß der tugendhafte Mensch, der das *Unglück* hat, an ihr *zu zweifeln*, doch unmöglich umhin kann, den höchst ernsthaften und eifrigen *Wunsch* zu hegen, an sie *zu glauben.*")

Wenn der göttliche Richter „niemals" ein falsches Urteil fällt, dann unterscheidet er sich im höchsten Maße von dem erstinstanzlichen menschlichen Richter, der subjektiv und vielfach beeinflußt von Mode etc. sein Urteil fällt. Das Gewissen, mit dem der Mensch von Gott ausgestattet wurde (vgl. *TMS* III.5.7 dt. 251) und von dem Smith demgemäß auch als „Halbgott in unserer Brust (demigod within the breast)" (*TMS* III.2.32 dt. 195; VI.iii.25 dt. 418) spricht, nimmt eine Mittelstellung zwischen der ersten und der höchsten Instanz ein. Es urteilt zwar unparteiisch, ist jedoch irrbar und zuweilen nicht in der Lage, sich gegen Kontrahenten wie Leidenschaften und äußere Zuschauer durchzusetzen.

Der Glaube an Gott ist jedoch nicht nur mit der Hoffnung auf eine Belohnung des hiesigen guten Lebens in einem zukünftigen verbunden. Er stellt darüber hinaus ein Regulativ menschlichen Verhaltens in dem Sinne dar, daß der Mensch gemäß den ethischen Richtlinien handelt, weil er andernfalls eine Vergeltung in Form von Bestrafung befürchtet:

> „The idea that ... we are always acting under the eye, and exposed to the punishment of God, the great avenger of injustice, is a motive capable of *restraining the most headstrong passions*" (*TMS* III.5.12 dt. 258; Herv. O.H.).
> („Die Vorstellung, daß wir ... immer unter den Augen Gottes handeln und den Strafen Gottes, des großen Rächers allen Unrechts, ausgesetzt sind, das ist ein Beweggrund, der fähig ist, die *hartnäckigsten Leidenschaften im Zaume zu halten*".)

Es ergeben sich für Smith demnach insgesamt drei wesentliche Kontrollmechanismen im Bereich der Ethik: die Mitmenschen, das Gewissen und Gott.

4.6 Die Bestimmung der Tugend

Im folgenden soll die erste der beiden genannten (s.o. II.4.1) Hauptfragen der Ethik, die Frage, was tugendhaft genannt wird, diskutiert werden. Es geht um die Frage nach den Grundhaltungen des Menschen, die unter moralischen Gesichtspunkten als 'gut' bezeichnet werden können. Smiths Tugendbegriff steht in unmittelbarem Zusammenhang mit den Überlegungen erstens zur Sympathie und zweitens zum Interesse.

Zur ersten Kategorie, den mit der Sympathie verbundenen Tugenden, zählen Selbstbeherrschung und Nachsicht. Wer seine eigenen Affekte soweit relativieren kann, daß eine große Gruppe von Mitmenschen in die Lage versetzt wird, mit diesen Gefühlen übereinzustimmen, der trägt zur Stärkung des gesellschaftlichen Zusammenhalts bei. In gleicher Weise gilt dies für denjenigen, der gegenüber anderen Nachsicht übt und für die Gefühle seiner Mitmenschen Verständnis aufbringt. Die Gestalt des unparteiischen inneren Zuschauers erfordert diese Mäßigung. (Vgl. *TMS* I.i.5 dt. 27/32; III.3.25/9 dt. 217/21; VI.iii.1/14 dt. 401/7; vgl. oben II.3.1.1/2.)[84]

> „The man of the most perfect virtue, ... is he who joins, to the most perfect command of his own original and selfish feelings, the most exquisite sensibility both to the original and sympathetic feelings of others." (*TMS* III.3.35 dt. 227)
> („Demjenigen erkennen wir die vollendete Tugend zu, ... der mit der vollkommensten Herrschaft über seine ursprünglichen egoistischen Gefühle die außergewöhnlichste Empfindsamkeit sowohl für die ursprünglichen als auch für die sympathetischen Gefühle anderer verbindet.")

Tugendhaftes Verhalten trägt also dazu bei, die in der Gesellschaft bestehenden sympathetischen Beziehungen zu vertiefen.

Zur zweiten Kategorie, den mit dem Interesse verbundenen Tugenden, gehören als wesentliche Tugenden die „Klugheit (prudence)" (*TMS* VI.concl.1 dt. 442), die „Gerechtigkeit (justice)" (*TMS* II.ii.1.5 dt. 117) und die „Wohltätigkeit (beneficence)" (*TMS* II.ii.1.3 dt. 115). Während die Tugend der Klugheit in erster Linie die eigenen Interessen betrifft, bezieht sich das Wohlwollen primär auf die Interessen der Mitmenschen. Die Gerechtigkeit nimmt hingegen zwischen diesen Polen eine Mittelstellung ein. Sie ist auf das Verhältnis der unterschiedlichen Interessen gerichtet. Diese drei Tugenden sind dadurch charakterisiert, daß sie zum einen dazu beitragen, daß die existentiellen Interessen der verschiedenen Mitglieder der Gesellschaft realisiert werden, und daß zum anderen durch sie die gesellschaftlichen Beziehungen gestärkt werden.

Der Kluge ist sich dessen bewußt, daß seine Mitmenschen zunächst die Realisierung ihrer eigenen Interessen verfolgen und daß er von ihnen keine größeren Akte der Wohltätigkeit erwarten kann. Daher kümmert er sich mit Sorgfalt um seine eigenen Interessen. Die ökonomischen Tugenden wie Fleiß und Sparsamkeit entspringen aus den Erwägungen der Klugheit. Aber

---

[84] Vgl. auch TRAPP (1987: 115): „Erst Selbstdisziplin und Selbstbeherrschung kennzeichnen die Auseinandersetzung mit sich selbst, den Versuchungen und Enttäuschungen, denen man unterliegt. Erst sie sorgen für eine Moralisierung". „Selbstdisziplin ist die oberste Tugend, weil sie die dauernde Auseinandersetzung mit den eigenen Leidenschaften voraussetzt und aus ihr entsteht, weil durch sie die rein persönlichen Interessen überwunden werden." (ebd.)

auch die Selbstbeherrschung kann aus ihr erwachsen: Der Kluge weiß, daß die anderen nur bis zu einem gewissen Grade sympathisieren können bzw. zu sympathetischen Gefühlen bereit sind. Da er aber ein Objekt ihrer Billigung sein möchte, mäßigt er seine Affekte. Der Kluge versucht also, mit Hilfe von Mittel-Zweck-Überlegungen seine Interessen zu realisieren. (Vgl. *TMS* VI.concl. dt. 442/6; VI.i dt. 360/9; IV.2.6/8 dt. 323/6; vgl. oben II.3.2.3.)

Die Gerechtigkeit gründet sich auf das Prinzip der Vergeltung, daß Gutes belohnt und Schlechtes bestraft werden soll. In einer Gesellschaft, die wesentlich von Nutzenüberlegungen geprägt ist, erhält die Gerechtigkeit fundamentale Bedeutung (vgl. oben II.3.3.3). Ihre Nichtbeachtung führt zu Verletzungen von Ansprüchen. Sie zu beachten stellt daher eine Pflicht des Menschen dar. (Vgl. II.ii.1 dt. 115/22; II.ii.3.1/9 dt. 127/34; VI.concl. dt. 442/6.)

Bei der Wohltätigkeit handelt es sich um eine von Nutzenüberlegungen freie Handlung. Sie kann von anderen nicht eingefordert werden, sondern erfolgt freiwillig. Ihr Ziel besteht darin, das Glück oder die Interessen der Mitmenschen zu fördern. Ihre Unterlassung hat keinen unmittelbaren Schaden zur Folge. Dankbarkeit und Wiedervergeltung sind die angemessenen Reaktionen auf die Wohltätigkeit – ohne daß sie vom Wohltäter angezielt wären. (Vgl. *TMS* II.ii.1 dt. 115/22; II.ii.3.1/8 dt. 127/33; VI.concl. dt. 442/6; VI.ii.1.19 dt. 328/3.)

Tugendhaftes Verhalten ist bei Smith stets als ein außergewöhnliches Verhalten charakterisiert:

> „As in the common degree of the intellectual qualities, there is no abilities; so in the common degree of the moral, there is no virtue. Virtue is excellence, something uncommonly great and beautiful, which rises far above what is vulgar and ordinary." (*TMS* I.i.5.6 dt. 29; vgl. I.i.5.5/8 dt. 28/31; III.3.35 dt. 227.)

(„Wie in dem gewöhnlichen Grad intellektueller Eigenschaften keine Talente liegen, so ist in dem gewöhnlichen Grad moralischer Eigenschaften keine Tugend. Tugend ist eine hervorragende Trefflichkeit, etwas ungewöhnlich Großes und Schönes, das sich weit erhebt über alles, was gemein und gewöhnlich ist.")

Entsprechend formuliert Smith hinsichtlich der Ausübung der drei genannten zentralen Tugenden:

„The man who acts according to the rules of perfect prudence, of strict justice, and of proper benevolence, may be said to be *perfectly virtuous.*"
(*TMS* VI.ii.3.6 dt. 401; Herv. O.H.)[85]
(„Ein Mensch, der in Übereinstimmung mit den Regeln vollkommener Klugheit, strenger Gerechtigkeit und richtigen Wohlwollens handelt, mag *vollkommen tugendhaft* genannt werden.")

Tugendhaftigkeit zeigt sich auch in der Wahl des Maßstabs bei der moralischen Urteilsbildung. Grundsätzlich gibt es Smith zufolge zwei unterschiedliche Maßstäbe für das ethische Urteil: zum einen den Grad absoluter Vollkommenheit, zum anderen das unter Menschen üblicherweise anzutreffende Verhalten. Während sich die meisten Menschen an der letztgenannten Richtschnur orientieren, urteilt der Tugendhafte nach dem Maßstab absoluter sittlicher Richtigkeit und versucht, auch dementsprechend zu handeln. (Vgl. *TMS* I.i.5.9 dt. 30; VI.iii.23/5 dt. 417/9.)

Tugendhaftes Verhalten muß erlernt werden. Nur durch ständige – und zuweilen anstrengende – Übung wird die Tugend zum Habitus. (Vgl. *TMS* III.3.25/9 dt. 217/21; III.3.36 dt. 227/8.) Daher zeichnen sich nur relativ wenige Menschen durch Tugend und Weisheit aus, wie bereits erwähnt wurde (vgl. auch *TMS* I.i.5.8 dt. 30/1; I.iii.3.2 dt. 88).

Der Tugendhafte wird durch Ansehen und Selbstzufriedenheit, innere Ruhe und wahres Glück belohnt (vgl. III.1.7 dt. 171; vgl. oben II.3.2.4). Dies gilt auch für die Gesellschaft: Die Gesellschaft der Tugendhaften ist eine „glückliche (happy)" (*TMS* II.ii.3.1 dt. 127). Von den Formen der Freundschaft ist diejenige unter Tugendhaften nach Smith die ausgezeichnetste: Sie wird von der Freude an der Tugend zusammengehalten. Diese zwischenmenschliche Beziehung engt nicht ein, sie ist nach außen offen. (Vgl. *TMS* VI.ii.1.18 dt. 381/2.)

Es steht außerhalb jeden Zweifels, daß Smith tugendhaftes Verhalten in hohem Maße begrüßt und erwünscht. Er sieht in ihm eine wichtige Komponente gesellschaftlichen Zusammenlebens. (Vgl. z.B. *TMS* I.iii.3.2 dt. 87/8.) Die Tugend erscheint gewissermaßen als „die feine Politur an den Rädern der Gesellschaftsmaschine", hingegen „das Laster wie der schlechte Rost, der schuld ist, wenn die Räder knarren und ständig aneinander reiben" („virtue, ... the fine polish to the wheels of society", „vice, like the vile

---

[85] „Smith's ethical doctrines are in fact a combination of Stoic and Christian virtues – or, in philosophical terms, a combination of Stoicism and Hutcheson. Hutcheson resolved all virtue into benevolence, a philosophical version of the Christian ethic of love. ... Smith supplements this with Stoic self-command." (RAPHAEL/MACFIE 1976: 6)

rust, which makes them jar and grate upon one another"; *TMS* VII.iii.1.2 dt. 526).

Das Laster als solches wird von Smith abgelehnt. Es wird weder als notwendiger Teil eines Weltenplans – wie in der Stoa – betrachtet (vgl. *TMS* I.ii.3.4 dt. 47/8) noch – wie bei Bernard MANDEVILLE (1670-1733) – als notwendiger Antrieb für das Wohl der Gesellschaft gesehen (vgl. *TMS* VII.ii.4.6/13 dt. 513/22).

4.7 Die Beurteilung von Interessenkonflikten

Die Figur des unparteiischen Zuschauers und die aus ihr abgeleiteten ethischen Regeln der Gesellschaft geben die Antwort auf die Frage nach der Lösung der Konflikte zwischen den Interessen der verschiedenen Gesellschaftsglieder einerseits und zwischen denselben und dem gesamtgesellschaftlichen Interesse andererseits.

Im Hinblick auf die zum Teil gegensätzlichen Interessen der Individuen kommt Smith zu folgendem Grundsatz:

> „One individual must never prefer himself so much even to any other individual, as to hurt or injure that other, in order to benefit himself, *though the benefit to the one should be much greater than the hurt of injury to the other.*" (*TMS* III.3.6 dt. 204; Herv. O.H.)

> („Ein einzelner darf niemals sich selbst auch nur irgendeinem anderen einzelnen so sehr vorziehen, daß er diesen anderen verletzen oder beleidigen würde, um sich dadurch einen Vorteil zu verschaffen, *mag auch der Vorteil, der ihm daraus erwächst, weit größer sein als der Schaden oder die Beleidigung des anderen.*")

Konkret heißt dies z.B., daß der Arme den Reichen in keinem Fall bestehlen darf (ebd.). Die Verfolgung des Eigeninteresses hat bei Smith ihre Grenze am Wohl des Mitmenschen. Was diesem wertvoll ist („of real use"; *TMS* II.ii.2.1 dt. 122), darf ihm nicht genommen werden, und zwar auch dann nicht, wenn dadurch großes Unglück für die eigene Person verhindert werden kann. (Vgl. ebd. dt. 122/4; III.3.4/6 dt. 202/5.)

Das heißt für Smith nicht, daß es keine Fälle gibt, in denen die gegensätzlichen Interessen objektiv betrachtet so ungleichgewichtig sind, daß unter moralischen Gesichtspunkten das eine dem anderen vorzuziehen wäre:

> The impartial spectator „shows us the propriety of generosity ...; the propriety of resigning the *greatest interests of our own*, for the yet *greater* interest of others" (*TMS* III.3.4 dt. 203; Herv. O.H.; vgl. IV.2.10 dt. 326/8).

(Der unparteiische Zuschauer „zeigt uns die Schönheit des Edelmuts ...; er zeigt uns, wie schön es ist, auf den *größten eigenen Vorteil* zu verzichten und ihn dem noch *größeren* Interesse anderer Menschen aufzuopfern".)

Der Verzicht auf den eigenen Nutzen muß aber freiwillig geschehen, er darf nicht gewaltsam erzwungen werden.

Angesichts der Notwendigkeit der Aufrechterhaltung der öffentlichen Ordnung müssen die Grundsätze der Gerechtigkeit, die in den staatlichen Gesetzen zum Ausdruck kommen, sorgsam beachtet werden (vgl. oben II.3.3.3, II.3.3.5). Der Wettbewerb der Interessen ist nach Smith erlaubt – und sogar erwünscht. Ungerechtigkeit ist hingegen tabu, wie Smith in Analogie zum sportlichen Wettkampf darlegt:

„In the race for wealth, and honours, and preferments, he [every individual; O.H.] may run as hard as he can, and strain every nerve and every muscle, in order to *outstrip* all his competitors. But if he should *justle, or throw down* any of them, the indulgence of the spectators is entirely at an end. It is a *violation of fair play*, which they cannot admit of." (*TMS* II.ii.2.1 dt. 124; Herv. O.H.)

(„In dem Wettlauf nach Reichtum, Ehre und Avancement, da mag er [jeder Mensch; O.H.] rennen, so schnell er kann und jeden Nerv und jeden Muskel anspannen, um all seine Mitbewerber zu *überholen*. Sollte er aber einen von ihnen *niederrennen oder zu Boden werfen*, dann wäre es mit der Nachsicht der Zuschauer ganz und gar zu Ende. Das wäre eine *Verletzung der ehrlichen Spielregeln*, die sie nicht zulassen könnten.")

Die für die individuellen Interessen geltenden Prinzipien kommen auch im Interessenkonflikt zwischen den verschiedenen gesellschaftlichen Gruppierungen zum Tragen. Die Interessen eines Standes dürfen nicht gefördert werden, wenn ein anderer Stand dadurch benachteiligt würde. Im *WN* legt Smith diesen Sachverhalt insbesondere im Zusammenhang mit der merkantilistischen Wirtschaftspolitik und der Bevorteilung des Außenhandels im allgemeinen und des Kolonialhandels im speziellen dar (vgl. *WN* IV.i/viii dt. 347/559):

„To hurt in any degree the interest of any one order of citizens, for no other purpose but to promote that of some other, is evidently contrary to that justice and equality of treatment which the sovereign owes to all the different orders of his subjects." (*WN* IV.viii.30 dt. 552)

(„Werden die Interessen irgendeines Standes nur deshalb mehr oder weniger beeinträchtigt, um die eines anderen zu fördern, so widerspricht das augenfällig der gerechten und gleichen Behandlung, die der Landesherr allen Untertanen schuldet.")

Auch für das Verhältnis zwischen dem Eigen- und dem Gesellschaftsinteresse gilt, daß bei Smith ersteres dem zweiten unterzuordnen ist. Frieden und Ordnung der Gesellschaft dürfen vom einzelnen nicht zerstört werden. Die Gesetze sind zu achten; ihre Nichtbefolgung ist zu ahnden. Wird die Gemeinschaft durch individuelles Verhalten in ihrer Existenz gefährdet oder stehen zentrale Interessen der Gemeinschaft auf dem Spiel, dann ist nach Smith auch der Tod von einzelnen gerechtfertigt. (S.o. II.3.3.5.)

Der Vorrang des Gemeinwohls vor dem Individualwohl wird vor allem von jenen anerkannt, die in moralischen Erwägungen von ihren eigenen Interessen abstrahieren können bzw. die wie die Philosophen in der ganzheitlichen Betrachtungsweise geübt sind (vgl. oben II.2.1):

> „The wise and virtuous man is *at all times* willing that his own private interest should be sacrificed to the public interest of his own particular order or society." (*TMS* VI.ii.3.3 dt. 398; Herv. O.H.)
>
> („Der Weise und Tugendhafte ist *jederzeit* damit einverstanden, daß sein eigenes Privatinteresse dem allgemeinen Interesse des Standes oder der Gemeinschaft aufgeopfert wird, der er angehört.")

Mit dem Gebrauch des im Religiösen beheimateten Begriffs des Aufopferns („to sacrifice") wird die Bedeutung des Gemeinwohls hier in besonderer Weise hervorgehoben.

4.8 Smiths explizte Abgrenzung seiner Ethik von anderen ethischen Ansätzen

Am Ende der *TMS* (VII dt. 447/570) grenzt Smith abschließend sein System der Ethik von anderen ethischen Theorien ausdrücklich ab. Dies geschieht in zweifacher Hinsicht: zum einen hinsichtlich der Prinzipien der Bildung ethischer Urteile, zum anderen bezüglich der inhaltlichen Bestimmung dessen, was tugendhaft genannt wird.

Von den genannten anderen Prinzipien ethischer Urteilsbildung, die Smith ausdrücklich ablehnt, sind für die Fragestellung der vorliegenden Arbeit und die Auseinandersetzung mit klassisch-utilitaristischen Argumentationsformen insbesondere jene Theorien von Interesse, die den Egoismus bzw. die Vernunft zum entscheidenden sittlichen Kriterium bestimmen. Smith sieht solche Argumentationsfiguren vor allem bei und im Gefolge von HOBBES.

Im ersten Fall wird etwas als 'gut' definiert, wenn es den egoistischen Erwägungen des Individuums entspricht. Ein Verhalten, das die Interessen der Mitmenschen berücksichtigt, wird demgemäß nur deshalb und nur dann empfohlen, wenn es den eigenen Interessen nützt. Für Smith handelt es sich hierbei um einen Gedankengang, der mit dem Prinzip der Sympathie und der Figur des unparteiischen Zuschauers nicht in Einklang steht. Im Gegensatz zur genannten Auffassung ist das Prinzip der Sympathie kein „egoistisches Prinzip (selfish principle)" (*TMS* VII.iii.1.4 dt. 528; vgl. VII.iii.1 dt. 525/9).[86]

Im zweiten Fall stellt die Vernunft das entscheidende sittliche Kriterium dar. Dem hält Smith entgegen, das die Vernunft zwar ein wichtiger Bestandteil der ethischen Urteilsbildung ist und beispielsweise bei der Formulierung der allgemeinen Regeln der Sittlichkeit zum Tragen kommt, sie aber nicht das ursprüngliche sittliche Kriterium sein kann. Dieses besteht für Smith allein im Urteil bzw. Gefühl des unparteiischen Zuschauers. (Vgl. *TMS* VII.iii.2 dt. 529/34.)

Auch die sog. „moral sense-Theorie", die insbesondere von seinem Lehrer HUTCHESON vertreten wird, lehnt Smith ab. HUTCHESON zufolge verfügt der Mensch a priori über einen „moralischen Sinn (moral sense)", mittels dessen er unmittelbar über 'gut' und 'schlecht' urteilen kann. Mit dieser These kritisiert HUTCHESON die zuvor genannten Kriterien der Selbstliebe und der Vernunft. Smith sieht zwar diese Kritik als berechtigt an, kann der moral sense-Theorie jedoch nicht zustimmen. Seines Erachtens handelt es sich bei dem angeborenen ethischen Sinn um ein Postulat, dessen fundamentum in re zum einen nicht beweisbar ist und das zum anderen auch nicht notwendigerweise aufgestellt werden müßte. Sympathie, unparteiischer Zuschauer und die daraus abgeleiteten ethischen allgemeinen Regeln sind nach Smith hinreichende Prinzipien der moralischen Urteilsbildung. Darüber hinaus findet er nichts, das als moral sense bezeichnet werden könnte. (Vgl. *TMS* VII.iii.2.9/iii.3 dt. 534/45; III.4.5 dt. 237/8.)[87]

Auch den Ansichten seines Freundes HUME, Nützlichkeit zum moralischen Kriterium zu erklären[88], widerspricht Smith. Für ihn ist Nützlichkeit nicht das Kriterium der Tugend, sondern eine ihrer Folgen. (*TMS* IV.2.3/8

---

[86] Vgl. auch TRAPP und MACFIE. „Die Unmittelbarkeit des Gefühls, von der Smith ausgeht, grenzt die Moral auch von Heuchelei und Utilitarismus ab. Moralisches Handeln ist nämlich für Smith kein Mittel zum Zweck. Es besitzt vielmehr Eigenständigkeit und wird um seiner selbst willen vollbracht." (TRAPP 1987: 43). „The central assumptions of Benthamite utilitarianism are themselves antithetic to the whole spirit of the Scottish social school." (MACFIE 1967a: 34)

[87] Zur moral sense-Theorie vgl. beispielsweise SCHRADER (1992: 266/84).

[88] Zu HUME vgl. z.B. SCHRADER (1992: 278/84). Zum Verhältnis von Smith und HUME vgl. RAPHAEL/MACFIE (1976: 13/4).

dt. 322/6; VII.ii.3.21 dt. 509/10; vgl. VI.concl.6 dt. 445/6.) Für Smith steht fest, daß

> „the sentiment of approbation always involves in it a sense of propriety quite distinct from the perception of utility" (*TMS* IV.2.5 dt. 323).
> („die Empfindung der Billigung immer ein Gefühl von der sittlichen Richtigkeit dieser Gesinnung in sich enthält, das von der Wahrnehmung ihrer Nützlichkeit ganz verschieden ist".)

Smiths Ablehnung der HUMESCHEN Position ist für den Vergleich zwischen den Ethiken Smiths und Benthams bedeutsam, da die Nützlichkeit *das* Kriterium der Benthamschen Ethik darstellt (s.u. III.4).

In seiner Abgrenzung von anderen Tugendbegriffen setzt Smith sich vor allem mit drei Tugendsystemen, und zwar mit dem des Hedonismus EPIKURS, des Altruismus und der Schicklichkeit, auseinander. Da der Utilitarismus wesentlich auf dem Hedonismus basiert, ist Smiths Diskussion des Hedonismus im Hinblick auf Bentham und Mill hier von besonderer Bedeutung.

Smith diskutiert die Position EPIKURS in *TMS* (VII.ii.2 dt. 491/500). Die hedonistische Auffassung EPIKURS lehnt Smith ab, da sie das gesamte menschliche Handeln letztendlich auf das Lust-Unlust-Prinzip, also Lust zu suchen und Unlust zu meiden, reduziert. Das Endziel menschlichen Lebens besteht nach EPIKUR im Erreichen der maximalen Lust. Tugenden sind lediglich Mittel zum Zweck der Lusterlangung, nicht jedoch – wie bei Smith – ein an sich erstrebenswertes Ziel. Die „Klugheit (prudence)" wird aus diesem Grund zur entscheidenden Tugend. Smith wirft EPIKUR vor, das Phänomen der Freude am tugendhaften Handeln zu ignorieren. Die Klugheit stellt für ihn zwar eine Tugend dar, jedoch nicht die einzige, sondern eine von mehreren. Smiths Urteil bezüglich des Hedonismus EPIKURS ist eindeutig:

> „This system is, no doubt, *altogether inconsistent* with that which I have been endeavouring to establish." (*TMS* VII.ii.2.13 dt. 497; Herv. O.H.)
> („Dieses System ist zweifellos *ganz unvereinbar* mit demjenigen, welches ich mich bemüht habe aufzustellen.")

Dieses System hat Smith zufolge jedoch einen großen Vorteil für die Gesellschaft. Es führt dem einzelnen nämlich vor Augen, daß ein Verhalten gemäß den allgemeinen Regeln der Ethik für das Individuum vielfach nutzbringender ist als das – oberflächlich betrachtet – rein egoistische Verhalten. Anders ausgedrückt: Erwägungen der Klugheit führen zum Weg der Tugend als Mittel zum Zweck des eigenen Interesses – entsprechend Smiths Darstellung der Tugend als Weg zum gesellschaftlichen Ansehen:

„When men by their practice, and perhaps too by their maxims, manifestly show that the natural beauty of virtue is not like to have much effect upon them, how is it possible to move them but by representing the folly of their conduct, and how much they themselves are in the end likely to suffer by it?" (*TMS* VII.ii.2.13 dt. 498)

(„Wenn Menschen durch ihr Verhalten und vielleicht sogar durch die Grundsätze, welche sie äußern, offensichtlich zeigen, daß die natürliche Schönheit der Tugend auf sie nicht viel Eindruck zu machen vermag, wie soll es dann möglich sein, sie anders zu rühren als dadurch, daß man ihnen die Torheit ihres Verhaltens vor Augen führt und sie darauf hinweist, wie sehr sie am Ende selbst darunter zu leiden haben werden?")

Im späteren Verlauf der Arbeit wird sich zeigen, daß Smiths Darlegungen zu den Grundzügen des Gedankengebäudes EPIKURS auch Benthams Theorie im wesentlichen erfassen.[89]

Nicht nur egoistisch konzipierte Tugendsysteme werden von Smith abgelehnt, sondern auch solche, die vom Altruismus her bestimmt sind. Er spricht dabei von Systemen, in denen das „Wohlwollen (benevolence)" zur entscheidenden Tugend erklärt wird (vgl. *TMS* VII.ii.3 dt. 500/10). Zu ihnen zählt er insbesondere die christliche Moral und die Ethik HUTCHESONS. Smith argumentiert gegen diese Positionen, daß der Mensch auch eine Pflicht zur Wahrung seiner eigenen Interessen besitzt und daß das Eigeninteresse durchaus ein – jedoch nicht das einzige – Motiv tugendhaften Handelns sein kann:

„Carelessness and want of oeconomy are universally disapproved of, not, however, as proceeding from a want of benevolence, but from a want of the proper attention to the objects of self-interest." (*TMS* VII.ii.3.16 dt. 507)

(„Fahrlässige Sorglosigkeit und Mangel an Wirtschaftlichkeit werden allgemein mißbilligt, jedoch gewiß nicht, weil sie aus einem Mangel an Wohlwollen entspringen, sondern weil sie einen Mangel an geziemender Aufmerksamkeit gegenüber denjenigen Dingen zeigen, auf welche sich das Eigeninteresse richtet.")

Das Wohlwollen ist nach Smith zwar eine tugendhafte Haltung, jedoch nicht die einzige. Dies ist seines Erachtens allenfalls bei Gott der Fall:

---

[89] Die Unterschiede zwischen der Ethik Smiths und derjenigen der Utilitaristen werden in der Sekundärliteratur beispielsweise von TRAPP (1987: 43/5); RAPHAEL (1991: 49/50); BRÜHLMEIER (1988: 36/7, 59/62, 64); ECKSTEIN (1985: LXVI); MEDICK (1973: 221/2) und RECKTENWALD (1990: XLII) anerkannt. – Hingegen rechnet RAWLS (1979: 40 Anm.) Smith der utilitaristischen Tradition zu. M.E. ergibt sich jedoch weder aus dem Smithschen Verständnis des Menschen und der Gesellschaft noch aus seiner Ethik eine Rechtfertigung, Smith zu den Utilitaristen zu zählen.

„But whatever may be the case with the Deity, so imperfect a creature as man ... must often act from many other motives. The condition of human nature were peculiarly hard, if those affections, which, by the very nature of our being, ought frequently to influence our conduct, could upon no occasion appear virtuous, or deserve esteem and commendation from any body." (*TMS* VII.ii.3.18 dt. 508)

(„Wie immer es sich aber auch mit der Gottheit verhalten mag, ein so unvollkommenes Geschöpf wie der Mensch ... muß sicher oft aus so manchem anderen Beweggrunde handeln. Die Lebensbedingungen der menschlichen Natur wären besonders hart, wenn jene Neigungen, die infolge der ganzen Beschaffenheit unserer Natur häufig unser Betragen bestimmen müssen, in keinem Falle anderen Menschen tugendhaft erscheinen, uns ihnen empfehlen und ihre Achtung verdienen würden.")

Den beiden Tugendsystemen der Klugheit und des Wohlwollens stellt Smith eine dritte Konzeption entgegen, die er ebenfalls ablehnt. Es sind dies Ansätze, die, wie er es nennt, die Tugend in der „Schicklichkeit (propriety)" bestehen lassen (vgl. *TMS* VII.ii.1 dt. 450/91). Hierzu zählt er die Ethik PLATONS und ARISTOTELES'; vor allem aber geht es hierbei um das stoische Gedankengebäude. Diesen Ansätzen ist gemeinsam, daß die tugendhafte Haltung im wesentlichen durch Maß und Mitte gekennzeichnet ist. Nach Smith handelt es sich hierbei zwar in der Tat um Momente der Tugend, jedoch nicht um die alleinigen. Zugleich vermißt Smith einen Maßstab, anhand dessen Maß und Mitte beurteilt werden könnten. Wenn er als solchen allerdings den unparteiischen Zuschauer vorschlägt (*TMS* VII.ii.1.49 dt. 489/90), dann verschweigt er dabei, daß auch dieser keinen absoluten Maßstab für sein Urteil besitzt, sondern dieses in der Regel von dem gewöhnlichen Grad menschlicher Vollkommenheit abhängig macht (vgl. oben III.4.6).

Daß Smith die stoische Theorie sehr ausführlich darlegt, kann als Hinweis auf eine intensive Auseinandersetzung mit dieser Theorie verstanden werden (vgl. oben Exkurs 1, II.2.2, vgl. unten II.6). Smith verweist u.a. auf die „bedingungslose Unterwerfung unter die Ordnung der Vorsehung (entire submission to the order of Providence)" und die „Geringschätzung des Lebens (contempt of life)" als „die beiden Hauptlehren ..., auf denen das ganze Gebäude der stoischen Ethik ruht (two fundamental doctrines upon which rested the whole fabric of Stoical morality)" (*TMS* VII.ii.1.35 dt. 480). Smith sieht hier Gleichgültigkeit und Apathie als Ziele des Menschen – eine Auffassung, die seiner auf den Gefühlen und der Sympathie beruhenden Ethik zuwiderläuft.

Mit seiner Abgrenzung von den genannten alternativen Ethik-Entwürfen macht Smith m.E. vor allem zwei Dinge nochmals deutlich. Zum einen ist die Figur des unparteiischen Zuschauers für ihn das notwendige und hinreichende Kriterium des sittlichen Urteils. Zum anderen vertritt Smith keine egoistische Moral, sondern eine Ethik, in der die Interessen aller Individuen prinzipiell gleichberechtigt sind.

4.9 Ausblick

Im Rahmen der Benthamschen Darstellung wird sich zeigen, daß zwischen den Ethikentwürfen Smiths und Benthams weitreichende Divergenzen bestehen. Benthams Ethik ist im Gegensatz zu derjenigen Smiths völlig empiristisch. Während Smith das folgenorientierte Urteilen der Menschen eigentlich ablehnt und nur deswegen akzeptiert, weil es für die Gesellschaft manchen Vorteil mit sich bringt, ist Benthams Ethik von vornherein konsequentialistisch konzipiert. Die Frage der Ethik wird bei Bentham zur Frage nach der Nützlichkeit von Handlungen. Entsprechend wird der Begriff der Tugend als nützliches Verhalten bestimmt. Hierbei steht der Nutzen des Handelnden im Vordergrund, so daß die Klugheit zur zentralen Tugend wird. Die Geltung von Menschenrechten ist im System Benthams problematisch. Der Gedanke der Universalisierbarkeit des Handelns als sittliches Kriterium wird von Bentham nicht akzentuiert. (S.u. III.4.)

Mill versucht, in seiner Ethik Smithsche und Benthamsche Elemente zu vereinigen (s.u. IV.4).

5. Die Wirtschaft als Teilbereich der Gesellschaft

Die individuellen ökonomischen Handlungen und das wirtschaftliche Geschehen als Ganzes bilden bei Smith einen *Ausschnitt* des gesellschaftlichen Lebens. Insbesondere der bereits genannte gesellschaftliche Austausch guter Dienste (vgl. oben II.3.3.3) kommt im Bereich der Ökonomie augenfällig zum Vorschein. Auch die Charakteristika des Interessebegriffs, die Verbindung von Eigeninteresse, Nutzenerwägung und Rationalität zeigen sich im Ökonomischen in besonderer Weise. Hierbei basieren die Darlegungen im *WN* auf den grundsätzlichen Erwägungen, die Smith in der TMS anstellt.[90]

---

[90] Vgl. auch HEILBRONER (1994). Nach HEILBRONER (1994: 127) „ground the economic drives and social constraints of the *Wealth of Nations* in the considerations on human nature featured in *The theory of moral sentiments*".

5.1 Das individuelle Interesse in der Ökonomie

Dem ökonomischen Interesse des Menschen kommt in Smiths Theorie herausragende Bedeutung zu. Dies ergibt sich schon aus der Verbindung des ökonomischen Interesses mit den existentiellen Interessen des Menschen (s.o. II.3.2.2) und dem Interesse am Ansehen (s.o. II.3.2.3). Im Zusammenhang mit den existentiellen Interessen wurde darauf hingewiesen, daß der Mensch zum Zwecke ihrer dauerhaften Befriedigung Wohlstand anstrebt. Bei der Diskussion des Interesses am Ansehen wurde der Weg zum Ansehen durch die Bildung von Vermögen und den Konsum von Luxusgütern erörtert.

In Smiths Wirtschaftstheorie erscheint das Eigeninteresse als Dreh- und Angelpunkt. RECKTENWALD (1986) spricht vom Eigeninteresse als „zentralem Axiom" der Ökonomik Smiths, das zu entdecken „eine der größten Leistungen" Smiths ausmache (ebd.: 9;[91] ähnlich HOLLANDER 1987: 312/9).

Wie im folgenden gezeigt wird, richtet sich das ökonomische Interesse bei Smith auf einen mittelbar oder unmittelbar monetär bewertbaren Vorteil. Das Moment der rationalen Überlegung, das mit dem Begriff des Interesses verbunden ist, tritt in den wirtschaftlichen Rentabilitätsüberlegungen besonders deutlich zutage. Smith setzt hierbei die Möglichkeit, Privateigentum bilden zu können, voraus:

> „A person who can acquire no property, can have no other interest but to eat as much, and to labour as little as possible. Whatever work he does *beyond what is sufficient to purchase his own maintenance*, can be squeezed out of him by violence only, and not by any interest of his own." (*WN* III.ii.9 dt. 319; Herv. O.H.)
>
> („Jemand, der kein Eigentum erwerben kann, kann auch kein anderes Interesse haben, als möglichst viel zu essen und so wenig wie möglich zu arbeiten. Was er auch immer an Arbeit leistet, *die über die Deckung des eigenen Lebensunterhaltes hinausgeht*, kann nur durch Gewalt aus ihm gepreßt werden, keineswegs aber aus eigenem Interesse erreicht werden.")

Durch die Möglichkeit der Bildung von Privatvermögen werden Fleiß und Kreativität des Menschen erheblich gestärkt.[92]

---

[91] „Das Selbstinteresse – Zentrales Axiom der ökonomischen Wissenschaft" lautet der Titel von RECKTENWALD (1986), wobei Axiome als „Grundprinzipien oder Einsichten in archaisches Verhalten" bezeichnet werden (ebd.: 8). RECKTENWALD nennt u.a. Arbeitsteilung und komparative Kostenvorteile als weitere Axiome (ebd.).

[92] Aus diesem Grund ist beispielsweise die Anstellung von Lohnarbeitern für einen Landpächter meistens günstiger als die Arbeit von Sklaven (vgl. *WN* III.ii.8/13 dt. 318/21; IV.ix.47 dt. 579/81; *LJ(B)* § 138 dt. 70/1). Ebenso hängt die Leistungsbereit-

Im folgenden soll das individuelle Interesse in der Ökonomie insbesondere und zunächst im Hinblick auf zwei wichtige Ursachen wirtschaftlichen Wachstums bzw. Wohlstands diskutiert werden: erstens in bezug auf die Arbeitsteilung und zweitens hinsichtlich der Kapitalakkumulation.

Die Arbeitsteilung ist das zentrale Merkmal der Gesellschaft auf der vierten Entwicklungsstufe, also der staatlich verfaßten, von Handel geprägten Gesellschaft (s.o. II.3.3.3). Als solche erörtert Smith sie gleich zu Beginn des *Wealth of Nations* (I.i/iv.4 dt. 9/24; vgl. *LJ(B)* § 213/22 dt. 118/24)[93]. Die Arbeitsteilung ist in verschiedenen Faktoren begründet. So findet der Mensch Gefallen an der Vielfältigkeit und der Verfeinerung der Güter (*LJ(B)* § 206/9 dt. 115/7), doch sind die individuellen Fähigkeiten zu begrenzt, als daß jeder vielfältige und verfeinerte Güter herstellen könnte. Zudem bestehen unterschiedliche individuelle Neigungen und Fähigkeiten hinsichtlich der Verrichtung diverser Arbeiten. Demgemäß bestehen individuelle Produktivitätsunterschiede. Durch Arbeitsteilung und Tausch können demnach Produktivitätsverbesserungen erreicht werden[94].

Schließlich sind die Menschen Smith zufolge bereits – in Verbindung mit ihrer Kommunikationsfähigkeit – mit einer „natürlichen Neigung (propensity in human nature)" zu Handel und Tausch ausgestattet (*WN* I.ii.1 dt. 16), die als wesentliche Voraussetzung für das Prinzip der Arbeitsteilung angesehen wird (vgl. *WN* I.ii dt. 16/9; *LJ(B)* § 218/20 dt. 122). Im Gegensatz zum Menschen sind Tiere nicht mit einer Tauschneigung begabt. Bei ihnen gilt das Prinzip des Einzelkämpfers. Ein gegenseitiger Nutzenaustausch kann nicht stattfinden. (*WN* I.ii.5 dt. 18/9; *LJ(B)* § 218/22 dt. 122/4)

Hat das Individuum im Frühstadium der Arbeitsteilung gleichsam freiwillig seine Autonomie aufgegeben, um an den genannten Effizienzverbes-

---

schaft von Managern in Unternehmen nach Smith davon ab, inwieweit sie an diesen beteiligt sind (vgl. *WN* V.i.e.18 dt. 629; vgl. auch *WN* V.ii.a.5/7 dt. 697/8).

[93] Sofern nicht anders vermerkt, beziehen sich die folgenden Ausführungen zur Arbeitsteilung auf diese Stellen.

[94] Weil im Agrarsektor die Arbeit nicht in dem Maße zerteilt werden kann wie im Gewerbe, sieht Smith einen prinzipiellen Produktivitätsnachteil des landwirtschaftlichen Bereichs gegenüber dem gewerblichen (*WN* I.i.4 dt. 11). Gleichwohl sieht er zu seiner Zeit den Agrarsektor noch produktiver als das Gewerbe an, da in jenem das die Produktivität beeinflussende Kapital höher ist als in diesem (vgl. oben I.2). Wenn Smith davon spricht, daß Investitionen in der Landwirtschaft für die Volkswirtschaft am vorteilhaftesten sind, dann deshalb, weil sie – den Aspekt der sich verbessernden Nahrungsmittelversorgung hier außer acht gelassen – aus dem genannten Grund einen höheren Beitrag zum Sozialprodukt leisten als die Investitionen im Gewerbe (vgl. *WN* II.v.12 dt. 298/9).

serungen zu partizipieren, so hat es in der fortgeschrittenen Phase der Arbeitsteilung kaum mehr die Möglichkeit, autonom zu existieren, und zwar selbst dann nicht, wenn es dies wollte: In der streng arbeitsteilig organisierten Gesellschaft kann der einzelne ex definitione nicht mehr alle zum Lebensunterhalt benötigten Güter selbst herstellen. Die Verwiesenheit des Individuums auf seine Mitmenschen ist offensichtlich. Die altruistische Gesinnung seiner Mitmenschen ist jedoch, wie im Zusammenhang mit dem Prinzip der Sympathie dargelegt wurde (s.o. II.3.1.1), nur wenig ausgeprägt und das Leben zu kurz, um die Gunst all derer gewinnen zu können, deren Hilfe der Mensch zum Leben bedarf:

> „When an animal wants to obtain something either of a man or of another animal, it has no other means of persuasion but to gain the favour of those whose service it requires. ... Man sometimes uses the same arts with his brethren ... . He has not time, however, to do this upon every occasion. In civilized society he stands at all times in need of the cooperation and assistance of great multitudes, while his whole life is scarce sufficient to gain the friendship of a few persons." (*WN* I.ii.2 dt. 16)
>
> („Will ein Tier von einem Menschen oder einem anderen Tier irgend etwas haben, so kennt es kein anderes Mittel, als die Gunst dessen zu gewinnen, vom dem es etwas möchte. ... Der Mensch verhält sich seinem Nächsten gegenüber manchmal genauso. ... Ein solcher Weg ist allerdings recht zeitraubend und deshalb auch nicht immer gangbar. In einer zivilisierten Gesellschaft ist der Mensch ständig und in hohem Maße auf die Mitarbeit und Hilfe anderer angewiesen, doch reicht sein ganzes Leben gerade aus, um die Freundschaft des einen oder anderen zu gewinnen.")

Das Individuum muß daher gegenüber seinen Mitmenschen eine andere Strategie wählen, damit es seine Bedürfnisse befriedigen kann:

> „He will be likely to prevail *if he can interest their self-love in his favour*, and shew them that it is for *their own advantage* to do for him what he requires of them. Whoever offers to another a bargain of any kind, proposes to do this. Give me that which I want, and you shall have this which you want, is the meaning of every such offer" (*WN* I.ii.2 dt. 17; Herv. O.H.).
>
> („Er wird sein Ziel wahrscheinlich viel eher erreichen, wenn er *deren Eigenliebe zu seinen Gunsten zu nutzen* versteht, indem er ihnen zeigt, daß es *zu ihrem Vorteil* ist, das für ihn zu tun, was er von ihnen wünscht. Jeder, der einem anderen irgendeinen Tausch anbietet, schlägt vor: Gib mir, was ich wünsche, und du bekommst, was du benötigst".)

Bei diesem Tauschgeschäft handelt es sich um einen Vertrag zum Zwecke der Verfolgung der Eigeninteressen aller beteiligten Partner, der aufgrund der individuellen *Nutzenkalküle* vollzogen wird. Die Notwendigkeit individuellen wohltätigen Handelns wird dadurch hinfällig. Es kommt zum

Austausch guter Dienste, durch den die Gesellschaft zusammengehalten wird (vgl. oben II.3.3.3):

> „it is in this manner that we obtain from one another the far greater part of those *good offices* which we stand in need of. It is not from the benevolence of the butcher, the brewer, or the baker, that we expect our dinner, but from their regard to *their own interest*. We *address* ourselves not to their humanity but *to their self-love*, and never talk to them of our own necessities but of *their advantages*." (*WN* I.ii.2 dt. 17; Herv. O.H.)

> („auf diese Weise erhalten wir nahezu alle *guten Dienste*, auf die wir angewiesen sind. Nicht vom Wohlwollen des Metzgers, Brauers und Bäckers erwarten wir das, was wir zum Essen brauchen, sondern davon, daß sie *ihre eigenen Interessen* wahrnehmen. Wir *wenden* uns nicht an ihre Menschen –, sondern *an ihre Eigenliebe*, und wir erwähnen nicht die eigenen Bedürfnisse, sondern sprechen von *ihrem Vorteil*.")

Der einzelne ist demnach mit den anderen Gesellschaftsgliedern maßgeblich durch die Handelsbeziehungen verbunden:

> „He supplies the far greater of them [his wants; O.H.] by exchanging that surplus part of the produce of his own labour, which is over and above his own consumption, for such parts of the produce of other men's labour as he has occasion for. Every man thus lives by exchanging, or becomes in some measure a *merchant*, and the society itself grows to be what is properly a *commercial society*." (*WN* I.iv.1 dt. 22/3; Herv. O.H.; vgl. I.iv.1/2 dt. 22/3.)[95]

> („Er befriedigt den meisten Teil [seiner Bedürfnisse; O.H.] durch den Tausch des überschüssigen Teils seines Arbeitsprodukts, der über seinen eigenen Konsum hinausgeht, mit entsprechenden Teilen des Arbeitsprodukts von anderen, je nach bestehenden Möglichkeiten. So lebt jeder vom Tausch, oder er wird in gewissem Sinne ein *Kaufmann*, und das Gemeinwesen entwickelt sich letztlich zu einer *kommerziellen Gesellschaft*.")

Die unterschiedlichen Interessen der Wirtschaftssubjekte können sich jedoch nicht nur ergänzen, sondern auch einander entgegenstehen. Dies gilt auch für das Verhältnis zwischen den individuellen Interessen und dem gesamtwirtschaftlichen Interesse der Nation. Die hieraus erwachsenden Konflikte werden unten (II.5.5) ausführlicher diskutiert.

Ein zweiter für den volkswirtschaftlichen Wohlstand entscheidender Faktor steht ebenfalls mit dem Eigeninteresse im Zusammenhang: die Kapitalakkumulation. Der im Wirtschaftsprozeß eingesetzte Kapitalstock beeinflußt und begrenzt die Arbeitsproduktivität. Ein verstärkter Kapital-

---

[95] HOLLANDER (1987: 313) sieht hier „a world of anonymous or impersonal relationships".

einsatz führt demnach zur Steigerung des Sozialprodukts bzw. des gesamtwirtschaftlichen Wohlstands. (Vgl. *WN* II.v.1 dt. 295; IV.ii.3 dt. 368; II.iii.20 dt. 279/80.) Für die Volkswirtschaft und die Gesellschaft ist es demgemäß am vorteilhaftesten, wenn das Kapital in diejenigen Bereiche fließt, in denen es am produktivsten ist (vgl. *WN* IV.vii.c.35 dt. 504)[96].

Kapital wird durch Ersparnis gebildet. Diese ist nach Smith eine Folge des individuellen ökonomischen Interesses, welches auf mittel- und langfristigen Wohlstand ausgerichtet ist und im Zusammenhang mit dem Wunsch nach der Verbesserung der Lebensbedingungen steht. Es geht dabei um die Abwägung des Verhältnisses von Konsum und Sparen bzw. von gegenwärtigem und zukünftigem Konsum. (Vgl. *WN* II.ii.30 dt. 234; II.iii.14/32 dt. 278/84; IV.vii.c.57 dt. 513; vgl. oben II.3.2.3.)

Neben den ökonomischen Interessen an Arbeitsteilung, Tausch und Kapitalbildung, die prinzipiell bei allen Wirtschaftssubjekten vorhanden sind, können spezielle Interessen einzelner Wirtschaftsakteure differenziert werden. Das Interesse der Besitzenden besteht im Schutz des Eigentums (vgl. *WN* V.i.b.12 dt. 605; vgl. oben Exkurs 2), das des Unternehmers, Kaufmanns oder Investors im höchstmöglichen Gewinn bzw. in der maximalen Rendite (vgl. *WN* IV.ii.7/9 dt. 370/1; II.v.37 dt. 307/8), das des Geldverleihers in einer guten Verzinsung (vgl. *WN* II.iv.1/2 dt. 289). Auch das Interesse der ökonomisch denkenden Grundbesitzer und Pächter besteht in der Erzielung größtmöglicher Erträge (vgl. *WN* III.ii.7 dt. 317/8; I.xi.m.12 dt. 198/9). Das Interesse des Arbeiters besteht im Verdienst eines möglichst hohen Lohnes (vgl. *WN* I.xi.p.9 dt. 212). Auch bei dem bereits genannten (s.o. II.3.3.5) Interesse des Handwerkers, keinen Militärdienst zu leisten, geht es um die Erlangung eines monetären Vorteils: Die Ableistung des Wehrdienstes wird gemieden, weil sie zu hohe Opportunitätskosten in Form von Umsatz- und Ertragsverlusten verursacht (vgl. *WN* V.i.a.15 dt. 592).

Insgesamt erweist sich das Eigeninteresse im Bereich der Ökonomie als „sehr mächtiges Prinzip (a very powerful principle)" (*WN* II.iii.19 dt. 279). Die auf Eigentumserwerb ausgerichteten Triebkräfte des Menschen sind heftig und beständig (vgl. z.B. *WN* V.i.b.2 dt. 601). Ein vermögender Mensch wird „*natürlich* bestrebt sein, aus dem größeren Teil [des Vermögens; O.H.] ein Einkommen zu erzielen (he *naturally* endeavours to derive a revenue from the greater part of it [his stock; O.H.]" (*WN* II.i.2 dt. 229; Herv. O.H.). Die Menschen möchten laut Smith selbst „dort ernten,

---

[96] In diesem Zusammenhang kommt dem Bankenwesen eine wichtige Rolle zu (vgl. *WN* II.ii.86 dt. 264).

wo sie niemals gesät haben" (they „love to reap where they never sowed";
WN I.vi.8 dt. 44; vgl. ebd. V.i.f.7 dt. 646). Geld zu besitzen ist eines der
wesentlichen Ziele der Menschen (vgl. *WN* IV.i.1,16 dt. 347, 354).
Moralische oder volkswirtschaftliche Erwägungen treten im individuellen ökonomischen Verhalten in den Hintergrund:

> „The consideration of his own private profit, is the *sole* motive which
> determines the owner of any capital to employ it ... . The different quanti-
> ties of productive labour which it may put into motion and the different
> values which it may add to the annual produce of the land and labour of the
> society, ... *never* enter into his thoughts." (*WN* II.v.37 dt. 307/8; Herv.
> O.H.)
> („Die Erzielung eines eigenen Gewinnes ist das *einzige* Motiv, welches den
> Besitzer eines Kapitals leitet, dieses ... anzulegen. *Niemals* macht er sich Ge-
> danken darüber, wieviele Arbeitskräfte das Kapital ... zum Einsatz bringen
> könnte und wieviel es zum Ertrag aus Boden und Arbeit eines Landes im
> Jahre beiträgt.")

Wie sehr für Smith der rational denkende und „human gesinnte Mensch in
Europa (a man of humanity in Europe)" vom Ökonomischen her bestimmt
ist, zeigt sich bei der hypothetischen Frage, wie dieser auf einen Untergang
Chinas reagieren würde: Neben einer allgemeinen Schicksalsbetrauerung
würde er „mancherlei Überlegungen über die Wirkungen anstellen, die
dieses Unglück für den Handel Europas und für den Geschäftsverkehr der
Welt im allgemeinen nach sich ziehen dürfte" („He would too, perhaps, ...
enter into many reasonings concerning the effects which this desaster might
produce upon the commerce of Europe, and the trade and business of the
world in general.") (*TMS* III.3.4 dt. 201/2).
Zu den wirtschaftlichen Tugenden zählen „Fleiß (industry)" (*TMS*
VI.i.11 dt. 365), „Wirtschaftlichkeit (oeconomy)" (*TMS* III.6.6 dt. 263) und
„Sparsamkeit" („parsimony"; *TMS* III.6.6 dt. 263; „frugality"; *TMS* VI.i.11
dt. 365). Sie werden als tugendhaft angesehen, weil sie zum einen – im
Sinne der Tugend der Klugheit – positive Auswirkungen auf die Lebens-
situation bzw. den Wohlstand des einzelnen haben und zum anderen –
mittels Arbeitsteilung, Handel und Kapitalakkumulation – den gesamtwirtschaftlichen Wohlstand fördern. (Vgl. *TMS* III.6.6 dt. 262/3; VI.i.11/2
dt. 365/6; *WN* II.iii.25/32 dt. 281/4.)[97] Demgegenüber sind „Verschwen-

---

[97] Vgl. auch HEILBRONER (1994: 122), der – unter Hinweis auf MACFIE – schreibt,
daß „the economic man who is the active agent of the *Wealth* is the prudent man who
is the product of the *Theory*". „Not only is he [the economic man; O.H.] 'prudent' ...
but he is also acquisitive, the specific characteristic necessary for his accumulative
actions." (Ebd.: 126) RAPHAEL/MACFIE (1976: 18): „The prudent man of TMS VI.i. is

dung" („profusion, prodigality") und „Mißwirtschaft (misconduct)" tadelns-wert. Sie sind dem individuellen und gesellschaftlichen Wohlstand abträg-lich. (*WN* II.iii.27/31 dt. 282/3) Die „Verschwendung (profusion)" ist nach Smith eine „passion for present enjoyment", eine Leidenschaft, die auf das kurzfristige Wohlbefinden gerichtet ist und sich im Menschen zuweilen äußerst heftig regt (*WN* II.iii.28 dt. 282). Auf lange Sicht wird sie jedoch vom ökonomischen Interesse gebändigt, das leidenschaftslos und rational mit einer langfristigen Perspektive verfolgt wird („calm and dispassionate"; ebd.; vgl. auch II.iii.19 dt. 279).

5.2 Positive und negative Folgen des Handelsgeistes und der mit ihm verbundenen Arbeitsteilung

Smith sieht in der Arbeitsteilung die wesentliche Ursache einer gesell-schaftlichen Wohlstandsmehrung. Arbeitsteilung führt über die Speziali-sierung zu höherer Geschicklichkeit und Zeitersparnis und demzufolge zu einer Produktivitätssteigerung – von Smith anhand des Beispiels der Steck-nadelproduktion veranschaulicht. Zudem führt die Spezialisierung von Arbeitern auf einen bestimmten Bereich durch die damit verbundene zu-

---

the frugal man of WN.II.iii." Zur Verbindung von prudent man und economic man vgl. auch HUEBER (1991). Der prudent man ist für HUEBER (1991: 134/6) der spar-same Mensch. Er wird erst dadurch zum economic man bzw. zum homo oeconomi-cus, daß er zu tauschen beginnt. Wenn aber der Tausch zum entscheidenden Krite-rium des Begriffs des homo oeconomicus wird, dann erscheinen – qua definition – alle Mitglieder einer kommerziellen Gesellschaft als homines oeconomici. Der Aspekt vollständig rationalen Verhaltens, der in der Neoklassik zu einem entscheidenden Merkmal des „homo oeconomicus" als terminus technicus wird, tritt bei HUEBER in den Hintergrund. Entsprechend formuliert HUEBER (ebd.: 257/8; Herv. O.H.): „Aus der Sicht von Smith ergibt sich ..., daß sich der Mensch, insofern er sich als homo oeconomicus in einem Gemeinwesen um seine Selbsterhaltung bemüht, *nie in erster Linie als vernünftiges*, sondern immer als natürliches Wesen benimmt. Dieser homo oeconomicus ist im Gegensatz zu der späteren ökonomischen Literatur seit Jevons, Menger und Pareto gerade nicht ein vernünftiges oder rationales Wesen." HUEBER gebraucht den Begriff des homo oeconomicus demnach insgesamt in einer anderen als der sich in den Wirtschaftswissenschaften eingebürgerten Bedeutung (vgl. z.B. Art. homo oeconomicus, in: GABLER, Bd. 3: 2430/1). In diesem Sinne kann er den von ihm definierten homo oeconomicus, der nicht der *neoklassischen* Vorstellung des homo oeconomicus entspricht, als das Smithsche Verständnis vom Menschen dar-stellen. Die von HUEBER gewählte Begrifflichkeit ist m.E. insofern problematisch, als sie dazu beiträgt, die Unterschiede zwischen dem umfassenden Smithschen und dem eingeschränkten neoklassischen Menschenbild zu verdecken.

sätzliche Fachkompetenz zur Entwicklung neuer Produktionsverfahren und Maschinen. (*WN* I.i dt. 9/15; *LJ(B)* § 211/8 dt. 117/21) Angesichts der gestiegenen Bevölkerungszahlen sind Produktivitätsverbesserungen und Wirtschaftswachstum zur Versorgung der Nation einerseits unverzichtbar (vgl. *TMS* IV.1.10 dt. 315), andererseits bedingen sie aber auch das Bevölkerungswachstum (vgl. *LJ(B)* § 37 dt. 19).

Im übrigen bemerkt Smith ausdrücklich, daß Arbeitsteilung und Tausch zwar zu einer Verbesserung der Situation aller beteiligten Partner führen, daß aber der durch die Arbeitsteilung erworbene Produktivitätszuwachs keinesfalls zu gleichen Teilen auf die Partner aufgeteilt werden muß. Laut Smith ist dies in der Regel auch nicht der Fall. Vielmehr vergrößern sich die zwischen den (individuellen oder nationalen) Wirtschaftssubjekten bestehenden Wohlstandsdifferenzen:

> „When a rich man and a poor man deal with one another, both of them will encrease their riches, if they deal prudently, but the rich man's stock will encrease in a greater proportion than the poor man's. In like manner, when a rich and a poor nation engage in trade the rich nation will have the greatest advantage" (*LJ(B)* § 264 dt. 146).
>
> („Wenn ein reicher und ein armer Mann miteinander Geschäfte machen, so werden beide ihr Vermögen vergrößern, wenn sie klug vorgehen, aber das Kapital des Reichen wird in stärkerem Verhältnis als das des Armen zunehmen. Ebenso, wenn ein reiches und ein armes Volk in Handelsbeziehungen zueinander treten, wird das reiche Volk den größten Vorteil haben".)

Vom Handel bzw. dem „Handelsgeist (commercial spirit)" (*LJ(B)* § 328 dt. 168) gehen Smith zufolge neben den Wohlstandsgewinnen auch andere positive Effekte auf die Gesellschaft und die internationale Völkergemeinschaft aus. Da die einzelnen Individuen und Nationen aufeinander angewiesen sind, wird der zwischenmenschliche und bilaterale Umgang kultivierter und friedfertiger:

> „Whenever commerce is introduced into any country, probity and punctuality always accompany it. ... Of all the nations in Europe, the Dutch, the most commercial, are the most faithfull to their word. ... This is not at all to be imputed on national character ... . It is far more reduceable to self interest ... . A dealer is afraid of losing his character, and is scrupulous in observing every engagement." (*LJ(B)* § 326 dt. 167/8; vgl. *WN* III.iv.4, 24 dt. 335, 343/4; IV.iii.9/13 dt. 406/10; *LJ(B)* § 326/8 dt. 167/8.)
>
> („Jedesmal, wo der Handel in einem Lande sich einbürgert, begleiten ihn stets Rechtschaffenheit und Pünktlichkeit. ... Von allen Völkern Europas bleiben die Holländer, das kommerziellste Volk, am meisten ihrem Wort treu. ... Das ist durchaus nicht dem Nationalcharakter zuzuschreiben ... . Es läßt sich viel eher aus dem Eigeninteresse erklären ... . Ein Händler fürchtet

sich, seinen Ruf zu verlieren, und kommt gewissenhaft jeder Verpflichtung nach.")

Auch die Alltagssprache wird in der kommerziellen Gesellschaft verfeinert (vgl. *LRBL* ii.114/6).

Weil Smith offensichtlich davon ausgeht, daß alle Gesellschaftsglieder am Wohlstandswachstum beteiligt sind, formuliert er darüber hinaus optimistisch:

> „The establishment of commerce and manufactures, which brings about this independency, is the best police for preventing crimes. The common people have better wages in this way than in any other, and in consequence of this a general probity of manners takes place thro' the whole country. No body will be so mad as to expose himself upon the highway, when he can make better bread in an honest and industrious manner." (*LJ(B)* § 205 dt. 114[98])

> („Die Einführung von Handel und Manufakturen ... ist die beste Politik zur Verhinderung von Verbrechen. Das gemeine Volk bekommt auf diese Weise höhere Löhne als auf irgendeine andere Weise, und infolgedessen greift eine allgemeine Ehrbarkeit der Sitten im ganzen Lande um sich. Niemand wird so verrückt sein, sein Leben auf der Landstraße Gefahren auszusetzen, wenn er auf anständige Weise und durch Fleiß sein Brot verdienen kann.")

Eine weitere positive Rückwirkung des Handels auf die Gesellschaft besteht für Smith darin, daß mit dem Handelswesen eine Entmachtung der Feudalschichten und des Klerus stattgefunden hat (s.u. II.6). Waren in der Feudalgesellschaft die Feudalherren auch Teilhaber an der Gerichtsbarkeit (vgl. *LJ(B)* § 51/61 dt. 26/31), so kommt es in der Handelsgesellschaft zur Entflechtung der institutionellen Verbindung von Reichtum und juristischer Gewalt. (Vgl. *WN* III.iv.1/17 dt. 334/40; V.i.g.22/5 dt. 680/4; vgl. V.i.b.7 dt. 603.)[99]

Handelsgeist und Arbeitsteilung haben Smith zufolge für die Gesellschaft jedoch nicht nur positive Auswirkungen. Vielmehr weist die kom-

---

[98] Der Begriff der „police" wird von Smith im umfassenden Sinne von „Politik" verstanden. Er wird nicht etwa auf Polizeiaufgaben beschränkt, wie BLACHS Übersetzung mit „Polizei" vermuten lassen könnte.

[99] „Smith was not the first to suggest that commerce promoted the development of more 'civilized' behavior – that was almost a commonplace of eighteenth-century enlightened thought. But perhaps no other thinker devoted as much attention to describing how the market and commercial society could be structured to develop that constellation of self-control, industry, and gentleness which moralists from the humanists through David Hume had valued." (MULLER 1993: 95)

merzielle Gesellschaft nach Smith ein zentrales Problem auf: Smith konstatiert im Zusammenhang mit dem „Geist des Kommerzes (commercial spirit)" und der Arbeitsteilung zum einen die zunehmende Unfähigkeit der Masse der Bürger, das Allgemeinwohl zu erkennen – und dieses auch verfolgen zu wollen –, und zum anderen eine deutliche Ungleichverteilung innerhalb der verschiedenen gesellschaftlichen Schichten bezüglich der Möglichkeiten, ihr eigenes Interesse zu erkennen und durchzusetzen. Für Smith handelt es sich hierbei um negativ zu bewertende Begleiterscheinungen der Handelsgesellschaft („inconveniences", „dissadvantages", „defects"; *LJ(B)* § 328/33 dt. 168/71):

> „The minds of men are contracted and rendered incapable of elevation, education is despised or at least neglected, and heroic spirit is almost utterly extinguished." (*LJ(B)* § 333 dt. 171)
> („Der Geist des Menschen wird beschränkt und einer Erhebung unfähig. Die Erziehung wird verachtet oder zum wenigsten vernachlässigt, und der Heldengeist wird fast völlig erstickt.")

In denjenigen Gesellschaften, in denen die Arbeitsteilung noch nicht oder nur in geringem Umfang eingeführt ist, zeichnen sich die Individuen hingegen durch Gemeinsinn und Verstandesübung aus (vgl. *WN* V.i.f.51 dt 663). Auch in der Landwirtschaft, in der die Arbeitsteilung nicht so ausgeprägt ist wie im Gewerbe, bleiben die Arbeiter geistig reger als im Gewerbesektor (vgl. *WN* I.x.c.23/4 dt. 110/1). Diese von Smith negativ bewerteten Begleiterscheinungen der kommerziellen Gesellschaft werden im Zusammenhang mit den Interessen der drei gesellschaftlichen Schichten der Grundbesitzer, Lohnarbeiter und Unternehmer (s.u. II.5.5) vertiefend diskutiert.

5.3 Die positiven Folgen liberalisierter Märkte – Smiths Plädoyer für Wettbewerb und Freihandel

Weil Arbeitsteilung und Tausch durch Marktbeschränkungen und die Grenzen der Märkte limitiert sind (*WN* I.iii dt. 19/22; vgl. *LJ(B)* § 285/306 dt. 156/67), tritt Smith für eine grundsätzliche Liberalisierung in allen Bereichen ein. Wettbewerb und Freihandel sind seine wesentlichen Maximen.

Die leistungsbezogene bzw. dem Aufwand angemessene Entlohnung der beruflichen Tätigkeit wird von Smith im *WN* immer wieder postuliert

(z.B. V.i.f.1/15 dt. 645/9[100]; I.viii.44 dt. 70/1; I.x.b.1/24 dt. 86/92). Andernfalls besteht das Interesse des Menschen darin, „sich das Leben so angenehm
und bequem zu machen, wie er nur kann" („It is the interest of every man
to live as much at his ease as he can"; WN V.i.f.7 dt. 646). Berufliche
Leistung wird auch durch den Wettbewerb gefödert. Die Konkurrenz
spornt den einzelnen zu Bestleistungen an, die durch den Handel allen
anderen zugute kommen:

„where the competition is free, the rivalship of competitors, who are all
endeavouring *to justle one another out of employment*, obliges every man to
endeavour to execute his work with a certain degree of exactness. ...
Rivalship and emulation ... frequently occasion the very greatest exertions."
(*WN* V.i.f.4 dt. 645/6)
(„wo freier Wettbewerb herrscht, zwingt die Rivalität der Konkurrenten,
die sich *gegenseitig aus dem Beruf verdrängen* möchten, jeden einzelnen dazu,
daß er ständig um ein bestimmtes Niveau seiner Leistung bemüht ist. ...
Rivalität und Wetteifer ... führen häufig zu herausragenden Leistungen.")

Die Freiheit der Berufswahl stellt – angesichts der Erfahrung vielfacher
Zunftbeschränkungen (vgl. oben I.5) – eine fundamentale Forderung
Smiths dar (vgl. *WN* I.x.c.12ff. dt. 106ff.):

„The property which every man has in his own labour, as it is the original
foundation of all other property, so it is the most sacred and inviolable. The
patrimony of a poor man lies in the strength and dexterity of his hands; and
to hinder him from employing this strength and dexterity in what manner
he thinks proper without injury to his neighbour, is a plain violation of the
most sacred property. It is a manifest encroachment upon the just liberty
both of the workman, and of those who might be disposed to employ him."
(*WN* I.x.c.12 dt. 106; Herv. O.H.)
(„Das Eigentum, das jeder Mensch an seiner Arbeit besitzt, ist in höchstem
Maße heilig und unverletzlich, weil es im Ursprung alles andere Eigentum
begründet. Das Erbe eines armen Mannes liegt in der Kraft und in dem
Geschick seiner Hände, und ihn daran zu hindern, beides so einzusetzen,

---

[100] In *WN* (V.i.f.1/15 dt. 645/9) fordert Smith die leistungsorientierte Bezahlung der
Professoren an den Hochschulen. Er hat offensichtlich zu seiner Zeit schlechte Erfahrungen mit den Universitäten gesammelt. Mit dem Engagement der Professoren
einerseits und den Inhalten andererseits ist er explizit nicht zufrieden. Ausdrücklich
nennt er dabei die Situation in Oxford, wo er selbst von 1740 bis 1746 studiert hat
und wo es „die meisten Professoren schon seit Jahren aufgegeben [haben; O.H.], auch
nur den Schein zu wahren, daß sie ihren Lehrverpflichtungen nachkommen" („In the
university of Oxford, the greater part of the publick professors have, for these many
years, given up altogether even the pretence of teaching."; *WN* V.i.f.8 dt. 647; vgl.
V.i.f.1/37 dt. 645/56).

wie er es für richtig hält, ohne dabei seinen Nachbarn zu schädigen, ist eine offene Verletzung dieses *heiligsten Eigentums*. Es ist ein offenkundiger Übergriff in die wohlbegründete Freiheit sowohl des Arbeiters als auch aller anderen, die bereit sein mögen, ihn zu beschäftigen.")

Demnach muß in der arbeitsteiligen Gesellschaft nach Smith unter den Bürgern Chancengleichheit hinsichtlich der Art und Weise der Berufsausübung bestehen. Hierbei ist die Auffassung Smiths zu berücksichtigen, daß die Ausübung der unterschiedlichen Berufe weniger durch divergierende individuelle Talente, als durch gesellschaftliche Faktoren, wie z.b. die Zugehörigkeit zu einer bestimmten sozialen Schicht, determiniert ist (vgl. *WN* I.ii.4 dt. 18).

Das Wettbewerbsprinzip sorgt für die optimale Versorgung der Märkte und die optimale Allokation der Ressourcen. Sind die Produktionsfaktoren flexibel, wandern sie in die Sektoren, in denen sie am höchsten entlohnt werden, wo sie also knapp sind. Auf diese Weise bilden sich optimale Faktorstrukturen und das maximal mögliche Sozialprodukt. (Vgl. *WN* IV.vii.c.86/8 dt. 529/31; IV.ii.1/15 dt. 368/73; I.x.a.1 dt. 85/6.) Die Gewinner im Wettbewerbssystem sind die Konsumenten. Monopolistische Gewinne treten nicht bzw. nur temporär als Folge von Innovationen auf. (Vgl. z.B. *WN* I.x.c.16 dt. 107/8; I.ix.2, 14 dt. 76, 82; IV.vii.b.22/4 dt. 483/4; II.iv.8 dt. 291/2.) Dies gilt im wesentlichen bereits im Dyopol (vgl. *WN* II.v.7 dt. 296/7).

Smiths Plädoyer für den Freihandel ist im Zusammenhang mit seiner Wettbewerbstheorie zu betrachten. Der Freihandel wird aber auch deshalb befürwortet, weil die Grenzen der Märkte zugleich Grenzen der Arbeitsteilung sind (vgl. *WN* I.iii dt. 19/22; *LJ(B)* § 222 dt. 124). Sie beschränken somit Effizienzgewinne, die durch die Ausschöpfung gegenseitiger Produktivitätsvorteile möglich sind (vgl. *WN* IV.i.31 dt. 363; III.iii.18/20 dt. 331/3). Die merkantilistische Vorstellung des Handels als Nullsummenspiel wird explizit zurückgewiesen (IV.iii.c.2 dt. 402). So wie der Handel zwischen Individuen zum *gegenseitigen* Nutzen stattfindet, geschieht dies auch im bilateralen Handel (*LJ(B)* § 264 dt. 146). So führen Ernteprobleme nicht mehr zu Nahrungsmittelkatastrophen, weil der bestehende Bedarf zum einen über den Preis reguliert und zum anderen durch Importe gedeckt werden kann (vgl. *WN* IV.v.b.3/6, 32, 39 dt. 435/8, 446/7, 450/1; vgl. oben I.4). Die Entwicklung eines riesigen Marktes in den amerikanischen Kolonien hat aus diesen verschiedenen Gründen hohe Wohlfahrtsgewinne der Europäer zur Folge (vgl. z.B. *WN* IV.vii.c.4/6 dt. 496; IV.i.32/3 dt. 363/6).

Smith stellt im *WN* die wirtschaftspolitischen Vorstellungen des Merkantilismus mit seinen verschiedensten Arten der Wirtschaftslenkung und des Protektionismus immer wieder als fehlerhaft und dringend korrekturbedürftig dar. Monopolbildungen, Zunftregelungen, Kolonialpolitik, navigation acts (s.o. I.5)[101] etc. werden ausdrücklich verurteilt. (*WN* IV.vii.c.19, 57 dt. 500, 513) Durch die merkantilistische Wirtschaftspolitik wird Smith zufolge nicht nur die optimale Allokation der Produktivitätsfaktoren behindert. Durch die Fehlallokation der Ressourcen wird darüber hinaus ein Risikopotential aufgebaut: Die aus Gründen der Risikominderung nötige Diversifikation des nationalen Handels wird vom Staat zugunsten des Kolonialhandels verhindert. (*WN* IV.vii.c.43 dt. 507/8)[102]

Die merkantilistischen Vorstellungen einer protektionistischen Wirtschaftspolitik entstammen nach Smith letztendlich Vorurteilen, die in den Schichten der Außenhandelskaufleute verbreitet sind und von diesen nach Kräften gefördert werden. Diese Vorurteile und die aus ihnen resultierenden Handelsbeschränkungen verhindern, daß die positiven Auswirkungen des Handels auf die gesellschaftlichen und internationalen Beziehungen (vgl. oben II.5.2/3) im möglichen Maße realisiert werden. Die Unterdrückung nationaler ökonomischer Interessen und willkürliche Handelsbeschränkungen führen vielmehr zu erheblichen gesellschaftlichen und internationalen Konflikten. (Vgl. *WN* IV.iii.8/13 dt. 406/10; IV.iii.a.1 dt. 388.)[103] Die verschiedenen Partikularinteressen sind Smith zufolge so stark, daß die von ihm vertretene Idee eines umfassenden Freihandels für ihn letztlich eine Utopie bleibt, auch wenn der freie Markt dem interventionistischen deutlich überlegen ist (vgl. *WN* IV.ii.35, 43 dt. 380/1, 385).

Handelsbeschränkungen können nach Smith jedoch als kurz- und mittelfristig gerechtfertigt gelten, wenn sie eine Antwort auf ausländische Handelsbeschränkungen darstellen und mit dem realistischen Ziel verbunden sind, deren Rücknahme herbeizuführen (*WN* IV.ii.37/40 dt. 381/3). Eine zeitweilige Protektion zum Zwecke des Aufbaus eines nationalen Wirtschaftszweigs im Sinne des 'Erziehungszoll'-Arguments erscheint im Sinne Smiths ebenfalls möglich (*WN* IV.ii.40 dt. 383). Smith ist auch der Auffassung, daß der Übergang von einer protektionistischen Wirtschafts-

---

[101] Der wirtschaftspolitischen Verurteilung der navigation acts steht aber deren sicherheitspolitische Bedeutung gegenüber. In dieser Hinsicht werden sie von Smith befürwortet (vgl. unten II.7.1).

[102] Zum Merkantilismus insgesamt vgl. *WN* (IV.i/viii dt. 347/559 insbes. z.B. IV.ii.3/12 dt. 368/72; IV.v.a.24 dt. 426; vgl. auch z.B. I.vii.26 dt. 54; I.x.c.12 dt. 106).

[103] Ähnliche Auffassungen sieht HIRSCHMAN (1987: 79/102) bei MONTESQUIEU (1689-1755), James STEUART (1712-1780) und MILLAR.

politik zu einem System des Freihandels so zu gestalten wäre, daß die
Wirtschaftssubjekte genug Zeit hätten, sich auf die Freihandelssituation
einzustellen (vgl. *WN* IV.ii.40/4 dt. 383/6; IV.vii.c.44 dt. 508/9). Er plädiert also nicht für die sofortige Aufgabe aller protektionistischen Maßnahmen, obwohl er diese weitgehendst abschaffen möchte.

5.4 Das ökonomische Interesse der Gesellschaft

Von ökonomischen Interessen ist nicht nur auf individueller, sondern auch
auf gesellschaftlicher Ebene zu sprechen (vgl. oben II.3.3.5). Das zentrale
ökonomische Interesse der Gesellschaft besteht in der Erlangung und
Mehrung des volkswirtschaftlichen Wohlstandes, der am Sozialprodukt
bzw. am Volkseinkommen gemessen wird (vgl. z.B. *WN* II.iii.20, 25 dt.
280/1; II.ii.1/14 dt. 235/8; IV.ix.52 dt. 583; V.i.a.15 dt. 592)[104]. So sieht
Smith im Hinblick auf den fortwährenden Konflikt zwischen Großbritannien und Frankreich das „wahre Interesse (real interest)" (*WN* IV.iii.c.12
dt. 409) der beiden Länder nicht in der Übertrumpfung oder gar Beherrschung des Gegners, sondern in der Mehrung des jeweiligen nationalen
Wohlstandes bestehen (vgl. *WN* IV.iii.c.9/12 dt. 406/9).

Aus dem grundsätzlichen Interesse der Allgemeinheit an der nationalen
Wohlstandsmehrung ergeben sich verschiedene Subinteressen. Dazu gehört
das Interesse, Güter dort zu kaufen, wo sie am günstigsten sind (*WN*
IV.iii.c.10 dt. 407). Im Zusammenhang mit der Kolonialfrage macht Smith
deutlich, daß die Möglichkeit autonomen wirtschaftlichen Handelns zum
Zwecke der Verfolgung des ökonomischen Hauptinteresses zu den fundamentalen Rechten eines Landes gehört (vgl. *WN* IV.vii.b.42/4 dt. 489):

> „To prohibit a great people, however, from making all that they can of
> every part of their own produce, or from employing their stock and indu-
> stry in the way that they judge most advantageous to themselves, is a mani-
> fest violation of the most sacred rights of mankind." (*WN* IV.vii.b.44 dt.
> 489)
> („Offenkundig werden aber die heiligsten Rechte der Menschheit verletzt,
> wenn man einem großen Volk verbietet, seine eigenen Erzeugnisse so zu
> verwerten, wie es dies wünscht, oder sein Kapital und seine Arbeit so einzu-
> setzen, wie es ihm selbst am vorteilhaftesten erscheint.")

Ein weiteres Subinteresse, die Übereinstimmung von Nominal- und Real-
wert der Geldmünzen, war Smith zufolge die wesentliche Ursache für die
Gründung der Bank von Amsterdam zu Beginn des 17. Jahrhunderts unter

---

[104] Zur Definition des Volkseinkommens siehe u.a. *WN* (II.ii.5 dt. 236).

kommunaler Beteiligung. Unsicherheiten bezüglich der realen Geldwerte, und zwar insbesondere bei Münzen aus dem Ausland, führten zu Störungen des Wirtschaftsverkehrs der damaligen Handelsmetropole. Mit der Gründung der Bank sollten diese Unsicherheiten beseitigt, der Handel gestärkt und somit ein öffentlicher Nutzen („public utility"; *WN* IV.iii.b.17 dt. 401) geschaffen werden. (Vgl. *WN* IV.iii.b dt. 392/401.)[105]

Die grundsätzliche Verquickung von Individual- und Gemeinwohl (vgl. oben II.3.3.5) zeigt sich im Ökonomischen darin, daß volkswirtschaftlicher Wohlstand einerseits ohne individuellen Wohlstand nicht denkbar ist und andererseits für diesen vielfach die Voraussetzung darstellt. Infrastrukturelle und politische Maßnahmen zur Förderung des Wirtschaftswachstums und somit des nationalen Wohlstands begünstigen zugleich die Einkommenslage der privaten Wirtschaftssubjekte. Das Interesse der Gesellschaft („publick interest"; „publick good") fördern diejenigen Individuen, die durch ihre wirtschaftliche Tätigkeit einen Beitrag zur Steigerung des Sozialprodukts leisten (*WN* IV.ii.9 dt. 370/1)[106].

5.5 Der Konflikt zwischen den Interessen der Wirtschaftssubjekte in der arbeitsteiligen Gesellschaft

Das individuelle ökonomische Interesse wurde im grundsätzlichen bereits ausführlich erläutert (s.o. II.5.1). Der Zusammenhalt der kommerziellen Gesellschaft wird wesentlich durch die Eigeninteressen der Gesellschaftsglieder konstituiert. Die unterschiedlichen Interessen ergänzen sich jedoch nicht nur, sondern treten häufig auch in Gegensatz zueinander. Smith diskutiert hierbei insbesondere die Interessenkonflikte zwischen drei Klassen von Wirtschaftssubjekten: Es handelt sich hierbei erstens um die Grundbesitzer, zweitens die Lohnarbeiter und drittens die Unternehmer bzw. Kaufleute – gemäß den unterschiedlichen Einkommensarten aus den drei Produktionsfaktoren Boden, Arbeit und Kapital („rent of land", „wages of labor", „profits of stock"; *WN* I.xi.p.7 dt. 211).

---

[105] Im Hinblick auf die Funktion des Geldes in der marktwirtschaftlichen Ordnung haben Banken als Transformatoren innerhalb dieses Systems demgemäß grundsätzlich „wohltätige Wirkungen (beneficial effects)" und sind für den „Handel eines Landes von Vorteil" („advantage to the commerce of country"; *LJ(B)* § 246 dt. 136; vgl. ebd. 244/9 dt. 136/8).

[106] Demgemäß spricht HOLLANDER (1973: 135) bei einem „negativen Beitrag zum Sozialprodukt" von der Stiftung eines Mißnutzens („disutility represented by the effort counterpart of the national income").

Das Interesse der ersten Klasse, der Grundeigentümer („landlords"; *WN* I.xi.p.1 dt. 210), und der zweiten Klasse, den Lohnempfängern („those who live by wages"; *WN* I.xi.p.9 dt. 212), ist jeweils unmittelbar mit dem gesellschaftlichen Interesse verknüpft: Qualitativ und quantitativ hochwertige Ernten führen zu einem entsprechenden Wert des Bodens und einer hohen Rente für die Grundbesitzer sowie zu einer guten Versorgung der Bevölkerung. Die Löhne der Arbeitnehmer steigen, wenn die Wirtschaft wächst und somit der Wohlstand des Landes zunimmt. (Vgl. *WN* I.xi.p.1/9 dt. 211/2; I.viii.22/7 dt. 61/4.)

Nach Smith verfolgen beide Gruppen ihre Interessen in der Gesellschaft jedoch nur unzureichend (*WN* i.xi.p.1/9 dt. 210/2). Bei den Grundbesitzern ist dies darauf zurückzuführen, daß sie sich in der Regel einem bequemen Lebensstil widmen können und demgemäß zu einer gewissen Trägheit hinsichtlich der Beschäftigung mit gesellschafts- und wirtschaftspolitischen Fragestellungen neigen (*WN* I.xi.p.8 dt. 211/2). Als Beispiel für ein vermeintliches, falsch verstandenes Eigeninteresse der Grundbesitzer nennt Smith die Forderung der landwirtschaftstreibenden Grundbesitzer nach einer Protektion der Getreideproduktion mit dem Ziel des Getreidepreisanstiegs. Nach Smith führt dies nur zu einem nominalen Ertragszuwachs, nicht aber zu einer Realpreissteigerung. Da Getreide zu den zentralen volkswirtschaftlichen Gütern gehört, kommt es nämlich durch eine Preissteigerung des Getreides zu inflationären Entwicklungen, so daß aufgrund des gestiegenen Preisniveaus der meisten Güter und der landwirtschaftlichen Arbeitslöhne kein realer Ertragszuwachs verzeichnet werden kann. Diesen Zusammenhang haben die Agrarproduzenten nach Smith nicht erkannt. (Vgl. *WN* IV.v.a.23/5, 9/15 dt. 425/7, 420/1.)

Im Gegensatz zu den Grundbesitzern mangelt es den Lohnarbeitern nicht primär am Willen, sondern an den Möglichkeiten, das eigene Klasseninteresse zu erkennen und durchzusetzen (vgl. *WN* I.xi.p.9 dt. 212; V.i.f.50/61 dt. 662/8; *LJ(B)* § 328/33 dt. 168/71):

„But though the interest of the labourer is strictly connected with that of society, he is *incapable* either of comprehending that interest, or of understanding its connection with his own. His condition leaves him no time to receive the necessary information, and his education and habits are commonly such as to render him unfit to judge even though he was fully informed." (*WN* I.xi.p.9 dt. 212; Herv. O.H.)[107]

(„Obwohl also das Interesse des Arbeiters mit dem der Gesellschaft engstens verknüpft ist, ist er doch *unfähig*, dieses Interesse oder dessen Verbindung

---

[107] Die geringe Freizeit der unteren gesellschaftlichen Schichten erwähnt Smith auch in *Imitative Arts* (II.1).

mit seinem eigenen Interesse zu verstehen. Zum einen lassen ihm seine Lebensverhältnisse keine Zeit, sich um die notwendigen Informationen zu kümmern, zum anderen erlauben ihm Erziehung und Gewohnheit in der Regel nicht, sich ein Urteil darüber zu bilden, selbst wenn er vollkommen informiert wäre.")

Die durch die Arbeitsteilung bedingten vielzähligen primitiven Tätigkeiten im Produktionsprozeß führen dazu, daß der Mensch aus Gewohnheit

> „*loses ... the habit of such exertion* [*of his understanding*; O.H.], and generally becomes as *stupid* and *ignorant as it is possible for a human creature to become*" (*WN* V.i.f.50 dt. 662; Herv. O.H.).
> („*verlernt, seinen Verstand zu gebrauchen*, und so *stumpfsinnig* und *einfältig* wird, *wie ein menschliches Wesen nur eben werden kann*".)

Der Blick für das Ganze geht zugunsten eines Egozentrismus verloren, und die moralische Urteilsfähigkeit sinkt – auch hinsichtlich der gewöhnlichen Pflichten des Alltags („ordinary duties of private life"; *WN* V.i.f.50 dt. 662/3; *LJ(B)* § 328/9 dt. 168/9).[108]

Die genannten primitiven Tätigkeiten begründen zugleich das Problem der Kinderarbeit. Besteht durch die weitreichende Arbeitsteilung schon im frühen Alter die Möglichkeit des Gelderwerbs durch die Übernahme von einfachen Arbeiten, droht die Gefahr, daß Kinder nicht mehr die Schule besuchen und daß ihrer Erziehung aufgrund der von ihnen in gewissem Grade erlangten Selbständigkeit nicht mehr genügend Aufmerksamkeit gewidmet wird. (*LJ(B)* § 329/30 dt. 169/70) Dem Menschen fehlen somit zum einen die intellektuellen Grundlagen, um seine Interessen zu erkennen und durchzusetzen, zum anderen geht ihm das hohe Gut der Bildung verloren:

> „When he is grown up he has no ideas with which he can amuse himself. When he is away from his work he must therefore betake himself to drunkeness and riot." (*LJ(B)* § 330 dt. 170; vgl. *WN* V.i.f.52/3 dt. 664.)
> („Wenn er erwachsen ist, hat er keine Gedankenwelt, an der er sich erfreuen kann. Wenn er von der Arbeit frei ist, muß er sich daher der Trunksucht und Ausschweifung hingeben.")

Das Verhältnis des Interesses der dritten Klasse, der Unternehmer („employers"; *WN* I.xi.p.10 dt. 212), zum Gesellschaftsinteresse unterscheidet sich wesentlich von denjenigen der beiden zuvor genannten gesellschaftlichen Schichten. Die unternehmerische Entlohnung, der Gewinn, ist im Unterschied zur Entlohnung der beiden anderen Klassen nicht zwangsläufig an wirtschaftliches Wachstum gebunden. (*WN* I.xi.p.10 dt. 212/3) Auch

---

[108] RECKTENWALD (1990: LII) spricht davon, daß sich der Mensch „selbst entfremdet".

bei dieser Schicht trägt die Spezialisierung auf das eigene Gewerbe dazu bei, daß der Blick auf das Ganze verstellt wird („every ones thoughts are employed about one particular thing"; *LJ(B)* § 331 dt. 170). Die Möglichkeiten, ihr eigenes Interesse zu erkennen und durchzusetzen, sind für die dritte Klasse jedoch wesentlich größer als für die beiden anderen:

> „As during their whole lives they are engaged in plans and projects, they have frequently more acuteness of understanding than the greater part of country gentlemen. As their thoughts, however, are commonly exercised rather about the interest of their own particular branch of business, than about that of the society, their judgement, even when given with the greatest candour (which it has not been upon every occasion) is much more to be depended upon with regard to the former of those two objects, than with regard to the latter." (*WN* I.xi.p.10 dt. 213)
>
> („Da sie ein ganzes Leben lang mit Plänen und Projekten zu tun haben, besitzen sie mehr Scharfsinn und Sachverstand als die meisten Grundbesitzer auf dem Land. Da sie sich aber gewöhnlich mehr mit den Interessen ihres eigenen Gewerbes als mit denen der Gesellschaft befassen, hängt ihr Urteil selbst bei größter Aufrichtigkeit (was nicht immer der Fall ist) mehr von den erstgenannten als von den letztgenannten Interessen ab.")

Die Einführung einer Berufsarmee führt zudem dazu, daß nicht mehr jeder Bürger den Militärdienst ableisten muß. Damit entzieht sich der einzelne jedoch einer Instanz, die ihm die Bedeutung des Gemeinwohls verdeutlicht und ihn für dieses auch in die Pflicht nimmt. Vor allem die Kaufleute meiden den Militärdienst aufgrund der mit ihm verbundenen Opportunitätskosten. (*LJ(B)* § 331 dt. 170; vgl. z.B. *WN* V.i.a.15 dt. 592; V.i.f.50 dt. 662/3; vgl. oben II.3.3.5.)

Wenn die Unternehmer, Kaufleute und Handwerker versuchen, ihre Marktstellung durch Privilegien, Protektionsmaßnahmen des Staates, Zunftregelungen etc. auszubauen bzw. tatsächliche und potentielle Wettbewerber vom Markt auszugrenzen, dann steht ihr Interesse dem Interesse der Konsumenten, also der breiten Masse der Bevölkerung, entgegen. Die Güterpreise und unternehmerischen Gewinne sind höher als im Fall des freien Wettbewerbs, die Qualität der Güter hingegen oftmals schlechter. Die Märkte sind für den Verbraucher nicht optimal versorgt. (Vgl. z.B. *WN* I.x.c. dt. 103/25; I.vii.26/9 dt. 54; I.xi.p.10 dt. 213; IV.iii.c.9/13 dt. 406/10; IV.v.b.4 dt. 437; vgl. oben II.5.3.)[109]

---

[109] HUEBER (1991: 196) sieht eine Lösung des Problems bei Smith darin, daß das Interesse der Unternehmer durch Landerwerb mit dem allgemeinen Interesse besser in Einklang gebracht werden könnte. Dieses Argument löst das *strukturelle* Problem jedoch

Absprachen zur Durchsetzung der eigenen Interessen gegenüber der Allgemeinheit sind in der dritten Gesellschaftsschicht üblich:

> „People of the same trade seldom meet together, even for merriment and diversion, but the conversation ends in a *conspiracy against the publick*, or in some contrivance to raise prices." (*WN* I.x.c.27 dt. 112; Herv. O.H.)
> („Geschäftsleute des gleichen Gewerbes kommen selten – selbst zu Festen und zur Zerstreuung zusammen –, ohne daß das Gespräch in einer *Verschwörung gegen die Öffentlichkeit* endet oder irgendein Plan ausgeheckt wird, wie man die Preise erhöhen kann.")

Insgesamt handelt es sich für Smith bei den Unternehmern um eine

> „order of men, whose interest is *never* exactly the same with that of the publick, who have generally an interest to *deceive* and even to *oppress* the publick, and who accordingly have, upon many occasions, both deceived and oppressed it." (*WN* I.xi.p.10 dt. 213; Herv. O.H.)
> („Gruppe von Menschen, deren Interesse *niemals* dem der Öffentlichkeit genau entspricht und die in der Regel ein Interesse daran haben, die Allgemeinheit zu *täuschen*, ja sogar zu *mißbrauchen*. Beides hat sie tatsächlich bei vielen Gelegenheiten erfahren müssen.")

Die zur Durchsetzung des Klasseninteresses nötigen Machtmittel sind ungleich verteilt, wie am Beispiel des Konfliktes zwischen Unternehmern und Lohnarbeitern hinsichtlich der Lohnhöhe deutlich wird: Während die Unternehmer sich aufgrund ihrer geringen Anzahl und mit rechtlicher Genehmigung vereinigen und Absprachen treffen können, ist ein wirksamer Zusammenschluß von Arbeitern aufgrund ihrer großen Masse und gesetzlicher Verbote nur schwerlich bzw. gar nicht möglich. Auch die unterschiedliche Finanzkraft der Konfliktparteien begründet Ungleichheiten in den Möglichkeiten der Interessendurchsetzung. Da die Arbeiter im Gegensatz zu den Unternehmern kaum in der Lage sind, Ersparnisse zu bilden, sind sie auf laufende Arbeitseinkommen angewiesen. Konfliktbedingte Arbeitsverweigerung ist somit nur in sehr eingeschränktem Maße möglich. (Vgl. *WN* I.viii.11/4 dt. 58/9; I.x.c.61 dt. 123/4; I.x.c.22/3 dt. 110; vgl. oben I.4.)[110]

Der politische Einfluß der Unternehmerschicht ist für Smith offensichtlich:

---

nicht, da das *spezifisch unternehmerische* Interesse weiterhin vom gesamtwirtschaftlichen Interesse abgekoppelt bleibt.

[110] WEST (1975) verweist mit Blick auf die zwischen Stadt und Land bestehenden Lohnunterschiede darauf, daß die Konkurrenz der Unternehmer um Arbeiter diese aber auch in vorteilhaftere Positionen bringen kann.

„Whenever the legislature attempts to regulate the differences between masters and their workmen, its counsellors are always the masters." (*WN* I.x.c.61 dt. 123/4; vgl. IV.ii.43 dt. 385/6.)
(„Wo auch immer der Gesetzgeber versucht, Konflikte zwischen den Dienstherren und ihren Arbeitern zu regeln, sind die Dienstherren stets seine Berater.")

Zweifellos hat Smith bei der Schilderung des zwischen den drei Schichten bestehenden Konfliktes die zeitgeschichtlichen merkantilistischen Erfahrungen vor Augen. Gleichwohl handelt es sich hier offensichtlich seines Erachtens um *strukturelle* Probleme, die mit der Arbeitsteilung bzw. der kommerziellen Gesellschaft verbunden sind. Das Gewinnstreben der Unternehmer ist so stark, daß es *in allen Wirtschaftsordnungen* Privilegien und Monopole herbeizuführen suchen wird.[111] Für diese Interpretation spricht, daß Smith die merkantilistische Wirtschaftspolitik maßgeblich als *Resultat* des Denkens und politischen Einflusses der dritten Schicht begreift (vgl. *WN* IV.ii.c.8/10 dt. 405/7; IV.ii.43 dt. 385/6; vgl. oben II.5.5.):

„That it was the spirit of monopoly which originally both invented and propagated this doctrine, cannot be doubted; and they who first taught it were by no means such fools as they who believed it." (*WN* IV.iii.c.10 dt. 407)[112]
(„Es kann kein Zweifel bestehen, daß es der Geist des Monopolismus war, der diese Lehre ersonnen und verbreitet hat; und diejenigen, die sie zuerst vortrugen, waren keineswegs so töricht wie jene, die daran glaubten.")

Die Definition der staatlichen Aufgaben durch Smith findet u.a. in dem geschilderten Klassenkonflikt ihren Ausgangspunkt (vgl. *LJ(B)* § 333 dt. 171). Der Staat hat diejenigen Fehlentwicklungen zu korrigieren, die auf der vierten Entwicklungsstufe der Gesellschaft auftreten (s.u. II.7).

5.6 Grenzen des wirtschaftlichen Wachstums

Im Hinblick auf den an früherer Stelle (II.3.3.6) diskutierten globalen, ökologischen und universalen Horizont, den Smith für das Individuum eröff-

---

[111] WAIBL (1984: 141/2) bemerkt im Hinblick auf den geschilderten Konflikt zwischen den drei gesellschaftlichen Gruppen, „daß entgegen gängiger Meinung die These vom Klassenkampf sowenig eine Marxsche Erfindung ist wie die ökonomisch-materialistische Geschichtsauffassung".
[112] OAKLEY (1994: 96/105) sieht bei diesem Klassenkonflikt zwar ebenfalls grundsätzlich eine dominierende ökonomische und politische Position der dritten Schicht, beschreibt die konkreten Konflikte jedoch innerhalb des merkantilistischen Rahmens.

net, soll hier auf einige Aussagen Smiths hingewiesen werden, die mit dem gegenwärtig erörterten Thema des sog. ‘nachhaltigen Wirtschaftens’ in Verbindung stehen. Das Problem der Nachhaltigkeit ist Smith *grundsätzlich* bewußt. Im Hinblick auf frühere Gesellschaftsstadien führt er aus:

> „In a nation of hunters and fishers few people can live together, for in a short time any considerable number would destroy all the game in the country, and consequently would want a means of subsistence." (*LJ(B)* § 27 dt. 15; vgl. *WN* V.i.a.5 dt. 588.)

> („In einem Jäger- und Fischervolke können nur wenige Menschen beisammen leben; denn in kurzer Zeit würde jede irgendwie beträchtliche Zahl von ihnen das ganze Wild im Lande vernichten und folglich der Subsistenzmittel entbehren müssen.")

Smith verweist auch darauf, daß es vor allem die Notwendigkeit, zusätzlichen Lebens- und Wirtschaftsraum für die Bevölkerung zu schaffen, war, die zur Gründung von Kolonien durch das antike Griechenland führte (vgl. *WN* IV.vii.a.2 dt. 465).

Auch die kommerzielle Gesellschaft kann prinzipiell an Wachstumsgrenzen gelangen, die durch die natürlichen Gegebenheiten eines Landes bestimmt sind (*WN* I.ix.14 dt. 82). Als Folge davon sieht Smith jedoch nicht eine Ausbeutung der Natur, die deren regenerativen Kräfte überfordern würde. Vielmehr kommt es seines Erachtens angesichts hoher Bevölkerungszahlen, die die Ursache für das Erreichen dieser Grenze sind, zum Kampf um Arbeitsplätze und zu daraus folgenden niedrigeren Löhnen. Diese haben wiederum ein Absinken der Geburtenrate zur Folge, so daß zu einem stationären Gleichgewicht tendiert wird. Solche Wachstumsgrenzen sieht Smith zu seiner Zeit jedoch noch in weiter Ferne:

> „perhaps no country has ever yet arrived at this degree of opulence" (*WN* I.ix.15 dt. 82).

> („vermutlich hat noch niemals ein Land dieses Stadium des Wohlstandes erlangt".)

6. Die unsichtbare Hand

Im bisherigen Verlauf der Darstellung der Smithschen Theorie wurde immer wieder auf Smiths Glaube an die gute Ordnung der Natur, der in Smiths theistischem Verständnis der Welt wurzelt, hingewiesen. Im Zusammenhang mit diesem Verständnis der Welt gebraucht Smith auch den Begriff der „unsichtbaren Hand (invisible hand)". Er verwendet diesen Begriff allerdings in *WN* und *TMS* jeweils nur ein einziges Mal, und zwar in ökonomischen Kontexten (*WN* IV.ii.9 dt. 370/1; *TMS* IV.1.10 dt. 315/7).

Im folgenden soll zunächst die Stelle aus dem *WN* betrachtet werden. Wirkungsgeschichtlich betrachtet ist es diese Stelle, die Smiths Rede von der unsichtbaren Hand in der ökonomischen Literatur berühmt gemacht und dazu geführt hat, daß die unsichtbare Hand bei vielen Autoren und in vielen Lehrbüchern mit dem Marktmechanismus identifiziert wird. So spricht FRIEDMAN (1985: 220) von der „unsichtbaren Hand des Marktes"[113]. Nach BLAUG (1971: 120/1; Herv. O.H.) ist „die unsichtbare Hand ... schlicht und einfach der Gleichgewichtsmechanismus am *Konkurrenzmarkt*".[114]

Den Rahmen der invisible hand-Stelle im *Wealth of Nations* (IV.ii.1/15 dt. 368/73) bildet die Erörterung der merkantilistischen Theorie. Smith legt dar, daß die staatliche Lenkung bzw. Beeinflussung der Produktionsfaktoren nicht zwingend zur optimalen Allokation der Ressourcen führt und diese in den meisten Fällen auch nicht erreicht. Alternativ fragt Smith nun nach dem Verhalten eines Kapitalanlegers, der völlig frei über den Einsatz seines Vermögens entscheiden kann und dessen einziges Interesse in der Erzielung eines größtmöglichen Nutzens besteht: Rationale Erwägungen werden ihn veranlassen, sein Geld im Inland zu investieren, da er die Risiken dort eher abschätzen kann als bei einer Investition im Ausland. Zugleich wird er sich für die Anlage mit dem höchsten wahrscheinlichen Wertzuwachs entschließen. Dieser Wertzuwachs stellt jedoch eine Komponente des volkswirtschaftlichen Sozialprodukts bzw. des Volkseinkommens dar. Auf diese Weise, und wie von einer unsichtbaren Hand geführt, entscheidet sich der Investor für eine Anlage, die dem Gesellschaftsinteresse („publick interest"; IV.ii.9 dt. 371) – hier: dem Volkseinkommen – besonders dienlich ist:

> „By preferring the support of domestick to that of foreign industry, he intends only *his own security*; and by directing that industry in such a manner as its produce may be of the greatest value, he intends only *his own gain*, and *he is in this, as in many other cases, led by an invisble hand to*

---

[113] Nach FRIEDMAN (1985: 218; Herv. O.H.) besteht „Smiths große Leistung in der Lehre von der 'unsichtbaren Hand', in seiner Vision einer möglichen Koordinierung der freiwilligen Handlungen von Millionen Einzelpersonen ohne zentrale Lenkung, alleine durch das *Preissystem*".

[114] Auch in den Lehrbüchern von ALTMANN (1994: 136) und FELDERER/HOMBERG (1994: 23) wird der Begriff der „unsichtbaren Hand" in unmittelbarem Zusammenhang mit dem Preismechanismus verwendet bzw. mit diesem identifiziert.

promote an end which was no part of his intention." (*WN* IV.ii.9 dt. 371; Herv. O.H.; vgl. II.v.37 dt. 307/8.)

(„Wenn er es vorzieht, das heimische Gewerbe anstelle des ausländischen zu unterstützen, denkt er nur an die *eigene Sicherheit*; und wenn er das Gewerbe so lenkt, daß sein Ertrag vom größtmöglichen Wert ist, dann strebt er lediglich nach *eigenem Gewinn*. Und *er wird in diesem wie auch in vielen anderen Fällen von einer unsichtbaren Hand geleitet, um einen Zweck zu fördern, den zu erfüllen er in keiner Weise beabsichtigt hat*.")

Smith greift die Thematik später (*WN* IV.vii.c.86/8 dt. 529/31) noch einmal vertiefend auf. Er diskutiert die Herbeiführung der optimalen volkswirtschaftlichen Kapitalstruktur. Das Kapital wird Smith zufolge in den Sektoren investiert, in denen die Rendite überdurchschnittlich hoch ist, weil dort ein relativer Kapitalmangel herrscht. Mit zunehmendem Kapitalzufluß sinkt die Rendite auf die in der Volkswirtschaft bestehende durchschnittliche Kapitalrendite ab, so daß die optimale Kapitalstruktur vorerst gefunden ist. Parallel zur obigen Stelle schreibt Smith:

„It is thus that the *private interests and passions* of individuals *naturally* dispose them to turn their stock towards the employments which in ordinary cases are the most *advantageous to the society*. ... Without any intervention of law, therefore, the private interests and passions of men *naturally* lead them to divide and distribute the stock of every society, among all the different employments carried on in it, als nearly as possible in the proportion which is most agreeable to the *interest of the whole society*." (*WN* IV.vii.c.88 dt. 531; Herv. O.H.)

(„So veranlassen also *private Interessen und Leidenschaften* den einzelnen natürlicherweise, daß er sein Kapital dort einsetzt, wo es *für die Gesellschaft am vorteilhaftesten* ist. ... Ohne jeden Eingriff des Gesetzes führen also private Interessen und Leidenschaften die Menschen *natürlicherweise* dazu, das Kapital einer Gesellschaft in den verschiedenen Wirtschaftszweigen so einzusetzen, daß die Verteilung dem *Interesse der ganzen Gesellschaft* soweit als möglich entsprechen wird.")

Mit der Betonung der „natürlichen" Förderung des Gemeinwohls durch die Verfolgung des Eigeninteresses kommt hier die in der Natur zu beobachtende Harmonie in den Blick (ebenso in *WN* IV.ii.4 dt. 369)[115]. Diese vom Weltenschöpfer gestiftete Harmonie (s.o. II.2.2) wird in der invisible hand-Stelle der *TMS* noch deutlicher akzentuiert.

In der *TMS* geht es im Zusammenhang mit der unsichtbaren Hand (*TMS* IV.1.9/10 dt. 314/7) vor dem Horizont des damaligen Bevölkerungswachs-

---

[115] In RECKTENWALDS Übersetzung von „naturally" mit „wie von selbst" wird dieser Aspekt der Ordnung der Natur m.E. verdeckt.

tums und der notwendigen Steigerung der Güter-, insbesondere der Nahrungsmittelproduktion (s.o. Teil I) um eine doppelte Fragestellung: Wie
kommt es erstens zu einer solchen Steigerung, und wie wird zweitens das
Verteilungsproblem gelöst.

Smith beginnt mit der bereits bekannten Feststellung, daß der Mensch
zwar Reichtum und einer hohen gesellschaftlichen Stellung nachjagt, diese
jedoch hinsichtlich des menschlichen Glücks nur nebensächlich sind, ja
sogar „im höchsten Maße verächtlich und geringfügig erscheinen" („appear
in the highest degree contemptible and trifling"; *TMS* IV.1.9 dt. 315; vgl.
oben II.3.2.4). Entscheidend ist nun, daß Smith dieses – moralisch verächt-
liche – Streben insofern positiv wertet, als es überhaupt erst die Voraussetzung für den notwendigen gesellschaftlichen Wohlstand und das Überleben
der Menschheit bildet. Angesichts der zeitgeschichtlichen Erfahrungen von
Bevölkerungswachstum und Hungersnöten (s.o. I.2, I.4)[116] kommt den
menschlichen Anstrengungen somit existentielle Bedeutung zu:

> „The earth by these labours of mankind has been oblidged to redouble her
> natural fertility, and to maintain a greater multitude of inhabitants." (*TMS*
> IV.1.10 dt. 315)
> („Durch diese Mühen und Arbeiten der Menschen ist die Erde gezwungen
> worden, ihre natürliche Fruchtbarkeit zu verdoppeln und eine größere
> Menge von Einwohnern zu erhalten.")

Hinter dem Widerspruch zwischen Moralität und Ökonomie sieht Smith
das Wirken der Natur. Sie ist für die mit Reichtum und Wohlstand verbundenen Glücks-Erwartungen verantwortlich:

> „And it is well that nature imposes us in this manner. It is this deception
> which rouses and keeps in continual motion the industry of mankind. It is
> this which first propted them to cultivate the ground, to build cities and
> commonwealths, and to invent and improve all the sciences and arts; which
> … have turned the rude forests of nature into agreeable and fertile plains,
> and made the … oceans … the great high road of communication to the
> different nations of the earth." (*TMS* IV.1.10 dt. 315)
> („Und es ist gut, daß die Natur uns in dieser Weise betrügt. Denn diese
> Täuschung ist es, die den Fleiß der Menschen erweckt und in beständiger
> Bewegung erhält. Sie ist es, die die Menschen zuerst antreibt, den Boden zu
> bearbeiten, Häuser zu bauen, Städte und staatliche Gemeinwesen zu grün-
> den, alle die Wissenschaften und Künste zu erfinden und auszubilden, … die

---

[116] Wie sehr Smith diese Krisen vor Augen stehen, zeigt sich in seiner Äußerung, daß
sich „unsere Väter alle zwei bis drei Jahre den größten Hungersnöten ausgesetzt
sahen" („Our fathers, finding themselves once in every two or three years subject to
the most grievous dearths"; *LJ(B)* § 296 dt. 162).

die rauhen Urwälder in angenehme und fruchtbare Ebenen verwandelt und das ... Weltmeer ... zu der großen Heerstraße des Verkehres gemacht haben, welche die verschiedenen Nationen der Erde untereinander verbindet.")

Von dieser Täuschung wird auch der „stolze und gefühllose Grundherr (proud and unfeeling landlord)" (*TMS* IV.1.9 dt. 316) getroffen. Wenn Smith hier von Stolz und Gefühllosigkeit spricht, dann handelt es sich bei dem genannten Grundbesitzer um einen eigennützigen Menschen, bei dem die Fähigkeit und Bereitschaft des Sympathisierens mit anderen (vgl. oben II.3.1.1) nur unzureichend vorhanden ist. Die Natur ist aber so eingerichtet, daß auch dieser Grundherr etwas zum Wohl seiner Mitmenschen beiträgt, und zwar in zweifacher Weise. Erstens ist er bemüht, auf seinen landwirtschaftlichen Gütern einen maximalen Ertrag zu erreichen, denn auch er wird von dem Wunsch getrieben, immer mehr zu besitzen, wenn er „seinen Blick über seine ausgedehnten Felder schweifen läßt und *ohne einen Gedanken an die Bedürfnisse seiner Brüder* in seiner Phantasie *die ganze Ernte ... selbst verzehrt*. Das ungezierte und vulgäre Sprichwort, daß das Auge mehr fasse als der Bauch, hat sich nie vollständiger bewahrheitet als in bezug auf ihn." („views his extensive fields, and *without a thought for the wants of his brethren*, in imagination *consumes himself the whole harvest* ... . The homely and vulgar proverb, that the eye is larger than the belly, never was more fully verified than with regard to him."; IV.1.10 dt. 316; Herv. O.H.)

Zweitens läßt der Grundherr seine Mitmenschen an dem von ihm immer mehr gesteigerten Ernteertrag teilhaben: Zum einen hält er sich eine große Gefolgschaft, die seine Güter versorgt, in seinem Haushalt arbeitet etc. und die er folglich ernähren muß. Zum anderen verkauft er die landwirtschaftlichen Produkte auf den Märkten, um selbst Luxusgüter erwerben zu können. Auf diese Weise „teilen sie [die Reichen; O.H.] doch mit den Armen den Ertrag aller Verbesserungen, die sie in ihrer Landwirtschaft einführten" („they [the rich; O.H.] divide with the poor the produce of all their improvements"; IV.1.10 dt. 316). So wie die Erde durch die menschliche Arbeit zur Fruchtbarkeit „gezwungen (obliged)" wird (s.o.), so ist auch der landlord zu dieser Verteilung *gezwungen* („he is obliged to distribute"; *TMS* IV.1.10 dt. 315), weil er nicht alles selbst konsumieren kann. Hier ist gleichsam eine unsichtbare Hand am Werke:

„They [the rich; O.H.] are led by an invisible hand to make nearly the same distribution of the necessaries of life, which would have been made, had the earth been divided into equal portions among all its inhabitants, and thus *without intending it, without knowing it, advance the interest of the society*, and afford means to the multiplication of the species. When *Providence* divided the earth among a few lordly masters, it neither forgot nor abandoned those who seemed to have been left out in partition." (*TMS* IV.1.10 dt. 316/7; Herv. O.H.)

(„Von einer unsichtbaren Hand werden sie [die Reichen; O.H.] dahin geführt, beinahe die gleiche Verteilung der zum Leben notwendigen Güter zu verwirklichen, die zustandegekommen wäre, wenn die Erde zu gleichen Teilen unter alle ihre Bewohner verteilt worden wäre; und so *fördern sie, ohne es zu beabsichtigen, ja ohne es zu wissen, das Interesse der Gesellschaft* und gewähren die Mittel zur Vermehrung der Gattung. Als die *Vorsehung* die Erde unter eine geringe Zahl von Herren und Besitzern verteilte, da hat sie diejenigen, die sie scheinbar bei ihrer Teilung übergangen hat, doch nicht vergessen und nicht ganz verlassen.")

Mit der Rede von der (göttlichen) Vorsehung und dem Beitrag des Menschen zur Erhaltung der menschlichen Gattung sowie dem oben erläuterten Kontext der invisible hand-Stelle erscheint der Begriff der unsichtbaren Hand eindeutig als Teil des theistischen Weltverständnisses (vgl. *TMS* II.ii.3.5 dt. 129/31; vgl. oben II.2.2): Die Metapher von der unsichtbaren Hand ist Ausdruck des teleologischen Weltbildes Smiths und kennzeichnet die Gesetzmäßigkeiten bzw. Zusammenhänge dieser Welt.

Welches sind nun die „vielen anderen Fälle (many other cases)" (*WN* IV.ii.9 dt. 371), in denen das Phänomen der unsichtbaren Hand – wenn auch nicht explizit benannt – beobachtet werden kann? Einige Beispiele sollen im folgenden genannt werden.

Erstens ist im Hinblick auf die in der expliziten invisible hand-Stelle der *TMS* (IV.1.10 dt. 315/7) diskutierte Frage der Verteilung auf das Verteilungsproblem hinzuweisen, das zu Zeiten besteht, in denen das Handelswesen nur wenig ausgeprägt bzw. unvollkommen ist, in denen die Reichen und Mächtigen die von ihnen besessenen bzw. produzierten Güter, deren andere bedürfen, nicht oder nur in eingeschränkter Weise gegen Luxusgegenstände eintauschen können. Um ihren Reichtum demonstrieren zu können, bleibt ihnen Smith zufolge keine andere Wahl, als Gastlichkeit zu üben („the great had no way of spending their fortunes but by hospitality"; *LJ(B)* § 159 dt. 84). Smith spricht von Gastmahlen in einem „Ausmaß, das wir uns heute kaum mehr vorstellen können" („the hospitality of the rich and the great ... exceeded every thing which in the present times we can easily form a notion of"; *WN* III.iv.5 dt. 335). Das Verteilungsproblem wird auf diese Weise gelöst. Durch das beschriebene Verhalten versammeln die Reichen im übrigen eine große Gefolgschaft um sich und erlangen politische Macht (vgl. oben Exkurs 2). (*LJ(B)* § 51, 159 dt. 26, 84; *WN* III.iv.5 dt. 335)

Zweitens zeigt sich das Phänomen der unsichtbaren Hand auch beim Übergang von der Feudal- zur Handelsgesellschaft. Bei dem Bestreben, die durch das Handelssystem entstandene Möglichkeit zu nutzen, Luxusgüter zu erwerben, geben die Grundbesitzer mehr und mehr ihre gesellschaftliche Macht ab. Sie können ihren Ertrag im Gegensatz zu früher nunmehr mittelbar selbst konsumieren, da sie ihn gegen Luxusgüter eintauschen können. Überzählige, kostspielige Hofangestellte werden daher entlassen, wodurch zugleich die Zahl der 'Untertanen' sinkt. Pächter erhalten zugunsten höherer Bodenrenten längere Pachtverträge und erlangen somit gegenüber den Grundbesitzern größere Eigenständigkeit. Der Einflußbereich der Grundbesitzer sinkt, wodurch auch das Rechtswesen unabhängiger wird. Es kommt also insgesamt zu einer ausgewogeneren Verteilung gesellschaftlicher Macht, die ihren Ursprung in der Institution des Handels nimmt. (*WN* III.iv.10/17 dt. 338/40; vgl. III.iv.1/9 dt. 334/8; *LJ(B)* § 59 dt. 30; vgl. oben II.5.2.)

> „A revolution of the greatest importance to the *publick happiness*, was in this manner brought about by two different orders of people, who had *not the least intention to serve the publick*. To gratify the most childish *vanity* was the sole motive of the great proprietors. The merchants and artificers ... acted merely from a view to their *own interest*" (*WN* III.iv.17 dt. 340; Herv. O.H.)[117].

(„Auf diese Weise haben zwei völlig verschiedene Bevölkerungsschichten, die *nicht im mindesten die Absicht* hatten, der *Öffentlichkeit zu dienen*, eine Revolution von größter Bedeutung für die Glückseligkeit aller ausgelöst. Dabei war das einzige Motiv der Grundbesitzer, ihrer äußerst kindischen *Eitelkeit* zu frönen, während die Kaufleute und Handwerker ... einfach aus *Eigennutz* handelten".)

Nicht nur die 'weltlichen' Grundbesitzer, sondern auch die Geistlichkeit gibt einen Großteil ihrer weltlichen Macht auf diese Weise ab (vgl. *WN* V.i.g.22/5 dt. 680/4).

Drittens besteht im Verhalten des Getreidehändlers, der nur im Inland agiert, eine Ähnlichkeit zum Verhalten des in der expliziten invisible hand-Stelle des *WN* genannten Investors (*WN* IV.v.b.3 dt 435/6). Da sich die Marktpreise aus Angebot und Nachfrage ergeben, fordert der Getreidehändler einzig und allein zum Zwecke der Gewinnerzielung einen um so

---

[117] Der Ausdruck „publick happiness" wird von RECKTENWALD (ebd.) mit „Wohlfahrt aller" übersetzt. Smith spricht m.E. hier aber nicht zufällig von „happiness" anstelle von „welfare, fortune" etc. Vielmehr ist die Gleichverteilung gesellschaftlicher und auch wirtschaftlicher Macht Bestandteil des tiefergehenden öffentlichen Glücks (vgl. oben II.3.3.3).

höheren Preis, je knapper das Gut Getreide ist. Ein höherer Preis führt
zugleich zu einem Rückgang der Nachfrage und einem sparsameren Umgang der Verbraucher mit diesem lebensnotwendigen Nahrungsmittel.
Mögliche Versorgungsengpässe werden also dadurch gelindert, daß sich die
Konsumenten in ihrem Verbrauchsverhalten dem verringerten Angebot
anpassen, und zwar aufgrund der Preisforderung des Getreidehändlers.
Dieser hat Smith zufolge auf diese Weise der Gemeinschaft einen erheblichen Dienst erwiesen:

> „*Without intending the interest of the people*, he is necessarily led, *by a regard
> to his own interest*, to treat them, even in years of scarcity, pretty much in
> the same manner as the prudent master of a vessel is sometimes obliged to
> treat his crew. When he foresees that provisions are likely to run short, he
> puts them upon short allowance." (*WN* IV.v.b.3 dt. 436; Herv. O.H.)
> („*Ohne unmittelbar das Interesse des Volkes im Auge zu haben*, wird er sich
> *mit Blick auf die eigenen Interessen* der Allgemeinheit gegenüber selbst in
> Jahren des Mangels ganz zwangsläufig fast so verhalten, wie sich der um-
> sichtige Kapitän eines Schiffes zuweilen seiner Mannschaft gegenüber ver-
> halten muß; wenn er voraussieht, daß Lebensmittel knapp zu werden
> drohen, kürzt er die Zuteilung an Verpflegung.")

Viertens wird das Interesse der Allgemeinheit in Form des Wohlstands-
wachstums auch unbewußt durch das individuelle Sparen gefördert, das
alleine durch den Wunsch nach zukünftigem Konsum motiviert ist (vgl.
WN II.iii.14/31 dt. 278/83; vgl. oben II.5.1). Da nationales Wirtschaftswachstum ein Anwachsen des volkswirtschaftlichen Kapitalstocks voraussetzt, erscheint „jeder Verschwender als *Feind der Allgemeinheit*, jeder spar-
same Mensch dagegen als *ihr Wohltäter*" („every prodigal appears to be a
publick enemy, and every frugal man a *publick benefactor*"; *WN* II.iii.25 dt.
281; Herv. O.H.).

Die individuellen Sparanstrengungen und der damit verbundene
Wunsch nach Verbesserung der Lebensverhältnisse sind nach Smith so
wirkmächtig, daß sie auch die Auswirkungen fehlgeleiteter, d.h. dirigisti-
scher und merkantilistischer Wirtschaftspolitiken zu kompensieren vermögen (*WN* II.iii. 31 dt 283; IV.v.b.43 dt. 452; IV.ix.28 dt. 570/1). Hier ist
die „Weisheit der Natur (wisdom of nature)" (IV.ix.28 dt. 570) am Werke.

Fünftens soll auf ein Beispiel hingewiesen werden, das nicht mit ökonomischen Sachverhalten in Verbindung steht. Im Zusammenhang mit der
Institution des Staates verweist Smith auf den unter moralischen Gesichtspunkten nicht positiv zu wertenden Lebensstil des Adels, der sich primär
mit seinen eigenen Vergnügungen und seiner 'Darstellung nach außen' beschäftigt (*TMS* I.iii.2.4/5 dt. 76/80). Mit diesem Verhalten werden aber die

gesellschaftlichen Rangunterschiede, die u.a. in der Bewunderung der Reichen und Großen durch das Volk gründen, aufrechterhalten. Diese Rangunterschiede sind es, die den Bestand des Staates garantieren (vgl. *TMS* I.iii.2.3 dt. 75; vgl. oben II.3.1.2, Exkurs 2). Somit dient der Adel in der Verfolgung eigener Interessen in gewisser Weise zugleich dem Gemeinwohl.

Weitere Beispiele könnten hinzugefügt werden[118]. Zu ihnen gehören die verschiedensten Fälle innerhalb der bisherigen Darstellung der Smithschen Theorie, bei denen auf die gute, zweckmäßige Ordnung der Natur und das Wirken des Schöpfergottes hingewiesen wurde.

Insgesamt zeigt sich, daß eine *Reduktion* des Phänomens der unsichtbaren Hand auf den Marktmechanismus nicht der Auffassung Smiths entspricht. Erst recht kann keine Rede davon sein, daß die unsichtbare Hand den Preismechanismus auf Konkurrenzmärkten darstellt, wie zuweilen (s.o.) behauptet wird.[119] Die Rede von dem Wirken einer unsichtbaren Hand ist vielmehr als Ausdruck des theistischen Weltbildes Smiths zu verstehen. Alles ist so sinnvoll und wunderbar aufeinander ausgerichtet und abgestimmt, daß es als bestens funktionierender Mechanismus verstanden werden kann. Die unsichtbare Hand kennzeichnet in diesem Sinne das Wirken der Weisheit der Natur bzw. des Schöpfergottes. Sie ist, wie MACFIE (1967b: 111; Herv. dort) formuliert, „only one of the many names given in the *Moral Sentiments* to the Deity".

Die unsichtbare Hand ist zum einen die Grundlage der unsichtbaren Verbindungen der verschiedensten Elemente des Systems der Welt. Sie steht in Verbindung mit den „invisible chains", von denen Smith in seinen methodologischen Erwägungen zur Philosophie bzw. Wissenschaft spricht (s.o. II.2.1). Zum anderen ist sie aber auch die Grundlage der sichtbaren Zusammenhänge der gesellschaftlichen Elemente im allgemeinen und der ökonomischen im speziellen. In diesem Sinne werden die verschiedenen Marktmechanismen in den Begriff der unsichtbaren Hand *integriert*. Sie erscheinen als Bestandteil der Gesetzmäßigkeiten in der Ökonomie, die ein Teilbereich der Gesellschaft ist.[120]

---

[118] MULLER (1993: 85; Herv. O.H.) bezeichnet den *WN* anschaulich als „almost an *encyclopedia* of the effects of unintended consequences in human affairs, a phenomenon ... which fascinated Smith" (vgl. ebd. 85/91).

[119] Von der Existenz vollständiger Konkurrenz kann beispielsweise auch bei der expliziten invisible hand-Stelle der *TMS* nicht notwendigerweise ausgegangen werden.

[120] Auch KITTSTEINER (1984) sieht bei der Interpretation des Phänomens der unsichtbaren Hand die Verbindung zum teleologischen Weltbild Smiths als die entscheidende

Von dem so skizzierten inivisible hand-Verständnis Smiths ist die dritte Stelle, an welcher der Begriff explizit verwendet wird, abzugrenzen. Im Rahmen der Darstellung der Philosophie als Suche nach den Zusammenhängen zwischen den Phänomenen dieser Welt spricht Smith in der *HA* von einer „unsichtbaren Hand *Jupiters*" (vgl. oben II.2.2):

> „it may be observed, that in all Polytheistic religions, among savages, as well as in the early ages of Heathen antiquity, it is the *irregular events* of nature only that are ascribed to the agency and power of their gods. Fire burns, and water refreshes; heavy bodies descend, and lighter substances fly

Komponente an. Hierbei sieht er nicht nur die *TMS*-, sondern auch die *WN*-Stelle im Zusammenhang mit dem Verteilungsproblem.

RAPHAEL/MACFIE (1976: 7) betonen ebenfalls die Bedeutung des teleologischen Weltbildes, akzentuieren hierbei aber den Einfluß der Stoa – auf der der Theismus jedoch, wie erwähnt (s.o. II.2.2), auch basiert: „the context is the Stoic idea of a harmonious system, seen in the working of society". Hinsichtlich der invisible hand-Stelle in der *TMS* formulieren sie (ebd.: 8): „The famous phrase may have sprung from an uneasiness about the reconciliation of selfishness with the perfection of the system. In itself the idea of a deception by an invisible hand is unconvincing."

Zur Verbindung von unsichtbarer Hand einerseits und Theismus und Stoa andererseits vgl. auch MACFIE (1967b). Die invisible hand-Stelle der *TMS* ist seines Erachtens umfassender als die im *WN*: „The classic and full statement of the invisible hand's power occurs in the *Moral Sentiments* where it appears as the ultimate governor which controls the self-love of individuals (in *all* their 'passions' not only the economic incentives, as in the *Wealth of Nations*), and directs them to the ultimate benefit of humanity in general." (Ebd.: 101; Herv. dort.)

Vgl. auch CAMPBELL/SKINNER (1976: 4). Sie sprechen von der „doctrine of 'unintended social outcomes'", die möglicherweise mit einem göttlichen Plan zusammenhängt.

TRAPP (1987: 137/8) interpretiert die Formel von der unsichtbaren Hand insgesamt als „Übergang von der Moralphilosophie zur Gesellschaftstheorie", die bei Smith zum Ausdruck bringt, daß „tugendhaftes Handeln als individueller Antrieb überflüssig [wird; O.H.], wenn die Gesellschaft gut eingerichtet ist". „Die Theorie faßt zusammen, wie sich die gesellschaftlichen Gegensätze durch ihre Betätigung auflösen. Sie beweist die Identität der Sonderinteressen mit dem Allgemeinwohl, die sich aus der Bewegung der Sonderinteressen ergibt. Sie erklärt damit, warum sich der private Bürger zum Staatsbürger bildet." (Ebd.: 283) WAIBL (1984: 148) spricht ähnlich von einer „Harmonie der Sonderinteressen".

HUEBER (1991: 79) äußert bezüglich der unsichtbaren Hand: „Tatsächlich erklärt sich diese illustrierende Metapher aus der Smithschen Kontemplation eines ordnenden und zielerhaltenden göttlichen Wesens, kann aber andererseits auch als Hinweis darauf verstanden werden, daß damit nur dem Verlangen des Verstandes, Zusammenhänge zu erkennen, Rechnung getragen wird." Diese Auffassung stellt auf der Grundlage der obigen Erörterungen m.E. eine Verkürzung der Smithschen Theorie dar.

upwards, by the necessity of their own nature; nor was the *inivisible hand of Jupiter* ever apprehended to be employed in those matters. But thunder and lightning, storms and sunshine, those more irregular events, were ascribed to his favour, or his anger." (*HA* III.2; Herv. O.H.)

(„es kann beobachtet werden, daß es in allen polytheistischen Religionen, unter den Wilden und auch in den frühen Jahren der heidnischen Antike, alleine die unregelmäßigen Ereignisse der Natur sind, die dem Handeln und der Macht ihrer Götter zugeschrieben werden. Feuer brennt und Wasser erquickt; schwere Körper fallen und leichtere Substanzen steigen auf, und zwar aus der Notwendigkeit ihrer eigenen Natur heraus; und die *unsichtbare Hand Jupiters* wurde bei jenen Dingen auch nie verwendet. Aber Donner und Blitz, Stürme und Sonnenschein, jene mehr unregelmäßigen Ereignisse wurden seiner Gunst oder seinem Ärger zugeschrieben.")

Während in der *TMS* und im *WN* der Begriff der unsichtbaren Hand als Metapher für das Gesetzmäßige in der Welt, also ein innerweltliches Geschehen, verwendet wird, greift die „unsichtbare Hand Jupiters" unmittelbar in das aktuelle Weltgeschehen ein. Der Sache nach besteht zur Rede von der unsichtbaren Hand Jupiters in *HA* eine Parallele in *WN* (V.i.f.24 dt. 652), wo Smith vom „Aberglauben (superstition)" an ein „unmittelbares Einwirken der Götter (immediate agency of the gods)" in das Weltgeschehen spricht. Die Ausführung RAPHAELS (1991: 86), daß Smith selbst „von einer unsichtbaren Hand gelenkt [wurde; O.H.], bildhafte Vergleiche zu ziehen"[121], ist zurückzuweisen, da der Begriff der unsichtbaren Hand bei Smith dann nicht mehr als innerweltliche Gesetzmäßigkeit, sondern als partikulärer Eingriff eines höheren Wesens in die Welt erscheint. Dieses ist jedoch mit Smiths natürlicher Theologie nicht vereinbar (vgl. oben II.2.2). Die Rede von der unsichtbaren Hand im *WN* und in der *TMS* und die Rede von der unsichtbaren Hand Jupiters besitzen vielmehr ihre Gemeinsamkeit darin, daß sie auf die *letztlich unbekannten* Ursachen bestimmter Phänomene hinweisen.[122]

---

[121] Diese Vorstellung erinnert an den aus der Theologie bekannten Begriff der Schriftinspiration: Gott selbst ist es, der beispielsweise die menschlichen Verfasser der Evangelien gleichsam als Werkzeuge gebraucht, um seine Heilsbotschaft der Welt mitzuteilen.

[122] AHMADS (1994) Versuch, 'vier unsichtbare Hände' herauszuarbeiten, deren einzige Gemeinsamkeit in ihrer Beziehung zu theistischen Vorstellungen bestehe, kann m.E. nicht überzeugen. Hinsichtlich der drei expliziten invisible hand-Stellen weist AHMAD *WN* und *HA* je eine unsichtbare Hand, der *TMS* hingegen zwei unsichtbare Hände zu. Dort sieht er eine erste bei der Beobachtung, daß der Magen des Grundherrn kleiner ist als seine Bedürfnisse, am Werke. Eine zweite sorgt dann für die Verteilung der Güter auf die Untergebenen. Der Nachweis solcher zweier unsichtbarer

7. Die notwendigen Aufgaben des Staates

Staatliche Institutionen sind Smith zufolge in einer Gesellschaft, die primär auf individuellen Nutzenerwägungen basiert, unerläßlich. Ausdrücklich stellt er fest, daß ein gesellschaftliches System der Eigeninteressen, in dem jedes Individuum vollkommen frei seinen eigenen Nutzen und Vorteil suchen darf, zu inakzeptablen Ergebnissen führt. Zum einen werden in einer solchen, gleichsam anarchischen Ordnung einzelne Individuen im wahrsten Sinne des Wortes 'übervorteilt'[123], d.h. ihr Interesse bleibt zugunsten des Interesses eines anderen Individuums unberücksichtigt bzw. nimmt Schaden. Zum anderen werden bestimmte gesellschaftliche Interessen und die von diesen abgeleiteten individuellen Interessen nur unzureichend verfolgt und realisiert (vgl. oben II.5.5).

Smith leistet zwar, wie HUEBER (1991: 227; Herv. dort) bemerkt, „an keiner Stelle eine *systematische* Definition des Staates", doch sind seine Ausführungen zur staatlich verfaßten Gesellschaft (s.o. II.3.3.3, Exkurs 2) und zu den Aufgaben des Staates (vorliegendes Kapitel II.7) umfassend genug, um wesentliche Aspekte des Smithschen Verständnisses der staatlichen Institutionen und deren Pflichten erkennen zu können.[124]

Wenn es bei der Bestimmung der staatlichen Aufgaben zum einen um das Verhältnis der Interessen unterschiedlicher Individuen und zum anderen um die Förderung des Allgemeinwohls geht, dann sind zwei Eigenschaften für die Träger staatlicher Macht besonders wichtig: Unparteilichkeit und der Blick für das Ganze. Aus diesem Grunde findet Smith Gefallen an der Figur eines umsichtigen Souveräns (z.B. im Zusammenhang mit

---

Hände in der *TMS*-Stelle mutet durchaus willkürlich an. Entweder beschränkt man sich auf die expliziten Passagen, dann kann es insgesamt nur drei invisible hands geben, oder man bezieht sich auch auf implizite Sachverhalte. In diesem Fall ist der theistische Kontext jedoch offensichtlich, so daß letztlich nur *eine* invisible hand bei Smith existiert, die sich gleichwohl in verschiedenen Schattierungen zeigen kann. Die „invisible hand *of Jupiter*" ist von dieser Vorstellung zu trennen. Zur invisible hand of Jupiter vgl. auch MACFIE (1971). Im Gegensatz zu AHMAD (1994) sieht auch er die Smithsche Vorstellung einer invisible hand, die in *TMS* und *WN* zum Ausdruck kommt, einerseits und einer invisible hand of Jupiter andererseits.

[123] Zur Verbindung von „Interesse" und „Vorteil" s.o. (II.3.2.1).

[124] Man wird davon ausgehen können, daß Smith eine systematische Definition des Staates in der von ihm geplanten rechtsphilosophischen Abhandlung („History of Law and Government"; s.o. II.1) vorgelegt hätte.

Ein Diskussionsdefizit bezüglich der gesamten Smithschen Staats- und Rechtslehre konstatiert BRÜHLMEIER (1988: 16) in der Sekundärliteratur.

der Regierung der Kolonien; *WN* IV.vii.c.101/6 dt. 536/41) und an der Mitarbeit der tugendhaften Staatsbediensteten (vgl. oben II.3.2.3, II.3.3.5). Unparteilichkeit und das Interesse am Wohl des Ganzen sieht Smith auch als wesentliches Charakteristikum des britischen Parlaments (vgl. *WN* IV.vii.c.71 dt. 521[125]). Der Fällung eines neutralen Urteils im Konflikt zwischen individuellen und staatlichen Interessen ist die im Laufe der Gesellschaftsentwicklung ausgebildete Gewaltenteilung zwischen Judikative und Exekutive förderlich (vgl. *WN* V.i.b.25 dt. 611/2; *LJ(B)* § 22/3, 63 dt. 12/3, 33).

Einzelne gesellschaftliche Schichten können demgegenüber das allgemeine Interesse der Nation vielfach nicht erkennen bzw. wollen es nicht verfolgen. Hinsichtlich der Grundbesitzer, Lohnarbeiter und Unternehmer wurde dies bereits diskutiert (s.o. II.5.5). Es gilt nach Smith aber beispielsweise auch für das Urteilsvermögen der politischen Instanzen in den Kolonien im Hinblick auf die Interessen des gesamten britischen Empires (vgl. *WN* IV.vii.c.69/70 dt. 520/1).

Wichtig ist für Smith, daß die staatlichen Akte so gesetzt werden, daß sie einsichtig sind. Einer argumentativen Durchsetzung wird gegenüber einer gewaltsamen der eindeutige Vorzug gegeben (vgl. *TMS* VI.ii.15/8 dt. 394/7).[126] Diese Kunst der Staatslenkung ist Smith zufolge jedoch nicht selbstverständlich:

> „For though management and persuasion are always the easiest and the safest instruments of government, as force and violence are the worst and the most dangerous, yet such, it seems is the natural insolence of man, that he almost always disdains to use the good instrument, except when he cannot or dare not use the bad one." (*WN* V.i.g.19 dt. 679)
> („Unmerkliche Führung und geschickte Überredung sind zwar noch immer das leichteste und sicherste Mittel zum Regieren, so wie umgekehrt Zwang und Gewalt das schlechteste und gefährlichste sind. Trotzdem scheint der

---

[125] Smith formuliert (ebd.):

> „The parliament of England has not upon any occasion shown the smallest disposition to overburden those parts of the empire which are not represented in parliament."
> („Bei keiner Gelegenheit hat das englische Parlament die geringste Neigung erkennen lassen, jene Gebiete des Empires, die nicht im Parlament vertreten sind, ungebührlich zu belasten.")

[126] Vgl. OAKLEY (1994: 60): „the most effective system of laws will be that to which individual agents are prepared to conform voluntarily. This requires that they understand the laws and can perceive that it is in their interests, and in the interests of all members of the society, to comply with them."

Mensch von Natur aus so anmaßend zu sein, daß er es immer wieder verschmäht, auf das gute Hilfsmittel zurückzugreifen, solange er sich des schlechteren bedienen kann oder zu bedienen wagt.") Smith erkennt im wesentlichen drei Hauptaufgaben des Staates („three duties of great importance"; *WN* IV.ix.51 dt. 582), die er insbesondere im fünften Buch des *WN* (V.i.a/g dt. 587/693) erörtert:

> „first, the duty of protecting the society from the violence and invasion of other independent societies; secondly, the duty of protecting, as far as possible, every member of the society from the injustice or oppression of every other member of it, or the duty of establishing an exact administration of justice; and, thirdly, the duty of erecting and maintaining certain publick works and certain publick institutions, which it can never be for the interest of any individual, or small number of individuals, to erect and maintain; because the profit could never repay the expence to any individual or small number of individuals, though it may frequently do much more than repay it to a great society" (*WN* IV.ix.51 dt. 582).

> („erstens die Pflicht, das Land gegen Gewalttätigkeit und Angriff anderer unabhängiger Staaten zu schützen, zweitens die Pflicht, jedes Mitglied der Gesellschaft soweit wie möglich von Ungerechtigkeit oder Unterdrückung durch einen Mitbürger in Schutz zu nehmen bzw. die Pflicht, ein zuverlässiges Justizwesen einzurichten, und drittens die Pflicht, bestimmte öffentliche Anstalten und Einrichtungen zu gründen und zu unterhalten, die ein einzelner oder eine Gruppe aus eigenem Interesse nicht betreiben kann, weil ihr Gewinn ihre Kosten niemals decken könnte, obwohl er häufig höher sein mag als die Kosten für das ganze Gemeinwesen".)

Ökonomisch gesprochen geht es nicht nur beim letzten, sondern auch bei den ersten beiden Fällen um das Problem der Bereitstellung und Finanzierung solcher öffentlicher Güter, deren Nutzen die Herstellungskosten zwar auf gesellschaftlicher, nicht jedoch auf individueller Ebene übersteigt (vgl. *WN* V.i.c. dt. 612). Dabei handelt es sich bei den ersten beiden Pflichten um rechtsstaatliche, bei der dritten Pflicht im wesentlichen um versorgungsstaatliche Aufgaben[127].

Während sich die erste Staatsaufgabe auf die Sicherheit und Freiheit des Landes, des Gemeinwesens, also auf die *äußere* Sicherheit bezieht (vgl. auch *LJ(A)* i.7: „protecting the state from foreign injuries"), kommt in der zweiten Pflicht des Staates die Sicherheit und Unabhängigkeit des Individuums bzw. der innere Friede der Gesellschaft („internall peace", „peace

---

[127] Zu den Begriffen des „Rechtsstaats" und des „Versorgungsstaats" vgl. ausführlich BERNHOLZ/FABER (1986: 36/45). Der Versorgungsstaat ist hierbei von dem umfassenderen „Wohlfahrtsstaat" zu unterscheiden (BERNHOLZ/FABER 1986: 40).

within doors"; *LJ(A)* i.1,7) in den Blick. Der innere Friede hat u.a. den äußeren zur Voraussetzung (vgl. *LJ(A)* i.6/7). Freiheit und Unabhängigkeit der Nation und ihrer einzelnen Bürger sind aber nicht nur an sich wesentliche Momente gesellschaftlichen und individuellen Wohlergehens (vgl. oben II.3.2.4, II.3.3.5). Sie sind darüber hinaus wichtige Faktoren im Hinblick auf die Bildung und den Erhalt nationalen und persönlichen Wohlstandes (vgl. oben II.5). Bei der dritten Staatsaufgabe wird dieser Wohlstand explizit angestrebt. Sie richtet sich aber auch auf die Stärkung der gesellschaftlichen Stellung der sozial schwächeren Gesellschaftsmitglieder und der damit verbundenen Möglichkeit, das eigene Interesse besser realisieren zu können. Die drei Pflichten des Staats werden im folgenden in einem jeweils eigenen Abschnitt ausführlicher diskutiert.

7.1 Die verteidigungspolitischen Aufgaben des Staates

Im Zusammenhang mit der Smithschen Theorie des Ursprungs des Staatswesens wurde dargelegt, daß staatliche Institutionen nach Smith in dem Moment gesellschaftlich notwendig werden, da die Möglichkeit besteht, in größerem Maße Eigentum zu bilden. Sie sollen das individuelle Eigentum gegen die Übergriffe anderer Individuen schützen (s.o. Exkurs 2). Was im zwischenmenschlichen Bereich gilt, ist aber auch auf staatlicher Ebene zu beobachten: Nationaler Reichtum erweckt den Neid anderer Länder (vgl. *WN* V.i.a.15, 39 dt. 592, 598; *TMS* VI.ii.2.3 dt. 388/9; *LJ(B)* § 288 dt. 158). Der Schutz gegenüber solchen Begehrlichkeiten und die Sicherung der nationalen Freiheit gehören zu den wichtigsten nationalen Interessen. So wie die persönliche Freiheit für Smith eine der grundlegenden Bedingungen des individuellen Glücks ist (s.o. II.3.2.4), hat die nationale Souveränität zentrale Bedeutung für das Allgemeinwohl. Zugleich ist sie Voraussetzung der persönlichen Freiheit der einzelnen Bürger.

Freiheit ist die grundlegende Voraussetzung der Selbstbestimmung, die Smith immer wieder fordert (s.o. II.3.2.4, s.u. II.7.2, II.8). Dies gilt auch für das selbstbestimmte Handeln im wirtschaftlichen Bereich und insgesamt sowohl auf individueller als auch auf staatlicher Ebene. So verurteilt Smith beispielsweise ausdrücklich die Fremdbestimmung und Ausbeutung der Kolonien durch die Kolonialherren. Er spricht in diesem Zusammenhang vom „bitteren Unrecht der Europäer (savage injustice of the Europeans)" (*WN* IV.i.32 dt. 364; vgl. z.B. IV.vii.c. 80, 101 dt. 526/7, 536/7).[128]

---

[128] Für die Kolonien Großbritanniens fordert Smith die Möglichkeit der Selbstbestimmung und der Mitbestimmung in Angelegenheiten, die das ganze Empire betreffen.

Nun entspringt die nötige militärische Macht in der kommerziellen Gesellschaft nicht unmittelbar den individuellen, von Nutzenerwägungen geprägten Handlungen. Das Problem der Bereitstellung öffentlicher Güter zeigt sich hier konkret darin, daß die Ableistung des Militärdienstes von vielen Bürgern aufgrund zu hoher Opportunitätskosten gemieden wird. Darüber hinaus stellt Smith, wie bereits erörtert, fest, daß die Spezialisierung in der arbeitsteiligen Gesellschaft bei der Mehrheit des Volkes zum Verlust der soldatischen Haltung führt. (Vgl. *WN* V.i.a.15 dt. 592; *LJ(B)* §§ 37/40, 331, 334/6 dt. 19/20, 170, 184/5; *LJ(A)* iv.78/80; s.o. II.3.3.5, II.5.5.) Kurz gesagt: Die Masse der Bevölkerung wird „unkriegerisch (unwarlike)" (*WN* V.i.a.15 dt. 592). Ein weiteres grundlegendes Problem kommt hinzu: Die Sicherung des eigenen militärischen Vorteils gegenüber anderen Staaten erfordert im Wehrbereich („art of war") – wie in allen Sektoren der Wirtschaft – eine Spezialisierung. Dies gilt zum einen für das Kriegsgerät, zum anderen aber auch für die Soldaten. (*WN* V.i.a.10, 14 dt. 590/2; vgl. V.i.a.43/4 dt. 599/600.) Smith plädiert daher für die Einführung einer Berufsarmee. Sie entlastet den Großteil der Bevölkerung vom Militärdienst und sichert zugleich die notwendige Spezialisierung in der Kriegskunst. Ihre Gründung verdankt sich explizit keinen unmittelbaren individuellen Interessen:

> „But it is the *wisdom of the state* only which can render the trade of a soldier a particular trade separate and distinct from all others." (*WN* V.i.a.14 dt. 591; Herv. O.H.)

Letztgenannte führt zu der Forderung, daß die Kolonien im britischen Parlament mit eigenen Abgeordneten vertreten sind (*WN* IV.vii.c.74/9 dt. 523/6). Smith, der Bürger der britischen Kolonialmacht, geht dabei so weit, daß die Sitzverhältnisse im Parlament den Verhältnissen des Steueraufkommens der einzelnen Regionen des britischen Empires entsprechen sollen. Als Folge davon läßt Smith ausdrücklich die Möglichkeit zu, daß die amerikanischen Abgeordneten die Mehrheit erlangen – verbunden mit weitreichenden Konsequenzen für die staatlichen Organe:

> „The seat of the empire would then naturally remove itself to that part of the empire which contributed most to the general defence and support of the whole." (*WN* IV.vii.c.79 dt. 526)

> („Dann würde der Sitz der Regierung natürlich in jenen Landesteil verlegt werden, der zur allgemeinen Verteidigung und zur Unterstützung des gesamten Reiches am meisten beiträgt.")

Zu Smiths kolonialpolitischen Auffassungen vgl. auch das Smith zugeschriebene, vermutlich 1778 verfaßte und unter dem Titel *Smith's Thoughts on the Contest with America* als Appendix B im Korrespondenzband der *Glasgow-Edition* abgedruckte Manuskript.

(„Doch ist es allein der *Weisheit des Staates* zu verdanken, daß aus dem Handwerk des Soldaten ein eigenständiger Beruf wurde.")

Das verteidigungspolitische Interesse rechtfertigt Smith zufolge sogar die Protektion von solchen Wirtschaftssektoren, denen hinsichtlich der nationalen Sicherheit wichtige Bedeutung zukommt – obwohl dies seiner wirtschaftspolitischen Grundüberzeugung in höchstem Maße widerspricht (vgl. oben II.5.3). Smith nennt als Beispiel die Förderung der Segeltuch- und Schießpulverherstellung (*WN* IV.v.a.36 dt. 434). Auch die navigation acts (s.o. I.5) können unter dem Gesichtspunkt der nationalen Sicherheit gerechtfertigt werden, da durch sie die maritime Machtstellung gefestigt wird (vgl. *WN* IV.ii.23/30 dt. 377/79). In diesem Zusammenhang wird dezidiert deutlich, daß für Smith nationale Freiheit von viel zentralerer Bedeutung ist als gesellschaftlicher Wohlstand, entsprechend der Bedeutung persönlicher Freiheit auf individueller Ebene (s.o. II.3.2.4):

> „As defence ... is of much more importance than opulence, the act of navigation is, perhaps, the wisest of all the commercial regulations of England." (*WN* IV.ii.30 dt. 379)
> („Da die äußere Sicherheit ... von weit größerer Wichtigkeit ist als Reichtum, ist die Navigationsakte möglicherweise die weiseste aller englischen Handelsregulierungen.")

Die hohen Kosten des militärischen Apparates, die sich aus der Notwendigkeit einer Berufsarmee und den immer komplizierteren Kriegsgeräten ergeben, führen dazu, daß die sicherheitspolitischen Möglichkeiten zwischen armen und reichen Nationen zugunsten der letzteren ungleich verteilt sind. – Da diese sich in der Regel auf der vierten gesellschaftlichen Entwicklungsstufe befinden, während jene z.iT. als Barbarenvölker angesehen werden können, erkennt Smith hier einen Schutz der zivilisatorischen Errungenschaften. – Wirtschaftliche und politisch-militärische Macht der Staaten stehen also in eindeutigem Zusammenhang. (*WN* V.i.a.43/4 dt. 599/600; IV.iii.c.11 dt. 407)

Wie sehr die politischen und militärischen Konflikte der damaligen Zeit zwischen Großbritannien und anderen Staaten, insbesondere mit Frankreich und Holland, (s.o. I.5) für Smith gegenwärtig sind, zeigt sich an einigen Stellen des *WN* deutlich (z.B. IV.ii.29 dt. 378; IV.i.26/27 dt. 358/9; IV.iii.c.9/12 dt. 406/9; V.iii.4 dt. 784).[129]

---

[129] Im übrigen erkennt Smith bereits das Dilemma des Wettrüstens (vgl. *WN* V.i.a.37 dt. 598).

7.2 Die Gewährleistung der Gerechtigkeit durch den Staat

Die zweite Staatspflicht, die Schaffung und Erhaltung von Rechtssicherheit, ist innenpolitisch betrachtet die alles andere überragende Aufgabe der staatlichen Institutionen. In der vertraglich organisierten Gesellschaft der vierten Entwicklungsstufe kommt der Gewährleistung der Gerechtigkeit notwendigerweise eine Schlüsselposition zu, wie bereits erörtert wurde (s.o. II.3.3.3). Sie ist der „Hauptpfeiler (main pillar)", auf dem das gesellschaftliche Gebäude basiert (*TMS* II.ii.3.4 dt. 129). Die Nichtbeachtung der Gerechtigkeit stellt das Unrecht („injury") dar, durch das ein Mensch „einen wirklichen und positiven Schaden (real and positive hurt)" erfährt. Ihre Beachtung ist daher einklagbar. (*TMS* II.ii.1.5 dt. 117)

Da sich die Tugendhaftigkeit der Bürger im Alltag de facto als zu wenig ausgeprägt erweist und ethische Prinzipien alleine nicht ausreichen, um die Beachtung der Grundsätze der Gerechtigkeit sicherzustellen, hat der Staat dafür zu sorgen, daß sich jeder Bürger in seinen fundamentalen Persönlichkeits- und Vertragsrechten vor Übergriffen anderer Individuen geschützt weiß.[130] Verletzungen dieser Rechte sind zu ahnden:

> „The wisdom of every state or commonwealth endeavours, as well as it can, to employ the force of the society to restrain those who are subject to its authority, from hurting or disturbing the happiness of one another." (*TMS* VI.ii.intro.2 dt. 370)
>
> („Die Weisheit eines jeden Staates oder Gemeinwesens strebt, so gut sie kann, die Gesellschaftsgewalt dazu zu verwenden, um diejenigen, welcher ihrer Autorität unterworfen sind, davon zurückzuhalten, die Glückseligkeit der anderen zu verletzen oder zu stören.")

Bürgerliche Gesetzgebung und Strafverfolgung dienen diesem Ziel (vgl. z.B. *TMS* VI.ii.intro.2 dt. 370; II.ii.3.7, 10 dt. 132/5).

Smith unterscheidet in der *TMS* (II.ii.2.2 dt. 124/5) drei Kategorien von Rechten, die „je wichtiger [sind; O.H.], desto fundamentaler das verletzte Gut oder Interesse des einzelnen ist" (BRÜHLMEIER 1988: 41): Der Schutz von „Leben und Person (life and person)" macht für ihn die „heiligsten Gesetze der Gerechtigkeit (most sacred laws of justice)" aus. Auf einer zweiten Stufe steht der Schutz von Besitz und Eigentum. Im Unterschied zu diesen vertraglichen Rechten an aktuellem Besitz und Eigentum nennt Smith drittens die Gewährleistung vertraglich erworbener Ansprüche. In den *LJ* (*LJ(B)* § 6/11 dt. 4/7; ebd. § 183/98 dt. 100/10) spielen darüber hin-

---

[130] Vgl. zur Notwendigkeit der Schutzfunktion des Staats auch MEDICKS (1973: 234) Rede von der „unsicheren Balance zwischen Konflikt und Integration", die den „Dauerzustand" der Gesellschaft bilde.

aus – und folgerichtig zur Bedeutung des Ansehens und der Freiheit für den Menschen (vgl. oben II.3.2.3/4) – Freiheitsberaubung und Ehrverletzungen eine wichtige Rolle. Smith nennt sie nach den leiblichen und noch vor den materiellen Schädigungen.

Der Schutz des Bürgers vor den Übergriffen seiner Mitbürger ist aber nur die eine Seite der Medaille. Aus dem Erörterten folgt zugleich, daß die Freiheit des einzelnen ihre Grenze an der Freiheit und den existentiellen Interessen des anderen und der Gemeinschaft als Ganzer hat (vgl. z.B. *WN* II.ii.94 dt. 267).

Nicht nur die Notwendigkeit der Vergeltung der Verletzung individueller Rechte, sondern auch das „allgemeine Gesellschaftsinteresse (general interest of society)" (*TMS* II.ii.3.8 dt. 132) kann die Ursache staatlicher Bestrafung darstellen. Das Nichtbeachten der Gesetze führt zur Störung des Gemeinwohls, weil das Rechtssystem ausgehöhlt wird. „Unordnung und Zerrüttung der Gesellschaft (disorder and confusion of society)" (*TMS* II.ii.3.8 dt. 133) sind die Folge solchen Verhaltens. Sofern ein Individuum mit seinem Tun die Gemeinschaft existentiell gefährdet, ist die Todesstrafe ein zulässiges Instrument staatlichen Rechts. (*TMS* II.ii.3.6/11 dt. 131/7; *LJ(B)* § 14 dt. 8)

Bei der rechtlichen Abwägung der Interessenkonflikte im zwischenmenschlichen Bereich einerseits und im Verhältnis von Individuum und Staat andererseits hat die Judikative in jeder Hinsicht unabhängig und unparteiisch zu entscheiden. So wie Smith im Bereich der Ethik den *impartial* spectator zum maßgeblichen Kriterium des Urteils macht, spielt in der Rechtsprechung die *„impartial administration of justice"* (*WN* V.i.b.25 dt. 611/2; Herv. O.H.) die zentrale Rolle. Die mit der Gewaltenteilung verbundene Unabhängigkeit der Justiz kann in diesem Sinne nicht hoch genug bewertet werden (vgl. *WN* V.i.b.24/5 dt. 611/2; *LRBL* ii.202/3; *LJ(A)* v.5; *LJ(B)* § 63 dt. 33):

„This Separation of the province of distributing Justice between man and man from that of conducting publick affairs and leading Armies is the great advantage which modern times have over antient, and the foundation of that greater Security which we now enjoy both with regard to Liberty, property and Life." (*LRBL* ii.203)
(„Diese Trennung des Bereichs der distributiven Gerechtigkeit unter den Menschen von dem der Verwaltung öffentlicher Angelegenheiten und der Leitung von Armeen ist der große Vorteil, den die modernen Zeiten gegenüber den vergangenen haben, und die Grundlage der größeren Sicherheit, die wir jetzt im Hinblick auf Freiheit, Eigentum und Leben genießen.")

Im vorhergehenden Abschnitt und an früherer Stelle (II.3.2.4) wurde bereits dargelegt, daß die persönliche Freiheit für Smith eine der – wenn nicht sogar *die* – Grundvoraussetzung(en) individueller Glückseligkeit ist. Die Bedeutung der Sicherheit des Privateigentums und der persönlichen Freiheit im Bereich des individuellen ökonomischen Handelns wurde ebenfalls erörtert (II.5.1). Der Schutz des Eigentums ist eine wesentliche Bedingung für das Sparen der Bürger. Nur wenn zukünftiger Konsum auch sicher erwartet werden kann, ist der einzelne bereit, den augenblicklichen Genußwunsch zurückzustellen und damit zugleich zur volkswirtschaftlichen Kapitalakkumulation beizutragen. Dabei ist der einzelne nicht nur vor Übergriffen seiner Mitbürger, sondern auch vor denen des Staates selbst zu schützen:

> „In those unfortunate countries, indeed, where men are continually afraid of the violence of their superiors, they frequently bury and conceal a great part of their stock" (*WN* II.i.31 dt. 234).
> („In unsicheren Ländern, in denen die Menschen dauernd Angst haben vor der Gewalttätigkeit der Mächtigen, vergraben oder verbergen sie häufig einen großen Teil ihres Vermögens".)

In diesem Fall wird das individuelle Vermögen nicht produktiv in den Wirtschaftskreislauf eingebracht (vgl. *WN* II.i.30/1 dt. 234). Die enge Verknüpfung von funktionierendem Rechtswesen und gesellschaftlicher Wohlstandsbildung bei Smith ist unzweifelhaft ersichtlich. Die Rechtssicherheit ist eine conditio sine qua non für Handel und Wohlstand:

> „Commerce and manufactures can seldom flourish long in any state which does not enjoy a regular administration of justice, in which the people do not feel themselves secure in the possesion of their property, in which the faith of contracts is not supported by law, and in which the authority of the state is not supposed to be regularly employed in enforcing the payment of debts from all those who are able to pay." (*WN* V.iii.7 dt. 785; vgl. *LJ(B)* § 303 dt. 165.)
> („Handel und Gewerbe können selten sehr lange in einem Land gedeihen, das ohne geordnetes Rechtswesen ist, in dem sich die Menschen ihres Eigentums nicht sicher fühlen, in dem das Vertrauen in Verträge nicht durch das Gesetz gestärkt wird und in dem man nicht regelmäßig den Einsatz der Staatsgewalt erwarten kann, damit zahlungsunfähige Schuldner auch zur Leistung gezwungen werden.")

7.3 Der Staat als Förderer der Interessen der Allgemeinheit

Die dritte Staatsaufgabe besteht für Smith in der Bereitstellung spezieller öffentlicher Güter durch den Staat. Smith geht es dabei vor allem um die Schaffung einer funktionierenden Infrastruktur im Verkehrs- und Handelsbereich und im Bildungsbereich. Das gesellschaftliche Interesse und davon ausgehend auch die Interessen der einzelnen Bürger sollen mit der Bereitstellung dieser öffentlichen Güter gefördert werden.

Der Ausbau des Verkehrswesens (vgl. *WN* V.i.d.dt. 612/20) erleichtert die Mobilität der Produktionsfaktoren, vergrößert die Märkte, intensiviert den Wettbewerb und trägt so wesentlich zum nationalen Interesse in Form der Steigerung des Sozialprodukts bei (vgl. oben II.5.2/3). Da die Qualität der Infrastruktur dem Niveau der Ökonomie entsprechen muß, ist sie um so kostenintensiver, je entwickelter die Wirtschaft ist. Als Teil der Infrastruktur für den Handel fördern staatliche Sicherheitsgarantien – im konkreten Fall auch militärischer Schutz – für bestimmte Zweige des Außenhandels, die im Ausland und auf dem Seewege von Übergriffen bedroht sind, ebenfalls die Entwicklung des Volkseinkommens. Zugleich dient der Staat in beiden Fällen auch den einzelnen Interessen der betroffenen Wirtschaftssubjekte.[131] (Vgl. *WN* V.i.d/e dt. 612/44; *LJ(B)* § 222 dt. 124.)

Die von Smith geforderten staatlichen Bildungsmaßnahmen (vgl. *WN* V.i.f/g dt. 645/93) dienen in erster Linie der Kompensation der beschriebenen negativen Folgen der Arbeitsteilung (vgl. *WN* V.i.f.52/61 dt. 664/8; vgl. oben II.5.5). Das unzureichende Bildungsniveau der Masse der Arbeiter liegt weder im Interesse dieser Bevölkerungsschicht noch im Interesse der Gesellschaft. Dem Arbeiter fehlen in wesentlichen Teilen die Grundlagen, sein eigenes Interesse zum einen zu erkennen und zum anderen auch durchzusetzen. Ein Mindestmaß an Schulbildung soll diesem Mangel abhelfen. Der Staat hat entsprechend für geeignete Bildungseinrichtungen zu sorgen und kann den Besuch dieser Institutionen nicht nur durch verschiedene Maßnahmen anregen, sondern auch befehlen. Der einzelne kann so gleichsam 'zu seinem eigenen Glück gezwungen werden'. Auch das Wohl der Allgemeinheit erfordert das staatliche Engagement im Bildungsbereich:

> „A man, without the proper use of the intellectual faculties of a man, is, if possible, more contemptible than even a coward, and seems to be mutilated and deformed in a still more essential part of the character of human nature. Though the state was to derive no advantage from the instruction of the inferior ranks of people, it would still deserve its attention that they should

---

[131] Dies gilt auch im Fall der Gründung der Bank von Amsterdam mit der Unterstützung der Stadt Amsterdam (vgl. *WN* IV.iii.b. dt. 392/401; vgl. oben II.5.4).

not be altogether uninstructed. The state, however, derives no inconsiderable advantage from their instruction. The more they are instructed, the less liable they are to the delusions of enthusiasm and superstition, which, among ignorant nations, frequently occasion the most dreadful disorders. An instructed and intelligent people besides are always more decent and orderly than an ignorant and stupid one." (WN V.i.f.61 dt. 667)

(„Jemand, der von den geistigen Fähigkeiten des Menschen nicht den rechten Gebrauch machen kann, ist womöglich noch verachtenswerter als ein Feigling und in seinem Persönlichkeitsbild offenbar noch weit stärker gestört und behindert. Selbst wenn der Staat als solcher keinen Vorteil von der Schulausbildung für Menschen aus diesen niederen Schichten haben sollte, sollte er doch darauf achten, daß sie nicht Analphabeten bleiben. Tatsächlich aber zieht er nicht unbeträchtlichen Vorteil daraus. Denn je gebildeter die Bürger sind, desto weniger sind sie Täuschungen, Schwärmerei und Aberglauben ausgesetzt, die in rückständigen Ländern häufig zu den schrecklichsten Wirren führen. Außerdem ist ein aufgeklärtes und kluges Volk stets zurückhaltender, ordentlicher und zuverlässiger als ein unwissendes und ungebildetes.")

Zentrale Bedeutung kommt der Bildungspolitik insbesondere im Hinblick auf den Prozeß der politischen Willensbildung und auf Fragen des Wahlrechts zu:

„In free countries, where the safety of government depends very much upon the favourable judgement which the people may form of its conduct, it must surely be of the highest importance that they should not be disposed to judge rashly or capriciously concerning it." (WN V.i.f.61 dt. 668)

(„In freien Gemeinwesen, in denen der Bestand einer Regierung weitgehend von dem zustimmenden Urteil abhängt, welches sich die Bevölkerung über ihre Politik bilden mag, muß es ganz sicher von äußerster Wichtigkeit sein, daß die Menschen nicht dazu neigen sollten, politische Entscheidungen voreilig oder launenhaft zu beurteilen.")

Der Staat soll laut Smith nur dann öffentliche Güter bereitstellen, wenn diese der Gesellschaft von den Privaten entweder gar nicht oder nur zu ungleich schlechteren Bedingungen angeboten werden, als dies staatliche Institutionen tun könnten (vgl. WN V.i.d.1 dt. 612; V.i.d.6/10 dt. 614/6). Da die Staatsbediensteten aber stets als Vertreter des Staates und nicht unmittelbar im eigenen Interesse agieren, äußert sich Smith im Hinblick auf die Leistungsfähigkeit staatlicher Institutionen und Unternehmen gegenüber privatwirtschaftlich organisierten in der Regel äußerst skeptisch. Das Eigeninteresse der staatlichen Angestellten steht zuweilen dem Interesse der Allgemeinheit auch direkt entgegen. (Z.B. WN V.i.d.7 dt. 614/5; V.ii.a.5/7 dt. 697/8; vgl. auch IV.vii.c.105/6 dt. 539/41.) Die leistungsbezogene Entlohnung der Staatsdiener stellt für Smith eine wichtige Komponente des öffentlichen Dienstes dar (vgl. z.B. *WN* V.i.b.20 dt. 609; V.i.f.1/8 dt. 645/7).

Die Realisierung der staatlichen Aufgaben erhöht zwar insgesamt das Wohlergehen der Individuen und der Gesellschaft, kann die individuellen Handlungen und deren Ergebnisse im Hinblick auf die Erlangung wahren menschlichen Glücks in der *nutzenorientierten* Gesellschaft letzten Endes aber doch nur unzureichend regulieren und kompensieren (vgl. oben II.3.2.4):

> „What institution of government could tend so much to promote the happiness of mankind as the general prevalence of wisdom and virtue? All government is but an imperfect remedy for the deficiency of these." (*TMS* IV.2.1.1 dt. 321; Herv. O.H.)
> („Welche Einrichtung der Verfassung könnte so viel dazu beitragen, die Glückseligkeit der Menschen zu fördern, als die allgemeine Herrschaft von Weisheit und Tugend? Jede Regierung und Verfassung ist nur ein unvollkommenes Heilmittel gegen den Mangel der letzteren.")

Die Grenzen der staatlichen Einflußmöglichkeiten werden auch in den rechtsphilosophischen Vorlesungen im Rahmen des Familienrechts aufgezeigt:

> „The law hinders the doing injuries to others, but there can be no fixed laws for acts of benevolence." (*LJ(B)* § 126 dt. 65)
> („Das Recht verhindert Unrecht, aber es kann keine festen Gesetze für Akte des Wohlwollens geben.")

Die Bestimmung der staatlichen Aufgaben bei Smith wird im Rahmen der folgenden Darstellung des Systems der natürlichen Freiheit noch einmal aufgegriffen.

8. Die Synthese: das „System der natürlichen Freiheit"

Aus den verschiedenen Elementen der Smithschen Theorie von Mensch, Gesellschaft, Ethik, Ökonomie und Staat, die bisher erörtert wurden, ergibt sich ein funktionsfähiges System, das auf der kontrollierten individuellen Verfolgung der jeweiligen Eigeninteressen aufbaut. Smith bezeichnet es als das „System der natürlichen Freiheit (system of natural liberty)" (*WN* IV.ix.51 dt. 582).[132]

---

[132] Es wird im folgenden – da es sich im wesentlichen um eine Zusammenschau handelt – darauf verzichtet, zu den jeweiligen Teilbereichen dieses Systems die entsprechenden Kapitel der Gliederung dieser Arbeit anzugeben.

Das skizzierte phänomenologisch gewonnene Menschenbild, daß der einzelne – ausgehend von der beschränkten individuellen Sympathiefähigkeit – primär selbstbezogen und an seinen *eigenen* Interessen orientiert handelt, ist das Fundament des Systems. Gesellschaftliches Miteinander ist weniger durch Liebe und Tugend als durch individuelle Nutzenkalküle geprägt. Das weitverbreitete folgenorientierte moralische Denken sowie die grundsätzliche Schwäche menschlicher Moralität werden in diesem System berücksichtigt.

8.1 Das System der natürlichen Freiheit in der Ökonomie

Am Ende seiner Darlegungen zu den wirtschaftstheoretischen und -politischen Auffassungen des Merkantilismus und der Physiokratie formuliert Smith die Quintessenz seiner eigenen ökonomischen Überlegungen:

> „All systems either of preference or of restraint ... being thus completely taken away, the obvious and simple *system of natural liberty establishes itself* of its own accord. Every man, as long as he does not violate the *laws of justice*, is left *perfectly free to pursue his own interest his own way*, and to bring both his industry and capital into *competition* with those of any other man, or order of man." (*WN* IV.ix.50 dt. 582; Herv. O.H.)
>
> („Gibt man ... alle Systeme der Begünstigung und Beschränkung auf, so stellt sich *ganz von selbst* das einsichtige und einfache *System der natürlichen Freiheit* her. Solange der einzelne nicht die *Gesetze der Gerechtigkeit* verletzt, läßt man ihm *völlige Freiheit,* damit er das *eigene Interesse auf seine Weise verfolgen* kann und seinen Erwerbsfleiß und sein Kapital im *Wettbewerb* mit jedem anderen oder einem anderen Stand entwickeln oder einsetzen kann.")

Der einzelne darf und soll demnach seine eigenen Ziele frei verfolgen, jedoch nicht in willkürlicher, sondern in einer *relativ* verstandenen Freiheit. Der institutionelle Rahmen der Wirtschaftstätigkeit wird gebildet durch die staatlichen Gesetze. Sie sind als institutionalisierter Ausdruck der in der Gesellschaft existierenden allgemeinen Regeln der Ethik zu interpretieren[133]. Die Beachtung der gesetzlichen Grenzen macht dann für das Indi-

---

[133] RECKTENWALD übersetzt in obiger Stelle den Ausdruck der „laws of justice" verkürzt mit „Gesetzen". Es geht jedoch nicht bloß um die Befolgung positiver Gesetzgebung. Vielmehr macht Smith hier deutlich, daß die Gesetze als Ausdruck der ethischen Grundsätze der Gerechtigkeit zu verstehen sind. Dies wird u.a. an der Verwendung des Begriffs der „laws of justice" in *TMS* (II.ii.3.6 dt. 131) deutlich. Vgl. in diesem Sinne auch CAMPBELL/SKINNER (1976:10): „In Smith's eyes, a fundamental precondition of social order was a system of positive law, embodying our conception of those rules of conduct which relate to justice."

viduum einen permanenten Prozeß der Gewissensbildung zum Zwecke der Bestimmung des rechten ökonomischen Handelns nicht mehr notwendig. Die im System der natürlichen Freiheit geltende Ethik kann in diesem Sinne auf die Verpflichtung zur Einhaltung von Verträgen reduziert (vgl. RAPHAEL 1991: 109) oder als „Ethik des Gewährenlassens" (FABER/MANSTETTEN 1988: 109) bezeichnet werden. Ein solches System stellt für den einzelnen Bürger keine moralische Überforderung dar. Jeden Menschen seine eigenen Interessen auf diese Weise verfolgen zu lassen, kennzeichnet nach Smith die „liberale Vorstellung über Gleichheit, Freiheit und Gerechtigkeit (liberal plan of equality, liberty and justice)" (*WN* IV.ix.3 dt. 560).

Die Aufgaben des Staates in diesem System sind eng umrissen. Im neoliberalen Sinne formuliert geht es vor allem um die Übernahme ordnungspolitischer Aufgaben, um die Setzung eines Teils des Datenkranzes, innerhalb dessen der Wirtschaftsprozeß ablaufen soll[134]. Dazu gehören erstens die Schaffung und Überwachung nationaler und individueller (Rechts-)Sicherheit, zweitens das fortwährende Engagement für eine marktwirtschaftliche Wirtschaftsordnung und drittens die Kompensation und Ergänzung derjenigen Mängel, die sich allgemein aus dem Problem der öffentlichen Güter ergeben.

Zum zweiten Punkt, der marktwirtschaftlichen Ordnungspolitik, gehört neben der Wettbewerbspolitik[135] im allgemeinen die Antimonopolpolitik im speziellen. Der Abbau internationaler Handelsbeschränkungen gehört ebenso zu den ordnungspolitischen Zielsetzungen wie die Schaffung größtmöglicher Leistungsanreize für die Wirtschaftssubjekte. Hierbei kommt der Steuerpolitik eine wichtige Bedeutung als Lenkungsinstrument zu. So fordert Smith beispielsweise für diejenigen Grundbesitzer, die ihrem Pächter eine bestimmte Art der Bodenbewirtschaftung vorschreiben, eine höhere Grundsteuer, weil seines Erachtens der Pächter im Zweifelsfalle besser beurteilen kann, auf welche Weise der höchste Ertrag erzielt und so der größtmögliche Beitrag zum Sozialprodukt geleistet werden kann (*WN* V.ii.c.13 dt. 709). Die Möglichkeit der steuerpolitischen Konsumlenkung wird explizit erwähnt (*WN* V.ii.k.6/7 dt. 749). Die steuerliche Gesetzgebung soll so gestaltet sein, daß sie leistungsmotivierend, klar, einsichtig und administrativ einfach zu handhaben ist (vgl. *WN* V.ii.b dt. 703/5).

---

[134] Zum Begriff des Datenkranzes vgl. EUCKEN (1965: 127/50, 156/62).

[135] Zur Kontrolle des menschlichen Verhaltens durch den Wettbewerb bemerkt RECKTENWALD (1985a: 381; Herv. dort): „Der tatsächliche und potentielle Druck der Rivalität hält das egoistische Verhalten laufend, unverzüglich und wirkungsvoll in gebotenen Grenzen. *Es schützt die Schwächeren auf dem Markt ..., dient als Selbstverteidigung ... und straft sofort und wirksam.*"

Mit der Bestimmung der genannten staatlichen Aufgaben wird deutlich, daß Smith „nicht an die Wirksamkeit des Laissez-Faire in sämtlichen Bereichen des menschlichen Lebens" glaubt (RAPHAEL 1991: 65). „Smith war keineswegs ein doktrinärer Liberaler; er hat nicht nur Fälle des Marktversagens im Blick gehabt, sondern auch auf den institutionellen Rahmen, innerhalb dessen sich der wirtschaftliche Prozeß abspielt, wiederholt hingewiesen, und ihn – mit effizienzsteigernder oder effizienzmindernder Wirkung – als veränderbar und gestaltbar angesehen" (PRISCHING 1990: 74). Einen „Nachtwächterstaat" lehnt Smith ab (RAPHAEL 1991: 92).[136]

Wenn FRIEDMAN (1985: 214) hingegen im Zusammenhang mit der dritten Staatsaufgabe, der Bereitstellung öffentlicher Güter, davon spricht, daß diese „Schaden" und „Gefahren" in sich berge, weil sie „zur Rechtfertigung einer völlig unbegrenzten Ausweitung der Staatätigkeit" beitragen könne, dann ist Smiths Position mit dieser Kritik nicht richtig getroffen. Vielmehr distanziert sich Smith von einem Interventionssystem. In einem solchen wäre der Mensch u.a. aufgrund der vorhandenen Informationsdefizite völlig überfordert (vgl. *TMS* VI.ii.2.17/8 dt. 395/6; IV.ii.10 dt. 371):

> „The sovereign is [in the system of natural liberty; O.H.] completely discharged from a duty, in the attempting to perform which he must always be exposed to *inumerable delusions*, and *for the proper performance of which no human wisdom or knowledge could ever be sufficient*; the duty of superintending the industry of private people, and of directing it towards the employments most suitable to the interest of the society." (*WN* IV.ix.51 dt. 582; Herv. O.H.)
>
> („Der Herrscher wird [im System der natürlichen Freiheit; O.H.] vollständig von einer Pflicht entbunden, bei deren Ausübung er stets *unzähligen Täuschungen* ausgesetzt sein muß und *zu deren richtiger Erfüllung keine menschliche Weisheit oder Kenntnis jemals ausreichen könnte*, nämlich der Pflicht, den Erwerbsfleiß privater Leute zu überwachen und ihn in Beschäf-

---

[136] „In der Tat ist der Pflichtenkatalog, den Smith dem politischen Apparat zuweist, nicht so gering. *Abgewogene* Interventionen des Staates und *wohlgestaltete* öffentliche Institutionen sind mit dem Liberalismus von Locke, Hume oder Smith durchaus vereinbar." (PRISCHING 1990: 73; Herv. O.H.) Die Erfüllung der staatlichen Aufgaben ist die Voraussetzung dafür, daß „das Gemeinwesen überhaupt *lebensfähig* ist und funktionieren kann" (RECKTENWALD 1990: LXV; Herv. dort; vgl. ebd.: LXV/VIII).
Zur Ordnungsaufgabe des Staates bei Smith vgl. auch WÜNSCHE (1991: 252/8); RAPHAEL (1991: 92/5); ECKSTEIN (1985: LVI/VII); STIGLER (1985); WILLE/GLÄSER (1985); ONCKEN (A. ONCKEN; Adam Smith und Immanuel Kant. Der Einklang über das Wechselverhältnis ihrer Lehren über Sitte, Staat und Wirtschaft, Leipzig 1877; dargestellt bei WILLE/GLÄSER 1985: 266/8).

tigungen zu lenken, die dem Interesse der Gesellschaft am förderlichsten sind.")

Oder eindringlicher formuliert:

„The stateman, who should attempt to direct private people in what manner they ought to employ their capitals, would not only load himself with a *most unnecessary* attention, but assume an authority which could safely be trusted, not only to no single person, but to no council or senate whatever, and which would nowhere be so dangerous as in the hands of a man who had *folly* and *presumption* enough to fancy himself fit to exercise it." (*WN* IV.ii.10 dt. 371; Herv. O.H.)

(„Der Staatsmann, der es versuchen sollte, Privatleuten vorzuschreiben, auf welche Weise sie ihr Kapital investieren sollten, würde sich damit nicht nur, *höchst unnötig*, eine Last aufbürden, sondern sich auch gleichzeitig eine Autorität anmaßen, die man nicht einmal einem Staatsrat oder Senat, geschweige denn einer einzelnen Person anvertrauen könnte, eine Autorität, die nirgendwo so gefährlich wäre wie in der Hand eines Mannes, der *dumm und dünkelhaft* genug, sich auch noch für fähig hielte, sie ausüben zu können.")

Im System der natürlichen Freiheit werden die Interessen aller Gesellschaftsmitglieder gefördert. In der Verfolgung seines Eigeninteresses verschafft der einzelne seinen Mitmenschen durch Tauschhandel und durch die unter dem Begriff der unsichtbaren Hand geschilderten Wirkungen nicht nur grundsätzlich einen Nutzengewinn.[137] Vielmehr gilt für Smith auch, daß dieser sogar vielfach höher ist, als dies bei einer altruistischen Einstellung der Fall wäre:

„By pursuing his own interest he frequently promotes that of the society *more effectually* than when he really intends to promote it." (*WN* IV.ii.9 dt. 371; Herv. O.H.)

(„Dadurch, daß er das eigene Interesse verfolgt, fördert er häufig das der Gesellschaft *effektiver*, als wenn er wirklich beabsichtigt, es zu tun.")

Darüber hinaus werden die Wirkungen der Eigeninteressenverfolgung durch den Staat hinsichtlich negativer Folgen *begrenzt* und bezüglich fehlender Interessenrealisierungen *ergänzt*.

---

[137] RAPHAEL (1991: 83; vgl. ebd.: 62) formuliert: „Das komplexe System mit seinen Gleichgewichten und seinen ... Kreisläufen kann auf bewußtes Planen völlig verzichten. ... [Es; O.H.] entwickelt sich alles auf natürliche Weise aus dem Wechselspiel der Eigeninteressen."

8.2 Das System der natürlichen Freiheit in der Gesellschaft

Da bei der Interpretation Smiths stets sein *Gesamt*werk zu berücksichtigen ist, weil er, wie (PRISCHING 1990: 84) formuliert, „sein Werk immer als homogen verstanden" hat, ist das von Smith für den Bereich der Wirtschaft diskutierte System der natürlichen Freiheit in den größeren Kontext der Smithschen Theorie von Mensch und Gesellschaft zu stellen. Erst in diesem größeren Kontext wird m.E. deutlich, warum Smith überhaupt von einem System der *natürlichen* Freiheit sprechen kann.

Das grundlegende Prinzip des Systems der natürlichen Freiheit formuliert Smith auch in der *TMS*, ohne dort jedoch explizit diesen Begriff zu verwenden:

> „He [the prudent man; O.H.] confines himself, *as much as his duty will permit*, to his own affairs" (*TMS* VI.i.13 dt. 366; Herv. O.H.).
>
> („Er [der Kluge; O.H.] beschränkt sich, *soweit es seine Pflicht erlaubt*, auf seine eigenen Angelegenheiten".)

Und an anderer Stelle:

> „Every man is, no doubt, *by nature, first and principally* recommended to his own care; and as he is fitter to take care of himself than of any other person, it is fit and right that it should be so." (*TMS* II.ii.2.1 dt. 122; Herv. O.H.)
>
> („Zweifellos – jedermann ist *von der Natur in erster Linie und hauptsächlich* seiner eigenen Obsorge anvertraut worden; und da er mehr dazu geeignet ist, für sich selbst zu sorgen als für irgendeinen anderen, so ist es recht und billig, daß er für sich selber sorge.")

Das eigeninteressegeleitete Handeln des Individuums wird von den Mitbürgern prinzipiell gebilligt. In Abgrenzung von HUTCHESONS altruistischem Ethikverständnis erklärt Smith:

> „Regard to our own private happiness and interest, too, appear upon many occasions very laudable principles of action. The habits of oeconomy, industry, discretion, attention, and application of thought, are generally supposed to be cultivated from self-interested motives, and at the same time are apprehended to be very praise-worthy qualities, which deserve the esteem and approbation of every body. ... Carelessness and want of oeconomy are universally disapproved of, not, however, as proceeding from a want of benevolence, but from a want of the proper attention to the objects of self-interest." (*TMS* VII.ii.3.16 dt. 506/7)
>
> („Die Rücksicht auf unser eigenes Glück und Interesse erscheint in zahlreichen Fällen ebenfalls als ein sehr lobenswertes Prinzip des Handelns. Charaktergewohnheiten wie Wirtschaftlichkeit, Fleiß, Umsicht, Aufmerksamkeit, geistige Regsamkeit, werden nach allgemeinem Dafürhalten aus

eigennützigen Beweggründen gepflegt, und doch hält man sie zugleich für sehr lobenswürdige Eigenschaften, die die Achtung und Billigung eines jeden verdienen. ... Fahrlässige Sorglosigkeit und Mangel an Wirtschaftlichkeit werden allgemein mißbilligt, ... weil sie einen Mangel an geziemender Aufmerksamkeit gegenüber denjenigen Dingen zeigen, auf welche sich das Eigeninteresse richtet.")

Nun weist Smith im unmittelbaren Zusammenhang mit der obigen Stelle (*TMS* II.ii.2.1 dt. 122) ausdrücklich darauf hin, daß das aus der Sorge um das eigene Interesse resultierende Verhalten seine Grenze an den berechtigten Eigeninteressen der Mitmenschen hat. Ähnlich wie in der genannten *WN*-Stelle (IV.ix.51 dt. 582) darf hier der einzelne nur innerhalb eines festgelegten Rahmens sein Eigeninteresse frei verfolgen. Wurde dieser Rahmen zuvor durch den Staat markiert, wird er hier durch die Ethik formuliert. Diese hat ihre Grundlagen in der menschlichen Natur, d.h. im Prinzip der Sympathie, und konstituiert über eine Vielzahl individueller Gewissensentscheidungen die allgemeinen Regeln der Ethik, die zu befolgen das Pflichtgefühl des Menschen ist. Die ethische Begrenzung der Eigeninteressenverfolgung ist demnach im Menschen selbst angelegt[138]. Der unparteiische Zuschauer fordert die Rücksichtnahme auf die Interessen der Mitmenschen bzw. der Allgemeinheit.

Die ethische Kontrolle des individuellen Verhaltens vollzieht sich bei Smith auf verschiedenen Ebenen[139]. Auf der ersten Stufe, dem individuellen Gewissen, ist diese Kontrolle aus verschiedensten Gründen bei der Masse der Menschen jedoch nur wenig oder gar nicht ausgeprägt. Eine weitere Ebene stellen die allgemeinen gesellschaftlichen Regeln der Sittlichkeit dar. Da der Mensch von dem Streben nach gesellschaftlichem Ansehen beseelt ist, muß er diese Regeln in einem gewissen Maße beachten. Dies gilt vor allem dann, wenn ihm der Weg zu gesellschaftlicher Anerkennung über den Reichtum versperrt ist. Schließlich wirkt die Ethik in institutionalisierter Form auf einer dritten Ebene, dem Staat. Die Gesetze werden auf der Grundlage des gesellschaftlichen ethischen Konsenses formuliert. Auch die Zielsetzungen staatlicher Politik stehen vielfach im unmittelbaren Zusammenhang mit Fragen der Ethik. So läßt sich beispielsweise das Postulat der Schaffung individueller Chancengleichheit hinsichtlich der Realisierung der Eigeninteressen, das in der Forderung nach einem funktionierenden Bil-

---

[138] RECKTENWALD (1985a: 390) spricht von einem „ethisch geläuterten Eigeninteresse".

[139] Vgl. auch SMALL (zit. nach PRISCHING 1990: 82): Smith „hatte keine politischen oder ökonomischen Lehren, die er als nicht dem Veto ethischer Prinzipien unterworfen betrachtete".

dungswesen zum Ausdruck kommt, nicht allein ökonomisch – etwa im Sinne eines Beitrags zur Maximierung des Sozialprodukts – begründen. Von dieser Begrenzung der Verfolgung der Eigeninteressen durch die Interessen der Mitbürger unterscheidet sich ein weiterer Fall der Eigeninteressenkontrolle. Verschiedene Interessen des Individuums können in einem Zielkonflikt stehen und sich in diesem Sinne gegenseitig kontrollieren und einschränken. So erfordert das Interesse an künftigem Konsum die Bildung von Ersparnissen. Es steht dann aber beispielsweise dem Wunsch entgegen, das Interesse an gesellschaftlichem Ansehen durch die Veranstaltung umfangreicher und kostspieliger Festlichkeiten zu realisieren. Wird die Ersparnisbildung vorgezogen und ein Teil des Vermögens produktiv in den Wirtschaftskreislauf eingebracht, ist damit der Gesellschaft als Ganzer mehr gedient, als wenn es für kurzlebige Konsumgüter ausgegeben wird (vgl. *WN* II.iii.40/1 dt. 287/8).

Die rationalen Erwägungen der Individuen tragen schließlich in hohem Maße zum Erhalt des Staatswesens bei. Das Eigeninteresse an der grundsätzlichen Rechtssicherheit im Hinblick auf Privateigentum und Verträge ist neben dem Autoritätsprinzip eine wesentliche Grundlage der Institution des Staates. Der Staat ist dementsprechend ein natürlicher Bestandteil des Systems der natürlichen Freiheit und diesem nicht von außen vorgegeben. Der Staat erscheint als neutraler Richter innerhalb der zwischenmenschlichen Interessenkonflikte und als Anwalt des Allgemeininteresses. Die Begrenzung der Verfolgung der Eigeninteressen durch die staatlichen Institutionen ist aus der Sicht des Individuums in zweifacher Hinsicht zu verstehen: erstens als Beschränkung des Eigeninteresses durch das Gesellschaftsinteresse bzw. die Eigeninteressen *anderer* Individuen, zweitens als mittelbare Beschränkung durch ein *eigenes* Interesse, und zwar dem an der Erhaltung der staatlichen Institutionen, weil diese z.B. Recht und Ordnung garantieren.

Aus dem Erörterten ergibt sich, daß das System der natürlichen Freiheit grundsätzlich als ein System zu verstehen ist, in dem sich die Eigeninteressen der beteiligten Individuen auf verschiedenste Weise gegenseitig und untereinander in institutionalisierter und nichtinstitutionalisierter Weise kontrollieren und begrenzen. Darüber hinaus tragen auch uneigennützige Überlegungen der Individuen zum Erhalt des Staatswesens, das im System der natürlichen Freiheit eine zentrale Rolle spielt, bei. Solche Überlegungen können sich auf das Wohl bestimmter Mitmenschen, aber auch auf das Gemeinwohl als solches richten. Der einzelne erkennt hier nicht nur die Berechtigung anderer Interessen, sondern gegebenenfalls auch deren größere Wichtigkeit und daraus folgend ihren Vorrang gegenüber den eigenen Interessen an. Die Rede vom „guten Bürger" steht hiermit im Zusammenhang.

Insgesamt geschieht die Verfolgung der Eigeninteressen im System der natürlichen Freiheit nicht willkürlich, sondern eingeschränkt, ohne daß dadurch die grundsätzliche Freiheit des einzelnen – und somit die Grundlage individuellen Glücks – gefährdet wird. Diese wird vielmehr in dem System gewährleistet.[140]

Die dem Eigeninteresse unmittelbar gesetzten Schranken sind von Lebensbereich zu Lebensbereich unterschiedlich. So spielt beispielsweise der Wettbewerb im privaten, familiären Bereich keine Rolle (*LJ(B)* § 112/4 dt. 57/8)[141], und die Ethik im ökonomischen Bereich wird für den einzelnen primär in der institutionalisierten Form der Rechtsregeln relevant. Mit der Rückführung des Staates und der staatlichen Maximen auf die Ethik wird jedoch deutlich, daß es bei Smith keine prinzipielle Trennung von Ökonomie und Ethik gibt. Dies zeigt sich auch in der Bewertung des Wettbewerbs, wenn Smith erläutert, daß das Überholen des Mitbewerbers gestattet ist, nicht aber die Verletzung der Spielregeln.

Smith betrachtet die ökonomischen Interessen als so wirkmächtig, daß er eine institutionalisierte Ethik für nötig hält. Mit der Begrifflichkeit EUCKENS (1965: 127/50, 156/62) kann dieser Sachverhalt dahingehend beschrieben werden, daß die Ethik einen Teil des Datenkranzes markiert, innerhalb dessen das Wirtschaften stattzufinden hat. „Nie hat Smith Märkte als Institutionen in einem herrschaftsfreien Kontext und nie als Institution ohne ein Fundament moralisch-ethischer Normierung verstanden." (KRÜSSELBERG 1984: 192)

Die kontrollierte Verfolgung der Eigeninteressen kommt allen Gesellschaftsmitgliedern zugute. Hierbei ist das System der natürlichen Freiheit effizienter als ein solches, in dem eine bürokratische gesamtgesellschaftliche Planung stattfindet und durchgesetzt wird. Diese Aufgabe kommt dem Menschen von Natur aus nicht zu. Sie überfordert ihn, wie am Beispiel des „Systemmenschen (man of system)" (*TMS* VI.ii.2.17 dt. 395) deutlich wird.

---

[140] RECKTENWALD (1986: 10) spricht von einer „Kanalisierung" des Eigeninteresses bei Smith. Vgl. auch RECKTENWALD (1986: 9/10, 13/20); RECKTENWALD (1989: 139/3); PATZEN (1992: 42/7); TRAPP (1987: 106/7). „Adam Smith ist also keineswegs der Theoretiker des asozialen Egoismus. Selbsterhaltung ist für ihn nicht Ungeselligkeit. Indem jeder Mensch auf sich achtet, erhält er auch die Gemeinschaft, deren Teil er ist." (TRAPP 1987: 107)

[141] Der Wettbewerb zwischen den Ehefrauen, der im Falle der Polygamie besteht (*LJ(B)* § 112/4 dt. 57/8), bildet hier eine Ausnahme. Er spielt im Gesellschaftssystem Smiths aber keine Rolle, da er einem anderen Kulturkreis entstammt.

Mit der Entdeckung des Systems der natürlichen Freiheit wird Smith zugleich dem von ihm im Rahmen der philosophischen Methodik aufgestellten Kriterium gerecht, daß ein System auf möglichst wenigen Prinzipien gründen soll. In Smiths Gesellschaftssystem stellen Eigeninteresse[142] und Sympathie die zwei entscheidenden Prinzipien dar. Von ihnen leiten sich die anderen ab.

Insgesamt ist nach Smith in einer überwiegend von individuellen Nutzenüberlegungen geprägten Gesellschaft das System der natürlichen Freiheit zu errichten. Denn es entspricht der Natur des Menschen, es gründet auf wenigen und einfachen Prinzipien, es gewährt die individuelle persönliche Freiheit und führt zum Frieden.[143] In ihm zeigt sich im übrigen die gute Ordnung der Natur: Gäbe es kein System, in dem sich der Mensch so verhalten dürfte, wie es seiner natürlichen Anlage entspricht, wäre die Ordnung der Natur nicht perfekt. In der Rede vom System der natürlichen Freiheit kommt Smiths theistische Weltauffassung von der allweisen Konzeption der Welt zum Ausdruck.[144]

---

[142] Vgl. auch HOLLANDER (1987: 313): „The basic behavioural motivation [of self-interest; O.H.] of the Wealth of Nations satisfies the scientific requirement that an axiom should be a 'familiar' notion."

[143] MEDICK (1973: 276) spricht vom „gegenwartskritischen Potential", das Smiths System der natürlichen Freiheit beinhaltet, welches der real existierenden, zeitgenössischen Gesellschaft in aufklärerischer Intention gegenübergestellt wird.
Vom System der natürlichen Freiheit abweichende Gesellschaftsordnungen werden von RECKTENWALD (1986: 17) als „unnatürliche Ordnungen" bezeichnet.

[144] Vgl. auch RAPHAEL/MACFIE (1976: 7): „In the WN the stoic concept of natural harmony appears especially in 'the obvious and simple system of natural liberty'". „The Stoic concept of social harmony, as Smith understood it, did not mean that everyone behaved virtuously. Stoic ethics said it was wrong to injure others for one's own advantage, but Stoic metaphysics said that good could come out of evil." (ebd.: 8; vgl. TMS I.ii.3.4 dt. 47/8).
Hinsichtlich der Nähe von Smiths 'System der natürlichen Freiheit" zur Stoa vgl. auch MACFIE (1967a: 26): „The main faith which the Law of Nature and Stoicism inspired in Scotland was a faith in natural liberty in a natural society."
VINER (1985) sieht zwischen WN und TMS eine Diskrepanz hinsichtlich der harmonischen Ordnung und entsprechend der Funktionsfähigkeit des „Systems der natürlichen Freiheit". Während die Harmonie in der TMS „universal und vollkommen" sei, sei sie im WN nur „teilweise und unvollkommen" (ebd.: 83): Als Beispiel für seine These führt er u.a. die oben (II.5.5) genannten Interessenkonflikte zwischen den einzelnen wirtschaftlichen Schichten an. Die dem Staat zuerkannten Aufgaben erscheinen dann als Korrektur der „Mängel in der natürlichen Ordnung" (ebd.: 90). Zudem begründet er seine These damit, daß im WN eine explizit religiöse Einbettung weitgehend fehlt. Nach VINER sieht Smith diesen Widerspruch, ist aber „alt und krank",

9. Ergebnis und Stellungnahme

9.1 Ansatz und Methode

Smiths wissenschaftlich-methodische Prämissen bestehen in der Forderung nach Einfachheit und Klarheit der gewonnenen Ergebnisse. Es geht um die Suche nach einer systematischen Theorie, die durch möglichst wenige und einsichtige Prinzipien zusammengehalten werden soll. Die wesentlichen Prinzipien des Smithschen Ansatzes sind dabei diejenigen der Sympathie, des Eigeninteresses, des unparteiischen Zuschauers und der Arbeitsteilung.

Der Smithsche Ansatz ist von einer phänomenologischen Betrachtung geprägt, die über die empirische und formalwissenschaftliche Methodik der neuzeitlichen Wissenschaften, wie sie sich in den Naturwissenschaften oder in der neoklassischen Ökonomik darstellt (vgl. FABER/MANSTETTEN 1988), hinausgeht. Smiths Beobachtung setzt zwar beim direkt Erfahrbaren an, verweilt dort aber in längerer Betrachtung, um auf die tieferen Dimen-

---

als er die *TMS* „noch einmal durchsah", so daß „es ihm an Kraft mangelte, seine Philosophie drastisch zu verändern" (ebd.: 92).

Diesem Einwand, der nicht nur von einem Bruch zwischen *TMS* und *WN* ausgeht, sondern darüber hinaus der von mir vertretenen Auffassung widerspricht, daß erstens die Ökonomie bei Smith einen Teilbereich der Gesellschaft bildet, in dem die gesellschaftlichen Verhältnisse *konkretisierend* abgebildet werden, und daß sich zweitens dementsprechend das 'System der natürlichen Freiheit in der Ökonomie' aus dem grundsätzlichen 'System der natürlichen Freiheit als System sich selbst kontrollierender Interessen' ergibt, ist vor allem folgendes zu entgegnen: 1.) Weil die Ökonomie ein Teilbereich der Gesellschaft ist, müssen die für letztere geltenden Prinzipien im *WN* nicht nochmals eigens wiederholt werden. 2.) Interessenkonflikte bzw. Zielkonflikte zwischen Individuen und zwischen gesellschaftlichen Schichten treten, wie z.B. im Zusammenhang mit dem Problem der Beachtung der Grundsätze der Gerechtigkeit dargelegt wurde, auch in der *TMS* auf. Diese 'Harmoniemängel' zeigen sich in der *TMS* auch darin, daß die Moralität des Menschen vielfach zu schwach oder sogar ungenügend ist, das für das Glück der Gesellschaft notwendige tugendhafte Zusammenleben herbeizuführen. Die Harmonie des Systems wird im übrigen nicht unbedingt dadurch in Frage gestellt, daß es solche Konflikte gibt. Es wurde in den bisherigen Ausführungen vielmehr darauf hingewiesen, daß die verschiedenen 'Mängel' bei Smith entweder durchaus zum Wohl des Ganzen sind oder von anderen Mechanismen korrigiert werden. Und genau darin wird die – in den Augen Smiths vorhandene – Vollkommenheit der Welt sichtbar. 3.) Der Hinweis auf den kraftlosen alten Mann, der es nicht mehr schaffte, seine Theorien miteinander in Einklang zu bringen, vermag nicht zu überzeugen. So hat Smith u.a. kurz vor dem Erscheinen des *WN* (1774) und noch lange vor seinem Tod (1781) zwei im wesentlichen unveränderte Auflagen der *TMS* herausgebracht, als seine geistige und körperliche Rüstigkeit noch außer Frage stand.

sionen zu stoßen, die sich dem menschlichen Betrachter nicht sofort und unmittelbar zeigen und beispielsweise auch nicht mathematisch abgebildet werden können. Insofern sind viele Ergebnisse nicht, wie beispielsweise bei der Frage nach dem Zusammenhang von Wohlstand und Glück, im wissenschaftlichen Sinne objektiv beweisbar.

Für Smith, den Moralphilosophen, gibt es keine Wirtschaftstheorie ohne gesellschaftstheoretischen Kontext. Die Ökonomie ist stets nur ein Teilbereich des Gesellschaftlichen und kann von diesem nicht losgelöst betrachtet werden. Die Wirtschaft wird immer in ihrem Wechselspiel mit der Gesellschaft als Ganzer analysiert, die gegenseitigen Einflüsse werden explizit berücksichtigt.

Schließlich steht Smiths wissenschaftlich-philosophisches Werk vor dem Hintergrund seiner religiösen, theistischen Überzeugungen. Es wird von Smiths Glaube an die Harmonie der Natur unzweifelhaft beeinflußt. Smiths Theorie von der menschlichen Gesellschaft und Ökonomie bleibt demnach nicht im Innerweltlichen verhaftet, sondern steht im größeren Horizont des Religiösen bzw. Metaphysischen. Auch hier unterscheidet er sich deutlich von der heutigen Ökonomik.

Mit dem Erörterten wird deutlich, daß Smiths Theorie in jeder Hinsicht als ganzheitlich anzusehen ist[145]. Darin unterscheidet er sich wesentlich von den heute vorherrschenden ökonomischen Ansätzen.

9.2 Pointierte Zusammenfassung einiger inhaltlicher Ergebnisse

1.) Smith hat eine hohe Auffassung vom Menschen. Die Betonung der Individualität und die Forderung nach größtmöglicher persönlicher Freiheit auf den verschiedensten Ebenen machen deutlich, welche Würde dem Menschen nach Smith zukommt. Doch nicht nur das Individuelle wird betont, sondern auch das Soziale. Die Individuen können alleine nicht existieren. Sie konstituieren die Gesellschaft. Diese ist jedoch bei Smith mehr als nur die Summe der Individuen, und als solcher wird ihr auch ein eigener Wert zuerkannt.

Die von Smith beschriebene 'Natur des Menschen' wird von dem als Eigeninteresse („self-interest"; *LJ(B)* § 327 dt. 168) bezeichneten Grundprinzip, den eigenen Nutzen und Vorteil zu suchen, beherrscht. Dieses Nutzenkalkül prägt zugleich das gesellschaftliche Miteinander.

---

[145] Vgl. auch HEILBRONER (1994: 129): „there is a reinforcing interaction of philosophy, psychology, history, and social analysis in Smith that has no equal in political economy, save for Marx".

Obwohl Smith im selbstlosen und ethischen Handeln ein Ideal sieht, nimmt er den Menschen mit seiner Selbstbezogenheit so, wie er sich vielfach zeigt, und weist auf, daß auf dieser Basis ein gesellschaftliches Miteinander – also nicht nur ein ökonomisches System – gut funktionieren kann, sofern bestimmte Rahmenbedingungen erfüllt sind. Das von ihm dargestellte System macht mit der Bedeutung persönlicher Freiheit ernst und verlangt nicht die moralische Umerziehung des Menschen.[146] Hierin konkretisiert sich die Smithsche Auffassung, die eng mit seinem theistischen Denken verbunden ist, daß sich dasjenige, was den Dingen offensichtlich von ihrer Natur her zukommt, auch realisieren darf und soll, da diese Realisierung ein funktionsfähiges System begründen kann. Auf diese Weise erhält das Faktische eine *Daseinsberechtigung*. „Dieses *lebensnahe* Grundmodell ist in Methode und Inhalt einzigartig, und Smiths Beitrag zur Erklärung eines tolerablen Zusammenlebens der Menschen unverlierbar und unzerstörbar, welche neuen Erkenntnisse wir auch immer hinzugewonnen haben und gewinnen sollten. Seine Idee der 'natürlichen Freiheit' beruht tatsächlich auf dem Verhalten des Menschen mit allen seinen Widersprüchen, dessen 'Würde' er nicht im Kollektiv untergehen läßt und der weder ausgebeutet noch umerzogen werden soll." (RECKTENWALD 1990: LXXVIII; Herv. dort.) Smiths Gesellschaftsentwurf hat bis in die heutige Zeit Bedeutung, gerade für jene Gesellschaften, deren Zusammenhalt maßgeblich von Nutzenerwägungen geprägt ist. Für die Disziplinen der Wissenschaft erwächst daraus die Aufgabe, jene Gesetzmäßigkeiten dieses Systems aufzudecken, die Smith mit den Begriffen der invisible hand oder der invisible chains beschreibt[147].

Für Smith besteht ganz offensichtlich ein Menschenrecht auf Realisierung der eigenen fundamentalen Interessen. Dies zeigt sich nicht nur in den Ausführungen zu Recht und Gesetz, sondern auch in seiner Forderung nach einer aktiven und notwendigen Bildungspolitik für die Masse der Lohnarbeiter, in seiner Verurteilung des Sklaventums und seinen Ausführungen über die vielfach ungerechte und willkürliche Kolonialherrschaft der europäischen Nationen.

2.) Das Smithsche Menschenbild ist auf einer Seite von dem individuellen Wunsch nach Wohlstand bzw. vom ökonomischen Interesse bestimmt. Hier gilt nicht nur, daß 'immer mehr' gleichbedeutend mit 'immer besser'

---

[146] „Das Gesamtwerk von Smith kann als unter der Frage stehend interpretiert werden, wie eine zivilisierte Gesellschaft für *freie* Individuen möglich ist." (KAUFMANN 1984: 173; Herv. O.H.)
[147] Einen solchen Versuch unternimmt beispielsweise TRAPP (1987: 296ff.).

ist bzw. daß ein Mehr an Gütern auch ein Mehr an Nutzen bedeutet, sondern es gilt auch das Prinzip der Rationalität. Diese Seite des Menschen kann als der in ihm wohnende homo oeconomicus bezeichnet werden. Bentham und Mill vertiefen später die Betrachtung dieses ökonomischen Menschen, in der Neoklassik ist er das dominierende Element. Wenn Smith dann aber deutlich macht, daß der Begriff des Glücks (happiness) weit mehr umfaßt als Vermögen oder Wohlstand (fortune, wealth), daß das Streben nach letzterem dem ersteren sogar oftmals entgegensteht und der Mensch vielfach Bedürfnisse zu befriedigen sucht, die per se unersättlich sind und somit gar nicht befriedigt werden können, dann zeigt sich, daß der Mensch nicht im homo oeconomicus aufgeht.[148] Es gibt also noch eine andere Dimension des Menschen – so wie auch die Ökonomie nur einen Ausschnitt der Gesellschaft darstellt. Diese Dimension ist bei Smith für das Glück des Menschen wichtiger als die ökonomische.

Damit wird deutlich, daß der eindimensionalen Figur des homo oeconomicus nur Modellcharakter zukommen kann und von ihrem Wohlbefinden nur beschränkte Schlußfolgerungen auf das Wohlbefinden des realen, mehrdimensionalen Menschen abgeleitet werden können.

Wenn Smith konstatiert, daß eine Realisierung der eigenen Interessen nicht notwendigerweise zu menschlichem Glück, sondern meistens nur zu Wohlstand führt, dann relativiert er die Bedeutung des Materiellen und befreit den Menschen von dem oftmals herrschenden inneren und äußeren Zwang, immer mehr Güter anhäufen zu müssen. Dieser darf vielmehr 'er selbst' sein und auf die ihm eigene Weise sein Glück suchen.

3.) Freudvolle Gefühle zu erlangen und leidvolle zu vermeiden ist in Smiths Betrachtung ein wesentliches Motiv menschlichen Handelns. Auch tugendhaftes Verhalten schafft Freude bzw. resultiert u.a. aus dem Wunsch nach äußerem und innerem Ansehen. Gleichwohl läßt sich menschliches Handeln und Denken bei Smith nicht alleine auf Lust-Unlust-Motivationen zurückführen. Der wahrhaft Weise und Tugendhafte ordnet sein eigenes Interesse dem größeren Interesse anderer dann und deshalb unter, wenn bzw. weil der innere unparteiische Zuschauer dieses Interesse als wichtiger beurteilt. Dies alleine ist entscheidend. Ein wie auch immer gearteter *Interessen-Ausgleich* oder *–Tausch* ist nicht das einzige Ziel menschlichen

---

[148] Vgl. auch MACFIE (1967b: 121; Herv. dort): „For Smith, in the *Moral Sentiments* always thinks in terms of the full man dealing with his fellows at all ranges and types of propinquity. Even in the *Wealth of Nations*, though his main concern is with the economic side, he is concerned with *real* men in the markets, not the abstraction, economic man, of the later economists."

Tuns und Denkens. Vielmehr gibt es bei Smith auch den freiwilligen, von Nutzenerwägungen unabhängigen Nutzen- bzw. *Interessen-Verzicht.*

In Smiths Sicht erscheint der Mensch als moralisch freies Wesen. Er kann wählen, ob er den Geboten Gottes folgen und die Pfade der Tugend einschlagen möchte oder nicht. Er kann frei bestimmen, in welchem Maße er seinen verschiedenen Leidenschaften folgen möchte. Diese Freiheit zu wählen macht einen wesentlichen Teil der Würde des Menschen aus. Im Unterschied zu den anderen Geschöpfen der Natur erscheint der Mensch nicht als fremd-, sondern als selbstbestimmt.

4.) Die auf den individuellen Nutzenerwägungen basierende kommerzielle Gesellschaft wird von Smith in vielfacher Hinsicht kritisiert. Er hebt sie nicht nur von der „glücklichen", auf tugendhaftem Miteinander gründenden Gesellschaft ab, sondern kritisiert auch seitens der Individuen einen zunehmenden Verlust zum einen des Gemeinsinns und zum anderen der geistigen Fähigkeiten.

5.) Das Verständnis der Wirtschaft als Teilbereich der Gesellschaft und ihre Unterordnung dieser gegenüber zeigt sich bei Smith auch darin, daß die Rahmenbedingungen der Ökonomie gesellschaftlich vorgegeben werden. Die im Wirtschaftsprozeß zu beachtenden Gesetze sind das Ergebnis der ethischen und politisch-gesellschaftlichen Konsensbildung.

Der freie und wettbewerblich verfaßte Markt mit seinen verschiedenen positiven Wirkungen ist für Smith nie Selbstzweck. Er ist vielmehr eingebunden in den Glauben an die harmonische Ordnung der Natur und die gesetzten Rahmenbedingungen.[149]

Die Tatsache, daß die Wirtschaftssubjekte innerhalb des gesteckten Rahmens ihre Ziele frei und egoistisch verfolgen dürfen, ist historisch nicht selbstverständlich. Bis ins Mittelalter werden egoistische Motive als unsittlich betrachtet und beispielsweise die Zinsnahme moralisch verworfen (vgl. HIRSCHMAN 1987: 17/20). Die Erkenntnis, daß eigeninteressegeleitetes Handeln vielfach auch für die Mitmenschen und die Gesellschaft nützlich ist, ist ein Grund dafür, daß es nunmehr akzeptiert werden kann (vgl. HIRSCHMAN 1987). Wenn Smith konstatiert, daß die ethische Beurteilung von Handlungen im Alltag immer mehr von ihren Folgen statt von ihren Motiven betrachtet werden, dann ist in diesem Sichtwechsel auf der gesellschaftlichen Ebene ebenfalls eine Ursache dafür zu sehen, daß ein

---

[149] Vgl. auch BÜSCHER (1991: 140).

egoistisch motiviertes wirtschaftliches Handeln nicht mehr als verwerflich gilt.[150]

6.) Rückwirkungen des ökonomischen Bereichs auf den ihn umgebenden Datenkranz zeigen sich beispielsweise in der Verbindung von wirtschaftlicher und gesellschaftlicher Macht. Smith nennt innerhalb des Gemeinwesens den sozialen und politischen Einfluß aufgrund der aus individuellem Wohlstand erwachsenden Autorität. Auf internationaler Ebene konstatiert Smith, daß die militärische Überlegenheit gegenüber anderen Staaten eine Folge ihrer wirtschaftlichen Stärke ist.

7.) Smith kennt nicht nur ein *menschliches* „Interesse", das auf den verschiedensten gesellschaftlichen Ebenen zum Tragen kommt, sondern auch ein „universales Interesse". Dieses Interesse wird von Smith zwar nicht näher diskutiert, doch kann im Zusammenhang mit dem universalen Interesse m.E. auch von einem 'ökologischen Interesse' gesprochen werden. Im Hinblick auf heutige Diskussionen über 'nachhaltige' oder 'umweltverträgliche' Formen des Wirtschaftens ist es zudem bedeutsam, daß sich Smith des Problems der Nachhaltigkeit *grundsätzlich* bewußt ist, er für die kommerzielle bzw. frühindustrielle Wirtschaft *seiner Zeit* jedoch keine konkreten ökologischen Wachstumsgrenzen sieht.

9.3 Anfragen

Die Diskussion der Smithschen Theorie muß die Ganzheitlichkeit des Werkes berücksichtigen. Andernfalls wird sie Smiths Entwurf nicht gerecht, und es kommt zu Fehlinterpretationen. Bei der Frage nach der tatsächlichen Funktionsfähigkeit des Gesellschafts- und Wirtschaftssystems der „natürlichen Freiheit" sind zum einen die Prämissen des Smithschen

---

[150] Hinsichtlich der frühen und weitreichenden Aufmerksamkeit, die Smiths Werk in Großbritannien erlangt, schreibt HIRSCHMAN (1984: 141/2): „Der ungewöhnliche Erfolg, den Adam Smith mit seiner Lehre von der 'Unsichtbaren Hand' hatte, ist vielleicht nicht zuletzt darauf zurückzuführen, daß sie den psychologischen Bedürfnissen einer bestimmten Generation von Engländern und auch Westeuropäern entgegenkam, deren Lebenspraxis erheblich von den Verhaltensregeln abwich, die man ihnen mit auf den Weg gegeben hatte. Anders gesagt: der Gedanke, dem allgemeinen Glück sei am besten damit gedient, daß jeder nach seinem eigenen Gewinn strebt, galt vielleicht gar nicht in erster Linie der Selbst-Glorifizierung einer neuen Kapitalisten-Klasse: Er entsprach ebenso dem noch dringenderen Bedürfnis einer sogenannten 'Eroberungs-Bourgeoisie', die selbst noch unter dem Einfluß einer vorbürgerlichen Tugendlehre stand, nach Entlastung von ihren akuten Schuldgefühlen."

Ansatzes und zum anderen die Wirkungsweisen der einzelnen Kontrollinstanzen menschlichen Verhaltens zu diskutieren.

1.) Unzweifelhaft wird Smiths Konzeption des „Systems der natürlichen
Freiheit" von einem teleologischen Verständnis der Welt, einem tiefen
Glauben an die Harmonie in der Natur bzw. einer theistischen Weltan-
schauung geprägt. Dies trägt ganz wesentlich zu der Überzeugung bei, daß
das geschilderte Gesellschafts- und Wirtschaftssystem funktionieren kann
und in der Realität auch funktioniert, d.h. daß in diesem System die grundlegenden individuellen Interessen aller Subjekte genauso ausreichend realisiert werden wie das Interesse der Allgemeinheit. Der Harmonieglaube
trägt m.E. jedoch nicht unwesentlich dazu bei, daß verschiedene Probleme,
die sich im Zusammenhang mit dem „System der natürlichen Freiheit"
ergeben, zu sehr relativiert werden. Strukturelle Dilemmata hinsichtlich
der verschiedenen Kontrollinstanzen, auf die weiter unten hingewiesen
wird, werden nicht hinreichend berücksichtigt. Insbesondere auf die
Aspekte der Gerechtigkeit und die Spannung von Ethik und Wirtschaft,
Glück und Wohlstand ist hierbei hinzuweisen.

2.) Smiths Optimismus kann mit Blick auf den historischen Kontext
(vgl. oben Teil I) durchaus angefragt werden. Zunächst ist festzustellen, daß
ein beispielloses Wirtschaftswachstum die Versorgung der sprunghaft ange-
stiegenen Bevölkerung wesentlich verbessert. Ein Rückgang der Hungersnöte, technischer Fortschritt und der Aufstieg zur Weltmacht sind einige
der Phänomene, die ab Mitte des 18. Jahrhunderts in Großbritannien beobachtet werden können. Gleichwohl wird das Problem der Massenarmut
nicht beseitigt, die Situation der Industriearbeiter in den Städten ist zum
Teil erbärmlich. Es ist ein großer Verdienst Smiths, auf die Probleme der
Arbeiterschaft hinzuweisen und hier strukturelle Abhilfe in Form von Bildungsmaßnahmen zu fordern. Die Zahlung mindestens eines Subsistenz-
lohnes ist für ihn offensichtlich selbstverständlich. Obwohl Smith das Un-
gleichgewicht in den wirtschaftlichen und sozialen Lebens- und Machtver-
hältnissen zwischen Lohnarbeitern einerseits und Unternehmern, Kaufleuten andererseits sieht, bietet er m.E. jedoch keine ausreichenden Lösungs-
wege an. Dies mag daran liegen, daß Smith nur die Anfänge der industriellen Entwicklung erlebt und das ihr innewohnende Potential zur Verbesserung der Lage der sozial Schwachen überschätzt. Es ist aber genauso gut
denkbar, daß Smith die schwierigen sozialen Verhältnisse seiner Zeit aus
dem Blickwinkel einer gesicherten und im großen und ganzen beschau-
lichen akademischen Existenz und gefiltert durch den Harmoniegedanken

nur teilweise wahrnimmt.[151] Wenn die These STREISSLERS (1984: 24), daß der Merkantilismus schon zu Smiths Lebzeiten auf dem Rückzug war und im britischen Empire die größte Freihandelszone der Welt herrschte (vgl. oben I.5), stimmt, dann lassen sich die sozialen Probleme innerhalb der damaligen britischen Gesellschaft nicht nur durch eine verfehlte Wirtschaftspolitik erklären.

Vor diesem Hintergrund ist auch die Rede von der „unsichtbaren Hand", die Ausdruck des theistischen Weltverständnisses ist, zu diskutieren: Ohne letzteres lassen sich zwar ebenfalls bestimmte Mechanismen beobachten, daß die individuelle Verfolgung des eigenen Interesses auch anderen Individuen dient. Aber der Theist erkennt weit mehr Fälle dieser Art. Das gesamte gesellschaftliche Leben und nicht nur ein Teilbereich desselben wird vom Wirken der unsichtbaren Hand durchdrungen.[152]

3.) Smiths Sicht einer harmonischen, im Schöpfungsakt bestens organisierten Natur wird aber nicht nur durch die zeitgeschichtlichen Erfahrungen zum Teil in Frage gestellt. Probleme ergeben sich auch innerhalb seiner philosophischen Darstellung. Einerseits ist der Mensch zum Glück bestimmt, andererseits verhält er sich von Natur aus dieser Bestimmung gegenüber kontraproduktiv.

Wahres menschliches Glück steht für Smith in enger Verbindung mit der Tugendhaftigkeit. Von Natur aus besitzt der Mensch aber Anlagen, die dieser Tugendhaftigkeit entgegenstehen: die Sympathie für Reiche und Mächtige, ein vielfach nur schwach ausgeprägtes moralisches Urteilsvermögen, das sich u.a. im folgenorientierten Urteilen zeigt, Leidenschaften wie Habsucht und Ehrgeiz. Wenn Smith im Zusammenhang mit diesen Phänomenen von der „Entmutigung der Tugend" oder der „Korruption der Gefühle" spricht, dann fällt dies mittelbar auf die Einrichtung der Natur selbst zurück. Das folgenorientierte Urteilen des Menschen, das

---

[151] Vgl. auch MEDICK (1973: 288/95). Smith „war aufgrund seiner optimistischen Einschätzung der zukünftigen Möglichkeiten des ‚Natural Progress of Opulence' ... nicht in der Lage, die ‚Soziale Frage' als ein grundlegendes sozio-ökonomisches Strukturproblem der bürgerlichen Gesellschaft zu lokalisieren; dafür erkennt er sie im Horizont seiner humanistischen Aufklärungsvorstellungen um so schärfer" (ebd.: 291). MEDICK zufolge „scheitert" Smith beim Versuch, die ‚Soziale Frage' seiner Zeit zu lösen. Bildungsmaßnahmen alleine reichten nicht aus.

[152] Vgl. gegenteilig TRAPP. Für ihn fügt die theistische Auffassung dem Wirken der unsichtbaren Hand nichts hinzu. „Mag er [Smith; O.H.] an einen Gott geglaubt haben, der die beste aller denkbaren Welten schuf und so einrichtete, daß in ihr jedes Teil zum Funktionieren des Ganzen beiträgt. Das *ist* die Vorstellung von der unsichtbaren Hand, aber nicht ihre Erklärung." (TRAPP 1987: 305; Herv. dort.)

Smith als „weise Einrichtung der Natur" charakterisiert, weil es der nutzenorientierten Gesellschaft nützlich ist, ist zugleich eine Ursache dafür, daß
die Individuen vielfach nicht in den Kategorien der Tugend, sondern in
denen des Nutzens denken. Ausdrücklich ist auch die Rede davon, daß die
Natur den Menschen hinsichtlich des dem Materiellen innewohnenden
Glücks täuscht. Diese Täuschung dient laut Smith zwar der volkswirtschaftlichen Wohlstandsmehrung, beraubt den Menschen aber immer wieder seiner Seelenruhe, ohne die er kein Glück finden wird. – Die Notwendigkeit der Täuschung ist im übrigen um so relativer, je entwickelter und
reicher eine Gesellschaft ist. – Ist also die Ordnung der Natur so perfekt,
wie Smith dies glauben machen möchte? Fragen dieser Art ergeben sich
demnach nicht nur wie oben auf einer praktisch-alltäglichen, sondern auch
auf einer theoretisch-religiösen Ebene.[153] Theologisch gesprochen bildet die
sog. Theodizee-Problematik, die sich mit der grundsätzlichen Frage beschäftigt, wie ein liebender, guter und allmächtiger Gott das Böse in der
Welt zulassen kann, den Hintergrund des angesprochenen Problems.

4.) Die kommerzielle Gesellschaft weist ein grundsätzliches Problem
auf. Der Zusammenhang zwischen dem Spezialisierungsgrad menschlicher
Arbeitsteilung und dem Verlust des für das zwischenmenschliche und gesellschaftliche Zusammenleben wichtigen Gemeinsinns stellt ein struktu-
relles gesellschaftliches Problem dar, das Smith, beispielsweise durch Bildungspolitik, in seinem System nur korrigierend mildern, nicht jedoch
beheben kann.

5.) Ein grundsätzliches Problem im staatlichen Bereich, das zugleich für
alle Arten von Gruppen und Verbänden besteht, ergibt sich aus der im
Mandatsträger stattfindenden Verquickung zwischen den Staatsinteressen
einerseits und den Eigeninteressen der Funktionäre andererseits. Eine
Lösung für dieses Problem bietet Smith nicht an.[154] Aus heutiger Sicht erscheint m.E. insbesondere das Verhältnis zwischen den politischen Parteien
und dem Staat beachtenswert zu sein (vgl. VON ARNIM 1993).

6.) Die Frage der Gerechtigkeit wird von Smith primär auf der formalen
Ebene behandelt. Im materialer Hinsicht geht Smith davon aus, daß alle
gesellschaftlichen Schichten am Wirtschafts- und Wohlstandswachstum
teilhaben und sich somit ihre Lage verbessert. Eine durch die staatliche

---

[153] MACFIE (1967b) zufolge ist sich Smith der Unzulänglichkeiten des irdischen, weltlichen Geschehens letztlich bewußt. Das System der Natur werde erst unter Einbezug
der Vorstellung eines zukünftigen Lebens, in dem Gott das irdische Gute belohnt und
das Schlechte bestraft, vollkommen.
[154] Mit dieser Thematik beschäftigt sich ausführlich STIGLER (1975). Vgl. auch RECK-
TENWALD (1986: 21/4); KAUFMANN (1984: 172/3); OAKLEY (1994: 111).

Politik anzustrebende *Um*verteilung hat Smith nicht vor Augen. Hier gilt nicht mehr als das Pareto-Kriterium. Zudem wird das Verteilungsproblem durch die Auffassung relativiert, daß menschliches Glück letztlich nur weniger materieller Güter bedarf. Dies ist m.E. – auch und gerade vor dem Hintergrund Smiths zeitgeschichtlicher Erfahrungen – unzureichend. (Vgl. auch NUTZINGER 1991: 93/7.) Das Problem gewinnt an Schärfe, wenn der o.a. unmittelbare Zusammenhang zwischen wirtschaftlicher Stärke und sozialem, politischen Einfluß bzw. Macht berücksichtigt wird.

7.) In Smiths System ist die Berücksichtigung der Interessen derjenigen, die diese nicht selbst geltend machen können, nicht sicher gewährleistet[155]. Vor allem sind hier die Interessen der nachfolgenden Generationen sowie – im Hinblick auf die heutige Bedeutung der Umweltproblematik – das Interesse der gesamten Natur mit ihren verschiedenen Ökosystemen zu nennen (vgl. MANSTETTEN 1995: 46; NUTZINGER 1991: 97). Der Bedeutung der politischen Einflußnahme von Interessengruppen ist sich Smith zu seiner Zeit offensichtlich sehr bewußt (vgl. *WN* I.x.c.61 dt. 123/4; IV.ii.43 dt. 385/6; vgl. auch MACFIE 1967b: 120/1).

8.) Den Konflikt zwischen ökonomischer Notwendigkeit einerseits und ethischem Anspruch andererseits, der im Alltag menschlichen Handelns immer wieder empfunden wird, kann Smith nur auf einer grundsätzlichen Ebene lösen, und zwar mit der Institutionalisierung der Ethik in der Gesetzgebung als Rahmenbedingung des Wirtschaftens. Hierbei wird die Heftigkeit der ökonomischen Triebkräfte des Menschen ernst genommen. Daß innerhalb des gesetzlichen Rahmens für den einzelnen in seinem wirtschaftlichen Agieren gleichsam ein ethikfreier Raum entstehen muß, damit das ökonomische System optimal funktioniert, verdeutlicht die Spannung zwischen ethischem und ökonomischem Handeln um so mehr. Letztlich gelingt Smith eine Auflösung dieser Spannung nicht.

9.) Nicht frei von Widersprüchen ist Smiths Sichtweise des Wettbewerbs. Inkonsistenzen zeigen sich insofern, als das Konkurrenzdenken im wirtschaftlichen Bereich positiv, im privaten Bereich aber negativ bewertet wird. Das Konkurrenzdenken stört das zwischenmenschliche Vertrauen. Am Beispiel der Vielehe zeigt Smith auf, daß Wettbewerb eine nicht unerhebliche Bedrohung des sozialen Friedens bedeuten kann (vgl. *LJ(B)* § 112/4 dt. 57/8):

> „Polygamy excites the most violent jealousy, by which domestic peace is destroyed. The wives are *all rivals and enemies*. Besides, the children are ill

---

[155] Vgl. auch ESCHENBURG (zit. nach VON ARNIM 1993): „Was nicht organisiert ist, ist ungeschützt."

taken care of ... . Where polygamy takes place, there *must* both be a jealousy of love and a jealousy of interest, and consequently a want of tranquility." (*LJ(B)* § 112 dt. 57/8; Herv. O.H.; vgl. *TMS* I.ii.4.2 dt. 53/4.) („Die Vielweiberei ruft die heftigste Eifersucht hervor, wodurch der häusliche Friede gestört wird. Die Ehefrauen sind *alle Rivalinnen und Feindinnen*; für die Kinder wird schlecht gesorgt ... . Wo die Vielehe herrscht, da *muß* es Eifersucht der Liebe und Eifersucht der Interessen geben, und folglich einen Mangel an Ruhe.")

Auf einen weiteren Aspekt ist hinzuweisen: Bei seinem Plädoyer für den Wettbewerb in der Ökonomie schreibt Smith, wie zitiert, daß sich die Konkurrenten „gegenseitig aus dem Beruf *verdrängen* möchten (to *justle* one another out of employment)" (*WN* V.i.f.4 dt. 645; Herv. O.H.). Wirtschaftlicher Wettbewerb ist demnach explizit auch Verdrängungswettbewerb (vgl. auch *WN* I.ix.14 dt. 82). Dann allerdings muß die individuelle psychische und physische Belastung, die mit der beruflichen Tätigkeit – die einen wichtigen Bereich des persönlichen Lebens darstellt – verbunden ist, enorm sein. Dies gilt um so mehr, wenn die bei Smith – und allgemein in der Klassik – bestehende implizite Prämisse der Vollbeschäftigung fallengelassen wird. Dem Menschen wird dann eine der wesentlichsten Voraussetzungen für sein Glück, die Seelenruhe, die von Smith für wichtiger als Reichtum erachtet wird, genommen. In einer Gesellschaft, die wesentlich vom Ökonomischen und vom Leistungsprinzip her bestimmt ist, werden sich die Menschen auf diese Weise bereits im alltäglichen Miteinander zu Rivalen. Wenn Ehrgeiz eine Folge des 'himmlischen Zorns' ist, der sich über den Menschen ergießt (vgl. *TMS* IV.1.8 dt. 310), dann sind Ehrgeiz und damit verbundenes Konkurrenzdenken zwar ein natürliches, aber doch nicht komplikationsloses Element menschlichen Lebens.

Im Hinblick auf den im Zusammenhang mit dem beruflichen Wettbewerb verwendeten Begriff des Verdrängens („to justle") ist schließlich bemerkenswert, daß Smith ein solches Verhalten in anderem, ebenfalls schon zitierten Zusammenhang unter ethischen Gesichtspunkten ablehnt: Im Wettlauf nach Reichtum und Ehre darf jeder versuchen, die anderen zu überholen. „Sollte er aber einen von ihnen *niederrennen* ..., dann wäre es mit der Nachsicht der Zuschauer ganz und gar zu Ende." („But if he should *justle* ... any of them, the indulgence of the spectators is entirely at an end. It is a violation of fair play, which they cannot admit of."; *TMS* II.ii.2.1 dt. 124; Herv. O.H.)

10.) In bezug auf den von Smith geforderten Wettbewerb ist der bei Smith vorhandene Gedanke vollkommener Konkurrenz im Hinblick auf gegenwärtige wettbewerbstheoretische Ansätze, wie beispielsweise den des 'funktionsfähigen Wettbewerbs', diskussionswürdig.

11.) Der Wettbewerb unter den Religionen, den Smith auf der Basis des Gedankens einer natürlichen Religion befürwortet (vgl. *WN* V.i.g.8/9 dt. 672/4), würde m.E. letzten Endes vermutlich dazu führen, daß nicht mehr die Wahrheits- und Gottesfrage im Mittelpunkt der Religion steht, sondern andere Aspekte der Religion.

12.) Der von Smith formulierte Zusammenhang zwischen dem Streben nach gesellschaftlichem Ansehen und einer moderaten Lebensführung, wenn der Weg über den Reichtum nicht offensteht, ist problematisch. Teilweise führt gerade das Streben nach Anerkennung seitens der unmittelbaren Umgebung zu einer Überschreitung der gesetzlichen und ethischen Normen, weil genau jenes Verhalten in einer Gruppe anerkannt und gebilligt wird – ein Sachverhalt, der Smith zumindest nicht unbekannt zu sein scheint:

> „the man who associates chiefly with the profiligate and the dissolute, though he may not himself become profiligate and dissolute, must soon lose, at least, all his original abhorrence of profligacy and dissolution of manners" (*TMS* VI.ii.1.17 dt. 381).

> („ein Mensch, der hauptsächlich mit liederlichen und ausschweifenden Menschen gesellschaftlich verkehrt, wird zwar selbst vielleicht weder liederlich noch ausschweifend werden, aber er wird zumindest bald all den Abscheu vor Liederlichkeit und ausschweifenden Sitten verlieren müssen, der ihm ursprünlich zu eigen war".)

13.) Die von Smith behauptete Bedeutung allgemeiner sittlicher Regeln als Kontrollinstanz menschlichen Verhaltens relativiert sich insbesondere auch dann, wenn der gesellschaftliche Konsens hinsichtlich der Fragen der Normenbegründung und -anerkennung schwieriger wird. Wo ein gesellschaftlicher Werteverlust Platz greift, weichen die ethischen Handlungsgrenzen auf.

14.) Aus heutiger Perspektive ergeben sich im Zusammenhang mit den Schwierigkeiten der Technologiefolgenabschätzung zwei weitere Probleme. Zum einen erweist sich die von Smith befürwortete Beschränkung moralischer Verantwortlichkeit auf die intendierten Folgen einer Handlung als fragwürdig, beispielsweise im Hinblick auf gentechnologische Entwicklungen. Zum anderen kann die Gesetzgebung auf viele technische Entwicklungen nur *re*agieren und somit den individuellen Aktionsradius oftmals nicht in dem Maße einschränken, wie dies im Interesse der Allgemeinheit wünschenswert wäre.[156]

---

[156] Vgl. zu diesem Problem z.B. BECK (1986: 254/99).

9.4 Schluß

Insgesamt gesehen ergeben sich somit im Hinblick auf die Smithsche Konzeption von Gesellschaft und Wirtschaft einige Anfragen und Probleme hinsichtlich der Funktionsfähigkeit der unterschiedlichen Kontroll- und Ergänzungsmechanismen, die für Smith eine *unabdingbare* Voraussetzung für die Realisierung aller berechtigten individuellen und gesellschaftlichen Interessen innerhalb des Systems darstellen. Solche Überlegungen dürfen vor allem dann nicht unterbleiben, wenn (z.b. bei RECKTENWALD 1985a; FRIEDMAN 1985) die Aktualität Smiths für die heutige Zeit herausgearbeitet werden soll. Gleichwohl muß der historische Kontext der Smithschen Theorie bei deren Beurteilung stets in Betracht gezogen werden. Smiths Werk will u.a. konkrete Antworten auf real existierende, gesellschaftliche Problemstellungen seiner Zeit geben. Daß diese Antworten unter anderen historischen Umständen möglicherweise anders gelautet hätten, ist zu berücksichtigen. Andernfalls besteht die Gefahr unberechtigter Kritik.[157]

Die genannten Probleme werden um so bedeutsamer, je mehr eine Gesellschaft von der Tendenz zur Individualisierung gekennzeichnet ist. Sympathiefähigkeit und die Bildung „habitueller Sympathie" sind in Smiths Gesellschaftskonzept von zentraler Bedeutung für den gesellschaftlichen Zusammenhalt, die Bildung ethischer Urteile, Normen und daraus abgeleiteter staatlicher Gesetze. Zunehmender Individualismus führt in diesem Sinne zum Verlust des Verständnisses für die Interessen der Mitmenschen und der Allgemeinheit sowie zu Problemen hinsichtlich der Geltung und Begründung von Normen. Dabei ist zu beachten, daß die liberalen Vorstellungen von Gesellschaft und Wirtschaft diesen Individualismus selbst fördern.

Die genannten Punkte machen deutlich, daß die Funktionsfähigkeit der Kontroll- und Ergänzungsmechanismen des Smithschen Systems immer wieder neu im jeweiligen Zeitkontext überprüft werden müssen. Dies gilt vor allem dann, wenn Smiths religiöse Prämisse einer harmonischen Weltordnung fallengelassen wird.[158] 'Blinder Glaube' an die Eigengesetzlichkeiten des Marktes oder die Forderung nach einem 'Nachtwächterstaat' sind zurückzuweisen.

---

[157] Die Zeitbezogenheit der wirtschaftstheoretischen Analysen und Empfehlungen Smiths betonen nachdrücklich CAMPBELL/SKINNER (1976: 40/50).
MACFIE (1967b) verweist auf die Konsequenzen, die sich ergeben, wenn Smiths Prämisse eines harmonischen Weltbildes fallengelassen wird.

[158] Dieser Punkt wird auch von MACFIE (1967b) betont.

Dessen ungeachtet stellt Smiths Theorie der Gesellschaft und Wirtschaft insgesamt einen überzeugenden Entwurf dar, der durch seine Ganzheitlichkeit sowohl in bezug auf die Methode als auch auf den Gegenstand besticht. Mit dem Verzicht auf eindimensionale Betrachtungen kommt Smith zu einer Konzeption, die in heutiger Zeit, über zweihundert Jahre nach seinem Tod, immer noch von großer Aktualität und ebensolchem Gewicht ist.

Teil III

Jeremy Bentham und die utilitaristische Gesellschaftstheorie

1. Einführung zu Person und Werk

Das Werk von Jeremy Bentham (1748-1832) ist außerordentlich umfassend und steht in seiner Breite demjenigen Smiths nicht nach. So beschäftigt sich Bentham mit grundlegenden Fragen nach den Voraussetzungen und Elementen philosophischer Diskurse, mit Fragen der Ethik und der Rechtsphilosophie sowie mit der Ökonomie.[1]

Innerhalb der genannten thematischen Breite liegt Benthams Schwerpunkt auf der Rechtsphilosophie. Benthams Ziel ist es, das damalige britische Rechtswesen von seines Erachtens überkommenen Traditionen zu befreien und von Grund auf neu zu strukturieren. Alles soll systematisch auf einer Sicht von Mensch, Gesellschaft, Ethik und Wirtschaft aufbauen, die dem Gedanken der Aufklärung entspringt und in den folgenden Abschnitten (III.2/5) erörtert wird. Bentham beschäftigt sich nicht nur mit diesen Grundlagen, die inbesondere in *An Introduction to the Principles of Morals and Legislation* (*IPML*, 1789[2]) dargelegt werden, sondern auch detailliert mit den verschiedenen Bereichen des Rechts. Dies schließt die Vorlage von kompletten Gesetzestexten ein. Hinsichtlich seiner verfassungsrechtlichen Überlegungen seien hier die *Leading Principles of a Constitutional Code, for any State* (*Leading Principles*, 1823) und der *Constitutional Code* (*CC*)[3] genannt.

---

[1] Zu den folgenden einleitenden Bemerkungen zu Benthams Werk und Person vgl. DINWIDDY (1990: 1/19); HARRISON (1983: 1/23); THOMAS (1979b); ROBSON (1964). HARRISON und THOMAS gehen dabei insbesondere auch auf den Bentham umgebenden Personenkreis ein. ROBSON diskutiert vor allem das Verhältnis Benthams zu James und John Stuart Mill.

[2] Die *IPML* wird 1789 veröffentlicht, in Teilen jedoch schon vorher gedruckt. Vgl. ausführlich zu ihrer Geschichte BURNS/HART (1970).

[3] Der erste Band des *CC* wird 1830 veröffentlicht, die übrigen Teile erst posthum in den *Works* (B IX). Eine neue Ausgabe im Rahmen der *Collected Works* ist noch nicht abgeschlossen, so daß der *CC* teils nach dieser neuen Ausgabe (z.B. „CC 2"), teils nach

Bentham produziert eine Fülle schriftlichen Materials. Die Sammlung seiner Manuskripte im Londoner University College umfaßt ca. 70 000 Seiten[4]. Bei Veröffentlichungen greift Bentham vielfach auf die editorische Hilfe von anderen zurück. Eine Schlüsselrolle spielt hierbei Étienne DUMONT. Auch John Stuart Mill gehört zu den Herausgebern Benthamscher Schriften (s.u. IV.1).[5] Vieles aus Benthams Werk wird jedoch erst posthum veröffentlicht. Vor allem die von John BOWRING herausgegebenen – in einzelnen Teilen aber umstrittenen – *Works* (B) sind hierbei zu nennen[6].

Von den ökonomischen Schriften Benthams erscheinen nur zwei zu seinen Lebzeiten: die weitgehende Beachtung findende *Defense of Usury* (*DU*, 1787)[7] sowie sein Vorschlag zur Reform des Erbschaftsrechts *Supply*

B IX (z.B. „CC: B IX 120") zitiert wird. Vgl. umfassender zum *Constitutional Code* ROSEN/ BURNS (1983).

[4] „Bentham took a very long life to write manuscripts, and he seems to have written them faster than the normal reader can read them" (HARRISON 1983: x). Die Benthamsche Manuskriptsammlung ist nicht nur außerordentlich umfangreich, sondern zum Teil auch ungeordnet und sehr schwer lesbar (vgl. STARK 1952: 7/8; THOMAS 1979b: 22/5).
Den Katalog zur Sammlung im University College bietet MILNE (1962). MILNE (1962: v/vii) gibt zu Beginn einen kurzen Überblick über die Geschichte der Manuskripte. Die Manuskripte werden üblicherweise nach Box und Seite zitiert (demnach bezeichnet beispielsweise „*UC* xx.5" die fünfte Seite in der 20. Box).

[5] Im Hinblick auf Benthams Inanspruchnahme der Hilfe von anderen zur Ordnung und Vervollständigung der zur Veröffentlichung bestimmten Manuskripte bemerkt RYAN (1987: 34): „There is much that is comic in the spectacle of Bentham trying to bring order into English law amidst such disorder in his own study".

[6] Im folgenden bezeichnet „B I 30/5" den ersten Band der *Works*, Seiten 30/5. Findet sich die Stelle aus den *Works* auch in einer der Zitatsammlungen der unten genannten, von STARK herausgegebenen *Economic Writings*, wird dies zusätzlich angegeben (z.B. „B III 222: S I 110").
Zu kritischen Anmerkungen zu einzelnen Schriften vgl. HARRISON (1983: ix/xxiv); STARK (1954: 50).
Eine neue Gesamtausgabe des Benthamschen Werks entsteht zur Zeit in Form der *Collected Works*. Sie sind jedoch noch unvollständig, so daß vielfach auf die *Works* zurückgegriffen werden muß. Die Ausgaben der *Collected Works* sind in der Literatur ebenso unumstritten wie die unten genannten *Economic Writings* (vgl. HARRISION 1983: ix/xxiv).
Einen guten Gesamtüberblick zu den Veröffentlichungen des Benthamschen Werks mit kritischen Anmerkungen zu den verschiedenen Editionen bietet HARRISON (1983: ix/xxiv).

[7] Zur Entstehung und Rezeption der *DU* vgl. STARK (1952: 21/33).

without Burthen; or Escheat vice Taxation (*SWB*, 1795). Die übrigen ökonomischen Abhandlungen Benthams werden im wesentlichen erst durch STARKS Edition *Jeremy Bentham's Economic Writings* (S) zugänglich[8].

Die Lektüre und das Verständnis Benthams werden durch seinen Schreibstil teilweise erheblich erschwert. Dies gilt insbesondere für die späteren Schriften. Sehr treffend charakterisiert John Stuart Mill in diesem Sinne die Benthamsche Art des Schreibens wie folgt (*Bentham* 114/5 dt. 185)[9]: „Er konnte es nicht über sich bringen, im Interesse der Klarheit und um dem Leser die Sache leichter zu machen, nach Art gewöhnlicher Menschen in dem einen Satz etwas mehr als die Wahrheit zu sagen und in dem nächsten das Übermaß zu berichtigen. Alle einschränkenden Bemerkungen, die er für notwendig hielt, mußten durchaus mitten in dem Satze selbst als Parenthesen eingeschachtelt werden. Und da auf diese Weise der Abschluß des Sinnes so lange hinausgeschoben und die Aufmerksamkeit durch Nebenideen abgelenkt wird, ehe man noch die Hauptidee gehörig erfaßt hat, so ist es ohne eine gewisse Übung schwer, seinem Gedankengang zu folgen. Es ist ein Glück, daß so viele wichtigen Teile seiner Schriften von diesem Fehler ganz frei sind."[10]

Benthams Auffassungen stoßen in der Öffentlichkeit erst auf größere Ressonanz, als er schon in fortgeschrittenem Alter ist. Sein *Fragment on Government* (*FG*, 1776) und die *IPML* bleiben weitgehend unbeachtet. Erst die von DUMONT herausgegebenen *Traités de législation civile et pénale* (*Traités*, 1802) sind „the form in which Bentham's basic principles first obtained wide currency" (BURNS/HART 1970: xli). Sie werden später ins Englische rückübersetzt.[11] Interesse an Benthams Ideen entsteht nicht nur in Großbritannien, sondern auch in anderen europäischen Ländern.

---

[8] Bei der Zitation bezeichnet „S III 50" den dritten Band der STARK-Ausgabe, Seite 50.

[9] Weitere, inhaltliche Kritik von Mill an Bentham wird erst im nachfolgenden Teil IV diskutiert.

[10] „He could not bear, for the sake of clearness and the reader's ease, to say, as ordinary men are content to do, a little more than the truth in one sentence, and correct it in the next. The whole of the qualifying remarks which he intended to make, he insisted upon imbedding as parentheses in the very middle of the sentence itself. And thus the sense being so long suspended, and attention being required to the accessory ideas before the principal idea had been properly seized, it became difficult, without some practice, to make out the train of thought. It is fortunate that so many of the most important parts of his writings are free from this defect."
Ich vermute, daß dieser Umstand nicht unwesentlich dazu beigetragen hat, daß nur ein sehr kleiner Teil von Benthams Werk ins Deutsche übersetzt worden ist.

[11] Zu den *Traités* vgl. BURNS/HART (1970: xli).

Bentham entwickelt im übrigen seinerseits ein Interesse für rechtliche Fragen ausländischer Nationen[12].

Benthams Interesse an rechtlichen Fragestellungen wird durch die familiären Bedingungen geweckt. Er soll ebenso wie sein Vater Anwalt werden. Im Laufe seiner Ausbildung entwickelt er jedoch seine Unzufriedenheit mit dem damaligen Rechtswesen, die ihn zu einer grundsätzlichen Auseinandersetzung mit demselben motiviert. Im Gegensatz zu Adam Smith und John Stuart Mill ist er ohne feste Anstellung. Er lebt zunächst von der Unterstützung durch den Vater, später u.a. von Honoraren.

Um Bentham herum bzw. in seinem Gefolge entsteht schließlich ein Kreis von Personen, die als „Benthamites", „Utilitarians" und auch als „Philosophic Radicals" bezeichnet werden und wesentlich zur Verbreitung der Benthamschen Ideen beitragen. Zu ihnen zählen u.a. James und John Stuart Mill sowie einige Parlamentsabgeordnete.[13]

Eine persönliche Bekanntschaft zu Smith besteht nicht. Mit dessen *Wealth of Nations* ist Bentham wohlvertraut, wie im Zusammenhang mit der Diskussion seiner ökonomischen Ansichten gezeigt wird (s.u. III.5). Die *Theory of Moral Sentiments* spielt in seinen Schriften hingegen keine Rolle. Bentham schätzt Smith sehr. Dies kommt explizit in der *Defense of Usury*, in der die Frage eines gesetzlichen Höchstzinses diskutiert wird, zum Ausdruck. Sie beinhaltet einen offenen Brief an Smith (*DU*: S I 167/87 dt. 83/126)[14], in dem Bentham ihm seine hohe Wertschätzung versichert

---

[12] Es findet seinen Niederschlag u.a. in *Anarchical Fallacies*, einer in den 1790er Jahren geschriebenen, aber erst später veröffentlichten Schrift (DINWIDDY 1990: 40), die sich mit den Forderungen der Französischen Revolution beschäftigt, in *Jeremy Bentham to his Fellow-Citizens of France, on Houses of Peers and Senates* (*Peers and Senates*, 1830; B IV) und in den Erörterungen, die innerhalb der *Collected Works* unter dem Titel *Securities against Misrule and other Constitutional Writings for Tripoli and Greece* (1822/3; vgl. hierzu ausführlicher SCHOFIELD 1990) und *Colonies, Commerce, and Constitutional Law: Rid Yourselves of Ultramaria and Other Writings on Spain and Spanish America* (1820/2; vgl. hierzu ausführlicher SCHOFIELD 1995) erschienen sind.

[13] Vgl. zu den Begriffen „Benthamites", „Utilitarians" und „Philosophic Radicals" und den mit ihnen verbundenen Personen THOMAS (1979a). THOMAS legt dar, daß die Begriffe zwar vielfach synonym verwendet werden, daß mit ihnen aber durchaus unterschiedliche Positionen und Personen verbunden werden können. In diesem Sinne bezeichnet beispielsweise der Name „Philosophic Radicals" eine konkrete Gruppe von Abgeordneten des Parlaments.

[14] Stilistisch gesehen besteht die *DU* aus einer Reihe von Briefen. Der dreizehnte und letzte richtet sich an Smith. Ein Nachdruck dieses Briefs findet sich auch in Smith; *Correspondance*, Appendix C. Dies gilt auch für das nachfolgend genannte persönliche Schreiben Benthams an Smith.

(*DU*: S I 167 dt. 84/5), in der Sache aber Änderungen im *Wealth of Nations* anregt (*DU*: S I 173 dt. 95; s.u. III.5.3 Anm.). Schließlich schreibt Bentham persönlich an Smith, und zwar kurz vor dessen Tod. Smiths Antwort besteht in der Zusendung einer handsignierten Ausgabe des *WN*. Eine eingehendere Antwort steht angesichts seines Gesundheitszustandes nicht zur Disposition. Ob er Bentham gerne ausführlicher geschrieben hätte, darüber kann nur spekuliert werden.[15]

2. Methodisch-philosophische Prämissen

Bentham beschäftigt sich ebenso wie Smith mit den Grundlagen des philosophischen bzw. wissenschaftlichen Denkens, wobei weitreichende Gemeinsamkeiten mit Smith zutage treten: Auch Bentham ist bemüht, zum einen die empirische Vorgehensweise der neuzeitlichen Naturwissenschaften auf die Sozialwissenschaften zu übertragen und zum anderen zentrale Prinzipien herauszuarbeiten.

2.1 Empirische Methodik

Bentham betont die praktische Relevanz des Philosophierens. Hierin besteht keine Diskrepanz zu Smith. Im Unterschied zu Smith ist es aber vor allem diese praktische Relevanz, und weniger die von Smith betonte Freude an der Erkenntnis als solcher, die den Wert der Philosophie begründet – wobei die Begriffe von Philosophie und Wissenschaft gleichbedeutend sind. In diesem Sinne schreibt Bentham:

> „Philosophy is never more worthily occupied, than when affording her assistances to the economy of common life... . It is a vain and false philosophy which conceives its dignity to be debased by use." (*Panopticon*: B IV 117)[16]

---

[15] STARK (1952: 27) interpretiert die Zusendung des *WN* als freundliche Geste und berücksichtigt dabei, daß Smith sich zuvor hinsichtlich der in *DU* geäußerten Kritik wohlwollend äußert (s.u. III.5.3).

[16] Bentham bezieht sich hier auf den Nutzen, der aus der Anwendung neuer Erkenntnisse der Heizungstechnik im Bereich des Panopticons resultieren kann. (Das Panopticon ist ein von Bentham entworfenes Gebäude, das vor allem als Gefängnis dienen soll und in dem eine umfassende Überwachung der Insassen bzw. Bewohner aufgrund der Konstruktion des Baus möglich ist. Bentham ist es jedoch trotz zahlreicher Bemühungen nie gelungen, einen staatlichen Auftrag zur Realisierung dieses Projekts zu erhalten. (Vgl. zum Panopticon *Panopticon; or the Inspection-House* [*Panopticon*, ge-

(„Philosophie wird nie verdienstvoller betrieben, als wenn sie dazu beiträgt, das tägliche Leben wirtschaftlicher zu gestalten. ... Eine Philosophie, die sich dadurch entwürdigt sieht, daß sie von Nutzen ist, ist hochmütig und fehlerhaft.")

„Social science ... must be useful; and there is no point in contrasting science and art, or theory and application, which are, as it were, implied in each other" (STARK 1952: 17).

In bezug auf das philosophisch-wissenschaftliche Vorgehen betrachtet Bentham insbesondere NEWTON als Vorbild. Von dessen Methodik läßt er sich ebenso wie Smith (s.o. II.2.1) inspirieren. Bentham sieht sich gleichsam als der NEWTON der Moralphilosophie, der die von BACON und Claude Adrien HELVETIUS (1715-1771)[17] im Bereich der Natur- bzw. Sozialwissenschaften betriebene Methode der Beobachtung und des Experiments fortführt[18]: Es geht Bentham in seiner Theorie um einen

„attempt to extend the experimental method of reasoning from the physical branch to the moral. What Bacon was to the physical world, Helvetius was to the moral. The moral world has therefore had its Bacon, but its Newton is yet to come." (*UC* clvii.32, in: LONG 1993: 1051 und S I 101)[19]

schrieben 1787/91, aber erst posthum veröffentlicht]; BOZOVIC 1995; THOMAS 1979b: 18. Siehe auch unten III.2.2 Anm.) Der Begriff der „Philosophie" wird hier also für den Bereich der Ingenieurwissenschaften verwendet. Der Nutzen der neuen Technik besteht in zweifacher Form: zum einen unmittelbar in einem geringeren Ressourcenverbrauch, zum anderen in daraus folgenden finanziellen Ersparnissen. (*Panopticon*: B IV 116/7) Aus heutiger Sicht ist von besonderem Interesse, daß Bentham in diesem Zusammenhang auf die Notwendigkeit der Schonung natürlicher Ressourcen, hier: des Erdöls, hinweist (ebd.): Da diese begrenzt sind, ist es für eine Gesellschaft, deren Bevölkerung zunimmt und die Wohlstand erlangen möchte, unabdingbar, den Ressourcenverbrauch durch effizientere Technologien und die Entwicklung von Substituten einzuschränken.

[17] Zum Verhältnis von Bentham und HELVETIUS vgl. ausführlicher LONG (1993: 1050/6). HELVETIUS (1715-1771) ist konsequenter Empiriker. In seiner Theorie von Mensch und Gesellschaft werden die dort zu beobachtenden Phänomene in Analogie zur Physik erklärt, wobei das individuelle Interesse das zentrale Element der Erklärung darstellt: „Wie die physische Welt von den Bewegungsgesetzen regiert wird, so wird das moralische Universum von den Gesetzen des Interesses regiert." (C. A. HELVETIUS; De l'ésprit, Paris 1758, 53, zit. nach HIRSCHMAN 1987: 52).

[18] Vgl. auch STARK (1952: 19); HARRISON (1983: 141).

[19] Vgl. HALÉVY (1952: 6): „What is known as Utilitarianism, or Philosophical Radicalism, can be defined as nothing but an attempt to apply the principles of Newton to the affairs of politics and of morals." – Bentham betrachtet sich nicht als einzigen, der die naturwissenschaftliche Methodik auf den Bereich der Sozialwissenschaften und der Ethik übertragen möchte. Bereits LOCKE und HELVETIUS sind in diesem Sinne seines

(„Versuch, die experimentelle Methode des Nachdenkens vom physischen Bereich auf den moralischen auszudehnen. Was Bacon für die physische Welt war, war Helvetius für die moralische: Die moralische Welt hat also ihren Bacon bereits gehabt, ihr Newton kommt erst noch.")

Über seine Vorgehensweise schreibt Bentham, daß diese wesentlich von der „Beobachtung (observation)" geprägt ist (*Article on Utilitarianism Long Version*[20] 295). Die menschliche „Erfahrung (experience)" ist die entscheidende Erkenntnisquelle (vgl. *Of Laws in General*[21] 70 Anm.; *A Table of the Springs of Action*[22] 98). In ihr zeigt sich 'das Wahre' durch Evidenz (vgl. *TSA* 76). Sie ist der beste Lehrmeister („best master") des Menschen (*Deontology*[23] 135). Jedwede Theorie muß auf ihr basieren:

> „Experience, Observation, Experiment, Reflection, or the results of each and of all together; these are the means, these are the instruments by which knowledge, such as is within the power of man, is picked up, put together, and treasured up" (*Essay on Logic*[24]: B VIII 238; vgl. *Panopticon versus New South-Wales*: B IV 177: S I 97).

> („Erfahrung, Beobachtung, Experiment, Reflexion oder die Resultate derselben bzw. von allen zusammen; dies sind die Mittel, dies sind die Instrumente, durch die das Wissen, das dem Menschen möglich ist, gesammelt, zusammengetragen und angehäuft wird".)

Erachtens „great physicians of the human mind" (*UC* xcvi: 65, in: LONG 1993: 1051). Auch von HUME und dessen *Traktat über die menschliche Natur* dürfte Bentham entsprechende Anregungen empfangen haben (LONG 1993: 1051; CRIMMINS 1993a: 74; vgl. zu HUME auch HALÉVY 1952: 9/13).

[20] Bentham gibt im *Article on Utilitarianism*, den er 1829 verfaßt, einen Überblick über die von ihm entwickelte utilitaristische Theorie. Der *Article* liegt in zwei Ausführungen vor, wobei die lange Version im folgenden mit *AULV*, die kürzere mit *AUSV* bezeichnet wird. Zur Entstehung und Datierung vgl. GOLDWORTH (1983: xxxiii/vi).

[21] *Of Laws in General* (OLG), 1782 fertiggestellt, ist von Bentham als Fortsetzung der *IPML* gedacht, wird jedoch erst posthum veröffentlicht. Zur Entstehung vgl. HART (1970: xxxi/v).

[22] Diese 1817 veröffentlichte Schrift wird im folgenden als *TSA* bezeichnet. Vgl. zu ihrer Entstehung GOLDWORTH (1983: xii/iii).

[23] Die der *Deontology* (D) zugrundeliegenden Manuskripte entstammen dem Zeitraum von 1814 bis 1831. Die Ausgabe in den *Collected Works* hat die Edition von BOWRING abgelöst, die zwar auch in deutscher Übersetzung vorliegt (siehe im Literaturverzeichnis: BOWRING 1834), in der Literatur aber stark kritisiert worden ist. Vgl. zur *Deontology* im allgemeinen und zum Verhältnis der beiden genannten Editionen im speziellen GOLDWORTH (1983: xix/xxxiii).

[24] Dieses erst posthum veröffentlichte Essay wird nachfolgend als *Logic* angeführt.

Dies gilt auch für den Bereich der Moralphilosophie:

> „every political and moral question ought to be [put] upon the issue of *fact*; and [thus] mankind are directed into the *only true track of investigation* which can afford instruction or hope of *rational argument*, the track of *experiment* and *observation*" (*Anarchical Fallacies*: B II 495: S I 95; Herv. O.H.; vgl. *Pannomial Fragments*[25]: B III 224: S I 104; *UC* xxxii.6, in: HARRISON 1983: 141).

(„jede politische und moralische Frage muß eine Frage der *Wirklichkeit* sein; und [so] wird die Menschheit auf den *einzig wahren Weg der Nachforschung* geführt, der Instruktionen einer *rationalen Argumentation* oder die Hoffnung darauf bieten kann, auf den Weg des *Experimentes* und der *Beobachtung*".)

Philosophisch-wissenschaftliches Vorgehen ist also ein induktiver Prozeß – wie Bentham unter Hinweis auf BACON, LOCKE und NEWTON formuliert – (vgl. *A Comment on the Commentaries*[26] 96/7), an dessen Ende ein objektives Wissen, das also von jedermann nachvollzogen werden kann, steht.

Bentham gewichtet das Empirische für die wissenschaftliche Erkenntnis stärker als Smith. Während es bei Smith zunächst *Ausgangspunkt* philosophischer Erkenntnis ist, wird es bei Bentham zum *entscheidenden* Kriterium hinsichtlich der Frage nach 'wahr' und 'falsch' erhoben – sei dies im ontologischen oder auch im ethischen Bereich, wie sich noch zeigen wird. In diesem Sinne kann Benthams Philosophie hier als *empiristisch* bezeichnet werden.

Das Religiöse spielt in Benthams Ansatz – im Gegensatz zu Smith (s.o. II.2.2) – in dem Sinne keine Rolle, daß es ein Teil Benthams eigener Weltsicht bzw. ein Konstitutivum seiner Theorie wäre. Dies kann es auch nicht, da sich das Phänomen Gottes den von Bentham aufgestellten Kriterien philosophisch-wissenschaftlicher Erkenntnis entzieht, wie Bentham insbesondere in seiner *Analysis of the Influence of Natural Religion on the Temporal Happiness of Mankind* (*Analysis*, 1822) darlegt. Objektive Beweise der Existenz Gottes sind demnach nicht möglich (vgl. ebd. 97/8)[27]. Die Vorbehalte, die Bentham immer wieder in bezug auf religiöse Lehren und Ethiken formuliert und die im weiteren Verlauf der vorliegenden Arbeit an

---

[25] Die Manuskripte unter dem Titel *Pannomial Fragments* (*PF*) werden erst posthum veröffentlicht.

[26] *A Comment on the Commentaries* (*CoC*) stellt eine Auseinandersetzung mit William BLACKSTONES *Commentaries on the Law of England*, einem der wichtigsten Gesetzeskommentare der damaligen Zeit, dar. Der *CoC* wird erst posthum veröffentlicht.

[27] Zu den *Analysis* sowie zu den ihnen zugrundeliegenden Manuskripten vgl. CRIMMINS (1993: 83/5); STEINTRAGER (1993).

verschiedenen Stellen genannt werden, zeigen seine grundsätzliche Skepsis gegenüber dem Phänomen des Religiösen. Zentrale Dogmen des christlichen Glaubens werden in *Church of Englandism* (und auch in *Analysis*) explizit in Frage gestellt (vgl. STEINTRAGER 1993: 95/104). Im Bereich der Ethik gilt die Religion – neben der philosophischen Spekulation – gleichsam als Quelle falscher Wahrheiten (vgl. *IPML* II.7 dt. 63; *D* 134/47). Wie wenig Verständnis Bentham für religiöses Denken besitzt, zeigt sich in seiner wenig differenzierten Auseinandersetzung mit der religiös bedingten Haltung der Askese (vgl. *IPML* II.2/10 dt. 61/6). Von einer positiven religiösen Grundhaltung, wie Smith sie einnimmt, läßt sich bei Bentham also nicht sprechen.[28]

Gleichwohl muß Bentham auf der Grundlage seiner empirischen Vorgehensweise zur Kenntnis nehmen, daß viele Menschen an einen real existierenden Gott glauben. Im Zusammenhang mit der Rede von den verschieden Arten von Freude und Leid bzw. den damit im Zusammenhang stehenden Sanktionen wird dieser Tatbestand von Bentham auch ausdrücklich berücksichtigt (s.u. III.3.1.2).

2.2 Die Rede von den Entitäten

Aus dem Empirismus als zentralem Charakteristikum der Benthamschen Methodik erwächst die für das Werk Benthams nicht minder zentrale Unterscheidung von „realen Entitäten (real entities)" einerseits und „fiktiven Entitäten (fictitious entities)" andererseits. Mit dieser Differenzierung möchte Bentham – der sich dabei von D'ALEMBERT (1717-1783) angeregt sieht (*Nomography, or the Art of Inditing Laws* [*Nomography*]: B III 286) – zu einer größtmöglichen Klarheit in der menschlichen – und somit auch philosophisch-wissenschaftlichen – Sprache beitragen (vgl. *Logic*: B VIII). Sie wird grundlegend im *Fragment on Ontology* (*Ontology*: B VIII, hauptsächlich in den 1810er Jahren geschrieben), in *Logic* (ebd.) sowie im *Essay*

---

[28] Zu Benthams Religions- und Gottesverständnis und dessen Prägung durch den Empirismus vgl. auch ausführlich CRIMMINS (1993); CRIMMINS (1993a); STEINTRAGER (1993). „Bentham was an atheist and in no sense of the word could he be described as a theologian. His 'unspirituality' was a central feature of his system, and this manifested itself in his complete inability to come to grips with the spiritual content of religion and its meaning for the pious believer. ... Taken together, Bentham's religious writings constitute the negative side of his plans for the construction of an entirely secular and rigorously Utilitarian society." (CRIMMINS 1993a: 113) Vgl. auch BAUMGARDT (1952: 167).

on Language (ebd.) erörtert und zieht sich wie ein roter Faden durch Benthams ganzes Werk.[29]

Als Entität, als Seiendes, wird in einer ersten Annäherung dasjenige bezeichnet, das ein Objekt menschlichen Denkens ist:

> „An entity is a denomination in the import of which every subject matter of discourse, for the designation of which the grammatical part of speech called a noun-substantive is employed, may be comprised." (*Ontology* I.i: B VIII 195; vgl. *TSA* 5, 74.)[30]
>
> („Der Begriff der Entität kann solche Gegenstände des Diskurses umfassen, denen in der Sprache in grammatikalischer Hinsicht Substantive entsprechen.")

Bentham fragt nun weitergehend nach dem *real Existierenden*: Was ist wirklich, und was ist nur Fiktion? Hier, auf dem Gebiet der Ontologie, besteht seines Erachtens ein deutlicher Bedarf an Klärung:

> „The field of *Ontology*, or as it may otherwise be termed, *the field of supremely abstract entities* is a yet untrodden labyrinth, – a wilderness never hitherto explored. In the endeavour to bring these entities to view, and place them under the reader's eye in such sort that to each of their names, ideas as clear, correct, and complete as possible, may by every reader who will take the trouble, be annexed and remain attached, the following is the course that will be pursued [in the *Ontology*; O.H.]." (*Ontology* intro: B VIII 195; Herv. O.H.)
>
> („Das Feld der *Ontologie* oder, wie es auch genannt werden kann, das *Feld der höchst abstrakten Entitäten*, ist ein noch unberührtes Labyrinth, eine Wildnis, die bisher noch nicht erforscht wurde. Im folgenden [in der *Ontology*; O.H.] wird in dem Bemühen vorgegangen, diese Entitäten so zum Vorschein zu bringen und dem Leser so zu präsentieren, daß von jedem Leser – der sich die Mühe macht – an jedem Begriff dieser Entitäten, Ideen, die so klar, korrekt und umfassend wie möglich sind, angehängt und befestigt werden können.")

Bentham bietet eine Klassifikation der Entitäten an, die den Anspruch auf Vollständigkeit erhebt und nach dem Prinzip der Zweiteilung („bifurcate

---

[29] STARK (1952: 35) spricht hierbei vom „cornerstone of Bentham's philosophic system". BOZOVIC (1995: 1) vertritt sogar die Auffassung, daß Benthams Bedeutung für das moderne Denken weniger von seiner Moral- und Rechtsphilosophie als von seiner *theory of fictions* abhängt.

[30] Zum philosophischen Begriff der Entität bzw. des Seienden vgl. auch KELLER (1974: 1294/8) sowie WÖRTERBUCH DER PHILOSOPHISCHEN BEGRIFFE (1955: 201, 203, 550). Hier (ebd.: 203) wird der Begriff der Entität als „Seinshaftigkeit, das Dasein eines Dings im Unterschied zur Quiddität, dem Wassein oder Sosein, das 'Daß' im Unterschied zum 'Was'" definiert.

mode"; *Logic*: B VIII 264) erfolgt, so daß sich eine baumähnliche Struktur ergibt (*Ontology* I.ii: B VIII 195; *Logic*: B VIII 253/4, 264; vgl. *Chrestomathia* 218/38)[31]. Diese Methode der Zweiteilung begegnet dem Leser in Benthams gesamten Werk immer wieder. Grundsätzlich unterscheidet Bentham die Entitäten in die durch die Sinne „wahrnehmbaren (perceptible)" und die durch Reflexion „erschlossenen (inferential)" (*Ontology* I.i/iii: B VIII 195/6; *TSA* 6). Die „wahrnehmbaren Entitäten" lassen sich in physische und psychische Entitäten unterteilen. Zu den ersten zählen alle „Körper (bodies)" (*Ontology* I.ii: B VIII 195)[32], zu den zweiten „pleasure" und „pain" (siehe unten). Die „erschlossenen Entitäten" teilt Bentham in menschliche und übermenschliche („human; superhuman") ein. Zu den ersten gehört beispielsweise die Vorstellung einer Seele, zu den letzten die Vorstellung eines Gottes. (*Ontology* I.iii: B VIII 195/6)

Auf jeder Ebene der genannten Klassifikation kann die bei Bentham zentrale Gegenüberstellung von „*real* entities" und „*fictitious* entities" stattfinden[33]. Die Existenz der realen Entitäten wird unmittelbar von den Sinnen erlebt und bestätigt (vgl. *TSA* 76; *Ontology* I.iv: B VIII 196):

> „By every name of a *real* entity, in so far as the import of the word is understood, is held up to view an object *really existing*, an object in relation to which assertions, grammatical propositions having more or less in them not only of meaning but of *truth*, are capable of being advanced." (*TSA* 74; Herv. O.H.)

> („Mit dem Begriff einer *realen* Entität – insoweit die Bedeutung des Wortes recht verstanden wird –, kommt stets ein *real existierendes* Objekt in den Blick, bezüglich dessen Behauptungen getroffen werden können, also grammatikalische Aussagen, die nicht nur mehr oder weniger Bedeutung, sondern *Wahrheit* haben.")

Dies ist bei fiktiven Entitäten hingegen nicht der Fall:

---

[31] Hier bestehen Ähnlichkeiten zum sog. Baum des PORPHYRIUS, mit dem PORPHYRIUS (234-305) das Kategorien-Schema des ARISTOTELES veranschaulicht (vgl. *Logic*: B VIII 266/7; *Chrestomathia* 240/1 Anm.; *TSA* 78).

[32] Die Körper werden unterteilt in lebendige und leblose („with life", „not endued with life"). Ein lebloser Körper ist ein Mineral („mineral"). Lebendige Körper werden noch einmal hinsichtlich ihrer Empfindsamkeit („sensitive life", „life not sensitive") in Lebewesen („animal") und Pflanzen („vegetable") unterschieden (*Ontology* I.ii.: B VIII 195).

[33] Streng genommen ist anstelle von „realen/fiktiven Entitäten/Nicht-Entitäten" von „Namen für reale/fiktive Entitäten/Nicht-Entitäten" zu sprechen. Bentham selbst wählt jedoch diese vereinfachte Begrifflichkeit, die auch in der vorliegenden Arbeit in der Regel gebraucht wird. (Vgl. *Ontology* I.vi: B VIII 198 Anm., 199.)

„A *fictitious* entity is an entity to which, though by the grammatical form
of the discourse employed in speaking of it, existence by ascribed, yet in
truth and reality existence is not meant to be ascribed. Every noun-substan-
tive which is not the name of a real entity, perceptible or inferential, is the
name of a fictitious entity." (*Ontology* I.v: B VIII 197; Herv. dort.)

(„Eine *fiktive* Entität ist eine Entität, der, obwohl ihr durch die grammatika-
lische Form, in der in Diskursen von ihr gesprochen wird, eine Existenz
zugeschrieben wird, doch in Wahrheit und Realität keine Existenz zugeschrieben wird. Jedes Substantiv, das nicht ein Name einer – wahrnehmbaren oder erschließbaren – realen Entität ist, ist der Name einer fiktiven
Entität.")

Das Verhältnis von realen und fiktiven Entitäten wird von Bentham dergestalt gesehen, daß die zweiten stets auf die ersten bezogen sind:

„Every fictitious entity bears some relation to some real entity, and can no
otherwise be understood than in so far as that relation is perceived, – a conception of that relation is obtained." (*Ontology* I.v: B VIII 197)

(„Jede fiktive Entität beinhaltet eine Beziehung zu einer realen Entität. Sie
kann nur in dem Maße verstanden werden, als diese Beziehung wahrgenommen wird bzw. eine solche Beziehung besteht.")

Ohne diesen Bezug ergibt eine fiktive Entität als solche keinen Sinn, und es
können mit ihrer Hilfe auch keine vernünftigen Aussagen gemacht werden:

„Any proposition having for its subject a fictitious entity can no otherwise
be made clearly intelligible than by means of some relation which the im-
port of it can be shewn to have to a correspondent proposition having for
its subject the name of some real entity." (*TSA* 74/5; vgl. *Logic*: B VIII
246/7.)

(„Eine Aussage, die eine fiktive Entität zum Subjekt hat, kann nicht anders
klar verständlich gemacht werden als mittels einer Beziehung zu einer korrespondierenden Aussage, die den Begriff einer realen Entität zum Subjekt
hat.")

Diesen Rückbezug nennt Bentham die Methode der „Paraphrasierung"
(„paraphrasis"; *Logic*: B VIII 246/8; vgl. *CoC* 495 Anm.). „Wahre Aussagen
(true propositions)" können nur auf diese Weise getroffen werden (*TSA* 5;
vgl. ebd. 74). Bentham bezeichnet dies gleichsam als „Axiom (axiom)" seines Denkens (*TSA* 74).

Im physischen Bereich kann das Verhältnis von realen und fiktiven
Entitäten am Beispiel eines Körpers und dessen Bewegung verdeutlicht
werden. Der Körper gilt als reale Entität, weil er unmittelbar von den Sinnen als existierend wahrgenommen werden kann. Eine „Bewegung
(motion)" ist hingegen nichts real Seiendes, auch wenn der Begriff als solcher diesen Anschein erweckt. „Bewegung" ist vielmehr eine fiktive Enti-

tät, die daraus resultiert, daß ein körperlicher Gegenstand, also eine reale Entität, seinen Ort ändert. Auch wenn es sich bei dem Begriff der „Bewegung" um den Begriff einer fiktiven Entität handelt, so ist er aus der Praxis menschlicher Kommunikation nicht wegzudenken. Er hat somit seine Existenzberechtigung. (*Ontology* I.ii: B VIII 197, 203; *Logic*: B VIII 262/3)

Im psychischen Bereich gibt es für Bentham nur zwei Begriffe, denen reale Entitäten entsprechen, da nur sie unmittelbarer Gegenstand der menschlichen Erfahrung sind, nämlich „pleasure" und „pain":

> „That Pleasure and Pain (understand always individual pleasures and individual pains) are real entities – [and] that consequently the words 'Pleasure' and 'Pain' are respectively names of real entities – no man, it is believed, will feel disposed to doubt. Of their existence the evidence which we have is still more immediate than any that we have of the existence either of the body or of the mind in which they have respectively their seats." (*TSA* 76; vgl. ebd. 6.)

> („Daß Freude und Leid (immer verstanden als individuelle Freuden und individuelle Leiden) reale Entitäten sind – [und] daß konsequenter Weise die Wörter 'Freude' und 'Leid' entsprechende Namen realer Entitäten sind –, daran wird, so glaubt man, kein Mensch zweifeln. Die Evidenz, die wir bezüglich ihrer Existenz haben, ist unmittelbarer als diejenige, die wir in bezug auf die Existenz des Körpers oder des Geistes bzw. dessen haben, wo sie lokalisiert sind.")

Alle anderen Entitäten im psychischen Bereich leiten sich von diesen beiden ab und werden demgemäß als fiktive Entitäten qualifiziert:

> „Among all the several species of psychological entities, ..., the two which are as it were the *roots*, the main pillars or *foundations* of all the rest, the *matter* of which all the rest are composed ... will be, it is believed ... Pleasures and Pains. Of *these*, the existence is matter of universal and constant experience. ... without these, no one of all those others [psychological entities; O.H.] ever had, or ever could have had, existence." (*TSA* 98; Herv. dort.)

> („Unter allen verschiedenen Arten psychologischer Entitäten ... sind, so wird geglaubt, Freude und Leid diejenigen, die wie die *Wurzeln*, wie die Hauptpfeiler oder die *Fundamente* des ganzen Rests sind; sie sind die *Sache*, aus denen der ganze Rest besteht.... . *Ihre* Existenz ist eine Sache universaler und beständiger Erfahrung. ... keine der ganzen anderen [psychologischen Entitäten; O.H.] hätte ohne sie Existenz oder könnte diese jemals haben.")

„Interessen", „Wünsche" und andere zentrale Begriffe aus dem psychologischen Bereich sind nach Bentham fiktive Entitäten, die auf Freude und Leid zurückgeführt werden müssen. Dies wird ausführlicher im nächsten Kapitel (III.3.1) diskutiert.

Die Unterscheidung von „real" und „fictitious entities" ist ein zentrales Element des Benthamschen Werks. Sie dient Benthams Erachtens der Präzisierung des philosophischen bzw. wissenschaftlichen Diskurses, der die Bereiche der Ethik und Politik einschließt[34]. Begriffe wie „Recht (right)", „Pflicht (duty)", „Sicherheit (security)" etc., die in diesen Bereichen eine wichtige Rolle spielen, sind Benthams Auffassung zufolge nichts anderes als „fictitious entities", die zunächst als solche ins Bewußtsein gerufen und dann real gefüllt werden müssen. Andernfalls sind Diskussionen auf der Basis solcher Begriffe inhalts- und fruchtlos (*OLG* 251/2; *Ontology* II.viii: B VIII 206; vgl. *TSA* 5). Bentham veranschaulicht dies mit einer Analogie aus dem ökonomischen Bereich:

> „These phantastic denominations are a sort of paper currency: if we know how at any time to change them and get sterling in their room, it is well: if not, we are deceived, and instead of being masters of so much real knowledge as by the help of them we mean to supply ourselves with, we possess nothing but sophistry and nonsense." (*OLG* 251)[35]
>
> („Diese phantasievollen Begriffe sind wie eine Art Papiergeld: Wenn wir wissen, wie wir sie eintauschen und an ihrer Stelle Silber erhalten können, ist es gut. Wenn nicht, dann sind wir getäuscht. Statt Herr über so ein großes Wissen zu sein, das wir uns mit ihrer Hilfe erhofften, besitzen wir nichts anderes als Sophisterei und Unsinn.")

Begriffe fiktiver Entitäten lassen sich Bentham zufolge zwar nur in Verbindung mit realen Entitäten verstehen, gleichwohl kommt ihnen als solchen eine Existenzberechtigung zu, wie oben am Beispiel der Bewegung gezeigt wurde: Die menschliche Sprache bedarf solcher Begriffe. Sie sind eine conditio sine qua non menschlicher Kommunikation:

> „To the carrying on of any discourse having for its tenor any matter considerably different from the matter of the sort of discourse which the inferior animals hold with one another, names of *fictitious* are not less necessary than names of *real* entities." (*TSA* 75; Herv. dort; vgl. *Logic*: B VIII 262/3.)

---

[34] Da diese Thematik erst in späteren Kapiteln wieder aufgegriffen wird, soll sie im folgenden skizzenartig dargelegt werden.

[35] Vgl. auch BOWRING (1834, Bd. 1: IX/X): „Recht und Unrecht, Gerechtigkeit und Ungerechtigkeit sind Worte, welche auf sehr verschiedene Weise gedeutet werden können." Sie müssen genauso wie die „Sprache der gewöhnlichen Unterhaltung" übersetzt werden „in die Sprache des Glücks und Unglücks, der Freude und des Schmerzes ...; denn in diese Elemente lösen sich endlich doch alle moralischen Folgen auf, und über diese Grenzen hinaus gibt [sic; O.H.] es für uns nichts Weiteres".

(„Um einen Diskurs aufrechzuerhalten, der von einer wesentlich anderen Art ist als dies bei niederen Lebewesen der Fall ist, sind die Begriffe *fiktiver* Entitäten nicht weniger wichtig als diejenigen *realer* Entitäten.")

Hier sieht Bentham die entscheidende Legitimation ihrer Existenz (vgl. *Ontology* I.vi: B VIII 198).[36] Diese Legitimation ist deshalb wichtig, weil die Rede von einer fiktiven Entität in philosophischer Hinsicht grundsätzliche Probleme aufwirft: Seiendes ist im eigentlichen Sinne des Wortes *existent* und nicht *fiktiv*. Der Begriff der „fictitious entity" beinhaltet demnach einen inneren Widerspruch – dessen sich Bentham allerdings bewußt ist (*Ontology* I.vi: B VIII 198/9).[37]

Wenn Smith u.a. in seiner Kritik an JOHNSON'S Dictionary eine strengere Klarheit der Begriffe – und dies insbesondere im Hinblick auf philosophisch-wissenschaftliche Diskurse – anmahnt (s.o. II.2.1 Anm.), möchte Bentham – ohne sich dabei auf Smith zu beziehen – zu einer solchen Klarheit beitragen. In diesem Sinne zeigt sich die skizzierte Begrifflichkeit und

---

[36] Vgl. auch HARRISON (1983: 87): „So the idea is not to get rid of fictitious entities, just to show that they can be explained and supported if necessary."

[37] Die angesprochene Frage, ob man im streng philosophischen Sinne tatsächlich, wie Bentham behauptet, von einer fiktiven Entität sprechen kann, soll und muß im Rahmen der vorliegenden Arbeit nicht erörtert werden. Es genügt hier, den Benthamschen Ansatz skizziert zu haben.

Im übrigen spricht Bentham nicht nur von realen und fiktiven Entitäten, sondern auch von „Nicht-Entitäten (non-entities)". Hier geht es um Begriffe der menschlichen Sprache, denen weder reale noch fiktive Entitäten zugrunde liegen. Als Beispiel nennt Bentham die Vorstellung eines Teufels. (*Ontology* I.vi: B VIII 198) In *Logic* (B VIII 262/3) spricht Bentham in ähnlicher Weise von „fabulous entities".

Gott kann im Benthamschen Sinne höchstens ein „inferential entitiy" sein (*Ontology* I.iii: B VIII 196). Nach BOZOVIC (1995: 21) liegt der Benthamschen Gottesvorstellung jedoch eher ein „non-entity" als ein „inferential entity" zugrunde. BOZOVIC entwirft hierbei ein Bild des allsehenden Gottes, das bei Bentham in Analogie zu dem Aufseher des Panopticon-Gebäudes (s.o. III.2.1 Anm.) zu sehen ist. Das Panopticon (*Panopticon*: B IV 40/6), das nicht nur als Gefängnis, sondern auch als Schulgebäude dienen kann, ist vor allem durch die Vorstellung eines allsehenden Aufsehers charakterisiert. Die Anordnung des Gebäudes ermöglicht es, daß von dem Beobachtungspunkt des Wachpersonals alle Bereiche des Gefängnisses beobachtet werden können. Da dieser Beobachtungspunkt jedoch selbst von den Gefangenen nicht eingesehen werden kann, fühlen sich diese selbst dann beobachtet, wenn kein Aufseher anwesend ist bzw. wenn er nicht in ihre Zelle schaut. Dem Aufseher werden demnach Attribute zugeschrieben, die ihm *de facto* nicht zukommen. (BOZOVIC 1995)

Insgesamt sieht BOZOVIC (1995) *Panopticon* und *Ontology* in unmittelbarer Verbindung. Insbesondere mit Hilfe der Benthamschen Gottesidee legt er dar, wie die *theory of fictions* mit der Idee des Panopticon veranschaulicht werden kann.

Methodik in Benthams gesamten Werk.[38] Sie wird in den folgenden Kapiteln immer wieder präsent sein. Insbesondere dem Verständnis von „pleasure" und „pain" als „real entities" kommt dabei zentrale Bedeutung zu.[39]

2.3 Ausblick

Der von Bentham gewählte Ansatz soll analog zu den naturwissenschaftlich bedingten „Entdeckungen und Verbesserungen in der natürlichen Welt" zu einer „Reformation in der moralischen" Welt führen („Correspondant to *discovery* and *improvement* in the natural world, is *reformation* in the moral"; *FG* pref. S. 393; Herv. dort). In den nachfolgenden Kapiteln wird sich zeigen, daß demgemäß im Benthamschen Gedankengebäude einige vorherrschende, konventionelle Vorstellungen der damaligen Zeit aus den Bereichen des Menschenbildes und Gesellschaftsverständnisses, der Ethik und der Sicht des Staates zugunsten einer strikt individualistisch-utilitaristischen Sichtweise verworfen werden.

3. Individuum und Gesellschaft

Das empiristische Philosophie- bzw. Wissenschaftsverständnis Benthams prägt dessen Auffassung von Mensch und Gesellschaft. Zentrale Bedeutung kommt hierbei den Begriffen von „pleasure" und „pain" (*TSA* 79/86 u.ö.) zu: Freude und Leid bestimmen das menschliche Tun in höchstem Maße.

---

[38] Vgl. in diesem Zusammenhang auch HARRISON (1983: 13; Herv. dort): „The explicit interest in close and precise analysis and in the exact signification of language marks off Bentham both as a philosopher of a notably modern temper and also as a *philosophe*, who believed that clarification, illumination, revelation of the truth, would help to bring about a better world."

[39] Zur Verbindung zwischen der Benthamschen Unterscheidung von „real" und „fictitious" sowie „perceptible" und „inferential entities" einerseits und vorhergehenden empiristischen Erkenntnistheorien – u.a. derjenigen LOCKES – andererseits vgl. *OLG* (294); HARRISON (1983: 49/53).

Zum Verhältnis zwischen „real" und „fictitious entities" bei Bentham und den ARISTOTELISCHEN Kategorien vgl. *Logic* (B VIII 234/6, 263/7); *Ontology* (II.i/v: B VIII 199/205). Nur die ARISTOTELISCHE Kategorie der Substanz wird von Bentham als „real entitiy" betrachtet (*Logic*: B VIII 234/5; *Ontology* II.ii: B VIII 201/2).

Zum gesamten Ansatz der Unterscheidung der verschiedenen Entitäten und Fiktionen durch Bentham vgl. auch ausführlich OGDEN (1932).

Darüber hinaus spielen sie auch in der Ethik (s.u. III.4) und in der Sicht des Staates (s.u. III.6) eine entscheidende Rolle.

3.1 Das Individuum und die Bedeutung von „pleasure" und „pain"

3.1.1 Das zentrale Charakteristikum des Menschen: seine Beherrschung durch Freude und Leid

Das zentrale Charakteristikum des Benthamschen Menschenbildes markiert den Anfang der *IPML*. Dort schreibt Bentham gleich im ersten Satz und in sehr anschaulicher Weise, daß der Mensch unausweichlich dem Prinzip von Lust und Unlust untersteht. Wenn Bentham dabei den Begriff der „Natur" verwendet, dann lediglich in dem Sinne, daß es um die 'Natur des Menschen' geht bzw. um den Menschen, wie er sich dem empirisch arbeitenden Sozialwissenschaftler zeigt. Eine Deutung des Begriffs im Smithschen Sinne eines Weltenschöpfers ist Bentham hingegen fremd, wie im vorhergehenden Kapitel (III.2.1) dargelegt wurde.

> „Nature has placed mankind under the governance of two sovereign masters, *pain* and *pleasure*. It is for them *alone* to point out what we ought to do, as well as to *dertermine what we shall do*. On the one hand the standard of right and wrong, on the other the chain of causes and effects, are fastened to their throne. *They govern us in all we do, in all we say, in all we think*: every effort we can make to throw off our subjection, will serve but to demonstrate and confirm it. In words a man may pretend to abjure their empire: but in reality he will remain subject to it all the while." (*IPML* I.1 dt. 55; Herv. dort und O.H.)[40]
> („Die Natur hat die Menschheit unter die Herrschaft zweier souveräner Gebieter – *Leid* und *Freude* – gestellt. Es ist an ihnen *allein* aufzuzeigen, was wir tun sollen, wie auch zu bestimmen, *was wir tun werden*. Sowohl der Maßstab für Richtig und Falsch als auch die Kette der Ursachen und Wirkungen sind an ihrem Thron festgemacht. *Sie beherrschen uns in allem, was wir tun, was wir sagen und denken*: Jegliche Anstrengung, die wir auf uns nehmen können, um unser Joch von uns zu schütteln, wird lediglich dazu dienen, es zu beweisen und zu bestätigen. Jemand mag zwar mit Worten vorgeben, ihre Herrschaft zu leugnen, aber in Wirklichkeit wird er ihnen ständig unterworfen bleiben.")

Der Mensch steht nach Bentham also sowohl hinsichtlich seines *Seins* als auch hinsichtlich seines *Sollens* im Horizont einer Freud-Leid- bzw. Lust-

---

[40] Bentham greift hier eine ähnlich lautende Formulierung von HELVETIUS (De l'ésprit, Diskurs III, Kapitel 9) auf (HALÉVY 1952: 26; BAUMGARDT 1952: 167/8).

Unlust-Motivation bzw. in der Spannung zwischen dem „*psychologischen* Hedonismus" einerseits und dem „*ethischen* Hedonismus" andererseits (HÖFFE 1979: 129/30; Herv. dort; vgl. PAREKH 1973a: 13; HARRISON 1983: 108). Diese beiden Aspekte stehen für Bentham zwar in unmittelbarem Zusammenhang, müssen jedoch getrennt voneinander diskutiert werden. Im vorliegenden Kapitel (III.3) geht es daher um den ersten Aspekt, um die Bestimmung des menschlichen Seins durch Freude und Leid. Die Erörterung des zweiten Aspekts, die Definition des menschlichen Sollens im Sinne der Formulierung eines Moralprinzips auf Freude und Leid hin, wird an späterer Stelle im Rahmen der Ethik erfolgen (s.u. III.4.1). Dies gilt ebenso für das Verhältnis dieser beiden Aspekte. Bevor in den nachfolgenden Abschnitten (III.3.1.2/4) aber die Benthamsche Auffassung der Determination des Menschen durch Freude und Leid näher diskutiert wird, sind einige zentrale Begriffe zu klären, die mit dem obigen Zitat in Verbindung stehen.

„Pleasure and pain" sind die einzigen realen psychischen Entitäten („two, and but two") (*TSA* 75). Andere fiktive Entitäten, die sich in der menschlichen Sprache als Grundlage menschlichen Handelns eingebürgert haben, besitzen keinen Sinn, wenn sie nicht auf diese beiden zurückgeführt werden: „Wünsche (desires)", „Bedürfnisse (wants)", „Hoffnungen (hopes)", „Ängste (fears)", „Motive (motives)" und „Interessen (interests)" (*TSA* 75/6, 98; vgl. *Logic*: B VIII 279/80). Dies gilt ebenso für andere wichtige Begriffe des menschlichen Denkens. „Pleasure" kann beispielsweise auch mit den Begriffen „Befriedigung (gratification)", „Vergnügen (enjoyment)", „Glück (happiness)" oder „Wohlergehen (well-being)" und pain auch durch „Verdruß (vexation)", „Leiden (suffering)", „Traurigkeit (sadness)" oder „Unglück (unhappiness)" umschrieben werden (*TSA* 87/8; vgl. *IPML* IV.7 dt. 81). Hier zeigt sich beispielhaft die oben (III.2.2) genannte Bedeutung der fiktiven Entitäten für die menschliche Sprache (vgl. auch *TSA* 75: „fictitious entity language"): Mit dem Gebrauch der genannten Begriffe kann individuelles Verhalten differenzierter beschrieben und diskutiert werden, als wenn beispielsweise nur von einer gleichsam animalischen 'Lust-Unlust-Motivation' gesprochen würde.

Freude und Leid sind die Antriebskräfte menschlichen Handelns. Genauer formuliert: Menschliches Handeln basiert auf dem Ziel, Freude zu erlangen und Leid zu vermeiden bzw. zu verringern[41]:

---

[41] Im folgenden wird des öfteren und der Einfachheit halber verkürzt von „Freude und Leid als Ziel menschlichen Handelns" gesprochen. Korrekterweise müßte stets davon gesprochen werden, daß es um das Ziel geht, „Freude zu gewinnen und Leid zu vermeiden".

„As *a spring of action*, a *pleasure* cannot operate, but in so far as, in the particular direction in question, action is regarded as a means of *obtaining* it; a *pain*, in so far as action is regarded as a means of *avoiding* it." (*TSA* 89; Herv. dort.)

(„Als *Handlungsursache* kann eine *Freude* in der fraglichen bestimmten Richtung nur insofern wirken, als die Handlung als Mittel betrachtet wird, sie zu *erreichen*; ein *Leid* nur insofern, als die Handlung als Mittel betrachtet wird, es zu *vermeiden*.")

In diesem Zusammenhang sind zwei der oben genannten Begriffe, nämlich das „Motiv (motive)" und das „Interesse (interest)", näher zu betrachten.

Die „Motive" wirken auf den individuellen Willen ein und stellen – in der Begrifflichkeit der menschlichen Kommunikation – insofern die eigentlichen Handlungsantriebe des Menschen dar (*TSA* 87, 92/3, 98)[42]. Bentham definiert das „Motiv" wie folgt:

„A motive is an idea: it is the idea of some pleasure or some pain: the pleasure conceived as about to exist, or the pain as about not to exist, in consequence of our action." (*What a Law is*: PAREKH 1973: 147)

(„Ein Motiv ist eine Idee. Es ist die Idee von Freude oder Leid: die Freude als existent, das Leid als inexistent vorgestellt als Folge unserer Handlung.")

Jedes Motiv hat ein korrespondierendes „Interesse" (*TSA* 99/100). Der Begriff des Interesses wird von Bentham unter Rückbezug auf Freude und Leid grundsätzlich wie folgt definiert:

„A thing is said to promote the interest, or to be *for the interest, of an individual*, when it tends to add to the sum total of *his pleasures*: or, what comes to the same thing, to diminish the sum total of *his pains*." (*IPML* I.5 dt. 57; Herv. O.H.)[43]

(„Man sagt von einer Sache, sie sei dem Interesse förderlich oder *zugunsten des Interesses eines Individuums*, wenn sie dazu neigt, zur Gesamtsumme *seiner Freuden* beizutragen oder, was auf das gleiche hinausläuft, die Gesamtsumme *seiner Leiden* zu vermindern.")

---

[42] Nach Bentham gibt es auch Freuden und Leiden, die keinen Antrieb menschlichen Tuns darstellen, z.B. solche der „reinen Vorstellung (mere imagination)" (*TSA* 90). In diesem Fall werden sie als „unbeweglich (inert)" bezeichnet (*TSA* 89; vgl. *TSA* 11). Bentham unterscheidet im übrigen innere – im Sinne der psychologischen Entitäten – und äußere Motive. Zu den zweiten zählt beispielsweise das Feuer, das den Hausbewohner zum Verlassen des Hauses antreibt (*IPML* X.5).
Für den Begriff des Motivs existieren schließlich Synonyme, wie zum Beispiel „inducement" oder „incentive" (*TSA* 92).

[43] Anders als für den Begriff des Motivs (s.o.) existieren Bentham zufolge für den Begriff des Interesses keine Synonyme (*TSA* 92).

Der Begriff des Interesses beinhaltet eine psychologische Komponente im Sinne des lat. inter-esse: Wer sich für eine bestimmte Sache interessiert, wendet sich dieser zu und lenkt sein Augenmerk auf sie (*D* 128). In diesem Sinne schreibt Bentham:

> „Pains and pleasures may be called by one general word, *interesting* perceptions." (*IPML* V.1 dt. 82; Herv. O.H.; vgl. *UC* xiv.290/6, in: *D* Appendix B, 342)
>
> („Leiden und Freuden kann man allgemein als Empfindungen bezeichnen, für die man sich *interessiert*.")

Mit dem „Interesse" ist die Konnotation des Rationalen verbunden:

> „A man is said to have an interest in any subject in so far as that subject is *considered* as more or less likely to be to him a source of pleasure or exemption [from pain; O.H.]" (*TSA* 91; Herv. O.H.).
>
> („Von einem Menschen wird gesagt, daß er ein Interesse an etwas hat, insofern dieses etwas mehr oder weniger als Quelle der Freude oder der Befreiung [von Leid; O.H.] *erwogen* wird".)

Stärker kommt dieses rationale Moment des Interesses im folgenden Zitat zum Ausdruck, wo es zum einen um die Verbindung von Handlungen und deren freud- bzw. leidvollen Folgen, also um Ursache-Wirkung-Zusammenhänge, geht und wo zum anderen der Gedanke anklingt, daß Freude und Leid einen meßbaren Wert darstellen – letzterer spielt in Benthams Theorie eine zentrale Rolle und wird noch in diesem Kapitel (s.u. III.3.1.4) ausführlich diskutiert:

> „It is said *to be a man's interest* that the act, the event, or the state of things in question should have place, in so far as it is supposed to be that – upon, and in consequence of, its having place – *good*, to a greater *value*, will be possessed by him than in the contrary case." (*TSA* 91; Herv. dort.)
>
> („Man sagt, *es ist das Interesse* eines Menschen, daß eine Handlung, ein Ereignis oder ein Zustand, die in Frage stehen, stattfinden bzw. gelten soll, insofern angenommen wird, daß von ihm dadurch bzw. infolgedessen ein *Gut*, ein größerer *Wert* besessen wird als im gegenteiligen Fall.")

Insgesamt verwendet Bentham den Interesse-Begriff also ähnlich wie Smith (s.o. II.3.2).

Ein weiterer mit Freude und Leid im Zusammenhang stehender zentraler Begriff der Benthamschen Theorie ist derjenige des Nutzens: Freude und Leid lassen sich nach Bentham auch in der Kategorie der „Nützlichkeit (utility)" ausdrücken:

> „By utility is meant that property in any object, whereby it tends to produce benefit, advantage, pleasure, good or happiness, (all this in the present

case comes to the same thing) or (what comes again to the same thing) to prevent the happening of mischief, pain, evil, or unhappiness to the party whose interest is considered" (*IPML* I.3 dt. 56; vgl. *FG* pref. S. 415; *IPML* IV.8 dt. 82; *D* 152).

(„Unter Nützlichkeit ist jene Eigenschaft an einem Objekt zu verstehen, durch die es dazu neigt, Gewinn, Vorteil, Freude, Gutes oder Glück hervorzubringen (dies alles läuft im vorliegenden Fall auf das gleiche hinaus) oder (was ebenso auf das gleiche hinausläuft) die Gruppe, deren Interesse erwogen wird, vor Unheil, Leid, Bösem oder Unglück zu bewahren".)

Alles hat für den Menschen somit immer nur insofern einen Nutzen, als es ihm Freude bringt bzw. Leid mindert.[44]

Welcher Art die verschiedenen Freuden und Leiden sind, die den Mensch in seinem Denken und Tun beeinflussen und motivieren, und woher sie stammen, wird im nachfolgenden Abschnitt (III.3.1.2) erörtert. Anschließend ist die Rede von (Eigen-) Interesse und Nutzen (-maximierung) zu vertiefen (III.3.1.3 und III.3.1.4).

3.1.2 Ursachen und Arten von Freude und Leid

„Pleasure" und „pain" stellen bei Bentham zwei grundsätzliche Kategorien dar, die als solche einer genaueren Ausdifferenzierung nicht nur fähig sind, sondern auch bedürfen. Es geht dabei um die Erörterung verschiedener *Arten* von Freude und Leid. Neben dieser Frage nach den unterschiedlichen Arten diskutiert Bentham auch die Frage nach den *Quellen* von Freude und Leid. Diese Quellen bezeichnet Bentham auch als „Sanktionen (sanctions)". (*Nomography*: B III 290)

Mit dem Begriff der „Sanktion" möchte Bentham deutlich machen, daß die verschiedenen Quellen von Freude und Leid Antriebe menschlichen

---

[44] Einen Überblick zur Geschichte des Nutzen-Begriffs (lat. utilitas bzw. utilis) bietet HÖFFE (1984: 992/1003). PLATON verwendet den Begriff des Nützlichen in unmittelbarer Beziehung zum Begriff des Guten, zum Teil sogar synonym für diesen. ARISTOTELES qualifiziert Dinge unter anderem deshalb als gut, weil sie nützlich sind (bonum utile), und zwar hinsichtlich der Erlangung eines lustbringenden Gutes oder eines in sich Guten. EPIKUR (vgl. hierzu auch oben II.4.8) bestimmt das Nützliche als das Lustbringende und insofern Gute. In der Stoa findet sich eine andere Auffassung: Nicht das Nützliche ist das Kriterium des Guten, sondern das moralisch Gute ist das Kriterium des Nützlichen. In der Neuzeit wird der Begriff des Nutzens nach HÖFFE (1984: 1001) „oft weniger begrifflich untersucht, als (in wirtschaftlich- und sittlich-praktischen Zusammenhängen) verwendet". Eine genauere Bestimmung des Nutzen-Begriffs erfolgt schließlich vor allem durch hedonistisch-utilitaristische Ansätze wie die Theorie Benthams.

Handelns darstellen bzw. dieses Handeln mit Freude belohnen oder mit Leid bestrafen und insofern „jedem Gesetz bzw. jeder Verhaltensregel eine verbindende Kraft zu geben vermögen" („giving a binding force to any law or rule of conduct"; *IPML* III.2 dt. 75). Die Rede von einer „Verpflichtung (obligation)" zu einem bestimmten Handeln, welcher Art sie auch sei, steht nach Bentham mit diesen Sanktionen in unmittelbarem Zusammenhang (*Nomography*: B III 290; *Logic*: B VIII 247; *D* 207; 221; *IPML* III.2 dt. 75). Sie sind demgemäß auch zu den „Motiven" zu zählen (*D* 175).

Bentham führt Freude und Leid prinzipiell auf fünf Sanktionen zurück („theory of five sanctions"; *Nomography*: B III 292). In der *IPML* (III.2/6 dt. 75/6) nennt er zunächst vier von ihnen. Es sind dies erstens die „physische (physical)", zweitens die „politische oder rechtliche (political or legal)", drittens die „öffentliche oder moralische (popular or moral)"[45] und viertens die „religiöse Sanktion (religious sanction)". Sie werden später um eine fünfte, die „sympathetische Sanktion (sympathetic sanction)" bzw. die „Sanktion der Sympathie (sanction of sympathy)", ergänzt (*Nomography*: B III 290/1; *Ontology* II.viii: B VIII 208; *D* 175/7, 183, 197).

Die vier zuerst genannten Sanktionen werden von Bentham als „rein selbst-betreffende (purely self-regarding ones)" bezeichnet (*Nomography*: B III 292; *TSA* 17): Stellen sie ein Motiv des individuellen Handelns dar, so motiviert hier alleine das Eigeninteresse. Im Fall der fünften Sanktion, der sympathetischen, ist Benthams Auffassung nicht ganz eindeutig. An manchen Stellen schreibt er zwar, daß hier auch die Freuden und Leiden des Mitmenschen motivieren und insofern ein Gegensatz zu den obigen Sanktionen besteht (*TSA* 17; *IPML* X.25). Gleichwohl bringt er andernorts zum Ausdruck, daß die motivierende Mitfreude bzw. das Mitleid letztlich immer nur Freude und Leid des Handelnden selbst sein können (s.u.; *D* 197, 199, 203/4; *UC* xiv.202/3, in: PAREKH 1973a: 32 Anm.; vgl. *Nomography*: B III 291). Auf diese Weise weist Bentham dann aber hier – ob er will oder nicht – dem Eigeninteresse wiederum die entscheidende Bedeutung zu, wie sich auch im nachfolgenden Abschnitt (III.3.1.3) zeigen wird.

Zur Verdeutlichung der verschiedenen Ursachen von Freude und Leid nennt Bentham hinsichtlich der ersten vier Sanktionen folgendes Beispiel:

---

[45] Das Verhältnis von politischer Sanktion einerseits und rechtlicher andererseits sowie von öffentlicher Sanktion einerseits und moralischer andererseits kann dergestalt beschrieben werden, daß die jeweils zweite Sanktion von der ersten eingeschlossen wird (*Nomography*: B III 290/1). So ist die moralische Sanktion immer auch eine öffentliche, nicht aber umgekehrt.

„A man's goods, or his person, are consumed by fire. If this happened to him by what is called an accident, it was a *calamity*: if by reason of his own imprudence (for instance, from his neglecting to put his candle out) it may be styled a punishment of the *physical* sanction: if it happened to him by the sentence of the political magistrate, a punishment belonging to the *political* sanction; that is, what is commonly called a *punishment*: if for want of any assistance which his *neighbour* withheld from him out of some dislike to his *moral* character, a punishment of the *moral* sanction: if by an immediate act of *God's* displeasure, ... a punishment of the *religious* sanction." (*IPML* III.9 dt. 75; Herv. dort.)

(„Die Güter von jemandem oder er selbst werden durch Feuer vernichtet. Wenn ihm dies aufgrund dessen zugestoßen ist, was man einen Unfall nennt, so war es ein *Unglück*; wenn aufgrund seiner eigenen Unklugheit (wenn er zum Beispiel vergessen hat, die Kerze zu löschen), kann man es als Strafe der *physischen* Sanktion bezeichnen; wenn es ihm aufgrund des Urteils von Staatsbeamten zugestoßen ist, so handelt es sich um eine Strafe, die zur *politischen* Sanktion gehört, also um das, was man gewöhnlich *Strafe* nennt; wenn in Ermangelung jeder Hilfe, die ihm sein *Nachbar* aus Abneigung gegenüber seinem *moralischen* Charakter verweigert, handelt es sich um eine Strafe der *moralischen* Sanktion; wenn durch einen unmittelbaren Akt des Unwillens *Gottes*, ... handelt es sich um eine Strafe der *religiösen* Sanktion.")

Bei diesem Beispiel wird zugleich deutlich, daß die physische Sanktion eine wesentliche Grundlage der anderen Sanktionen darstellt (vgl. *IPML* III.11 dt. 78).

Mit einer Differenzierung der beiden grundsätzlichen Begriffe von Freude und Leid in verschiedene Arten beschäftigt sich Bentham ausführlich in der *IPML* und der *TSA*. In letzterer stellt Bentham eine umfassende Liste von insgesamt vierzehn verschiedenen Arten der Freude und des Leids als reale Entitäten auf[46]. Ihnen werden dabei die entsprechenden Interessen und Motive als fiktive Entitäten zugeordnet (*TSA* 79/86)[47]. Im folgenden soll ein Überblick bezüglich der genannten Liste unter der Überschrift „table of the springs of action" (*TSA* 79/86) gegeben werden. Dabei seien von den Motiven nur einige beispielhaft genannt. (Eine ausführliche

---

[46] Dabei können sich aus den einfachen („simple and elementary") Freuden bzw. Leiden andere zusammensetzen („compounded"; *TSA* 91, 96/8; „complex"; *IPML* V.1 dt. 82/3). Außerdem unterscheidet Bentham zwischen den unmittelbaren („original") Freuden bzw. Leiden, die der direkten Wahrnehmung entstammen, und den aus Erinnerungen oder Vorstellungen abgeleiteten („derivative"; *TSA* 90).

[47] Freude und Leid, Interessen und Motive werden zugleich als „psychologische Entitäten (psychological entities)" bezeichnet (*AULV* 294; vgl. *TSA* 87).

Darstellung findet sich auch in *IPML* V z. T. dt. 82/3; X.14/35. Einen kurzen Abriß gibt Bentham in *AULV* 293/4.)

Die den verschiedenen Freuden und Leiden korrespondierenden Motive unterteilt Bentham in seiner Aufstellung in solche mit neutraler, positiver und negativer Konnotation („neutral", „eulogistic", „dyslogistic"; vgl. auch *TSA* 95). Es handelt sich hierbei aber nicht um Wertungen Benthams, sondern um den seines Erachtens alltagssprachlichen Beiklang der Wörter. Bentham selbst weist ausdrücklich darauf hin, daß alleine die aus den Motiven bzw. motivierten Handlungen resultierenden Freuden und Leiden das Kriterium für 'gut' und 'schlecht' darstellen können (*TSA* 95; s.u. III.4.1).

An erster Stelle nennt Bentham die „Geschmacks- und Gaumenfreuden" bzw. „-leiden" („pleasures and pains of the taste" bzw. „of the palate"). Ihnen entspricht das „Interesse des Gaumens" bzw. „der Flasche" („interest of the palate" bzw. „of the bottle"). Zu den neutralen Motiven zählt beispielsweise Hunger, zu den verachtenswerten die Gefräßigkeit. (*TSA* 79)

Anschließend werden die sexuellen Freuden und Leiden („pleasures and pains of the sexual appetite") genannt. Ihnen korrespondieren das „sexuelle Interesse" („sexual interest") und das Motiv des „sexuellen Begehrens (sexual desire)". (*TSA* 80)

Die „Gefühlsfreuden und -leiden" („pleasures and pains of sense, or of the senses"), denen das „gefühlsmäßige Interesse (sensual interest)" entspricht, nennt Bentham an dritter Position (*TSA* 80).

Danach führt er die „materiellen Freuden und Leiden" auf („pleasures and pains derived from the matter of wealth", „pleasures of possession", „pains of poverty"). Das zugehörige Interesse bezeichnet er als „pekuniäres Interesse (pecuniary interest)". Als neutrales Motiv gilt für ihn beispielsweise der Wunsch nach dem Subsistenzeinkommen, als positive Motive gelten die Wirtschaftlichkeit und Sparsamkeit, als negative Geiz und Begierde. (*TSA* 81)

Die „Freuden und Leiden der Macht und des Einflusses" („pleasures and pains of power, influence, authority, ... governing") mit dem entsprechenden „Interesse des Zepters (interest of the sceptre)" werden anschließend genannt. Ehrgeiz und Strebsamkeit gelten als neutrale, Tyrannei und Herrschsucht als negative Motive. (*TSA* 81)

An sechster Position nennt Bentham die aus Neu- und Wißbegier entstehenden Freuden und Leiden („pleasures and pains of curiosity"), denen – sehr anschaulich formuliert – das „Interesse des Fernrohrs (interest of the spying-glass)" entspricht (*TSA* 82). Der von Smith (s.o. II.2.1) behauptete Wert des Philosophierens an sich, der aus der Befriedigung der Neugier und der Beendigung des Unwissens resultiert, ist hier einzuordnen.

Erst an siebter und achter Stelle rangieren die aus Freundschaft und gesellschaftlicher Stellung und Beachtung resultierenden Freuden und Leiden („pleasures and pains of amity", „pleasures and pains of the moral or popular sanction" bzw. „of reputation"). Mit ihnen steht das „Interesse am Intimen (interest of the closet)" mit den Motiven des Wunsches nach gegenseitiger Hilfe und der guten freundschaftlichen Meinung bzw. das „Interesse der Trompete (interest of the trumpet)" mit den Motiven des Wunsches nach guter öffentlicher Meinung, der Angst vor Unpopularität, der Redlichkeit und Eitelkeit im Zusammenhang. (*TSA* 82/3; vgl. auch *D* 229ff.) Auch hier kommt Benthams bildhafte Sprache zum Ausdruck: Er möchte auf das gesellschaftliche Ansehen eines Menschen hinweisen, das dieser erlangt, wenn seine guten und erfolgreichen Werke gleichsam in die Welt 'hinausposaunt' werden.

Weiterhin nennt Bentham die dem Bereich des Religiösen entstammenden Freuden und Leiden („pleasures and pains of the religious sanction") mit dem „Interesse des Altars (interest of the altar)" (*TSA* 83).

Von besonderer Bedeutung im Hinblick auf das oben im Zusammenhang mit der sympathetischen Sanktion Erörterte einerseits und auf den nachfolgenden Abschnitt, in dem das Verhältnis zwischen dem Eigeninteresse und dem Interesse an dem Wohlergehen der Mitmenschen und der Gesellschaft diskutiert wird, andererseits sind die Freuden und Leiden, die aus Sympathie bzw. Antipathie resultieren („pleasures and pains of sympathy", „of antipathy – of ill-will"). Ihnen korrespondiert das „Interesse des Herzens (interest of the heart)" bzw. das „Interesse der Gallenblase (interest of the gall-bladder)" (*TSA* 84/5; vgl. *IPML* X.25/6). Diese Freuden und Leiden können aus dem Verhältnis zu Gott, zu Mitmenschen und ebenso zu Tieren resultieren (*IPML* V.10/1). Sie werden im nachfolgenden Abschnitt (III.3.1.3) vertiefend diskutiert.

An nächster Stelle seiner Aufstellung nennt Bentham die „Leiden der Arbeit (pains of labour)". Freuden scheinen aus der Arbeit nicht zu resultieren – zumindest nennt Bentham keine. Den Leiden der Arbeit korrespondiert das „(Ruhe-) Kissen-Interesse (interest of the pillow)". (*TSA* 85)

Schließlich werden von Bentham zwei Arten der Freude und des Leides angeführt, die mit den beiden erstgenannten, die der Ernährung und der Sexualität entspringen, in unmittelbarem Zusammenhang stehen: die Leiden des Todes mit dem „existentiellen Interesse" („interest of existence" bzw. „of self-preservation") und den Motiven der Selbsterhaltung und -verteidigung sowie die „Freuden und Leiden der selbst-betreffenden Klasse (pleasures and pains of the self-regarding class)" mit dem zugehörigen „self-regarding interest". Hierbei wird „self-regarding interest" als Motiv mit neutraler Konnotation, „self-interest" hingegen ebenso wie „selfishness" als Motiv mit negativer Konnotation aufgeführt. (*TSA* 86)

Es ist auffällig, daß Bentham die Freuden und Leiden der Selbsterhaltung erst an letzter Stelle seiner Liste nennt, ist die Existenz menschlichen Lebens doch die Grundlage jeder weiteren Freude, wie Bentham schließlich auch an anderer Stelle betont (s.u. III.6.2). Bei Smith erhält das individuelle Ziel der Selbsterhaltung, das er zu den Hauptzwecken menschlichen Lebens zählt, hingegen ein größeres Gewicht (s.o. II.2.2).

Weitere Unterschiede zwischen Bentham und Smith bestehen in der Beurteilung des menschlichen Verlangens nach Ansehen, Anerkennung und gesellschaftlicher Stellung. Während dieses bei Smith neben den existentiellen Interessen das den Menschen beherrschende Interesse darstellt, von dem sich das Streben nach Reichtum, Macht etc. ableitet, sieht Bentham hier offensichtlich keinen notwendigen Zusammenhang. Reichtum und Macht sind als solche, unabhängig von der Bedeutung für das gesellschaftliche Ansehen, Quellen der Freude, die in ihrer Bedeutung für den Menschen offensichtlich höher eingeschätzt werden als dieses Ansehen[48].

Von zentraler Bedeutung ist für Bentham der Gedanke – und auch hier bewegt er sich inhaltlich in der Nähe der Smithschen Auffassung –, daß der einzelne selbst am besten erkennt, worin die eigene Freude und das eigene Leid bestehen:

> „Every person is not only the most proper judge, but the *only* proper judge of what with reference to himself is pleasure: and so in regard to pain." (*D* 150; Herv. O.H.; vgl. ebd. 150/1; *IPML* XIII.4.)
> („Jede Person ist nicht nur der allerbeste Richter, sondern auch der *einzige* Richter bezüglich dessen, was für ihn selbst Freude ist; und genauso ist es bezüglich des Leids.")

Oder an anderer Stelle sehr anschaulich formuliert:

> „But to each man what is pleasure? ... Reader, whoever you are, ask yourself and answer to yourself these questions: Is there – can there be – that man who knows or who can know as well as yourself what it is that has given you pleasure or what it is that has given you most pleasure?" (*D* 250)
> („Aber was ist für jeden Menschen Freude? ... Leser, wer immer du bist, frage dich selbst, und beantworte dir selbst diese Fragen: Gibt es den Menschen, kann es überhaupt einen geben, der genauso gut wie du selbst weiß oder wissen kann, worin dasjenige besteht, was dir Freude macht oder was dir am meisten Freude macht?")

---

[48] Dies schließt nicht aus, daß es im Sinne des Benthamschen Denkens aus Reichtum und Ansehen 'zusammengesetzte' Freuden gibt.

Im Zusammenhang mit der menschlichen Zielsetzung, den eigenen Nutzen zu maximieren (s.u. III.3.1.4), wird auf diesen Aspekt zurückzukommen sein.

Ausgehend von den genannten unterschiedlichsten Freuden und Leiden soll im folgenden der Begriff des Interesses bei Bentham ausführlicher diskutiert werden.

3.1.3 Interesse und Eigeninteresse

Aus der Aufstellung über die verschiedenen Arten von Freude und Leid mitsamt den zugehörigen Interessen geht hervor, daß die verschiedenen Interessen in zwei große Kategorien eingeteilt werden: in solche der „selbstbetreffenden Klasse (self-regarding class)" (*TSA* 100; „self-regarding interest"; *D* 195), zu denen u.a. das monetäre Interesse zählt (*IPML* X.34), und in solche der „andere-betreffenden (extra-regarding)" Klasse („extra-regarding interest"; *D* 193; vgl. *D* 249). Diese „extra-regarding interests" differenziert Bentham des weiteren in „soziale (social)" und „unsoziale (dissocial)" (*D* 128; *IPML* X.34), wobei die ersten noch einmal in „rein soziale (purely social)" und „halb soziale (semi-social)" unterteilt werden (*IPML* X.35). Als rein soziales Interesse kann nach Bentham nur dasjenige des Wohlwollens bezeichnet werden. Zu den halbsozialen zählt beispielsweise das Interesse am gesellschaftlichen Ansehen. Als unsozial kann das in Mißgunst bestehende Interesse angesehen werden. (*IPML* X.34/5; vgl. auch ebd. V.32.)

Wie verhält sich diese Unterscheidung zu Smiths Verständnis vom Eigeninteresse einerseits und der Berücksichtigung des Interesses der Mitmenschen andererseits? Gibt es in den Augen Benthams individuelles Handeln, bei dem der Mensch von seinen eigenen Interessen absieht, wie dies bei Smiths Figur des Weisen und Tugendhaften der Fall ist? In der *TSA* bejaht Bentham diese Möglichkeit:

> „1. In regard to *interest*, in the most extended, which is the original and only strictly proper sense of the word 'disinterested', no human act ever has been or ever can be *disinterested*. For there exists not ever any voluntary action, which is not the result of the operation of some *motive* or *motives*, nor any motive, which has not for its accompaniment a corresponding *interest*, real or imagined. 2. In the only sense in which *disinterestedness* can with truth be predicated of human action, it is employed in a sense more confined than the only one which the etymology of the word suggests, and can with propriety admit of: what, in this sense, it must be understood to denote, being not the absence of *all* interest, a state of things which, con-

sistently with voluntary action, is not possible, but only the absence of all interest of the *self-regarding class.*" (*TSA* 99/100; Herv. dort.)

(„1. Im Hinblick auf *Interesse* und den umfassendsten Sinne des Wortes 'interesselos', der der ursprüngliche und einzig wahre ist, hat es noch nie eine *interesselose* Handlung gegeben, und es kann auch nie eine geben. Denn es kann niemals eine willentliche Handlung geben, die nicht das Resultat einer Wirkung eines *Motivs* oder von *Motiven* ist, noch gibt es ein Motiv, das nicht von einem korrespondierenden realen oder imaginären *Interesse* begleitet wird. 2. In dem einzigen Sinne, in dem wahrhaftig von der *Interesselosigkeit* einer menschlichen Handlung gesprochen werden kann, geschieht dies in einem beschränkteren Sinne als dem einen, den die Ethymologie des Wortes nahelegt und der ihm zurecht beigelegt werden kann: Was in diesem Sinne als angezeigt verstanden werden muß, ist nicht die Abwesenheit von *jeglichem* Interesse – ein Zustand, der im Einklang mit willentlicher Handlung nicht möglich ist –, sondern nur die Abwesenheit jeglichen Interesses der *selbst–betreffenden Klasse.*")

Die Aussage von der möglichen Abwesenheit *jeglichen* Eigeninteresses stellt Bentham hierbei in den Zusammenhang mit der Rede von den Tugenden der „Redlichkeit (probity)" und der „Wohltätigkeit (beneficence)", bei denen das eigene Wohl dem Wohl der Mitmenschen („good of others") „geopfert (sacrificed)" wird (*TSA* 99).

Die von Bentham in dem Zitat getroffene Differenzierung des Interessebegriffs ist für sein Verständnis menschlichen Handelns – und rezeptionsgeschichtlich demgemäß auch für das Menschenbild heutiger Ökonomik – von wichtiger Bedeutung. Oben (III.3.1.1) wurde darauf hingewiesen, daß der Interessebegriff Benthams mit dem Merkmal der Rationalität verbunden ist. Wenn es in den Augen Benthams also kein (im weitesten Sinne des Wortes) interesseloses Handeln gibt, dann heißt dies, daß individuelles Handeln grundsätzlich rationales Handeln ist.

Daß das oben genannte (eigen-) interesselose Handeln Bentham zufolge in der menschlichen Praxis auch tatsächlich auftritt, läßt sich an einer Stelle aus *Peers and Senates* illustrieren – wo Bentham in den Bereich des interesselosen (im Sinne des uneigennützigen) Verhaltens auch sein eigenes stellt:

„Yes: I admit the existence of *disinterestedness.* ... I admit the existence of *philanthropy* – of philanthropy even to an all-comprehensive extent. How could I do otherwise than admit it. My children! I have not far to look for it. Without it, how could so many papers that have preceded this letter, have come into existence? I admit the existence of a disposition to self-sacrifice: How could I do otherwise?" (*Peers and Senates:* B IV 430; Herv. dort; vgl. *OLG* 70/1 Anm.; *IPML* XII.27 Anm.)

(„Ja, ich gestehe die Existenz von *Interesselosigkeit* ein. ... Ich gestehe die Existenz von *Menschenfreundlichkeit* ein, von Menschenfreundlichkeit auch im

umfassendsten Ausmaß. Wie könnte ich anders, als sie eingestehen. Meine
Kinder! Ich muß nicht lange nach ihr suchen. Wie könnten ohne sie so viele
Schriftstücke, die diesem Brief vorangegangen sind, Wirklichkeit geworden
sein? Ich gestehe die Existenz einer Disposition zum Selbstopfer ein. Wie
könnte ich anders?")

Betrachtet man den Kontext dieser Stelle, ergibt sich jedoch bereits eine
wesentliche Einschränkung. Bentham schreibt hier nämlich, daß das genannte Verhalten nicht die Regel, sondern im Gegenteil eine seltene Ausnahme menschlichen Verhaltens ist. Dies ist einer der wesentlichen
Gründe, warum er sich gegenüber den französischen Adressaten des
Schreibens gegen die monarchische Verfassung des Staates ausspricht: Weil
das Eigeninteresse im Normalfall das beherrschende Motiv des Handelns ist
und das Interesse des Monarchen dem Interesse des Volkes weitgehend
widerspricht, wird der Monarch die Interessen des Volkes nicht in ausrei-
chendem Maße verfolgen. (*Peers and Senates*: B IV 430/1; vgl. unten III.6.3.)

Hinsichtlich des Verständnisses des genannten Ausnahmefalls der Menschenfreundlichkeit, die Bentham an anderer Stelle als „rein sozial" (s.o.)
bezeichnet, ist auf die Ausführungen im vorhergehenden Abschnitt
(III.3.1.2) zurückzukommen. In seiner Liste über die Arten von Freude und
Leid ordnet Bentham die „Menschenfreundlichkeit (philanthropy)", das
„umfassende Wohlwollen (all-comprehensive benevolence)" sowie die
„Wohltätigkeit (beneficence)" den „pleasures and pains of sympathy" unter
(*TSA* 84). Nun schreibt Bentham aber hinsichtlich der Fähigkeit des Mitfühlens, die für die aus Sympathie und Antipathie resultierenden Freuden
und Leiden grundlegend ist:

> „By sympathetic sensibility is to be understood the propensitiy that a man
> has to derive pleasure from the happiness, and pain from the unhappiness,
> of other sensitive beings." (*IPML* VI.20)
> („Unter sympathetischer Sensibilität wird die Neigung verstanden, daß ein
> Mensch durch das Glück anderer fühlender Wesen Freude und durch ihr
> Unglück Leid erfährt.")

Demnach stellt Bentham hier ganz offensichtlich die *eigenen* Freuden und
Leiden in den Vordergrund. Dies gilt auch für das rein soziale Handeln aus
Wohlwollen:

> „The pleasures of benevolence are the pleasures resulting from the view of
> any pleasures supposed to be possessed by the beings who may be the
> objects of benevolence" (*IPML* V.10).
> („Die Freuden des Wohlwollens sind die Freuden, die aus dem Anblick
> der Freuden resultieren, von denen man annimmt, daß sie von den Wesen,
> die ein Objekt des Wohlwollens sein können, besessen werden".)

Bentham formuliert diesen Sachverhalt ebenso in der *Deontology*:

> „To deny the existence of this social affection would be to talk in the teeth of all experience. ... But *the pleasure I feel at the prospect of bestowing pleasure on my friend, whose pleasure is it but mine?* The pain which I feel at the sight or under the apprehension of seeing my friend oppressed with pain, whose pain is it but mine?" (*D* 148; Herv. O.H.)

> („Die Existenz dieser sozialen Neigung zu leugnen, würde bedeuten, entgegen aller Erfahrung zu sprechen. ... *Aber die Freude, die ich beim Anblick der Freude fühle, die meinem Freund zuteil wird, wessen Freude ist dies außer meiner?* Das Leid, das ich beim Anblick oder der Vorstellung, wie mein Freund von Leid bedrückt wird, fühle, wessen Leid ist es außer meines?")

Entsprechendes gilt für die aus Boshaftigkeit entstehenden Freuden (*IPML* V.11).

Auch wenn Bentham also von der – äußerst selten praktisch werdenden – Möglichkeit uneigennütziger Handlungen spricht, vom „ehrwürdigen Engagement (solemn engagement)" des Staatsmanns (*OLG* 70 Anm.) oder von „heroischen Handlungen (acts of heroism)", die im Zusammenhang mit der Motivation durch den „Gemeingeist (public spirit)" stehen (*IPML* XII.27 Anm.), kommt das Eigeninteresse doch immer wieder ins Spiel. Die Betonung der *eigenen* Freuden und Leiden im vorliegenden Zusammenhang ist von entscheidender Bedeutung für das Benthamsche Gesamtverständnis individuellen Handelns.

Die Übereinstimmung Benthams mit Smith (s.o. II.3.1.1) besteht darin, daß bei Smith die mitfühlende Person zum einen an der Freude und dem Leid der betrachteten Person Teil hat und sie sich zum anderen darüber freut, daß sie die Fähigkeit des Mitfühlens überhaupt besitzt. Ein Handeln, das seinen Ursprung alleine in den Gefühlen der betrachteten Person hat, wie dies im Smithschen Sinne gedacht werden kann, kommt letztlich bei Bentham jedoch nicht in den Blick.

In anderen Fällen wohltätigen Verhaltens kommt es schließlich zu einer unmittelbareren Verbindung zwischen dem Eigeninteresse und dem Interesse anderer. Die Berücksichtigung des letzteren entspringt der Erwägung des eigenen Nutzens: Bentham schreibt,

> „that into the composition of a man's self-regarding interest enters, on every occasion, a quantity of extra-regarding interest, and that in a variety of shapes. In other words, on most not to say *on all* occasions a man has an interest – a self-regarding interest – in promoting and accommodating his conduct to the interest ... of others: and in so far as a self-regarding interest of this description has place, it acts in alliance with his extra-regarding interest" (*D* 193; Herv. O.H.).

(„daß in die Struktur des selbst-betreffenden Interesses des Menschen bei jeder Gelegenheit eine Menge an andere-betreffendem Interesse einfließt, und das in verschiedensten Schattierungen. Mit anderen Worten: Bei den meisten, um nicht zu sagen, *bei allen* Gelegenheiten hat ein Mensch ein Interesse – ein selbst-betreffendes Interesse –, sein Verhalten an dem Interesse von anderen auszurichten; und insofern ein selbst-betreffendes Interesse dieser Art Platz greift, handelt es in Übereinstimmung mit seinem andere-betreffenden Interesse".)

Hier geht es um die oben genannten halb-sozialen Motive. So verhält sich das Individuum beispielsweise um des Wunsches nach gesellschaftlichem Ansehen willen so, daß ihm seine Mitmenschen die erhoffte Achtung entgegenbringen (vgl. *IPML* X.38/9). Es handelt sich hier der Sache nach um eine Parallele zu dem von Smith genannten tugendhaften Verhalten anderen gegenüber als Mittel zum Zweck der eigenen Freude (s.o. II.3.2.3):

> „Beneficence is subservient to prudence, self-regarding prudence, in two cases: 1. when it can be exercised without any sacrifice of self-regarding interest; 2. when it can be exercised without any sacrifice but what is outweighed by superior advantage." (*D* 182)
> (“Wohltätigkeit ist der Klugheit, der selbst-betreffenden Klugheit, in zwei Fällen untergeordnet: 1. wenn sie ohne Aufopferung eines selbstbezogenen Interesses ausgeübt werden kann; 2. wenn sie nicht ohne Opfer erfolgen kann, dieses aber von einem höheren Vorteil überwogen wird.")

Die Wohltätigkeit ist der Klugheit auch in solchen Fällen untergeordnet, wo dieser Sachverhalt nicht so offen zutage tritt:

> „The stronger a man's need of the effective benevolence of others, the stronger the inducement he has for the manifesting effective benevolence as towards them – an inducement which, in this way, self-regarding prudence suffices to afford; the less the need, the less strong the inducement." (CC: B IX 130: S III 424)
> („Je stärker ein Mensch auf das effektive Wohlwollen anderer angewiesen ist, desto stärker ist der Anreiz, den er hat, ihnen gegenüber selbst effektives Wohlwollen zu zeigen – ein Anreiz, für dessen Stiftung die selbst-betreffende Klugheit ausreicht; je geringer die Angewiesenheit, desto geringer der Anreiz.")

Wohltätigkeit erfolgt also wohlüberlegt, gleichsam aus ökonomischen Erwägungen. Daher trifft STARK den zentralen Sachverhalt, wenn er die letzte Stelle in einer Zitatesammlung mit dem Titel „The Psychology of *Economic Man*" (S III 419/50; Herv. O.H.) aufführt.

Im Rahmen der Diskussion der Benthamschen Ethik (s.u. Exkurs 3) wird sich zeigen, daß Bentham diese Form des Verhaltens dem einzelnen um dessen eigenen Wohles willen in deutlichster Form anempfiehlt.

Insgesamt läßt sich auf der Grundlage der bisherigen Ausführungen fest-stellen, daß rein wohltätiges Handeln – im Sinne der Uneigennützigkeit – von Bentham entweder nur als gleichsam singuläres, extremes Moment menschlichen Tuns zugelassen (*Book of Fallacies*: B II 482: S III 432/3; vgl. auch *D* 202) oder in den Bereich sentimentaler Vorstellungen verbannt wird:

> „that which in the *language of sentimentalism* is a sacrifice of private to public interest, [is] but a sacrifice of a self-supposed private interest in one shape to a self-supposed private interest in another shape" (*CC*: B IX 330: S III 428; Herv. O.H.).[49]

> („das, was in der *Sprache der Sentimentalitäten* ein Opfer des privaten zu-gunsten des öffentlichen Interesses ist, [ist] nichts anderes als ein Opfer eines selbstdefinierten privaten Interesses in einer Form zugunsten eines selbst-definierten privaten Interesses in einer anderen Form".)

Bentham spricht auch von dem „Prinzip des Selbstvorzugs (self-preference principle)" (*CC*: B IX 6):

> „In the breast of *every* sensitive being, the general predominance of self-pref-erence is prevalent universally" (*Economy als applied to Office*[50] 27; Herv. O.H.).[51]

---

[49] In der von BOWRING herausgegebenen *Deontology* (beachte die obigen kritischen Anmerkungen zu dieser Ausgabe in III.1 Anm.) heißt es:

> „to escape from one's self, to forget one's own interests, to make unrequited sacrifices and all for duty, are high-sounding phrases, and ... as non-sensical as high sounding. *Self-preference is universal and necessary: if destiny be anywhere despotic, it is here.* When self is sacrificed, it is self in one shape to self in another shape, and a man can no more cast off regard to his own happiness ... than he can cast off his own skin, or jump out of it. And if he could why should he?" (Bd. 2: 121, zit. nach BAUMGARDT 1952: 502; Herv. O.H.)

> („dem Selbst entfliehen, die eigenen Interessen zu vergessen, unbelohnte Opfer zu bringen und alles um der Pflicht willen, das sind hochtrabende Phrasen, und ... so unsinnig wie hochtrabend. *Selbstbevorzugung ist universal und notwendig. Wenn die Vorbestimmung irgendwo despotisch ist, dann hier.* Wenn das Selbst geopfert wird, dann ist es ein Selbst in einer Form zugunsten eines Selbst in anderer Form, und ein Mensch kann die Beachtung seines Glücks nicht mehr aufgeben ... als er seine eigene Haut aufgeben oder sie verlassen kann. Und wenn er es könnte, warum sollte er?")

[50] Im weiteren Verlauf mit *Office* benannt (zu dieser Schrift s.u. III.6.3 und Anm.).

[51] Vgl. hierzu gegensätzlich HARRISON (1983: 142/5). Nach HARRISON ist Benthams Rede vom egozentrierten menschlichen Handeln lediglich als Verallgemeinerung individuellen Verhaltens zu verstehen.

(„Im Herzen *jedes* fühlenden Wesens ist die generelle Vorherrschaft des Selbst-Vorzugs umfassend wirksam".)

Die Rede von der Determination des Menschen durch Freude und Leid zu Beginn der *IMPL* (I.1 dt. 55; s.o. III.3.1.1) ist im Sinne einer Determination durch die *eigenen* Freuden und Leiden zu interpretieren. In der Begrifflichkeit des Interesses ist das Menschenbild Benthams durch die Dominanz des Eigeninteresses geprägt. Smiths Figur eines selbstlos handelnden Weisen und Tugendhaften kommt bei Bentham nur rudimentär in den Blick.

Dies gilt auch – und im Gegensatz zu Smith – für die Staatsbediensteten bzw. die Träger politischer Verantwortung: Sie können sich dieser Dominanz des Eigeninteresses, die für jeden Menschen charakteristisch ist, nicht entziehen. Bentham spricht hierbei auch vom „finsteren Interesse (sinister interest)" (*Office* 102) des einzelnen, das dem Interesse der Gesellschaft entgegensteht. Dieser Sachverhalt ist im Rahmen der Diskussion der staatlichen Verfassung nochmals aufzugreifen. (*Office* 27; s.u. III.6.3.)

Wenn das Handeln aus Eigeninteresse bei Bentham zu *dem* Charakteristikum des Menschen wird, dann paßt dies in das Bemühen, die Sozialwissenschaften in ihrem Vorgehen an die Naturwissenschaften anzugleichen: Es kann dann eine Analogie zwischen der Rolle der Gravitation in der Physik einerseits und der des Egoismus' bzw. Eigeninteresses in den Sozialwissenschaften andererseits hergestellt werden, wie dies bereits bei HELVÉTIUS der Fall ist (vgl. HALÉVY 1952: 12; LONG 1993: 1051/2; HARRISON 1983: 114/5).

Im Zusammenhang mit dem Interesse ist schließlich ein letzter Aspekt zu erwähnen: Bentham spricht auch von „*imaginären* Interessen". Sie werden im nachfolgenden Abschnitt im Zusammenhang mit der rationalen Nutzenkalkulation diskutiert.

3.1.4 Nutzenverfolgung und Glück

Es wurde bereits dargelegt, daß nach Bentham die realen Entitäten von Freude und Leid auch in der Begrifflichkeit der fiktiven Entität des „Nutzens" zur Sprache kommen (s.o. III.3.1.4). Von wesentlicher Bedeutung für die gesamte Theorie Benthams ist der Gedanke der *Meßbarkeit* des Nutzens bzw. von Freude und Leid.[52] Einzelne Freuden und Leiden können exakt bestimmt und zudem miteinander verglichen werden, indem ihnen ein „*Wert (value)*" (*IPML* IV.1 dt. 79; Herv. dort; *TSA* 88) zugeordnet wird. Da-

---

[52] Ausführliche Überlegungen Benthams zu diesem Thema finden sich in *Value* (PAREKH 1973: 109/27).

bei gelten – unter Einfluß von Cesare BECCARIA (1738-1794; *Value of a Pain or Pleasure*[53]: PAREKH 1973: 117; *Nomography*: B III 286/7: S I 118) vier Kriterien: erstens die „Intensität (intensity)", zweitens die „Dauer (duration)", drittens die „Gewißheit" bzw. „Ungewißheit" („certainty", „uncertainty") und viertens die „Nähe" bzw. „Ferne" von pleasure und pain („propinquity", „remoteness") (*IPML* IV.2 dt. 79; *TSA* 88/9). Die mathematische Methode hält auf diese Weise Einzug in die Sozialwissenschaft und das Verständnis vom Menschen (vgl. auch *Value*: PAREKH 1973: 109: „Of mathematicians then let us borrow..."; *Nomography*: B III 286/7: S I 118)[54]. Auf dieser Grundlage kann – entsprechend der Benthamschen Zielsetzung, die NEWTONSCHE Methode einzuführen (s.o. III.2.1) – eine Wissenschaft vom Menschen entstehen, die ähnlich wie die Naturwissenschaften arbeitet und deren Aussagen denjenigen der Naturwissenschaften in ihrer Genauigkeit nicht nachstehen. Von einer absoluten Exaktheit ist Bentham zwar nicht immer überzeugt, aber doch davon, daß eine solche Genauigkeit zumindest annäherungsweise erreichbar ist (vgl. *CP*[55]: B IV 542).

Da die Empfänglichkeit für Freude und Leid von individuellen Voraussetzungen beeinflußt wird, können „pleasure and pain" von verschiedenen Individuen unterschiedlich empfunden werden. Bentham diskutiert diese Sachverhalte in *IPML* (VI). Er führt dabei ganz persönliche Faktoren wie Gesundheit, Geistesgewandtheit, Gefühlsanlagen und finanzielle Verhältnisse sowie allgemeinere Komponenten wie geographische und klimatische Umwelteinflüsse an (*IPML* VI.1/6; vgl. auch *D* 130).

Die Meßbarkeit der Freude im Sinne des Nutzens führt nun dazu, daß der Mensch mehreren alternativen Zuständen oder Handlungen einen bestimmten Nutzenwert zuweisen kann (*IPML* IV.5 dt. 80/1). Hieraus resultieren *Nutzenkalkulationen*, gleichsam ökonomische Überlegungen (vgl. *D* 122), die Bentham bei jedem Menschen am Werke sieht[56]:

> „When matters of such importance as pain and pleasure are at stake, and these in the highest degree (the only matters, in short, that can be of

---

[53] *Value of a Pain or Pleasure* (*Value*), Ende der 1770er Jahre geschrieben.

[54] Die genannten Kriterien könnten wie folgt Eingang in eine mathematische Nutzenfunktion finden: Auf der Grundlage der Kriterien von Intensität und Dauer könnten Integrale gebildet werden, das Kriterium der Nähe könnte in Form der Diskontierung und dasjenige der Sicherheit in Form von Wahrscheinlichkeiten Berücksichtigung finden.

[55] *Codification Proposal, addressed by Jeremy Bentham to all Nations professing Liberal Opinions*, 1822.

[56] Bei HELVÉTIUS, von dem sich Bentham in verschiedenster Hinsicht angeregt sieht, gibt es diese Idee der Nutzenkalkulation nicht (LONG 1993: 1025).

importance) who is there that does not calculate? Men calculate, some with less exactness, indeed, some with more: but all men calculate. I would not say, that even a madman does not calculate. Passion calculates, more or less, in every man" (*IPML* XIV.28)[57].

(„Wenn Dinge von so großer Bedeutung wie Freude und Leid auf dem Spiel stehen, und das in höchstem Maße (die einzigen Dinge, kurz gesagt, die überhaupt von Bedeutung sein können), wen gibt es da, der nicht kalkuliert? Menschen kalkulieren: manche in der Tat mit weniger, manche mit größerer Genauigkeit; aber alle kalkulieren. Ich würde nicht sagen, daß selbst ein Verrückter nicht kalkuliert. Die Leidenschaft kalkuliert mehr oder weniger in jedem Menschen".)

Angesichts der Tatsache, daß der menschliche Alltag in der Regel Freude *und* Leid beinhaltet, ergibt sich als Ziel des nutzenkalkulierenden Verhaltens die Erlangung eines maximalen Nutzens im Sinne einer möglichst hohen Nutzen*bilanz*:

„*Well-being, composed* as hath been seen, *of the maximum of pleasure minus the minimum of pain* – the pleasure it will be seen is man's *own* pleasure, the pain is man's *own* pain – will upon a strict and close enquiry be seen to be actually the intrinsic and the ultimate object of pursuit to every man at all times." (*D* 147/8; Herv. O.H.)

(„Das *Wohlergehen*, das sich, wie gesehen, *aus* dem *Maximum an Freude minus dem Minimum an Leid* – die Freude betrachtet als die dem Menschen *eigene* Freude, das Leid als das dem Menschen *eigene* Leid – *zusammensetzt*, wird in einer genauen und gründlichen Untersuchung als das tatsächliche intrinsische und letzte Objekt des Strebens aller Menschen zu allen Zeiten gezeigt werden.")

Das Erlangen eigenen Wohlergehens ist das zentrale Interesse des Menschen. Je größer die Menge bzw. der Wert des Nutzens ist, um so höher ist das Wohlbefinden (*D* 250). Ähnlich wie Smith bei seiner Rede vom menschlichen Ziel der Verbesserung seiner Lebensbedingungen (s.o. II.3.2.3) formuliert Bentham:

„But, to encrease the amount of his own well-being is actually the object of every man's wish – of every man's endeavour, *from the beginning of his life to the end of it*, that part alone which is passed in sleep excepted." (*D* 250; Herv. O.H.)

(„Aber das Ausmaß seines eigenen Wohlergehens zu vergrößern, ist das tatsächliche Objekt jedes Menschen Wunsch – jedes Menschen Bemühen, *vom*

---

[57] Der hier verwendete Begriff der Leidenschaft („passion") ist dem Begriff des Motivs im übrigen sehr ähnlich. Beinahe allen Motiven kann nach Bentham eine gleichnamige Leidenschaft zugeordnet werden, die sich – in etwas unterschiedlicher Akzentuierung – auf dieselben Freuden und Leiden bezieht (*IPML* X.26 Anm.).

Beginn seines Lebens bis zu dessen Ende, alleine den Teil ausgenommen, der schlafend verbracht wird.")

Gegenüber dem Begriff des „Wohlergehens (well-being)" stellt das „Glück (happiness)" eine Steigerung dar:

> „It ['happiness'; O.H.] seems not only to lay pain in all its shapes altogether out of the account, but to give it to be understood that whatsoever have been the pleasures that have been experienced, it is in a high and as it were superlative degree that they have been experienced." (*D* 130; vgl. *CP*: B IV 540: S III 440; *TSA* 60; ebd. 66)
>
> („Es [das 'Glück'; O.H.] scheint nicht nur Leid in all seinen Formen auszugrenzen, sondern es wird meist so verstanden, daß, welche Freuden auch immer erfahren worden sind, sie in einem hohen und gleichsam superlativen Grad erfahren worden sind.")

Der Zustand des „Glücks" ist demnach für Bentham ein Nutzen*maximum.* In dieses Nutzenmaximum gehen verschiedene Arten von Freude und Leid ein, so daß sich das Glück als Summe unterschiedlicher Freuden und Leiden darstellt.[58] Hierbei sieht sich Bentham durch HELVETIUS angeregt. (*Value*: PAREKH 1973: 117; vgl. auch *Nature of Political Reasoning*: PAREKH 1973: 293.)

Andere philosophische oder religiöse Vorstellungen, nach denen Glück auch in philosophischer oder religiöser Betrachtung bzw. Gottesschau oder gar in der Tugendhaftigkeit bestehen kann, werden von Bentham abgelehnt (*D* 134ff.). Solche Ideen eines „summum bonum", wie Bentham sie beispielsweise in der Philosophie PLATONS oder SOKRATES vorhanden sieht, werden schlichtweg als „vollendeter Unsinn (consummate nonsense)" bezeichnet (*D* 134/6). Sie halten dem wissenschaftlichen Anspruch Benthams in dessen Augen nicht stand (vgl. oben III.2.1):

> „Enjoying a person of the same species and the opposite sex – this is sufficiently intelligible. ... But God – enjoyment of God? What sort of an enjoyment is that? By whom was it ever experienced?" (*D* 137/8)
>
> („Sich an einer Person derselben Art und des anderen Geschlechts zu erfreuen – dies ist hinreichend einsichtig. ... Aber Gott – Freude an Gott? Welche Art von Freude ist das? Von wem wurde sie jemals erfahren?")

Dieser Einwand gilt auch für die jüdische und die christliche Religion (*D* 138). Nicht die Vorstellung des Seins Gottes kann demnach für Bentham das höchste Gut darstellen, sondern allenfalls die Freude, die aus dem religiösen Tun entspringt (vgl. *TSA* 83). Die Bestimmung des höchsten Gutes

---

[58] In der Wohlfahrtstheorie werden diese Gedanken in Form der individuellen Nutzenfunktion aufgegriffen.

durch die Tugend als solche wird ebenfalls abgelehnt. Sarkastisch bemerkt
Bentham:

> „Lie all your life long in your bed, with the rheumatism in your loins, the
> stone in your bladder, and the gout in both your feet, so long as you are in
> the habit of virtue, so long the *summum bonum*, be it what it may, is in
> your hands, and much good may it do you." (*D* 138; Herv. dort.)
> („Liege dein ganzes Leben lang in deinem Bett, mit Rheuma im Rücken,
> dem Stein in deiner Blase und der Gicht in beiden Füßen: So lange du
> tugendhaft bist, so lange ist das *summum bonum*, was es auch immer sein
> mag, in deinen Händen, und es bringt dir viel Gutes.")

In diesem speziellen Beispiel würde Smith Bentham zustimmen. Jedoch
nicht, weil Tugend als solche nicht erstrebenswert wäre, sondern weil in
dem geschilderten Fall eine der notwendigen Voraussetzungen für Glück,
und zwar die Gesundheit, fehlt.

Die Möglichkeit der Berechnung und der Vergleichbarkeit der diversen
Freuden und Leiden und ihre Zusammenfassung in einer Nutzenbilanz
impliziert die Vorstellung der Homogenität der verschiedenen Arten (vgl.
unten III.4.1).

Da Benthams Werk von der Zielsetzung geleitet ist, der Politik nicht
nur theoretische, sondern auch praktische Vorschläge zu unterbreiten, muß
er die abstrakte Vorstellung einer (homogenen) Nutzeneinheit mit Leben
füllen. Zu diesem Zweck wird das Geld zur Maßeinheit des Nutzens erhoben. In diesem Sinne sind die einzelnen Nutzen *monetär* bewertbar –
auch hier zeigt sich im übrigen die Annäherung der Sozial- an die Natur-
wissenschaft:

> „The thermometer is the instrument for measuring the heat of the weather:
> the barometer the instrument for measuring the pressure of the air. Those
> who are not satisfied with the accuracy of these instruments must find out
> others that shall be more accurate, or bid *adieu* to Natural Philosophy.
> Money is the instrument for measuring the quantity of pain or pleasure.
> Those who are not satisfied with the accuracy of this instrument must find
> out some other that shall be more accurate, or bid *adieu* to Politics and
> Morals." (*Value*: PAREKH 1973: 123; Herv. dort.)
> („Das Thermometer ist das Instrument zur Messung der Temperatur, das
> Barometer ist das Instrument zur Messung des Luftdrucks. Diejenigen, die
> mit der Genauigkeit dieser Instrumente nicht zufrieden sind, müssen andere
> finden, die genauer sind, oder sie müssen der Naturphilosophie *Lebewohl*
> sagen. Geld ist das Instrument zur Messung der Menge von Leid oder
> Freude. Diejenigen, die mit der Genauigkeit dieses Instruments nicht zu-
> frieden sind, müssen ein anderes finden, das genauer ist, oder sie müssen der
> Politik und der Moral *Lebewohl* sagen.")

Und in einer ähnlichen Formulierung:

> „Money ... we have already shewn to be *the most accurate measure* of the
> quantity of pain or pleasure a man can be made to receive." (*Principles of
> Penal Law*[59]: B I 468: S III 437/8; Herv. O.H.)
> („Geld ... ist, wie wir bereits gezeigt haben, der *genaueste Maßstab* der Menge
> von Leid oder Freude, die der Mensch erhalten kann.")

In dieser monetären Sprache („mercenary language") erscheinen die Freuden bzw. Leiden, die aus einer Handlung resultieren, dann als „Gewinn
(profit)" oder „Verlust (loss)" (*Value*: PAREKH 1973: 123).[60]

Wenn die verschiedenen Freuden und Leiden in homogenen Nutzeneinheiten ausgedrückt werden können, müßte die Möglichkeit der *exakten* Vergleichbarkeit verschiedener Arten von Freude und Leid einerseits
und der exakten Kompensation zugefügten Leids durch einen bestimmten
Geldbetrag (vgl. auch oben die Rede von der Nutzenbilanz) andererseits
bestehen. Bentham deutet die Möglichkeit der Kompensation zwar an
(*Principles of Judicial Procedure*: B II 28: S III 438), hält die Vorstellung eines
exakten Ausgleichs jedoch letztlich für unrealistisch. Dies kommt insbesondere am Beispiel der Vergeltung körperlicher Verletzungen zum Ausdruck:

> „A man falls upon you and beats you: what pecuniary loss is there that you
> could be sure would give him just so much pain as the satisfaction of giving
> vent to his ill-will promised to afford him pleasure? It is plain that between
> *quantities* so incommensurate there is no striking a sure balance." (*OLG*
> 213; Herv. O.H.; vgl. *PPL*: S III 437/8; vgl. *IPML* XV.5/6.)
> („Ein Mann fällt über dich her und schlägt dich: Von welchem monetären
> Verlust kannst du sicher sein, daß er ihm gerade so viel Leid bereitet wie die
> Befriedigung, seinem Unwillen Luft zu machen, ihm Freude zu bereiten
> verspricht. Es ist klar, daß es zwischen so unvergleichbaren *Quantitäten* kei-
> nen genauen Saldo gibt.")

Nach Bentham lassen sich offensichtlich also durchaus verschiedene Arten
von Freude und Leid nicht ohne weiteres gegeneinander aufrechnen – dies
zeigt sich auch an späterer Stelle im Zusammenhang mit der Frage nach
grundlegenden Menschenrechten (s.u. III.4.4). Dann aber würde m.E. die in
der *Theorie* behauptete prinzipielle Möglichkeit, eine genaue individuelle

---

[59] Die *Principles of Penal Law* werden im folgenden mit *PPL* bezeichnet, sie erscheinen
posthum.

[60] Die wohlfahrtstheoretischen Konzepte der *offenbarten Präferenzen* und der *Zah-
lungsbereitschaft* haben – zumindest ihren inhaltlichen – Ursprung in der Benthamschen These von der monetären Bewertbarkeit individuellen Nutzens: Welchen Nutzen verschiedene Gegenstände oder Zustände einem Individuum stiften, läßt sich daran ablesen, welchen Preis er für sie zu zahlen bereit ist. (*Value*: PAREKH 1973: 121/3)

Nutzenfunktion aufzustellen und daraus einen Nutzen zu berechnen, in der *Praxis* menschlichen Lebens nicht bzw. nur in unvollkommenem Maße gelten. Das Problem stellt sich, und zwar verstärkt, entsprechend auch bei der Bestimmung eines gesellschaftlichen Nutzens.[61]

Gleichwohl hält Bentham an dieser Möglichkeit einer annähernden Bestimmung und Vergleichbarkeit individuellen Nutzens fest. Sie ist die Voraussetzung sowohl für die Beurteilung als auch für die Lösung von Interessenkonflikten. In diesem Sinne vertritt Bentham die Auffassung, daß sich die Anwendung finanzieller Sanktionen als ein praktikables und daher zentrales Instrument staatlichen Handelns anbietet (s.u. III.6.1). Auch die Frage des Verhältnisses zwischen Straftaten und deren Vergeltung kann andernfalls nicht formuliert werden (vgl. *IPML* XIV).

Nach den grundsätzlichen Überlegungen zu individueller Nutzenverfolgung und -maximierung ist in diesem Zusammenhang noch einmal auf die Rede von den Interessen zurückzukommen. In den vorhergehenden Abschnitten (III.3.1.1, III.3.1.3) wurde in Verbindung mit dem Begriff des Interesses auf den Aspekt der Rationalität hingewiesen. Wenn oben einerseits von der individuellen Nutzenkalkulation und andererseits davon die Rede war, daß menschliches Wohlergehen im Normalfall Freude *und* Leid beinhaltet und dies naturgemäß auch für jedwedes Handeln gilt, dann stellt das menschliche Bemühen der Maximierung des individuellen Nutzens eine sehr komplexe und zuweilen sehr schwierige Angelegenheit dar.

Hierbei sind vor allem drei Aspekte zu berücksichtigen: erstens der grundsätzliche Sachverhalt, daß das Individuum in der Regel mehreren Freude-Leid-Motivationen unterworfen ist, deren Realisierungen sich oftmals gegenseitig ausschließen (vgl. *TSA* 112; *IPML* X.43/6); zweitens ist das Verhältnis von gegenwärtigem und zukünftigem Nutzen zu klären (vgl. *D* 181); drittens ist es dem eigenen Nutzen zuweilen dienlich, die Interessen anderer Individuen im Denken und Handeln explizit zu berücksichtigen (vgl. *D* 128/9).

Wie oben (III.3.1.2) dargestellt, hält Bentham den einzelnen zwar für den besten Richter darüber, was ihm Freude und Leid bereitet. Wenn es aber um die Abwägung dieser verschiedenen Arten gegeneinander geht und um die Frage, in welcher Weise das langfristige Ziel des größtmöglichen Wohlergehens am besten realisiert wird, ist Bentham offensichtlich der Auffassung, daß der einzelne bei diesen Aufgaben an seine Grenzen stoßen

---

[61] Zu dieser Problematik vgl. auch HARRISON (1983: 154/62). Er akzentuiert in Benthams Auffassung, daß es unterschiedliche Arten von Freuden und Leiden gibt und daß Geld ein unzureichendes Vergleichskriterium für dieselben ist.

kann. Wäre dies nicht Fall, dürfte Bentham im Zusammenhang mit der Diskussion dieser Aufgaben nicht die von ihm getroffenen Einschränkungen machen:

> „being the best judge for himself what line of conduct on each occasion will be the most conducive to his own well-being, every man, *being of mature age and sound mind*, ought on this subject to be left to judge and act for himself" (*D* 251; Herv. O.H.).

(„da der Mensch der beste Richter seiner selbst darüber ist, welches Verhalten bei jeder Gelegenheit das seinem eigenen Wohlergehen am meisten zuträgliche ist, soll jeder Mensch, *der von reifem Alter und gesundem Verstand ist*, bei diesem Thema für sich selbst urteilen und handeln können".)

Und ähnlich in der folgenden Formulierung:

> „Each man best judge of what has been conducive to his own well being. Yes, *if accustomed to correct and compleat reflection – and permitted by his passions to employ it.*" (*UC* xiv.143, in: *D* 250 Anm.; Herv. O.H.)

(„Jeder Mensch ist der beste Richter darüber, was seinem eigenen Wohlergehen zuträglich ist. Ja, *wenn er an korrekte und umfassende Reflexion gewöhnt ist – und von seinen Leidenschaften gestattet bekommt, sie durchzuführen.*")

Daß der einzelne hinsichtlich seines Wohlergehens der beste Richter ist, kann in diesem Sinne also nur eine „verallgemeinernde Annahme (general proposition)" (*D* 131) sein. Wenn es nämlich im Prozeß des Abwägens der verschiedenen Freuden und Leiden zu einem falschen Urteil darüber kommt, was längerfristig den größeren Nutzen beinhaltet, handelt der Mensch nach Bentham entgegen seinem Interesse. Bentham spricht bei diesem Sachverhalt auch von einem „imaginären (imagined)" Interesse (*TSA* 100). Nur in diesem Sinne kann das Individuum Bentham zufolge sein Eigeninteresse verfehlen. Aber es gibt seines Erachtens wahrscheinlich niemanden, dem solche Fehler nicht unterlaufen. (*D* 128/9)

Nach dem Erörterten bleibt festzuhalten, daß nach Bentham menschliches Verhalten zwar primär rational bestimmt ist, diese Rationalität aber nicht vollständig ist. Insbesondere bei längerfristiger Betrachtung kann der Mensch entgegen seinem tatsächlichen Interesse handeln, weil kurzfristige Interessen oder Leidenschaften überwiegen (*TSA* 95). Nicht nur nach Smiths Ansicht kann der Mensch also sein Glück verfehlen (s.o. II.3.2.4) bzw. seine Interessen nicht erkennen (s.o. II.5.5), sondern zuweilen auch Bentham zufolge.[62] Im Kapitel über die Ethik (s.u. III.4.2) wird dieser

---

[62] Zur Wirkungsgeschichte der im vorliegenden Abschnitt (III.3.1) geschilderten Benthamschen Verhaltenstheorie vgl. aus psychologischer Sicht McReynolds

Sachverhalt im Zusammenhang mit der Rede vom „praktischen Ethiker" noch einmal aufgegriffen.

Im Zusammenhang mit der Nutzenverfolgung des Individuums ist bei Bentham auf einen weiteren Aspekt einzugehen, wobei wiederum eine Brücke zu Smith geschlagen werden kann: die Unterscheidung von „Subsistenzgütern (articles of subsistence)" einerseits und Luxusgütern andererseits (*Institute of Political Economy*[63]: S III 324/6; vgl. *The True Alarm*[64]: S III 84/6). Im Hinblick auf das „Wohlergehen (well-being)", das aus „Wohlstand (wealth)" resultieren soll, hebt Bentham drei Aspekte hervor: „Subsistenz (subsistence)", „Sicherheit (security)" und „Vergnügen (enjoyment)" (*IPE*: S III 324/5). Während es bei den ersten beiden Punkten um die Deckung der Grundbedürfnisse und die Sicherheit vor Übergriffen durch Dritte geht, zielt der dritte Aspekt auf Freuden, die nicht unmittelbar elementar sind:

> „Enjoyment being in a manner inseparable from the application of *articles of subsistence* to their use, all articles of subsistence are instruments of enjoyment likewise. The distinction therefore is not between articles of subsistence and instruments of enjoyment, but between articles of subsistence and *instruments of mere enjoyment*" (*IPE*: S III 326; Herv. O.H.; vgl. ebd. 324).
>
> („Da Vergnügen in gewisser Hinsicht untrennbar mit dem nützlichen Gebrauch von *Subsistenzgütern* verbunden ist, sind alle Subsistenzgüter ebenso Instrumente des Vergnügens. Die Unterscheidung ist daher nicht die zwischen Subsistenzgütern und Instrumenten des Vergnügens, sondern zwischen Subsistenzgütern und *Instrumenten bloßen Vergnügens*".)

Bentham spricht hier von „Luxus (luxury)" (*IPE*: S III 326/7) und nennt beispielhaft Tabak und Parfum (ebd. 326). Die Luxusbedürfnisse erscheinen bei Bentham – wie bei Smith – grenzenlos. Demgemäß ist auch der Absatz von Luxusgütern prinzipiell – also von Budgetrestriktionen abgesehen – unbeschränkt möglich:

> „The stock of articles of subsistence capable of being produced and kept up in a country, in any other view than that of exchange, has its *limits*: it can never extend much beyond the stock necessary for the subsistence of the

---

(1993). MCREYNOLDS stellt fest, daß Bentham zwar zu den „early pioneers in motivational psychology" zählt (ebd.: 204), aber sein direkter wirkungsgeschichtlicher Einfluß auf die nachfolgenden Entwicklungen innerhalb der Psychologie gering ist (ebd.: 205).

[63] Bentham verfaßt die Manuskripte zu dieser Schrift zwischen 1801 und 1804. Sie wird im weiteren Verlauf mit *IPE* bezeichnet.

[64] *The True Alarm*, im folgenden mit *TA* abgekürzt, entsteht 1801, wird aber erst posthum veröffentlicht.

inhabitants. [But] the stock of instruments of mere enjoyment is *without limit.*" (*IPE*: S III 326; Herv. O.H.)

("Das Volumen an Subsistenzgütern, das in einem Land produziert und beibehalten werden kann, hat – vom Tauschhandel abgesehen – seine *Grenzen*: Es kann niemals weit über das für die Subsistenz der Bewohner nötige Volumen hinausgehen. Das Volumen an Instrumenten bloßer Freude ist [hingegen] *ohne Grenze.*")

Von dieser grundsätzlich unterschiedlichen Nutzenstiftung verschiedener Güterkategorien abgesehen, ist für Bentham die These des *abnehmenden Grenznutzens* von zentraler Bedeutung[65]. Bentham zufolge ist allen Individuen die Erfahrung gemeinsam, daß der Nutzen einer Einheit eines Gutes, also die Stiftung von Freude und die Verringerung von Leid, um so mehr abnimmt, je mehr Einheiten dieses Gutes bereits zur Verfügung stehen bzw. konsumiert wurden:

„the quantity of happiness will not go on increasing in anything near the same proportion as the quantity of wealth... . ... in other words, the quantity of happiness produced by a particle of wealth (each particle being of the same magnitude) will be less and less at every particle." (*PF*: B III 229: S I 113; vgl. *CP*: B IV 541: S III 441/2.)

(„mit der Menge des Wohlstands nimmt die Menge des Glücks nicht in annäherndem Maße proportional zu... . ... mit anderen Worten: Die Menge an Glück, die durch eine Einheit Wohlstand produziert wird (jede Einheit so groß wie jede andere), wird mit jeder weiteren Einheit kleiner und kleiner.")

In Verbindung mit dem obigen Gedanken, daß Nutzen- durch Geldeinheiten ausgedrückt werden können, stellt sich nun aber folgendes Problem: Die doppelte Menge eines Gutes ist in der Regel doppelt so teuer wie die einfache Menge. Der doppelte Preis steht dann aber nicht im proportionalen Verhältnis zu dem weniger als doppelten Nutzen des Gutes. Soll der Nutzen eines Gutes in Geldeinheiten ausgedrückt werden, muß Bentham daher vom Prinzip des *abnehmenden Grenznutzen des Geldes* ausgehen:

„Take ... any individual: give him a certain quantity of money, you will produce in his mind a certain quantity of pleasure. Give him again the same quantity, you will make an addition to the quantity of his pleasure. But the magnitude of the pleasure produced by the second sum will not be twice

---

[65] Die These vom abnehmenden Grenznutzen wurde 1738 bereits von BERNOULLI formuliert (Hinweis von SCHERNIKAU 1992: 31/2 Anm.):

„it is highly probable that *any increase in wealth, no matter how insignificant, will always result in an increase in utility which is inversely proportionale to the quantity of goods already possessed*" (BERNOULLI 1954: 25; Herv. dort).

the magnitude of the pleasure produced by the first. While the sums are small, the truth of this position may not be perceivable. But let the sums have risen to a certain magnitude, it will be altogether out of doubt" (*CP*: B IV 541: S III 441; vgl. *UC* xxvii.35, in: HARRISON 1983: 159; *Value*: PAREKH 1973: 119/21).

(„Nimm ... irgendein Individuum: Gib ihm eine bestimmte Menge Geld, und du wirst in seinem Geist eine Menge Freude produzieren. Gib ihm die gleiche Menge noch einmal, und du wirst der Menge seiner Freude etwas hinzufügen. Aber die Größe der Freude, die nach der zweiten Summe besteht, wird nicht doppelt so hoch sein wie die durch die erste Summe hervorgerufene Freude. Solange die Summen klein sind, mag die Wahrheit dieser These nicht verständlich sein. Laß aber die Summen eine bestimmte Größe erreicht haben, und es wird kein Zweifel mehr bestehen".)

Die Benthamsche Rede von Luxusgütern im Gegensatz zu Subsistenzgütern einerseits und vom abnehmenden Grenznutzen andererseits kann in zwei Richtungen interpretiert werden. Zum einen im Sinne der Nicht-Sättigungs-Hypothese; dann stiftet jedes zusätzliche Gut bzw. jede zusätzliche Einheit eines Gutes einen weiteren Nutzen, wie klein er auch sein mag. Ob der Aufwand für den Erwerb dieses Nutzens lohnt, ist eine davon unabhängige Fragestellung. Die neoklassische Wohlfahrtstheorie basiert – zumindest der Sache nach – auf diesem Interpretationszweig. Zum anderen ist eine Auslegung aber auch in dem Sinne möglich, daß der Mensch entweder hinsichtlich der Aufnahmefähigkeit von Freude begrenzt ist oder daß der zusätzliche Nutzen von dem hierfür notwendigen Aufwand überkompensiert wird. In diesem Fall gäbe es ein absolutes individuelles Nutzenmaximum bzw. eine Sättigungsgrenze der Bedürfnisbefriedigung. Bei Bentham gibt es einige Hinweise, die im Zusammenhang mit der These vom abnehmenden Grenznutzen stehen und die dafür sprechen, daß er im Sinne der zweiten Richtung interpretiert werden kann. So formuliert er:

„There is no limit beyond which the quantity of money cannot go: but there are limits, and these comparatively narrow beyond which pleasure can not go." (*Value*: PAREKH 1973: 120)
(„Es gibt keine Grenze, die die Menge an Geld nicht überschreiten kann; aber es gibt Grenzen, und zwar vergleichsweise enge, die die Freude nicht überschreiten kann.")

Darüber hinaus schreibt Bentham in Verbindung mit der Erörterung der Frage eines unterschiedlichen Wohlergehens bzw. Nutzenniveaus zwischen einem König und einem einfachen Arbeiter, daß bei dieser Frage auch ein individuelles Fassungsvermögen für Freuden und Leiden („capacity of containing felicity"; *CC*: B IX 15: S I 444) zu berücksichtigen ist:

„In a basin of water, introduce anywhere a secret waste-pipe: inject through another pipe any quantity of water how great soever, the vessel, it shall happen, will be never the fuller; for as fast as it flows in at one part, it flows out at another. Just so it is with the elements or instruments of felicity, when a stream of them, of boundless magnitude, is injected into the human breast." (*CC*: B IX 15: S I 444)

(„Installiere irgendwo in einem Wasserbecken ein geheimes Abflußrohr. Führe nun durch ein anderes Rohr eine Wassermenge, welcher Größe auch immer, zu; es wird passieren, daß das Gefäß nie voller wird; so schnell wie es auf der einen Seite reinfließt, fließt es auf der anderen Seite wieder hinaus. So ist es auch mit den Elementen oder Instrumenten des Glücks, wenn sie in einem Strom von unbegrenzter Größe in die menschliche Brust fließen.")

Der Gedanke eines begrenzten Fassungsvermögens wird auch in *AULV* (310) geäußert.

Insgesamt ist Benthams Konzept des Glücks zwar anders strukturiert als dasjenige Smiths (vgl. oben II.3.2.4), und das in nicht unerheblicher Weise. Gleichwohl beinhaltet es ebenso wie das von Smith die Perspektive einer oberen Grenze der Bedürfnisbefriedigung.[66]

3.2 Gesellschaft

3.2.1 Das Individuum und die nützliche Gesellschaft

Aus der Auflistung der verschiedenen Arten von Freude und Leid des Menschen (s.o. III.3.1.2) geht hervor, daß das Individuum bei Bentham ebenso wie bei Smith stets in einem gesellschaftlichen Kontext steht. So weisen beispielsweise die im Zusammenhang mit der Sexualität und der Freundschaft stehenden Freuden und Leiden auf die Sozialnatur des Menschen hin. Berücksichtigt das Individuum in seinem Handeln das Wohl seiner Mitmenschen, zeigt es sich als „Mitglied der Gesellschaft (member of society)" (*D* 126).

Bentham spricht von zwei grundsätzlichen Möglichkeiten zwischenmenschlicher Beziehungen („the ways in which one person may be connected with another"; *IPML* XII.4):

---

[66] Auf der Grundlage der Ausführungen der letzten Abschnitte (III.3.1) erscheint die Feststellung SCHERNIKAUS (1992: 26), „daß Bentham ... die Begriffe Freude, Glück und Nutzen nicht genauer gegeneinander abgrenzt", als unberechtigt.

„they [persons; O.H.] may be connected in the way of *interest* (meaning
self-regarding interest) or merely in the way of *sympathy*" (*IPML* XII.4;
Herv. dort).

(„sie [die Personen; O.H.] können verbunden sein durch *Interesse* (gemeint
ist das selbst-betreffende Interesse) oder lediglich durch *Sympathie*".)

Bei der zwischenmenschlichen Verbindung, die durch das *Eigeninteresse* der
Individuen motiviert ist, berücksichtigt der einzelne die Interessen anderer,
weil er nur auf diesem Wege sein eigenes Interesse realisieren kann bzw. er
es besser realisieren kann, als wenn er die Interessen der Mitmenschen nicht
berücksichtigen würde. Inhaltlich geht es hier um die *nützliche* Gesellschaft
mit Arbeitsteilung und Tausch, wie sie von Smith geschildert wird (vgl. *D*
179; s.o. II.3.3.3).

Neben dem Tauschverhalten resultiert aus der eigennützigen Perspektive der Individuen eine andere Form des Miteinanders, die Bentham als die
„Kunst des Einschmeichelns (art of ingratiating)" bezeichnet. Dabei gibt es
im wesentlichen zwei Formen derselben: Die erste besteht in der dauernden Wohltat dem Umworbenen gegenüber, die zweite ist dadurch gekennzeichnet, daß man sich dem Umworbenen gegenüber als geeignetes Objekt
der Zuneigung („a proper object of social affection or esteem") zu erkennen
gibt. (*D* 280; vgl. ebd. 278/9.)

Hinsichtlich der in *Sympathie* gründenden zwischenmenschlichen Beziehung wurde oben (III.3.1.1/3) darauf hingewiesen, daß es nach Bentham
bei der mitmenschlichen Anteilnahme und bei den durch soziale bzw.
sympathetische Gefühle motivierten Handlungen immer auch um das
eigene Wohlbefinden geht. Dieses hat bei Bentham eine weit stärkere Bedeutung, als dies der Fall ist, wenn das Handeln aus Sympathie im Smithschen Sinne verstanden wird. „To Bentham the contrast between unselfish-
ness and selfishness seemed utterly unreal. If a man acts, in the traditional
sense of the word, unselfishly, it may be due to a sentiment of sympathy
for the person whom his action benefits; he will then participate in the
pleasure which his sacrifice has created; and that means that the pain of the
sacrifice will be over-compensated by the pleasure of participation." (STARK
1954: 54)

Gleichwohl wird im Handeln aus Sympathie eine Brücke zwischen den
unterschiedlichen Interessen der Individuen geschlagen. Die Interessen des
oder der Mitmenschen werden im eigenen Handeln explizit berücksichtigt
– wie immer die Motivation hierfür letztlich auch sein mag. Dem Sympa-

thie-Prinzip kommt in diesem Sinne eine wichtige Bedeutung für das menschliche Miteinander zu.[67]

Bentham schreibt zwar, daß sich die Sympathie – vergleichbar zu Smiths Ausführungen (s.o. II.3.1.1/2) – gleichsam auf verschiedene konzentrische Kreise erstrecken *kann*, auf einzelne Personen, Personengruppen, die Mitglieder des Staates, die Menschheit sowie alle fühlenden Wesen (*IPML* VI.21). Aber in der Praxis wird die Gesellschaft als ganze eindeutig vom eigennützigen Handeln ihrer Mitglieder dominiert:

> „In the *few instances*, if any, in which, throughout the whole tenour or the general tenour of his life, a person sacrifices his own individual interest to that of any other person or persons, such person or persons will be a person or persons with whom he is connected by some *domestic or other private and narrow tie of sympathy*; not the whole number, or the majority of the whole number, of the individuals of which the political community to which he belongs is composed. If in any political community there be any individuals by whom, for a constancy, the interests of all the other members put together are preferred to the interest composed of their own individual interest, and that of the few persons particularly connected with them, these public-spirited individuals will be *so few*, and *at the same time so impossible to distinguish from the rest*, that to every practical purpose they may, without any practical error, be laid out of the account." (*Book of Fallacies*: B II 482: S III 432/3; Herv. O.H.)

> („In den *wenigen Fällen*, sofern es das überhaupt gibt, in denen eine Person im ganzen Tenor ihres Lebens oder im generellen Tenor ihres Lebens ihr eigenes individuelles Interesse demjenigen einer anderen Person oder anderer Personen opfert, wird solch eine Person oder werden solche Personen eine Person oder Personen sein, mit der bzw. mit denen er durch ein *häusliches oder ein sonstiges privates und enges Band der Sympathie* verbunden ist; es wird nicht die ganze Anzahl oder die Mehrheit der ganzen Anzahl der Individuen sein, aus denen sich die politische Gemeinschaft, der er angehört, zusammensetzt. Falls es in einer politischen Gemeinschaft Individuen gibt, die die Interessen aller anderen Gemeinschaftsglieder zusammengenommen gegenüber dem Interesse, das aus ihrem eigenen individuellen Interesse und demjenigen der wenigen Personen, die mit ihnen in besonde-

---

[67] Vgl. zum Sympathieprinzip auch GOLDWORTH (1993a). GOLDWORTH schreibt im oben dargelegten Sinne: „when sympathy is aroused, it produces a coincidence between self-regarding and extra-regarding interest" (ebd.: 491). GOLDWORTH ist insgesamt der Auffassung, daß die sympathetische Sanktion in hohem Maße dazu beiträgt, daß der einzelne sich zum einen im Sinne des Utilitätsprinzips (s.u. III.4.1) verhält und zum anderen für den Abbau von Ungleichheiten innerhalb der Gesellschaft eintritt. Die Wirkmächtigkeit der sympathetischen Sanktion wird m.E. hierbei von GOLDWORTH überbewertet.

rer Weise verbunden sind, besteht, beständig vorziehen, so werden diese vom Gemeingeist erfüllten Individuen *so wenige* sein und *gleichzeitig vom Rest so unmöglich zu unterscheiden* sein, daß sie in praktischer Hinsicht und ohne einen praktischen Fehler zu mache aus der Betrachtung ausgeschlossen werden können.")

Insgesamt ist Benthams Sicht der gesellschaftlichen Verhältnisse noch stärker von dem durch Nutzenerwägungen geprägten menschlichen Miteinander geprägt, als dies bei Smith der Fall ist. Bei Smith ist das eigennützige Kalkül zwar die vorherrschende, jedoch nicht die fast ausschließliche Form des menschlichen Miteinanders. Beziehungen auf der Basis von Liebe und Tugend werden ebenfalls, und zwar sowohl als möglich als auch als existent, betont (s.o. II.3.3.2/3).

3.2.2 Gesellschaft und gesellschaftliches Interesse als Summen der Individuen und ihrer Interessen

Der Mensch ist also Bentham zufolge ein gesellschaftliches Wesen. Bentham unterscheidet hierbei zwei Arten von Gesellschaft: zum einen die „natürliche", zum anderen die „politische":

> „When a number of persons (whom we may style *subjects*) are supposed to be in the *habit* of paying *obedience* to a person, or an assemblage of persons, of a known and certain description (whom we may call *governor* or *governors*) such persons altogether (*subjects* and *governors*) are said to be in a state of *political* society. The idea of a state of *natural* society is ... a *negative* one. When a number of persons are supposed to be in the habit of *conversing* with each other, at the same time, that they are not in any such habit as mentioned above, they are said to be in a state of a *natural* society." (*FG* I.10/1 S. 428/9; Herv. dort)

> („Wenn von einer Anzahl von Personen (die wir als *Subjekte* bezeichnen können) angenommen wird, daß sie gegenüber einer Person oder einer Versammlung von Personen von bekannter und genauer Bezeichnung (die wir als *Regierenden* oder *Regierende* bezeichnen können) *Gehorsam* zu üben *pflegen*, dann wird von all diesen Personen (*Subjekten* und *Regierenden*) gesagt, daß sie sich im Zustand einer *politischen* Gesellschaft befinden. Der Gedanke einer natürlichen Gesellschaft ist ... ein *negativer*. Wenn von einer Anzahl von Personen angenommen wird, daß sie miteinander *kommunizieren*, sie gleichzeitig aber nicht die oben erwähnte Gewohnheit haben, dann wird von ihnen gesagt, daß sie sich im Zustand einer *natürlichen* Gesellschaft befinden.")

Mit der Entstehung der politischen Gemeinschaft, d.h. dem Staat, beschäftigt sich Bentham ausführlich im *Fragment on Government* (I S. 425/48).

Seines Erachtens ist für den in der politischen Gesellschaft geltenden Gehorsam das Interesse der Individuen ausschlaggebend. Handelt die politische (hier: die monarchische) Führung hingegen wider das Interesse der Individuen, entfällt die Grundlage dieses Gehorsams. (Insbes. *FG* I.39/45 S. 442/5.) Mit dieser Begründung des staatlichen Zusammenhalts wird Bentham gemäß zugleich die Idee eines Gesellschaftsvertrags („original contract"), wie er sie von BLACKSTONE und LOCKE vertreten sieht, hinfällig (*AULV* 293). Für Bentham ist der Gesellschaftsvertrag nicht mehr als eine der vielen Fiktionen (*FG* I.36 S. 439/41; *AULV* 298). An anderer Stelle bezeichnet er ihn auch als „Märchen (fable)" (*FG* App. S. 509).[68]

Neben dem Eigeninteresse der Individuen spielt im übrigen auch die Sympathie des Volkes für die Mächtigen (hier: den Monarchen) eine Rolle für den Gehorsam gegenüber der politischen Führung (*CC*: B IX 130). Bentham nennt also zwei Begründungsformen des staatlichen Zusammenhalts, die auch Smith anführt (s.o. II.3.3.3, II.3.3.5, Exkurs 2). Eine Unterordnung gegenüber der staatlichen Macht aus Gründen eines Interesses an der Gemeinschaft, wie dies bei Smith aufgezeigt wird (s.o. II.3.3.5), gibt es bei Bentham hingegen in dieser Form nicht.

Der Gesellschaft kommt bei Bentham kein eigenes reales Sein bzw. kein eigener Wert zu. Sie ist vielmehr nur als *Aggregation* der Individuen zu verstehen:

> „The community is a *fictitious body*, composed of the individual persons who are considered as constituting *as it were* its members." (*IPML* I.4 dt. 57; Herv. O.H.; vgl. *Essay on Political Tactics*: B II 306/7: S I 95/6.)[69]

---

[68] Vgl. ausführlicher auch HARRISON (1983: 36/45) und DINWIDDY (1990: 74/6). Hierbei verweist HARRISON darauf, daß BLACKSTONE nicht, wie die Kritik Benthams vermuten läßt, die Idee des Gesellschaftsvertrages im Sinne eines historisch geschlossenen Kontrakts versteht, sondern von einem eher informellen Einverständnis ausgeht, wobei HARRISON auch den Bezug zum vertragstheoretischen Ansatz RAWLS' herstellt. Da dieses informelle Einverständnis aber durch die individuellen Interessen motiviert ist, kommt HARRISON (1983: 42) zu folgender Schlußfolgerung: „It is, therefore, a utilitarian kind of justification and, as such, much closer to Bentham's own than might be immediately apparent."

[69] Vgl. zu Benthams individualistischem Gesellschaftsverständnis auch BAUMGARDT (1952: 173): „It shows Bentham as one of the most radical representatives of the so-called mechanistic theory of the state, or better, as an avowed opponent of any 'organological' theory. For Bentham, state and community are not organisms containing more than an aggregate of independent individuals."
Benthams konsequenter Individualismus, der aus seinem Empirismus und seiner Theorie der Fiktionen resultiert – und in der philosophischen Tradition des Nominalismus steht –, gilt auch für alle anderen (menschlichen und nichtmenschlichen) Klas-

(„Die Gemeinschaft ist ein *fiktiver Körper*, der sich aus den Einzelpersonen zusammensetzt, von denen man annimmt, daß sie *sozusagen* seine Glieder bilden.")

Konsequenterweise bedeutet dies, daß auch die Rede von einem „*Interesse der Gesellschaft*" als solchem nicht mehr ist als eine Fiktion:

„The interest of the community then is, what? – the *sum* of the interests of the several members who compose it." (*IPML* I.4 dt. 57; Herv. O.H.)
(„Was also ist das Interesse der Gemeinschaft? – Die *Summe* der Interessen der verschiedenen Glieder, aus denen sie sich zusammensetzt.")

Anstelle vom Interesse der Gemeinschaft spricht Bentham auch vom „nationalen Interesse (national interest)" (*CC* 43; vgl. *Principles of International Law*[70]: B II 546/9 dt. 97/106) und vom „universalen Interesse (universal interest)" (*Constitutional Code Rationale*[71] 234; *Office* 96, 16). Letzteres ist nicht im Smithschen Sinne eines globalen Interesses zu verstehen (vgl. II.3.3.6).

Definitionsgemäß setzt die Bestimmung des gesellschaftlichen Interesses zum einen die bereits (oben III.3.1) diskutierte Bestimmung der *individuellen* Interessen voraus (*IPML* I.5 dt. 57). Zum anderen wird hier von Bentham vorausgesetzt, daß die individuellen Nutzen kompatibel sind in dem Sinne, daß sie miteinander vergleichbar sind und gegeneinander aufgerechnet werden können (vgl. auch *IPML* IV.4/5 dt. 80/1; *TSA* 66). Wie ansatzweise gezeigt wurde (s.o. III.3.1.4), erscheint diese Benthamsche Annahme aber als problematisch. Dies gesteht Bentham auch ein:

„'Tis in vain to talk of adding quantities which after the addition will continue distinct as they were before, one man's happiness will never be another man's happiness: a gain to one man is no gain to another: you might as well pretend to add 20 apples to 20 pears." (*UC* xiv.3, in: DINWIDDY 1990: 50)
(„Es ist vergeblich, davon zu sprechen, Mengen zu addieren, die nach der Addition immer noch genauso unterschiedlich sind wie vorher; das Glück eines Menschen wird niemals das Glück eines anderen Menschen sein; ein Gewinn für einen Menschen ist kein Gewinn für den anderen – du könntest genauso gut vorgeben, 20 Äpfel zu 20 Birnen zu addieren.")

---

sen bzw. Einheiten, zu denen verschiedene Individuen zusammengefaßt werden können, wie „Klasse (class)", „Gattung (genus)" und „Art (species)". Sie sind lediglich „fiktive Einheiten" („fictitious unit"; *Ontology* II.vii: B VIII 206; vgl. *TSA* 77/8).

[70] Die *Principles of International Law* (PIL) werden erstmals in den *Works* (B II) veröffentlicht und basieren BOWRING (ebd.) zufolge auf Manuskripten von 1786 bis 1789.

[71] Im folgenden mit *CCR* bezeichnet (s.u. III.6.3 und Anm.).

Gleichwohl sieht Bentham sein nutzentheoretisches Konzept als Ganzes hierdurch nicht in Frage gestellt. Die interpersonelle Nutzenvergleichbarkeit und Aggregation ist für ihn vielmehr ein praktikables Verfahren im Rahmen staatlicher Politikgestaltung:

> „This addibility of the happiness of different subjects, however when considered rigorously it may appear fictitious, is a postulatum without the allowance of which all political reasonings are at a stand" (*UC* xiv.3, in: DINWIDDY 1990: 50).

> („Diese Addierbarkeit des Glücks verschiedener Subjekte, wenn sie auch bei rigoroser Erwägung als fiktiv erscheint, ist ein Postulat, ohne dessen Zugeständnis alle politischen Überlegungen in Frage stehen".)

Im nachfolgenden Abschnitt (III.4.1) wird das Verfahren zur Berechnung des gesellschaftlichen Nutzens näher diskutiert. An dieser Stelle soll nur auf drei Aspekte hingewiesen werden, die mit der Bestimmung des gesellschaftlichen Nutzens im Zusammenhang stehen. Erstens ist Bentham der Auffassung, daß die Hinderung eines Individuums an der Realisierung einer potentiellen Freude gleichbedeutend mit einer Schädigung des Individuums ist (*D* 152; *AULV* 309/10). Zweitens beinhaltet die Definition des gesellschaftlichen Nutzens eine egalitäre Komponente: Alle Individuen werden nur hinsichtlich ihres Nutzens berücksichtigt, d.h. unter Absehung von Stand etc. Dieser Aspekt ist für die damalige Zeit von wichtiger Bedeutung[72]. Drittens, dies wird unten (III.4.4) vertieft werden, ergibt sich aus der Annahme des abnehmenden Grenznutzens (s.o. III.3.1.4) die Forderung nach einer tendenziellen Gleichverteilung der nutzenstiftenden Güter.

Das Verhältnis von Individual- und Gesellschaftsinteresse ist dergestalt zu beschreiben, daß das erste Bestandteil des zweiten ist. In dem Maße, wie das Interesse des Individuums gefördert wird, d.h. sein Nutzen steigt, wird auch das Interesse der Allgemeinheit, d.h. der gesellschaftliche Nutzen als Summe der individuellen Nutzen, gefördert. Das eigennützig denkende und handelnde Individuum leistet somit, wenn es sein eigenes Wohlergehen steigert und unter der Voraussetzung, daß andere Individuen in ihrer Nutzenbilanz nicht beeinträchtigt werden, immer auch einen Beitrag zum Wohl der Allgemeinheit.

Der erreichte individuelle Nutzen ist schließlich das Kriterium für die gesellschaftliche Rangordnung. Über- bzw. Unterordnung anderen gegenüber resultiert aus einem Mehr bzw. Weniger an Nutzen, Gleichheit zeigt sich in einem gleichwertigen Wohlergehen. (*D* 271; *CP*: B IV 541 Anm.: S III 442; *What a Law Is*: PAREKH 1973: 149) In diesem Sinne ist beispiels-

---

[72] Vgl. auch HART (1982: 97/8).

weise das Eigentum eines der unterscheidenden Merkmale innerhalb der Gesellschaft (vgl. *IPML* IV.8 dt. 82).

Die gesellschaftliche Stellung des Individuums anderen gegenüber ergibt sich zudem daraus, ob es im Verhältnis zu diesen ein primärer Nutzengeber oder -nehmer ist (vgl. *IPML* XII.4; *D* 278/81).

4. Ethik

Ausgehend vom Verständnis individuellen Handelns ist im folgenden Kapitel Benthams Sichtweise einer Ethik zu entwickeln. Diese muß auf der empiristischen Methodik und den auf diese Weise gewonnenen Erkenntnissen aufbauen (vgl. *D* 135)[73].

4.1 Das utilitaristische Prinzip als ethisches Kriterium

Wie oben (III.3.1.1) dargestellt, beginnt Bentham die *IPML* mit der Feststellung, daß sowohl *Sein* als auch *Sollen* des Menschen durch Freude und Leid bestimmt sind:

> „It is for them alone to point out what we *ought* to do, as well as to determine what we shall do. On the one hand the *standard of right and wrong*, on the other the chain of causes and effects, are fastened to their throne." (*IPML* I.1 dt. 55; Herv. O.H.)

(„Es ist an ihnen allein aufzuzeigen, was wir tun *sollen*, wie auch zu bestimmen, was wir tun werden. Sowohl der *Maßstab für Richtig und Falsch* als auch die Kette der Ursachen und Wirkungen sind an ihrem Thron festgemacht.")

In diesem Zusammenhang spricht Bentham vom „Prinzip der Nützlichkeit":

---

[73] Vgl. auch BAUMGARDT (1952: 374), daß „a systematic exposition of Bentham's ethics should start, not with a dogmatic reference to the principle of utility, as is usually done, but with the theory of moral motives that contains Bentham's attempt to justify his utilitarianism critically".
Vgl. auch BIRNBACHER/HOERSTER (1993: 198): „Nicht zufällig ist eine utilitaristische Ethik vorwiegend von Philosophen vertreten worden, die sich in ihrer Erkenntnistheorie zum Empirismus bekannten. Der Utilitarismus ist insofern eine 'empiristische' Ethik, als dasjenige, worauf sein Grundprinzip, das Nützlichkeitsprinzip, zielt, eine Sache der Empirie, der Erfahrung ist". – Zu empiristischen Ethiken im allgemeinen vgl. auch im Überblick z.B. ANZENBACHER (1992: 18/42); KUTSCHERA (1982: 205/9).

„The *principle of utility* recognises this subjection [to the governance of pleasure and pain; O.H.], and assumes it for the foundation of that system, the object of which is to rear the fabric of felicity by the hands of reason and of law." (*IPML* I.1 dt. 55/6; Herv. dort.)

(„Das *Prinzip der Nützlichkeit* erkennt dieses Joch [die Beherrschung des Menschen durch Freude und Leid; O.H.] an und übernimmt es für die Grundlegung jenes Systems, dessen Ziel es ist, das Gebäude der Glückseligkeit durch Vernunft und Recht zu errichten.")

Dabei wird das Utilitätsprinzip wie folgt definiert:

„By the principle of utility is meant that priniciple which approves or disapproves of *every* action whatsoever, according to the tendency which it appears to have to augment or diminish the happiness of the party whose interest is in question.... . I say of *every* action whatsoever; and therefore not only of every action of a private *individual*, but of every measure of *government*." (*IPML* I.2 dt. 56; Herv. O.H.)

(„Unter dem Prinzip der Nützlichkeit ist jenes Prinzip zu verstehen, das schlechthin *jede* Handlung in dem Maße billigt oder mißbilligt, wie ihr die Tendenz innezuwohnen scheint, das Glück der Gruppe, deren Interesse in Frage steht, zu vermehren oder zu vermindern.... . Ich sagte: schlechthin *jede* Handlung, also nicht nur jede Handlung einer *Privatperson*, sondern auch jede Maßnahme der *Regierung*.")

Das Utilitätsprinzip stellt den Dreh- und Angelpunkt der Benthamschen Ethik dar. Dies zeigt sich bereits darin, daß es von Bentham zur „Grundlage (foundation)" der *IPML* (I.2 dt. 56) erhoben wird, die ihrerseits das Fundament der Benthamschen Ethik, Gesellschafts- und Rechtstheorie markiert. Es zieht sich in verschiedenen Formen durch das ganze Schrifttum Benthams hindurch. Bei der Formulierung des Utilitätsprinzips verweist Bentham im übrigen auf Anregungen durch HELVETIUS im besonderen sowie durch HUME und BECCARIA[74]. (*Memoirs*[75]: B X 54; *FG* I.36 Anm.

---

[74] Die Formel vom „größten Glück der größten Zahl" („the greatest happiness of the greatest number") findet sich bereits bei BECCARIA, und zwar in der englischen Übersetzung seiner 1764 erschienenen Schrift *Dei delitti e delle penne* (C. BECCARIA; An Essay on Crime and Punishments, London 1767, 2). GOLDWORTH (in: *AULV* 291 Anm.) zufolge übernimmt Bentham die Formel wahrscheinlich aus diesem Buch – Benthams eigener Hinweis auf eine Schrift von PRIESTLEY (*AULV* 291) wird von GOLDWORTH in Zweifel gezogen, weil sich dort der Ausdruck nicht findet. Bei BECCARIA handelt es sich allerdings um eine unpräzise Übersetzung der ursprünglichen Formulierung. Im Original (hg. F. Venturi, Turin 1965, 9) heißt es: „la massima felicita divisa nel maggior numero" (zit. nach HARRISON 1983: 115/6). Genauer müßte dies übersetzt werden in „das größte Glück, verteilt auf die größte Zahl" (vgl. auch MÜLLER 1956: 65).

S. 440; vgl. *Peers and Senates*: B IV 447; vgl. HARRISON 1983: 115/6; 168/9; LONG 1993: 1050.)

Hinsichtlich des Utilitätsprinzips ist zunächst ein grundlegender Sachverhalt zu klären, der in Verbindung steht mit der obigen Formulierung „das Glück der Gruppe, deren Interesse in Frage steht, zu vermehren oder zu vermindern". Dabei geht es um die Definition der in Frage stehenden Gruppe. Im egoistisch verstandenen Sinne geht es hierbei stets nur um das Interesse des Handelnden selbst. Im Sinne des ethischen Prinzips geht es hingegen um die Interessen aller von der Handlung betroffenen Personen. Diese Unterscheidung erfolgt bei Bentham in der Form, daß er für den ersten Fall vom tatsächlichen, faktischen Ziel („actual end"), für den zweiten Fall hingegen vom „einzig universal wünschenswerten Ziel (only universally desirable end)" eines Verhaltens gemäß dem Utilitätsprinzip spricht (*TSA* 59/60; ebd. 62). Nach Bentham geht es im ersten Fall um ein Verständnis des Utilitätsprinzips in einem „erklärenden Sinne (enunciative sense)" und im zweiten Fall um ein Verständnis des Utilitätsprinzips in einem „wertenden Sinne (censorial sense)" (*TSA* 59/60).

In der Regel wird der Begriff des Utilitätsprinzips von Bentham – und daher auch in der vorliegenden Arbeit – jedoch in ethischer Hinsicht verwendet (vgl. *TSA* 37/8, 60). Das Utilitätsprinzip stellt sich in diesem Sinne als Maxime individuellen und staatlichen Handelns dar. Aus ihm folgt, was eigentlich „getan werden *soll* (*ought* to be done)" (*IPML* I.10 dt. 58): nämlich das Nützliche, d.h. das Freuden Stiftende und Leid Mindernde bzw. Verhindernde:

> „When thus interpreted, the words *ought*, and *right* and *wrong*, and others of that stamp, have a meaning: when otherwise, they have none." (*IPML* I.10 dt. 58; Herv. dort.)

Auch bei HELVETIUS findet sich die genannte Formel. Er definiert in seiner 1772 (posthum) veröffentlichten Schrift *Vom Menschen* den „größten öffentlichen Nutzen" als „die größte Lust und das größte Glück für die größte Zahl der Bürger" (HELVETIUS 1972: 68).
Erstmalig wird die Formel des „größten Glücks der größten Zahl" jedoch 1725 von HUTCHESON verwendet (SCHRADER 1992: 266, 273/8): „that Action is the best, which procures the greatest Happiness for the greatest Numbers, and that, worst, which, in like manner, occasions Misery" (F. HUTCHESON; An Inquiry into the Original of our Ideas of Beauty and Virtue. In: Collected Works, Hildesheim 1971, Bd. 1, 164, zit. nach SCHRADER 1992: 275).
Zur Geschichte der Formel vom größten Glück der größten Zahl vgl. auch SHACKLETON (1993).

[75] *Memoirs and Correspondance* (*Memoirs*) erscheinen posthum in den *Works* (B X/I).

("So verstanden haben die Wörter *sollen, richtig* und *falsch* sowie andere Wörter dieser Art einen Sinn; werden sie anders verstanden, haben sie keinen Sinn.")

Bentham spricht gleichermaßen auch von dem „Prinzip des größten Glücks oder der größten Glückseligkeit (greatest happiness or greatest felicity principle)" (*IPML* I.1 Anm. dt. 55). Die Rede vom Prinzip des „größten Glücks" hat Bentham zufolge gegenüber dem Prinzip des „Nutzens" den Vorteil, daß der zentrale Inhalt des Prinzips unmittelbar einsichtiger erscheint (vgl. *AUSV* 320, 326; *IPML* I.1 Anm. dt. 55). Darüber hinaus formuliert Bentham auch die Maxime des „größten Glücks der größten Zahl" („it is the greatest happiness of the greatest number that is the measure of right and wrong"; *FG* pref. S. 393; vgl. *AUSV* 327). Dieser Ausdruck ist jedoch insofern problematisch, als er vermuten lassen könnte, es gehe stets um die Interessen gesellschaftlicher *Mehrheiten* – eine Sichtweise, die Bentham jedoch nicht vertritt (vgl. unten III.4.4, III.6.1).[76]

Die ethische Richtigkeit des utilitaristischen Prinzips ist für Bentham schlichtweg evident – schon allein deshalb, weil es dem Menschen von Natur aus eingegeben (*IPML* I.12 dt. 58; vgl. I.1 dt. 55), d.h. für Bentham empirisch aufweisbar ist. Es zu beweisen ist zwar „unmöglich (impossible)", aber auch „überflüssig (needless)" (*IPML* I.11 dt. 58). In keinem Fall kann es Bentham zufolge aber widerlegt werden: Vielmehr sieht er es als ein Prinzip an, über dessen Herrschaft ein gesellschaftlicher Konsens erzielt und das demgemäß allgemein anerkannt werden kann. (*IPML* I.11/4 dt. 59/61)

Die Nutzenevaluierung einer Handlung im Sinne des Utilitätsprinzips, also ihre ethische Beurteilung, erfolgt auf der Grundlage der bereits diskutierten individuellen Nutzenkalkulationen (s.o. III.3.1.4). Im Hinblick auf den zu errechnenden Nutzen für die von der Handlung betroffene Gruppe müssen neben den für die individuellen Nutzenkalkulationen geltenden vier Kriterien der Intensität, Dauer, (Un-) Gewißheit und Nähe bzw. Ferne von Freude und Leid weitere Kriterien berücksichtigt werden. Dies sind zunächst fünftens die „Folgenträchtigkeit (fecundity)" und sechstens die „Reinheit (purity)" von Freude bzw. Leid. Entstehen neben den unmittelbaren Freuden und Leiden auch mittelbare bzw. spätere? Handelt es sich

---

[76] Zur genaueren Geschichte der Begriffsverwendung Benthams vgl. *AULV* (295/7); GOLDWORTH (1969: 315/6); PAREKH (1973a: 16/7). Beachtenswert ist hierbei, daß Bentham den Ausdruck des „größten Glücks der größten Zahl" zwar 1776 in *FG* verwendet, dann aber erst wieder 1816 (in *UC* xv.20, 57). Die oben angesprochenen Interpretationszweideutigkeiten dürften die Ursache für die zeitweilige Abkehr von dieser Formel gewesen sein. (PAREKH 1973a: 16/7.)

nur um reine Gefühle der Freude bzw. des Leides, oder entstehen sowohl Freude als auch Leid? Ein siebtes Kriterium stellt das „Ausmaß (extent)" von Freude und Leid dar. Hier geht es um die Frage nach der Bestimmung des von der Handlung betroffenen Personenkreises und dessen Nutzen. (*IPML* IV.1/4 dt. 79/80)

Mit Hilfe dieser sieben Kriterien kann nun der Nutzen einer Handlung mathematisch bestimmt werden. Für eine von der Handlung betroffene Person addiert man die mit der Handlung verbundenen unmittelbaren und mittelbaren Freuden. Von diesen wird die Summe der unmittelbaren und mittelbaren Leiden subtrahiert. Ist das Ergebnis positiv, gilt die Handlung im Hinblick auf diese Person als „gut", ist es negativ, gilt sie als „schlecht"[77]. Sind nun mehrere Personen von der Handlung betroffen, werden für sie alle in gleicher Weise individuelle Nutzenbilanzen erstellt und diese dann zu einem Gesamtergebnis addiert. Ist es positiv, gilt die Handlung im Hinblick auf die betroffene Gruppe als „gut" und soll getan werden, ist es negativ, gilt sie als „schlecht" und ist zu unterlassen. (*IPML* IV.5 dt. 80/1; vgl. *D* 127; ebd. I.6.) In diesem Sinne kann Bentham schreiben:

> „The general tendency of an act is more or less pernicious according to the *sum total of its consequences*: that is, according to the difference between the sum of such as are good, and the sum of such as are evil." (*IPML* VII.2; Herv. O.H.)

> („Die allgemeine Tendenz einer Handlung ist abhängig von der *Gesamtsumme ihrer Folgen* mehr oder weniger schlecht, das heißt gemäß der Differenz zwischen der Summe dessen, was gut ist, und der Summe dessen, was böse ist.")

Benthams Ethik zeichnet sich somit durch zwei entscheidende Charakteristika aus, durch die sie sich im übrigen vom Entwurf Smiths (s.o. II.4) abhebt. Zum einen hängt die moralische Beurteilung menschlichen Verhaltens nur von den Folgen desselben ab. Zum anderen wird sie – gemäß naturwissenschaftlicher Methodik – operationalisiert: Es geht um die „Anwendung mathematischer Methoden bezüglich der Komponenten des Glücks" („apply arithmetical calculations to the elements of happiness"; *CP*: B IV 540: S III 439; vgl. *D* 251):

> „Thus on every occasion *happiness* is ... *a subject-matter of account and calculation*, of profit and loss, just as money itself is" (*AULV* 297; Herv. O.H.).

---

[77] Bentham bezeichnet die mit Freude und Leid verbundenen Folgen einer Handlung auch als die „materiellen (material) Konsequenzen (consequences)" derselben (*IPML* VII.3). – Zur Rede von dem Guten („good") im Verhältnis zu Freude und Leid vgl. auch GOLDWORTH (1993).

(„So ist *Glück* ... bei jeder Gelegenheit *ein Gegenstand der Berechnung und der Kalkulation*, von Gewinn und Verlust, so wie Geld es ist".)

Entsprechend ist in der Literatur vom „utilitaristischen" bzw. „hedonistischen (Nutzen-) Kalkül" die Rede (HÖFFE 1992a: 13)[78].

Wie im Fall der individuellen Nutzenkalkulation (s.o. III.3.1.4) ist es bei der beschriebenen Berechnung des Gesamtnutzens in moralischer Hinsicht unerheblich, welcher Art die einzelnen Arten von Freude und Leid sind. Sie werden als homogen betrachtet:

> „Consequences apart, magnitude the same, *one pleasure is as good as another.*" (*TSA* 66; Herv. O.H.)
> (*„Eine Freude ist so gut wie die andere*, wenn ihr Ausmaß die gleiche ist und die Folgen außen vor bleiben.")

Verschiedene Nutzen werden also in ethischer Hinsicht nicht qualitativ, sondern quantitativ differenziert (vgl. auch das Ziel der „greatest possible *quantity* of happiness"; *IPML* XVII.2; Herv. O.H.; *D* 122; vgl. *D* 250; *TSA* 66). In der Literatur hat sich für diese Art des Utilitarismus der Begriff des „quantitativen Hedonismus" eingebürgert (z.B. HÖFFE 1992a: 22; GÄHDE 1992: 97/8)[79]. Ein signifikantes Beispiel für diesen quantitativen Hedonismus ist Benthams Bemerkung, die aus „Push-pin" (Nadelschieben, eine Art Kinderspiel) resultierenden Freuden seien so gut wie die aus den sogenannten höheren Künsten, z.B. Musik und Poesie, resultierenden Freuden (*The Rationale of Reward*[80]: B II 253/6)[81].

---

[78] BRIEFS (1915: 222) und MÜLLER (1956: 80) sprechen von der „Moralarithmetik" Benthams. „Die Benthamsche Ethik ist Moral*ökonomie*." (BRIEFS 1915: 222; Herv. O.H.)

[79] Im Gegensatz dazu wird beispielsweise die Position Mills, der einzelne Freuden qualitativ höherwertig ansieht als andere, als die eines „qualitativen Hedonismus" bezeichnet (s.u. IV.3.2; vgl. HÖFFE 1992a: 22; GÄHDE 1992: 98/100).

[80] Diese Schrift (*Reward*) erscheint 1825.

[81] Bentham argumentiert hier (*Reward*: B II 253/6) in zwei Schritten. Erstens ist jede Art von Freude, sofern sie quantitativ den gleichen Wert aufweist, gleich gut. Bentham plädiert hier für die Aufgabe der gesellschaftlichen Vorurteile, daß nur das zu gefallen hat, was kompliziert und teuer ist. Er spricht sich für die Emanzipation des Individuums von den Wertmaßstäben der sogenannten höheren gesellschaftlichen Schichten aus:

> „These modest judges of elegance and taste consider themselves as benefactors to the human race, whilst they are really only the interrupters of their pleasure" (ebd.: B II 254).

Das ethische Urteil über eine Handlung hängt nicht nur von der Positivität bzw. Negativität des Nettonutzens im grundsätzlichen ab, sondern darüber hinaus auch von dessen jeweiligem Ausmaß („proportioned to"; *IPML* I.9 dt. 58; vgl. *Memoirs*: B X 518; *Value*: PAREKH 1973: 115). Konsequenterweise bedeutet dies, daß unter verschiedenen Handlungsalternativen, die alle als gut zu bezeichnen sind, weil sie einen positiven Nettonutzen hervorbringen, eine beste identifiziert werden kann, die den größten Nutzen von allen zur Folge hat.

Eine „*vollkommen* richtige Handlung (*perfectly* right action)" wird dadurch bestimmt, daß sie nicht nur nützliche Folgen aufweist, sondern daß der Handelnde diese auch vorher erkennt (*IPML* II.19 dt. 74; Herv. O.H.).

Wenn alle Handlungen in ethischer Hinsicht nur nach ihren Folgen beurteilt werden, es also keine per se guten oder schlechten Akte gibt, dann spielen auch die Absichten, die ihnen zugrunde liegen, moralisch gesehen keine relevante Rolle. Konsequent argumentiert Bentham daher, daß es keine 'an sich' guten oder schlechten Motive oder Interessen geben kann,

(„Diese sittsamen Richter der Eleganz und des Geschmacks betrachten sich selbst als Wohltäter der menschlichen Rasse, während sie in Wirklichkeit nur die Unterbrecher deren Freude sind.")

Und später formuliert er:

„The child who is building houses of cards is happier than was Louis XIV. when building Versailles." (Ebd.: B II 255)

(„Das Kind, das Kartenhäuser baut, ist glücklicher als Ludwig XIV., als er Versailles baute.")

Zweitens führt Bentham weiterführende Überlegungen durch: So ist zum einen „push-pin" ein „unschuldiges (innocent)" Spiel, weil mit ihm keine bösartigen Gedanken verbunden sind – im Gegensatz zu mancher Literatur. Zum anderen stellt Bentham fest, daß Menschen, die sich mit Spielen beschäftigen, gleichzeitig keine Gedanken an andere Dinge verschwenden, die gesellschaftlich gesehen von Übel wären:

„They [these games; O.H.] compete with, and occupy the place of those mischiveous and dangerous passions and employments, to which want of occupation and ennui give birth. They are excellent substitutes for drunkenness, slander and the love of gaming." (Ebd.: B II 254)

(„Sie [diese Spiele etc.; O.H.] konkurrieren mit denjenigen schädlichen und gefährlichen Leidenschaften und Beschäftigungen, die aus dem Bedürfnis nach Beschäftigung und aus Langeweile geboren werden und nehmen deren Platz ein. Sie sind exzellente Substitute für Trunkenheit, Verleumdung und die Spielleidenschaft.")

Zieht man die damaligen sozialen Mißstände in Betracht, Arbeitslosigkeit, Armut etc., wird der gesellschaftliche Nutzen gleichsam solcher Art Beschäftigungstherapie deutlich.

wie dies beispielsweise naturrechtliche Argumentationsformen behaupten. Denn zum einen können nur auf pleasure und pain die Kategorien von gut und schlecht im eigentlichen Sinne angewendet werden, und zum anderen sind Motive und Interessen stets auf das grundsätzlich nicht negativ zu wertende Ziel der Freudenmehrung und Leidenminderung ausgerichtet. Hinsichtlich der Motive führt Bentham daher aus:

> „Now, pleasure is in *itself* a good: ... pain is in itself an evil; and, indeed, without exception, the only evil.... . It follows, therefore, immediately and incontestibly, that *there is no such thing as any sort of motive that is in itself a bad one.*" (*IPML* X.10; Herv. dort; vgl. *TSA* 16/8, 95, 105/6; *IPML* VIII.13.)
> („Nun, Freude ist *an sich* ein Gut... . Leid ist an sich ein Übel; und in der Tat ohne Ausnahme das einzige Übel... . Es folgt daher unmittelbar und unstrittig, daß *es kein Motiv geben kann, das an sich ein schlechtes ist.*")

Motive können nach Bentham nur in dem Sinne als gut bzw. schlecht bezeichnet werden, daß die durch sie bedingte Handlung Freude bzw. Leid hervorbringt – wobei dasselbe Motiv je nach Kontext zu unterschiedlichen Ergebnissen führen kann (*IPML* X.12, 29; ebd. II.19 dt. 73/4)[82].

Die genannten Feststellungen bezüglich der Motive gelten ebenso für die Beurteilung von Interessen (*TSA* 109/10). Ein Interesse kann dann als „finsteres Interesse (sinister interest)" bezeichnet werden, wenn es zu einer Handlung mit schlechten Folgen führt (*TSA* 110/1; s.o. III.3.1.3).

Abschließend soll auf eine zentrale Schwierigkeit hingewiesen werden, die mit der Berechnung der Folgen einer Handlung, d.h. mit ihrer ethischen Bewertung, verbunden ist und die neben dem bereits genannten Problem der gesellschaftlichen Nutzenkalkulation (s.o. III.3.2.2) besteht. Die Abgrenzung des Kreises der von einer Handlung betroffenen Personen birgt erhebliche Probleme in sich. Es finden sich bei Bentham auch keine konkreten Anweisungen dafür, wie diese Abgrenzung vorgenommen werden kann und soll. Die Frage der Berücksichtigung nachfolgender Generationen und deren Interesse, die Frage der Berücksichtigung nichtmenschlicher Wesen, die für Schmerz und Lust sensibel sind, sowie die Frage, wie diese Nutzen diskontiert und gegeneinander verrechnet werden könnten, all das bleibt bei Bentham offen. Er könnte hierfür m.E. auch keine befriedigenden Lösungsmöglichkeiten darlegen. Bentham besitzt zwar ein ent-

---

[82] Vgl. auch MÜLLER (1956: 84), daß Bentham keine „Gesinnungsethik", sondern nur eine „Erfolgsethik" kennt. – Bestünde der ethische Maßstab für die Motive in ihrem Beitrag zur menschlichen Selbst- und Arterhaltung, wären diejenigen Motive die 'besten', die sich auf die Bedürfnisse der Ernährung und der Sexualität richten (*TSA* 108) – wobei nicht ersichtlich ist, warum Bentham nicht auch die Motive der Selbsterhaltung („self-preservation"; *TSA* 86) nennt.

sprechendes Problembewußtsein, allerdings ohne den Gedanken der Nutzenevaluierung in Frage zu stellen:

> „It is not to be expected that this process should be strictly pursued previously to every moral judgment, or to every legislative or judicial operation. It may, however, be always kept in view: and as near as the process actually pursued on these occasions approaches to it, so near will such process approach to the character of an exact one." (*IPML* IV.6 dt. 81)
>
> („Es wird nicht erwartet, daß dieses Verfahren vor jedem moralischen Urteil und vor jeder gesetzgebenden oder richterlichen Tätigkeit streng durchgeführt werden sollte. Es mag jedoch immer im Blick sein, und je mehr sich das bei solchen Anlässen tatsächlich durchgeführte Verfahren diesem annähert, desto mehr wird sich ein solches Verfahren dem Rang eines exakten Verfahrens nähern.")

Im Zusammenhang mit der Verpflichtung des Staates auf das Utilitätsprinzip wird insbesondere auf den Aspekt der Berücksichtigung der Interessen zukünftiger Generationen zurückzukommen sein (s.u. III.6.1).

Nachdem mit dem Utilitätsprinzip der Kern der Benthamschen Ethik dargelegt ist, geht es im folgenden zum einen um die Frage, wie das Prinzip der Nützlichkeit *praktisch*, d.h. von den Individuen im alltäglichen Leben umgesetzt wird, und zum anderen um die Konsequenzen, die sich aus dieser Praxis ergeben.

4.2 Die verschiedenen Zweige der Ethik und ihre Aufgaben

Der ethischen Maxime, im Handeln stets den größten Nutzen der von der Handlung betroffenen Personen zu suchen, stehen im Benthamschen Verständnis von Mensch und Gesellschaft einige Hindernisse entgegen. Diese erinnern an Smiths Rede von der Schwäche menschlicher Moralität (s.o. II.4.4). Bentham ist der Auffassung, daß erstens nicht alle Menschen stets nach dem Utilitätsprinzip urteilen und daß zweitens diejenigen, die nach ihm urteilen, nicht unbedingt auch nach ihm handeln:

> „on *most occasions* of their lives men *in general* embrace this principle [of utility; O.H.], without thinking of it: if not for the *ordering* of their own action, yet for the *trying* of their own actions, as well as of those of other men. There have been, at the same time, *not many*, perhaps, even of the most intelligent, *who have been disposed to embrace it purely and without reserve.* ... For such is the stuff that man is made of: in principle and in practice, in a right track and in a wrong one, the rarest of all human qualities is consistency." (*IPML* I.12 dt. 58; Herv. O.H.)
>
> („in den *meisten Augenblicken* ihres Lebens machen sich die Menschen *im allgemeinen* dieses Prinzip [des Nutzens; O.H.] zu eigen, ohne darüber

nachzudenken; wenn nicht zur *Leitung* ihrer eigenen Handlungen, so doch zur *Prüfung* sowohl ihrer eigenen Handlungen als auch derer anderer Menschen. Gleichwohl hat es *nicht viele* – vielleicht nicht einmal unter den Intelligentesten – gegeben, *die geneigt waren, es sich ausschließlich und vorbehaltlos zu eigen zu machen.* ... Denn aus solchem Stoff ist der Mensch gemacht: Im Prinzip wie in der Praxis, auf dem richtigen wie auf dem falschen Weg ist Folgerichtigkeit die seltenste aller menschlichen Eigenschaften.")

Moralisches Handeln im Sinne des Utilitätsprinzips bedarf also sowohl der *Neigung* als auch der *Eignung*. Hinsichtlich der *Neigung* aber ist Bentham der Auffassung, daß das Individuum von der Motivation durch die *eigene* Freude und das *eigene* Leid in einem solch hohen Maße „beherrscht" (s.o. *IPML* I.1 dt. 55) wird, daß moralische Erwägungen im Sinne des Utilitätsprinzips nur einen vergleichsweise geringen Einfluß haben. Damit wird jedoch die von Bentham behauptete Evidenz des Utilitätsprinzips in Frage gestellt. Hinsichtlich der *Eignung* ergeben sich u.a. drei Probleme: Erstens ist die Beurteilung der Folgen einer Handlung für die hiervon Betroffenen für den Handelnden schon deshalb schwierig, weil der einzelne im Normalfall der beste Richter über seine eigenen Freuden und Leiden bzw. deren Bewertung in Nutzeneinheiten ist (s.o. III.3.1.1). Zweitens ist das beschriebene Verfahren zur Feststellung des mit einer Handlung verbundenen Gesamtnutzens derart kompliziert, daß es hierzu entweder einer besonderen Befähigung oder einer besonderen Einübung – am besten aber beider Aspekte zusammen – bedarf (s.o. III.4.1). Drittens wird das Berechnungsverfahren um so komplexer, je mehr Handlungsalternativen miteinander verglichen werden sollen.

Im Zusammenhang mit der Lösung, die Bentham für diese Probleme anbietet, stehen verschiedene Zweige der Disziplin der Ethik, die von Bentham im übrigen auch als „Deontologie (deontology)"[83] bezeichnet wird. Grundsätzlich ist die Disziplin der Ethik dem Ziel des größten gesellschaftlichen Glücks verpflichtet:

---

[83] Im Zusammenhang mit dem Begriff der „Deontologie" ist zu betonen, daß sich Benthams Verwendung im allgemeinen Sinne von Ethik inhaltlich wesentlich von der in der heutigen ethischen Diskussion verwendeten Begrifflichkeit unterscheidet. In der gegenwärtigen Diskussion kennzeichnet der Begriff der Deontologie jene Auffassung, die – beispielsweise auf der Basis naturrechtlicher Argumentationsformen – bestimmte Handlungen per se ablehnt, also eine zu Bentham entgegengesetzte Position. In der Terminologie heutiger Diskussion zwischen deontologischer Ethik einerseits und teleologischer, folgenorientierter Ethik andererseits ist Bentham der letztgenannten Richtung zuzurechnen. Zu teleologischen und deontologischen Ansätzen vgl. z.B. BÖCKLE (1985: 305/19); HÖFFE (1992a: 43/4); BIRNBACHER/HOERSTER (1993: 199/200).

„Ethics at large may be defined, the art of directing men's actions to the production of the greatest possible quantity of happiness, on the part of those whose interest is in view." (*IPML* XVII.2; vgl. *D* 249, 171.)
(„Ethik kann in ihrer Gesamtheit als die Kunst definiert werden, die Handlungen der Menschen auf die Produktion der größtmöglichen Menge an Glück derjenigen zu lenken, deren Interesse im Blick ist.")

Gemäß seiner Methode der Zweiteilung (s.o. III.2.2) unterscheidet Bentham diese „Ethik in ihrer Gesamtheit (ethics at large)" in die „öffentliche" bzw. „politische" Ethik einerseits („public deontology"; *D* 249; „political deontology"; *D* 197) und die „private Ethik" andererseits („private deontology", *D* 196; „private ethics"; *IPML* XVII.3).

Die *öffentliche* Ethik kommt im Handeln des Staates zum Ausdruck, ist also institutionalisiert. Das staatliche Handeln ist dem Ziel verpflichtet, ein solches Gesellschaftssystem zu errichten, in dem der einzelne mehr oder weniger automatisch das gesellschaftliche Interesse fördert, wenn er das Ziel des eigenen Glücks verfolgt (*D* 197). Bentham spricht hier auch von der „Kunst der Staatsführung (art of government)" (*IPML* XVII.4).

Während sich die öffentliche Ethik mit der Regierung des Volkes beschäftigt, zielt die *private* Ethik im umgekehrten Sinne auf das autonome Handeln der Individuen ab:

„Ethics, in so far as it is the art of directing a man's own actions, may be styled the *art of self-government*, or *private ethics*." (*IPML* XVII.3; Herv. dort.)
(„Ethik kann, insofern sie die Kunst ist, die eigenen Handlungen des Menschen zu lenken, als die *Kunst der Selbst-Regierung* oder als *private Ethik* bezeichnet werden.")

Explizit geht es hierbei um das Ziel des menschlichen Glücks im Sinne der bereits diskutierten Nutzenmaximierung:

„By Private Deontology considered as an art, understand the *art of maximizing the net amount of happiness* in that part of the field of thought and action which is left free by the power of law and government." (*D* 249; Herv. O.H.)
(„Als Kunst betrachtete private Deontologie wird *als die Kunst* verstanden, die *Nettomenge an Glück* auf dem Gebiet des Denkens und Handelns zu *maximieren*, das Gesetz und Regierung frei lassen.")

Dabei wird entsprechend der bereits diskutierten Unterscheidung von „self-regarding" und „extra-regarding interest" (s.o. III.3.1.3) zwischen einem „selbst-betreffenden" und einem „andere-betreffenden Zweig der Deontologie" („self-regarding branch of deontology"; *D* 197; „extra-regarding branch of deontology"; *D* 196, 249) differenziert. Bei der ersten geht es im Han-

deln nur um das eigene Glück, bei der letzteren auch um die Berücksichtigung der Interessen der Mitmenschen (vgl. *D* 198/9).

Von zentraler Bedeutung ist für die gesamte Rede von einer „privaten
Ethik", also auch für die „extra-regarding branch of deontology" (s.o.), daß
Bentham das anzustrebende Glück mit einer deutlich egoistischen Konno-
tation versieht:

> „Private Ethics teaches how each man may dispose himself to pursue the
> course *most conducive to his own happiness*" (*IPML* XVII.20; Herv. O.H.;
> vgl. *D* 122/3).[84]
> („Private Ethik lehrt, wie sich jeder Mensch so einrichten kann, daß er den-
> jenigen Kurs verfolgt, der *seinem eigenen Glück am zuträglichsten* ist".)

Wie läßt sich diese 'ethische' Zielsetzung mit dem Ziel des größten *gesellschaftlichen* Glücks verbinden? Zwei Gedanken sind für Bentham hier entscheidend. Zum einen leistet der einzelne automatisch einen Beitrag zum
gesellschaftlichen Nutzen, wenn er seinen eigenen Nutzen maximiert, da
der individuelle Nutzen in den gesellschaftlichen eingeht (s.o. III.3.2.2).
Zum anderen sind viele individuelle Interessen solche der „extra-regarding
class" (s.o. III.3.1.3), so daß bei der Verfolgung des eigenen Interesses die
Interessen der Mitmenschen berücksichtigt werden.

Im oben genannten Sinne („private ethics teaches") kommt der privaten
Ethik im Hinblick auf die Interessenverfolgung des Individuums zunächst
die Aufgabe zu, die inneren Interessenkonflikte des Menschen zu beurteilen
und zu lösen. Hierbei handelt es sich insbesondere um die Abwägungen
zwischen gegenwärtigen und zukünftigen, d.h. zwischen kurz- und langfristigen Interessen („interest of the moment", „interest of the rest of life"; *D*
181). Diese rationalen Erwägungen können zu der Erkenntnis führen, daß
es in verschiedenen Fällen sinnvoll, d.h. nutzbringend ist, das Interesse der
Gegenwart gegenüber dem Interesse der Zukunft zurückzustellen (*D*
181/2). Bentham spricht hierbei von einem „Opfer", das es zu erbringen
gilt („the temptation and the call for sacrifice; the sacrifice of the present to
the contingent future"; *D* 181).

Der Ethiker („practical moralist", „deontologist"; *D* 251) erweist sich in
diesem Prozeß des Abwägens bildlich gesprochen als ein Kundschafter, der
sich auf die Suche oder „Jagd nach Konsequenzen" macht („a scout; a man
who having put himself upon the hunt for consequences"; *D* 251). Unter
der Berücksichtigung vergangener Erfahrungen, die von Bentham als der
„beste Lehrmeister (best master)" (*D* 135) angesehen werden, geht es dabei

---

[84] Vgl. auch GOMBERG (1993: 500; Herv. dort): „Generally ... Bentham thought that
private ethics aimed *primarily* at the agent's own happiness."

um die Kalkulation der diversen Freuden und Leiden, die sich für den einzelnen in der Zukunft potentiell ergeben können. Mittel und Wege, das
größtmögliche Glück zu erreichen, sind aufzuzeigen. Es geht gleichsam um
den Entwurf einer „Skizze der möglichen Zukunft (sketch of the probable
future)", die der Ethiker „zum Nutzen des Menschen (for the use of each
man)" anfertigen soll und die unbeeinflußt bleibt vom „Anblick der momentanen oder schnellen Freuden und Leiden (view of present or speedy
pleasure and pain)" (D 251). Der praktische Ethiker unterstützt also den
Menschen bei der „tiefgründigen Reflexion (ulterior reflection)" (D 250
Anm.), die im Hinblick auf die persönliche Zukunft nötig ist.

Im Zusammenhang mit der Spannung zwischen gegenwärtigen und zukünftigen Interessen steht der bereits angeführte Konflikt zwischen dem
eigenen Interesse und dem Interesse von anderen. Ethische Überlegungen
führen hierbei zu der grundsätzlichen Erkenntnis, daß eine Handlung, die
für ein Individuum unter momentanen Gesichtspunkten nützlich zu sein
scheint, bei rationaler Betrachtung („on a cool and comprehensive view"; D
149) das zukünftige individuelle Wohlergehen durchaus beeinträchtigen
kann. Ein Mensch, der seine eigenen Interessen in egoistischer Weise auf
Kosten seiner Mitmenschen verfolgt, muß damit rechnen, aufgrund des von
ihnen erlittenen Leids Gegenstand ihrer Vergeltungsgefühle zu werden.
Werden diese in Taten umgesetzt, ist es jedoch durchaus möglich, daß sich
das Individuum in seiner Nutzenbilanz schlechter stellt, als wenn es auf die
Durchführung seiner egoistischen Handlungen verzichtet hätte. (D 149/52;
vgl. ebd. 151/2 Anm., 193/5, 202, 204/5.)[85]

Hinsichtlich der genannten ethischen Erwägungen bzw. der Tätigkeit
des praktischen Ethikers ist Benthams Rede vom individuellen Handeln
wider das eigene Interesse in Erinnerung zu rufen (s.o. III.3.1.4). Dieses erfolgt dann, wenn sich der einzelne – aus welchen Gründen auch immer –
hinsichtlich des von ihm berechneten Nutzens verkalkuliert. Der Prozeß
der ethischen Überlegung wird diese Gefahr vermutlich nie ganz ausschließen, aber doch reduzieren können.

Im Sinne der oben angesprochenen Interessenkongruenz der verschiedenen Mitglieder der Gesellschaft kann die Rolle des Ethikers demgemäß wie
folgt bestimmt werden:

> „What ... is the business of the Deontologist? In every instance to bring out
> of their obscurity, out of the neglect in which they have hitherto in so large

---

[85] Auch die sympathetische Sanktion ist hier zu berücksichtigen: „the principle of
sympathy can ... be regarded as a special form of the principle of utility" (HALÉVY
1952: 13).

a proportion been buried, the points of *coincidence* to the extent of which *extra-regarding interest* is connected and has by the hands of nature been identified with *self-regarding interest*" (*D* 193; Herv. O.H.).

(„Was ... ist das Geschäft des Deontologen? In allen Fällen die Punkte der *Übereinstimmung* zwischen dem *andere-betreffenden Interesse* und dem *selbstbetreffenden Interesse* in dem Ausmaß, wie sie verbunden und von den Händen der Natur gleichgesetzt worden sind, aus ihrer Dunkelheit hervorzuholen, aus der Mißachtung, in die sie bisher in so großem Maße versenkt wurden".)

Die private Ethik ist dann nicht nur eine Disziplin, die den Nutzen zum Gegenstand hat, sondern sie bringt zugleich selbst einen Nutzen („use"; *D* 196; ebd. 149) hervor, indem sie hilft, sowohl den individuellen Nutzen des Handelnden als auch den gesellschaftlichen Nutzen dadurch zu mehren, daß sie die Interessenkongruenzen deutlich macht.

In diesem Zusammenhang kann die private Ethik von der staatlich-öffentlichen noch in einer anderen Weise als am Anfang des vorliegenden Abschnitts abgegrenzt werden:

„To point out this coincidence where it exists, and so far as it exists, is (it may seem) all that can be done by any individual teacher acting as such. *To give any encreased extent to that coincidence belongs only to him who for that purpose has been furnished with the powers of government*" (*D* 197; Herv. O.H.; vgl. auch *D* 175).

(„Diese Übereinstimmung aufzuzeigen, wo sie vorhanden ist, und sie in dem Maße, wie sie vorhanden ist, aufzuzeigen, das ist (so scheint es) alles, was ein einzelner Lehrer tun kann, der in solcher Weise handelt. *Ein größeres Ausmaß dieser Übereinstimmung herbeizuführen kommt alleine demjenigen zu, der zu diesem Zweck mit der Regierungsgewalt ausgestattet wurde*".)

Die Zielsetzungen der privaten und der öffentlichen Ethik sind letztlich also die gleichen. Sie entsprechen der Zielsetzung der Ethik im allgemeinen, nämlich den gesellschaftlichen Nutzen zu mehren. (Vgl. *IPML* XVII.8.)

Insgesamt ergibt sich mit der Differenzierung der verschiedenen Zweige der Ethik durch Bentham eine Sichtweise, die an Smiths System der natürlichen Freiheit in der Ökonomie (s.o. II.8.1) erinnert. Während der Staat dem Gemeinwohl bzw. dem Utilitätsprinzip verpflichtet ist und in diesem Sinne für die Rahmenbedingungen individuellen Handelns zu sorgen hat, wird der moralische Auftrag des einzelnen darauf reduziert, seine eigenen Interessen zu verfolgen, und zwar in einer Freiheit, die ihre Grenze nur an den staatlich gesetzten Bedingungen hat. De facto schränkt Bentham also den ursprünglichen moralischen Anspruch des Utilitätsprinzips als Leitmotiv *individuellen* Handelns stark ein. Individuelle Ethik wird vielmehr gleichsam zu einer Art von 'Lebenskunst', wie dies auch in dem bereits

zitierten Begriff der „Kunst der Selbst-Regierung (art of self-government)"
(*IPML* XVII.3) anklingt. Die individuelle Vernunft, die von Bentham im
Zusammenhang mit dem Utilitätsprinzip hervorgehoben wird (*IPML* I.1
dt. 55/6), ist nicht wie etwa bei KANT eine autonome, die unabhängig von
den Freud-Leid-Motivationen des Menschen einen moralischen Handlungsimperativ formuliert. Vielmehr wird sie selbst im Hinblick auf die Zielsetzungen dieser Freud-Leid-Motivationen instrumentalisiert.[86]
    Der wesentliche Grund für dieses Verständnis von Ethik dürfte darin zu
suchen sein, daß Bentham in seinem Werk stets das Ziel vor Augen hat, der
Politik nicht nur theoretische Überlegungen, sondern auch praktische
Richtlinien an die Hand zu geben. Dabei muß notwendigerweise berücksichtigt werden, wie sich menschliches Verhalten in der Regel darstellt.
Und hier gelten für Bentham, von wenigen Ausnahmen abgesehen (s.o.
III.3.1.3), die vorgenannten Überlegungen. In diesem Sinne kann individuelles Handeln gemäß dem Utilitätsprinzip Bentham zufolge fast immer nur
durch den eigenen Nutzen bzw. durch von außen kommende Sanktionen
motiviert werden. Der „öffentlichen Sanktion" im allgemeinen und der
„moralischen Sanktion" im speziellen (s.o. III.3.1.2; vgl. *D* 197) kommt dabei die gleiche Rolle zu wie den „allgemeinen Regeln der Ethik" bei Smith
(s.o. II.4.4). Smith vertritt zwar auch die Auffassung, daß die Masse der
Menschen weder zu einem moralischem Urteilen im Sinne des unparteiischen Zuschauers geneigt noch dafür geeignet ist, und er zieht für sein
System die entsprechenden Konsequenzen daraus. Die Befolgung der allgemeinen Regeln der Ethik und das Betreten des Pfades der Tugendhaftigkeit können bei Smith immer auch aus ganz eigennützigen Motiven heraus
geschehen. Aber dessenungeachtet gilt Smith zufolge der Anspruch, moralisch im Sinne des unparteiischen Zuschauers zu urteilen – und entsprechend zu handeln –, für alle Menschen weiter (s.o. II.4.5).

---

[86] Auch DINWIDDY (1990: 29; Herv. dort) vertritt die Auffassung, daß sich das Utilitätsprinzip als Handlungsanweisung vor allem an den Staat, weniger aber an den
einzelnen richtet: „the priciple of utility was not intended to be a principle by which
ordinary individuals would be expected to regulate their moral conduct. It was
intended ... to be a precept addressed to legislators and others in positions of public
trust. ... If, however, one considered matters from the standpoint of the individual, it
made no sense to say that he *ought* to seek anything other than he was psychologically
bound to seek. ... it was pointless to tell someone that he had a *duty* to do something
unless it could be shown to be, or made to be, his *interest* to do it."
Zu den verschiedenen Zweigen der Ethik und insbesondere der praktischen Ethik vgl.
auch die kontroverse Diskussion bei LYONS (1991: 12/8, 29/31, 50/82); HARRISON
(1983: 122, 263/77); DINWIDDY (1982); vgl. auch BAUMGARDT (1952: 425/9,
499/504); HALEVY (1952: 15/7).

Aus dem Verständnis der Ethik und ihrer verschiedenen Zweige ergibt sich das Verständnis von der Pflicht und von der Tugend. Diese Begriffe sollen im folgenden Abschnitt diskutiert werden.

Benthams Auftrag an den Staat, die schon bestehende Harmonie der individuellen Interessen zu stärken und auszubauen, und die damit verbundenen Probleme werden an späterer Stelle ausführlicher diskutiert (s.u. III.6.1/2).

4.3 Pflicht, Interesse und Tugend

Im Zusammenhang mit Benthams allgemeinen Ausführungen über die private Ethik (s.o. III.4.2) stehen die Begriffe der „Pflicht (duty)" und der „Tugend (virtue)". Auch bei ihrer Bestimmung ist der Gedanke einer teils bereits bestehenden, teils durch den Staat zu schaffenden Harmonie der Interessen der Gesellschaftsglieder entscheidend.

Der Begriff der „Pflicht (duty)" ist ohne den Bezug zu Freude und Leid nicht zu verstehen. Er erscheint als eine der vielen fiktiven Entitäten (*TSA* 89). Von „Pflicht" zu reden heißt letztlich also, von Nutzenstiftung zu reden[87]. Wo es nur um die Realisierung eigener Interessen geht, spricht Bentham von der „Pflicht sich selbst gegenüber (duty to himself)" (*IPML* XVII.6). Sind hingegen auch Interessen anderer Personen betroffen, spricht Bentham von der „Pflicht anderen gegenüber (duty to others)" bzw. der „Pflicht gegenüber dem Nächsten (duty to his neighbour)" (*IPML* XVII.6). Diese Aufteilung entspricht dem diskutierten Verhältnis der „self-regarding" und „extra-regarding branch of deontology" bzw. von „self-regarding interest" und „extra-regarding interest" (s.o. III.4.2, III.3.1.3).

Im Hinblick auf die im nachfolgenden darzulegende Verbindung von Pflicht und Interesse ist von entscheidender Bedeutung, daß Bentham den Begriff der Pflicht bzw. der „Verpflichtung (obligation)" nicht nur durch Freude und Leid im allgemeinen, sondern darüber hinaus durch die bereits diskutierten (s.o. III.3.1.2) verschiedenen Sanktionen im speziellen bestimmt (vgl. *FG* V.6 Anm. S. 494/7; *Logic*: B VIII 247). Da die Sanktionen definitionsgemäß Quellen von Freude und Leid darstellen, berührt die Befolgung der Pflicht und die Vermeidung der Sanktionsstrafen dann zwangsläufig das Interesse des einzelnen.

Zur Pflicht gehören bei Bentham die „Tugend (virtue)" (*D* 154) bzw. deren Gegenteil, das „Laster (vice)" (*D* 159). Beide Begriffe werden als „fictitious entities" ähnlich wie der Begriff der Pflicht und die Begriffe von

---

[87] Vgl. auch SCHRADER (1992: 286/7).

gut und böse bzw. richtig und falsch auf „pleasure" und „pain" zurückgeführt (*TSA* 89, 98/9; *D* 122, 159; *AULV* 305):

> „conduciveness to happiness is the test of virtue" (*D* 180; vgl. ebd. 125/6).
> („dem Glück dienlich zu sein, das ist das Kriterium für die Tugend".)

Unter Tugend und tugendhafter Handlung versteht Bentham jedoch nicht nur ein Verhalten, das zur Freudenmehrung und Leidminderung führt. Hier geht es vielmehr um ein bewußtes Zurückstellen bestimmter Eigeninteressen zugunsten von anderen Eigeninteressen oder von Interessen anderer Personen, das auch mit dem Begriff des „Opfers (sacrifice)" beschrieben werden kann (*D* 154/5; vgl. auch oben III.4.2). So ist das Verschenken von Brot an einen Hungernden tugendhaft – im Unterschied zu dem Tausch von Brot gegen Geld aus einem unmittelbaren Interesse des Bäckers und des Konsumenten heraus (vgl. *D* 179).

Als die zwei Haupttugenden sieht Bentham die auf das eigene Glück bezogene „Klugheit (prudence)" und das auf das Glück anderer gerichtete „Wohlwollen (benevolence)" (*D* 178/9; vgl. ebd. 128) bzw. die aus ihr resultierende „Wohltätigkeit (beneficence)" an (*IPML* XVII.6; vgl. *D* 278). Um „Redlichkeit (probity)" handelt es sich, wenn auf eine Handlung verzichtet wird, die für einen Mitmenschen einen Nutzenverlust begründen würde (*IPML* XVII.6; vgl. *D* 260).

Die Tugend der Klugheit wird, ebenso wie oben der Begriff der Pflicht, in die „selbst-betreffende Klugheit (self-regarding prudence)" (*D* 257) und die „andere-betreffende Klugheit (extra-regarding prudence)" (*D* 278) unterteilt. Konkrete Beispiele für die genannten Arten der Klugheit werden im nachfolgenden Exkurs aufgeführt. Es handelt sich dort um Empfehlungen Benthams, die dieser an seine Leser gleichsam als einer der im vorhergehenden Abschnitt (III.4.2) genannten „practical moralists" erteilt.

Gibt es auch eine Wohltätigkeit, die durch die andere-betreffende Klugheit motiviert ist (*D* 182/3), so unterscheidet Bentham hiervon diejenige, die in „Wohlwollen (benevolence)" gründet (*D* 184). Nur diese ist *als solche* eine Tugend. Bei diesem Verhalten, das nicht auf den eigenen Nutzen, sondern auf denjenigen der Mitmenschen abzielt, handelt es sich letztlich aber nur um eine gesellschaftliche Randerscheinung (*D* 185).

Der Begriff der Wohltätigkeit impliziert für Bentham, daß der Wohltäter dem Empfänger jene Freuden bereitet, die dieser selbst auch zu erhalten wünscht:

> „If you serve him *as you think*, or say in a way which is yours and not his, the value, if any, of the service may by an indefinite amount be thus reduced. If the notion of serving a man not in the way in which he wishes to be served but in the way in which he ought to be served or the way in

which it is best for him to be served be carried to a certain length, this is tyranny not beneficence" (*D* 279; Herv. O.H.).

(„Wenn du ihm dienst, *wie du meinst*, oder sagen wir in einer Weise, die deine und nicht seine ist, ist der Wert des Dienstes, sofern es überhaupt einen gibt, in unabschätzbarem Maße reduziert. Wenn die Absicht, einem Menschen zu dienen, nicht, wie er es wünscht, sondern so, wie ihm gedient werden sollte oder es für ihn am besten wäre, über eine längere Zeit hinweg verfolgt wird, dann ist dies Tyrannei und nicht Wohltat".)

Von den Tugenden der Klugheit und der wohlwollenden Wohltätigkeit leiten sich nach Bentham alle anderen Tugenden ab. (*D* 122, 180, 190) Dies gilt beispielsweise für die Tugend der Gerechtigkeit („justice"; *D* 127). Bentham spricht hierbei auch von der Unterscheidung von „Primär-" und „Sekundärtugenden" („primary virtues", „secondary virtues"; *D* 211; vgl. ebd. 219).

Von zentraler Bedeutung für das Benthamsche Verständnis von Pflicht und Tugend ist die von ihm behauptete enge Verbindung zwischen der „Pflicht sich selbst gegenüber" bzw. dem Eigeninteresse einerseits und der „Pflicht anderen gegenüber" bzw. dem Wohlwollen andererseits. Im Hintergrund stehen dabei sowohl die Überlegungen des vorhergehenden Abschnitts (III.4.2) mit den Hinweisen auf die Verbindung zwischen dem Eigeninteresse und dem Interesse der anderen als auch die obige Definition der Pflicht durch die verschiedenen Sanktionen. Bentham schreibt im Zusammenhang mit der Rede von den zwei genannten Pflichten, daß der Beitrag zum Glück anderer in erster Linie durch die *eigenen* Interessen motiviert werden muß:

> „What motives ... can one man have to consult the happiness of another? ... In answer to this, it cannot but be admitted, that the only interests which a man at all times and upon all occasions is sure to find *adequate* motives for consulting, are his own." (*IPML* XVII.7; Herv. dort; vgl. *D* 147/8 Anm.)
> („Welche Motive ... kann jemand haben, das Glück anderer zu berücksichtigen? ... Um darauf zu antworten: Es kann nur gelten, daß die einzigen Interessen, die ein Mensch zu allen Zeiten und bei allen Gelegenheiten sicher als *adäquate* Motive zur Berücksichtigung finden kann, seine eigenen sind.")

Es geht hier um die sozialen oder halb-sozialen Motive bzw. Interessen, die an früherer Stelle (s.o. III.3.1.2/3) bereits erörtert wurden. Die egoistischen Antriebe des Menschen sind in Benthams Augen so stark, daß es keinen Sinn macht, von einer „Pflicht anderen gegenüber" zu reden, die den eigenen Nutzen außer Betracht läßt:

„it never is, to any practical purpose, a man's duty to do that which it is his
interest not to do" (*D* 121).
(„praktisch gesehen ist es niemals die Pflicht eines Menschen, das zu tun,
was zu tun nicht sein Interesse ist".)

Daß die Wohltat anderen gegenüber vielfach dem eigenen Interesse entspringt oder diesem – wie sich bei sorgfältiger Überlegung zeigt – dient, ergibt sich im Zusammenhang mit der moralischen, öffentlichen und sympathetischen Sanktion sowie der Hoffnung auf Vergeltung: Die Wohltat läßt
kurz- oder auch erst längerfristige Vorteile bzw. positive Nutzeneffekte
erwarten, so daß insgesamt ein Zuwachs an Nettonutzen erzielt werden
kann. Zu diesem Nutzen zählt auch eine gewisse Selbstzufriedenheit, die
aus der Belohnung durch die sympathetische Sanktion resultiert (‚the
stronger the habit the more intense the feeling of self-complacency"; *D*
183). (*D* 182/3)

Auch die scheinbar selbstlose Tugend der Wohltätigkeit stiftet dem
Handelnden einen Nutzen. Bentham wird nicht müde, davon zu sprechen,
daß durch wohltätiges Verhalten gleichsam Samenkörner gepflanzt werden,
die irgendwann wachsen und eine nützliche Frucht bringen werden (*D*
185).

> „By every act of *virtuous beneficence* which a man exercises, he contributes
> to a sort of fund – a sort of Saving Bank – a sort of fund of general Good-
> will, out of which services of all sorts may be looked for as about to flow
> on occasion out of other hands into his" (*D* 184; Herv. O.H.; vgl. ebd. 186).
> („Mit jeder Handlung *tugendhafter Wohltat*, die ein Mensch vollbringt,
> leistet er einen Beitrag zu einer Art Fonds – einer Art Sparkasse – einer Art
> Fonds des Good-will, von dem erhofft werden kann, daß bei Gelegenheit
> Dienste aller Art aus anderen Händen in seine fließen".)

Hier klingt wieder der Akzent einer ökonomisch-rationalen Ethik an.

Insgesamt stellen Interesse und Pflicht für Bentham nicht zwei gegensätzliche Handlungsantriebe dar, sondern sie gehören zusammen[88]. Es ist
somit konsequent, daß Bentham zu Beginn der *Deontology* davon spricht,
daß sich Pflichterfüllung und Verfolgung der eigenen Interessen nicht
gegenseitig ausschließen – entgegen der, seiner Schilderung nach, damals
vorherrschenden Meinung, der Mensch müsse zugunsten der Pflichterfüllung seine eigenen Interessen zurückstellen. Vielmehr wirken Interesse und
Pflicht gleichgerichtet:

> „But when both interest and duty are considered in their broadest sense, it
> will be seen that in the general tenor of life the act of sacrifice [of interest to

---

[88] Vgl. auch HOFFMANN (1910: 40).

duty; O.H.] is neither possible nor so much as desirable; ... and that if it were to have place, the sum total of the happiness of mankind would not be augmented by it." (*D* 121; vgl. ebd. 121/2, 174.)

(„Aber wenn Interesse und Pflicht in ihrem weitesten Sinne bedacht werden, wird sich zeigen, daß im generellen Tenor des Lebens die Tat des Opfers [der Interessen zugunsten der Pflicht; O.H.] nicht möglich, ja nicht einmal wünschenswert ist; ... und daß, sollte sie erfolgen, die Summe des Glücks der Menschheit dadurch nicht vergrößert würde.")

Wenn aber Interesse und Pflicht des Menschen zusammenfallen, dann ist es in der Tat einfach, die Regeln der Moral zu beachten, wie dies bereits im Untertitel der *Deontology* zum Ausdruck kommt:

„Deontology: or Morality made easy: Shewing how Throughout the whole course of every person's life Duty coincides with interest rightly understood" (*D* 119).

(„Deontologie oder: Moral leicht gemacht: Aufweis, wie im Verlauf des Lebens jedes Menschen die Pflicht mit dem rechtverstandenen Interesse zusammentrifft".)

Alternativ formulierte Bentham zuvor den Untertitel

„Morality made easy: or The natural connection between Self-regarding Prudence and Effective Benevolence" (*D* 119).

(„Moral leicht gemacht oder: Die natürliche Verbindung zwischen selbst-betreffender Klugheit und effektivem Wohlwollen".)

Exkurs 3: Bentham als „practical moralist"

Der zweite Hauptteil der *Deontology* trägt die Überschrift „Deontology: Practical" (*D* 249). Bentham empfiehlt hier seinen Lesern im Sinne der selbst-betreffenden und andere-betreffenden Zweige der privaten Ethik (s.o. III.4.2) einige konkrete Verhaltensweisen, die dazu beitragen sollen, das persönliche und gesellschaftliche Glück zu vergrößern. Es sind Verhaltensweisen der „Klugheit (prudence) „ (*D* 249)[89].

Im Bereich des Verhaltens, das alleine das Eigeninteresse betrifft („self-regarding prudence"), empfiehlt Bentham dem Menschen, Herr über seine Gedanken zu werden. Unerfreuliche Gedanken, die Leid verursachen, sind aus dem Kopf zu vertreiben. Statt dessen soll sich der Mensch mit erfreulichen Ideen beschäftigen. (*D* 257/9)

---

[89] Hier liegen Parallelen zum Verständnis der Klugheit bei EPIKUR vor (vgl. *TMS* VII.ii.2.9 dt. 495).

Im Hinblick auf das Verhalten, von dem auch Mitmenschen betroffen sind („extra-regarding prudence"), unterscheidet Bentham eine „negative" (*D* 260) und eine „positive Klugheit" (*D* 278). Erstere impliziert, daß den Mitmenschen kein unnötiges Leid, letztere, daß ihnen Freude zugefügt wird.

Hinsichtlich der negativen andere-betreffenden Klugheit rät Bentham insbesondere zur Beachtung höflicher Umgangsformen (*D* 260/78)[90].

In bezug auf die positive andere betreffende Klugheit empfiehlt Bentham:

> „Whenever you have nothing else to do, in other words whenever you have no particular object in view of pleasure or profit, of immediate or remote good, set yourself to do good, in some shape or other, to sensitive beings rational or irrational, assignable or unassignable. In so doing, and in proportion as you do so, you will be producing a stock of sympathy and good reputation, laid up in the breasts of others, ready upon occasion to be brought into action *for your advantage*." (*D* 278; Herv. O.H.)

> („Wann immer du sonst nichts zu tun hast, mit anderen Worten: wenn du kein besonderes Objekt von Freude oder Gewinn, von einem unmittelbaren oder mittelbaren Gut im Blick hast, bringe dich selbst dazu, gegenüber fühlenden rationalen oder irrationalen, bestimmbaren oder unbestimmbaren Wesen in der ein oder anderen Form Gutes zu tun. Indem du das tust, und in dem Ausmaß wie du es tust, wirst du einen Bestand von Sympathie und gutem Ruf produzieren, der in den Herzen von anderen angelegt wird und der bereit steht, bei Gelegenheit *zu deinem Vorteil* in Aktion gebracht zu werden.")

Die Wohltat anderen gegenüber bekommt hier einen Akzent des Ökonomischen, ist doch die Parallele zwischen einem „capital stock" und dem genannten „stock of sympathy and good reputation" offensichtlich. In ähnlicher Weise schreibt Bentham in einem privaten Brief:

> „Create all the happiness you are able to create; remove all the misery you are able to remove. Every day will allow you, – will invite you to add

---

[90] Unter der Überschrift „gute Kinderstube (good breeding)" (*D* 275) empfiehlt Bentham die Vermeidung der unnötigen Verbreitung verschiedener körperlicher Gerüche („Solid, liquid or gaseous, the contents of one man's stomach are not agreeable to the sense of smell in another."; *D* 276). Auch bei Gesprächen wird die Rücksichtnahme auf den Mitmenschen angemahnt. Beispielsweise rät Bentham von der ständigen Unterbrechung des Gesprächspartners ab. Hier wird zugleich die Verbindung zwischen dem eigenen Interesse und demjenigen des Gesprächspartners deutlich. Dieser wird durch die Unterbrechungen geärgert, er erfährt also Leid. Zudem wird er infolge der Unterbrechungen möglicherweise darauf verzichten, weiterhin aktiv zum Gespräch beizutragen. Dadurch aber verliert das Gespräch auch für den Unterbrechenden einen Teil seines Nutzens. (*D* 274/6)

something to the pleasures of others, – or to diminish something of their pains. And for every grain of enjoyment you sow in the bosom of another, you shall find a harvest in your own bosom" (*UC* clxxiv.80, in: GOLDWORTH 1983: xix).

(„Erzeuge alles Glück, das du erzeugen kannst; beseitige alle Not, die du beseitigen kannst. Jeder Tag wird dir erlauben – wird dich einladen –, den Freuden anderer etwas hinzuzufügen – oder etwas von ihren Leiden zu mindern. Und für jedes Korn der Freude, das du im Herzen eines anderen säst, wirst du in deinem eigenen Herzen einen Ernteertrag finden".)

Die genannten Ratschläge verdeutlichen das im vorhergehenden Abschnitt (III.4.2) Erörterte: Die private Ethik dient bei Bentham der individuellen Nutzensteigerung.

4.4 Utilitätsprinzip und Interessenkonflikte

Bezüglich der Konflikte zwischen den Interessen der einzelnen Individuen innerhalb der Gesellschaft gilt im Zusammenhang mit den Erörterungen zum Utilitätsprinzip, daß diejenigen Handlungen durchzuführen sind, die den größten gesellschaftlichen Nettonutzen bedingen (s.o. III.4.1). In der Konsequenz bedeutet dies, daß einzelne Interessen zurückstehen müssen, wenn andere Interessen in größerem Maße gefördert werden können.

Neben dieser grundsätzlichen Aussage stellt sich jedoch die Frage, inwieweit Bentham konkrete Grenzen für die Verfolgung der eigenen Interessen bestimmt. Bei Smith bestehen diese Grenzen im Kriterium der Billigung der Handlungen durch den unparteiischen Zuschauer. Die Verfolgung der eigenen Interessen endet so an der Freiheit und den essentiellen Interessen der Mitmenschen. In diesem Sinne argumentiert Smith letztlich auf der Basis von Menschenrechten.

Bentham beschäftigt sich mit dieser Fragestellung im Zusammenhang mit dem Problem, das bei der Rede von dem Ziel des größten Glücks *der größten Zahl* besteht: Ist es erlaubt, daß eine Mehrheit der Gesellschaft eine Minderheit unterdrückt bzw. ihres ganzen Glücks beraubt? Er konstruiert hierzu den Fall einer 4001-köpfigen Gruppe, in der die Ausgangssituation durch vollkommene Gleichheit hinsichtlich des Besitzes von Glück gekennzeichnet ist. Die Mehrheit nimmt der Minderheit jegliches Glück und teilt es unter sich auf. Zusätzlich fügt die Mehrheit der Minderheit Leid zu, und zwar so viel, wie diese ertragen kann. Da der Mensch nach Bentham aber mehr Leid als Freude in sich aufnehmen kann, bleibt der Nettobestand an Glück in der Gesamtgesellschaft – bei geänderter Verteilung – nicht konstant, sondern er sinkt. (*AULV* 309/10)

„Were it otherwise, note now the practical application that would be to be made of it in the British Isles. In Great Britain, take the whole body of the Roman Catholics, make slaves of them and divide them in any proportion, them and their progeny, among the whole body of the Protestants. In Ireland, take the whole body of the Protestants and divide them in like manner among the whole body of the Roman Catholics." (*AULV* 310)

(„Wäre es anders, beachte die praktische Anwendung, die daraus für die Britischen Inseln folgen würde. Nimm in Großbritannien die ganze Gruppe der Katholiken, mache sie zu Sklaven, und verteile sie und ihre Nachkommenschaft in irgendeinem Verhältnis auf die ganze Gruppe der Protestanten auf. Nimm in Irland die ganze Gruppe der Protestanten, und verteile sie in gleicher Weise auf die ganze Gruppe der Katholiken.")

Daß die Briten unterschiedlicher Konfessionen sich aber nicht gegenseitig versklaven, ist für Bentham offensichtlich der Beweis für die Gültigkeit seiner zuvor beschriebenen These.

Bentham sieht also durchaus, daß es bestimmte Grundrechte des Menschen gibt, die nicht einfach verletzt werden dürfen. Tatsächlich kann er sie in seinem System jedoch nur dadurch garantieren, daß er aufzuweisen versucht, daß ihre Verletzung einen gesellschaftlichen Nutzenverlust bedingen würde. Das von ihm gewählte Zahlenbeispiel oder das Beispiel von der Versklavung der Protestanten bzw. Katholiken mag hierbei durchaus überzeugen.

Dennoch bleiben einige Punkte unklar. Erstens scheint das gesamtgesellschaftliche Glück nach Bentham auch dann zu sinken, wenn die Mehrheit der Minderheit zwar ihr Glück wegnimmt, dieser jedoch nicht explizit Leid zufügt. Das durch die Wegnahme der Glück entstandene „Vakuum (vacuum)" (*AULV* 310) auf der Seite des individuellen 'Glückskontos' scheint sich in gewisser Weise auch von selbst mit Leid zu füllen. Warum dies so sein soll, erklärt Bentham jedoch nicht. Zweitens wird nicht deutlich, wieso der Mensch grundsätzlich mehr Leid als Freude aufnehmen können soll[91]. Drittens stellt sich die Frage, warum Bentham nicht auf die gängige Praxis der Sklavenhaltung eingeht – mit der Smith sich beispielsweise beschäftigt –, sondern ein Beispiel wählt, dem in der Praxis wahrscheinlich jeder zustimmen wird, da auch er in der Regel selbst in irgendeiner Hinsicht einer Minderheit angehört.

Benthams Gedankengang kann im wesentlichen nur im Zusammenhang mit seiner These des abnehmenden Grenznutzens (s.o. III.3.1.4) verstanden

---

[91] Vgl. die Auffassung EPIKURS (nach Smith: *TMS* VII.ii.2.7 dt. 494), daß Gefühle der Unlust vom Menschen grundsätzlich stärker empfunden werden als Gefühle der Lust.

werden[92]. Demnach kann der Wertverlust, der durch die Wegnahme existentiellen Glücks auf seiten eines Individuums entsteht, gesamtgesellschaftlich nicht dadurch ausgeglichen werden, daß dieses Glück einem anderen, der bereits glücklich ist, zugeschlagen wird. Einem hohen Grenznutzenverlust einerseits steht hier ein niedriger Grenznutzengewinn andererseits gegenüber. (Vgl. *PF*: B III 228/9: S I 113/4.)

Benthams Ansatz wird hinsichtlich der Geltung von *Menschenrechten* dann problematisch, wenn Nutzenberechnungen durchgeführt werden können, die es als sinnvoll erscheinen lassen, daß bestimmte Individuen im Interesse diverser Gruppen ihrer existentiellen Rechte beraubt werden. Es scheint mir nicht unmöglich zu sein, solche Rechnungen zu konstruieren. Das Problem der Gewährleistung von Menschenrechten kann Bentham aus heutiger Sicht demnach nicht lösen. Er will es aber explizit auch nicht. Menschenrechte sind für ihn nichts anderes als fiktive Entitäten (vgl. oben IV.2.2), wie er im Hinblick auf Forderungen der Französischen Revolution formuliert:

> „*Natural rights* is simple nonsense: natural and imprescriptible rights, rhetorical nonsense, – nonsense upon stilts." (*Anarchical Fallacies*: B II 501; Herv. dort.)
>
> („*Naturrechte* ist reiner Unsinn; natürliche und unveräußerliche Rechte, rhetorischer Unsinn – gestelzter Unsinn.")

Es gibt für Bentham keine Menschenrechte, die über der dem größten gesellschaftlichen Nutzen verpflichteten staatlichen Gesetzgebung stehen. „For Bentham, the only rights that could be said to exist were dependent on law and government: a natural right was a contradiction in terms." (DINWIDDY 1990: 78)[93]

---

[92] Zu dem Gedanken des abnehmenden Grenznutzens bei Bentham vgl. auch HÖFFE (1992a: 44/6); STARBATTY (1985: 87/8).

[93] DINWIDDY (1990: 112) weist in diesem Zusammenhang darauf hin, daß die Kindestötung als solche für Bentham zulässig ist (*UC* lxxii.214). HART (1982: 98/9; Herv. dort) schreibt im Hinblick darauf, daß die Nutzen aller Individuen gleichgewichtig in die gesellschaftliche Nutzenberechnung eingehen: „But this egalitarian aspect of Bentham's utilitarianism though it serves to exclude irrelevant prejudices in the computation of the general welfare as the measure of right and wrong cannot serve as a foundation for individual rights. As many contemporary philosophers, hostile to utilitarianism, have been concerned to show, it in principle licenses the imposition of sacrifices on innocent individuals when this can be shown to advance net aggregate welfare. ... Individual persons and the *level* of an individual's happiness are for the utilitarian only of instrumental, not intrinsic importance. Persons are merely the 'receptacles' for the experiences which will encrease or diminish aggregate welfare. So

Darüber hinaus stellt Bentham die grundsätzliche Frage nach der Berechtigung der Interessen *aller* Lebewesen. Wenn Interessen auf Freude und Leid zurückgeführt werden, dann erscheinen Bentham zufolge prinzipiell die Interessen aller Lebewesen, nicht nur die der Menschen, als berechtigt. Demgegenüber wurden die Tiere nach Bentham vom Menschen zu „Dingen (things)" ohne Rechte degradiert. Er läßt offen, ob es nicht eines Tages geschehen könnte, daß, so wie das Sklaventum abgeschafft wurde bzw. zu seiner Zeit abgeschafft wird, auch den Tieren gleichsam existentielle Rechte zugesprochen werden könnten. Das Recht auf Leben wäre dann an die Fähigkeit, Lust und Unlust zu spüren, gekoppelt. (*IPML* XVII.4 und Anm.)

Der o.g. Gedanke des abnehmenden Grenznutzens führt schließlich zum Thema der *Verteilungsgerechtigkeit*, da eine gleichmäßige Verteilung unter der Annahme des abnehmenden Grenznutzens zum größtmöglichen gesellschaftlichen Glück führt (vgl. *CP*: B IV 541 Anm.: S III 442). Überlegungen der Verteilungsgerechtigkeit sind also das Resultat der Verbindung des Utilitätsprinzips mit der Grenznutzenthese (vgl. auch *Office* 16/7) und als solches dem Ziel des größtmöglichen gesellschaftlichen Glücks *nachgeordnet*. Wenn dieses Ziel auf alternativen Wegen erreicht werden kann, kommt das „happiness-numeration principle" (*PF*: B III 211) zum Tragen:

> „Rule: In case of collision and contest, happiness of each party equal, prefer the happiness of the greater to that of the lesser number." (*PF*: B III 211)
> („Regel: Ziehe im Fall des Konflikts und Widerstreits zwischen dem gleichgroßen Glück der jeweiligen Parteien das Glück der größeren Zahl gegenüber dem der geringeren Zahl vor.")

Im Widerspruch zu dieser Formulierung steht die in einem Manuskript (*UC* clxx.114, in: DINWIDDY 1990: 27) geäußerte Ansicht Benthams, daß zwei Handlungen, die zur gleichen gesellschaftlichen Nutzensteigerung

---

utilitarianism is 'no respecter of persons' in a sinister as well as a benign sense of that expression, and its egalitarian aspect provides no foundation of universal moral rights."
Zur Frage der Interessenkollisionen und der Problematik grundlegender Menschenrechte bei Bentham vgl. auch ausführlich HART (1982); GOLDWORTH (1969) und auch HÖFFE (1979: 151/2); DINWIDDY (1990: 76/9); HARRISON (1983: 237/9).
Die Feststellung BIRNBACHER/HOERSTERS (1993: 167), derzufolge „Bentham die Pflicht zum wohlverstandenen Eigeninteresse freilich nur für solche Fälle gelten [läßt; O.H.], in denen das Interesse keines anderen Menschen durch Verfolgung der eigenen Interessen erheblich verletzt wird", ist im Sinne des oben Dargelegten nicht zutreffend. Sofern nämlich der gesellschaftliche Nutzen bei dieser Gelegenheit gefördert wird, ist die Handlung zulässig.

führen, von denen im ersten Fall zehn, im zweiten Fall aber nur fünf Personen profitieren, als gleichwertig zu betrachten sind.

Insgesamt ergibt sich, daß die Zielsetzung des Benthamschen Utilitätsprinzips nicht im größten Glück *der größten Zahl* auf Kosten der Minderheit besteht, sondern im größtmöglichen gesellschaftlichen Nutzen als Summe aller individuellen Nutzen. Dabei kann es jedoch zu einer Verletzung fundamentaler Belange einzelner Gesellschaftsglieder kommen. Sie lassen sich bei Bentham eher rechtfertigen als bei Smith.

Die Thematik der Verteilungsgerechtigkeit wird an späterer Stelle im Zusammenhang mit der Bestimmung der staatlichen Aufgaben noch einmal aufgegriffen (s.u. III.6.2).

4.5 Die Ablehnung anderer Prinzipien der Ethik

Das utilitaristische Prinzip ist für Bentham das einzig gültige ethische Prinzip („the only trustworthy guide"; *TSA* 9; vgl. *IPML* I.1 dt. 55; I.11 dt. 58; II.1 dt. 61). Aus diesem Absolutheitsanspruch folgt, daß alle anderen ethischen Prinzipien, die sich vom Utilitätsprinzip unterscheiden, falsch sein müssen (*IPML* II.1 dt. 61; *AULV* 312). Dies gilt insbesondere für zwei Prinzipien: das dem Nützlichkeitsprinzip diametral entgegengesetzte „Prinzip der Askese (principle of asceticism") (*IPML* II.2 dt. 61; *AULV* 312) und das „Prinzip der Sympathie und Antipathie (principle of sympathy and antipathy)" (*IPML* II.2 dt. 61).

Da Bentham, wie bereits erörtert (s.o. III.2.1), keinerlei Sinn für Religiösität besitzt, kann er in dem Prinzip der Askese nichts anderes entdecken als ein Prinzip, in dem „Handlungen ... insoweit gebilligt [werden; O.H.], als sie dazu neigen, das Glück zu vermindern" („approving of actions in as far as they tend to diminish his happiness"; *IPML* II.3 dt. 62). Die Anhänger dieses Prinzips sieht er einerseits im Bereich der Religion – Bentham spricht in diesem Zusammenhang von „Aberglauben" („superstitious"; *IPML* II.7 dt. 63) – und andererseits im philosophischen Bereich – in der „Gruppe von Moralisten (set of moralists)" (*IPML* II.5 dt. 62), wobei er auf die Nennung von Namen verzichtet (*IPML* II.3/10 dt. 62/6). Das Askeseprinzip darf nach Bentham allenfalls Richtschnur individuellen Verhaltens sein, nicht jedoch auf nationaler oder internationaler Ebene gelten (*AULV* 318). Plakativ formuliert er:

> „Let but one tenth part of the inhabitants of this earth pursue it consistently, and in a day's time they will have turned it into a hell." (*IPML* II.10 dt. 66)

(„Wenn nur ein Zehntel der Erdenbewohner es konsequent verfolgt, so werden sie im Verlauf eines Tages die Erde in eine Hölle verwandelt haben.")

In dem Prinzip der Sympathie bzw. Antipathie sieht Bentham im Gegensatz zu demjenigen der Askese und der Nützlichkeit kein Prinzip im eigentlichen Sinne, sondern letztlich nur Willkür: „es ist weniger ein an sich positives Prinzip als ein Ausdruck, den man verwendet, um die Negation jeglichen Prinzips zu bezeichnen" („it is not a positive principle of itself, so much as a term employed to signify the negation of all principle"; *IPML* II.12 dt. 67). Im Gegensatz zum Utilitätsprinzip betrachtet er es als egoistisches Prinzip (*TSA* 56). Grundlage der Billigung sind persönliche Neigungen, Geschmäcker oder Launen (*IPML* II.11/6 dt. 66/72). Bentham bezeichnet es daher auch als „Prinzip der Laune (principle of caprice)" (*IPML* II.11 Anm. dt. 66; *AULV* 305) oder als „ipsedixit principle"[94] (*AULV* 305). Wenn der Begriff des „Sollens (ought)" im Sinne einer Handlungsanweisung bzw. -verpflichtung auf der Basis dieses Prinzips gebraucht wird, ist es Bentham zufolge besser, den Begriff aus dem ethischen Sprachgebrauch zu streichen (*D* 252/3; vgl. *IPML* I.10 dt. 58). Das Prinzip der Sympathie droht aufgrund der Irrationalität und Willkür zu einem Instrument der Tyrannei zu werden (*IPML* II.14 Anm. dt. 70; vgl. *D* 252/5).

Bentham sieht das Prinzip der Sympathie weit verbreitet, insbesondere auch im Staatswesen (*IPML* II.11 dt. 66). Seines Erachtens leiten sich die meisten Moralsysteme von diesem Prinzip ab, wobei er u.a. naturrechtliche und teleologische Argumentationsformen sowie die moral sense-Theorie nennt (*IPML* II.14 Anm. dt. 68/71)[95]. Insgesamt stellt Bentham bezüglich derjenigen Systeme, die auf dem Sympathieprinzip beruhen, fest:

„They consist all of them in so many contrivances for avoiding the obligation of appealing to any external standard, and for prevailing upon the reader to accept of the author's sentiment or opinion as a reason and that a sufficient one for itself. The phrases different, but the principle the same."
(*IPML* II.14 dt. 68)
(„Sie bestehen sämtlich aus unendlich vielen Kunstgriffen, um die Verpflichtung zu umgehen, sich auf einen äußeren Maßstab zu beziehen, und um den Leser dazu zu bringen, das Gefühl oder die Meinung des Autors als Grund, und zwar als für sich selbst genügenden Grund, anzuerkennen. Die Ausdrucksweisen sind verschieden, doch das Prinzip ist das gleiche.")

---

[94] Bentham betont hier den autoritären Charakter des Prinzips nach dem Motto 'Der Meister selbst hat gesprochen (ipse dixit), und daher ist das Gesagte zu befolgen'.

[95] Zum Verhältnis zwischen Bentham und der moral sense-Theorie im allgemeinen vgl. SCHRADER (1992).

Hinsichtlich der Bedeutung der Religion für den Bereich der Moral ist Bentham der Auffassung, daß sich das entsprechende „theologische Prinzip (theological principle)" entweder auf das Utilitätsprinzip oder auf das Sympathieprinzip zurückführen läßt und insofern überflüssig oder aber falsch ist (*IPML* II.18 dt. 72; *D* 166). Im Sinne der ersten Alternative behauptet Bentham (vgl. *IPML* X.40):

> „We may be perfectly sure, indeed, that whatever is right is conformable to the will of God" (*IPML* II.18 dt. 73).
>
> („Wir können in der Tat vollkommen sicher sein, daß alles, was richtig ist, mit dem Willen Gottes übereinstimmt".)

Aus religiöser Sicht ist ein solches Verständnis des Willens Gottes jedoch höchst problematisch, denn mit Benthams Argumentation würde das Menschliche zum Kriterium des Göttlichen – und dieses erwiese sich damit in der Tat als menschliche Fiktion. Bentham ist aus religiöser Perspektive vielmehr entgegenzuhalten: Wenn etwas der Wille Gottes ist, dann ist es deshalb richtig, und nicht umgekehrt.[96]

Im Sinne der o.g. zweiten Alternative, der Rückführung des theologischen Prinzips auf dasjenige der Sympathie, geht Bentham davon aus, daß Gottes Wort, wie es sich in den heiligen Schriften findet, für die jeweilige Gegenwart immer wieder neu interpretiert werden muß. Wenn hierbei die Interpretation vom alleingültigen Nützlichkeitsprinzip abweicht, muß sie zwangsläufig falsch sein. Sie stellt dann die persönliche Meinung des Interpreten dar und ist insofern willkürlich (*IPML* II.18 dt. 72).

4.6 Kritik und Vergleich mit Smith

Der Benthamsche Ethikentwurf wirft einige grundsätzliche Fragen auf. Die erste steht im Zusammenhang mit der Entwicklung des Utilitätsprinzips. Dieses Prinzip als ethische Norm einfach als evident zu bezeichnen, ist keine ausreichende Begründung. Auf der Grundlage empiristischer Methodik erscheint die Evidenz der These, daß der Mensch zwar einerseits durch seine *eigenen* Freuden und Leiden determiniert *ist*, andererseits aber in sei-

---

[96] Ebenfalls zurückzuweisen ist Benthams Verständnis des Christentums, wenn er behauptet, weltliche Freuden würden von Jesus nicht als wertvoll erachtet, im Christentum ginge es nur um zukünftige Freuden (*D* 166/71). Die hier vertretene Position läßt sich umfassend begründen. Dies kann und muß im Rahmen der vorliegenden Arbeit jedoch nicht unternommen werden. Benthams Sichtweise von einer primär freudlosen Religion wird vermutlich u.a. durch den Kontext einer im 18. Jh. vorherrschenden, rigiden kirchlichen Morallehre bedingt.

nem Handeln den Freuden und Leiden der *Mitmenschen* verpflichtet sein *soll*, fragwürdig. „Aus der Tatsache, daß alle Menschen etwas anstreben, folgt noch nicht, daß es gut ist. Man könnte nur sagen: Wenn niemand faktisch etwas anstreben kann als die eigene Lust, so sind alle ethischen Theorien leer, die uns etwas anderes als Handlungsziel vorstellen, weil es nicht in unserer Macht steht, solche anderen Ziele zu verfolgen. Aber auch der ethische egoistische Hedonismus ist dann leer, weil es sinnlos ist, jemand etwas vorzuschreiben, was er ohnehin tut und nicht unterlassen kann." (KUTSCHERA 1982: 86)

Smith entwickelt seinen moralischen Imperativ aus dem Gedanken des unparteiischen Zuschauers heraus. Dessen Urteilsfindung steht dabei im Horizont des Ganzen und ist demgemäß keinen partikulären Interessen verpflichtet. Die Öffnung eines religiösen Horizontes macht den Gedanken einer solchen Universalität besonders deutlich. Wer als „Mitarbeiter der Gottheit" erscheint, stellt die Frage ethischen Handelns immer in den Horizont der Frage, was allgemein in der Welt gelten soll. Bei KANT wird das Moralprinzip aus dem Gedanken der reinen Vernunft entwickelt. Auch hier geht es um die universale Perspektive. Bei Bentham findet sich hingegen keine Argumentation im Sinne solcher Begründungen. Er mag solche Vorstellungen voraussetzen, er nennt sie aber nicht. Die individuelle Vernunft erscheint bei Bentham nicht wie bei KANT als autonom und Normen setzend, sondern als Instrument zum Erreichen des größtmöglichen eigenen Nutzens[97].

Eine zweite zentrale Schwierigkeit besteht im Konstrukt des gesellschaftlichen Nutzenkalküls. Bentham erhebt zwar den Anspruch, eine quasi naturwissenschaftliche Ethik zu entwickeln, die auf der Erfahrung aufbaut. Gerade diese alltägliche Erfahrung aber läßt das Benthamsche Nutzenkonzept als fragwürdig erscheinen. Wenn nicht schon die Vorstellung, jeder Mensch könne allen möglichen Gütern, Handlungen, Zuständen etc. einen exakten Nutzenwert zuweisen, realitätsfremd erscheint, dann zumindest der Gedanke, daß auch das Verhältnis zukünftiger zu gegenwärtigen Nutzen genau bestimmt werden kann, und erst recht die Vorstellung einer interpersonellen Vergleichbarkeit der individuellen Nutzen. Es ist Bentham anzurechnen, daß er durchaus eingesteht, daß in dieser dreifachen Hinsicht Schwierigkeiten bestehen. Konsequenterweise müßte er jedoch sein Projekt einer exakten Ethik fallenlassen. Die Benthamsche Ethik ist weit davon

---

[97] Vgl. auch HÖFFE (1979: 130). – Zu einem Überblick zur Ethik KANTS siehe z.B. ANZENBACHER (1992: 43/80).

entfernt, beispielsweise mit der Genauigkeit der Physik verglichen werden zu können.

Der beschriebene Gedanke der Nutzenkalkulation widerspricht nicht nur – zumindest in ihrem Absolutheitsanspruch – menschlicher Alltagserfahrung, Bentham kann letztlich auch nicht erklären, wie sie vonstatten gehen soll. Eine Figur, ähnlich dem unparteiischen wohlinformierten Zuschauer Smiths, wird notwendigerweise vorausgesetzt, doch diese Voraussetzung wird nicht benannt. Ohne einen solchen Zuschauer oder ähnliches Konstrukt ist nicht erklärbar, auf welche Weise die Nutzen verschiedener Individuen miteinander verglichen werden könnten. Schließlich wird bei Bentham auch nicht deutlich, wie der Gedanke, daß der Nutzen von Tieren auch in das Utilitätskalkül einfließen könnte, umzusetzen wäre. Wie wäre das Verhältnis des Nutzens von Menschen zu dem von Tieren im Konfliktfall zu bestimmen?

Mit der Verlagerung des Utilitätsprinzips als verpflichtende Handlungsmaxime auf den staatlichen Bereich und mit den Ausführungen zur „privaten Ethik" wird schließlich der einzelne bei Bentham letztendlich moralisch 'entpflichtet'[98]. Die Annahme, daß eine Harmonie der verschiedenen in einer Gesellschaft herrschenden Interessen teils natürlich gegeben, teils künstlich herbeizuführen ist, reduziert den einzelnen in dessen Handeln auf die Verfolgung seiner eigenen Interessen bei Berücksichtigung geltender Gesetze, wobei diese ja auch wieder in seinem Interesse liegt. Die Parallele zum individuellen Handeln im Smithschen (Wirtschafts-) System der natürlichen Freiheit ist offensichtlich. Die von Bentham vertretene individuelle Ethik ist im Smithschen Sinne letztlich nicht mehr als die Kapitulation vor der menschlichen Schwäche hinsichtlich moralischen Denkens und Handelns. Während für Smith moralische Urteile letztlich nur hinsichtlich der Motivationen menschlichen Denkens und Handelns berechtigt sind, beobachtet er bei der Masse der Menschen ein folgenorientiertes ethisches Urteilen. Er bedauert dies ausdrücklich, akzeptiert es aber schließlich und integriert es in sein gesellschaftliches System der natürlichen Freiheit. Für Bentham stellt hingegen genau diese folgenorientierte Ethik die einzig berechtigte Ethik dar, auf der alle Elemente des gesellschaftlichen Systems beruhen.

Auf den ersten Blick gibt es zwar einige Gemeinsamkeiten zwischen der Ethik Benthams und derjenigen Smiths wie die Rede von Pflicht und Tugend, von der Aufopferung der Interessen, von der Berücksichtigung der

---

[98] Vgl. auch HOFFMANN (1910: 40): „Der Idee der Pflicht nimmt Bentham ... jede Bedeutung."

Interessen der Mitmenschen. Auch die Auffassung, daß es eine moralische Überforderung für den Menschen darstellen würde, bezüglich jedweder Handlung eine umfangreiche Gewissensentscheidung treffen zu müssen[99], ist beiden Autoren gemeinsam. Diese Gemeinsamkeiten dürfen aber nicht über die deutlichen Diskrepanzen hinwegtäuschen, die zwischen den Ethikentwürfen Smiths und Benthams bestehen. So ist der Benthamsche Pflichtbegriff letztlich ein ganz anderer als derjenige Smiths (s.o. II.4.6, II.8.2). Der Benthamschen Sicht von der Tugend allein als Mittel zum Zweck kann Smith ebenfalls nicht zustimmen. Während für Bentham ein Verhalten insbesondere aufgrund seiner Nützlichkeit tugendhaft *ist*, vertritt Smith u.a. die Auffassung, daß ein Verhalten nützlich sein *kann*, weil es tugendhaft ist – eine Sichtweise, die Bentham ablehnt (*AULV* 301). Deutlich werden die Unterschiede in den beiden Ethiken auch in der Verwendung des genannten „Opfer"-Begriffs: Während in der Smithschen Sichtweise der Tugendhafte bereit ist, *sein* Interesse dem größeren Interesse *anderer* oder dem höheren Interesse übergeordneter sozialer Ebenen zu opfern (s.o. II.3.3.5), verwendet Bentham den gleichen Begriff auch im Hinblick auf die Zurückstellung *eigener* gegenwärtiger Interessen zugunsten *eigener* zukünftiger Interessen. Dies ist zwar eine kluge Haltung und insofern tugendhaft, hat aber mit dem tatsächlichen Verzicht eigenen Nutzens zugunsten des Nutzens anderer nicht viel gemein.

Smith selbst weist in seiner Auseinandersetzung mit der Ethik EPIKURS die Grundzüge einer utilitaristischen Ethik zurück. Er sieht in ihr lediglich ein praktikables Mittel, die Individuen zu einem Handeln zum Nutzen der Gemeinschaft zu bringen. Diese Beurteilung bestätigt sich im Benthamschen Entwurf, und insofern ist er für die praktische Politik von nicht unerheblicher Relevanz. Die Kunst der Politik besteht m.E. nämlich in der Tat u.a. darin, die geeigneten Instrumente dafür zu suchen, wie das Gemeinwohl am ehesten gefördert wird. Die utilitaristische Ethik eignet sich als Instrument, Individuen, die durch die Suche nach ihrem eigenen Nutzen bestimmt sind, dazu zu bewegen, so zu handeln, daß die gesellschaftliche Nutzensumme steigt.

Benthams Auffassung, daß die Verfolgung des Eigeninteresses letztendlich dem Gemeinwohl dient, wird in seinen Erörterungen zum ökonomischen Geschehen – ähnlich wie bei Smith – konkret erfahrbar (s.u. III.5.2/3). Insofern wird das eigennützige Verhalten moralisch legitimiert. Dies gilt auch für den Bereich des Staates, dessen Aufgabe in der Schaffung

---

[99] Mit dieser Feststellung begründet Smith u.a. die Notwendigkeit der allgemeinen Regeln der Sittlichkeit (s.o. II.4.4).

eines umfassenden Systems von Sanktionen besteht, das zur Synthese von Eigen- und Gesellschaftsinteresse führen soll (s.u. III.6.1/2). Ohne die Ausführungen zur Ökonomie und zum Staat bleibt die Benthamsche Ethik unzureichend. Sie kann nicht ausreichend plausibel machen, wie das eigennützige Verhalten einen Beitrag zum Nutzen der anderen Mitglieder der Gesellschaft und der Gesellschaft als ganzer leisten kann.

5. Die Ökonomie als Ausschnitt der Gesellschaft

5.1 Einleitung

Bentham widmet sich ähnlich wie Smith einer Fülle ökonomischer Themen. Die Bandbreite reicht von grundsätzlichen Überlegungen bis hin zu detaillierten, konkreten wirtschaftspolitischen Empfehlungen. Dabei zeigt sich eine große Affinität zu Smith. Dieser gilt Bentham als der „Vater der Politischen Ökonomie (father of political economy)" (*Reward*: B II 228). Sein Einfluß auf Bentham zeigt sich nicht nur in vielfachen Übereinstimmungen zwischen beiden Autoren, sondern auch in expliziten Bezügen Benthams auf Smith (z.B. *Of the Balance of Trade [BT]*: S III 235/8; *TA*: S III 86/9). „Well, the *Wealth of Nations* was Bentham's economic bible and he assimilated it until he thought in its terms and spoke in its tongue. ... There can be no doubt, ... that a most thorough study of Smith's illustrious treatise was the mainspring of all Bentham's economic knowledge" (STARK 1952: 14). Gleichwohl vertritt Bentham auch gegenüber Smith eigenständige Positionen, wie sich u.a. an der Frage gesetzlich vorgeschriebener Höchstzinssätze zeigt (s.u. III.5.3)[100].

In der Ökonomie sind Bentham zufolge gemäß seiner Theorie der Fiktionen (s.o. III.2.2) wesentliche Begriffe auf Freude und Leid bzw. Nutzen zurückzuführen. In diesem Sinne haben Güter einen „Wert" und begründen „Wohlstand":

> „The terms *wealth* and *value* explain each other. An article can only enter into the composition of a mass of wealth if it possesses some value. It is by the degrees of that value that wealth is measured. All value is founded on utility, on the use which can be made of the object." (*TA*: S III 83; Herv. dort.)

---

[100] Vgl. auch MOSSNER/ROSS (1987: 386), nach denen der in der *DU* diskutierte Widerspruch Benthams gegenüber Smith (s.u. III.5.3 Anm.) nichts daran ändert, daß „in general Bentham and his circle saw Smith as an ally".

(„Die Begriffe *Wohlstand* und *Wert* erklären sich gegenseitig. Ein Gegenstand kann nur, wenn er einen Wert besitzt, zum Bestandteil des Wohlstands werden. Durch den Grad jenen Wertes wird Wohlstand gemessen. Aller Wert gründet auf Nützlichkeit, auf dem Nutzen, den man aus einem Gegenstand ziehen kann.")

Auch „Eigentum (property)" ist eine fiktive Entität, die auf Freude und Leid zurückgeführt werden muß (*OLG* 284/5): Es ist als Besitz einer Nutzenquelle zu verstehen (*IPML* IV.8 dt. 82).

5.2 Individuelles ökonomisches Denken und Handeln

Die Ökonomie ist ein Teilbereich der Gesellschaft. Benthams allgemeine Erwägungen über den Menschen mit dessen Bestimmung durch Freude und Leid werden in der Wirtschaft in besonderer Weise konkret. Die Kalkulationen von Freuden und Leiden, d.h. von Nutzen (s.o. III.3.1.4), sind hier sehr offensichtlich:

> „*Happily*, of all passions, that is the most given to calculation, from the excesses of which, by reason of its strength, constancy, and universality, society has most to apprehend: I mean that [passion; O.H.] which corresponds to the motive of *pecuniary interest*" (*IPML* XIV.28; Herv. O.H.).
> („*Zum Glück* ist von allen Leidenschaften diejenige am meisten auf Kalkulation hin ausgerichtet, von deren Exzessen die Gesellschaft aus Gründen ihrer Stärke, Beständigkeit und Allgemeingültigkeit am meisten zu befürchten hat: Ich meine diejenige [Leidenschaft; O.H.], die dem Motiv des *pekuniären Interesses* entspricht".)

Die Abwägung von momentanen und zukünftigen Interessen zeigt sich in der Ökonomie als Abwägung zwischen Konsum und Sparen, d.h. zwischen jetzigem und künftigem Konsum (vgl. oben III.4.2). Wer spart bzw. Geld verleiht, entscheidet sich für die ökonomische Form des bereits erörterten tugendhaften Verzichts auf Realisierung momentaner Interessen zugunsten späterer („resolution to sacrifice the present to future"; *DU*: S I 159). Er berücksichtigt dabei die Unsicherheit und die Nähe bzw. Ferne des künftigen Konsums bzw. Nutzens, also Komponenten, die bereits als wesentliche Bestandteile der Kalkulation von Freude und Leid dargestellt wurden (s.o. III.3.1.4):

> „What are the motives which govern a man in the investment of money? He prefers that mode in which the profits are largest, most certain, and quickest. Present to him a speculation of greater hazard or in which he must be kept longer out of his money; the value of such an expectation is less, and he will not embrace it unless allured by a larger profit. Deficiency

in certainty and propinquity will thus be compensated by an increase of intensity and duration." (*Analysis*: S III 446; vgl. *DU*: S I 132; *CF*: B IV 540: S III 447.)[101]

(„Was sind die Motive, die einen Menschen dazu leiten, Geld zu investieren? Er wird die Weise bevorzugen, mit der die größten, sichersten und schnellsten Gewinne verbunden sind. Präsentiere ihm eine Spekulation größeren Risikos oder eine, bei der er längere Zeit nicht über sein Geld verfügen kann. Der Wert einer solchen Erwartung ist geringer, und er wird sich nicht für sie entscheiden, sofern er nicht durch einen höheren Gewinn geködert wird. Unzulänglichkeiten in der Sicherheit und Nähe werden so durch einen Anstieg der Intensität und Dauer kompensiert.")

„Menschliche *Interessen* und *Erfordernisse* (*human interests* and *exigencies*)" (*Ontology* II.9: B VIII 207; Herv. O.H.) führen zur Produktion von Gütern. In ähnlicher Weise resultieren Arbeitsteilung und Handel aus Nutzenerwägungen:

„At the shop of the Baker, I purchase a loaf for my own dinner. Here is *usefulness* – double usefulness: usefulness to myself by the preservation of life, usefulness to the baker by his profit upon the loaf." (*D* 179; Herv. O.H.)
(„Im Laden des Bäckers erstehe ich einen Laib Brot für mein eigenes Mahl. Hier ist *Nützlichkeit* – doppelte Nützlichkeit: Nützlichkeit für mich durch die Lebenserhaltung, Nützlichkeit für den Bäcker durch den mit dem Laib verbundenen Gewinn.")

Die Einsicht in individuelle Kostenvorteile spielt hierbei eine große Rolle (vgl. *Panopticon*: B IV 51; *BT*: S III 224; vgl. STARK 1954: 30).

Insgesamt erscheinen die eigennützigen Individuen in der arbeitsteiligen und tauschenden Gesellschaft als Spender gegenseitigen Nutzens. Dies erinnert an Smiths Idee der Gesellschaft eines gleichsam kaufmännischen Verbunds (vgl. oben III.3.2.1):

„Under the idea of *wealth* I find comprised every object which can present itself to sense or imagination, in so far as it is considered as an article of use or object of desire: not only *things* such as victuals, clothes, houses, but also *persons*, all our fellow beings, with regard to the services which they render one another, either by virtue of a right, or in any other way." (*TA*: S III 71; Herv. dort)
(„In den Gedanken des *Wohlstands* finde ich jedes Objekt eingeschlossen, das sich selbst den Sinnen oder der Vorstellungskraft präsentieren kann, insoweit es als Gegenstand des Nutzens oder Objekt des Begehrens erwogen wird; nicht nur *Dinge* wie Nahrungsmittel, Kleidung, Häuser, sondern auch

---

[101] STARK (1954: 59) sieht damit bei Bentham wesentliche Gedanken der zinstheoretischen Erwägungen BÖHM-BAWERKS vorweggenommen.

Personen, all unsere Mitwesen im Hinblick auf den Dienst, den sie einander leisten entweder aufgrund eines Rechts oder auf einem anderen Wege.")

Bentham betont diesen Sachverhalt selbst in den intimsten zwischenmenschlichen Beziehungen:

„Among the civilized nations, husband and wife, in view of their reciprocal services, are with regard to each other mutually objects of wealth." (*TA*: S III 71 Anm.)

(„In den zivilisierten Nationen sind angesichts ihrer gegenseitigen Dienste Ehemann und Ehefrau im Hinblick auf den anderen gegenseitige Objekte des Wohlstands.")

Ein ökonomisches System, das das wirkmächtige Prinzip des Eigeninteresses negiert, ist Bentham zufolge zum Scheitern verurteilt:

„Every system of management which has disinterestedness, pretended or real, for its foundation, is rotten at the root, susceptible of a momentary prosperity at the outset, but sure to perish at the long run. That principle of action is most to be depended upon, whose influence is most powerful, most constant, most uniform, most lasting, and most general among mankind. Personal interest is that principle: a system of economy built on any other foundation, is built upon a quicksand." (*Pauper Management*: B VIII 381: z. T. S III 433.)[102]

(„Jedes System des Wirtschaftens, das – vorgebliche oder reale – Interesselosigkeit zur Grundlage hat, ist an der Wurzel verfault. Es läßt am Anfang eine vorübergehende Prosperität zu, wird auf Dauer aber sicherlich zugrunde gehen. Dasjenige Prinzip des Handelns ist am verläßlichsten, dessen Einfluß der stärkste, konstanteste, gleichförmigste, andauerndste und unter der Menschheit verbreitetste ist. Persönliches Interesse ist dieses Prinzip; ein Wirtschaftssystem, das auf einer anderen Grundlage aufgebaut ist, ist auf Treibsand gebaut.")

5.3 Plädoyer für ein liberales Wirtschaftssystem

Ebenso wie Smith ist Bentham davon überzeugt, daß sich im wirtschaftlichen Geschehen die Interessen der Wirtschaftssubjekte sowohl zum gegenseitigen als auch zum gesellschaftlichen Wohl ergänzen, wenn sie frei verfolgt werden können und der Staat einen verbindlichen Ordnungsrahmen vorgibt. Nach Bentham soll sich der Staat daher so weit wie möglich

---

[102] Im Zusammenhang des vorliegenden Zitats geht es um die Diskussion des Organisationsprinzips der von Bentham vorgeschlagenen Arbeitshäuser, in denen Arbeitslose eine Beschäftigung finden können.

auf die Gestaltung der *Rahmenbedingungen* des individuellen Wirtschaftens beschränken:

> „General rule: nothing ought to be done or attempted by government for the purpose of causing an augmentation to take place in the national mass of wealth, with a view to encrease of the means of either subsistence or enjoyment, without some special reason. *Be quiet* ought on those occasions to be the motto, or watch word, of government." (*IPE*: S III 333; Herv. dort.)

(„Grundsätzliche Regel: Ohne einen besonderen Grund soll von der Regierung nichts getan oder versucht werden, das dem Zweck dient, im Hinblick auf ein Anwachsen der Mittel der Subsistenz oder des Vergnügens eine Steigerung des nationalen Wohlstandes herbeizuführen. *Sei ruhig* sollte hier das Motto oder die Parole der Regierung sein.")

Zu den zu schaffenden Rahmenbedingungen zählt die Garantie der Vertragsfreiheit und der Durchsetzung von vertraglich bedingten Rechtsansprüchen (s.u. III.6.2). Hierzu zählt auch die Existenz und der Schutz von Privateigentum (vgl. *UC* xxxii.157, in: HARRISON 1983: 251)[103]. Zu den Rahmenbedingungen gehören wesentlich auch wettbewerbliche Strukturen. Regelungen des Patentwesens sollen innovative Leistungen schützen und somit einen Leistungsanreiz bieten (*Manual of Political Economy*[104]: S I 260/5). Monopole sollen nur dann bzw. in dem Umfang erlaubt sein, als sie entweder volkswirtschaftlich gesehen von Vorteil oder zumindest nicht zum Schaden sind. Im letzten Fall ist eine Monopolsteuer zu erheben. (Vgl. *Tax with Monopoly*: S I 369/74; STARK 1952: 73/8.)

Die von Bentham favorisierte Wirtschaftsverfassung kann auch als ein Wirtschaftssystem beschrieben werden, das primär auf der Basis „spontaner Handlungen" gründet:

> „[Under the head of] *sponte acta* [fall the] cases in which, and measures or operations by which, the end is promoted by individuals acting for themselves and without any special interference exercised with this special view on the part of government, beyond the distribution made and maintained, and the protection afforded, by the civil and penal branches of the law." (*IPE*: S III 323; Herv. dort.)

---

[103] Erst auf der Basis des Privateigentums kann Bentham davon sprechen, daß die Möglichkeit des Geldverdienens einen weit größeren Arbeitsanreiz bietet als die Ausübung von Zwang (*Panopticon*: B IV 60).

[104] Die Manuskripte zum *Manual of Political Economy* (*MPE*) werden 1795 von Bentham abgeschlossen. Vgl. STARK (1952: 49/50), der dabei auf die Unterschiede zwischen seiner Edition und derjenigen BOWRINGS (B III) hinweist. Letztere weicht von Benthams Manuskripten erheblich ab.

(„[Zu den] *spontanen Handlungen* [zählen die] Fälle, Maßnahmen und Tätigkeiten, in denen und mittels derer Individuen ein Ziel verfolgen, indem sie
für sich selbst und ohne spezielle Einmischung des Staates handeln; dies vor
allem im Hinblick auf den Bereich der Regierung, in dem durch die zivil-
und strafrechtlichen Zweige des Gesetzes die Verteilung vorgenommen und
aufrechterhalten sowie Protektion betrieben wird.")

Begrifflich klingt hier die Idee einer aus dem wettbewerblichen Geschehen
entstehenden 'spontanen Ordnung' (vgl. z.B. THIEME 1990: 26) an.

Wie bei Smith ist Wettbewerb leistungssteigernd und insofern für das
ökonomische Interesse der Gesellschaft von grundlegender Bedeutung:

„In all trades, and in all arts, competition secures to the public not only the
lowest price but the best work." (*Reward*: B II 228; vgl. *PPL*: B I 534.)
(„Im ganzen Handel und im ganzen Handwerk sichert der Wettbewerb der
Öffentlichkeit nicht nur den niedrigsten Preis, sondern auch die beste
Arbeit.")

Bei freiem Wettbewerb fließen die Produktionsfaktoren wie von selbst in
diejenigen Wirtschaftszweige, in denen sie für die Volkswirtschaft am vorteilhaftesten sind:

„Can the wisdom of grasping at any particular branch of trade be shown
any otherwise, than by showing that in that trade the gains are greater, or
the expense less, than in any other branch? – and is there not in the breasts,
and in the heads of merchants, a principle that will lead them to find out
the most lucrative, without their being whipped to it, or whistled to it, by
the 'wisdom of the present administration'?" (*Memoirs:* B X 211)
(„Kann die Weisheit, in eine spezifische Handelsbranche zu streben, anders
gezeigt werden als dadurch, daß man zeigt, daß in diesem Handel die Gewinne größer oder die Kosten geringer sind als in einer anderen Branche?
Und gibt es nicht in den Herzen und in den Köpfen der Kaufleute ein Prinzip, das sie dazu führt, herauszufinden, welches die lukrativste ist, ohne daß
sie dahin durch die 'Weisheit der gegenwärtigen Regierung' geprügelt oder
hinbeordert würden?")

Dieses Zitat erinnert deutlich an Smiths „invisible hand"-Stelle im *WN* (s.o.
II.6). Bentham zufolge weiß das einzelne Wirtschaftssubjekt in der Regel
selbst am besten, mit welchem Einsatz der Produktionsfaktoren und wel-
cher Technologie es optimale Ergebnisse erzielen kann – und auf diese
Weise der Gesellschaft am nützlichsten ist. Eine Einsicht allerdings, die
Bentham in der Politik noch nicht ausreichend beachtet sieht:

„to persuade legislators that they do not understand shoemaking better than
shoemakers ... is the hardest of all hard things everywhere" (*Panopticon:* B
IV 52).

(„Gesetzgeber davon zu überzeugen, daß sie das Schuhhandwerk nicht besser verstehen als die Schuhmacher, ... das ist überall das schwierigste aller schwierigen Dinge".)

Staatliche Interventionen sind für die Entwicklung gesellschaftlichen Wohlstands nicht nur „nutzlos (needless)", sondern „schädlich (pernicious)" (*IPE*: S III 333). Darüber hinaus schränkt solches Verhalten die Freiheit des einzelnen unnötig ein und verursacht so vermeidbare Leiderfahrungen (*IPE*: S III 334). Wie bereits kurz erwähnt (s.o. III.5.1), fordert Bentham in diesem Sinne für den Bereich der Zinsnahme in der *Defense of Usury* (vgl. auch *IPE*: S III 351/2), daß der Staat nicht länger bestimmte Höchstgrenzen festlegen darf. Der freie Markt wird vielmehr selbst für eine gesellschaftlich optimale Zinsstruktur sorgen.[105]

Für eine liberale Wirtschaftsordnung plädiert Bentham auch auf internationaler Ebene. Die Förderung bzw. Protektion einzelner Wirtschaftszweige lehnt er ab: Durch sie wird eine optimale Faktorallokation verhindert (*IPE*: S III 357/60). Auch eine zeitlich begrenzte Protektion zum Schutz junger Gewerbezweige im Sinne eines Erziehungszoll-Arguments wird von Bentham kritisch beurteilt bzw. verworfen (*Observations on the Restrictive and Prohibitory Commercial System*[106]: S III 402). Internationaler Freihandel führt – gegen die Auffassungen des Merkantilismus – auf der Grundlage individueller Kostenvorteile zu Wohlfahrtsgewinnen auf seiten aller beteiligten Partner. Daß sie – ebenso wie nach Ansicht Smiths (s.o. II.5.2) – unterschiedlich hoch ausfallen können, und zwar zugunsten des reicheren Handelspartners, ist für Bentham kein Argument gegen den

---

[105] Bentham nimmt hier u.a. Bezug auf Smiths *Wealth of Nations* (II.iv.13/6 dt. 294/5 und I.x.b.43 dt. 100). Dort erklärt Smith einen gesetzlich festgelegten Zinssatz für zulässig. Dieser soll verhindern, daß die Finanzierung risikoreicher und unseriöser Projekte durch „Projektemacher (projectors)" und „Verschwender (prodigals)" (II.iv.15 dt. 294) einen erheblichen Teil des dem Kapitalmarkt zur Verfügung stehenden Geldes absorbiert und vernichtet. Bentham wendet dagegen ein, daß Smith offensichtlich eine negative Einstellung zu innovativen und demgemäß vielfach risikoreichen Geschäften hat, die sachlich nicht gerechtfertigt ist. Bentham betont statt dessen die volkswirtschaftliche Notwendigkeit von Innovationen und der Verfügbarkeit von Risikokapital, für das vielfach aber ein höherer Zins gezahlt werden können muß, als dies gesetzlich möglich ist, damit die Kapitalgeber für ihr Risiko adäquat entlohnt werden. (*DU*: S I 168/73 dt. 85/95)
Smith kommentiert diese Überlegungen zwar nicht schriftlich, Zeitgenossen berichten jedoch, daß er Benthams Argumentation für gewichtig hält (vgl. MOSSNER/ROSS 1987: 387; STARK 1952: 26/7).

[106] Diese Schrift erscheint 1821 und wird nachfolgend als *Observations* bezeichnet.

Freihandel. Dies ist vielmehr eine zulässige Folge der unterschiedlichen ökonomischen Situation. (*BT*: S III 224/5; *PIL*: B II 552 dt. 114)

Die Kolonialpolitik seiner Zeit, wie sie nicht nur von Großbritannien, sondern beispielsweise auch von Spanien betrieben wird, verwirft Bentham. Er schätzt die kolonialpolitischen Aufwendungen des Staates, u.a. für die Kolonialverwaltungen, den Gütertransport sowie die notwendigen außen- und militärpolitischen Maßnahmen, höher ein als die Einnahmen aus dem Kolonialgeschäft. Bentham zufolge profitieren von der damals üblichen Kolonialpolitik lediglich einzelne Private, nicht aber der Staat. (*IPE*: S III 352/7) In diesem Sinne spricht Bentham auch davon, daß das nationale Interesse an Kolonien kein „reales", sondern letztlich nur ein „imaginäres" ist, das allerdings auf Kosten zentraler Interessen der Kolonialländer verfolgt wird:

> „The *real* interests of the colony must be sacrificed to the *imaginary* interests of the mother-country." (*PIL*: B II 548 dt. 105; Herv. O.H.)[107]
>
> („Die *realen* Interessen der Kolonie müssen den *imaginären* Interessen des Mutterlandes geopfert werden.")

Während der Freihandel nach Benthams Auffassung die „underlying harmony of interests" (STARK: 1952: 42) zutage fördert, stellt die gegensätzliche Politik des Protektionismus eine Bedrohung für den internationalen Frieden dar. Die Verquickung von außenpolitischem Machtstreben und entsprechender Handelspolitik kann nicht nur zum „Krieg aller gegen alle (war of all against all)", sondern sogar zur Auslöschung der Menschheit führen („the race of man would be swept from off the earth") (*Memoirs*: B X 211: STARK 1952: 43; *PIL*: B II 544/5, 549/50 dt. 90/3, 106/9).

Die grundsätzliche Zurückhaltung des Staates soll nach Bentham dort enden, wo zentrale Interessen des Staates bzw. der Bevölkerung auf dem Spiel stehen. In diesem Sinne kann es zu konkreten Eingriffen kommen,

---

[107] Ausführlicher zu Freihandel, Merkantilismus und Kolonialpolitik vgl. *BT* (S III 219/46); *MPE* (S I 238/68); *PIL* (B II 544/9 dt. 90/107); *Observations* (S III 385/403); *Emancipate your Colonies* (B IV 407/18); *Colonies and Navy* (S I 209/18).
Im Gegensatz zur geschilderten kolonialpolitischen Auffassung Benthams befürworten einige der mit ihm verbundenen Philosophic Radicals wie WAKEFIELD und auch J. St. Mill (s.u. IV.5.2 Anm.) die damalige Kolonialpolitik. Wesentliche Argumente sind dabei zum einen die Möglichkeit der Übersiedlung von Teilen der Bevölkerung nach Übersee, verbunden mit einer entsprechenden Reduzierung des heimischen Bevölkerungswachstums, und zum anderen eine positivere Einschätzung des mit dem Kolonialsystems verbundenen wirtschaftlichen Nutzens. (Vgl. SEMMEL 1993.) Nach POLLARD (1992: 18) relativiert Bentham unter dem Einfluß dieser Auffassungen in seinen späteren Jahren die oben erörterte deutliche Ablehnung des Kolonialwesens.

die beispielsweise aus verteidigungs- oder sozialpolitischen Gründen resultieren (*IPE*: S III 339/41; s.u. III.6.2). Protektionistische Maßnahmen sind dann erlaubt, wenn sie „dem Zwecke zeitweiliger Abhilfe in einer zeitweiligen Notlage dienen" („to afford temporary relief to temporary distress"; *PIL*: B II 549 dt. 107; vgl. unten III.5.4). Insgesamt gilt für Bentham:

> „I have not, I never had, nor ever shall have, any horror, sentimental or anarchical, of the hand of government. I leave it to Adam Smith, and the champions of the rights of man (for confusion of ideas will jumble together the best subjects and the worst citizens upon the same ground) to talk of invasions of natural liberty, and to give as a special argument against this or that law, an argument the effect of which would be to put a negative upon all laws." (*Defence of a Maximum*: S III 257/8)[108]
>
> („Ich habe keine – gefühlsmäßige oder anarchische – Angst vor der Hand der Regierung, hatte nie welche, noch werde ich je welche haben. Ich überlasse es Adam Smith und den Verfechtern der Menschenrechte (denn die besten Subjekte und schlechtesten Bürger werden durch die Verworrenheit von Ideen zusammengewürfelt), von einer Verletzung der natürlichen Freiheit zu sprechen und gegen dieses oder jenes Gesetz ein spezielles Argument anzuführen, dessen Effekt darin bestehen würde, alle Gesetze zu verneinen.")

5.4 Das ökonomische Interesse der Gesellschaft

Das wirtschaftliche Interesse der *Gesellschaft* ist nach Bentham auf die Schaffung nationalen Wohlstands bezogen. Dieser erscheint als Mittel zum Zweck gesellschaftlichen Nutzens im Sinne des Prinzips des größten Glücks der größten Zahl (vgl. *IPE*: S III 307, 318/9, 324/5; *D* 152; *IPML* IV.8 dt. 82). Das Verhältnis von nationalem und individuellem Wohlstand entspricht Benthams Auffassung des grundsätzlichen Verhältnisses von gesellschaftlichem und individuellem Interesse (s.o. III.3.2.2): Es handelt sich um eine reine Aggregation:

> „The national wealth is the sum of the particular masses of the matter of wealth, belonging respectively to the several individuals of whom the political community – the nation – is composed." (*IPE*: S III 323; vgl. ebd. 313; *MPE*: S I 226.)

---

[108] Die Notwendigkeit der staatlichen Tätigkeit betont beim Vergleich der ökonomischen Ansichten von Bentham und Smith und bei allen Argumenten für den Freihandel auch HARRISON (1983: 121/7): „Smith, and even more Bentham, both believed that there was room for positive action by the state" (HARRISON 1983: 123).

(„Der nationale Wohlstand ist die Summe der einzelnen Wohlstände, die die verschiedenen Individuen, aus denen sich die politische Gemeinschaft – die Nation – zusammensetzt, besitzen.")

Bentham sieht mit dem Wohlstand drei wesentliche Aspekte verbunden: „Subsistenz (subsistence)", „Sicherheit (security)" und „Vergnügen (enjoyment)" (*IPE*: S III 324/5). An anderen Stellen nennt Bentham neben den Zielen der Subsistenz und Sicherheit anstelle des genannten „Vergnügens" den „Reichtum (opulence)" der Bevölkerung (*IPE*: S III 307/8 u.ö.). Die Ausrichtung des „öffentlichen Interesses (public interest)" auf das Ziel der Subsistenz kommt explizit im folgenden Zitat zum Ausdruck:

„In a time of extraordinary scarcity, it is the *interest of the public* that the price should rise to such a degree as shall, if possible, be sufficient to keep the supply from being exhausted in any superior degree before the time when the fresh crop, assisted by such intermediate supplies as shall have been obtained from abroad, shall have come to its relief – the degree sufficient to produce the utmost retrenchment in the consumption, the utmost degree of economy, consistent with the preservation of the lives and healths of the inhabitants. ... It is not the *interest of the public* that the price should rise a single step beyond this mark." (*Defence of a Maximum*: S III 255; Herv. O.H.)

(„In einer Zeit außerordentlicher Knappheit ist es das *Interesse der Öffentlichkeit*, daß der Preis auf eine solche Höhe steigen soll, die – sofern möglich – ausreichend ist, das Angebot davor zu bewahren, daß es in größerem Maße vor dem Zeitpunkt aufgebraucht wird, an dem frisches Korn, unterstützt durch unmittelbare Angebote aus dem Ausland, Abhilfe schafft; daß die Höhe ausreicht, die äußerste Einschränkung im Konsum herbeizuführen, den äußersten Grad der Wirtschaftlichkeit, der mit der Erhaltung des Lebens und der Gesundheit der Einwohner vereinbar ist. ... Es ist nicht das *Interesse der Öffentlichkeit*, daß der Preis auch nur einen einzigen Schritt über diese Grenze ansteigt.")

Auf die genannten Ziele von Subsistenz, Sicherheit und Vergnügen wird im Rahmen der Bestimmung der staatlichen Aufgaben zurückzukommen sein (s.u. III.6.2).

5.5 Ausgewählte wirtschaftspolitische Empfehlungen, die aus der Sozialtheorie und der Ethik resultieren

In den im folgenden diskutierten wirtschaftspolitischen Empfehlungen Benthams schlagen sich seine Theorie von Freude und Leid sowie seine Überlegungen zur gesellschaftlichen Nutzenmaximierung nieder. Es geht hier um Erwägungen im Zusammenhang mit der Steuerpolitik.

Bentham sieht in der Steuererhebung für das Individuum zunächst ein grundsätzliches Übel: Weil Vermögen und Besitz stets eine – mindestens potentielle – Nutzenquelle darstellen, resultiert aus der Steuererhebung ein Nutzenverlust bzw. Leid, da dem einzelnen von dem, was er besitzt bzw. beansprucht, durch die Besteuerung etwas weggenommen wird (vgl. *SWB*: S I 289/94; *PF*: B III 226: S I 109). „The thesis that taxation is an evil in itself was fundamental to Bentham's thought" (STARK 1952: 58).

Gleichwohl sind Steuern ein *notwendiges* Übel. Denn ohne Einnahmen kann der Staat nicht in die Lage versetzt werden, die ihm zugewiesenen und für das Gemeinwohl zentralen Aufgaben zu erfüllen. In diesem Sinne kann die Besteuerung mit dem individuellen Verzicht auf gegenwärtigen zugunsten zukünftigen Konsums verglichen werden (vgl. oben III.4.2). Hier wie dort handelt es sich um einen Verzicht auf einen bestimmten Nutzen um eines anderen Nutzens willen. Und wie im Fall der individuellen intertemporalen Nutzenmaximierung gebraucht Bentham den Begriff des „Opfers" auch im Zusammenhang mit der Besteuerung:

„Taxes [are] sacrifices made of wealth and opulence at the expence of enjoyment, to security in respect of defence, and security in respect of subsistence." (*IPE*: S III 363)
(„Steuern [sind] Opfer, die auf Kosten des Vergnügens aus Wohlstand und Reichtum erbracht werden, und zwar für Sicherheit im Hinblick auf Verteidigung und für Sicherheit im Hinblick auf Subsistenz.")

Von dieser grundlegenden Sicht ausgehend, ergeben sich zwei Empfehlungen. Die erste lautet, daß der Staat nur ein solches Abgabenvolumen erheben soll und darf, wie er zur Erfüllung seiner Aufgaben unbedingt benötigt. Dies gebieten der eben genannte Aspekt des individuellen Nutzenverlustes und der ökonomische Sachverstand:

„Taxes and other means of supply for the expences of government, wars with their taxes and their devastations – are means by which, of necessity, in a certain degree, too often beyond the extent of the necessity, decrease in the amount of wealth and population is produced." (*IPE*: S III 363)
(„Steuern und andere Mittel zur Gewährleistung der Ausgaben der Regierung, Kriege mit ihren Steuern und ihren Verwüstungen, das sind Mittel, durch die eine Verringerung der Menge des Wohlstands und der Bevölkerung herbeigeführt wird, die in einem bestimmten Grad notwendig sind, zu oft aber über das Ausmaß des Notwendigen hinausgehen.")

Eine zweite Überlegung ist darauf gerichtet, die staatliche Einnahmenseite so zu gestalten, daß der daraus für die Individuen resultierende Nutzenverlust als so gering wie möglich empfunden wird. Zu diesem Zweck schlägt Bentham vor, das Erbschaftsrecht grundlegend zu reformieren. Die diesbezüglichen Überlegungen formuliert er in *Supply without Burthen; or Escheat vice Taxation*. Die Grundidee, die in den ersten drei Abschnitten (*SWB*: S I 283/94) entwickelt wird, ist hierbei folgende: Wenn Abgaben an den Staat von den Individuen als Nutzenverlust empfunden werden, weil sie sich auf deren Besitz, ihr Einkommen oder auf sicher erwartete künftige Einnahmen, d.h. auf Nutzenquellen, richten, dann kann dieser Nutzenverlust verhindert werden, wenn der individuelle Anspruch auf bestimmte Einkünfte von vornherein ausgeschlossen wird. Denn wo kein Besitzanspruch besteht, kann es auf seiten der Individuen auch keine Enttäuschung, die Ursache von Leid, geben, wenn sich der Staat die betroffenen Güter aneignet. Als Anwendungsgebiet dieser Idee bietet sich das Erbschaftsrecht aus zwei Gründen an: Zum einen geht es hier gesamtwirtschaftlich gesehen um ein großes Vermögensvolumen, zum anderen kommen häufig auch entfernte Verwandte bzw. solche Personen in den Genuß von Erbschaften, die nur in einer losen Beziehung zum Erblasser und dessen Vermögen stehen. Bentham schlägt daher vor (*SWB*: S I 283/4), das „Heimfallrecht (escheat")" wieder stärker zu beleben, als dies zu seiner Zeit der Fall ist. Nach seinen Vorstellungen sollen grundsätzlich nur die direkten Verwandten erbberechtigt sein[109]. Hierbei soll an Kinder und Ehepartner das gesamte Vermögen vererbt werden können. Andere nahe Verwandte sollen hingegen nicht voll erbberechtigt sein. Ein Teil des Erbes soll hier per Gesetz dem Staat zufallen. Die letztgenannte Einschränkung gilt auch für den Fall einer testamentarischen Hinterlassenschaft zugunsten anderer Personen als naher Verwandten. Der Anteil des Staates soll nach Bentham in diesen beiden Fällen etwa die Hälfte der Hinterlassenschaft betragen.

Benthams Ansicht nach stellt sein Vorschlag schlichtweg *die* optimale Lösung der Besteuerungsproblematik dar:

> „The object of the present Essay is, to point out that mode of supply which, for one of so great a magnitude, will, I flatter myself, appear to be absolutely the *best*." (*SWB*: S I 283; Herv. dort.)
>
> („Gegenstand des vorliegenden Essays ist es, die Art des Beitrags [zu den Staatseinnahmen; O.H.] vorzustellen, die im Hinblick auf die zu erzielende Größenordnung, so schmeichle ich mir gerne, als die absolut *beste* erscheinen wird.")

In seiner expliziten Abgrenzung zu einer Erbschaftssteuer (*SWB*: S I 296) erscheint Benthams Vorschlag m.E. allerdings nicht unproblematisch. Denn der Nutzenverlust der potentiellen Erben wird dadurch verhindert,

---

[109] Direkte Verwandte sind für Bentham solche, die in einem Verwandtschaftsverhältnis stehen, das eine Heirat nach dem Gesetz ausschließt.

daß ihr gesetzlicher Erbanspruch eliminiert oder reduziert wird. Nach der Benthamschen Systematik stellt aber jeder erwartete oder unerwartete Vermögenszuwachs eine mögliche Ursache von Freude, d.h. eine Nutzenquelle, dar. Gemäß dem hier diskutierten Vorschlag wird dem einzelnen also zwar das Leid erspart, einen Teil des Erbes an den Staat als Steuer abzuführen, aber um den Preis, daß die aus dem Erbe resultierende Freude ebenfalls hinfällig wird. In diesem Sinne erscheint der von Bentham propagierte „lastenlose" Vorschlag („supply without burthen") durchaus fragwürdig.

Daß die Grenzen zwischen der von Bentham vorgeschlagenen Regelung und einer verschärften Erbschaftssteuer der Sache nach durchaus fließend sind, zeigt sich zudem darin, daß er seinen Vorschlag auch als „Zölibatssteuer (tax on celibacy)" auffaßt, weil die angezielte Erhöhung der Staatseinnahmen „auf Kosten der Zölibatären und Unverheirateten (at the expense of the celibatary and unmarried)" erfolgt (SWB: S I 295), die Ansprüche ehelicher Kinder auf das Erbe ihrer Eltern hingegen unberührt bleiben. Nach Bentham bleibt somit die Ehe und deren Zweck der Nachkommenschaft geschützt.[110]

Nicht unproblematisch ist auch Benthams Argumentation, daß durch seinen Vorschlag die Bürger mehr oder weniger vor sich selbst geschützt werden, weil es doch viele unter ihnen gibt, die unter den zur damaligen Zeit bestehenden Gesetzen versuchen, auf dem Rechtswege an den Hinterlassenschaften entfernter Verwandter teilzuhaben. Ein solches Bemühen ist Bentham zufolge jedoch ein gewagtes, weil kostspieliges Abenteuer, das nicht selten zum persönlichen Schaden führt:

> „The fishing in the troubled waters of litigation, for the whole or a part of the property of a distant relation or supposed relation, is one of the most alluring, and at the same time most dangerous, pursuits, by which adventurers are enticed into the lottery of the law. It is like the search after a gold mine, a search by which the property of the adventurer is too often sunk before the precious ore is raised." (SWB: S I 294)
> („Das Fischen nach dem ganzen oder einem Teil des Vermögens eines entfernten Verwandten oder vermeintlichen Verwandten in den trüben Wassern des Rechtsstreits ist eine der verlockendsten und zugleich der gefährlichsten Beschäftigungen, durch die die Abenteurer zur Lotterie des Gesetzes verführt werden. Es ist wie die Suche nach einer Goldmine, eine

---

[110] STARK scheint ebenfalls fließende Grenzen zu sehen, wenn er von einer „special tax" spricht, die Bentham in SWB vorschlägt. Er bezeichnet diese Steuer als „death duty" (STARK 1952a: 13).

Suche, bei der zu oft das Vermögen des Abenteurers aufgebraucht ist, bevor das kostbare Erz gehoben ist.")

Der hier formulierte Gedanke, daß der einzelne durch die vorgeschlagene Regelung mehr oder weniger vor sich selbst geschützt wird, steht im Widerspruch zu Benthams grundsätzlicher These, daß die Individuen am besten *selbst* ihre eigenen Bedürfnisse zu erkennen und ihre eigenen Geschicke zu lenken vermögen.

Trotz der hier formulierten Einwände gegenüber der Benthamschen Argumentation mag der im *SWB* vorgelegte Gesamtentwurf als ganzer überzeugen, ohne daß an dieser Stelle alle Aspekte diskutiert werden müßten. Es ist nicht unplausibel, daß der durch die angezielte Reduktion der Erbschaftsansprüche ausbleibende Nutzenzuwachs auf seiten der potentiellen Erben gesellschaftlich betrachtet mehr als kompensiert werden kann, wenn der Staat die erzielten Einnahmen in Form von Senkungen anderer Steuern in voller Höhe an die Bürger zurückgibt. Die Überlegung ist einsichtig, daß eine hohe Besteuerung des Arbeitseinkommens gesamtgesellschaftlich als leidvoller empfunden wird als der Verlust des Erbanspruchs auf das Vermögen eines Onkels. Auch unter ökonomischen Gesichtspunkten hat Benthams Vorschlag gewichtige Argumente für sich. So kann beispielsweise durch eine mögliche Senkung der Einkommenssteuern der Leistungsanreiz für die Wirtschaftssubjekte erhöht und auf diesem Wege das Sozialprodukt gesteigert werden.

6. Der Staat und seine Bedeutung für den gesellschaftlichen Nutzen

6.1 Das Utilitätsprinzip als Imperativ staatlichen Handelns

Über den in der Gesellschaft ablaufenden Prozeß individueller Nutzenmaximierungen der Gesellschaftsmitglieder wacht der Staat. Er ist gemäß der „political Deontology" (*D* 197) bzw. „public Deontology" (*D* 249) dem Utilitätsprinzip verpflichtet (vgl. oben III.4.2; *IPML* I.2 dt. 56). Bentham spricht in diesem Sinne von dem „maximum of happiness", das es zu erreichen gilt (*IPE*: S III 318; vgl. *TSA* 71), und vom „maximum of well-being" (*IPE*: S III 310; vgl. ebd. 307; *IPML* III.1 dt. 74/5; *PF*: B III 211). Auch von der Förderung des „universalen Interesses (universal interest)" (*Leading Principles*: PAREKH 1973: 195) und vom „größten Wohl der Gesellschaft (greatest good of the community)" (*OLG* 31) ist die Rede. Im Zusammenhang mit all diesen Formulierungen ist deutlich, daß es um die Maximierung des Nutzens der *eigenen* staatlichen Gemeinschaft geht. Eine Verpflichtung hinsichtlich eines größtmöglichen globalen Nutzens besteht nicht.

Jedwede staatliche Handlung, also auch die Gesetzgebung, ist daran zu messen, ob und wieweit sie zur gesellschaftlichen Nutzenmaximierung beiträgt (vgl. *IPML* III.1 dt. 74/5)[111]:

> „The general object which *all laws* have, or ought to have, in common, is to augment the total happiness of the community" (*IPML* XIII.1; Herv. O.H.; vgl. ebd. I.7 dt. 57; *IPE*: S III 318; *FG* pref. S. 416).
>
> („Das grundsätzliche Ziel, das *alle Gesetze* gemein haben oder haben sollten, ist, das gesamte Glück der Gemeinschaft zu vermehren".)

Gilt das Utilitätsprinzip nicht als staatliche Maxime, muß zwangsläufig das „Prinzip der Laune (principle of caprice)" (*IPML* II.11 Anm. dt. 66) vorherrschen. Dann aber drohen Despotismus oder Anarchie (*IPML* I.14 dt. 59/60, II.11 Anm. dt. 66). Auch die Gedanken eines Naturrechts („an obscure phantom"; *IPML* XVII.27 Anm.) oder eines göttlichen Rechts gehören für Bentham letztendlich zu solchen willkürlichen Vorschriften (*CoC* 10/33; *IPML* X.40; *Declaration of Rights*: PAREKH 1973: 268/9)[112].

Wenn der gesellschaftliche Nutzen als *Summe* der individuellen Nutzen bestimmt wird (vgl. oben III.3.2.2) und es um die Maximierung dieses gesellschaftlichen Nutzens geht, dann bedarf es der Fähigkeit des Staates, individuelle Nutzen identifizieren und quantifizieren zu können[113]:

> „Pleasures then, and the avoidance of pains, are the *ends* which the legislator has in view: it behoves him therefore *to understand their value*." (*IPML* IV.1 dt. 79; Herv. dort und O.H.)
>
> („Freuden und das Vermeiden von Leiden sind also die *Ziele*, die der Gesetzgeber im Auge hat; ihm obliegt es somit, *ihren Wert zu erkennen*.")

---

[111] Auch hier bestehen wieder Ähnlichkeiten zu HELVETIUS und LOCKE (*Memoirs*: B X 70/1; vgl. HARRISON 1983: 49, 114/5).

[112] Zur Auseinandersetzung Benthams mit den Rechtsprinzipien seiner Zeit und der Diskussion der „legal fictitious entities" vgl. ausführlich DINWIDDY (1990: 54/72); HARRISON (1994); HARRISON (1983: 24/46, 77/105); LONG (1993: 1056ff.); HUME (1993); HART (1993).

[113] Bei der Erkenntnis des gesellschaftlichen Nutzens durch die staatlichen Organe spielen neben intellektuellen auch moralische Begabungen der Staatsvertreter eine wichtige Rolle (ROSEN 1992: 68/71 mit Verweis auf *Identification* 141/6). In diesem Zusammenhang tritt Bentham dafür ein, daß die gesetzgebenden Verfassungsorgane aus einer möglichst hohen Zahl von Abgeordneten bestehen. Je größer die Zahl der Abgeordneten, um so höher die Wahrscheinlichkeit, daß das allgemeine Interesse erkannt werden kann (ebd.; vgl. unten III.6.3).

Zudem muß der Nutzen möglicher staatlicher Handlungen bestimmt werden können. Die Aufgaben des Staates können demnach als solche der „politischen Arithmetik (political arithmetic)" (*CF:* B IV 540: S III 439/40) beschrieben werden:

> „legislation [is; O.H.] a matter of ... calculation" (*UC* xxxii.136, in: HARRISON 1983: 154).
> („Die Gesetzgebung [ist; O.H.] eine Sache der ... Berechnung".)

Nun kann der einzelne in der Regel aber selbst am besten erkennen, was ihm Freude und Leid bereitet. Der Staat sieht sich angesichts der Vielzahl von Gesellschaftsmitgliedern und deren unterschiedlichsten Präferenzen einem erheblichen Informationsproblem gegenüber. U.a. deshalb muß sich die Aufgabe des Staates darauf beschränken, die *Rahmenbedingungen* des gesellschaftlichen Prozesses individueller Nutzenmaximierungen festzulegen bzw. solche Strukturen zu schaffen, in denen die individuelle Nutzenmaximierung zum größtmöglichen Glück aller führt:

> „What is incumbent on the legislator is to take care that that course of action be pursued by the whole community that is most conducive to the general end in view – the *maximum* of well-being... . But though it should be his care to see that that most eligible course of conduct be pursued, it does not follow that it is necessary that whatever step is taken in that course should be the result of measures taken by himself in this view. ... If the end could be accomplished without any interference on his part, so much the better" (*IPE:* S III 310/1; Herv. dort).
> („Was dem Gesetzgeber obliegt, ist, Sorge dafür zu treffen, daß diejenige Verhaltensweise von der ganzen Gemeinschaft verfolgt wird, die dem anvisierten grundsätzlichen Ziel – dem *Maximum* an Wohlergehen – am zuträglichsten ist... . Aber obwohl es seine Aufgabe ist, darauf zu achten, daß diese geeignete Verhaltensweise verfolgt werden soll, folgt nicht, daß es notwendig wäre, daß jeder Schritt, der auf diesem Weg getan wird, das Resultat von Maßnahmen sein sollte, die er selbst in dieser Hinsicht getroffen hat. ... Wenn das Ziel ohne eine Einmischung seinerseits erreicht werden könnte, um so besser".)

Es geht darum, solche Sanktionen zu verstärken bzw. einzurichten, die das Individuum dazu verleiten, bei der Verfolgung seiner eigenen Interessen die Interessen seiner Mitmenschen zu berücksichtigen (vgl. oben III.4.2):

> „all laws, in so far as they have for their object the happiness of those concerned, have for their endeavour to cause it to be for a man's interest to do that which they make it his duty to do, and thus to bring his interest and his duty into coincidence" (*D* 121; vgl. *D* 197, 175; *TSA* 60).
> („alle Gesetze haben, insofern sie das Glück der Betroffenen zum Ziel haben, das Bestreben, das zum Interesse eines Menschen zu machen, was sie

ihm zur Pflicht machen, und so sein Interesse und seine Pflicht in Übereinstimmung zu bringen".)

Hierin besteht die bereits erwähnte „Kunst der Staatsführung (art of government)" (*IPML* XVII.4; s.o. III.4.2).[114] Bei dieser wird auf die Erfahrung zurückgegriffen, daß der einzelne durch seine eigenen Freud-Leid-Gefühle determiniert ist:

> „Pleasures and pains are the *instruments* he [the legislator; O.H.] has to work with: it behoves him therefore to understand their force" (*IPML* IV.1 dt. 79; Herv. dort; *TSA* 659).
>
> („Freuden und Leiden sind die *Instrumente*, mit denen er [der Gesetzgeber; O.H.] umzugehen hat; es obliegt ihm somit, ihre Macht zu erkennen".)

Andere Instrumente als Freude und Leid sieht Bentham für das staatliche Handeln nicht gegeben. Er ist der Überzeugung, daß die egoistische Freud-Leid-Motivation des einzelnen zu stark ist, als daß dieser zu einem moralischen Handeln im Sinne KANTS, also motiviert durch den Kategorischen Imperativ, bewegt werden könnte:

> „But whether it be this or any thing else that is to be *done*, there is nothing by which a man can ultimately be *made* to do it, but either pain or pleasure." (*IPML* III.1 dt. 75; Herv. O.H.)
>
> („Doch ob nun dieses oder jenes *zu tun ist* – es gibt nichts, wodurch letzten Endes jemand dazu *gebracht* werden kann, es zu tun, außer Leid und Freude.")

„Gesetzgebung (legislation)" und „Verwaltung (administration)" als die beiden Zweige der Kunst der Staatsführung spielen hierbei eine wichtige Rolle (*IPML* XVII.4; vgl. ebd. XVII.20). Mit ihnen ist nicht nur die Ausgestaltung der politischen Sanktionen im allgemeinen und der straf- und zivilrechtlichen Sanktionen im speziellen verbunden (vgl. *IPML* XVII.1; VII.1; *OLG* 133/5), sondern auch die Beeinflussung der öffentlichen und moralischen Sanktionen (*IPML* XVII.5, 15/20). Der Staat soll hierbei insbesondere versuchen, die Redlichkeit zu stärken (vgl. oben III.4.3).[115]

---

[114] Vgl. auch ROSEN (1992: 35/6): „The legislator, for Bentham, could not maximize the pleasures of each individual in a society or even respond to each person's wishes and desires. He could not possibly know, what gave each person pleasure, and if he did, he would not have the resources to satisfy everyone. What he could do, however, was to provide for their basic security so that they were able to maximize their own choice of pleasure and to establish a way of life which brought them happiness."

[115] Vgl. die Parallele zu HELVETIUS: „all the art ... of the legislator consists in forcing [men] by self-love to be always just to each other" (C. A. HELVETIUS; De l'Esprit: or,

Als staatliches Instrument der Belohnung sieht Bentham im wesentlichen finanzielle Maßnahmen an. Bentham argumentiert hierbei, daß dies die effizienteste Weise für den Staat ist, individuellen Nutzen zu mehren, weil die einzelnen Lebenssituationen sehr verschieden und zudem einem ständigen Wechsel unterworfen sind und der einzelne daher besser als der Staat beurteilen kann, was ihm am meisten Nutzen bringt (*OLG* 135 Anm.). Nach Bentham können zwar nicht alle Freuden und Leiden in Geld aufgewogen werden (s.o. III.3.1.4); er sieht jedoch keine adäquate Alternative zu diesem praktikablen und daher zentralen Instrument:

> „To produce pleasure therefore the legislator has but one course to take, which is to lay in a man's way some *instrument* of pleasure, and leave the application of it to himself. ... When a legislator then has occasion to apply pleasure, the only method he has of doing it, ordinarily speaking, is by giving money." (*Value*: PAREKH 1973: 118/9; Herv. dort.)

> („Um Freude zu erzeugen, hat der Gesetzgeber nur einen Weg einzuschlagen, nämlich dem Menschen ein *Instrument* der Freude mit auf den Weg zu geben und ihm seine Verwendung selbst zu überlassen. ... Wenn der Gesetzgeber also Anlaß hat, Freude anzuwenden, dann ist – einfach gesprochen – die einzige Methode, die er hat, das zu tun, Geld zu geben.")

Staatliches Handeln birgt nach Bentham ein grundsätzliches Problem in sich:

> „All government is in the very essence of it an evil: for government can not be carried on but in proportion as obligation is created; and taken by itself all obligation is an evil. To exercise the powers of government is accordingly to do evil: to exercise the powers of government in pursuance of the only right and proper end of government, is to do evil, to the end and with the intent that in the greatest possible quantity good may come." (*Office* 4; vgl. *IPE*: S III 311; *IPML* XIII.2.)

> („Alles Regieren ist im letzten ein Übel, denn das Regierungsgeschäft kann nur betrieben werden in dem Maße, als Verpflichtungen geschaffen werden; und für sich genommen, ist jede Verpflichtung ein Übel. Die Regierungsmacht auszuüben bedeutet folglich, Übles zu tun; die Regierungsmacht in Verfolgung des einzig richtigen und schicklichen Zieles der Regierung auszuüben bedeutet, Übles zu tun – für das Ziel und mit der Absicht, daß in der größtmöglichen Menge Gutes herauskommen wird.")

An anderer Stelle formuliert Bentham diesen Sachverhalt dergestalt, daß die Gesetzgebungsprozesse aus einer „Wahl von Übeln" bestehen, da mit Gesetzen immer auch Zwang verbunden ist („Whatsoever is done in the way

---

Essays on the Mind and its Several Faculties, London 1759, 120/1, zit. nach HARRISON 1983: 115). Vgl. auch LONG (1993: 1052/3).

of legislation is done by making a choice of evils."; *AULV* 295). Insbesondere Bestrafungen erzeugen Leid, nämlich beim Bestraften („all punishment
in itself is evil"; *IPML* XIII.2; Herv. O.H.; vgl. *Office* 5).

Bei Bestrafungen von Individuen sind nach Bentham die Auswirkungen
auf den gesellschaftlichen Nutzen das entscheidende Kriterium. Das dem
Bestraften zugefügte Leid („evil of the first order"; *PPL*: B I 395), das definitionsgemäß zu einer Abnahme des gesellschaftlichen Glücks führt (s.o.
III.3.2.2; *PPL*: B I 398), muß durch den Nutzen der Bestrafung für andere
(„good of the second order"; *PPL*: B I 395) kompensiert werden. Das kann
beispielsweise der Fall sein, wenn auf diese Weise weitere Verbrechen verhindert werden.

An diesem Beispiel läßt sich im übrigen der eigentliche Sinn der Formel
vom größten Glück der *größten Zahl* veranschaulichen:

> „But on every occasion, the happiness of every individual is liable to come
> into competition with the happiness of every other. ... Hence it is, that to
> serve for all occasions, instead of saying the greatest happiness of all, it be-
> comes necessary to use the expression, the greatest happiness of the greatest
> number." (*CC*: B IX 6; vgl. *CF*: B IV 540.)[116]
> („Aber bei jeder Gelegenheit tritt wahrscheinlich das Glück jeden Indivi-
> duums mit dem Glück von jedem anderen in Konkurrenz. ... Um allen
> Situationen gerecht zu werden, ist es daher notwendig, statt vom größten
> Glück aller zu sprechen, den Ausdruck des größten Glücks der größten
> Zahl zu gebrauchen.")

Bei den leidvollen Maßnahmen des Staates handelt es sich nach Bentham
gleichsam um „Kosten der Staatsführung (expense of government)"

---

[116] Vgl. auch das folgende Zitat aus einer Druckschrift Benthams mit dem Titel *Parlia-
mentary Candidate's Proposed Declaration of Principles*. Als Ziel der Regierung formuliert Bentham hier:

> „the greatest happiness of the members of the community in question: the
> greatest happiness – of all of them, without exception, in so far as possible: the
> greatest happiness of the greatest number of them, on every occasion on which
> the nature of the case renders the provision of an equal quantity of happiness
> for every one of them impossible, by its being a matter of necessity, to make
> sacrifice of a portion of the happiness of a few, to the greater happiness of the
> rest." (zit. nach DINWIDDY 1990: 26)
> („das größte Glück der Mitglieder der fraglichen Gemeinschaft; das größte
> Glück von ihnen allen ohne Ausnahme, sofern dies möglich ist; das größte
> Glück der größten Zahl von ihnen bei jedem Anlaß, wo die Natur der Sache
> die Versorgung eines jeden von ihnen mit der gleichen Menge Glück unmöglich
> macht, wo es eine Sache der Notwendigkeit ist, daß ein Teil des Glücks von
> wenigen zugunsten des größeren Glücks des Rests geopfert wird.")

(*Leading Principles*: PAREKH 1973: 195)[117].

Abschließend ist ein Aspekt aufzugreifen, der im Zusammenhang mit der Erörterung des Utilitätsprinzips (s.o. III.4.1) bereits angesprochen wurde. Ging es dort um die Frage nach der Abgrenzung der von einer Handlung betroffenen Personen, stellt sich hier die Frage nach den Mitgliedern der Gesellschaft, deren Nutzen zu berücksichtigen ist, bzw. nach dem zeit-

---

[117] Diese Kosten sind gemäß dem Ziel des größtmöglichen Nutzens so gering wie möglich zu halten. So schlägt Bentham bei der Bestrafung von Gesetzesbrechern beispielsweise vor, den Nutzen der zweiten Ordnung (s.o.) im Sinne der Abschreckung potentieller Gewalttäter dadurch herbeizuführen, daß in der Öffentlichkeit Bilder eines Gehängten verbreitet werden, ohne daß dieser realiter hingerichtet wurde. Mit dieser imaginären Hinrichtung wird das mit der Bestrafung verbundene Leid der ersten Ordnung (s.o.) reduziert. (*PPL*: B I 398) BOZOVIC (1995: 6/7) schreibt folgerichtig, daß eine solche Maßnahme im Geiste Benthams ist, bei der aus einem Gefängnis immer wieder Schreie nach draußen dringen, die von eigens dafür angestellten Personen ausgerufen werden. Auf diese Weise werden die Bürger, die sich außerhalb des Gefängnisses befinden, davor abgeschreckt, selbst einmal Straftaten zu begehen. Den Gefangenen muß zum Zwecke dieser Maßnahme jedoch kein Leid zugefügt werden. Bentham zufolge kann der Staat auf eigene Strafmaßnahmen u.a. dann verzichten, wenn ein Geschädigter von dem Schädigenden eine angemessene Kompensation erhält und wenn die Bestrafung – beispielsweise bei einem Kind – letztendlich nutzlos bleibt und ineffizient ist (*IPML* XIII.4/12). Schließlich muß die Verhältnismäßigkeit der Strafe gewahrt bleiben, ist doch das dem Verurteilten zugefügte Leid oftmals größer als jenes, das er seinem Opfer angetan hat (*IPML* XIII.13/6; vgl. allgemein *IPML* XIII/XIV). Die Idee der staatlichen Kalkulation im Zusammenhang mit der Festlegung von Strafen findet sich auch schon bei BECCARIA, worauf Bentham selbst hinweist (*IPML* XIV.8 und Anm.; vgl. HARRISON 1983: 116). Der Gedanke niedriger Kosten der Staatsführung kommt auch im folgenden Zitat zum Ausdruck, wo Bentham in bezug auf die das gesellschaftliche Wohl schädigende Verbreitung falscher Verhaltensregeln formuliert (vgl. auch *D* 153):

„if it be the interest of *one* individual to inculcate principles that are pernicious, it will as surely be the interest of *other* individuals to expose them. But if the sovereign must needs take a part in the controversy, *the pen is the proper weapon* to combat error with, *not the sword*." (*IPML* XIII.17; Herv. dort und O.H.)

(„falls es das Interesse *eines* Individuums ist, Prinzipien zu verbreiten, die verderblich sind, wird es sicherlich das Interesse *anderer* Individuen sein, sie zu entlarven. Wenn aber der Souverän in die Auseinandersetzung eingreifen muß, dann *ist der Stift – und nicht das Schwert – die rechte Waffe*, mit der der Irrtum zu bekämpfen ist.")

Im übrigen verursachen auch mißbräuchliche und ineffiziente Amtsausübung der Staatsbediensteten im obigen Sinne gesellschaftliche Kosten (s.u. III.6.3).

lichen Horizont der staatlichen Politik. Bentham schreibt, daß die staatliche Zielsetzung in dem

> „maximum of happiness with reference to the several members of the community taken together, and *with reference to the whole expanse of time*" (*IPE*: S III 307; Herv. O.H.)
>
> („Maximum des Glücks in bezug auf die verschiedenen Mitglieder der Gemeinschaft zusammengenommen und *in bezug auf die ganze Zeitdauer*")

besteht. Hier könnte beispielsweise der heutzutage diskutierte Gedanke eines nachhaltigen Wirtschaftens eingeordnet werden. Wie aber erstens die Zahl künftiger Mitglieder der Gesellschaft, zweitens deren Nutzen und drittens die Diskontierung der Nutzensumme auf den Zeitpunkt, zu dem politische Entscheidungen zu treffen sind, bestimmt werden können, dies alles wirft sehr komplexe Probleme auf. Vielleicht ist dies der Grund dafür, daß Bentham an anderer Stelle der gleichen Schrift schreibt:

> „According to the principle of utility, in every branch of the art of legislation, the object or end in view is the production of the maximum of happiness *in a given time* in the community in question." (*IPE*: S III 318; Herv. O.H.)
>
> („Nach dem Prinzip der Nützlichkeit ist in jedem Bereich der Kunst der Gesetzgebung das anvisierte Objekt oder Ziel die Erzeugung des Maximums an Glück in der fraglichen Gemeinschaft *in einem bestimmten Zeitraum*.")

Es wäre denkbar, diese Zeitspanne in demokratischen Staaten als den Zeitraum einer Legislaturperiode zu bestimmen. Dann ginge es allerdings letztlich nur um die Realisierung relativ kurzfristiger Interessen – insbesondere dann, wenn man wie Bentham eine nur einjährige Legislaturperiode vorschlägt (PAREKH 1973a: 31). Die Problematik des Zeithorizonts muß hier allerdings nicht weitergehend diskutiert werden. Es genügt, ihre grundsätzliche Bedeutung aufzuzeigen.

6.2 Konkrete staatliche Zielsetzungen: Sicherheit, Subsistenz, Wohlstand und Gleichheit

Bentham ordnet der obersten Maxime des größtmöglichen gesellschaftlichen Glücks vier Unterziele zu: „Sicherheit (security)", „Subsistenz (subsistence)", „Wohlstand (abundance)" und „Gleichheit (equality)" (*IPE*: S III 307/310 u.a.). Der Wohlstand wird hierbei nochmals unterteilt in den materiellen Reichtum („opulence") und den Bevölkerungsreichtum („populousness") (*IPE*: S III 310).

In der Benthamschen Gesellschaft, die von Nutzenerwägungen und vertraglichen Regelungen zusammengehalten wird, besteht in der Schaffung von *Sicherheit* die Hauptaufgabe des Staates. Es handelt sich hier um die wichtigste Rahmenbedingung für das System der Eigeninteressenverfolgung:

> „*Security* is more especially and essentially his [the legislator's; O.H.] work: in regard to subsistence, opulence, and equality, his interference is comparatively unnecessary." (*IPE*: S III 311; Herv. dort.)[118]
> („*Sicherheit* ist seine [des Gesetzgebers; O.H.] spezifischere und wesentlichere Arbeit; in bezug auf Subsistenz, Wohlstand und Gleichheit ist sein Einschreiten vergleichsweise unnötig.")

Das Ziel der Sicherheit stellt sich für Bentham in zwei grundsätzlichen Dimensionen dar, und zwar hinsichtlich persönlicher Bedrohungen erstens durch Mitmenschen und zweitens durch nichtmenschliche Einflüsse, wie z.B. Naturkatastrophen. Die mitmenschlichen Bedrohungen werden unterteilt in aus- und inländische. Letztere werden schließlich in Aktionen seitens Privatpersonen und seitens des Staates aufgeteilt (*IPE*: S III 309)[119].

Hinsichtlich der Sicherheit gegenüber dem Ausland plädiert Bentham in der Außen- und Sicherheitspolitik für eine Beendigung all jener Maßnahmen, die andere Nationen zum Anlaß militärischer Auseinandersetzungen nehmen könnten. Aus diesen – und nicht nur aus ökonomischen (s.o. III.5.3) – Gründen spricht er sich für die Beendigung der damaligen britischen Handels- und Kolonialpolitik aus. Der militärisch abgesicherte Protektionismus Großbritanniens (s.o. I.5) soll einer Politik des Freihandels und der Abrüstung weichen. Dabei denkt Bentham ausdrücklich an Abrüstungsverträge der europäischen Staaten bzw. an ein internationales Friedensabkommen. (*PIL*: B II 544/60 dt. 90/137, insbes. 544/50 dt. 90/110.)

Das Ziel der *Subsistenz* ist für Bentham evident und bedarf keiner weiteren Diskussion, da jene die Grundlage jeglicher Freude darstellt (vgl. *PF*: B III 227: S I 110; *IPE*: S III 309; *CC*: B IX 14/5: S III 443). Bentham zufolge stellt eine liberale Wirtschaftsordnung die beste Voraussetzung für die Befriedigung der materiellen Bedürfnisse dar (vgl. oben III.5.3).

> „What can the law do relative to subsistence? Nothing directly. All that the law can do is to create *motives*; that is to say, to establish rewards and punishments, by the influence of which, men shall be induced to furnish subsistence to themselves." (*Civil Code*[120]: B I 303; Herv. O.H.)

---

[118] „Security established the framework within which each person could set out to realize his happiness." (ROSEN 1992: 35)

[119] Auch hier zeigt sich das Benthamsche Prinzip der Zweiteilung (vgl. oben III.2.2).

[120] Die *Principles of the Civil Code* (*Civil Code*) entwirft Bentham in den 1780er Jahren, sie fließen zum Teil in die *Traités* ein (vgl. DINWIDDY 1990: 96).

(„Was kann das Gesetz in bezug auf Subsistenz tun? Nichts direkt. Alles, was das Gesetz tun kann, ist, *Motive* zu schaffen; das heißt, Belohnungen und Strafen einzurichten, durch deren Einfluß die Menschen veranlaßt werden, selbst ihre Subsistenz zu gewährleisten.")

Die Sorge für die eigene Subsistenz wird von Bentham zwar in die Verantwortung des einzelnen gelegt, gleichwohl gibt es immer wieder Menschen, die aus verschiedensten Gründen nicht in der Lage sind, dieser Verantwortung gerecht zu werden. Hier hat der Staat für seine Mitglieder Sorge zu tragen. (*PF*: B III 227: S I 109/10) Das gesellschaftliche Leid, das durch eine unzureichende Versorgung und dadurch bedingte Sterbezahlen in der Bevölkerung entsteht, ist zu groß, als daß der Staat hier nicht Einhalt gebieten müßte (vgl. auch *CC*: B IX 13). Die Durchbrechung liberaler Wirtschaftsprinzipien läßt sich alleine mit dieser Notwendigkeit begründen (*PIL*: B II 549 dt. 107; vgl. oben III.5.3).

Das Ziel des *Wohlstands* läßt sich grundsätzlich mit den Freuden bzw. dem Nutzen erklären, die der Besitz von Gütern in sich birgt (s.o. III.4.1). Darüber hinaus dient Wohlstand nach Bentham immer auch der künftigen Subsistenz-Sicherung. Zugleich stärkt er die Verteidigungskräfte gegenüber dem Ausland. In diesem Sinne ist Reichtum stets mit Aspekten der materiellen und politischen Sicherheit verknüpft. (*IPE*: S III 310, 318/9, 325/6; *Leading Principles*: PAREKH 1973: 196/8)

Unter anderem im Zusammenhang mit der äußeren Sicherheit steht auch das Ziel des Bevölkerungsreichtums. Da die Männer in der Bevölkerung immer auch „Instrumente der Verteidigung (instruments of defence)" (*IPE*: S III 310) sind, dient ein Bevölkerungswachstum der Verteidigungsbereitschaft des Landes. Ein anderes Argument für Bevölkerungswachstum liegt in dem Ziel des größtmöglichen gesellschaftlichen Glücks begründet: Wenn die Bevölkerung wächst, dann kann der gesellschaftliche Nutzen als Summe der individuellen Nutzen zunehmen, weil die Anzahl der Gesellschaftsglieder zunimmt. Implizit unterstellt Bentham hier als Regelfall, daß die Subsistenz der Mitglieder der Gesellschaft gesichert ist und die Individuen mehr Freude als Leid erfahren. (*IPE*: S III 310, 361)

Eine wesentliche Ursache von Bevölkerungswachstum sieht Bentham im übrigen im materiellen Überfluß der Gesellschaft, ohne dies näher zu begründen. Zugleich verweist er auf den Zielkonflikt zwischen Reichtum und Bevölkerungswachstum: Tritt letzteres ein, wird sich – zumindest zunächst – der Pro-Kopf-Wohlstand verringern (*IPE*: S III 310, 318).

Bezüglich des Ziels der *Gleichheit* wurden grundsätzliche Überlegungen Benthams bereits an früherer Stelle diskutiert (s.o. III.3.2.2, III.4.4). Das Gleichheitspostulat wurde hier aus der Maxime des größten gesellschaftlichen Nutzens in Verbindung mit der These des abnehmenden Grenznutzens hergeleitet (vgl. *PF*: B III 228/30: S I 113/6; *Civil Code*: B I 305; *CC*: B IX 18). Es muß stets im Zusammenhang mit den drei vorgenannten Zielen betrachtet werden:

> „On the ground of these considerations [concerning diminishing marginal utility; O.H.], in the author's work of legislation, on the field of the civil, or say the *distributive* branch of law, ... it is, that, to the objects expressed by the words *subsistence, abundance,* and *security*, was added that which is expressed by the word *equality*." (*CF*: B IV 541 Anm.: S III 442; Herv. dort.)
> („Auf dem Boden dieser Überlegungen [hinsichtlich des abnehmenden Grenznutzens; O.H.] wird in des Autors Werk über die Gesetzgebung im Bereich des zivilen oder auch *verteilenden* Zweigs des Gesetzes ... den Gegenständen, die durch die Wörter *Subsistenz, Wohlstand* und *Sicherheit* ausgedrückt werden, derjenige hinzugefügt, der durch das Wort *Gleichheit* ausgedrückt wird.")

Bentham argumentiert nun, daß individueller Reichtum der persönlichen Subsistenz und Sicherheit dient und insofern keine beliebige Verteilungsmasse für den Staat darstellt. Eine Umverteilung soll daher erst ab einem Wohlstandsniveau stattfinden, das die Sicherheit der Individuen ausreichend gewährleistet. Dabei geht es um individuelle Sicherheit nicht nur vor Fällen wie Krankheit etc., sondern auch vor Übergriffen anderer Individuen. Kommt es auf einem niedrigeren Niveau zu einer Umverteilung, sind die ursprünglich Bessergestellten nicht mehr in der Lage, sich die entsprechenden Vorkehrungen zu leisten, so daß ihre persönliche Sicherheit beeinträchtigt wird. Bezüglich des Ziels des größtmöglichen gesellschaftlichen Nutzens ist dies aber kontraproduktiv. (*CF*: B IV 541 Anm.: S III 442)

Es ist auch an Benthams Auffassung zu erinnern, daß die aus einem Handel entstehenden Vorteile den beteiligten Partnern in der Regel in unterschiedlicher Höhe zufließen und daß dieser Sachverhalt unter ethischen Gesichtspunkten unproblematisch ist (s.o. III.5.3). Wenn Reichtum der individuellen Sicherheit dient, dann muß die im Wirtschaftsprozeß entstehende Ungleichheit mehr oder weniger in Kauf genommen werden:

> „Luxury is not only an inseparable accompaniment to opulence, but encreases in proportion to it. ... It is therefore no more desirable that luxury should be repressed, than it is that opulence should be repressed, that is, that security should be diminished." (*IPE*: S III 327)
> („Luxus ist nicht nur eine untrennbare Begleiterscheinung des Reichtums, sondern nimmt mit ihm auch zu. ... Es ist daher nicht wünschenswerter, daß Luxus unterdrückt werden sollte, als daß Reichtum unterdrückt werden sollte, das heißt, daß Sicherheit vermindert werden sollte.")

Bentham gibt auch zu bedenken, daß eine staatlich verordnete Gleichverteilung leistungshemmend wirkt, weil einerseits Besserverdienende den Lohn
ihrer Arbeit nicht behalten dürfen und andererseits Leistungsunwillige
nicht schlechter gestellt werden als Leistungswillige. Dadurch wird die ge-
samtwirtschaftliche Tätigkeit reduziert. Sozialprodukt und individuelle
Einkommen sinken und mit ihnen der gesellschaftliche Nutzen. (*PF*: B III
229/30: S III 113/7)

> „If all property were to be equally divided, the certain and immediate con-
> sequence would be, that there would soon be nothing more to divide. ... If
> the condition of the industrious were not better than the condition of the
> idle, there would be no reason for being industrious." (*Civil Code*: B I 303;
> vgl. ebd. 312.)
> („Wenn alles Eigentum gleich verteilt wäre, würde die sichere und unmittel-
> bare Konsequenz sein, daß bald nichts mehr zu verteilen wäre. ... Wenn die
> Bedingungen der Fleißigen nicht besser wären als die Bedingungen der Trä-
> gen, dann gäbe es keinen Grund, fleißig zu sein.")

Mit dem Hinweis auf die unterschiedlichsten Formen der Beeinträchtigung
individueller Sicherheit und die Unterhöhlung des Leistungsprinzips zeigen
sich deutliche Parallelen zwischen der verteilungstheoretischen Position
Benthams und derjenigen Smiths. Hinsichtlich der ersten Überlegung ist
für Bentham insgesamt die folgende Einschätzung charakteristisch:

> „When security and equality are in opposition, there should be no hesita-
> tion: equality should give way. The first is the foundation of life – of subsis-
> tence – of abundance – of happiness; every thing depends on it. Equality
> only produces a certain portion of happiness" (*Civil Code*: B I 311)[121].
> („Wenn Sicherheit und Gleichheit im Widerspruch stehen, dann sollte es
> kein Zögern geben: Die Gleichheit sollte weichen. Das erste ist das Funda-
> ment des Lebens, der Subsistenz, des Wohlstands, des Glücks; alles hängt
> von ihm ab. Gleichheit bringt lediglich eine bestimmte Menge an Glück
> hervor".)

Bentham ordnet das Ziel der Gleichheit insgesamt also den drei anderen
Zielen unter. Letztere sind explizit von „größerer Notwendigkeit (superior
necessity)" für den gesellschaftlichen Nutzen als ersteres (*CF*: B IV 541
Anm.: S III 442). Da es aufgrund der verschiedenen nutzenkalkulatorischen
Überlegungen und Problematiken zudem nicht möglich ist, vollkommen
identische, also mathematisch exakt gleiche Nutzenniveaus für alle Individuen zu schaffen, kann es insgesamt nur um eine „praktische", nicht aber

---

[121] Vgl. auch POLLARD (1992: 21): „Im Prinzipienkonflikt zwischen Gleichheit und
Sicherheit des Eigentums stellte sich Bentham sofort und ohne Zögern auf die Seite
der Sicherheit."

um eine „absolute" Gleichheit als Ziel staatlichen Handelns gehen („practical equality"; „absolute equality"; *CF*: B IV 541 Anm.: S III 442; *CC*: B IX 14: S III 443).

> „The establishment of equality is a chimera: the only thing which can be done is to diminish inequality." (*Civil Code*: B I 311; vgl. *PF*: B III 224: S I 105.)
>
> („Die Schaffung der Gleichheit ist eine Schimäre. Das einzige, was getan werden kann, ist die Minderung der Ungleichheit.")

Schließlich formuliert Bentham in diesem Sinne auch nicht das Ziel einer Gleichverteilung des Nutzens, sondern einer Gleichverteilung der Mittel:

> „The greatest felicity of the greatest number of the people requires that the *external instruments of felicity*, whatsoever they may be, be shared by the whole number in a proportion as near to equality as is consistent with universal security, and with that abundance at each moment of time which is itself necessary in the character of a security for the permanency of universal subsistence." (*Office* 16; Herv. O.H.)
>
> („Das größte Glück der größten Zahl der Menschen erfordert, daß die *äußeren Instrumente des Glücks*, welche sie auch immer seien, von der ganzen Zahl in einem Verhältnis geteilt werden, das der Gleichheit so nahe kommt, wie es mit der allgemeinen Sicherheit und dem jeweiligen für die Sicherheit einer dauerhaften allgemeinen Subsistenz nötigen Wohlstand vereinbar ist.")

Konkret schlägt Bentham eine Verteilungspolitik vor, die sich an den Verhältnissen in denjenigen Staaten der USA, in denen keine Sklaverei betrieben wird, orientiert („the sort of equality kept in view should be that which has place in the Anglo-American United States: meaning always those in which slave-holding has no place"; *CF*: B IV 542 Anm.: S III 442).

Zudem ist auf seinen bereits oben (III.5.5) erörterten Vorschlag zur Neugestaltung des Erbrechts zu verweisen. Auf diese Weise sieht er den Konflikt zwischen den Zielen der Sicherheit des Eigentums (zu Lebzeiten der Besitzenden) und der gesellschaftlichen Gleichheit zu einem guten Teil als gelöst an (*Civil Code*: B I 312/3).

Es ist schließlich darauf hinzuweisen, daß sich Benthams Postulate von Sicherheit, Subsistenz, Wohlstand und Gleichheit in seiner Definition der notwendigen Ministerien und deren Tätigkeitsbereichen niederschlagen, die er im *Constitutional Code* (B IX 428/52) vorlegt. Hierbei spielt die Verantwortung des Staates für die Bereitstellung wichtiger öffentlicher Güter eine bedeutende Rolle. Im übrigen fällt auf, daß Bentham bei der Definition der verschiedenen Ministerämter den für Präventivmaßnahmen zuständigen Minister („Preventive Service Minister"), den „Minister für Armenfürsorge

(Indigence Relief Minister)", den „Erziehungsminister (Education Minister)" und den „Gesundheitsminister (Health Minister)" noch vor den Ministern für auswärtige Beziehungen, Handel und Finanzen nennt. Den erstgenannten Arbeitsbereichen des Staates wird also sichtbar eine hohe Bedeutung beigemessen. Im Hinblick auf den damaligen Zeitkontext mit seinen sozialen Problematiken (s.o. I.4) sollen diese Aufgabengebiete im folgenden kurz erläutert werden.

Der Minister für Präventivmaßnahmen ist unter anderem für die Bekämpfung von Seuchen sowie von Versorgungsengpässen in den Bereichen der Hygiene, Medizin und Nahrungsmittel verantwortlich. Mit dem Ziel der Verbesserung der Arbeitsbedingungen ist er zuständig für deren Inspektion in Manufakturen und Minen. Die Bedrohungen durch Natur- und Brandkatastrophen sind durch regelmäßige Kontrollen von Schutzanlagen, Brücken, Gebäuden etc. zu verringern. (CC: B IX 439) Die Grenze zwischen diesem Ministerium und dem Gesundheitsministerium ist zum Teil fließend. Letzteres ist zuständig für die Überwachung des Gesundheitswesens im allgemeinen, die Arzneimittelkontrolle, die Anfertigung amtlicher Gesundheitsstatistiken etc. (CC: B IX 443/5) Dem Problem der gesellschaftlichen Armut widmet Bentham in Form des Ministeriums für Armenfürsorge besondere Aufmerksamkeit (CC: B IX 441). In *Pauper Management* (B VIII 359/439) plädiert er für die Gründung von staatlichen Arbeitshäusern („industry-houses"; B VIII 369), in denen die Menschen gegen Entlohnung arbeiten und zum Teil auch wohnen können. Der Staat bietet hier Hilfe zur Selbsthilfe an: Ohne eigene Leistung erhalten die Bedürftigen keine staatliche Leistung. Dem Erziehungsministerium obliegt schließlich die Aufsicht über die verschiedenen Zweige des Bildungswesens (CC: B IX 441/2).

Insgesamt zeigt Bentham in der Bestimmung der staatlichen Aufgaben ein deutliches Bewußtsein für die sozialen Schwierigkeiten seiner Zeit. Seine Vorschläge erweisen sich im Vergleich zu denjenigen Smiths als breitgefächerter und präziser. Dies mag im wesentlichen dadurch erklärt werden können, daß erstens zu Benthams Zeiten einige Probleme akut waren, die in Verbindung mit der industriellen Revolution zu sehen sind und zu Zeiten Smiths demgemäß in dieser Form noch nicht bestanden, z.B. hinsichtlich der Arbeitsbedingungen in den Fabriken, der Lebensverhältnisse in den immer größer werdenden Städten etc. Zweitens möchte Bentham direkte Handlungsvorschläge für den Gesetzgeber entwickeln, so daß er diese Probleme auch explizit ansprechen muß.[122]

6.3 Verfassung und Institutionen des Staates

Im Zusammenhang mit der Verpflichtung des Staates auf das größtmögliche gesellschaftliche Glück steht ein grundsätzliches Problem, das Bentham ausführlich diskutiert: Alle Individuen, die als Vertreter der staatlichen Institutionen agieren, haben stets ein eigenes Interesse, das dem Interesse der Gesellschaft, dem sie gemäß ihrer politischen Funktion verpflichtet sind, nicht zwangsläufig entspricht. In der Regel steht es diesem sogar entgegen (vgl. *Office* 27; *CCR* 232). Daraus ergibt sich eine Differerenz zwischen dem richtigen und dem tatsächlichen Handlungsziel der Regierung:

> „The *right and proper* end of government in every political community is the greatest happiness of all the individuals of which it is composed. ... The *actual* end of government is in every political community the greatest happiness of those, whether one or many, by whom the powers of government are exercised." (*CCR* 232; Herv. O.H.)

> („Das *richtige und schickliche* Ziel der Regierung ist in jeder politischen Gemeinschaft das größte Glück aller Individuen, aus denen sie besteht. ... Das *tatsächliche* Ziel der Regierung ist in jeder politischen Gemeinschaft das größte Glück derjenigen, ob eines oder mehreren, von denen die Regierungsmacht ausgeübt wird.")

Dabei gilt nach Bentham folgende Feststellung:

> „The greater the quantity of power possessed, the greater the facility and the incitement to the abuse of it." (*Leading Principles*: PAREKH 1973: 200)

> („Je größer die Machtfülle ist, die besessen wird, desto größer ist die Möglichkeit und der Anreiz zu ihrem Mißbrauch.")

Es ist daher nach denjenigen Organisationsprinzipien des Staates zu fragen, die eine weitgehende „Identifikation der Interessen (identification of interests)" – so der Titel eines Manuskripts (*Identification*) – der Staatsvertreter einerseits und des Gemeinwesens andererseits gewährleisten. Wie ist „Fehlverhalten (misrule)" zu verhindern (*CCR* 270)?[123] Grundsätzlich

---

[122] Zur Bestimmung der staatlichen Aufgaben durch Bentham vgl. ähnlich auch POLLARD (1992: 24/30); STARBATTY (1985: 88/9).

[123] Grundsätzliche Überlegungen zu dieser Frage stellt Bentham 1822 in den Manuskripten *Office, Identification, Operative* und *CCR* an. Zu diesen Manuskripten vgl. ausführlich SCHOFIELD (1989). Vgl. außerdem Benthams Ausführungen, die innerhalb

unterscheidet Bentham dabei die konstitutionelle und die operative Ebene des Staates (vgl. *CC* 27; *Office* 6).

Hinsichtlich der Gestaltung der konstitutionellen Ebene ist als Hintergrund der Benthamschen Argumentation seine Definition des gesellschaftlichen Nutzens entscheidend. Wenn dieser gleichbedeutend mit der Summe der individuellen Nutzen ist und der einzelne selbst am besten beurteilen kann, worin sein eigener Nutzen besteht, dann ist es folgerichtig, wenn Bentham ein demokratisches Gemeinwesen fordert:

> „But if an equal share of the constitutive power in question is in the hands of every member of the community in question, the aggregate of the several personal interests is itself the universal interest." (*Office* 96)
> („Wenn aber ein gleichgroßer Teil der fraglichen konstitutiven Gewalt in den Händen eines jeden Mitglieds der fraglichen Gemeinschaft ist, dann ist die Summe der verschiedenen persönlichen Interessen selbst das allgemeine Interesse.")

Für Bentham gilt:

> „The sovereignty is in *the people*. It is reserved by and to them." (*CC* 25; Herv. dort; vgl. ebd. 29.)
> („Die Souveränität ist beim *Volk*. Sie ist ihm vorbehalten.")

In einer allgemeinen Wahl soll jedes Gesellschaftsmitglied seine Wünsche hinsichtlich der Gestaltung des Gemeinwesens mittels Stimmabgabe artikulieren können. Bentham plädiert dabei auch für das Frauenwahlrecht – und ist hier seiner Zeit voraus. Er sieht keine Gründe, warum Frauen das Wahlrecht verwehrt werden sollte. Vielmehr argumentiert er, daß erstens die individuellen Nutzen der weiblichen Bevölkerung genauso in den gesellschaftlichen Nutzen eingehen wie die individuellen Nutzen der männlichen Bevölkerung (*Office* 97) und daß zweitens aus den Erfahrungen der englischen Geschichte nicht geschlossen werden kann, daß Frauen politisch weniger befähigt wären als Männer (*Office* 96/7)[124]. Vom Wahlrecht ausge-

---

der *Collected Works* in dem Band *Official Aptitude Maximized; Expense Minimized* erschienen sind.

[124] „In no two male reigns was England as prosperous as in the two female reigns of Elizabeth and Ann." (*Office* 97) Bentham meint hier die Königinnen Elisabeth I (von England und Irland, 1533-1603) und Anne (von Großbritannien und ab 1702 von Irland, 1665-1714) (SCHOFIELD, in: *Office* 97 Anm.).
Obwohl Bentham persönlich für das Frauenwahlrecht eintrat, ist er sich offensichtlich bewußt, daß es zur damaligen Zeit politisch noch nicht durchsetzbar ist (vgl. oben I.4). Im *CC*, den er als konkreten Verfassungsvorschlag für seine Zeit betrachtet, schließt er das Frauenwahlrecht daher noch aus (*CC* 29; vgl. auch DINWIDDY 1990: 82; HARRISON 1983: 212/4; BALL 1993; BORALEVI 1993).

schlossen werden sollen jedoch Personen unter einundzwanzig Jahren und Analphabeten. Bei ihnen sieht Bentham die politische Urteilsfähigkeit nicht ausreichend gewährleistet. (*CC* 29; *Office* 97)

Von der konstitutiven Gewalt des Volkes bzw. der Wähler als erster Ebene der staatlichen Gewalt leitet sich die zweite Ebene, die operative Gewalt, ab (vgl. *CC* 29). Zu dieser („Operative") zählt Bentham nicht nur die „Administration (Administrative)" und die „Judikative (Judiciary)", sondern auch die „Legislative (Legislative)" (*CC* 26/7). Die Legislative geht in unmittelbarer Weise, nämlich durch das Mandat der Wähler, auf die konstitutive Gewalt zurück. Sie wird auf Zeit gewählt. (*CC* 26, 45; vgl. ebd. 43/4.) Bentham denkt hier an eine einjährige Legislaturperiode (PAREKH 1973a: 31). Weil die Legislative direkt aus dem Willen des Volkes hervorgeht, ist sie der Administration und der Judikative übergeordnet und ihnen gegenüber weisungsbefugt (*Office* 6/7, 33; *CC* 26/7).[125]

Wenn die Vertreter der genannten staatlichen Organe ihr persönliches Interesse über das der Allgemeinheit stellen („sinister interest"; *FG* App. S. 539; s.o. III.3.1.3), entstehen der Gesellschaft Nutzenverluste, die Bentham als „Kosten" bezeichnet. Zur Begrenzung dieser Kosten schlägt er unter der Überschrift „aptitude maximized, expence minimized" („größtmögliche Befähigung, kleinstmögliche Kosten"; *Office* 4) verschiedene Maßnahmen vor.[126] Es soll im folgenden genügen, diese Vorschläge kurz zu skizzieren (vgl. zum folgenden auch *Leading Principles*: PAREKH 1973: 202/5). Im Mittelpunkt seiner Überlegungen stehen zum einen das Prinzip der Machtbeschränkung und zum anderen das Leistungsprinzip. Die Machtbeschränkung wird nicht nur auf der grundsätzlichen Ebene in Form einer Gewaltenteilung in legislative, administrative und judikative Gewalt (s.o.), d.h. einer gegenseitigen Kontrolle dieser drei Gewalten untereinander, eingefordert. Vielmehr spricht sich Bentham auch innerhalb der drei Bereiche für sachliche und regionale Beschränkungen der Verfügungsgewalt einzelner Staatsvertreter einerseits und vielfältige Kontrollmöglichkeiten bezüglich deren Anwendung andererseits aus. Genannt seien u.a. die Begrenzung der finanziellen Verfügungsrahmen sowie die Möglichkeit der Entlassung und der Bestrafung der Staatsbediensteten im Falle von mißbräuchlicher Ge-

---

[125] Bentham unterteilt die operative Gewalt auch in die legislative und die exekutive Gewalt. Die Exekutive setzt sich hierbei aus Administration und Judikative zusammen. Ferner bilden Legislative und Administration die „Regierung (Government)" (*CC* 27).

[126] Zu den Kosten der staatlichen Tätigkeit zählen auch die bereits diskutierten „Übel (evil)", die u.a. aus Maßnahmen der Besteuerung, der Bestrafung oder aus sonstigen Verpflichtungen der Bürger resultieren (s.o. III.5.5, III.6.1; *Office* 4/5).

waltausübung. (Vgl. *Office* 27/45; *UC* clx.434, in: SCHOFIELD 1990: xxxiii; *Identification* 142/3, 238; *CC* 29/30.) Die Verantwortlichkeit der Staatsdiener für die von ihnen übernommenen Aufgaben soll möglichst groß sein. Verfehlungen sind nicht nur mit rechtlichen, sondern auch mit moralischen Sanktionen (schlechtes Ansehen in der Bevölkerung) zu ahnden (*Office* 28/9, 53/9). Grundsätzlich gilt das Prinzip 'so viel Macht wie nötig, so wenig Macht wie möglich' ("leaving to him [each functionary; O.H.] at the same time the necessary power – to render him unable to do wrong, yet sufficiently able to do right, is the great difficulty"; *Office* 15).[127] Im übrigen fordert Bentham bei der Einstellung von Staatsdienern umfassende Prüfungsverfahren (*Office* 77/86). Eine auf Zufall oder Geburt basierende Einstellung wird explizit abgelehnt (*Office* 117/8).[128]

Nur in der Demokratie und in Verbindung mit umfassenden Kontrollmechanismen steht das Handeln der staatlichen Institutionen im Einklang mit dem gesellschaftlichen Interesse (*Supreme Operative* [*Operative*] 212/6; *Summary of Basic Principles*: PAREKH 1973: 295). Monarchische und aristokratische Regierungsformen lehnt Bentham daher explizit ab:

„A people governed in any one of all these ways is a people *governed by its enemies*. In comparison of that of a people governed by its own Delegates, the condition of a people governed in any of these ways will *of necessity be, at all times, an infelicitous one*." (*Operative* 217; Herv. O.H.; vgl. ebd. 151/221, insbes. 216/7, 151/2, 188/92; *Peers and Senates*: B IV 430.)

(„Ein Volk, das auf einem von all diesen Wegen regiert wird, ist ein Volk, das *von seinen Feinden regiert* wird. Der Zustand eines Volkes, das auf einem dieser Wege regiert wird, wird im Vergleich zu einem Volk, das durch seine eigenen Abgeordneten regiert wird, *notwendigerweise stets ein unglücklicher sein*.")

Deutlicher könnte Bentham seine Kritik am monarchisch verfaßten britischen Staat seiner Zeit nicht zum Ausdruck bringen.[129]

---

[127] Zum Problem des Umfangs der Regierungsgewalt vgl. auch ROSEN (1992: 72/4).

[128] Zur Motivation der Staatsbediensteten sollen schließlich Verhaltenskodices beitragen, die zur Ausübung des Dienstes im Sinne der Allgemeinheit aufrufen und in den Diensträumen anzuschlagen sind (*Office* 60/8). Das Leistungsprinzip kommt auch darin zum Ausdruck, daß krankheitsbedingte Fehlzeiten nicht bezahlt werden („If no attendance, then no pay, such the rule for every day."; *Office* 88).

[129] Zur einer ausführlicheren Diskussion der konstitutionellen Theorie Benthams vgl. ROSEN (1992: 25/122).

7. Die Synthese: ein System harmonierender Interessen

Bei der Betrachtung der verschiedenen Elemente der Benthamschen Theorie in ihrer Gesamtheit[130] zeigt sich ein System, in dem eine Harmonie der Interessen besteht. Diese Harmonie beinhaltet zwei Aspekte. Mit dem ersten ist in Benthams Theorie die Ebene der Individuen, mit dem zweiten die des Staates verbunden. Die beiden Ebenen sind dabei eng miteinander verknüpft. Sie sollen im folgenden, beginnend mit der ersten, diskutiert werden.

Für das individuelle Handeln ist nach Bentham das Eigeninteresse das entscheidende Leitmotiv. Es richtet sich auf das Ziel eines größtmöglichen Wohlergehens bzw. Nutzens. Die eigenen Freuden und Leiden sind in diesem Sinne das Handlungsziel des Menschen. Das Interesse der Mitmenschen wird von den Individuen insoweit in das Handlungskalkül einbezogen, als es zur Quelle eines eigenen Nutzens wird. Drei Überlegungen seien hier genannt. Erstens entsteht ein eigener Nutzen unmittelbar aus den verschiedensten Formen zwischenmenschlicher Tauschgeschäfte. Diese können allgemeiner Art sein, etwa nach der Art der gegenseitigen Nachbarschaftshilfe, sie können auch wirtschaftlicher Art sein im Sinne der mit Kauf und Verkauf verbundenen, umfassenden Arbeitsteilung. Zweitens erscheint mittel- und längerfristig gesehen die Art der Verfolgung des eigenen Interesses als besonders lohnend, die nicht zu Lasten der Interessen der Mitmenschen operiert, sondern diese berücksichtigt. So hängt beispielsweise das gesellschaftliche Ansehen entscheidend davon ab, ob und wieweit eigene Wünsche auf Kosten des Interesses anderer realisiert werden. Es geht hier um die Erkenntnisse der „praktischen Ethik" hinsichtlich eines klugen Verhaltens den Mitmenschen gegenüber. Drittens läßt die Sympathie, das Mitfühlen mit den anderen Individuen, aus Freude und Leid der anderen eigene Freude und eigenes Leid entstehen. Ein Verhalten, das dem Wohlbefinden der Mitmenschen dient, erhöht auf diesem Wege den eigenen Nutzen.

Bei den vorgenannten Überlegungen geht es um ein individuelles Verhalten, das sich an verschiedenen in der Gesellschaft bestehenden Sanktionen ausrichtet. Wenn Bentham dabei auch von der sympathetischen Sank-

---

[130] Weil es sich im folgenden um eine Zusammenfassung der bisherigen Bentham-Darstellung handelt, werden nur solche Stellen belegt, die bisher noch nicht angeführt wurden. Auf die jeweiligen Verweise zu den einzelnen obigen Kapiteln wird verzichtet.

tion spricht, macht er damit deutlich, daß selbst der Handlungsantrieb zu einem sozialen Handeln in der eigenen Freud-Leid-Motivation besteht.

Auf der Basis physischer, öffentlicher, moralischer, sympathetischer und auch religiöser Sanktionen entsteht zwar eine gewisse Harmonie der Interessen der Individuen. Sie führt Bentham zufolge jedoch noch nicht zum größtmöglichen gesellschaftlichen Nutzen und ist insofern nicht ausreichend. Daran ändern auch die praktischen Ratschläge der privaten Ethik nichts. Es bedarf daher des Staates. Er sorgt für eine zusätzliche Harmonisierung der Interessen, indem er zusätzliche Sanktionen einführt, nämlich die politischen bzw. rechtlichen. Zudem soll er, beispielsweise durch Bildungsmaßnahmen, die anderen Sanktionen verstärken.

Innerhalb Benthams Sanktionsmechanismus' sind die staatlichen sowie die moralischen bzw. öffentlichen Sanktionen m.E. die entscheidenden. Bezüglich der letztgenannten ist im übrigen auf eine Parallele zu Smith zu verweisen: So wie Smith die allgemeinen Regeln der Sittlichkeit, die das menschliche Verhalten im gesellschaftlichen Kontext beeinflussen oder leiten, als Ergebnis vielzähliger individueller Gewissensentscheidungen ansieht (s.o. II.4.4), beeinflußt auch bei Bentham der einzelne mit seinem persönlichen Verhalten die öffentliche bzw. moralische Sanktion – Bentham spricht hierbei gleichsam von einer Stimmabgabe des einzelnen hinsichtlich der öffentlich-moralischen Sanktionen („delivering his vote"; TSA 101; vgl. ebd. 100/1).

Bentham ist allerdings der Ansicht, daß es zur Erzielung eines gesellschaftlichen Nutzenoptimums weitergehender Maßnahmen des Staates als nur der Sorge um den o.a. Sanktionsmechanismus bedarf. Dieser führt nämlich noch nicht dazu, daß auch solche Interessen verfolgt werden, die im Interesse der Gesellschaft liegen, deren Realisierung für einzelne aber zu kostspielig ist. Dem Staat kommt daher die Aufgabe zu, öffentliche Güter bereitzustellen, deren Nutzen für die Gesellschaft höher ist als die mit ihnen verbundenen Kosten.

Aus der Verbindung dieser Sorge des Staates um das Gemeinwohl mit dem Mechanismus der fünf Arten von Sanktionen ergibt sich ein System, in dem die Individuen ihre Eigeninteressen weitgehend frei verfolgen können. Bentham zufolge entspricht ein dergestalt verfaßtes Gesellschaftssystem dem Menschen, 'wie er ist' – im Unterschied zum Menschen, 'wie er sein soll'. Die Lust-Unlust-Motivation ist zu dominant und das moralische Vermögen des einzelnen zu schwach, als daß der Mensch sein eigenes Handeln nach der Zielsetzung eines größten Glücks der größten Zahl bestimmen könnte, bei der in seinen Augen der eigene Nutzen nur unzureichend berücksichtigt würde. Zudem ist der einzelne gar nicht in der Lage,

genau zu beurteilen, worin der Nutzen der Mitmenschen besteht und wie
groß er ist. Ein Handeln gemäß dem Utilitätsprinzip um dessen selbst willen stellt demnach für Bentham eine Überforderung des Menschen dar.
Dem Utilitätsprinzip verpflichtet ist hingegen der Staat mit seinen verschiedenen Institutionen.[131]

Das beschriebene System ist effizient. Die freie Verfolgung der individuellen Interessen im Rahmen des diskutierten Sanktionsmechanismus ist
sinnvoll, weil die Individuen in der Regel nicht nur ihre eigenen Interessen,
sondern auch die Mittel zur Realisierung derselben am besten bestimmen
können. Demgegenüber sind die staatlichen Ressourcen in dieser Hinsicht
begrenzt. Die spezifische Formulierung der staatlichen Ziele von Sicherheit, Subsistenz, Wohlstand und Gleichheit läßt sich damit rechtfertigen,
daß diesbezüglich in der Gesellschaft weitgehender Konsens bestehen kann,
weil hier zentrale Interessen der Individuen betroffen sind.

Nachdem die Aufgaben bestimmt sind, die Bentham dem Staat in seinem System zuweist, sind die Gründe zu diskutieren, die Bentham zufolge
dazu führen, daß der Staat diesen Aufgaben bzw. seiner Verpflichtung
gegenüber dem Utilitätsprinzip auch nachkommt. Auf der konstitutionellen Ebene des Staates ist hierfür ein demokratisches Gemeinwesen notwendig, bei dem die Mitglieder der Gesellschaft in regelmäßiger Wahl ihre
Interessen zum Ausdruck bringen können. Das oben erörterte Verhalten
des Staates ist die Folge des Wählerurteils. Es liegt im eigenen Interesse der
Wähler bzw. der Mehrheit der Wähler, daß der Staat den gesellschaftlichen
Sanktionsmechanismus beeinflußt und weitergehende Maßnahmen zur
Förderung des Gemeinwohls durchführt. Die Verknüpfung von individuellem Interesse und staatlichem Auftrag mag besonders deutlich in der Ziel-
setzung innerer und äußerer Sicherheit zum Ausdruck kommen.

Auf der operativen Ebene des Staates wird die Spannung, in der jeder
Staatsbedienstete steht, nämlich entweder gemäß seiner beruflichen Stellung die Interessen des Staates oder gemäß seiner privaten eigennützigen
Motivation das eigene Interesse zu verfolgen, analog dem grundsätzlichen
Gesellschaftsprinzip aufgehoben: Es sind solche Strukturen zu schaffen,
unter denen die Verfolgung des Eigeninteresses mit der Verfolgung des
Gemeinwohls zusammenfällt. Die 'Pflicht' gegenüber dem staatlichen Arbeitgeber wird damit auf die 'Pflicht', den eigenen Nutzen zu suchen und
zu maximieren, reduziert. In diesem Sinne sind die Verhältnisse innerhalb

---

[131] Vgl. auch HARRISON (1983: 112): „Man is to be taken as he is and with him society
made as it ought to be."

der staatlichen Institutionen ein Abbild der Verhältnisse sowohl in der Gesellschaft insgesamt als auch in der Wirtschaft.

Wenn die Gesellschaft in der ausgeführten Weise eingerichtet ist, dann ergibt sich daraus die sozialethische Rechtfertigung individuellen egoistischen Handelns. Weil die gesellschaftlichen Ergebnisse dieses Handelns zum Nutzen aller sind, kann der einzelne von der Pflicht entbunden werden, sein Denken und Tun moralisch zu hinterfragen. Nicht mehr die guten Absichten einer Tat sind entscheidend, sondern allein deren gute Folgen – und die sind durch die verschiedensten gesellschaftlichen Sanktionen gesichert. In den *Traités* heißt es in diesem Sinne:

> „Die Gesellschaft ist so eingerichtet, daß wir, indem wir für unser eigenes Glück arbeiten, für das allgemeine Glück wirken. Man kann seine eigenen Mittel zum Genusse nicht vermehren, ohne daß man die eines anderen vermehrt." (*Traités* I.10 dt. 74)[132]

---

[132] Nach HÖFFE (1992a: 16/7) geht es in Benthams System um die Schaffung einer „künstlichen Kongruenz" der Interessen der Mitglieder der Gesellschaft. Von einer „*künstlichen*" Kongruenz spricht HÖFFE deshalb, weil der Staat mit seinen rechtlichen Sanktionen eine notwendige Voraussetzung für diese Übereinstimmung ist. Ähnlich vertritt POLLARD (1992: 20) die Auffassung einer „künstlichen Identität der Interessen": „Es mußte ein gesetzlicher Rahmen hergestellt werden, der so beschaffen war, daß er die unveränderlichen menschlichen egoistischen Urtriebe in eine Richtung steuerte, die dem Gemeinwohl zugute kam."

Hinsichtlich der von HÖFFE und POLLARD gewählten Begrifflichkeit sind m.E. jedoch vor allem zwei Aspekte zu bedenken. Erstens nennt Bentham fünf verschiedene Arten von Sanktionen. Die physischen, öffentlich-moralischen, sympathetischen und religiösen Sanktionen führen bereits zu einer Harmonisierung der Interessen, auch wenn diese noch als unzureichend empfunden werden kann. Die politisch-rechtlichen Sanktionen spielen zwar innerhalb des Benthamschen Sanktionsmechanismus eine zentrale Rolle, gleichwohl stellen sie nur eine von mehreren Sanktionsarten dar. Zweitens wird das staatliche Verhalten bei Bentham auf den Willen der Wähler, d.h. auf die einzelnen Interessen der Mitglieder der Gesellschaft, zurückgeführt. – Ob Benthams Argumentation hierbei zwingend ist, ist eine andere Fragestellung. – Die Rede von einer „künstlichen" Übereinstimmung der Interessen im Benthamschen System ist daher problematisch. Dies gilt vor allem dann, wenn HÖFFE eine Abgrenzung zur „natürlichen" Interessenkongruenz vornimmt, die er u.a. bei Smith sieht (HÖFFE 1992: 16/7). Wie gezeigt wurde (s.o. II.8), spielt der Staat auch in Smiths „System der natürlichen Freiheit" eine entscheidende Rolle. M.E. kann daher insgesamt sowohl bei Smith als auch bei Bentham von einer *natürlichen* Harmonie der Interessen gesprochen werden.

Von einer natürlichen Harmonie der Interessen bei Bentham spricht auch LYONS (1991: 16; vgl. ebd. 12/8), wenn er formuliert: „Bentham seems to have assumed that the interests of different individuals naturally harmonize in the long run". Vgl. zu dieser Thematik auch GOLDWORTH (1993a) und GOMBERG (1993: 499/501).

8. Ergebnis und Stellungnahme

8.1 Ansatz und Methode

Benthams Ansatz ist empiristisch. Nicht nur die Theorie von Mensch, Gesellschaft und Wirtschaft, sondern auch die Benthamsche Ethik wird auf diese Weise gewonnen. Es soll ein Bild vom Menschen entworfen und verwendet werden, das diesen zeigt, 'wie er ist'. Mit der Emanzipation von Religion und Metaphysik nähert sich Bentham dem neuzeitlich-wissenschaftlichen Ideal an. Er ist in dieser Hinsicht konsequenter als Smith, der bei aller Betonung der Empirie an einen Schöpfergott glaubt, der die Welt vernünftig und gut gestaltet hat. Sieht Smith 'hinter den Dingen' die zweckhafte Einrichtung der Natur und relativiert der Glaube an ein Leben nach dem Tod durchaus irdische Ungerechtigkeiten, so werden solche Sichtweisen bei Bentham radikal ausgeschlossen. Demgemäß ist auch die Rede einer Verantwortung des Menschen für sein weltliches Handeln gegenüber Gott zu verneinen. Jedwede Ethik ist daher innerweltlich zu begründen.

Auch in einem zweiten wesentlichen Punkt geht Bentham hinsichtlich einer Annäherung an die Naturwissenschaften über Smith hinaus. Das von Smith propagierte Denken in Systemen und deren Rückführung auf möglichst wenige Prinzipien wird von Bentham – zumindest inhaltlich – radikaler aufgegriffen und umgesetzt. Freuden zu erlangen und Leiden zu vermeiden, dies ist das dominante Prinzip in Benthams Werk. Alle Handlungsmotivationen des Menschen werden auf dieses Prinzip zurückgeführt, und auch die Ethik wird hiervon gleichermaßen bestimmt. Dies gilt sowohl für die „private" als auch für die „öffentliche" Deontologie.[133] Handeln, Denken und Reden des Menschen können ohne die Begriffe von „pleasure" und „pain" als zugrundeliegende „real entities" letztendlich nicht verstanden werden. Ein anderes Prinzip, nämlich die Arbeitsteilung, spielt schließlich im Bereich der Ökonomie eine zentrale Rolle.

Die NEWTONSCHE Methode, von der Smith spricht, wird insgesamt gesehen von Bentham konsequenter angewendet als von Smith. Das Verständnis der Sozialwissenschaften in Analogie zu den Naturwissenschaften kommt bei Bentham in aller Deutlichkeit zum Ausdruck. Auf der Basis der Freud-Leid-Motivation und den entsprechenden Nutzenkalkulationen

---

[133] Vgl. in diesem Sinne auch RYAN (1987: 37): „Bentham's doctrine has the overwhelming virtue of clarity." An anderer Stelle spricht RYAN (1987: 8) von Benthams „brutally clear statement of the 'greatest happiness theory'".

meint Bentham, das menschliche Verhalten ähnlich erklären zu können wie die Kausalzusammenhänge in der Natur.[134]

8.2 Einige pointierte inhaltliche Ergebnisse

1.) Das Individuum ist bei Bentham alleine von dem Motiv geleitet, Freude zu erlangen und Leid zu vermeiden. Der Mensch ist in diesem Sinne durch die eigenen Freuden und Leiden, den Eigennutzen bzw. das Eigeninteresse determiniert. Dieser psychologische Hedonismus wird begleitet von der Betonung der Rationalität menschlichen Verhaltens: Jegliches Handeln ist ein Handeln aus Interesse, mit dem Nutzenkalkulationen verbunden sind. Benthams Menschenbild ist das des homo oeconomicus, auch wenn er diesen Begriff nicht verwendet. Es stellt gegenüber der Vielschichtigkeit des Smithschen Menschenbildes eine erhebliche Verkürzung dar. Auch der moralisch handelnde Mensch wird so zu einem *Moralökonom*.[135]

2.) Gemäß der empiristischen Methodik und der Entdeckung des Lust-Unlust-Prinzips als dem zentralen Motivationsprinzip menschlichen Denkens und Tuns erklärt Bentham das Sein zum Sollen und die Nutzenmaximierung zur ethischen Leitlinie des Handelns. Dies gilt sowohl für die Ebene des Individuums als auch für die Ebene der Gesellschaft. Dabei zeichnet sich die Benthamsche Ethik durch drei wesentliche Elemente aus. Erstens ist sie konsequentialistisch: Jede Handlung wird von ihren Folgen beurteilt. Es gibt keine per se schlechten Handlungen. Zweitens steht sie in der hedonistischen Tradition: Diejenigen Folgen sind nützlich bzw. unnütz, d.h. gut bzw. schlecht, die Freude, Lust bzw. Leid, Unlust beinhalten. Drittens enthält sie einen Anspruch auf Operationalisierung: Individuelle Freuden und Leiden können gegeneinander aufgerechnet und die entsprechenden Nutzenbilanzen mit denjenigen anderer Individuen verglichen und aggregiert werden.

Das Utilitätsprinzip, in dem Bentham das Ziel des größten Glücks der größten Zahl formuliert, richtet sich als ethische Maxime letztendlich nur an den Staat, da die moralische Kraft des einzelnen als zu schwach eingestuft wird, um gemäß diesem Prinzip handeln zu können. Bentham ist je-

---

[134] Vgl. auch MÜLLER (1956: 80/2).

[135] Vgl. auch HOFFMANN (1910: 42): „Vergegenwärtigen wir uns im Geist den Menschen und seine Handlungsweise, wie Bentham ihn sieht, so tritt er vor uns hin als ein Wesen, das, jedes Tun in seinen Folgen sorgfältig abwägend, lediglich da handelt, wo ihm ein Überschuß persönlicher Lustgefühle verbürgt ist. Wohl wird er anderen helfen, aber veranlaßt wird er auch in diesem Falle durch die Aussicht auf Genußvermehrung."

doch davon überzeugt, daß der einzelne gleichsam automatisch zum Wohl der Gesellschaft beiträgt, wenn er seinen eigenen Nutzen zu realisieren sucht. In diesem Sinne reduziert Bentham in seinen Überlegungen zur „praktischen Ethik" das 'Handeln aus Pflicht' auf ein 'Handeln aus Eigeninteresse'. Mit dem von ihm beschriebenen Sanktionsmechanismus stellt er dar, daß es sowohl kurz- als auch langfristig, mittelbar und zumeist auch unmittelbar im Interesse des einzelnen liegt, die Interessen der Mitmenschen zu berücksichtigen. Dies gilt in allen Bereichen der Gesellschaft. Auf diese Weise wird das egoistische, von moralischen Überlegungen freie Denken und Handeln der Individuen ethisch gerechtfertigt.

3.) Eine zentrale Rolle hinsichtlich des Sanktionsmechanismus spielen die Sanktionen des Staates bzw. die Formulierung der Rahmenbedingungen, unter denen die Verfolgung der Eigeninteressen stattfinden darf, durch den Staat. Hier bestehen zwischen Bentham und Smith entscheidende Gemeinsamkeiten.

Inhaltlich ergibt sich bei Bentham im Zusammenhang mit der Bestimmung der staatlichen Aufgaben die Forderung nach subsidiären Strukturen. Zum einen folgt dies aus Benthams Plädoyer des 'soviel Macht wie nötig, so wenig Macht wie möglich' für die einzelnen staatlichen Institutionen, das er in Verbindung mit der Frage nach den notwendigen Kontroll- und Anreizmechanismen für die staatlichen Funktionsträger ausführt. Zum anderen erkennt nach Bentham der einzelne selbst am besten, worin sein eigener Nutzen besteht und wie er diesen am besten verfolgen kann. Eine staatliche Institution kann dies nur annähernd erkennen, und zwar um so schwieriger, je weiter sie vom Ort des Geschehens entfernt ist. Daher ist eine regionale Gliederung der staatlichen Macht anzustreben, soweit nicht Aufgaben betroffen sind, die den Staat als ganzen betreffen, wie z.B. in der Außen- und Verteidigungspolitik.

4.) Zurückhaltung des Staates wird von Bentham auch in der Wirtschaftspolitik eingefordert. Eine gute Wirtschaftspolitik setzt Bentham zufolge auf die Kraft des freien Marktes, fördert demgemäß Wettbewerb und Freihandel und enthält sich soweit als möglich interventionistischer Schritte. Markteingriffe, beispielsweise in Form von Preisfestsetzungen und Protektionismus, können nur mit akuten Notlagen und für eine kurze Zeit gerechtfertigt werden.

Der Abbau von Protektionismus und die Beendigung der Kolonialpolitik führen nach Bentham nicht nur insgesamt zu einem stärkeren Wirtschaftswachstum, sondern offenbaren eine Harmonie der Interessen auch im internationalen Beziehungsgeflecht der verschiedenen Staaten. Wie für einzelne Gesellschaften gilt auch auf internationaler Ebene, daß vertraglich festgelegte Grundsätze von Recht und Ordnung, die die Autonomie der einzelnen Staaten wirksam schützen, wichtige Grundlagen für ein größtmögliches globales Nutzenniveau darstellen.

5.) Ausführlich behandelt Bentham das Problem der Funktionsfähigkeit der staatlichen Institutionen. Es geht hierbei um den Interessenkonflikt, in dem sich jeder Staatsbedienstete erfährt, einerseits dem Interesse des Staates zu dienen, andererseits das eigene Interesse zu verfolgen. Bentham schlägt als Lösung vor, daß solche Anreiz- und Kontrollmechanismen geschaffen werden, durch die der Interessenkonflikt in eine Interessenharmonie aufgelöst wird. Es ist ein großes Verdienst Benthams, daß er dieses Problem vertieft diskutiert. Bei Smith kommt es zwar auch in den Blick, wird jedoch nur am Rande behandelt.

8.3 Anfragen

Im Hinblick auf den Benthamschen Entwurf ergeben sich einige Anfragen. Sie resultieren zum Teil daraus, daß Bentham dem Anspruch des von ihm postulierten Empirismus und der naturwissenschaftlichen Exaktheit selbst nicht gerecht wird.

1.) Ein zentraler Kritikpunkt der Benthamschen Theorie bezieht sich auf die Determination des Menschen durch Freude und Leid. Das Verständnis jeden Handelns als eigennütziges Handeln mitsamt der Rückführung auch sogenannter sozialer Motive auf das eigene Interesse läßt sich empirisch nicht definitiv aufweisen. Eine solche Interpretation widerspricht häufiger Alltagserfahrung. Es ist daher nicht zwingend, individuelles Tun, das den Anspruch erhebt, – beispielsweise aus religiösen Motiven – vom eigenen Interesse abzusehen, stets auf den Eigennutz zurückführen. Vielmehr ginge hier das spezifisch Religiöse verloren. Moralisches Handeln, das im Sinne KANTS nicht aus Neigung, sondern aus uneigennütziger Pflicht bzw. im Hinblick auf den Kategorischen Imperativ erfolgt, ist in Benthams System nicht denkbar.

2.) Auch zeigt sich vielfach im Alltag, daß es nicht nur rational bestimmtes menschliches Denken und Handeln gibt, sondern auch solches, das von Emotionen, Gewohnheiten etc. geleitet wird. Darüber hinaus stellt sich die Frage, ob der Mensch, wenn er rational zu handeln versucht, sein Interesse auch tatsächlich erkennt. Daß dies nicht immer so ist, deutet Bentham mit dem Begriff des *„imaginären* Interesses" und im Zusammenhang mit der Diskussion der Aufgaben des „praktischen Ethikers" zwar an. Er widmet diesem Sachverhalt jedoch zu wenig Aufmerksamkeit. „Tatsächlich können die eigenen Urteile über die Interessen durch kognitive,

emotionale und soziale Täuschungen vielfach gebrochen und verzerrt sein."
(HÖFFE 1992a: 21; vgl auch HÖFFE 1979: 136/7.)

3.) Eine weitere zentrale Schwierigkeit der Benthamschen Argumentation liegt in der Vorstellung der Meßbarkeit von individuellen und gesellschaftlichen Freuden und Leiden bzw. Nutzen. Bentham setzt die Möglichkeit kardinaler Nutzenmessung und deren interpersonelle Vergleichbarkeit einfach voraus. Eine solche kardinale Nutzenmessung mit der Möglichkeit, eigene Freuden und Leiden exakt zu bewerten und gegeneinander
abzuwägen sowie diese interpersonal vergleichen zu können, widerspricht
der menschlichen Erfahrung. Bentham verstößt hier gegen seinen eigenen
Empirie-Anspruch. Zudem ergibt sich ein methodisches Problem: Bentham
selbst gibt keinen Maßstab an, wie diese Nutzenwerte individuell und
interpersonell bestimmt werden könnten. „Die Annahme einer solchen
Maßeinheit muß ... selbst in dem einfachsten, dem wirtschaftlichen Bereich
als hoffnungslos realitätsfremd gelten." (HÖFFE 1992a: 20; Herv. O.H.) In
der *Theorie* könnte die Lücke in Anlehnung an Smiths Vorstellung des
„wohlinformierten unparteiischen Zuschauers" geschlossen werden: Es
müßte eine allwissende Instanz gedacht werden, die sich voll und ganz in
jedes Individuum hineinversetzen, dessen Nutzen genau bewerten und
dementsprechend die gesellschaftliche Nutzenkalkulation durchführen
könnte. Sie ginge über den „unparteiischen Zuschauer" Smiths hinaus, weil
sich bei Smith das individuelle Glück einer Quantifizierung durch den
Menschen entzieht. In der *Praxis* steht eine solche Instanz jedoch nicht zur
Verfügung. Benthams Konzept der individuellen und gesellschaftlichen
Nutzenmessung ist demnach in der politischen und ethischen Praxis nicht
durchführbar. „Die entscheidende Frage nach der Möglichkeit und praktischen Durchführbarkeit eines hedonistischen Kalküls ist unbeantwortet
geblieben. Dies bedeutet sicher nicht, daß das Vorhaben Benthams schon
von vornherein zum Scheitern verurteilt war, wohl aber, daß seine Ideen
mehr den Charakter eines *Programms* haben: Sie legen Richtlinien für den
Aufbau eines rationalen Verfahrens der Politik fest, ohne dieses Verfahren
selbst verfügbar zu machen." (BOHNEN 1992: 320; Herv. dort.)

Ein grundsätzliches Problem hinsichtlich des Nutzenkalküls ist schließlich in der Abgrenzung des von einer Handlung betroffenen Personenkreises zu sehen. Mag die Bestimmung der *unmittelbar* betroffenen Personen
noch vorstellbar sein, gerät die Bestimmung der *mittelbar* betroffenen Personen letzten Endes zu einem unmöglichen Unterfangen. Wo ist die
Grenze zwischen noch mittelbar betroffenen und nicht betroffenen Personen zu ziehen? Wie sollen beispielsweise im Falle von globalen Folgen von
Umweltverschmutzung die Nutzenwerte aller betroffenen Individuen er-

mittelt werden? Wie sind schließlich die Nutzen der indirekt Betroffenen gegenüber denjenigen der direkt Betroffenen zu gewichten? In welcher Weise sind die Nutzen der nachfolgenden Generationen zu bewerten und zu gewichten? Welche Berücksichtigung findet schließlich die nicht-menschliche Natur in diesem Konzept?[136]

4.) Der von Bentham vertretene *quantitative* Hedonismus mit der indifferenten Betrachtung der unterschiedlichsten Freuden und Leiden vereinfacht zwar die theoretische Ermittlung der jeweiligen Handlungsnutzen, ist jedoch unter ethischen Gesichtspunkten problematisch. In diesem Sinne ist er in der Literatur – und nicht zuletzt bereits von Mill – kritisiert worden (vgl. GÄHDE 1992: 96/8; HÖFFE 1992: 22/3; s.u. IV.3.2).[137]

5.) Schwierigkeiten in anderer Hinsicht sind im Zusammenhang mit der demokratischen Meinungsbildung bzw. den Entscheidungen der konstitutiven Ebene des Staates zu sehen. Das Plädoyer für Freiheit und Selbstbestimmung der Individuen führt Bentham folgerichtig zur Kritik an den damaligen britischen Verfassungsverhältnissen und zur Forderung nach einem demokratischen Wahlrecht, das Frauenwahlrecht prinzipiell eingeschlossen. Er argumentiert dabei, daß zum einen der Nutzen von Frauen genauso wie der von Männern in die gesellschaftliche Nutzenkalkulation einfließt und daß zum anderen die politischen Fähigkeiten der Frauen nicht unter denen der Männer stehen. Ein Wahlrecht für Analphabeten wird demgegenüber ausgeschlossen. Dies erscheint problematisch. Es soll hier zwar nicht bestritten werden, daß die aktive Teilnahme am politischen Geschehen gewisse Fähigkeiten voraussetzen sollte. Gleichwohl ist zu bedenken, daß die Gruppe der (erwachsenen) Analphabeten zu Benthams Zeit einen erheblichen Anteil der Gesellschaft darstellte (vgl. oben I.4/5). Bentham selbst gibt zu, daß die Mehrheit des Volkes nicht die von ihm genannten Bedingungen erfüllt und demgemäß nicht wahlberechtigt wäre (*Identification* 144: „neither of the whole people, nor of any number

---

[136] Zu den mit dem Utilitätskalkül verbundenen Schwierigkeiten vgl. auch GÄHDE (1992: 93/4); POLLARD (1992: 22); HÖFFE (1979: 133/6, 140/1); HÖFFE (1992a: 20, 42/3); KÖHLER (1979: 109/22); BIRNBACHER/HOERSTER (1993: 199/200). Auch SIDGWICK, der dritte namhafte Vertreter des klassischen Utilitarismus neben Bentham und Mill, sieht mit dem Utilitätskalkül einige der angesprochenen Probleme verbunden (vgl. PETERSEN 1996: 35/6).

[137] Eine Verbindung von qualitativem und quantitativem Hedonismus wäre dergestalt möglich, daß sogenannten qualitativ höherwertigen Freuden größere Nutzenwerte zuzuschreiben wären als geringerwertigen. In diesem Fall bliebe die Homogenität des Nutzenbegriffs und die damit verbundene Möglichkeit der Formulierung von Nutzenfunktionen gewahrt.

approaching to a majority, can any such aptitude with any approach to truth be predicated"). Es sind bei Bentham also *nicht* alle gesellschaftlichen Interessen gemäß ihrem Gewicht in der Legislative vertreten. Das Interesse des gesamten Volkes wird vielmehr auf das Interesse der Wähler, d.h. vor allem der Mittelschichten, reduziert. POLLARD (1992: 24/30) spricht daher zu recht davon, daß Benthams konstitutionelle Vorschläge letztlich auf die Herrschaft der bürgerlichen Mittelschicht hinauslaufen. Wenn es ein grundsätzliches Charakteristikum des Individuums ist, eigennützig zu handeln, d.h. auch entsprechend zu wählen, dann ist nicht zu erkennen, auf welche Weise das Interesse der Unterschichten ausreichend realisiert werden könnte. Anders ist dies beispielsweise beim Familienvater, der sich bei seiner Stimmabgabe immer auch für seine nichtwahlberechtigten Kinder verantwortlich fühlt.

6.) Bentham gibt schließlich nicht an, warum und wie sich die Konstitutive auf das Staatsziel des größten Glücks der größten Zahl einigen sollte. Die Aussage, daß das Utilitätsprinzip evident ist und nicht bewiesen zu werden braucht, ist aus mehreren Gründen nicht ausreichend für die genannte Formulierung des Staatsziels. Erstens mag es zwar für Bentham nur eine Ethik, und zwar die utilitaristische, geben, nach der das staatliche Handeln zu bestimmen ist, doch können die Vorstellungen der Wähler bzw. der Abgeordneten hiervon abweichen. Daß es in der Gesellschaft auch andere – in seinen Augen willkürliche – Ethiken gibt, darauf weist Bentham hin. Also könnte sich die vom Wähler bestimmte Praxis des Staates durchaus nach anderen Prinzipien richten. Zweitens stellt sich die Frage, warum eigennützige Wähler in ihrer Mehrheit ein Staatsziel befürworten sollten, das den Anspruch erhebt, die Belange aller Gesellschaftsglieder gleichberechtigt zu verfolgen. Gemäß dem Benthamschen Denkschema wäre eine Politik naheliegender, die sich an den Forderungen von Interessengruppen, Verbänden etc. orientiert. Drittens könnte rationales eigennütziges Wahlverhalten beispielsweise auch zu einer gesellschaftspolitischen Zielsetzung führen, wie sie RAWLS in seiner *Theorie der Gerechtigkeit* (RAWLS 1979) formuliert. In diesem Sinne könnte diejenige Politik gewählt werden, unter der es den jeweils am schlechtesten gestellten Mitgliedern der Gesellschaft am besten geht. Auch die Festschreibung von weitreichenden Menschenrechten könnte zum Bestandteil des gewählten Staatsprogramms gehören. Die Individuen wählten in beiden genannten Fällen eine Politik, die ihnen, falls sie in Zukunft einmal zu den Unterprivilegierten oder möglicherweise zu Minderheiten gehören sollten, hinreichende persönliche und materielle Freiheitsrechte garantierten.

Wenn Bentham für die Realisierung des Ziels eines größtmöglichen gesellschaftlichen Nutzens schließlich die vier Subziele der Subsistenz, der
Sicherheit, des Reichtums und der Gleichheit formuliert, gelten die eben
genannten Überlegungen entsprechend.

Verschiedene Aspekte und Tendenzen, die die Neue Politische Ökonomie – auf der Grundlage eines individualistischen Menschenbildes und
unter der Annahme der individuellen Nutzenmaximierung – in demokra-
tisch verfaßten Staaten aufzeigt, wie z.B. die Einflußnahme von Interessengruppen, das am eigenen Nutzen ausgerichtete Handeln der politischen
Akteure, die Tendenz vom Rechts- zum Wohlfahrtsstaat, die zunehmende
Einschränkung der Freiheit, werden von Bentham noch nicht ausreichend
oder noch gar nicht thematisiert.[138]

7.) Hinsichtlich der Benthamschen Ethik[139] ist zunächst Benthams Umgang mit anderen Ethikentwürfen zu problematisieren. Mit der Bemerkung, diese seien entweder Ausdruck von Willkür im Sinne des „ipse-dixit-
principle" oder Abwandlungen des Utilitätsprinzips und außerdem sei das
Utilitätsprinzip aus sich heraus evident, wird Bentham diesen Ethiken
letztendlich nicht gerecht. So bedürfen etwa der Ansatz KANTS und auch
christliche, auf lange Traditionen zurückblickende Ethiken ganz offenkundig einer gründlicheren Auseinandersetzung. Mit HÖFFE (1992a: 18) ist
festzustellen: „Bentham nimmt die Gegenpositionen zum Utilitarismus
nicht hinreichend ernst." (Vgl. auch HÖFFE 1979: 121.)

8.) In Benthams Ethik erscheint der Mensch nicht als reiner „Zweck an
sich", wie KANT (GMS: BA 64/7) dies postuliert. Bentham betont nicht
nur den Nutzen des einzelnen für den Mitmenschen, sondern instrumentalisiert ihn auch für den gesellschaftlichen Nutzen: Wenn er beispielsweise
argumentiert, daß eine Zunahme der Bevölkerung erstrebenswert ist, weil
der gesellschaftliche Nutzen als Summe der individuellen Nutzen steigt,
wenn die Anzahl seiner Summanden steigt, dann scheint es in diesem Falle
in erster Linie weniger um den Menschen als um ein abstraktes Ziel zu
gehen, für das die Individuen instrumentalisiert werden. (Vgl. HART 1982:
98/9.) Hier besteht eine Spannung zu Benthams fundamentaler These, daß
die Gesellschaft mitsamt ihrer Interessen nur von den Individuen und deren
Interessen her bestimmt werden kann. Im übrigen wirkt eine solche Be-

---

[138] Vgl. auch DINWIDDY (1990: 84). Zur Neuen Politischen Ökonomie vgl. z.B.
BUCHANAN (1984); BERNHOLZ/BREYER (1984: 349/70); PETERSEN (1996).

[139] Auf eine Wiederholung der an früherer Stelle (III.4.6) erfolgten kritischen Anmerkungen wird im folgenden verzichtet.

trachtung des Bevölkerungswachstums angesichts der mit der damaligen Bevölkerungszunahme verbundenen sozialen Schwierigkeiten fragwürdig.

9.) Schließlich stellt sich die Frage nach der Benthamschen Verteilungsgerechtigkeit. Mit der These vom abnehmenden Grenznutzen, der Betonung der Subsistenz und der Unterscheidung von „articles of subsistence" und „instruments of mere enjoyment" sind theoretische Ansätze gewonnen, ärmere Mitglieder der Gesellschaft am Wohlstand der reicheren zu beteiligen. Angesichts der damaligen britischen Verhältnisse mit einem starken Wohlstandsgefälle (vgl. oben I.4) gewinnen diese Überlegungen politisch-praktische Bedeutung. Sie werden von Bentham aber umgehend relativiert, wenn selbst der größte Reichtum als ein Mittel der künftigen Subsistenzsicherung einerseits und der persönlichen Sicherheit andererseits betrachtet wird. Außerdem wurde oben darauf hingewiesen, daß Bentham keinen objektiven Maßstab, wie der aus verschiedenartigen Gütern resultierende Nutzen zu bewerten ist, liefern kann, weil Freude und Leid immer subjektiv empfunden werden. „Des Reichen sensible Ästhetik könnte möglicherweise größeren Schaden erleiden durch den Verlust eines kostspieligen Gemäldes, als durch hundert Mittagessen des verrohten Armen ausgeglichen werden könnte. Es mangelt an einem allgemein gültigen Wertmaßstab." (POLLARD 1992: 21)

10.) Im Zusammenhang mit dem Ziel des größten gesellschaftlichen Nutzens, mit dem bei Bentham alleine Umverteilungen gerechtfertigt werden können, ergibt sich schließlich das Problem der Gewährleistung von Menschenrechten. In Benthams System gibt es sie als solche nicht. Wenn es den gesellschaftlichen Nutzen steigert, dann sind Verletzungen der Freiheitsrechte einzelner nicht nur erlaubt, sondern auch geboten. Dies gilt prinzipiell in allen Fällen und nicht nur in dem von Smith gewählten Beispiel (s.o. II.3.3.5, II.4.7), daß das Leben eines Soldaten hinter der Sicherheit seines Volkes zurückstehen muß. Die Betonung der persönlichen Sicherheit und der Subsistenz für das individuelle Wohlbefinden und die These des abnehmenden Grenznutzens führen zwar dazu, daß die Schwelle der Verletzung – nicht dem Begriff, wohl aber der Sache nach – fundamentaler Menschenrechte angehoben wird. Eine *Garantie* der Freiheitsrechte des einzelnen stellt dies jedoch nicht dar (vgl. auch HÖFFE 1992a: 44/7).[140]

---

[140] Zur Problematik der Gerechtigkeit bei Bentham vgl. auch HÖFFE (1992a: 44/6); HÖFFE (1979: 139/40, 151/4) und allgemein im Utilitarismus RAWLS (1979: 44/5); BIRNBACHER/HOERSTER (1993: 202). GOLDWORTH (1993a) betont, daß die sympathetische Sanktion eine wesentliche Antriebsfeder darstellt, Ungleichheiten in der Gesellschaft abzubauen. M.E. überschätzt er dabei die Stärke dieser Sanktion.

8.4 Schluß

Die Kritik an Bentham ändert nichts daran, daß er für seine Zeit ein innovatives Werk vorlegt, das vor dem Hintergrund der zeitgeschichtlichen Erfahrungen verstanden werden muß. Sein Werk entspringt einer aufklärerischen und individualistischen Strömung, die den Menschen emanzipieren will. Es geht um ein Plädoyer für die Selbstbestimmung des Menschen in vielfältiger Hinsicht. Dies gilt mit der Forderung nach Abschaffung der Monarchie und der Einrichtung von demokratischen Strukturen zum einen für den politischen Bereich. Es gilt zum anderen für den Bereich der Ethik. Der einzelne soll selbst bestimmen, welche Werte, d.h. welche Freuden, er verfolgen möchte, anstatt sie von einer geistigen Elite – im wesentlichen im klerikalen Bereich angesiedelt – vorgegeben zu bekommen. Benthams Plädoyer für Demokratie und rationale Strukturen des Rechts hat das Ziel, die Leistungsfähigkeit der staatlichen Behörden zu stärken, sie von Korruption und Filz zu befreien und zu echten Dienstleistern der Gesellschaft zu machen. Die Herrschaft einer kleinen Gesellschaftselite soll zum Wohl des Ganzen beendet werden.

Aus diesem Anliegen heraus resultiert die weitreichende Rezeption des Benthamschen Werks im politischen und philosophischen Denken seiner Zeit und noch danach. Bentham bietet ein Handlungsprinzip an, das wie geschaffen ist für eine säkularisierte Gesellschaft seiner Zeit, da er eine Ethik ohne Gottesvorstellung oder Metaphysik formuliert. Benthams System richtet sich gegen jeglichen Dogmatismus, appelliert an die menschliche Ratio und versucht, auf menschlichen Erfahrungen aufzubauen (vgl. HÖFFE 1992a: 14/5). BOWRING (1834 Bd. 2: 31) betrachtet die Benthamsche Konzeption in diesem Sinne als ein „System der Moral, welches der wachsenden Aufklärung des Menschen angemessen ist".

Die empiristische Ethik mit ihrem Ziel der Nutzenmaximierung führt zur Möglichkeit der 'wissenschaftlichen' Berechnung von Gut und Böse. Wenn jeder dabei für sich selbst bestimmen kann, was ihm in welchem Maße Freude und Leid bereitet, und er auf diese Weise schließlich das Ziel 'moralischen' Handelns formulieren kann, entsteht so letztendlich eine wertfreie Ethik. Daß die Entscheidung für diese Wertfreiheit selbst aber a priori ein Werturteil darstellt, darf nicht übersehen werden. Dennoch „erscheint das Leitziel menschlichen Handelns, das Glück, endlich einer empirisch-analytischen Überprüfung unterworfen zu sein" (HÖFFE 1992a: 15).

Mit seinem individualistischen Verständnis des Menschen, der Rede vom Nutzen, von dem abnehmenden Grenznutzen, dem Ziel der Nutzenmaximierung und der vollkommenen Legitimierung der Verfolgung des Eigeninteresses unter den vom Staat gesetzten Bedingungen stellt Bentham eine wesentliche, wenn nicht sogar *die* Grundlage für die neoklassische Ökonomik und deren mit dem Anspruch der Wertfreiheit verbundene Wohlfahrtstheorie dar.

Teil IV

Ausblick: Die Theorie John Stuart Mills und ihr Verhältnis zu den Theorien Benthams und Smiths

1. Person und Werk

John Stuart Mill (1806-1873) zeichnet sich wie Smith und Bentham durch ein sehr umfangreiches Gesamtwerk aus, dessen Bandbreite von wissenschaftstheoretischen Überlegungen über die Ethik bis hin zur Politischen Ökonomie reicht. Zu den herausragenden Werken Mills zählen *A System of Logic* (*Logic*, 1843), die sich mit wissenschaftstheoretischen Grundfragen beschäftigt; die *Principles of Political Economy* (*PPE*, 1848), das „wichtigste Lehrbuch britischer Ökonomie-Studenten im neunzehnten Jahrhundert" (GAULKE 1996: 77), und *Utilitarianism* (1863), seit dessen Erscheinen „im angelsächsischen Sprachraum der meistgelesene, meistdiskutierte und wohl auch meistkritisierte moralphilosophische Text überhaupt" (BIRNBACHER 1985: 117).

Mill wird in hohem Maße von seinem Vater James (1773-1836) beeinflußt. Dieser läßt seinen Sohn nicht zur Schule gehen, sondern übernimmt persönlich die Aufgabe dessen geistiger Erziehung. Mill selbst spricht später in der 1873 erschienenen *Autobiography* (I S. 5 dt. 1) von einem „ungewöhnlichen und merkwürdigen Bildungsgang" („an education which was unusual and remarkable)", den er in seiner Kindheit und Jugend erfährt und dessen Schilderung eines seiner Motive zur Veröffentlichung der *Autobiography* ist (ebd.). Mill lernt u.a. bereits mit drei Jahren Griechisch, mit acht Jahren Latein und absolviert ein enormes Lektürepensum, das schon in jungen Jahren u.a. PLATON und SOKRATES einschließt. (*Autobiography* I S. 9/39 dt. 4/30)

James Mill ist ein Freund Benthams, arbeitet mit diesem zusammen und gilt selbst als Exponent des Utilitarismus. Durch den Vater lernt John Stuart Mill Bentham persönlich kennen. Die privaten Kontakte sind ausgeprägt: U.a. verbringt die Familie Mill verschiedene Sommermonate mit Bentham gemeinsam in dessen Landhaus, und John Stuart Mill lebt ein Jahr lang bei Benthams Bruder in Frankreich. (*Autobiography* II S. 55/9 dt.

44/7) Der junge Mill übernimmt zentrale Lehren Benthams. Seine damalige geistige Erziehung bezeichnet er gleichsam als einen „Kurs in Benthamismus (course of Benthamism)" (*Autobiography* III S. 67 dt. 53). Über die Auswirkungen der Lektüre von Benthams *Traités* Anfang der 20er Jahre schreibt Mill:

> „The 'principle of utility', understood as Bentham understood it, ... fell exactly into its place as the keystone which held together the detached and fragmentary component parts of my knowledge and beliefs. It gave unity to my conceptions of things. I now had opinions; a creed, a doctrine, a philosophy; ... a religion; the inculcation and diffusion of which could be made the principal outward purpose of a life. And I had a grand conception laid before me of changes to be effected in the condition of mankind through that doctrine." (*Autobiography* III S. 69 dt. 55)
>
> („Das 'Utilitätsprinzip', wie es Bentham verstand ..., bildete nun den Schlußstein, der alle die abgerissenen fragmentarischen Teile meines seitherigen Glaubens und Wissens zusammenhielt, und verlieh meinen Vorstellungen von den Dingen eine Einheit. Ich hatte jetzt Ansichten, einen Glauben, eine Philosophie, ... eine Religion, deren Predigt und Verbreitung zur äußeren Hauptaufgabe meines Lebens gemacht werden konnte. Große Gedanken – welche Veränderungen ließen sich nicht durch diese Doktrin in der Lage der Menschheit bewirken!")

Als Mill achtzehn Jahre alt ist, bittet ihn Bentham, an der Veröffentlichung seines *Rationale of Judicial Evidence* mitzuarbeiten, eine Aufgabe, die Mill „mit Freuden (gladly)" (*Autobiography* IV S. 117 dt. 94) übernimmt. Mill schreibt später, daß die Manuskripte hierfür noch derart ungeordnet und zum Teil lückenhaft sind, daß er vieles selbst formulieren muß, wobei ihm Bentham offensichtlich viel Freiraum läßt. Das Werk erscheint 1827 in fünf Bänden, und Mill wird als Herausgeber angeführt. (*Autobiography* IV S. 117/9 dt. 94/7)

Die innere Loslösung von Bentham beginnt mit Mills geistiger Krise, die er in den Jahren 1826/7 durchleidet (*Autobiography* V S. 145ff. dt. 117ff.). In Mills eigenen Veröffentlichungen findet sich schließlich später eine Theorie von Mensch, Gesellschaft und Ethik, in der sich zwar immer wieder wichtige Benthamsche Elemente zeigen, die insgesamt aber von Benthams Theorie erheblich abweicht, wie in den nachfolgenden Kapiteln gezeigt wird. In einigen Schriften setzt sich Mill explizit mit Bentham auseinander. Hierzu zählen die ausführlicheren Artikel *Remarks on Bentham's Philosophy* (*Remarks*, 1833) und *Bentham* (1838)[1]. In den *Remarks* geht Mill zu Bentham so sehr auf Distanz, daß ROBSON (1964: 265) von einem „Ab-

---

[1] Zu *Remarks* und *Bentham* vgl. ausführlich auch PRIESTLEY (1969: xi/xxviii).

fall" Mills von Bentham spricht und PRIESTLEY (1969: xv) Mills Position als
„anti-utilitaristisch" beschreibt. Als kleinere Artikel sind Mills Nachruf
Death of Jeremy Bentham (*Death*, 1832) und Ausführungen zu Bentham in
einer Schrift von BULWER (*Bulwer*, 1833²) zu nennen.³

Intensivere persönliche Kontakte bestehen auch zwischen Mill und
David RICARDO (1772-1823), dessen Theorie auf Mills ökonomische Ansichten prägend wirkt (*Autobiography* II S. 55 dt. 44 u. ö.). Persönlich lernt
Mill u.a. schließlich auch Jean Baptiste SAY (1767-1823) kennen (*Autobiography* (II S. 61/3 dt. 49).

Auf Smith bezieht Mill sich vor allem im Hinblick auf den *Wealth of
Nations*, aus dem er stellenweise auch längere Passagen zitiert. Die *Theory of
Moral Sentiments* ist in den Schriften Mills, auf die im vorliegenden Teil
Bezug genommen wird, zwar inhaltlich präsent, ausdrückliche Hinweise
auf sie finden sich aber nicht.

Zeitgeschichtliche Erfahrungen (s.o. Teil I) beeinflussen Mills Werk
deutlich. Seine Schilderung und Diskussion des ökonomischen Prozesses ist
ganz wesentlich von dem Kontext der drei genannten Revolutionen, der
demographischen, agrarischen und industriellen, geprägt. Immer wieder
macht Mill in den *PPE* (z.B. II.xii/iii S. 355/79 dt. 532/67; IV.vii S. 758/96
dt. 396/455) deutlich, daß die Bevölkerungsexplosion (s.o. I.1) eine der
wesentlichen Ursachen der seines Erachtens völlig unzureichenden Lebensbedingungen des Großteils des Volkes darstellt, wenn nicht sogar deren
Hauptursache. Dementsprechend erhebt Mill mit aller Entschiedenheit die
Forderung nach verantwortlicher Familienplanung. Letzterer kommt bei
der Bekämpfung der sozialen Mißstände in den unteren gesellschaftlichen
Schichten eine Schlüsselposition zu. Die industrielle Revolution, von der
Smith zeitlich und örtlich bedingt im wesentlichen nur die Anfänge erlebt,
ist zu Mills Lebzeiten und in der Londoner Region, wo Mill lange Jahre
wohnt, in vollem Gange. Dampfmaschinen, maschinelle Produktion, Fabriken und Eisenbahnen gehören zu seiner unmittelbaren Lebenserfahrung
(vgl. *PPE* I.vii.4/5 S. 106/11 dt. 159/62). Dies gilt auch für die enorme
Ausweitung der landwirtschaftlichen Produktion durch veränderte Bebau-
ungsmethoden, Landgewinnung, Maschineneinsatz etc. (vgl. *PPE* I.vii.4 S.
107 dt. 161).

---

² E. W. BULWER; England and the English, London. BULWER übernimmt hier Ausführungen Mills, ohne diese allerdings als solche zu kennzeichnen (siehe editorische
Anmerkungen in *Bulwer* 499). Es handelt sich hier um das gleiche Buch, in dem
anonym auch die *Remarks* erscheinen.

³ Zum Verhältnis von John Stuart und auch James Mill zu Bentham vgl. ausführlich
ROBSON (1964); ROBSON (1968: 3/20). Vgl. auch PRIESTLEY (1969: vii/xi).

2. Methodik

In noch ausführlicherer Weise als Smith und Bentham beschäftigt sich Mill mit der Frage nach den Methoden der Wissenschaft. Aus dieser Beschäftigung resultiert die *Logic*[4], die Mills Bedeutung als Wissenschaftstheoretiker begründet (vgl. GAULKE 1996: 59/60) und die „zum Verständnis der Grundlagen des Millschen Denkens unverzichtbar" ist (GAULKE 1996: 60). Eine weitere wichtige Schrift stellt *On the Definition of Political Economy (Definition)*[5] dar, die im Rahmen der *Essays on Some Unsettled Questions of Political Economy* 1844 erscheint, von Mill aber bereits in den 30er Jahren verfaßt wird. Für die hier vorliegende Fragestellung sind das 6. Buch der *Logic* und die *Definition* zentral. Dort diskutiert Mill die Methodik der Sozialwissenschaften im allgemeinen und der Politischen Ökonomie im besonderen. Die Begriffsbestimmung der letzteren ist im folgenden vor allem deshalb interessant, weil erstens der wissenschaftstheoretische Ansatz Mills hier exemplarisch vor Augen geführt wird und es zweitens dabei um die Diskussion eines Menschenbildes geht, das große Ähnlichkeiten mit demjenigen Benthams aufweist.

Mills Wissenschaftstheorie ist von einer doppelten Unterscheidung geprägt. Zum einen trennt Mill „Wissenschaft (science)" und „Kunst (art)" (*Definition* 312 dt. 149). Zum anderen differenziert er die Methoden der Wissenschaft in die „a posteriori-Methode (method á posteriori)" einerseits und die „a priori-Methode (method á priori)" andererseits (*Definition* 325 dt. 166). Im folgenden geht es zunächst um die erste Unterscheidung.

Die „Wissenschaft (science)" ist nach Mill dadurch gekennzeichnet, daß sie nach den Ursachen bestimmter Verhältnisse fragt bzw. die letztgenannten zu beschreiben und erklären sucht. Ihre Antworten haben indikativen Charakter:

> „The language of science is, This is, or, This is not" (*Definition* 312 dt. 149).
> („Die Sprache der Wissenschaft lautet: Dies ist, oder dies ist nicht".)

Demgegenüber hat die „Kunst (art)" imperativischen Charakter. Sie gibt Verhaltensregeln an, auf welche Weise bestimmte Ziele erreicht werden können oder welche Verhaltensweisen wünschenswert sind:

> „The language of art is, Do this; Avoid that." (*Definition* 312 dt. 149)
> („Die Sprache der Kunst ist: Tu dies, vermeide jenes.")

---

[4] Zu einem Überblick über die *Logic* vgl. NAGEL (1950: xxxi/xlviii).
[5] Zur *Definition* vgl. auch NUTZINGER (1976).

Dabei ist entscheidend, daß solche Maximen auf den Erkenntnissen der Wissenschaft aufbauen müssen. Andernfalls können sie sachlich nicht gerechtfertigt werden. (*Definition* 312 dt. 150) Umgekehrt kann die Wissenschaft jedoch durchaus ohne die Kunst existieren. Sie bleibt dann allerdings eine reine Theorie, die keinerlei Anspruch erheben kann, mittels der Kunst praktisch zu werden. (*Definition* 332/3 dt. 176/7)

Zu seiner Zeit sieht Mill ein Verständnis der Politischen Ökonomie im Sinne einer Kunst weitverbreitet. Im Unterschied zu dieser Auffassung definiert Mill die Politische Ökonomie als Wissenschaft. (*Definition* 311/3 dt. 148/50) Es findet sich bei Mill also wie bei Bentham das Bemühen, eine sozialwissenschaftliche Disziplin im Sinne des neuzeitlichen Wissenschaftsverständnisses zu konstruieren. Auf dieser Wirtschafts*theorie* muß jede Wirtschafts*politik* gründen:

> „Political Economy does not itself instruct how to make a nation rich; but whoever would be qualified to judge of the means of making a nation rich, must first be a political economist." (*Definition* 312 dt. 150)
> („Die Politische Ökonomie gibt als solche keine Anweisungen, wie man eine Nation reich machen kann, doch wer auch immer qualifiziert sein will, um die Mittel und Wege zu beurteilen, mit deren Hilfe eine Nation reich werden kann, muß zuerst ein Politischer Ökonom sein.")

Die zweite der oben genannten Unterscheidungen der Millschen Wissenschaftstheorie betrifft alternative Vorgehensweisen der Wissenschaft. Eine ist die „rein induktive" oder „a posteriori-Methode" („method of induction, merely"; *Definition* 325 dt. 166; s.o.), die ihre Aussagen auf „spezifische Erfahrungen (specific experience)" (*Definition* 324 dt. 165) gründet. Die andere nennt Mill die „a priori-Methode" (s.o.), die eine „Mischung aus Induktion und vernünftiger Schlußfolgerung" darstellt („mixed method of induction and ratiocination"; *Definition* 325 dt. 166). Hier geht es auf der Basis spezifischer Erfahrungen um die Formulierung allgemeiner Hypothesen, mit deren Hilfe eine „abstrakte Wissenschaft (abstract science)" (*Definition* 325 dt. 167) aufgebaut wird, insofern es um „das Folgern von einer angenommenen Hypothese aus" geht („It reasons, and, as we contend, must necessarily reason, from assumptions, not from facts."; *Definition* 325 dt. 166; Herv. dort).

Der Anwendungsbereich der rein induktiven Methode bleibt auf die Naturwissenschaften beschränkt. Hier sind vielfältige spezifische Erfahrungen in Form von Experimenten möglich, bei denen verschiedenste Sachverhalte unter unterschiedlichsten Bedingungen getestet werden können. Für die Sozialwissenschaften ist diese Methodik hingegen versperrt, weil die sozialen Phänomene zu komplex sind. So sind die Mitglieder einer Gesellschaft zu zahlreich und die gesellschaftlichen Rahmenbedingungen zu vielfältig, als daß angesichts der bestehenden, vielfachen Interdependenzen die verschiedenen Einflüsse und Auswirkungen innerhalb des sozialen Systems in experimentellen Untersuchungen eruiert werden könnten. (Vgl. *Logic* VI.v/vii S. 861/86 dt. 262/93; *Definition* 326/9 dt. 168/71.)

Auf dem Gebiet der Sozialwissenschaften lehnt Mill die Anwendung der rein induktiven Methode auch deswegen ab, weil bei ihr davon ausgegangen wird, daß es keine allgemeinen Gesetze des menschlichen Handelns gibt (*Logic* VI.vii.1 S. 879 dt. 284). Er spricht in diesem Fall von der Anwendung der „chemischen oder experimentellen Methode in der Gesellschaftswissenschaft (Chemical, or Experimental, Method)" (*Logic* VI.vii S. 879 dt. 284). Gegen diese Auffassung setzt Mill jedoch seine entschiedene Überzeugung von bestimmten Gesetzen der menschlichen Natur, die das gesellschaftliche Miteinander immer wieder beeinflussen und die der wissenschaftlichen Beobachtung auch zugänglich sind (*Logic* VI.ii.1/2 S. 836/9 dt. 234/8).

Wird in den Sozialwissenschaften die deduktive Methode gewählt, geht es nach Mill wesentlich um die Anwendung der „geometrischen oder abstrakten Methode (Geometrical, or Abstract Method)" (*Logic* VI.viii S. 887 dt. 293) und der „physikalischen oder konkret-deduktiven Methode (Physical, or Concrete Deductive Method)" (*Logic* VI.ix S. 895 dt. 303). Bei diesen Methoden wird davon ausgegangen, daß menschliches Handeln bestimmten Gesetzmäßigkeiten folgt. Unterschiedlich ist hingegen die Art der zugrundeliegenden Gesetze. Die geometrische Methode möchte das gesamte menschliche Verhalten auf ein einziges Prinzip oder auf sehr wenige gleichgerichtete Prinzipien zurückführen. Darin kommt für Mill allerdings ein „ungenügendes Nachdenken (insufficient consideration)" (*Logic* VI.viii.1 S. 887 dt. 294) über das Verhalten des Menschen zum Ausdruck. Das geometrische Verfahren ist ebenso wie das chemische eine „irrige Methode (erronous method)" (*Logic* VI.viii.3 S. 895 dt. 302), weil es den Menschen zu eindimensional betrachtet. (Vgl. *Logic* VI.viii S. 887/94 dt. 293/302.)

Für die vorliegende Arbeit ist nun von zentraler Bedeutung, daß Mill die „Interessen-Philosophie der Benthamschen Schule (interest-philosophy of the Bentham school)" (*Logic* VI.viii.3 S. 890 dt. 297) als konkretes Beispiel für die Anwendung der geometrischen Methode in den Gesellschaftswissenschaften ansieht. (*Logic* VI.viii.3 S. 889/94 dt. 296/302) Seine Kritik an dieser „Interessen-Philosophie" im besonderen und der geometrischen Methode im allgemeinen kann im folgenden Zitat zusammengefaßt werden:

„It is not to be imagined possible ..., that these philosophers regarded the few premises of their theory as including all that is required for explaining social phenomena.... . They were too highly instructed.... . They would have applied, and did apply, their principles with innumerable allowances. But it is not allowances that are wanted. There is little chance of making due amends in the superstructure of a theory for the *want of sufficient breadth in its foundations*. It is *unphilosophical* to construct a science out of a few of the agencies by which the phenomena are determined.... . We either ought not to pretend to scientific forms, or we ought to study all the determining agencies equally, and endeavour, so far as it can be done, to include all of them within the pale of the science" (*Logic* VI.viii.3 S. 893 dt. 301; Herv. O.H.).

(„Man kann unmöglich glauben, ... daß diese Philosophen die wenigen Prämissen ihrer Theorie für hinreichend hielten, um alle gesellschaftlichen Erscheinungen vollständig zu erklären.... . Sie waren für einen solchen Irrtum zu hoch gebildet.... . Sie würden ihre Grundsätze mit unzähligen Zugeständnissen angewendet haben und wendeten sie in der Tat so an. Aber nicht Zugeständnisse sind nötig. Es ist wenig Aussicht dafür vorhanden, daß der *Mangel an genügender Breite in den Grundlagen* einer Lehre in dem Oberbau derselben seine gebührende Ausgleichung finden werde. Es ist *unphilosophisch*, eine Wissenschaft aus nur wenigen von jenen Kräften aufzubauen, durch welche die Erscheinungen bestimmt werden.... . Wir sollten entweder keinen Anspruch auf die Formen der Wissenschaft erheben oder alle einwirkenden Kräfte gleichmäßig erforschen und uns bemühen, sie alle in den Rahmen der Wissenschaft einzuschließen, so weit dies möglich ist".)

Als die „wahre (true)" (*Logic* VI.viii.3 S. 894 dt. 302) Methode der Sozialwissenschaft betrachtet Mill allein die physikalische Methode. Sie geht von mehreren Prinzipien aus, die den sozialen Phänomenen zugrunde liegen. Entscheidender als die größere Anzahl der Prinzipien ist allerdings, daß diese Prinzipien durchaus gegensätzlich wirken können, was bei der geometrischen Methode nicht der Fall ist (*Logic* VI.viii.1 S. 887/8 dt. 294/5).

Die Gesetze des menschlichen Handelns werden aufgrund ausführlicher Beobachtung, also induktiv gewonnen. Einzelne, regelmäßig bestätigte Beobachtungen werden zu Hypothesen verallgemeinert, auf deren Grundlage dann Aussagen über gesellschaftliche Phänomene getroffen und Prognosen erstellt werden. Weil sich diese Hypothesen nicht mit experimenteller Genauigkeit beweisen lassen, können hinsichtlich zukünftiger gesellschaftlicher Entwicklungen keine exakten, sondern nur tendenzielle Aussagen getroffen werden. Diese Aussagen sind allerdings nicht beliebig. Mill beharrt darauf, daß sie stets an ihrem Erklärungswert gegenwärtiger oder vergangener Phänomene zu messen sind. Hierin besteht der wichtige Aspekt der

338 Die Theorie John Stuart Mills

„Verifizierung durch spezifische Erfahrungen (Verification by Specific Experience)" (*Logic* VI.ix.4 S. 907 dt. 318):

> „The ground of confidence in any concrete deductive science is not the *á priori* reasoning itself, but the accordance between its results and those of observation *á posteriori*." (*Logic* VI.ix.1 S. 896/7 dt. 305; Herv. dort.)
> („Die Grundlage allen Vertrauens in die Lehren irgend einer konkret deduktiven Wissenschaft ist nicht das *a priorische* Folgern selbst, sondern das Zusammenstimmen der Ergebnisse derselben mit denen der *a posteriorischen* Beobachtung.")

Kann die konkret deduktive Methode hier keine befriedigenden Antworten geben, so erscheint sie insgesamt als mangelhaft oder falsch angewandt. (Vgl. *Logic* VI.ix S. 895/910 dt. 303/22.)

Eine der dergestalt beschriebenen Sozialwissenschaften ist die Politische Ökonomie. Sie wird von Mill in der *Definition* beschrieben

> „as essentially an *abstract* science, and its method as the method *á priori*" (*Definition* 325 dt. 167; Herv. dort).
> („als eine im wesentlichen *abstrakte* Wissenschaft und ihre Methode als die *a priori*-Methode".)

Zwischen ihr und der Geometrie sieht Mill deutliche Parallelen:

> „Geometry presupposes an arbitrary definition of a line... . Just in the same manner does Political Economy presuppose an *arbitrary* definition of man, as a being who invariably does that by which he may obtain the *greatest* amount of necessaries, conveniences, and luxuries, with the *smallest* quantity of labour and physical self-denial with which they can be obtained in the *existing* state of knowledge." (*Definition* 326 dt. 167; Herv. O.H.)
> („Die Geometrie setzt eine willkürliche Definition einer Geraden voraus... . Ganz genauso geht die Politische Ökonomie von einer *willkürlichen* Definition des Menschen aus als eines Wesens, das beständig das tut, was ihm die bei dem *gegebenen* Wissenstand erreichbare *größte* Menge an notwendigen Gütern, Annehmlichkeiten und Luxus unter Einsatz der *geringsten* Menge Arbeit und physischer Selbstverleugnung verschafft.")

Im großen und ganzen handelt es sich hier um das im neoklassischen Ansatz bis heute in der Ökonomie vertretene Menschenbild des rationalen Individuums, das bei gegebenen Bedingungen und unter der Annahme der Nicht-Sättigung seinen Nutzen zu maximieren sucht. Es geht der Sache nach um den Menschen als homo oeconomicus, auch wenn Mill diesen Begriff selbst nicht gebraucht[6]. Wie sehr es sich nach Mill hier um eine

---

[6] Zum homo oeconomicus bei Mill vgl. auch PERSKY (1995). „While John Stuart Mill is generally identified as the creator of economic man, he never actually used this designation in his own writings. But the term did emerge in reaction to Mill's work."

– methodisch gewollte – Verengung des Bildes vom Menschen mit seinen verschiedensten Dimensionen und Schattierungen handelt, zeigt sich auch bei nachfolgender Betrachtung:

„It [Political Economy; O.H.] does *not* treat of the *whole* of man's nature ..., nor of the whole conduct of man in society. It is concerned with him solely as a being who desires to possess wealth, and who is capable of judging of the comparative efficacy of means for obtaining that end. It predicts only such of the phenomena of the social state as take place in consequence of the pursuit of wealth. It makes *entire abstraction* of every other human passion or motive; *except* those which may be regarded as perpetually antagonizing principles to the desire of wealth, namely, aversion to labour, and desire of the present enjoyment of costly indulgences. ... The science then proceeds to investigate the laws which govern these several operations, under the supposition that man is a being who is determined, by the necessity of his nature, to prefer a greater portion of wealth to a smaller in all cases, without any other exception than that constituted by the two counter-motives already specified. Not that any political economist was ever so *absurd* as to suppose that mankind are really thus constituted, but because this is the mode in which science must necessarily proceed." (*Definition* 321/2 dt. 161/2; Herv. O.H.)
(„Sie [die Politische Ökonomie; O.H.] behandelt *nicht* die *Gesamtheit* der menschlichen Natur ... und ebensowenig die Gesamtheit menschlichen Verhaltens in der Gesellschaft. Sie beschäftigt sich mit dem Menschen lediglich in seiner Eigenschaft als ein Wesen, das Wohlstand besitzen möchte und das die relative Effizienz der Mittel zum Erreichen dieses Zieles beurteilen kann. Sie sagt nur solche Phänomene des gesellschaftlichen Zustandes voraus, die aus dem Streben nach Wohlstand resultieren. Sie *abstrahiert völlig* von anderen Leidenschaften oder Motiven des Menschen mit *Ausnahme* solcher, die als dem Streben nach Wohlstand beständig entgegengesetzte Grundsätze angesehen werden können, nämlich Abneigung gegen Arbeit und der Wunsch nach der sofortigen Befriedigung kostspieliger Bedürfnisse. ... Diese Wissenschaft untersucht dann weiter die Gesetze, von denen diese verschiedenen Handlungen geregelt werden, immer unter der Annahme, daß der Mensch ein Wesen ist, das aufgrund seiner Natur nichts anderes kann, als einen größeren Wohlstand einem kleineren vorzuziehen, und zwar ausnahmslos, abgesehen von den beiden bereits erwähnten Gegenmotiven. Nicht, daß jemals ein Politischer Ökonom so *töricht* gewesen wäre, anzunehmen, die Menschheit sei wirklich so beschaffen, sondern viel-

(PERSKY 1995: 222) Nach PERSKY (ebd.) findet sich der Begriff des „economic man" explizit erstmals bei J. K. INGRAM (A History of Political Economy, 1888) und in der latinisierten Form des „homo oeconomicus" bei V. PARETO (Manual of Political Economy, 1906).

mehr, weil dies die Art und Weise ist, wie eine Wissenschaft zwangsläufig vorgehen muß.")

Für die Politische Ökonomie gelten wie für alle anderen Sozialwissenschaften die bereits erwähnten Einschränkungen hinsichtlich ihrer Aussagefähigkeit:

> „Political Economy ... reasons from *assumed* premises – from premises which might be totally without foundation in fact, and which are not pretended to be universally in accordance with it. The conclusions of Political Economy, consequently, like those of geometry, are only true, as the common phrase is, *in the abstract*... . This ought not to be denied by the political economist. If he deny it, then, and then only, he places himself in the wrong. The *á priori* method ... is ... the only method by which truth can possibly be attained in any department of the social science. All that is requisite is, that he be on his guard not to ascribe to conclusions which are grounded upon a hypothesis a different kind of certainty from that which really belongs to them." (*Definition* 326 dt. 167/8; Herv. dort.)

> („Die Politische Ökonomie folgert ... aus *angenommenen* Prämissen – aus Prämissen also, die möglicherweise keinerlei Grundlage in der Wirklichkeit haben, und von denen man auch nicht behauptet, daß sie völlig der Wirklichkeit entsprechen. Die Folgerungen der Politischen Ökonomie sind wie die der Geometrie daher nur *in der Abstraktion* wahr... . Dies sollte der Politische Ökonom nicht leugnen. Wenn er dies tut, dann – und nur dann – setzt er sich ins Unrecht. Die *a priori*-Methode ... ist ... die einzige Methode, mit der es überhaupt möglich ist, in irgendeinem Gebiet der Sozialwissenschaften die Wahrheit herauszufinden. Er muß lediglich auf der Hut sein, daß er nicht Schlußfolgerungen, die sich auf eine Hypothese gründen, eine andere Gültigkeit zuschreibt, als ihnen tatsächlich zukommt.")

Die abstrakt gewonnenen Ergebnisse der Theorie müssen durch die Beobachtung in der Praxis gesellschaftlichen Lebens bestätigt, d.h. verifiziert, werden (*Definition* 331/3 dt. 174/6)[7]. Außerdem sind die Aussagen der Politischen Ökonomie nur für ihren eigenen Gegenstandsbereich, die Ökonomie, gültig:

> „With respect to those parts of human conduct of which wealth is not even the principal object, to these Political Economy does not pretend that its conclusions are applicable. But there are also certain departments of human

---

[7] Vgl. auch NUTZINGER (1976: 145): „die Rückkoppelung zur Erfahrung ist für ihn [Mill; O.H.] notwendiger Bestandteil ökonomischer Theorie". Dies ist auch ein wichtiger Aspekt der *Logic*: „The chief emphasis of the *Logic* is upon the final authority of experience as the general warrant for beliefs, and upon the necessity for verifying propositions by observation of facts if futile speculation is to be avoided." (NAGEL 1950: xxxii)

affairs, in which the acquisition of wealth is the main and acknowledged end. It is only of these that Political Economy takes notice." (*Definition* 322/3 dt. 163)

(„Hinsichtlich jener Bereiche menschlichen Verhaltens, bei denen Wohlstand nicht einmal das Hauptziel ist, erhebt die Politische Ökonomie nicht den Anspruch, daß ihre Schlußfolgerungen anwendbar sind. Doch es gibt auch bestimmte Bereiche menschlicher Tätigkeiten, bei denen der Erwerb von Wohlstand das wichtigste und offen anerkannte Ziel ist. Nur diese nimmt die Politische Ökonomie zur Kenntnis.")

Die Grenzen des eigenen wissenschaftlichen Bereichs gilt es auch zu beachten, wenn bei den Reichtumsbemühungen des Menschen andere „Störungsfaktoren (disturbing causes)" (*Definition* 330 dt. 173) auftreten als die beiden genannten Faktoren Abneigung gegen Arbeit und Wunsch nach unmittelbarer Bedürfnisbefriedigung. So schreibt Mill:

„In other instances the disturbing cause is some other law of human nature. In the latter case it never can fall within the province of Political Economy; it belongs to some other science; and here the mere political economist, he who has studied no science but Political Economy, if he attempt to apply his science to practice, will fail." (*Definition* 330/1 dt. 173)

(„In anderen Fällen ist der Störfaktor ein anderes Gesetz der menschlichen Natur. Wenn dies so ist, so kann er niemals in den Bereich der Politischen Ökonomie gehören, er gehört einer anderen Wissenschaft an, und hier wird der Ökonom, der nur Ökonom ist und keine andere Wissenschaft als die Politische Ökonomie studiert hat, eine Niederlage erleiden, wenn er seine Wissenschaft auf die Praxis anzuwenden versucht.")

Während Mill die Politische Ökonomie in der *Definition* mit der Geometrie vergleicht (siehe oben), ordnet er sie später in der *Logic* (VI.ix.3 S. 900/4 dt. 309/15), wo er ausführlich aus der *Definition* zitiert, in den Sozialwissenschaften nicht der geometrischen Methode, sondern der physikalischen Methode zu. Der Grund für diese veränderte Sichtweise dürfte darin liegen, daß Mill in der *Logic* die deduktive Methode in eine geometrische und in eine physikalische Methode unterteilt und somit zu einem differenzierteren Bild als in der *Definition* gelangt. Da Mill die physikalische Methode von der geometrischen nun dadurch unterscheidet, daß es im Rahmen der ersten mehrere Prinzipien des Handelns, die nicht immer gleichgerichtet wirken, geben kann, ist es folgerichtig, daß er die Politische Ökonomie jetzt der physikalischen Methode zuordnet. Denn mit der Abneigung des Menschen gegen Arbeit und dem Wunsch nach kurzfristigen Bedürfnisbefriedigungen gibt es hier Aspekte, die das Reichtumsstreben begleiten und beeinträchtigen.

Mit dieser Einordnung der Politischen Ökonomie in die physikalische Methode und der gleichzeitigen Subsumierung der „Interessen-Philosophie der Benthamschen Schule" (s.o.) unter die geometrische Methode in den Sozialwissenschaften (*Logic* VI.viii S. 887/94 dt. 293/302) wird von Mill im übrigen die seines Erachtens bestehende Eindimensionalität des auf Bentham zurückgehenden Menschenbildes eines vom Eigeninteresse geleiteten Nutzenmaximierers zusätzlich verdeutlicht (ausführlich dazu s.u. IV.3.1).

Mit einem letzten Hinweis sollen die Ausführungen zu Mills Methodenverständnis der Wissenschaften abgeschlossen werden: Mill verzichtet ebenso wie Bentham auf eine Einbettung seiner Theorie von Mensch, Gesellschaft und Ökonomie in einen religiösen Kontext. Im Hinblick auf die den Bereich des Religiösen ausklammernde Erziehung durch seinen Vater (*Autobiography* II S. 41/7 dt. 31/6) formuliert Mill in diesem Sinne:

> „I am thus one of the very few examples, in this country, of one who has, not thrown off religious belief, but never had it: I grew up in a negative state with regard to it." (*Autobiography* II S. 45 dt. 35)[8]
> („So bin ich denn eines von den sehr wenigen Beispielen in England, die den religiösen Glauben nicht etwa abgestreift, sondern gar nie gehabt haben, da ich in dem Zustande der Verneinung heranwuchs.")

3. Menschenbild und Gesellschaftsverständnis

Im folgenden wird das Millsche Menschenbild im Vergleich zum Benthamschen Verständnis des Menschen entwickelt. Es geht darum zu zeigen, in welchen Punkten sich Mills Auffassung von derjenigen Benthams besonders unterscheidet und daß das Menschenbild Mills wesentliche Elemente des Smithschen Verständnisses vom Menschen beinhaltet.

Mill schreibt hinsichtlich des Benthamschen Verständnisses vom Menschen:

> „Bentham's knowledge of human nature is bounded. It is wholly empirical; and the empiricism of one who has had little experience." (*Bentham* 92 dt. 156)

---

[8] Dies bedeutet nicht, daß sich Mill nicht mit dem Phänomen der Religion beschäftigt hätte. Die *Three Essays on Religion* (1874) sind ein Resultat einer solchen Beschäftigung.
Zum Millschen Verständnis von Wissenschaft vgl. insgesamt auch ROBSON (1968: 160/181).

(„Benthams Kenntnis der menschlichen Natur ist begrenzt. Sie ist rein empirisch; und es ist der Empirismus eines Mannes, der wenig erfahren hat.")

Nicht im empirischen Ausgangspunkt Benthams liegt für Mill an sich das Problem, sondern in einem reduktionistischen Menschenbild.

3.1 Interesse und Sympathie

Die Benthamsche Bestimmung des Begriffs des Interesses und seine Verknüpfung mit allem menschlichen Handeln wird von Mill im grundsätzlichen kritisiert: Auch wenn Bentham zwischen einem „extra-regarding" und einem „self-regarding interest" unterscheidet, so ist nach Mill mit dem Interessebegriff bei Bentham letztlich stets – im Sinne des üblichen Sprachgebrauchs („vulgar sense"; *Remarks* 14) die Konnotation des Eigennützigen verbunden, auch wenn er zugesteht, daß Bentham dies vermeiden möchte. Dem Aspekt des „interesselosen (disinterested)" Handelns im Sinne eines Absehens von *Eigen*interesse (s.o. III.3.1.3) läßt Bentham seines Erachtens zu wenig Raum. (*Remarks* 13/4; vgl. *Logic* VI.viii.3 S. 890 dt. 297.)

Mill sieht es als eine starke Verkürzung des Verständnisses vom Menschen an, daß Bentham letztlich das *gesamte* menschliche Denken und Handeln erstens auf Freude und Leid im allgemeinen und zweitens auf die eigenen Freuden und Leiden im speziellen zurückführt. So wie es bei Smith die Motivation durch das Urteil des unparteiischen Zuschauers gibt, sieht auch Mill den Menschen durch das „Gewissen (Conscience)" (*Bentham* 95 dt. 160) geprägt. Die Verfolgung der Tugend oder der moralischen Pflicht um dieser unmittelbar selbst – und nicht um einer Nutzensteigerung – willen kann Mill zufolge ein zentrales Motiv humanen Verhaltens darstellen. Entscheidend ist hier die Billigung durch das eigene Gewissen:

> „Man is never recognised by him [Bentham; O.H.] as a being capable of pursuing spiritual perfection as an end; of desiring, for its own sake, the conformity of his own character to his standard of excellence, without hope of good or fear of evil from other source than his own inward consciousness." (*Bentham* 95 dt. 159/60; vgl. ebd. 97 dt. 162/3; *Remarks* 13/5.)
> („Den Menschen erkennt er [Bentham; O.H.] nie als ein Wesen an, das fähig ist, geistige Vollkommenheit als einen Endzweck anzustreben und die Übereinstimmung seines eigenen Charakters mit seinem Ideal der Vortrefflichkeit um ihrer selbst willen zu suchen, ohne Hoffnung auf etwas Gutes oder Furcht vor etwas Schlimmen, das aus einer anderen Quelle als seinem eigenen inneren Bewußtsein entspringt.")

Im Unterschied zu Bentham formuliert Mill:

> „There are, there have been, many human beings, in whom the motives of patriotism or of benevolence have been permanent steady principles of action, superior to any ordinary, and in not a few instances, to any possible, temptations of personal interest. There are, and have been, multitudes, in whom the motive of conscience or moral obligation has been thus paramount." (*Remarks* 15)
>
> („Es gibt und es gab viele menschliche Wesen, bei denen die Motive des Patriotismus oder des Wohlwollens feste und dauerhafte, den gewöhnlichen – und in nicht wenigen Fällen auch den möglichen – Verlockungen des persönlichen Interesses übergeordnete Prinzipien des Handelns sind und waren. Es gibt und es gab eine Mengen von Menschen, bei denen die Motive des Gewissens oder der moralischen Verpflichtung in diesem Sinne alles überragen bzw. überragten.")

Diese Auffassung steht in deutlichem Gegensatz zur These Benthams, daß der Mensch bei der Verfolgung des Glücks anderer stets seinen eigenen Nutzen vor Augen hat (s.o. III.3.1.3).

Mill leugnet nicht, daß der Mensch in seinem Tun vielfach den eigenen Nutzen sucht. Im Gegenteil: Dieser Sachverhalt spielt bei seinem „Beweis (proof)" des Utilitätsprinzips (*Utilitarianism* IV.3 S. 234 dt. 60/1) eine wichtige Rolle. Aber Mill bestreitet vehement, daß sich individuelles Handeln auf diese Dimension *beschränkt*.

Ein weiteres Problem der Benthamschen Rückführung allen Handelns auf ein individuelles Interesse wird von Mill m.E. richtig gesehen: Wenn es um eine rein definitorische Bestimmung geht, also „handeln" stets „handeln aus Interesse" ist, dann ist mit der Aussage vom interessegeleiteten Handeln des Menschen letztlich kein Erkenntnisgewinn verbunden:

> „In laying down as a philosophical axiom, that men's actions are always obedient to their interests, Mr. Bentham did no more than dress up the very trivial proposition that all persons do what they feel themselves most disposed to do" (*Remarks* 13/4; vgl. ebd. 12; *Logic* VI.viii.3 S. 890 dt. 297).
>
> („Mit der Formulierung des philosophischen Axioms, daß die Handlungen der Menschen immer von ihren Interessen abhängig sind, hat Bentham nicht mehr getan, als die triviale Aussage, daß alle Menschen das tun, wozu sie sich selbst am meisten hingezogen fühlen, schön zu verpacken.")

Wird Bentham hingegen – m.E. zutreffend – unterstellt, daß es ihm um eine inhaltliche Bestimmung menschlichen Verhaltens geht, dann liegt der zentrale Gedanke der Rede vom interessegeleiteten Handeln nicht nur in der Eigennützigkeit, sondern auch in der Rationalität *jeglichen* individuellen Tuns. Dies aber wird von Mill bestritten. Seines Erachtens handelt der

Mensch auch spontan und unreflektiert, also ohne explizite Kalkulationen von mit alternativen Handlungen verbundenen Freuden und Leiden:

> „The prevailing error of Mr. Bentham's views of human nature appears to me to be this – he supposes mankind to be swayed by only a part of the inducements which really actuate them; but of that part he imagines them to be much cooler and more thoughtful calculators than they really are." (*Remarks* 16/7; vgl. ebd. 12/3; *Utilitarianism* II.7 S. 212/3 dt. 18/9.)
> („Der maßgebende Fehler in Benthams Sicht der menschlichen Natur scheint mir dieser zu sein: Er stellt sich die Menschen so vor, daß sie nur von einem Teil der Anreize beeinflußt sind, die sie in Wirklichkeit antreiben; aber dadurch stellt er sie sich viel kühler und berechnender vor, als sie wirklich sind.")

Insgesamt gilt für Mill im Gegensatz zur „Interessen-Philosophie (interest-philosophy)" (s.o. IV.2) Benthams und dessen Anhänger:

> „Human beings are not governed in all their actions by their worldly[9] interests." (*Logic* VI.viii.3 S. 890 dt. 297)
> („Menschliche Wesen werden nicht in allen ihren Handlungen durch ihre weltlichen Interessen geleitet.")

In Mills Verständnis vom Menschen spielt schließlich das Phänomen der Sympathie eine wichtige Rolle. Die Nähe zu Smith ist dabei offensichtlich:

> „Human beings ... differ from other animals ... in being capable of sympathizing, not solely with their offspring ... but with all human, and even with all sentient, beings." (*Utilitarianism* V.20 S. 248 dt. 89)
> („Die Menschen unterscheiden sich von den Tieren ... darin, daß sie zur Sympathie nicht nur mit ihren Nachkommen ... fähig sind, sondern mit allen Menschen und sogar allen fühlenden Wesen.")

Die bei Mill zentrale Bedeutung der menschlichen Sympathiefähigkeit kommt im Rahmen der Diskussion des gesellschaftlichen Miteinanders (s.u. IV.3.4) und der Ethik (s.u. IV.4.1) zum Ausdruck. Das Verhältnis von Individuum und Gesellschaft wird von Mill anders akzentuiert als dies bei Bentham der Fall ist. Seine Auffassung ist in deutlicher Nähe zu derjenigen Smiths zu sehen. Die Gesellschaft und der Mitmensch erscheinen nicht primär als ein Mittel für das Individuum zur Erzielung und Steigerung des eigenen Nutzens. Vielmehr wird der Mensch bei aller Betonung seiner Individualität immer auch von der Gemeinschaft her gedacht. Der Mensch ist für Mill wesentlich ein Sozialwesen.

---

[9] „Weltliches (worldly)" Interesse ist hier gleichbedeutend mit „privatem (private)" Interesse (*Logic* VI.viii.3 S. 890 dt. 297).

In den verschiedenen angeführten Aspekten des Millschen Verständnisses vom Menschen zeigt sich die Distanzierung Mills von Bentham. Das von Bentham entwickelte Menschenbild ist Mill zufolge verkürzt:

> „The truths which are not Bentham's, which his philosophy takes no account of, are many and important; but his non-recognition of them does not put them out of existence" (*Bentham* 93/4 dt. 158).
>
> („Die Wahrheiten, welche Bentham nicht anerkannte und um welche seine Philosophie sich nicht kümmert, sind zahlreich und wichtig; allein seine Ignorierung hat sie nicht aus der Welt geschafft".)

Und Mill vertritt dezidiert die Auffassung:

> „Man, that most complex being, is a very simple one in his eyes." (*Bentham* 96 dt. 161)
>
> („Der Mensch, dieses komplexeste Wesen, erscheint in seinen Augen außerordentlich einfach.")

Gleichwohl meint Mill, daß Bentham *eine* – und zwar zentrale – Dimension des Individuums trifft. In diesem Sinne hat die Benthamsche Sichtweise ihre Berechtigung (vgl. *Bentham* 94 dt. 158). Mill selbst wählt eine solche einseitige Perspektive des Menschenbildes, wenn er – im Bereich der Ökonomik – vom Menschen als homo oeconomicus ausgeht, der durch spezielle Verhaltensmuster gekennzeichnet ist (s.o. IV.2). Er weist allerdings mit Entschiedenheit darauf hin, daß sich der Philosoph oder Wissenschaftler dieser Perspektivenübernahme bewußt sein muß und das dergestalt eingeschränkte Menschenbild nicht verabsolutieren darf. Genau darin sieht er allerdings den Fehler Benthams oder, wie er es nennt, die „schlimme Seite seiner Schriften" („bad part of his writings"; *Bentham* 93 dt. 157). (Vgl. *Bentham* 89/94 dt. 152/9; *Death* 471/2.)

Die dargestellte Sichtweise Mills bestätigt nicht nur die Berechtigung der oben (III.8.3) erfolgten Kritik an Benthams Verständnis menschlichen Verhaltens, sondern sie steht darüber hinaus den Smithschen Auffassungen nahe. In den folgenden Abschnitten sollen nun einige spezifischere Themen diskutiert werden.

3.2 Qualitativer Hedonismus

In der Darstellung der Smithschen Theorie wurde darauf hingewiesen (s.o. II.3.2.4), daß die Formulierung einer individuellen Nutzenfunktion, deren Maximierung gleichbedeutend mit der Erlangung der Glückseligkeit ist, dem Smithschen Menschenbild nicht gerecht wird. Smith ist weit davon entfernt zu glauben, daß die verschiedenen Momente dessen, was unter dem Begriff der Glückseligkeit verstanden werden kann, exakt quantifiziert werden könnten. Auch spielen bei der Frage nach Wohlbefinden und Glückseligkeit verschiedene Dimensionen eine Rolle, die – wie materielle, geistige oder moralische Werte – nicht unmittelbar gegeneinander aufgerechnet werden können. Bentham hingegen geht, wie gezeigt wurde (s.o. III.3.1.4), von solchen Vorstellungen aus. Er weist zwar zuweilen auf gewisse Schwierigkeiten hin, die mit Berechnungen der individuellen und gesellschaftlichen „happiness" verbunden sind. Sie werden von ihm aber letztlich um des Ziels einer gleichsam naturwissenschaftlich-mathematischen Theorie von Mensch und Gesellschaft willen ignoriert.

Mill wählt zwischen den Positionen Smiths und Benthams einen Mittelweg. Im *Utilitarianism*, mit dem Mill eine Verteidigung der utilitaristischen Theorie leisten möchte, beschreibt er den Utilitarismus in der Form des *qualitativen* Utilitarismus. Mill gibt der utilitaristischen Theorie damit im wahrsten Sinne des Wortes eine neue Qualität[10]. Er verabschiedet sich von der Benthamschen Vorstellung eines homogenen Nutzens, bei dem nicht die Art der Freude und des Leides, um die es geht, sondern alleine die Quantität des erreichten Nutzens von Bedeutung ist. Obwohl mit dieser Umdeutung weitreichende Konsequenzen verbunden sind (vgl. unten IV.7.2), macht Mill nicht darauf aufmerksam, daß er sich damit von Benthams Konzeption in erheblichem Maße entfernt. Er erweckt vielmehr den Eindruck, daß es sich hierbei nur um eine Klarstellung oder um eine explizite Erweiterung handelt, die jedoch implizit bei Bentham schon angelegt ist[11]. (Vgl. *Utilitarianism* II.2/9 S. 210/4 dt. 13/21.)

Ausgangspunkt der Millschen Argumentation ist das Verständnis des Menschen als vernunftbegabtes Wesen. Hierin liegt der zentrale Unterschied zwischen der menschlichen und der außermenschlichen Natur. Er begründet nach Mill die Vorrangstellung der ersteren vor der letzteren (vgl. *Utilitarianism* V.20 S. 248 dt. 89). Demzufolge müssen die geistigen Freuden des Menschen höherwertig sein als die rein sinnlichen. Lebt der Mensch nur die letztgenannten aus, bleibt er gleichsam auf der niederen Stufe des tierischen Lebens stehen (*Utilitarianism* II.6 S. 211/2 dt. 16/8). Nach Mill gibt es also eine qualitative Differenz zwischen den verschiede-

---

[10] In der Formulierung von HAUER (1991: 214) „transzendiert" Mill „die Benthamschen Kategorien von Vergnügen und Schmerz".

[11] Vgl. auch BIRNBACHERS (1985: 122) Auffassung, daß „dieses Qualitätskriterium ... Benthams hedonistische Definition des Glücks abwandeln und erweitern müßte", es von Mill aber so dargestellt wird, als ob es „nur zufällig von den Vorgängern übersehen worden sei".

nen *Arten* von Freuden und Leiden. In diesem Sinne formuliert Mill den inzwischen klassisch gewordenen Satz:

> „It is better to be a human being dissatisfied than a pig satisfied; better to be Socrates dissatisfied than a fool satisfied." (*Utilitarianism* II.6 S. 212 dt. 18)
> („Es ist besser, ein unzufriedenes menschliches Wesen zu sein als ein zufriedenes Schwein; besser, ein unzufriedener Sokrates zu sein als ein zufriedener Narr.")

Welche Arten des Nutzens bzw. der ihm zugrundeliegenden Freuden und Leiden von einer höheren Güte sind als andere, das zu beurteilen, überläßt Mill einer Entscheidungsinstanz, die diese verschiedenen Arten aus eigener Erfahrung kennt:

> „On a question which is the best worth having of two pleasures ... the judgement of those who are qualified by knowledge of both, or, if they differ, that of the majority among them, must be admitted as final. ... What means are there of determining which is the acutest of two pains, or the intensest of two pleasurable sensations, except the general suffrage of those who are familiar with both?" (*Utilitarianism* II.8 S. 213 dt. 19/20)
> („Bei einer Fragestellung, welche von zwei Freuden zu haben am besten ist, muß das Urteil derjenigen, die beide erfahren haben, oder, wenn sie auseinandergehen sollten, das der Mehrheit unter ihnen als endgültig gelten. ... Welche Mittel stehen zur Verfügung, um zu beurteilen, welches von zwei Leiden das heftigste oder welche von zwei lustvollen Empfindungen die intensivste ist, außer das allgemeine Stimmrecht derer, denen beide vertraut sind?")

Mit dem Urteil dieser Personen gibt Mill im Gegensatz zu Bentham an, mit Hilfe welchen Maßstabs interpersonelle Nutzenvergleiche angestellt werden können. Gleichwohl sieht Mill hier keine letzte Objektivität im Sinne eines naturwissenschaftlichen Beweises, denn bezüglich der qualitativen Einordnung der verschiedenen Arten können durchaus unterschiedliche Meinungen auftreten. Für Mill gibt es nur eine Objektivität in Form eines Mehrheitsbeschlusses von Individuen hinsichtlich ihrer subjektiven Erfahrungen. Dabei wird das Urteil stets in der Weise gefällt werden, daß den geistigen Freuden eine höhere Qualität zugesprochen wird als den rein sinnlichen (*Utilitarianism* II.6 S. 212 dt. 16/8).

Mill kann dergestalt interpretiert werden, daß, wenn interpersonelle Nutzenvergleiche möglich sein sollen, diese auf der Grundlage solcher quasi-objektiver Bestimmungen der Qualitäten von Freude und Leid basieren müssen. Dies gilt entsprechend für die jeweilige Quantität eines in Frage stehenden Nutzens. Von hier aus kann eine inhaltliche Verbindung zur Smithschen Figur des „vorgestellten unparteiischen und *wohlunterrich-*

teten Zuschauers" (s.o. II.4.3) gezogen werden. Mit der ausführlichen Diskussion der individuellen Sympathiefähigkeit und der hieraus hervorgehenden Figur dieses Zuschauers eröffnet Smith einen Raum, in dem interpersonelle Gefühls- bzw. Nutzenvergleiche möglich werden. Mill tritt in diesen Raum ein und spricht, ohne sich ausdrücklich auf Smith zu beziehen, vom – im Sinne einer uneigennützigen Urteilsinstanz – „interesselosen und wohlwollenden Zuschauer (disinterested and benevolent spectator)" (*Utilitarianism* II.18 S. 218 dt. 30), auf den an späterer Stelle noch einmal zurückzukommen sein wird (s.u. IV.4.1).

Noch eine andere Verbindungslinie kann im vorliegenden Zusammenhang von Mill zu Smith gezogen werden: Der von Smith geschilderte Mensch, der um des Reichtums willen größte Beschwerden auf sich nimmt und in seinem Verhalten letztlich einen Teil seiner Würde aufgibt, um dann von dem Resultat seiner Bemühungen bitterlich enttäuscht zu sein (s.o. II.3.2.4), würde nicht nur Mills These von den unterschiedlichen Qualitäten der verschiedenen Nutzenarten bestätigen, sondern wäre aufgrund seiner Erfahrung auch einer der von Mill genannten kompetenten Richter zur Bestimmung dieser Qualitätsdifferenzen.

Mit der Formulierung des Konzepts heterogener Nutzeneinheiten wird der auf der Benthamschen Theorie basierende Gedanke individueller und gesellschaftlicher Nutzenfunktionen allerdings kompliziert. Mill spricht dies zwar nicht explizit aus, ist sich dessen aber ganz offensichtlich bewußt. In diesem Sinne ist es m.E. kein Zufall, daß im *Utilitarianism* der bei Bentham so zentrale Gedanke einer *exakten* Nutzenmessung und -kalkulation nicht näher ausgeführt wird, auch wenn Mill den Gedanken einer exakten Nutzenberechnung aufrecht erhält – und insofern inkonsequent ist (vgl. auch HÖFFE 1979: 138):

> „If there [in the principle of utility; O.H.] is any anterior principle implied, it can be no other than this, that the truths of arithmetic are applicable to the valuation of happiness, as of all other measurable quantities." (*Utilitarianism* V.36 Anm. S. 258 dt. 108)
> („Wenn hier [im Nützlichkeitsprinzip; O.H.] irgendein Prinzip vorausgesetzt ist, dann das, daß die Sätze der Arithmetik auf die Wertbestimmung von Glück genauso anwendbar sind, wie auf die aller anderen meßbaren Größen.")

Auch die Rede vom gesellschaftlichen Nutzen beinhaltet den Gedanken der Addierbarkeit der individuellen Nutzen („sum total of happiness"; *Utilitarianism* II.17 S. 218 dt. 29; vgl. ebd. II.19 S. 220 dt. 32/3; IV.5 S. 235 dt.

62/3). Für Mill ist der Gedanke eines Nutzenkalküls allgemein ein zentrales Moment der Moralphilosophie (*Bentham* 111 dt. 181).[12]

3.3 Menschliches Glück

Den Begriff des Glücks führt Mill so wie Bentham auf Freude und Leid zurück:

> „By happiness is intended pleasure, and the absence of pain; by unhappiness, pain, and the privation of pleasure." (*Utilitarianism* II.2 S. 210 dt. 13; vgl. ebd. IV.5 S. 235 dt. 62/3.)
> („Unter Glück ist Freude und die Abwesenheit von Leid zu verstehen, unter Unglück Leid und die Entbehrung von Freude.")

Glück bedeutet für Mill nicht ein „Fortdauern einer im höchsten Grade lustvollen Erregung (continuity of highly pleasurable excitement)". Sollte es darin bestehen, wäre es für den Menschen praktisch unerreichbar (*Utilitarianism* II.12 S. 215 dt. 23). Mill spricht im Zusammenhang mit der Frage nach einem geglückten menschlichen Leben vielmehr einfach von der Erlangung individueller *Zufriedenheit*. Die „Hauptbestandteile (main constituents)" eines „zufriedenen Lebens (satisfied life)" sind dabei die durch Freuden hervorgerufene „Erregung (excitement)" und die „Ruhe (tranquillity)" (*Utilitarianism* II.13 S. 215 dt. 24). Letztere weist zwar gewisse Gemeinsamkeiten mit Smiths Rede von der für das menschliche Glück notwendigen Seelenruhe auf, ist mit dieser aber nicht identisch, kennzeichnet sie doch vor allem den Zustand zwischen den verschiedenen Erregungen.

Bei der Frage nach einem geglückten menschlichen Leben geht es für Mill, wie bereits erwähnt, insbesondere um die Erlangung der Freuden höherer Qualität. Dies sind jene, die dem Menschen eigentümlich sind: solche der geistigen Art bzw. solche, die wesentlich mit der Teilhabe des Individuums am gemeinschaftlichen Leben verbunden sind. Wer sich von der Gemeinschaft absondert bzw. die Gesellschaft nur als Mittel zum Zweck des eigenen Wohlergehens betrachtet, wird seinen natürlichen Anlagen, die ihn ganz wesentlich als soziales Wesen bestimmen, nicht gerecht. Der Egoist ist nur auf seine „eigene erbärmliche Individualität (his own miserable individuality)" (*Utilitarianism* II.14 S. 216 dt. 25) bezogen. Sein Leben

---

[12] Das Festhalten Mills an der Meßbarkeit des Nutzens und am Utilitätskalkül wird von SCHERNIKAU (1992: 34) übersehen, wenn er schreibt: „Eine Messung des Wertes einer Freude im Sinne des von Bentham vorgeschlagenen hedonistischen Kalküls wäre ... aussichtslos. Mill greift diese Möglichkeiten auch nicht auf".

bleibt daher letztlich „unbefriedigend (unsatisfactory)" (*Utilitarianism* II.13 S. 215 dt. 25), auch wenn hinsichtlich der äußeren Lebensumstände ein hohes Nutzenniveau erreicht werden sollte. (*Utilitarianism* II.13/4 S. 215/7 dt. 23/7) Es ist die Selbstverwirklichung *in* der Gemeinschaft als Teil des Ganzen, durch die der Mensch letztlich die entscheidende Befriedigung erfährt und die im Zusammenhang mit „persönlichen Gefühlsbindungen (genuine private affections)" und einem „aufrichtigem Interesse am Gemeinwohl (sincere interest in the public good)" steht (*Utilitarianism* II.14 S. 216 dt. 26). Diese Einsicht kommt auch im folgenden Zitat zum Vorschein, das an den Weg zum Glück erinnert, den Smith im Zusammenhang mit dem Weisen und Tugendhaften aufzeigt (s.o. II.3.2.4): Der Mensch wird glücklich, indem er sich der Stimme seines Gewissens verpflichtet und sein Leben am Gemeinwohl ausrichtet:

> „I never, indeed, wavered in the conviction that happiness is the test of all rules of conduct[13], and the end of life. But I now thought[14] that this end was only to be attained by not making it the direct end. Those are only happy ... who have their minds fixed on some object other than their own happiness; on the happiness of others, on the improvement of mankind, even on some art or pursuit, followed not as a means, but as itself an ideal end. Aiming thus at something else, they find happiness by the way."
> (*Autobiography* V S. 145/7 dt. 117/8)
> („Ich schwankte in der Tat nie in der Überzeugung, daß Glück der Prüfstein aller Verhaltensregeln und der Endzweck des Lebens sei; aber jetzt dachte ich, dieser Zweck lasse sich nur erreichen, wenn man ihn nicht zum unmittelbaren Ziel mache. Nur jene sind glücklich..., die ihren Sinn auf einen anderen Gegenstand als auf ihre eigene Glückseligkeit gerichtet haben: auf das Glück der anderen, auf die Verbesserung der Menschheit, ja sogar auf irgendeine Kunst oder Beschäftigung, die nicht als Mittel, sondern um ihrer selbst willen nach einem idealen Ziele streben. Während man so auf etwas anderes abhebt, findet man das Glück unterwegs.")

Es geht hier um eine Lebenserfahrung, die Mill gewonnen hat, und die nicht als paradoxe Handlungsanweisung zu verstehen ist, gleichsam uneigennützig eigennützig zu sein. Wer mit dem letztgenannten Mittel-zum-

---

[13] Die Rede von den „rules of conduct" kann für die These angeführt werden, daß Mill ein Regelutilitarist sei (s.u. IV.4.1 und Anm.)

[14] Mill bezieht sich hier auf die Erkenntnisse, die er im Zusammenhang mit seiner tiefen persönlichen Krise, die er in den Jahren 1826/7 erlebt, gewinnt (*Autobiography* V S. 137/47 dt. 110/8).

Zweck-Denken auf diese Weise glücklich werden wollte, wird ebenfalls nicht glücklich werden.[15]

Ein glückliches Leben im oben genannten Sinne setzt für Mill allerdings drei wesentliche Dinge voraus. Erstens gehört zum menschlichen Glück immer auch die persönliche Freiheit, der Mill mit *On Liberty* (*Liberty*, 1859) eine ganze Schrift widmet. Zweitens ist auch das Freisein von äußerer Not bzw. die Befriedigung zentraler menschlicher Bedürfnisse ein wichtiges Element (*Utilitarianism* II.14 S. 216 dt. 26). Als eine dritte Voraussetzung nennt Mill ein Mindestmaß an Bildung und Geist („mental cultivation"; *Utilitarianism* II.13 S. 215 dt. 25). Hiermit steht die Beschäftigung mit den unterschiedlichsten Bereichen der menschlichen Kultur im Zusammenhang, z.B. mit Kunst, Poesie, Geschichte, die den Menschen über seinen eigenen Horizont hinausschauen und glücklich werden läßt – sofern sie nicht nur aus bloßer Neugier, sondern mit ganzem Herzen (aus einem „moral or human interest") erfolgt (*Utilitarianism* II.13 S. 216 dt. 25). Kommen die verschiedenen Momente zusammen, dann kann nach Mill von einer „beneidenswerten Existenz (enviable existence)" (*Utilitarianism* II.14 S. 216 dt. 26) des Menschen gesprochen werden.

Insgesamt zeigen sich deutliche Parallelen zwischen Mill und Smith hinsichtlich des Verständnisses von einem geglückten menschlichen Leben. Das vom Eigennutz dominierte Menschenbild Benthams wird von Mill hingegen inhaltlich verworfen.

3.4 Gesellschaft

Das gesellschaftliche Miteinander, auf das Mill im Zusammenhang mit dem menschlichen Glück hinweist, soll im folgenden näher betrachtet werden. Smith (s.o. II.3.3.3) unterscheidet zwischen zwei idealtypischen Extremen der Gesellschaft, zwischen einer Gesellschaft der Tugendhaften einerseits und einer gleichsam kaufmännisch strukturierten Gesellschaft andererseits. In der Realität gibt es Mischformen, und Interesse, Sympathie und Ethik sind dabei in je unterschiedlichem Maße die wesentlichen Komponenten des Zusammenhalts. Auch bei Bentham (s.o. III.2.1) sind Eigeninteresse und Sympathie die zentralen Bande menschlichen Miteinanders, wobei die Sympathie anders als bei Smith deutliche Züge des Eigennutzes beinhaltet,

---

[15] Daß es schwierig ist, diese Lebenserfahrung in den Kategorien des Nützlichkeitsdenkens auszudrücken, zeigt die Bemerkung STARBATTYS (1985: 91), Mill lasse den Utilitarismus zur „Leerformel" werden, „denn nun kann man uneigennützig seinem Eigennutz dienen, während man ihn eigennützig mindern kann. Der Begriff 'Nutzen' ist zur Worthülse geworden, die mit jedem beliebigen Inhalt aufgefüllt werden kann."

welcher insgesamt als das entscheidende individuelle Motiv gesellschaftlicher Interaktion zu betrachten ist. Die verschiedenen „Sanktionen", die bei Bentham das Verhalten des Individuums wesentlich bestimmen, werden von diesem in dem Maße berücksichtigt, als dadurch der eigene Nutzen vergrößert bzw. eine Minderung verhindert wird. Daher beschreibt Mill Benthams Gesellschaftsverständnis letztlich wie folgt:

„There remained, as a motive by which mankind are influenced, and by which they may be guided to their good, only personal interest. Accordingly, Bentham's idea of the world is that of a collection of persons pursuing each his separate interest or pleasure, and the prevention of whom from jostling one another more than is unavoidable, may be attempted by hopes and fears derived from three sources – the law, religion and public opinion." (*Bentham* 97 dt. 162/3)

(„Als Motiv, von dem die Menschen beeinflußt werden und durch das sie zu ihrem eigenen Guten geführt werden, blieb nur das persönliche Interesse übrig. Demgemäß ist Benthams Idee der Welt diejenige einer Ansammlung von Personen, deren jede für sich ihren separaten Interessen oder Freuden nachgeht, und man kann mit Hoffnungen und Ängsten, die drei Quellen entspringen, nämlich Gesetz, Religion und öffentlicher Meinung, versuchen zu verhindern, daß sie sich mehr als vermeidbar anrempeln.")

In der Theorie Mills wird das gesellschaftliche Miteinander von verschiedenen Faktoren bestimmt, die zum Teil ineinander übergehen:[16] Erstens motiviert das Eigeninteresse, verbunden mit dem Bewußtsein der eigenen Unzulänglichkeiten, zu Arbeitsteilung und Tausch (s.u. IV.5.1). Zweitens erkennt der einzelne als Vernunftwesen die Notwendigkeit eines funktionierenden Gemeinwesens als Voraussetzung für sein eigenes Wohlbefinden (*Utilitarianism* V.20 S. 248 dt. 89). Drittens sind mittels der Sympathie Perspektivenübernahmen zwischen Individuen möglich (s.o. IV.3.1). Viertens ist der Mensch, ähnlich wie bei Smith und Bentham, von dem Wunsch nach gesellschaftlicher Anerkennung geprägt (*PPE* II.xiii.2 S. 371 dt. 557). Fünftens akzeptiert der Mensch als moralisches Wesen die Existenzberechtigung der Interessen anderer (s.u. IV.4). Sechstens gibt es ein „mächtiges Prinzip der menschlichen Natur" („powerful principle in human nature", „powerful natural sentiment"; *Utilitarianism* III.10 S. 231 dt. 54): die „sozialen Gefühle der Menschen, der Wunsch nach Einheit mit den Mitgeschöpfen (social feelings of mankind; the desire to be in unity with our fellow creatures)" (*Utilitarianism* III.10 S. 231 dt. 54). Insgesamt ergibt sich so für Mill ein Verständnis des Menschen als gesellschaftliches Wesen:

---

[16] Vgl. auch BERGER (1984: 19/23).

„The social state is at once so *natural*, so *necessary*, and so *habitual* to man, that, except in some unusual circumstances or by an effort of voluntary abstraction, he *never* conceives himself *otherwise than as a member of a body*; and this association is riveted more and more, as mankind are further removed from the state of savage independence." (*Utilitarianism* III.10 S. 231 dt. 54; Herv. O.H.)

(„Das gemeinschaftliche Leben ist dem Menschen so *natürlich*, so *notwendig* und so *vertraut*, daß er sich *niemals* – es sei denn in einigen ungewöhnlichen Fällen oder durch einen bewußten Akt der Abstraktion – *anders denn als das Glied eines Ganzen denkt*, und diese gedankliche Verbindung wird desto unauflöslicher, je weiter sich die Menschheit vom Zustand roher Selbstgenügsamkeit entfernt.")

Darin, daß die sozialen Beziehungen immer stärker werden, kommt für Mill auch wesentlich der Fortschritt der menschlichen Kultur zum Ausdruck. Mill nennt bei dieser Festigung drei zum Teil bereits erwähnte Aspekte: erstens – vergleichbar der wachsenden Sympathie – das Sich-hinein-Versetzen des einzelnen in die Lage des anderen, zweitens gemeinschaftliches Handeln um eines gemeinsamen Ziel willen und drittens die Berücksichtigung der gegenseitigen Interessen (*Utilitarianism* III.10 S. 231/2 dt. 54/6). Der letztgenannte Punkt erinnert wieder an Smiths Rede vom interessegeleiteten gesellschaftlichen Miteinander und an Benthams Bemerkung, daß es langfristig im Interesse des Individuums ist, die Interessen anderer in seinem Handeln zu berücksichtigen:

„Not only does all strengthening of social ties, and all healthy growth of society, give to each individual a stronger personal interest in practically consulting the welfare of others; it also leads him to identify his *feelings* more and more with their good, or at least with an ever greater degree of practical consideration for it. He comes, as though instinctively, to be conscious of himself as a being who *of course* pays regard to others. ... Now, whatever amount of this feeling a person has, he is urged by the strongest motives both of interest and of sympathy to demonstrate it" (*Utilitarianism* III.10 S. 231/2 dt. 56; Herv. dort).

(„Die Stärkung der Gemeinschaftsbindungen und die Entwicklung des gesellschaftlichen Verkehrs bewirken nicht nur, daß der einzelne ein stärkeres persönliches Interesse daran hat, das Wohlergehen der andern in seiner Lebensführung zu berücksichtigen, sondern verhelfen ihm auch dazu, seine *Gefühle* mehr und mehr mit ihrem Wohl oder zumindest mit einer stärkeren Berücksichtigung ihres Wohls im praktischen Handeln zu identifizieren. Gleichsam instinktiv gelangt er dazu, sich seiner selbst als eines Wesens bewußt zu werden, dem es *selbstverständlich* ist, auf die anderen Rücksicht zu nehmen. ... Nun, wie groß diese Gefühle eines Menschen auch sein mögen, so wird er doch durch die starken Motive von Interesse und

Sympathie dazu angetrieben, sie kundzutun und die anderen nach Kräften darin zu bestärken".)

Dieses Miteinander wird im übrigen wesentlich durch die Erziehung und die Politik, die Mill zufolge den Auftrag hat, Interessengegensätze innerhalb der Gesellschaft abzubauen und dem Gemeinwohl dienliche Sanktionsmechanismen zu errichten, beeinflußt (*Utilitarianism* III.10 S. 231/2 dt. 56/7; II.18 S. 218/9 dt. 30/1; s.u. IV.6).

Insgesamt finden sich in Mills Vorstellungen des gesellschaftlichen Miteinanders zentrale Gedankengänge sowohl Smiths als auch Benthams. Gleichwohl steht Mill Smith ungleich näher als seinem utilitaristischen Vorläufer, versucht er doch, den gesellschaftlichen Zusammenhalt nicht auf die individuellen Nutzenkalküle zu reduzieren, sondern ihn ähnlich wie Smith in verschiedenen Facetten der menschlichen Natur zu begründen. Schließlich kommt bei Mill auch der Gedanke der Gesellschaft als Organismus zum Ausdruck (vgl. *Logic* VI.x.2 S. 912 dt. 324; *Remarks* 9).

4. Ethik

4.1 Das utilitaristische Prinzip

Mill definiert das utilitaristische Kriterium moralischen Handelns wie folgt:

„The creed which accepts as the foundation of morals, Utility, or the Greatest Happiness Principle, holds that actions are right in proportion as they tend to promote happiness, wrong as they tend to produce the reverse of happiness." (*Utilitarianism* II.2 S. 210 dt. 13)
(„Die Überzeugung, die die Nützlichkeit oder das Prinzip des größten Glücks als die Grundlage der Moral betrachtet, vertritt die Auffassung, daß Handlungen in dem Maße richtig sind, als sie dazu tendieren, Glück zu fördern, und falsch, als sie dazu tendieren, das Gegenteil von Glück hervorzubringen.")

Dabei betont er ausdrücklich, daß es hier um das Glück der Gesellschaft als ganzer geht – oder anders formuliert: um den gesellschaftlichen Nutzen:

„the happiness which forms the utilitarian standard of what is right in conduct, is not the agent's own happiness, but that of all concerned" (*Utilitarianism* II.18 S. 218 dt. 30; vgl. ebd. II.9 S. 213 dt. 20).
(„das Glück, das den utilitaristischen Maßstab dessen darstellt, was richtiges Verhalten ist, ist nicht das Glück des Handelnden selbst, sondern das aller Betroffenen".)

Mills Ethik unterscheidet sich u.a. in vier wichtigen Punkten vom Utilitarismus der Benthamschen Fassung. Dabei geht es erstens um die Bildung des moralischen Urteils, zweitens um die Abgrenzung der Personengruppe, deren Nutzen in Frage steht, drittens um die Problematisierung des Konsequenzprinzips und viertens um den qualitativen Hedonismus.

Erstens gibt Mill im Gegensatz zu Bentham an, wie er sich einen Prozeß des Abwägens zwischen dem Glück des Handelnden und dem Glück der Betroffenen vorstellt. Unmittelbar im Anschluß an das letzte Zitat fährt er fort:

> „As between his [the agent's; O.H.] own happiness and that of others, utilitarianism requires him to be as strictly impartial as a disinterested and benevolent spectator." (*Utilitarianism* II.18 S. 218 dt. 30)
>
> („Der Utilitarismus fordert von ihm [dem Handelnden; O.H.], zwischen seinem eigenen Glück und dem der anderen in genauso strikter Weise unparteiisch zu sein wie ein interesseloser und wohlwollender Beobachter.")

Mill greift also zur Formulierung seiner Fassung der utilitaristischen Ethik auf das zentrale Element der Ethik Smiths, den unparteischen Zuschauer, zurück und macht es für seine eigene Theorie fruchtbar. Ethisches Urteilen beinhaltet für Mill ebenso wie für Smith die Distanzierung von der eigenen Position und die Einnahme einer Haltung der Neutralität und Uneigennützigkeit.

Zweitens weist Mill in *Bulwer* (502) auf eine zentrale Schwierigkeit hin, die mit dem Prinzip des größten Glücks verbunden ist: Nachfolgende Generationen sind zwar vielfach von gegenwärtigen Entscheidungen betroffen, ihre Nutzenkalküle können jedoch nicht adäquat abgeschätzt werden. Mill bietet für dieses Problem keinen Ausweg an. Er vermittelt aber den Eindruck, daß der Staat sich aufgrund dieser Schwierigkeit von der Zielsetzung des größtmöglichen Glücks seiner gegenwärtig lebenden Bürger leiten lassen soll.

Drittens greift das von Bentham vertretene Konsequenzprinzip nach Mills Ansicht zu kurz. Hierbei ist bemerkenswert, daß Mill das Konsequenzprinzip Benthams bereits weitergehender als in dessen Schriften interpretiert, nämlich in Richtung einer regelutilitaristischen Position[17]. Diese Interpretation ist m.E. zwar möglich, jedoch nicht zwingend:

---

[17] In der Utilitarismusdiskussion des 20. Jh. sind die Begriffe des *Handlungsutilitarismus* und des *Regelutilitarismus* entwickelt worden. Mit der Position des Handlungsutilitarismus wird vor allem der Name von J. J. C. SMART verbunden, mit der des Regelutilitarismus diejenigen von J. O. URMSON und R. B. BRANDT. „Nach dem Handlungsutilitarismus ist jene Handlung moralisch richtig, deren Folgen zu einem Maximum an allgemeinem Wohlergehen führen; nach dem Regelutilitarismus ist es jene

Bentham „has practically, to a very great extent, confounded the principle of Utility with the principle of specific consequences, and has habitually made up his estimate of the approbation or blame due to a particular kind of action, from a calculation solely of the consequences to which that very action, *if practised generally*, would itself lead" (*Remarks* 8; Herv. O.H.). (Bentham „hat praktisch, und zwar in sehr großem Maße, das Utilitätsprinzip mit dem Prinzip der spezifischen Folgen durcheinander gebracht; und er hat das Urteil der Zustimmung oder Ablehnung einer bestimmten Art von Handlung gewöhnlich allein von der Kalkulation abhängig gemacht, zu welchen Folgen diese Handlung führen würde, *wenn sie regelmäßig vollzogen würde*".)

Mill selbst geht über diese Position noch weiter hinaus. Für ihn gibt es positive Handlungsfolgen, die nicht in unmittelbaren Nutzeneinheiten ausgedrückt werden können. Es geht hier um die moralische Natur des Menschen, dessen geistig-moralische Entwicklung, die für Mill entscheidend zur menschlichen Natur gehört – hierzu zählt beispielsweise das Erreichen eines tugendhaften Verhaltens (s.o. IV.3.3). Es geht um die Charakterbildung des Individuums, und damit verbunden um ein zukünftiges Handeln im Sinne der ethischen Maximen. Mill tritt dezidiert dafür ein, diese Folgen zu berücksichtigen. Denn mit der Vervollkommnung seiner Moralität wird der Mensch immer mehr Mensch, d.h. entwickelt er die ihm eigenen und ihn von der nichtmenschlichen Natur unterscheidenden Anlagen weiter. (*Remarks* 7/10; *Bentham* 97/9 dt. 163/5, 110/3 dt. 179/83) Wenn Vertreter des Regelutilitarismus Mill ihrer Position zurechnen (so URMSON 1992[18]), dann können sie hier einen Ansatzpunkt für ihre Argumentation finden.

Die genannte Berücksichtigung fordert Mill auch von Seiten des Gesetzgebers – hängt hiervon doch die Qualität des gesellschaftlichen Miteinanders ab:

„A theory ... which considers little in an action besides that action's *own* consequences, will generally be sufficient to serve the purposes of a philosophy of legislation. Such a philosophy will be most apt to fail in the consideration of the greater social questions – the theory of organic institutions and general forms of polity; for those (unlike the details of legislation) to be duly estimated, must be viewed as the great instruments of forming the

---

Handlung, die mit solchen Handlungsregeln konform geht, die, als Regeln befolgt, das Maximum an Wohlergehen befördern ('Was wäre, wenn jeder so handelte?')." (HÖFFE 1992a: 31) Der Regelutilitarismus urteilt also in zwei Stufen: Erstens muß eine Handlung aus einer Handlungsregel folgen, zweitens ist diese Regel im Hinblick auf ihre allgemeinen Folgen zu bewerten. Eine gute Einleitung zu Regel- und Handlungsutilitarismus bietet HÖFFE (1992a: 28/41).

[18] Vgl. hierzu mit kritischen Anmerkungen HÖFFE (1992a: 32/3).

national character; of carrying forward the members of the community towards perfection, or preserving them from degeneracy." (*Remarks* 9; Herv. dort.)

(„Eine Theorie ..., die bei einer Handlung außer deren *eigenen* Folgen nur wenig erwägt, wird im allgemeinen für die Zwecke einer Philosophie der Gesetzgebung ausreichend sein. Solch eine Philosophie wird bei der Erwägung der größeren sozialen Fragen – der Theorie von organischen Institutionen und allgemeinen Formen der Politik – wahrscheinlich versagen; damit diese (anders als die Details der Gesetzgebung) gebührend geschätzt werden, müssen sie als die großen Instrumente angesehen werden, mit denen der Nationalcharakter geformt werden kann; mit denen die Glieder der Gemeinschaft der Vollkommenheit näher gebracht werden oder vor Entartung bewahrt werden.")

Explizit distanziert sich Mill in diesem Punkt von Bentham. Im unmittelbaren Anschluß an das Zitat fährt er fort:

„This ... is a point of view in which, except for some partial or limited purpose, Mr. Bentham seldom contemplates these questions. And this signal omission is one of the greatest of the deficiencies by which his speculations on the theory of government, though full of valuable ideas, are rendered, in my judgment, altogether inconclusive in their general results." (*Remarks* 9)

(„Dies ... ist ein Gesichtspunkt, von dem aus Bentham, ausgenommen von einigen speziellen und begrenzten Hinsichten, diese Fragen selten bedacht hat. Und diese bezeichnende Auslassung ist eines der größten Defizite, aufgrund derer seine Überlegungen zu einer Staatstheorie insgesamt in ihren grundsätzlichen Ergebnissen m.E. nicht überzeugen, auch wenn sie voll von wertvollen Ideen sind.")

Viertens begegnet Mill mit der qualitativen Unterscheidung der unterschiedlichen Nutzenarten zwei Vorbehalten, die gegenüber dem Benthamschen Konzept des homogenen Nutzens angeführt werden könnten. Zum einen wird Mill der menschlichen Alltagserfahrung, daß sich bestimmte Leiden und Freuden nicht gegeneinander aufrechnen lassen, gerechter als Bentham. Zum anderen läßt sich mit Mill der Vorrang des Menschen gegenüber der nichtmenschlichen Natur systematisch besser begründen, als dies mit Bentham möglich ist.

4.2 Die Begründung des utilitaristischen Prinzips

Es wurde oben (III.4.6) gezeigt, daß Bentham die Herleitung des ethischen Ziels des „größten Glücks der größten Zahl" nicht zwingend begründen kann. Dieses Ziel wird von ihm gesetzt, indem es u.a. als „evident" erklärt wird. Dies ist nicht nur keine hinreichende Begründung, sondern es wird dabei auch die Spannung übergangen, die zwischen dem ethischen Imperativ einerseits und dem psychologischen Hedonismus andererseits besteht. Die von Bentham geschilderte Natur des Menschen, seinen eigenen Nutzen dem seiner Mitmenschen und der Gesellschaft voranzustellen, die Beherrschung durch das „self-preference principle", steht sowohl der empirischen Herleitung der Zielsetzung des größten gesellschaftlichen Glücks als auch dem Handeln gemäß diesem Prinzip entgegen.

Auch Mills Begründung des utilitaristischen Ziels im vierten Kapitel des *Utilitarianism* ist nicht unproblematisch. Er argumentiert in zwei Stufen. Erstens ist seines Erachtens die Tatsache, daß etwas gewünscht wird, ein Beleg dafür, daß dies auch wünschens*wert* ist – vergleichbar dem Gegenstand, der gesehen wird und deshalb sichtbar sein muß. Zweitens ist dasjenige, was von den Menschen gewünscht wird, das allgemeine Glück der Gesellschaft. Dieses wird zwar nicht direkt gewünscht, gesteht Mill ein, aber indem jeder sein eigenes Glück verfolgt, ist das Glück der Gesellschaft wünschenswert, da sich dieses aus den verschiedenen individuellen Nutzen zusammensetzt. (*Utilitarianism* IV.1/3 S. 234 dt. 60/1).

Im Hinblick auf den ersten Schritt ist Mills „Beweis (proof)" (*Utilitarianism* IV.3 S. 234 dt. 61/2) in der Literatur vielfältig kritisiert worden. Hierzu zählt insbesondere der inzwischen klassische Vorwurf MOORES (1996: 110/1), Mill unterliege einem „naturalistischen Fehlschluß". Dieser Vorwurf ist insofern zu relativieren, als Mill explizit darauf hinweist, daß es im Bereich der Ethik nur um einen „Beweis" im Sinne eines Plausibilitätsarguments gehen kann, nicht aber um eine den Naturwissenschaften vergleichbare Beweisführung (*Utilitarianism* I.5 S. 207/8 dt. 8/9, IV.1 S. 234 dt. 60; *Remarks* 6). Aber auch, wenn es nur um ein Plausibilitätsargument geht, trifft MOORE doch dessen Kern: Die Tatsache, daß Menschen etwas wünschen, besagt noch nichts über die ethische Qualität dieses Wunsches.[19] Diesen Fehler hat Mill mit Bentham gemein.

Findet sich auf der ersten Argumentationsstufe bei Mill ein Problem, das schon bei Bentham vorliegt, gilt dies auch für den zweiten Schritt seiner Begründung. Denn die hier von Mill formulierte Schlußfolgerung wird an dieser Stelle nicht begründet:

> „No reason can be given why the general happiness is desirable, except that each person, so far as he believes it to be attainable, desires his own happiness." (*Utilitarianism* IV.3 S. 234 dt. 61)

---

[19] Vgl. in diesem Sinne auch RYAN (1987: 49).

(„Dafür, daß das allgemeine Glück wünschenswert ist, läßt sich kein anderer Grund angeben, als daß jeder sein eigenes Glück erstrebt, insoweit er es für erreichbar hält.")

Diese Argumentation ist nicht zwingend. „Tatsächlich folgt aus der angenommenen Prämisse nur, daß für jeden irgendein Teil des kollektiven Glücks bzw. daß jeder Teil des kollektiven Glücks für irgend jemanden hedonistisch gut ist, nicht aber, daß das kollektive Glück insgesamt für jedes einzelne Glied des Kollektivs hedonistisch gut ist." (HÖFFE 1979: 143)

Mill könnte den zweiten Beweisschritt m.E. besser mittels der von ihm betonten und bereits diskutierten Sozialnatur des Individuums (s.o. IV.3.3/4) formulieren: Wenn sich das Individuum stets als Teil der Gesellschaft denkt, dann ist das Wohl der Gesellschaft auch ein vom Individuum *unmittelbar* gewünschtes Gut und – unter Berücksichtigung des ersten Beweisschrittes – insofern wünschenswert.[20]

4.3 Utilitätsprinzip und Interessenkonflikte

Im Zusammenhang mit der utilitaristischen Ethik behandelt Mill ausführlich auch den Bereich der Gerechtigkeit (*Utilitarianism* V S. 240/59 dt. 72/112). Mill möchte hierbei zeigen, daß das Utilitätsprinzip mit den Forderungen der Gerechtigkeit im Einklang steht:

„It has always been evident that all cases of justice are also cases of expediency" (*Utilitarianism* V.38 S. 259 dt. 111).
(„Es ist immer schon evident gewesen, daß alle Fälle von Gerechtigkeit auch Fälle von Nützlichkeit sind".)

Mill unterscheidet Gerechtigkeit von Nützlichkeit in dem Sinne, daß Gerechtigkeit mehr ist als 'bloße' Nützlichkeit. Vielmehr geht es hier um essentielle Interessen der Individuen:

„Justice is a name for certain classes of moral rules, which concern the essentials of human well-being more nearly, and are therefore of more absolute obligation, than any other rules for the guidance of life" (*Utilitarianism* V.32 S. 255 dt. 103).
(„Gerechtigkeit ist ein Begriff für eine Reihe moralischer Regeln, die für das menschliche Wohlergehen essentiell und deshalb unbedingter verpflichtend sind als alle anderen Regeln der Lebensführung".)

---

[20] Zur Kritik an Mills Beweisführung insgesamt vgl. MOORE (1996: 108/20); HÖFFE (1979: 142/3); WOLF (1992: 135/41); GAULKE (1996: 120/3); BIRNBACHER (1985: 124).

Dabei handelt es sich um diejenigen Regeln des menschlichen Zusammenlebens, die den einzelnen vor Übergriffen anderer schützen und die die Einhaltung von Verträgen gewährleisten. Insgesamt geht es um die Sicherheit der Individuen:

> „The *interest* involved is that of security, to every one's feelings the most vital of all interests. ... security no human being can possibly do without; ... Our notion, therefore, of the claim we have on our fellow creatures to join in making safe for us the very groundwork of our existence, gathers feelings round it so much more intense than those concerned in any of the more common cases of utility, that the difference in degree ... becomes a real difference in kind. The claim assumes that character of absoluteness, that apparent infinity, and incommensurability with all other considerations, which constitute the distinction between the feeling of right and wrong and that of ordinary expediency and inexpediency." (*Utilitarianism* V.25 S. 251 dt. 93/4; Herv. O.H.)

> („Das *Interesse*, um das es geht, ist das Interesse an Sicherheit, in jedermanns Augen das wesentlichste unter allen Interessen. ... auf Sicherheit kann ein Mensch unmöglich verzichten. ... Der Anspruch an unsere Mitmenschen, an der Sicherung dieser absoluten Grundlage unserer Existenz mitzuwirken, spricht Gefühle an, die soviel stärker sind als die, die sich an die gewöhnlichen Fälle von Nützlichkeit heften, daß der Unterschied des Grades ... zu einem wirklichen Unterschied der Art wird. Der Anspruch nimmt jene Unbedingtheit, jene scheinbare Unendlichkeit und Unvergleichbarkeit mit allen anderen Erwägungen an, auf der der Unterschied zwischen dem Gefühl von Recht und Unrecht und dem Gefühl bloßer Zuträglichkeit und Unzuträglichkeit beruht.")

Die Sicherheit ist nicht nur für das Glück der Individuen von zentraler Bedeutung, sondern auch für die Gemeinschaft als solche:

> „The moral rules which forbid mankind to hurt one another ... are more vital to human well-being than any maxims, however important, which only point out the best mode of managing some department of human affairs. ... It is their observance which alone preserves peace among human beings: if obedience to them were not the rule, and disobedience the exception, every one would see in every one else a probable enemy, against whom he must be perpetually guarding himself. ... It is by a person's observance of these, that his fitness to exist as one of the fellow-ship of human beings, is tested and decided" (*Utilitarianism* V.33 S. 255/6 dt. 103/4).

> („Die Moralvorschriften, die es dem Menschen verbieten, einander zu verletzen, ... sind von größerer Bedeutung als alle Maximen, so wichtig sie auch sein mögen, die jeweils nur für einen Teilbereich des Lebens gelten. ... Es ist ihre Befolgung, die alleine den Frieden zwischen menschlichen Wesen erhält: Wäre ihre Befolgung nicht die Regel und ihre Verletzung die Ausnah-

me, würde jeder in jedem andern einen vermutlichen Feind sehen, vor dem
er sich ständig schützen müßte. ... An der Befolgung dieser Regeln entscheidet sich, ob ein Mensch in der Lage ist, als Glied einer Gemeinschaft von
Menschen zu leben".)

Mill zählt verschiedene Bereiche auf, die der Gerechtigkeit zuzuordnen
sind. Hierzu zählen wesentlich der Schutz vor Verletzungen gesetzlich ver-
bürgter Rechte, d.h. der persönlichen Freiheit, der Eigentumsrechte und
der gesetzlichen Ansprüche. Darüber hinaus postuliert Mill eine gerechte
Vergeltung für das Erbringen von Leistungen bzw. für die Zufügung von
Übeln, die Einhaltung vertraglicher Regelungen, Unparteilichkeit und
Gleichheit. (*Utilitarianism* V.4/10 S. 241/4 dt. 75/80)

Hervorzuheben ist Mills Rede von „moralischen Rechten (moral rights)"
(*Utilitarianism* V.6 S. 242 dt. 77), die dem Menschen zukommen, und zwar
auch ohne gesetzliche Verbürgung derselben – zum Teil sogar im Gegensatz zum positiven Recht (*Utilitarianism* V.6 S. 242 dt. 75/7). Hier läßt sich
der Gedanke von universalen Menschenrechten verankern, der bei Mill im
Gegensatz zu Bentham zweifellos vorhanden ist[21]. Er zeigt sich beispielsweise auch in der überragenden Bedeutung, die Mill in *Liberty* der individuellen Freiheit beimißt.

Die zentrale Frage ist jedoch, ob Mill im Gegensatz zu Bentham (s.o.
IV.4.4) den Gedanken von universalen Menschenrechten in seinem Konzept systematisch verankern kann. Dazu müßte er aufweisen können, daß
die Verletzung solcher zentralen individuellen Rechte in der Summe dem
Gemeinwohl abträglich ist. In den oben genannten Zitaten bringt Mill dieses zum Ausdruck. Mit seiner Wendung vom quantitativen zum qualitativen Utilitarismus hat Mill hierzu im übrigen ein wichtiges Fundament gelegt. Bestimmten menschlichen Interessen, wie z.B. dem Interesse an körperlicher Unversehrtheit, kann auf dieser Grundlage eine solch hohe Nut-
zenqualität zugemessen werden, daß deren Verletzung, auch wenn auf diese
Weise der Nutzen von einzelnen anderen Individuen gesteigert würde, gesamtgesellschaftlich gesehen eine Nutzenminderung zur Folge hätte.

Offensichtlich ist dies aber doch nicht immer der Fall: In diesem Sinne
schreibt Mill an anderer Stelle, daß die Hexenverbrennungen des Mittelal-
ters zwar im Einklang mit der Zielsetzung des größtmöglichen gesellschaftlichen Glücks standen,

---

[21] Vgl. auch HART (1982: 85/6): „Mill ... held that moral rights (including some which
were universal) were essential components of the notions of justice".

„yet ought it to have been the principle of wise, nay, of perfect ..., of unimpugnable legislation? In fact, the greatest happiness principle, is an excellent general rule, but it is not an undeniable axiom." (*Bulwer* 502) („aber hätte dies das Prinzip einer weisen, nein, einer vollkommenen, ... einer unanfechtbaren Gesetzgebung sein sollen? Das Prinzip des größten Glücks ist in der Tat eine exzellente allgemeine Regel, aber sie ist kein unbestreitbares Axiom.")

Mit dem Utilitätsprinzip allein lassen sich universale Menschenrechte nach Mill also nicht begründen. Mill besitzt vielmehr Vorstellungen von Menschenrechten, die unabhängig vom utilitaristischen Standpunkt bestehen. Damit bestätigt er indirekt das Scheitern des Utilitarismus vor den Fragen der Gerechtigkeit, das in der Literatur (vgl. HÖFFE 1992b; HÖFFE 1979: 151/3; HART 1982; BIRNBACHER 1985: 125/6) immer wieder als einer der wesentlichen Kritikpunkte gegenüber der utilitaristischen Ethik vorgebracht wird.

Von der Verletzung der Menschenrechte abgesehen, ist nach Mill eine durch das Ziel der gesellschaftlichen Nutzenmaximierung motivierte Ungleichbehandlung der Individuen durchaus möglich:

„All persons are deemed to have a *right* to equality of treatment, except when some recognized social expediency requires the reverse. And hence all social inequalities which have ceased to be considered expedient, assume the character not of simple inexpediency, but of injustice, and appear ... tyrannical" (*Utilitarianism* V.36 S. 258 dt. 109/10; Herv. dort).

(„Alle Menschen haben ein *Recht* auf gleiche Behandlung, außer dann, wenn ein anerkannter gemeinschaftlicher Nutzen das Gegenteil erfordert. Daher wird jede soziale Ungleichheit, deren Nutzen für die Gesellschaft nicht mehr einsichtig ist, nicht nur zu einer einfachen Unzuträglichkeit, sondern zu einer Ungerechtigkeit und nimmt eine ... tyrannische Erscheinungsform an".)

Das Recht auf gleiche Behandlung der Individuen meint hierbei die mit der Forderung nach Unparteilichkeit verbundene Gleichgewichtung aller individuellen Nutzen bei der Berechnung des gesellschaftlichen Nutzens (*Utilitarianism* V.36 S. 257/9 dt. 107/10). Mill sieht diese Gleichgewichtung im Einklang mit dem Kategorischen Imperativ KANTS[22] (*Utilitarianism* V.22 S. 249 dt. 91). Dabei berücksichtigt er jedoch nicht ausreichend, daß die KANTSCHE Maxime durchaus nicht darauf hinausläuft, den gesellschaftlichen Nutzen zu maximieren, sondern daß mit ihr wesentlich eine Stärkung der Rechte der Individuen gegenüber Beeinträchtigungen durch Dritte

---

[22] „Handle so, daß die Maxime deines Willens jederzeit zugleich als Prinzip einer allgemeinen Gesetzgebung gelten könne." (KANT; KpV: A 54)

unter dem Postulat der Steigerung des allgemeinen Nutzens verbunden ist (HÖFFE 1992b: 313/5). Es ergeben sich also auch aus dieser Perspektive gerechtigkeitstheoretische Einwände gegen die utilitaristische Position Mills.[23]

Abschließend soll danach gefragt werden, auf welche Weise Mill das Gerechtigkeitsgefühl in den Individuen verankert sieht. Er stellt dabei auf drei Aspekte ab. Erstens ist der menschlichen Natur das Vergeltungsgefühl eigentümlich. Hier bestehen nach Mill Gemeinsamkeiten mit der Tierwelt: Schädigungen der eigenen oder nahestehenden Personen rufen instinktiv den Wunsch nach Bestrafung des Übeltäters hervor. Entsprechend gibt es das Bemühen, Gutes zu vergelten. Den Menschen unterscheidet allerdings vom Tier, daß er aufgrund seiner Sympathiefähigkeit „mit *allen* Menschen (with *all* human ... beings)" (*Utilitarianism* V. 20 S. 248 dt. 89; Herv. O.H.) mitfühlen kann. Daher verlangt er auch für für diese, und nicht nur für sich selbst und ihm nahestehende Personen, Wiedergutmachung für erlittenes Unrecht. (*Utilitarianism* V.18/23 S. 248/50 dt. 88/92)

Zweitens erkennt das Individuum mittels der Vernunft die Abhängigkeit seines eigenen Wohlbefindens von dem der Gesellschaft. Möchte er selbst Gerechtigkeit erfahren können, muß diese in der Gesellschaft verankert sein und ist gegen Bedrohungen zu verteidigen. Dabei gebietet die Vernunft die Gerechtigkeit dem Menschen als eine „Regel, die den anderen genauso dienlich ist wie ihm selbst" („a rule which is for the benefit of others as well as for his own"; *Utilitarianism* V.22 S. 249 dt. 91).

Drittens sind die Grundsätze der Gerechtigkeit aus der utilitaristischen Zielsetzung des größtmöglichen gesellschaftlichen Glücks geboten.

Insgesamt stellt die Gerechtigkeit sowohl für das Glück des einzelnen als auch für das Gemeinwohl *das* fundamentale Prinzip dar. Hierin stimmt Mill mit Smith und Bentham überein.[24]

---

[23] Vgl. auch RYAN (1987: 55): „many of Mill's readers feel that there is something missing [in Mill's theory of justice; O.H.], and that what is missing is what is implicit in Kants dictum that we may never treat anyone as a mere means to the end of others". Und RYAN (1987: 58) fügt hinzu: „it must be true that utilitarianism cannot accept Kant's principle that each man must be treated as an end in himself as fundamental principle. There can be only one fundamental principle in utilitarianism and that is the greatest happiness principle."

[24] Zur Frage der Gerechtigkeit in der Ethik Mills vgl. auch ausführlich HART (1982); HÖFFE (1992b); BOGEN/FARELL (1987).

4.4 Gewissen, Pflicht und Tugend

Ebenso wie Smith und Bentham fragt auch Mill nach der Motivation der Individuen, die ethischen Maximen im alltäglichen Handeln zu befolgen. Bei Smith gibt es zwei Motivationen: die eigentlich moralische, uneigennützige, die im Urteil des unparteiischen Zuschauers besteht, das um dessen selbst willen verfolgt wird, und zum anderen ein eigennütziges Interesse des Menschen an Ansehen in der Gesellschaft – aber durchaus auch vor Gott und sich selbst gegenüber (s.o. II.4.3/5). Die erstgenannte Motivation, die eigentlich moralische, erkennt Bentham nicht an. Für ihn ist alleine der Sanktionsmechanismus entscheidend, von dem der Mensch umgeben ist und auf den er eigennützig reagiert (s.o. III.4.2/3).

Mill versucht hier einen Brückenschlag zwischen Bentham und Smith. Er wird daran erkennbar, daß Mill den Benthamschen Begriff der „Sanktionen" aufgreift, diesen gegenüber Bentham aber inhaltlich deutlich ausweitet. Er spricht von „äußeren" und „inneren Sanktionen" und greift dabei auf wesentliche Gedanken Smiths zurück. (*Utilitarianism* III.1/6 S. 227/30 dt. 46/52) Die „äußeren Sanktionen (external sanctions)" werden wie folgt bestimmt:

> „They are, the hope of favour and the fear of displeasure from our fellow creatures or from the Ruler of the Universe, along with whatever we may have of sympathy or affection for them, or of love and awe of Him, inclining us to do his will independently of selfish consequences." (*Utilitarianism* III.3 S. 228 dt. 48)
>
> („Es sind die Hoffnung auf die Gunst und die Furcht vor der Ungunst unserer Mitmenschen und des Herrschers des Alls sowie die Sympathie und andere Empfindungen, die wir den Mitmenschen gegenüber hegen, die Liebe und Furcht gegenüber Gott, aus der heraus wir, unabhängig von den Folgen für uns, seinen Willen tun.")

Der Begriff der „inneren Sanktion" ist gleichbedeutend mit der Rede vom „Gewissen", das oben (IV.3.1) bereits kurz erwähnt wurde, und von der moralischen „Pflicht":

> „The internal sanction of duty, whatever our standard of duty may be, is one and the same – a feeling in our own mind; a pain, more or less intense, attendant on violation of duty... . This feeling, when *disinterested*, and connecting itself with the *pure idea of duty*, and not with some particular form of it, or with any of the merely accessory circumstances, is the essence of Conscience" (*Utilitarianism* III.4 S. 228 dt. 49; Herv. O.H.).
>
> („Die innere Sanktion der Pflicht – gleichgültig, was wir im einzelnen für unsere Pflicht halten – ist stets ein und dieselbe: ein Gefühl in uns, eine mehr oder weniger starke Empfindung der Unlust, die sich bemerkbar

macht, sobald wir unserer Pflicht zuwiderhandeln.... . Dieses Gefühl, insoweit es *interesselos* ist und sich auf den *reinen Gedanken der Pflicht*, nicht auf
eine ihrer besonderen Ausprägungen oder einen bloßen Begleitumstand
richtet, macht das Wesen des Gewissens aus".)

Mit der Betonung des Gedankens der Uneigennützigkeit und einer reinen
Pflicht knüpft Mill inhaltlich an Smiths unparteiischen Zuschauer an. Hiermit versucht er allerdings eine Lust-Unlust-Motivation, wie sie im ersten
Satz des Zitats zum Ausdruck gebracht wird, zu verbinden, da er bemüht
ist, den von Bentham grundgelegten utilitaristischen Standpunkt nicht zu
verlassen. Dies zeigt sich auch in dem vorhergehenden Zitat, wo Mill einerseits von den Hoffnungen auf Freude, andererseits von einem Absehen
vom eigenen Nutzen schreibt. Der Gedanke einer Ethik der reinen Pflicht
ist aber letztlich mit dem Gedanken einer hedonistisch motivierten Ethik
nicht vereinbar.

Im folgenden sollen die mit der Ethik verbundenen „moralischen Pflichten (moral duties)" inhaltlich näher bestimmt werden. Mill greift dabei eine
Unterscheidung von „vollkommenen (perfect)" und „unvollkommenen
(imperfect)" Pflichten auf. Zu den ersten zählen solche, die mit dem Begriff
der Gerechtigkeit verbunden sind (siehe oben IV.4.3). Zu den letzteren zählen Tugenden wie Barmherzigkeit und Wohltätigkeit. (*Utilitarianism* V.15
S. 247 dt. 86/7)

Die unvollkommenen Pflichten wie „Wohltätigkeit (beneficence)",
„Großmut (generosity)" oder „Barmherzigkeit (charity)" unterscheiden sich
von den vollkommenen dadurch, daß sie freiwillig sind, insofern als es kein
moralisches Recht gibt, aufgrund dessen ein solches Verhalten eingefordert
werden kann. (*Utilitarianism* V.15 S. 247 dt. 86/7)

Tugendhaftes Verhalten zeichnet sich nach Mill dadurch aus, daß es dem
Glück der Gesellschaft zuträglich ist.[25] Das persönliche Glück des Tugendhaften steht hier weniger im Mittelpunkt. Nicht nur mit dieser Akzentver-
schiebung unterscheidet sich Mill von Bentham, sondern auch dadurch, daß
er die Tugend als *unmittelbaren* Handlungsantrieb des Menschen anerkennt
und begrüßt:

---

[25] Diese Rückbindung der Tugend an das Utilitätsprinzip ist zu beachten, wenn unten
von einem Handeln um der Tugend willen die Rede ist. In dieser Rückbindung unterscheidet sich Mills Tugendverständnis von demjenigen ARISTOTELES, auch wenn Mill
die von ihm vertretene Ethik als im Einklang mit traditionellen Argumentationsformen, wie beispielsweise von ARISTOTELES, stehend ansieht. (Vgl. PETERSEN 1996:
36/7 und Anm.)

„It [the utilitarian doctrine; O.H.] maintains not only that virtue is to be desired, but that it is to be desired disinterestedly, for itself." (*Utilitarianism* IV.5 S. 235 dt. 62)
(„Sie [die utilitaristische Lehre; O.H.] behauptet nicht nur, daß Tugend erstrebenswert ist, sondern daß sie interesselos, um ihrer selbst willen zu erstreben ist.")

Der Tugendhafte stellt sein Verhalten – oder auch sein gesamtes Leben – in den Dienst der Gesellschaft. Die „höchste Tugend (highest virtue)" besteht dabei darin, daß man um des Glücks der Gesellschaft willen „das eigene bedingungslos aufgibt" („to serve the happiness of others by the absolute sacrifice of his own"; *Utilitarianism* II.16 S. 217 dt. 29). Das bedeutet jedoch nicht, daß der Beitrag zum Nutzen der Mitmenschen durch einen eigenen Nutzenverlust überkompensiert werden dürfte:

„The utilitarian morality does recognize in human beings the power of sacrificing their own greatest good for the good of others. It only refuses to admit that the sacrifice is itself a good. A sacrifice which does not increase, or tend to increase, the sum total of happiness, it considers as wasted." (*Utilitarianism* II.17 S. 218 dt. 29/30)
(„Die utilitaristische Moral erkennt den Menschen durchaus die Fähigkeit zu, ihr eigenes größtes Gut für das Wohl anderer zu opfern. Sie kann jedoch nicht zulassen, daß das Opfer selbst ein Gut ist. Ein Opfer, das den Gesamtbetrag an Glück nicht erhöht oder nicht die Tendenz hat, ihn zu erhöhen, betrachtet sie als vergeudet.")

Die Anerkennung individuellen Handelns um der Tugend willen hat Mill mit Smith gemein. Dies gilt auch für die Betonung des habituellen Charakters tugendhaften Handelns (vgl. *Utilitarianism* IV.11 S. 238/9 dt. 68/70).

Tugendhaftes Verhalten ist für Mill ein wichtiges Element wahren Menschseins, wie bereits erläutert wurde (s.o. IV.3.1, IV.4.1). Er fordert eine Erziehung des Menschen auf die Gemeinschaft hin bzw. auf ein solches Denken und Handeln, das stets im Horizont des gesellschaftlichen Interesses vollzogen wird. Das Ziel Mills ist die moralische Vollkommenheit der Menschen. Er wendet sich gegen eine Sichtweise, die den Mitmenschen bzw. die Gesellschaft nur als Mittel zum Zweck individuellen Glücks betrachtet:

„But the power of any one to realize in himself the state of mind, without which his own enjoyment of life can be but poor and scanty, and on which all our hopes of happiness or moral perfection to the species must rest, depends entirely upon his having faith in the actual existence of such [social; O.H.] feelings and dispositions in others, and in their possibility for himself. It is for those in whom the feelings of virtue are weak, that ethical writing is chiefly needful, and its proper office is to strengthen those feelings. ... Upon those who need to be strengthened and upheld by a really inspired moralist – such a moralist as Socrates, or Plato, or ... as Christ; the effect of such writings as Mr. Bentham's, if they be read and believed and their spirit imbibed, must either be *hopeless despondency* and *gloom*, or a *reckless* giving themselves up to a life of that miserable self-seeking, which they are there taught to regard as inherent in their original und unalterable nature." (*Remarks* 15/6; Herv. O.H.)

(„Aber die Kraft eines Menschen, jenen Geisteszustand zu erreichen, ohne den seine eigene Freude am Leben nichts als arm und dürftig ist und auf den sich alle unsere Hoffnungen nach Glück oder moralischer Vollkommenheit der Menschheit gründen müssen, hängt ganz von seinem Vertrauen darauf ab, daß solche [sozialen; O.H.] Gefühle und Neigungen in anderen tatsächlich existieren und auch ihm selbst möglich sind. Für jene, deren Gefühle der Tugend schwach sind, ist das ethische Schrifttum hauptsächlich notwendig, und seine eigentliche Aufgabe besteht darin, jene Gefühle zu stärken. ... Für jene, die die Unterstützung und Stärkung durch wirklich inspirierte Ethiker – so wie Sokrates, Platon oder ... Christus – benötigen, müssen die Auswirkungen solcher Schriften wie derjenigen Benthams, sofern sie gelesen und geglaubt werden und sich ihr Geist zu eigen gemacht wird, entweder *hoffnungslose Verzweiflung* und *Trübsinnigkeit* sein oder eine *Rücksichtslosigkeit*, die sie selbst zu einem Leben des elenden Egozentrismus führt, über den sie dort belehrt werden, ihn als ihrer ursprünglichen und unveränderbaren Natur innewohnend zu betrachten.")

5. Wirtschaft

5.1 Ökonomische Interessen und Arbeitsteilung

Charakteristisch für die Ökonomie im Großbritannien seiner Zeit ist für Mill das „Zusammenwirken (co-operation)" bzw. die „Arbeitsvereinigung (combination of labour)" (*PPE* I.viii S. 116 dt. 173). Diese Begriffe beinhalten die von Smith, auf den Mill hier explizit verweist, ausführlich diskutierte „Arbeitsteilung (division of labour)" (*PPE* I.viii.1 S. 116 dt. 173). Mill geht – mit Bezug auf WAKEFIELD – über diese jedoch hinaus, indem er auch auf diejenigen Organisationsformen der Arbeit hinweist, bei denen mehrere Personen die gleiche Tätigkeit verrichten, wie z.B. gemeinsames Baumfällen, schwere Gegenstände tragen. Im letzteren Fall spricht Mill von dem „einfachen Zusammenwirken (simple co-operation)" im Unterschied zum „komplexen Zusammenwirken (complex co-operation)" bei der Arbeitsteilung (*PPE* I.viii.1 S. 116 dt. 174). In diesem Zusammenwirken und in den anschließenden Tauschgeschäften kommt die Sozialnatur des Menschen zum Ausdruck.

Die Individuen werden zu Stiftern gegenseitigen Nutzens. Die Arbeitsteilung birgt im Zusammenhang mit der Massenproduktion nach Mill ein enormes Produktivitätspotential. (Vgl. *PPE* I.viii/ix S. 116/52 dt. 173/234.) Dies gilt auch für den internationalen Handel. Mill schließt sich hier explizit der Auffassung RICARDOS von den komparativen Kostenvorteilen an. Darüber hinaus trägt der internationale Handel zum Erkenntnis- und Kulturaustausch sowie zur Zivilisation rückständiger Nationen bei. (Vgl. *PPE* III.xvii S. 587/94 dt. 131/44.) Schließlich ist mit den Vorteilen bilateraler Handelsbeziehungen noch ein weiterer wichtiger Aspekt verbunden:

> „It is commerce which is rapidly rendering war obsolete, by strengthening and multiplying the personal interests which are in natural opposition to it." (*PPE* III.xvii.5 S. 594 dt. 143)
>
> („Der Handel ist es, der schnell den Krieg zum überwundenen Standpunkt macht, indem er die persönlichen Interessen stärkt und vervielfältigt, die zu ihm im natürlichen Gegensatz stehen.")

Wegen dieser verschiedenen Vorteile befürwortet Mill eine liberale Wirtschaftspolitik auf der Basis des Konkurrenz- und Freihandelsprinzips (vgl. *PPE* II.iv S. 239/44 dt. 360/9; III.xvii S. 587/94 dt. 131/44; IV.vii.7 S. 794/6 dt. 451/54; V.x S. 913/35 dt. 639/78).

Das ökonomische Handeln der Individuen wird maßgeblich von zwei Motiven geprägt. Zum einen geht es um die Schaffung der existentiellen Lebensgrundlagen, um den Erwerb der für das tägliche Leben notwendigen Güter. Zum anderen geht es um den Erwerb von Reichtum und Macht zum Zwecke des Erwerbs gesellschaftlichen Ansehens. Das Hauptaugenmerk der „arbeitenden Klassen (labouring classes)" (*PPE* IV.vii S. 758 dt. 396) liegt auf dem ersten Motiv, und zwar notwendigerweise begründet durch die schwierigen Lebensverhältnisse, in denen sie sich befinden und die im nachfolgenden Abschnitt (IV.5.2) näher diskutiert werden. Demgegenüber steht bei den Mittel- und Oberschichten der Gesellschaft das zweite Motiv im Vordergrund. Nur sie haben hinreichende Möglichkeiten zur Ersparnisbildung (vgl. *PPE* I.xi.4 S. 170/2 dt. 262/4), bei der es um „ein Opfer in der Gegenwart zum Zwecke eines späteren Gutes (sacrifice of a present, for the sake of a future good)", also um die Verfolgung „zukünftiger Interessen (future interests)" geht (*PPE* I.xi.2 S. 162/3 dt. 250/1). Wie sehr Mill Teile der Gesellschaft seiner Zeit vom Reichtumsstreben beherrscht sieht, zeigt sich im folgenden Zitat:

> Wealth „became synonymous with power; ... became the chief source of personal consideration, and the measure and stamp of success in life. To get

out of one rank in society into the next above it, is the great aim of English middle-class life, and the acquisition of wealth the means. And inasmuch as to be rich without industry has always hitherto constituted a step in the social scale above those who are rich by means of industry, it becomes the object of ambition to save ... enough to retire from business and live in affluence on realized gains." (*PPE* I.xi.4 S. 171 dt. 263/4)

(Wohlstand" wurde gleichbedeutend mit Macht; ... wurde ... die Hauptquelle besonderen Ansehens und der Maßstab und Siegel des Erfolgs im Leben. Von einer Klasse der Gesellschaft in die nächste höhere Klasse zu kommen, ist der größte Ehrgeiz der englischen Mittelklassen, und das Mittel hierzu ist der Vermögenserwerb. Und insofern Reichsein ohne Erwerbstätigkeit bisher immer ein Schritt in der sozialen Stufenleiter über das Reichsein infolge Erwerbstätigkeit hinaus gewesen ist, ist das Ziel des Ehrgeizes, so viel zu sparen, ... daß man genug hat, um sich von den Geschäften zurückzuziehen und von den erzielten Einnahmen wohlhabend zu leben.")

Diese zeitgeschichtliche Beschreibung des Wunsches, an der 'upward mobility' der damaligen britischen Gesellschaft (s.o. I.4) teilhaben zu wollen, erinnert sehr an verschiedene Bemerkungen Smiths (s.o. II.3.2.3). Mit diesem ist sich Mill darüber hinaus durchaus einig, daß es sich bei dem Ziel, „im Rufe zu stehen, hohe Ausgaben machen zu können" letztlich nur um einen „albernen Wunsch" handelt („the silly desire for the appearance of a large expenditure"; *PPE* I.xi.4 S. 171 dt. 264).

5.2 Das Verteilungsproblem

Die arbeitsteilige und liberal organisierte Wirtschaft birgt nach Mill nicht nur Vorteile, sondern auch erhebliche Schwierigkeiten in sich. Dabei ist für Mill weniger die Arbeitsteilung als solche ein Problem als vielmehr die Verteilung des Produktionsergebnisses. Mill richtet sein Augenmerk hier insbesondere auf die gesellschaftliche Schicht der Lohnarbeiter, deren niedrige Entlohnung und die daraus folgenden existenzbedrohten Lebensverhältnisse. Mill sieht die „Masse des menschlichen Geschlechts (bulk of the human race)" schlichtweg wie „Sklaven der Arbeit (slaves to toil)" leben, „die sich vom frühen Morgen bis in die späte Nacht um den nackten Lebensunterhalt abmühen (drudging form early morning till late at night for bare necessaries)". Mill spricht in diesem Zusammenhang von persönlichen „intellektuellen und moralischen Mängeln (intellectual and moral deficiencies)", die Arbeiter sind „ungebildet (untaught)", „selbstsüchtig (selfish)" und „ohne Interessen oder Gefühle eines Bürgers und Gesellschaftsgliedes (without interests or sentiments as citizens and members of society)". (*PPE* II.xiii.1 S. 367 dt. 550/1) Auch hier finden sich also Parallelen zu Smith (s.o. II.5.5).

Mill fordert im ökonomischen Bereich individuelle Chancengleichheit im Hinblick auf die Möglichkeiten der Realisierung der jeweiligen Interessen. Dazu zählt im wesentlichen die Forderung nach Chancengleichheit bezüglich der Bildung von Eigentum, auch wenn Mill sich darüber im klaren ist, daß es „vollkommen gleiche Bedingungen (perfectly equal terms)" nicht geben kann (*PPE* II.i.3 S. 207 dt. 314).

> „The institution of property, when limited to its essential elements, consists in the recognition, in each person, of a right to the exclusive disposal of what he or she have produced by their own exertions, or received either by gift or by fair agreement, without force or fraud, from those who produced it." (*PPE* II.ii.1 S. 215 dt. 326)
> („Eigentum als Rechtsinstitut, auf seine wesentlichen Bestandteile zurückgeführt, besteht in der Anerkennung des Rechts für jeden, ausschließlich über das, was er oder sie durch eigene Mühe produziert oder durch Schenkung oder redlichen Vertrag, ohne Gewalt oder Betrug, von dem Produzierenden empfangen hat, zu verfügen.")

Mill postuliert also das Recht auf den Ertrag der geleisteten Arbeit bzw. auf einen gerechten Anteil daran. Die Umstände seiner Zeit sieht er davon noch weit entfernt liegen:

> „The principle of private property has never yet had a fair trial in any country; and less so, perhaps, in this country than in some others. The social arrangements of modern Europe commenced from a distribution of property which was the result, not of just partition, or acquisition by industry, but of conquest and violence: and ... the system still retains many and large traces of its origin." (*PPE* II.i.3 S. 207 dt. 313/4)
> („Das Privateigentum hat als Prinzip bisher nirgends irgendwo eine richtige Prüfung erfahren, und in diesem Land vielleicht weniger als in anderen Ländern. Die gesellschaftliche Verfassung des heutigen Europa nimmt ihren Ausgangspunkt von einer Verteilung des Eigentums, die nicht das Ergebnis gerechter Teilung und nicht durch Erwerbstätigkeit erworben, sondern das Ergebnis von Eroberung und Gewalt war; und ... das System beinhaltet immer noch viele und starke Spuren seines Ursprungs.")

Für Mill ist die damalige volkswirtschaftliche Verteilung des Produktionsergebnisses und des Eigentums zweifellos ungerecht:

> „if the institution of private property necessarily carried with it as a consequence, that the produce of labour should be apportioned as we now see it, almost in an inverse ratio to the labour – the largest portions to those who have never worked at all, the next largest to those whose work is almost nominal, and so in a descending scale, the remuneration dwindling as the

work grows harder and more disagreeable, until the most fatiguing and exhausting bodily labour cannot count with certainty on being able to earn even the necessaries of life; if this or Communism were the alternative, all the difficulties, great or small, of Communism would be but as dust in the balance" (*PPE* II.i.3 S. 207 dt. 313).

(„wenn die Einrichtung des Privateigentums notwendig zur Folge hätte, daß der Arbeitsertrag, wie wir heute sehen, beinahe im entgegengesetzten Verhältnis zu der Arbeit verteilt würde –, daß nämlich der größte Anteil denen zufällt, die überhaupt niemals gearbeitet haben, der nächstgrößte denen, deren Arbeit fast nur auf dem Papier steht, und so in absteigender Linie, wobei die Vergütung um so mehr abnimmt, je härter und unangenehmer die Arbeit ist, bis schließlich die ermüdendste und anstrengendste körperliche Arbeit überhaupt nicht mehr auf einen selbst für die Lebensbedürfnisse notwendigen Lohn sicher rechnen kann; wenn dies oder der Kommunismus die Alternative wären, so würden alle bedeutenden oder unbedeutenden Schwierigkeiten des letzteren nur wie Staub auf der Waage wiegen".)

Den Hintergrund der obigen Ausführungen bildet Mills Auffassung, daß die Gütererzeugung in erster Linie auf Arbeit, d.h. auf produktive Arbeit, zurückzuführen ist. Bei der am Produktionsprozeß beteiligten (Lohn-) Arbeit ist dies unmittelbar der Fall. Beim eingesetzten Kapital ist dies mittelbar der Fall, da für Mill Kapital das Ergebnis früherer Arbeit, nämlich des daraus resultierenden Ertrags ist. Natürliche Ressourcen bzw. Boden tragen insofern zum Produkt bei, als sie durch Arbeit umgeformt werden. Da die Natur aber für Mill der Menschheit als ganzer gehört, ist Privateigentum an Boden für ihn nur dann gerechtfertigt, wenn der Eigentümer diesen Boden fruchtbar bzw. nützlich macht, in diesen also, allgemein gesprochen, Arbeit investiert. Solange es letztlich um die Entlohnung der Früchte der eigenen Arbeit geht, sind für Mill Einkommen aus Kapitalgewinn und Bodenrente notwendige und gerechtfertigte Komponenten des ökonomischen Prozesses. In ethischer Hinsicht äußerst problematisch sind für ihn hingegen die oben genannten Einkommen aus Kapital und Boden, die nicht das Ergebnis eigener Anstrengungen sind. (Vgl. allgemein *PPE* I.i/iv S. 25/62 dt. 34/94; II.i/iii S. 199/238 dt. 300/60; II.xv/vi S. 400/29 dt. 595/638.)

Aus den vorgenannten Überlegungen sollen zwei wichtige Punkte hervorgehoben werden. 1.) Privateigentum an natürlichen Ressourcen kommt nach Mill eine Sonderstellung innerhalb der Eigentumsrechte zu. Seine Schutzwürdigkeit hängt wesentlich von seiner Verwendung ab. Hier geht es um eine Sozialverpflichtung des Eigentums.

„The essential principle of property being to assure to all persons what they have produced by their labour and accumulated by their abstinence, this principle cannot apply to what is not the produce of labour, the raw material of the earth. ... Whenever, in any country, the proprietor, generally speaking, ceases to be the improver, political economy has nothing to say in defence of landed property, as there established. ... When the 'sacredness of property' is talked of, it should always be remembered, that any such sacredness does not belong in the same degree to landed property. No man made the land. It is the original inheritance of the whole species. Its appropriation is wholly a question of general expediency. When private property in land is not expedient, it is unjust." (*PPE* II.ii.5/6 S. 227/30 dt. 343/8) („Da das wesentliche Prinzip des Eigentums ist, allen Personen das zuzusichern, was sie durch ihre Arbeit hervorgebracht und durch ihre Enthaltsamkeit angehäuft haben, kann das Prinzip keine Anwendung finden auf das, was nicht das Produkt von Arbeit ist, also auf das Rohmaterial der Erde. ... Wenn in einem Land der Eigentümer, allgemein gesprochen, nicht mehr Verbesserer des Bodens ist, hat die Politische Ökonomie zur Verteidigung des Landeigentums, wie es jetzt besteht, nichts vorzubringen. ... Wenn man immer von der 'Heiligkeit des Eigentums' spricht, sollte man sich doch immer vergegenwärtigen, daß eine solche Heiligkeit dem Landeigentum nicht in dem gleichen Grade zukommt. Kein Mensch schafft das Land. Es ist das ursprüngliche Erbe des ganzen Menschengeschlechts. Seine Aneignung ist im ganzen eine Frage des allgemeinen Nutzens. Ist das Privateigentum am Boden nicht nützlich, ist es ungerecht.")

Mill schlägt vor, den Besitz an Boden so zu regeln, daß es entweder nur noch Formen der Erbpacht oder der gewöhnlichen Pacht geben soll, das Eigentum an Boden also beim Staat bleibt. Auf diese Weise könnte die Landverteilung immer wieder den gesellschaftlichen Notwendigkeiten angepaßt werden. (*PPE* II.ii.5 S. 227 dt. 344)

2.) Das Erbrecht ist nach Mill dergestalt zu reformieren, daß in materieller Hinsicht annähernd gleiche Startbedingungen für die Individuen geschaffen werden. Mittelfristig gehören hierzu die von Bentham, den er ausdrücklich nennt, vorgeschlagenen Maßnahmen (s.o. III.5.5): Einschränkung der Erbschaftsansprüche von entfernten Verwandten im Falle des Fehlens eines Testaments und damit verbunden Einführung des Heimfallrechts, also Übernahme eines Teils oder des gesamten Erbes durch den Staat. Langfristig zielt Mill darüber hinaus eine Einschränkung sowohl der testamentarischen Verfügungsgewalt als auch des Erbschaftsanspruchs im Falle, daß kein Testament vorliegt, dahingehend an, daß einzelne Personen, einschließlich der engsten Nachkommen, nur noch in eingeschränkter Form bedacht werden können, so „daß niemand durch Erbschaft mehr als den zu einem einigermaßen unabhängigen Leben notwendigen Betrag erwerben darf (that no one person should be permitted to acquire, by inheritance, more than the amount of a moderate independence)" (*PPE* V.ix.1 S. 887 dt.

599/600). (Vgl. *PPE* II.ii.3/4 S. 218/26 dt. 329/42; IV.vi.2 S. 755 dt. 393; V.ix.1 S. 887/8 dt. 599/600.)

Die Überlegungen zum Eigentum an Boden und zum Erbrecht sind wesentlicher Bestandteil der Millschen Antwort auf die bedrängende soziale Frage seiner Zeit. Diese ist seines Erachtens nicht primär mit einer weiteren Steigerung des Sozialprodukts zu lösen. Im Gegenteil: Er betrachtet dieses als ausreichend, um die angemessene Versorgung der gesamten Bevölkerung gewährleisten zu können. Hinzu kommt die Auffassung Mills, daß irgendwann ein „stationärer Zustand (stationary state)" (*PPE* IV.vi S. 752 dt. 387) erreicht sein könnte, über den hinaus eine Steigerung des Sozialprodukts nicht mehr möglich ist. Insbesondere im Bereich der Agrarproduktion sieht er durch das Gesetz des abnehmenden Grenzertrags Schranken gesetzt. Mill schlägt daher vor, die soziale Frage weniger wachstums-, als vielmehr verteilungspolitisch zu beantworten. Hierzu gehört als wichtiger Punkt die Entwicklung genossenschaftlicher Vereinigungen (vgl. *PPE* IV.vii.6 S. 775/94 dt. 421/51). Auch ist auf das Instrumentarium der Steuerpolitik hinzuweisen. U.a. sind die einzelnen Bürger so zu besteuern, daß die empfundenen Lasten gleich sind, also nach Maßgabe der individuellen Leistungsfähigkeit (vgl. *PPE* V.ii.1/3 S. 805/13 dt. 465/78).

Von elementarster Bedeutung ist im Zusammenhang mit der verteilungspolitischen Beantwortung der sozialen Frage für Mill aber die „straffe Einschränkung der Bevölkerungszunahme (stricter restraint on population)" (*PPE* IV.vi.2 S. 755 dt. 392). Sie wird von Mill in den *PPE* immer wieder postuliert, stellt das Bevölkerungswachstum seines Erachtens doch eine der wesentlichen Ursachen niedriger Löhne dar (*PPE* II.xi/iii S. 337/79 dt. 505/67).[26] Eine Wachstumsbeschränkung ist nach Mill auch im Hinblick auf das Ausmaß, das erstens die Bevölkerungszahl und zweitens die Nutzung der Natur durch den Menschen erreicht hat, sinnvoll:

> „There is room in the world, no doubt, and even in old countries, for a great increase of population... . But even if innocuous, I confess I see very little reason for desiring it. ... A population may be too crowded, though all be amply supplied with food and raiment. ... Nor is there much satisfaction in contemplating the world with nothing left to the spontaneous activity of nature; with every rood of land brought into cultivation, which is capable

---

[26] Mit der Auffassung einer zu hohen Bevölkerungszahl steht bei Mill im übrigen das Eintreten für eine Kolonialpolitik in Verbindung, die der englischen Bevölkerung Lebensräume in Übersee erschließt (vgl. *PPE* II.xiii.4 S. 376 dt. 563/4; V.xi.14 S. 962/7 dt. 723/31). Zu den kolonialpolitischen Auffassungen Mills und anderer Philosophic Radicals vgl. SEMMEL (1993).

Zur Frage einer gerechten Verteilung insgesamt vgl. z.B. auch HAUER (1991: 232/64).

of growing food for human beings; every flowery waste or natural pasture ploughed up, all quadrupeds or birds which are not domesticated for man's use exterminated as his rivals for food, every hedgerow or superfluous tree rooted out, and scarcely a place left where a wild shrub or flower could grow without being eradicated as a weed in the name of improved agriculture." (*PPE* IV.vi.2 S. 756 dt. 394/5)

(„Zweifellos gibt es auf der Welt und selbst in alten Ländern noch Raum genug für eine größere Bevölkerungszunahme.... . Obschon dies unschädlich wäre, so muß ich doch gestehen, daß ich wenig Grund dafür sehe, diesen Zustand zu wünschen. ... Eine Bevölkerung kann auch zu dicht aufeinander wohnen, wenn sie auch reichlich mit Nahrung und Kleidung versehen ist. ... Auch liegt nicht viel Befriedigendes in der Anschauung, daß die Welt für die freie Tätigkeit der Natur nichts übrig ließe, daß jeder Streifen Landes, der überhaupt zur Hervorbringung von Nahrung für die Menschen fähig ist, auch bebaut werden müßte, daß jedes mit Blumen bedeckte Feld und jede natürliche Wiese umgepflügt und alle Vierfüßler und Vögel, die nicht zum Gebrauch der Menschen gezähmt sind, als seine Rivalen hinsichtlich der Nahrung vertilgt, daß jeder Strauch oder überflüssige Baum ausgerottet werden und kaum ein Platz übrig bleibt, wo ein wilder Strauch oder eine Blume wächst, ohne daß sie als Unkraut im Namen einer Verbesserung der Landwirtschaft ausgerissen werden.")

Daß die Bedürfnisse der oberen gesellschaftlichen Schichten ein weiteres Wachstums erfoderten, kann Mill nicht erkennen:

„I know not why it should be matter of congratulation that persons who are already richer than any one needs to be, should have doubled their means of consuming things which give little or no pleasure except as representative of wealth; or that numbers of individuals should pass over, every year, from the middle classes into a richer class, or from the class of the occupied rich to that of the unoccupied. It is only in the backward countries of the world that increased production is still an important object: in those most advanced, what is economically needed is a better distribution" (*PPE* IV.vi.2 S 755 dt. 392).

(„Ich weiß nicht, weshalb man sich dazu beglückwünschen soll, daß Menschen, die bereits reicher sind, als irgendeiner nötig hat, ihre Mittel verdoppeln, um etwas zu verbrauchen, was außer als Schaustellung ihres Reichtums nur wenig oder gar keine Freuden verschafft, oder daß einzelne Personen in jedem Jahre aus dem Mittelstand zu den reicheren Klassen oder von den Erwerbstätigen zu den Unbeschäftigten übergehen. Nur in zurückgebliebenen Ländern hat die Zunahme der Produktion noch große Bedeutung; in den fortgeschrittenen Ländern ist das wirtschaftlich Notwendige eine bessere Verteilung".)

In Übereinstimmung mit seiner Auffassung vom Menschen (s.o. IV.3.3) bestreitet Mill den Sinn ständigen Strebens nach immer mehr Reichtum:

„the best state for human nature is that in which, while no one is poor, no one desires to be richer, nor has any reason to fear being thrust back, by the efforts of others to push themselves forward" (*PPE* IV.vi.2 S. 754 dt. 391/2). („der beste Zustand für die menschliche Natur ist doch der, daß keiner arm ist, niemand reicher zu sein wünscht, und niemand Grund zu der Furcht hat, daß er durch die Anstrengungen anderer, die sich selbst vorwärts drängen, zurückgestoßen zu werden".)

Ist der Zustand erreicht, in dem für eine ausreichend materielle Versorgung aller Mitglieder der Gesellschaft gesorgt ist, müssen Produktivitätsfortschritte, die infolge von Spezialisierung und wissenschaftlicher Erforschung der Natur auch in Zukunft zu erwarten sind (*PPE* IV.i.2 S. 706/9 dt. 312/7), nicht zur Ausweitung des Produktionsvolumens verwendet werden. Sie sollten vielmehr der Verkürzung der Arbeitszeit dienen (*PPE* IV.vi.2 S. 756 dt. 395). Ein stationärer Zustand ist nach Mill schließlich auch im Sinne der „Nachwelt (posterity)", wird durch ihn doch ein Beitrag zur Erhaltung der Natur geleistet (*PPE* IV.vi.2 S. 756 dt. 395).

5.3 Die Differenz zwischen der Theorie und der Praxis wirtschaftlichen Handelns

Abschließend soll kurz auf die von Mill konstatierte Differenz zwischen der Praxis und der Theorie des ökonomischen Geschehens hingewiesen werden. Bei der Diskussion über die wissenschaftstheoretischen Ansichten Mills im allgemeinen und die Rolle der Politischen Ökonomie im speziellen (s.o. IV.2) wurde dargelegt, daß das menschliche Verhalten im ökonomischen Bereich bestimmten Regelmäßigkeiten unterliegt und die Theorie hiervon ausgehend ein bestimmtes Menschenbild abstrahiert, das sie ihren Modellen zugrunde legt. Mill befürwortet dieses Vorgehen, verweist aber darauf, daß sich der Politische Ökonom stets bewußt sein muß, daß es sich hierbei nur um *eine* Dimension des Menschen handelt und diese folgerichtig nur einen Teil menschlichen Verhaltens erklären kann.

In den *PPE* kommt Mill auf weitere Annahmen der ökonomischen Wissenschaft zu sprechen, von denen hier nur die Konkurrenz und die Hypothese der individuellen Gewinnmaximierung genannt werden sollen. Für eine Politische Ökonomie, die sich als Wissenschaft im Sinne der naturwissenschaftlichen Methodik versteht, sind diese Annahmen nach Mill essentiell. So schreibt Mill im Hinblick auf die Konkurrenz,

„that only through the principle of competition has political economy any pretension to the character of a science. So far as rents, profits, wages, prices, are determined by competition, laws may be assigned for them.

Assume competition to be their exclusive regulator, and principles of broad generality and scientific precision may be laid down, according to which they will be regulated. The political economist justly deems this his proper business: and as an abstract of hypothetical science, political economy cannot be required to do, and indeed cannot do, anything more." (*PPE* II.iv.1 S. 239 dt. 360; vgl. III.i.5 S. 460 dt. 647.)

(„daß nur infolge des Prinzips der Konkurrenz die Politische Ökonomie den Anspruch auf den Charakter einer Wissenschaft hat. Soweit Renten, Gewinne, Löhne, Preise durch Wettbewerb bestimmt sind, können Gesetze für sie angegeben werden. Wenn man Konkurrenz als ihren ausschließlichen Regulator annimmt, können Prinzipien allgemeiner Gültigkeit und von wissenschaftlicher Genauigkeit aufgestellt werden, nach denen sich ihre Regulierung richtet. Der Politische Ökonom hält dies für seinen eigentlichen Beruf; und als abstrakter und hypothetischer Wissenschaft kann man von der Politischen Ökonomie auch nicht mehr verlangen, und sie kann auch nicht mehr leisten. Jedoch wäre eine große Verkennung des wirklichen Verlaufs menschlichen Lebens die Annahme, daß der Wettbewerb tatsächlich in diesem unbegrenzten Übergewichte wirksam sei.")

Auch das Ziel individueller Gewinnmaximierung ist in der wirtschaftlichen Praxis nicht überall vorhanden. So ist Mill der Überzeugung, daß vielfach „Leute sich mit kleinen Gewinnen begnügen und ihre pekuniären Interessen gegen ihr Wohlbehagen und Vergnügen nicht so hoch anschlagen" („people are content with smaller gains, and estimate their pecuniary interest at a lower rate when balanced against their ease or their pleasure"; *PPE* II.iv.3 S. 244 dt. 368).

6. Staat

Im Anschluß an seine Darlegung im *Utilitarianism*, daß die Forderung der utilitaristischen Ethik darin besteht, dem Interesse des anderen im eigenen Handeln prinzipiell die gleiche Bedeutung zukommen zu lassen wie dem eigenen Interesse, schreibt Mill hinsichtlich der Aufgaben des Staates:

„As the means of making the nearest approach to this ideal, utility would enjoin, first, that *laws* and social arrangements should place the happiness, or ... the interest, of every individual, as nearly as possible in harmony with the interest of the whole; and secondly, that *education* and *opinion*, which have so vast a power over human character, should so use that power as to establish in the mind of every individual an indissoluble association between his own happiness and the good of the whole; especially between his own happiness and the practice of such modes of conduct ... as regard for the universal happiness prescribes" (*Utilitarianism* II.18 S. 218 dt. 30/1; Herv. O.H.).

(„Um sich diesem Ideal so weit wie möglich anzunähern, fordert das Nützlichkeitsprinzip erstens, daß *Gesetze* und gesellschaftliche Verhältnisse das Glück oder … die Interessen jedes einzelnen so weit wie möglich mit dem Interesse des Ganzen in Übereinstimmung bringen; und zweitens, daß *Erziehung* und *öffentliche Meinung*, die einen so gewaltigen Einfluß auf den menschlichen Charakter haben, diesen Einfluß dazu verwenden, in der Seele jedes einzelnen eine unauflösliche gedankliche Verknüpfung herzustellen zwischen dem eigenen Glück und dem Wohl des Ganzen und insbesondere zwischen dem eigenen Glück und der Gewohnheit, so zu handeln, wie es die Rücksicht auf das allgemeine Glück gebietet".)

Die erstgenannte Aufgabe schließt an Benthams Forderung nach der Schaffung eines Sanktionsmechanismus durch den Staat an, durch den ein Handeln im Sinne bzw. entgegen dem Interesse der Gesellschaft belohnt bzw. bestraft und so zum eigenen Interesse des Handelnden wird. Hierzu gehört u.a. der Schutz der Persönlichkeits- und Eigentumsrechte sowie der Verträge (vgl. *PPE* V.i.2 S. 800/4 dt. 457/63). Bliebe der Aktionsbereich des Staates jedoch im wesentlichen auf dieses Element beschränkt, wäre dies für Mill unzureichend. So formuliert er im Hinblick auf Benthams Theorie der Eigeninteressenverfolgung und im Anschluß an die Frage, was Benthams Theorie für „die Gesellschaft leisten kann" („what can it do for society?"; *Bentham* 99 dt. 165):

> „All he [Bentham; O.H.] can do is but to indicate means by which, in any given state of the national mind, the *material interests* of society can be protected; saving the question, of which others must judge, whether the use of those means would have, on the *national character*, any injurious influence." (*Bentham* 99 dt. 43; Herv. O.H.)
>
> („Alles was er [Bentham; O.H.] tun kann, beschränkt sich auf die Angabe der Mittel, durch welche bei einem gegebenen Zustande des Volksgeistes sich die *materiellen Interessen* der Gesellschaft schützen lassen, wobei die Frage ganz unberührt und der Entscheidung anderer Personen vorbehalten bleibt, ob der Gebrauch dieser Mittel einen schädlichen Einfluß auf den *Nationalcharakter* üben könnte.")

Anders gesagt, kommen Mill zufolge die „geistigen Interessen (spiritual interests)" der Gesellschaft im Benthamschen System zu kurz (*Bentham* 99 dt. 43; vgl. *Remarks* 8/9). Diese Sichtweise ist auf dem Hintergrund des Millschen Menschenbildes und der Wertschätzung des tugendhaften Verhaltens als solchem zu sehen (s.o. IV.3, IV.4.4). Der Egoist, der nur um seiner selbst willen an andere denkt, hat seine menschliche Natur nicht voll entfaltet, und entsprechend ist eine nur aus Egoisten bestehende Gesellschaft unvollkommen. Benthams Theorie sieht Mill aber geeignet, den Egoismus der Menschen zu stärken statt ihn abzubauen. Daher kommt dem Staat eine zweite wichtige Aufgabe zu, die der im obigen Zitat genannten Erziehung und Bildung sowie die der Beeinflussung der öffentlichen Meinung. (Vgl. auch *PPE* V.xi.8 S. 947/50 dt. 697/702; *Remarks* 16.)

Mit der Frage nach der richtigen Wirtschaftspolitik setzt sich Mill eingehender in den *PPE* auseinander. Gemäß der obigen erstgenannten Aufgabe stellt Mill hier die Schaffung von Rahmenbedingungen in den Vordergrund, innerhalb derer ein freies Agieren der wirtschaftlichen Subjekte möglich sein kann und soll. Dies hat seine Grundlage u.a. in der Überzeugung, daß der einzelne seine eigenen Interessen in der Regel nicht nur am besten kennt, sondern sie auch in der für ihn nützlichsten Weise realisieren kann, und daß viele Aufgaben prinzipiell und auch erfahrungsgemäß besser von privaten als von staatlichen Händen übernommen werden können (vgl. *PPE* V.xi.1/5 S. 936/42 dt. 678/89). Als „einen der stärksten Einwände gegen die Ausdehnung staatlicher Tätigkeit (one of the strongest of the reasons against the extension of government agency)" (*PPE* V.xi.6 S. 942 dt. 689) sieht Mill darüber hinaus die Erziehung zur Wahrung zum einen der eigenen und zum anderen der gesellschaftlichen Interessen:

„The business of life is an essential part of the practical education of a people; without which, book and school instruction, though most necessary and salutary, does not suffice to qualify them for conduct, and for the adaption of means to ends. ... A people among whom there is no habit of spontaneous action for a collective interest – who look habitually to their government to command or prompt them in all matters of joint concern ... have their faculties only half developed; their education is defective in one of its most important branches." (*PPE* V.xi.6 S. 943 dt. 689/90)
(„Die Geschäfte des täglichen Lebens sind ein wichtiger Teil der praktischen Erziehung eines Volkes, ohne welche eine Buch- und Schulerziehung, wie notwendig und gut sie auch ist, es zur tüchtigen Lebensführung oder zur richtigen Auswahl der Mittel für die beabsichtigten Zwecke nicht ausreichend erziehen würde. ... Ein Volk, das sich nicht an freiwillige Tätigkeit zum gemeinsamen Wohl gewöhnt hat, das gewöhnlich von seiner Regierung eine Bevormundung in allen gemeinsamen Interessen erwartet ..., hat seine Fähigkeiten nur halb entwickelt; seine Erziehung ist mangelhaft in einem ihrer wichtigsten Zweige.")

Mill kommt daher zu der folgenden Auffassung:

„*Laisser-faire* ... should be the general practice: every departure from it, unless required by some great good, is a certain evil." (*PPE* V.xi.7 S. 945 dt. 692; Herv. dort.)

(„*Laisser-faire* sollte die allgemeine Übung sein, jede Abweichung hiervon ist, wenn sie nicht durch einen großen Vorteil geboten ist, ein sicheres Übel.")

Zu den Bereichen, in denen staatliche Regelungen notwendig sind, zählt Mill unter anderem den Schutz Behinderter und Minderjähriger, die Kinder- und Frauenarbeit, Verträge, die zentrale Persönlichkeitsrechte betreffen, die Überwachung getroffener Vereinbarungen über die Arbeitsbedingungen sowie als wichtigen Punkt die Armenfürsorge. Eine bedeutende Rolle spielt schließlich die Sorge für die Infrastruktur wie Wasserversorgung, Verkehrs- und Bildungswesen. Übernimmt der Staat diese Aufgaben nicht selbst, muß er zumindest die hierzu beauftragten Privaten kontrollieren. Allgemein geht es hier um das Problem der Bereitstellung wichtiger öffentlicher Güter. (Vgl. *PPE* V.xi.8/16 S. 947/71 dt. 697/737.)

Aus diesen Punkten wird ersichtlich, daß Mills explizites Eintreten für eine Laissez-faire-Politik nicht gleichbedeutend ist mit der völligen Zurückhaltung des Staates oder einem Nachtwächterstaat. Für Mill kommt der individuellen Freiheit zwar überragende Bedeutung zu (vgl. *Liberty*)[27], und außerdem ist ein darauf aufbauendes Wirtschaftssystem seines Erachtens äußerst effizient, doch erkennt er andererseits einen hohen Regelungsbedarf, den der Staat zu erfüllen hat[28]. Mill weist dem Staat nicht weniger Aufgaben zu als dies bei Smith und Bentham der Fall ist, sondern stimmt mit den beiden grundsätzlich überein. Daß es, von diesen grundsätzlichen Übereinstimmungen abgesehen, in der näheren Bestimmung der staatlichen Aufgaben durchaus Unterschiede gibt, erklärt sich schon alleine aufgrund der veränderten historischen Rahmenbedingungen und gesellschaftlichen Verhältnisse.

Im übrigen glaubt zwar auch Mill, daß das Verhalten der Akteure innerhalb der staatlichen Institutionen von deren Eigeninteresse beeinflußt wird, auf der Basis seines Menschenbildes (s.o. Kap. IV.3.1) sieht er diese Beeinflussung jedoch weit schwächer an als Bentham. Mill steht Smith hier wesentlich näher als Bentham. Das Handeln des Staates kann demnach als stärker auf das Gemeinwohl hingerichtet betrachtet werden, als dies in der Konzeption Benthams möglich ist:

---

[27] „Freiheit ist zweifellos der zentrale Begriff, um den Mills Denken kreist." (SCHLENKE 1988: 167) Ausführlicher zum Millschen Verständnis der Freiheit vgl. SCHLENKE (1988); GAULKE (1996: 95/107); BOGEN/FARELL (1987).

[28] Vgl. auch SCHLENKE (1988: 170): „Die Verwirklichung der Freiheit hat Mill ... keineswegs dem freien Spiel der Kräfte überlassen... . Für ihn sollte der Staat nicht nur 'Nachtwächterfunktionen' übernehmen."

„Although ... the private interest of the rulers or of the ruling class is a very powerful force, constantly in action, and exercising the most important influence upon their conduct; there is also, in what they do, a large portion which that private interest by no means affords a sufficient explanation of" (*Logic* VI.viii.3 S. 891/2 dt. 299).

(„Obgleich ... das private Interesse der Herrscher oder des herrschenden Standes ein sehr mächtiger Faktor ist, der beständig einwirkt und auf ihr Verhalten den bedeutendsten Einfluß ausübt, so gibt es doch in ihrem Tun ein beträchtliches Element, für welches dieses private Interesse keineswegs eine genügende Erklärung liefert".)

Dies ändert allerdings nichts daran, daß die individuellen Interessen der Staatsvertreter verschiedensten Kontrollen ausgesetzt sein sollten:

„Although the actions of rulers are by no means wholly determined by their selfish interests, it is chiefly as a security against those selfish interests that constitutional checks are required" (*Logic* VI.viii.3 S 893 dt. 300).

(„Obgleich die Handlungen der Herrscher keineswegs völlig durch ihre egoistischen Interessen bestimmt werden, so sind doch verfassungsmäßige Schranken hauptsächlich als eine Sicherung gegen jene egoistischen Interessen nötig.")

Das beste Verfassungssystem stellt für Mill das demokratische System dar. Ausführlich beschäftigt sich Mill hiermit in den *Considerations on Representative Government* (1861); in *Bentham* (105/10 dt. 174/9) diskutiert er explizit Teile der Benthamschen Verfassungstheorie. In der demokratischen Verfassung werden nicht nur die Eigeninteressen der Staatsvertreter in hohem Maße kontrolliert – obgleich Mill aus Gründen der „Verantwortlichkeit und Effizienz" (GAULKE 1996: 111) von der Trennung von Exekutive und Legislative absieht –, das System „dient [zugleich; O.H.] ... als Instrument der Erziehung zum mündigen Staatsbürger. Die Teilnahme der Individuen an der Politik ist ein Instrument der Selbstentwicklung und die notwendige Voraussetzung des Mündigwerdens." (GAULKE 1996: 111)[29] Für die Beteiligung der einzelnen Bürger am demokratischen Prozeß in Form des Wahlrechts hält Mill eine ausgeprägte geistige Reife, die u.a. zur Folge

[29] Vgl. auch SHELL (1971: 15; Herv. dort): „Wie Rousseau sieht Mill die Rolle des Bürgers im griechischen Stadtstaat als Ideal an (wobei für Rousseau eher Sparta, für Mill Athen Modell gestanden haben mag); erklärte Teilnahme am politischen Entscheidungsprozeß ist ihm unverzichtbare Voraussetzung für das Mündigwerden des Bürgers. Selbst der wohlwollendste Paternalismus ... behandelt den Bürger als politisches Kind, entmündigt ihn also – und zwar permanent. Umgekehrt ist die Notwendigkeit der Teilnahme Instrument des Lernens, der Selbstentwicklung. Voraussetzung ist daher, vom System für mündig, für *potentiell* mündig genommen zu werden. Dies allein ermöglicht die Realisierung des Potentials."

hat, daß der einzelne in seinem Stimmverhalten auch vom eigenen Interesse absehen kann (vgl. oben IV.3), für entscheidend. In weiten Teilen der Bevölkerung, namentlich in der Arbeiterschicht, hält er diese Reife für noch nicht gegeben, so daß er für Beschränkungen des Wahlrechts eintritt. Hierzu gehört die Bindung des Wahlrechts an Schreib-, Lese- und Rechenkenntnisse sowie an den Tatbestand, Steuerzahler zu sein. Bürger mit höherer Bildung sollen hingegen mehrere Stimmen abgeben dürfen.[30] Unter der Annahme einer mittel- und langfristigen Verbesserung der materiellen Lebensverhältnisse und der Bildungssituation geht Mill aber auf längere Sicht von dem Wahlrecht auch der jetzt noch nicht wahlberechtigten Schichten aus.[31]

In Verbindung mit dem Millschen Menschenbild ist in einem demokratisches Gemeinwesen eine weitgehende Unabhängigkeit der staatlichen Institutionen von den Eigeninteressen der Vertreter zumindest denkbar. Dies steht im Gegensatz zur Theorie Benthams, bei der darauf hingewiesen wurde, daß auf der Basis des ihr zugrundeliegenden Menschenbildes selbst in der von Bentham geforderten Demokratie die Unabhängigkeit des Staates von den Interessen seiner Vertreter nicht ausreichend begründet werden kann (s.o. III.6.3, III.8.3).

Hinsichtlich der Auffassung vom Staat zeigt sich insgesamt, daß auch hier zwischen Mill, Smith und Bentham vielfache Gemeinsamkeiten bestehen. Mit Smith hat Mill dabei allerdings gemein, daß er die faktische Bezogenheit der staatlichen Institutionen gegenüber dem Gemeinwohl und demgemäß auch die Bestimmung der staatlichen Aufgaben in seinem System besser begründen kann als Bentham.

---

[30] „Diese Vorschläge, so sehr sie (zum Teil) gegen unser Demokratieverständnis verstoßen (ich denke an die Befürwortung des pluralen Stimmrechts und der offenen Stimmabgabe), sollen letztlich das Prinzip der Volkssouveränität nicht aufheben, ja kaum einschränken. Sie zielen bloß darauf hin, der 'Stimme der Vernunft' mit Sicherheit Gehör zu verschaffen. Daß Mill dabei – zumindest bewußt – nicht das Klasseninteresse der Oberschicht im Auge hatte, beweist er durch seine Opposition gegen ein aristokratisches oder plutokratisches Oberhaus, sowie seine Weigerung, als Basis für Mehrfach-Stimmen wirtschaftliche Position gelten zu lassen." (SHELL 1971: 18/9)

[31] Zur hier diskutierten Theorie der Demokratie bei Mill vgl. insgesamt GAULKE (1996: 108/17); SCHLENKE (1988: 167/75); SHELL (1971: 14/9).

7. Ergebnis und Stellungnahme

7.1 Methodik und einige pointierte Ergebnisse

1.) Am Anfang aller Theorie steht für Mill die Frage nach den Grundlagen der Wissenschaft. Er unterscheidet zunächst die theoretische Untersuchung (Wissenschaft) von der praktischen Anwendung (Kunst). Für die Wissenschaft gibt es je nach Untersuchungsgegenstand verschiedene Methoden wie die geometrische oder auch die experimentelle Methode. In den Naturwissenschaften sind mit Hilfe dieser Methoden exakte und sichere, d.h. beweisbare Aussagen möglich. Eine solche Sicherheit und Exaktheit auch auf dem Gebiet der Sozialwissenschaften zu erreichen, stellt für Mill ein Ideal dar. Das Objekt der Sozialwissenschaften, der Mensch und die aus Menschen bestehende Gesellschaft bzw. das gesellschaftliche Miteinander, ist jedoch zu komplex, als daß dieses Ideal erreicht werden könnte. Nur eine Annäherung an dieses Ideal ist möglich, und zwar auf der Basis der sog. physikalischen oder konkret deduktiven Methode. Bei dieser werden ausgehend von empirischen Beobachtungen Verallgemeinerungen vorgenommen und Annahmen über Bedingungen getroffen, auf deren Basis Aussagen und Gesetze über individuelle und gesellschaftliche Phänomene formuliert werden können. Diese abstrakten Ergebnisse müssen von der beobachtbaren Realität bestätigt, d.h. verifiziert werden können. Die Wissenschaft der Politischen Ökonomie ist bei Mill ein wichtiges Beispiel für diese Art von Übertragung naturwissenschaftlichen Vorgehens auf eine sozialwissenschaftliche Disziplin.

2.) Mills Theorie von Mensch, Gesellschaft und Wirtschaft erhebt den Anspruch, den vielfältigen Dimensionen menschlichen Lebens möglichst gerecht zu werden. Zweifellos nimmt Mill mehr Dimensionen zur Kenntnis, als dies bei Bentham der Fall ist. Mill distanziert sich weitgehend von dessen Menschenbild und schließt sich inhaltlich eher an Smith an. Der wesentliche Punkt ist hierbei die Verneinung der Reduktion des Menschen auf dessen eigennützige Dimension. Gegenüber der menschlichen Dimension des homo oeconomicus, die in einem Teilbereich der Gesellschaft, nämlich der Wirtschaft, anzutreffen ist, betont Mill in den übrigen Bereichen sozialen Lebens gleichsam die Dimension eines homo politicus, der sich wesentlich auf die Gesellschaft bezogen erfährt und der sein Denken und Handeln immer auch im Hinblick auf das Wohl seiner Mitmenschen bzw. das Gemeinwohl ausrichtet.

3.) Mills Ethik baut auf diesem vielschichtigen Menschenbild auf. Für ihn ist der Mensch erst in seiner gesellschaftlichen Verwobenheit richtig

Mensch, d.h. wenn er auch in uneigennütziger Weise die Interessen seiner Mitmenschen und der Gesellschaft in seinem Handeln berücksichtigt. Gelingt ihm dies nicht, bleibt er auf der Stufe eines egozentrierten Wesens stehen, realisiert er nicht die Dimension seines Lebens, die ihn erst wesentlich vom Tier unterscheidet. Diesen Standpunkt bringt Mill in den Utilitarismus ein, wenn er die qualitative Unterscheidung von bestimmten Arten von Freude und Leid behauptet. Dabei sind diejenigen Freuden besonders gut, die im obigen Sinne mit der Sozialnatur des Menschen in Zusammenhang stehen. Mit der Wendung des quantitativen Utilitarismus Benthams zu einem qualitativen Utilitarismus ist Mill bemüht, den Utilitarismus mit anderen Positionen der Ethik, die er bei Bentham als unzureichend berücksichtigt sieht, zu versöhnen.

4.) In der Betrachtung des ökonomischen Handelns der Individuen greift Mill mit der Betonung des Wunsches nach Ansehen mittels Reichtums ein zentrales Motiv von Smith auf. Arbeitsteilung und Tausch sind Folgen des individuellen Interesses und dienen prinzipiell dem Nutzen aller beteiligten Partner. Die von Mill in der damaligen ökonomischen Praxis festgestellten Unausgewogenheiten in der Verteilung sieht er nicht in Arbeitsteilung und Tausch als solchen begründet, sondern zum einen in dem hohen Bevölkerungswachstum und zum anderen in einer ungerechten Verteilung des Eigentums, deren Wurzeln weit zurück liegen und die sich im Laufe der Zeit derart verfestigt hat, daß auf Basis der realen Eigentumsverhältnisse eine gerechte Verteilung auf Dauer nicht erreicht werden kann. Mill plädiert daher für eine Begrenzung der Bevölkerungszunahme einerseits und für eine am Gemeinwohl und an den lebensnotwendigen Interessen der Schicht der Lohnarbeiter orientierte Politik der Umverteilung andererseits. Das Erbschaftsrecht ist hierfür das wichtigste Instrument.

5.) Bei der Definition der Aufgaben des Staates durch Mill sind insbesondere vier Aspekte von Bedeutung. Erstens kann aufgrund des zugrundeliegenden Menschenbildes ein Handeln der staatlichen Institutionen gedacht werden, das im Vergleich zur Sichtweise Benthams weit mehr dem Gemeinwohl als nur dem Interesse der Amtsträger verhaftet ist. Zweitens ist die Setzung eines Ordnungsrahmens Folge dieser Gemeinwohlverpflichtung. Den einzelnen Bürger innerhalb dieses Rahmens seine Interessen so weit wie möglich frei verfolgen zu lassen, hat nicht nur mit der Hochschätzung der persönlichen Freiheit durch Mill, sondern auch mit der Einsicht zu tun, daß dies in vielen Fällen effizienter ist, als wenn der Staat eingreifen würde, sowie mit dem Ziel, den einzelnen zum mündigen Bürger erziehen zu wollen. Drittens ist die letztgenannte Aufgabe des Staates, zur geistigen und moralischen Erziehung der Individuen beizutragen, für

Mill ein wesentliches Element seiner Sicht der staatlichen Institutionen. Viertens setzt Mill im Zusammenhang mit der demokratischen Verfassung für das Wahlrecht gewisse Kriterien fest, die den einzelnen als Bürger im eigentlichen Sinne qualifizieren, als einen Menschen, der die Stufe des Egozentrismus überschritten hat und der sich dem Interesse der Gesellschaft und seiner Mitbürger verpflichtet weiß.

7.2 Anfragen

1.) Im Bereich der von Mill vertretenen utilitaristischen Ethik ergeben sich u.a. drei Kritikpunkte. Erstens kann der Beweis des Utilitarismus, den Mill leisten möchte, letztlich nicht überzeugen, auch wenn es sich nur um ein Plausibilitätsargument handeln soll. Zweitens birgt die Einführung des qualitativen Elements in der Nutzenbewertung in methodischer Hinsicht wesentliche Schwierigkeiten in sich. Insbesondere MOORE (1996: 124/9) weist darauf hin. MOORE (1996: 128; Herv. dort) legt dar, „daß man, wenn man mit Mill erklärt, die Qualität der Lust sei zu berücksichtigen, nicht mehr bei der Ansicht bleibt, daß die Lust *allein* gut als Zweck ist; denn man impliziert, daß etwas anderes, das *nicht* bei allen Lüsten gegenwärtig ist, *auch* gut als Zweck ist."[32] Drittens wird die Berechnung verschiedener individueller und gesellschaftlicher Nutzen durch das qualitatitve Moment erheblich kompliziert, wenn nicht sogar letztlich unmöglich.[33] Ist Benthams Position zwar einseitig, dafür aber konsequent, geht diese Konsequenz bei Mill verloren.

2.) Hinsichtlich der von Mill attestierten sozialen Problemlage im damaligen Großbritannien stellt sich die Frage, inwieweit die von ihm vorgeschlagenen Maßnahmen zum einen realisierbar und zum andern ausreichend sind. Die von ihm als notwendig betrachtete Begrenzung des Bevölkerungswachstums läßt sich allenfalls längerfristig erreichen. Auch eine

---

[32] „Wenn man sagt: 'Farbe allein ist als Zweck gut', ist offensichtlich kein Grund mehr denkbar, weshalb eine Farbe gegenüber einer anderen bevorzugt wird. Der einzige Maßstab für gut und schlecht ist dann 'Farbe', und weil rot und blau beide diesem einzigen Maßstab gleichermaßen genügen, kann es keinen anderen geben, mit dem zu entscheiden wäre, ob rot besser als blau ist. ... Genauso ist es mit der Lust. Meinen wir wirklich, daß 'die Lust allein gut als Zweck ist', dann müssen wir Bentham beipflichten, daß 'bei gleicher Quantität an Lust Nadelschieben ebensogut ist wie Poesie'". (MOORE 1996: 128) Nach MOORE sind „das hedonistische Prinzip 'allein die Lust ist als Zweck gut'" und die „Auffassung, daß eine Lust von besserer Qualität als eine andere sein kann", „einander entgegengesetzt". „Wir müssen zwischen ihnen wählen. Falls wir die letztere wählen, müssen wir das Prinzip des Hedonismus aufgeben." (ebd.) – Vgl. auch WOLF (1992: 50/1).

[33] Vgl. auch PETERSEN (1996: 35).

Erbrechtsreform könnte erst auf längere Sicht, nämlich nach einer Generation, wirksam werden. Ob das dabei freiwerdende Vermögensvolumen eine ausreichende Verteilungsmasse darstellen würde, kann hier nicht beurteilt werden. Die von Mill vorgeschlagene Begrenzung der Erbschaften auf das, was der Mensch zu einem „einigermaßen unabhängigen Leben" nötig hat (s.o. IV.5.2), ist äußerst vage und dürfte von Fall zu Fall erheblich unterschiedlich definiert werden. Auch müßte die Möglichkeit des Ausweichens in Vermögensübertragungen zu Lebzeiten, auf die Mill im übrigen selbst hinweist, wirksam ausgeschlossen werden können.

3.) Im Zusammenhang mit der postulierten demokratischen Verfassung erscheinen die Kriterien für die Erteilung des Wahlrechts nicht nur unpräzise, sondern auch diskussionswürdig. Wie kann ein höheres Bildungsniveau oder eine höhere geistige Reife gemessen werden, sieht man von dem Alphabetisierungskriterium ab, das zwar ein notwendiges, nicht aber ein hinreichendes Kriterium ist? Die Verknüpfung des Wahlrechts mit der Steuerzahlung läßt sich nicht zwingend rechtfertigen, ist letztere doch kein zwangsläufiges Indiz für eine staatsbürgerliche Gesinnung. Die Einschränkungen des Wahlrechts setzen im Hinblick auf das Gemeinwohl voraus, daß die Wähler die Interessen der Nichtwähler in ihrem Votum angemessen berücksichtigen. Ob dies tatsächlich der Fall ist, mag bezweifelt werden. In formaler Hinsicht verletzen sowohl der Ausschluß vom Wahlrecht als auch das Zuteilen von mehreren Stimmen an einzelne Bürger den Grundsatz der Gleichgewichtung der individuellen Interessen bei der Bestimmung des gesellschaftlichen Interesses.[34]

7.3 Schluß

Insgesamt zeichnet sich das Werk Mills nicht nur durch viele erkenntnisreiche Darlegungen zu speziellen, z.B. politisch-ökonomischen, Themenbereichen aus. Eine wesentliche Bedeutung gewinnt es vor allem durch seine Erstreckung auf viele Gegenstandsbereiche und deren Verknüpfung miteinander. Mill ist ein interdisziplinärer Theoretiker, der der von ihm im Zusammenhang mit der Bestimmung der Methode der Politischen Ökonomie genannten Versuchung widersteht, mit einem für einen bestimmten Bereich entwickelten Denkschema auch andere sozialwissenschaftlichen Phänomene erklären zu wollen.

---

[34] Vgl. auch GAULKE (1996: 117), die Millsche Diskussion der Demokratie zusammenfassend: „Mills Argumente für die Demokratie sind recht idealistisch, seine konkreten Vorschläge dienen aber eher der Absicherung des Herrschaftssystems gegen den Mehrheitswillen."

Teil V

Zusammenfassung

Smith, Bentham und Mill legen jeweils ein sehr umfassendes Werk vor, in dem der Mensch und die gesellschaftlichen Phänomene in vielfältiger Hinsicht untersucht werden. Anthropologie, Gesellschafts- und Staatstheorie, Ethik und Ökonomik sind bei allen Autoren eng miteinander verbunden. Dabei werden jeweils ausführliche Überlegungen zur Wissenschaftstheorie bzw. zum Verständnis des Philosophierens zugrunde gelegt, die die Werke entscheidend prägen.

In den Theorien der drei Autoren kommen nicht nur wesentliche Elemente der Aufklärung, sondern auch die sozio-kulturellen Bedingungen, unter denen sie entstehen und die ausführlich im ersten Teil der Arbeit erörtert wurden, zum Ausdruck.

Ansatz und Methode

Ausgangspunkt aller drei Theorien ist die Empirie. Smith gewinnt hiervon ausgehend einen phänomenologischen Zugang zu Individuum und Gesellschaft. Es geht Smith nicht nur um eine sozialwissenschaftliche Untersuchung analog zu den aufkommenden, neuzeitlichen Naturwissenschaften, sondern auch gleichsam um die Meditation des Beobachteten, das schließlich vor dem Hintergrund eines religiösen, theistischen Weltverständnisses interpretiert wird.

Ein wesentlicher Gedanke des Smithschen Verständnisses von Philosophie besteht darin, daß philosophisches bzw. wissenschaftliches Denken ein Denken in Systemen ist. Diese Systeme sollen zudem auf möglichst wenigen Prinzipien basieren. In Smiths Diskussion des Menschen, der Gesellschaft, Wirtschaft und Ethik stellen das Eigeninteresse, die Sympathie, die Arbeitsteilung und der unparteiische Zuschauer diese Prinzipien dar.

Der Smithsche Ansatz wird von Bentham verabsolutiert. Zum einen kann seine Methode als strikt empirisch bzw. als empiristisch bezeichnet werden. Benthams zentrale Unterscheidung von realen und fiktiven Entitäten steht hiermit im Zusammenhang. Nur das unmittelbar Erfahrbare wie die physische Einwirkung ist real, alles andere Fiktion. In dem von Bentham vertretenen quantitativen Hedonismus kommt schließlich das für die neuzeitlichen Wissenschaften charakteristische Postulat der Wertfreiheit zum Ausdruck. Zum anderen gibt es in Benthams Theorie von Mensch, Gesellschaft und Ethik letztlich nur *ein* fundamentales Prinzip, nämlich die Bestimmung des menschlichen Denkens und Tuns durch die beiden einzigen realen Entitäten im geistigen Bereich, pleasure und pain.

Bei Mill kommt es zu einer expliziten Diskussion des Verhältnisses von Natur- und Sozialwissenschaften. Er markiert Grenzen und Gemeinsamkeiten derselben und leistet insofern einen wichtigen wissenschaftstheoretischen Beitrag, und zwar insbesondere auch hinsichtlich des Verständnisses der Politischen Ökonomie. Mill betont, daß es zum einen unter methodischen Gesichtspunkten zulässig ist und notwendig sein kann, den Untersuchungsgegenstand auf zentrale Elemente desselben zu reduzieren und von dieser Abstraktion ausgehend zu forschen. Zum anderen muß sich der Wissenschaftler aber dieser Abstraktion stets bewußt sein. Die gewonnen Ergebnisse können nicht oder nur eingeschränkt auf andere wissenschaftliche Bereiche übertragen werden. Das Kriterium der Verifizierung stellt in den Sozial- und Naturwissenschaften der empirische Nachweis dar. Die Dimension des Religiösen ist kein Konstitutivum der Millschen Theorie.

Individuum und Gesellschaft

Für Smith sind die Sympathie, d.h. die Fähigkeit mitzufühlen, und das eigeninteressemotivierte Denken und Handeln die zentralen menschlichen Charakteristika. Sie stellen zugleich die wesentlichen sozialen Anlagen des Menschen dar. Diese beiden Prinzipien erweisen sich später als diejenigen Fundamente, auf denen Smith seine ethische bzw. ökonomische Theorie aufbaut. Eigeninteressemotiviertes Handeln ist rationales Handeln und als solches vor allem auf soziales Ansehen bezogen. Daraus resultieren zwei grundsätzliche Verhaltensmuster: Das eine zielt auf den Erwerb von Reichtum, Macht etc., das andere dort, wo der erste Weg versperrt ist, auf einen Lebensstil, der von der Gesellschaft als ethisch korrekt gewürdigt wird.

Der Mensch ist nach Smith in der Lage, von seinen Interessen zu abstrahieren. Die Berücksichtigung oder Förderung des Interesses von anderen bzw. der Gesellschaft kann in uneigennütziger Weise erfolgen.

Die Gesellschaft erscheint als komplexes Gebilde, das mehr als die Summe der Individuen ist und das eigenständigen Wert besitzt. Entsprechend kann von einem Interesse der Gemeinschaft gesprochen werden. Es umfaßt zwar insgesamt die individuellen Interessen, kann ihnen in spezifischen Hinsichten aber auch entgegenstehen.

Bei Bentham wird das Menschenbild von den Begriffen pleasure und pain beherrscht. Diese stellen letztendlich alle Antriebe menschlicher Aktivität dar. Pleasure und pain sind die realen geistigen Entitäten, auf die alle anderen Begriffe zurückbezogen werden. Von besonderer Bedeutung sind dabei die Begriffe des Nutzens und des Interesses. Interessen, Motive, Wünsche etc. zielen immer auf einen Nutzen ab, der wiederum in dem Besitz von Freude und in der Abwesenheit von Leid besteht.

Während bei Smith ausdrücklich darauf verwiesen wird, daß menschliches Glück auch und vor allem aus uneigennützigen Momenten resultiert, gibt es bei Bentham keine – zumindest bewußt – selbstlosen Handlungen. Vielmehr ist jedes Handeln von Nutzenaspekten geprägt. Soziales Handeln ist immer auch Mittel zum Zweck eigener unmittelbarer oder mittelbarer Befriedigung. Hierzu gehört auch ein Handeln, das in sympathetischen Gefühlen gründet. Der Mensch wird nach Bentham in dem Maße glücklich, wie er seinen eigenen Nutzen maximiert.

Freude und Leid bestimmter Zustände können nach Bentham auf individueller Ebene exakt bestimmt und interpersonell verglichen werden. Hier zeigt sich der Anspruch, eine Sozialwissenschaft analog zu den Naturwissenschaften zu konstruieren. Bentham gerät dabei jedoch hinsichtlich seines methodischen Anspruchs in Schwierigkeiten, widersprechen seine nutzentheoretischen Erwägungen letztlich doch der menschlichen Erfahrung. Im Gegensatz zu Bentham glaubt Smith nicht daran, daß menschliches Glück exakt bestimmbar und meßbar ist. Er ist von einer quasi-mathematischen Definition des Glücks weit entfernt. Monetär bewertbarer Reichtum ist eine Sache, seine Messung in Nutzeneinheiten eine andere. Dies gilt nach Smith erst recht für solche Bestandteile des Glücks wie Liebe, Tugend, Selbstzufriedenheit etc., die nicht annähernd quantifiziert werden können.

Die Gesellschaft wird von Bentham in Konsequenz zu seiner empiristischen Methodik als bloße Ansammlung von Individuen gedacht. Die Idee einer Gesellschaft, die mehr wäre als die Summe ihrer Glieder, zählt zu den unzähligen Fiktionen menschlichen Denkens und Redens. Das Interesse der Gesellschaft besteht analog zum individuellen Interesse in der Schaffung von Freude und der Vermeidung von Leid. Der so bestimmte gesellschaftliche Nutzen ist aber nichts anderes als die Summe der individuellen Nutzen.

Mill erachtet das Benthamsche Menschenbild als zu verkürzt. Es stellt seines Erachtens nur eine Dimension des Menschseins dar. Demgegenüber formuliert Mill ein Verständnis vom Menschen, das eine deutliche inhaltliche Nähe zu Smith aufweist. Der Mensch handelt nicht nur eigennützig und nicht nur rational. Vielmehr gibt es auch uneigennütziges und nichtrationales Verhalten. Die soziale Natur des Menschen wird von Mill hervorgehoben. Nur in der Gemeinschaft realisiert der Mensch sein eigentliches Menschsein, nur in der Gemeinschaft wird er glücklich.

Das Menschenbild, mit dem Mill zufolge die Politische Ökonomie in ihren Modellen arbeitet, weist deutliche Ähnlichkeiten zu demjenigen Benthams auf.

Alle drei Autoren betonen, daß der einzelne Mensch in der Regel selbst weiß, worin sein Interesse oder sein Nutzen besteht, und wie er dieses am besten realisieren kann.

Ethik

Das zentrale Prinzip der Smithschen Ethik stellt die Figur des gedachten, wohlinformierten und unparteiischen Zuschauers dar. Bei ethischen Erwägungen, der Beurteilung von Handlungen oder Interessenkonflikten versetzt sich das Individuum in diese Figur und distanziert sich auf diese Weise von seinen eigenen Bedürfnissen. Als moralisch gut bzw. schlecht wird demgemäß dasjenige beurteilt, das vom unparteiischen Zuschauer gebilligt bzw. mißbilligt wird. Der unparteiische Zuschauer urteilt nicht nur im Hinblick auf die von einem Verhalten unmittelbar betroffenen Personen. Vor dem globalen und religiösen Horizont kommt immer auch die Frage nach einem allgemein wünschbaren Verhalten in den Blick. Parallelen zwischen Smith und KANT sind offensichtlich.

Auf der Basis der so gewonnenen Urteile werden in der Gesellschaft allgemeine Regeln der Ethik gebildet, die der einzelne um so mehr einzuhalten sucht, als er die Beachtung durch seine Mitmenschen anstrebt. Die Regeln befreien das Individuum in vielen Situationen des Alltags von der Notwendigkeit, den inneren unparteiischen Zuschauer eigens zu Rate ziehen zu müssen.

Benthams utilitaristische Ethik ist auf individueller Ebene anders konzipiert. Die Herrschaft von Freude und Leid über das menschliche Tun wird akzeptiert. Individuelle Ethik hat dann lediglich die Aufgabe, diejenigen Wege aufzuzeigen, die langfristig zu einem größtmöglichen Nutzen führen. Die Interessen der Mitmenschen sind dabei vielfach zu berücksichtigen – aber primär als Mittel zum Zweck des eigenen Nutzens.

Diese Sichtweise kann Bentham vertreten, weil das zentrale ethische Prinzip bei ihm auf der gesellschaftlichen, der staatlichen Ebene angesiedelt ist. Dieses Prinzip, das Nutzenprinzip oder auch das Prinzip des größtmöglichen Glücks, zielt auf die Schaffung eines maximalen gesellschaftlichen

Nutzens. Die Verteilung des Nutzens auf die Gesellschaftsglieder ist dabei zweitrangig. Alle diejenigen Handlungen sind gut, die dem genannten Ziel förderlich sind. Die Aufgabe des Staates besteht nun darin, solche gesellschaftlichen Zustände herzustellen, die den einzelnen mit einem Nutzen belohnen, wenn er mit seinem Handeln dem Utilitätsprinzip dient, und ihn mit einem Nutzenverlust bestrafen, wenn er ihm entgegenwirkt.

Mill vertritt gleichfalls eine utilitaristische Ethik, möchte diese aber mit anderen Positionen versöhnen. Dabei kommt es zu einer erheblich Änderung gegenüber dem Konzept Benthams. Zum einen geht Mill vom quantitativen Hedonismus zum qualitativen Hedonismus über, zum anderen greift er auf Smiths Figur des unparteiischen Zuschauers zurück. Mill erkennt offensichtlich, daß letztere – oder ein ähnliches Konstrukt – sowohl für den Gedanken der interpersonellen Vergleichbarkeit der individuellen Nutzen als auch für die Berechnung eines gesellschaftlichen Nutzens nötig ist und daß Benthams Theorie in dieser Hinsicht unvollständig ist. Mit der Formulierung des qualitativen Hedonismus vertritt Mill hingegen eine Sichtweise, die zu Inkonsistenzen innerhalb des utilitaristischen Konzepts führt.

Per se gute oder schlechte Motive und Handlungen gibt es bei Bentham nicht: Alles hängt von ihren Folgen ab. Smith beobachtet, daß ein solches Denken im Alltag menschlichen Lebens weitverbreitet ist, betrachtet dies aber kritisch. Unter ethischen Gesichtspunkten müssen seines Erachtens die Absichten der Gegenstand des moralischen Urteils sein. Gleichwohl gewinnt er den faktischen Zuständen einige wichtige positive Seiten ab. Wenn nur die Folgen des Handelns in ethischer Hinsicht entscheidend sind, ergibt sich daraus die ethische Legitimation eines gesellschaftlichen und ökonomischen Systems, das auf eigennützigen und egoistischen Motivationen der Individuen beruht, in dem der moralische Anspruch an den einzelnen darauf beschränkt wird, die gesetzten Rahmenbedingungen anzuerkennen.

Gesellschaftliche Interessenkonflikte werden von Smith, Bentham und Mill aus ethischer Perspektive in unterschiedlicher Weise beurteilt. Prinzipiell hat bei Bentham das Interesse desjenigen Vorrang, der durch seine Realisierung den größten Nutzen erzielen kann und der auf diese Weise den größten Beitrag zur Mehrung des gesellschaftlichen Nutzens leistet. Verletzungen fundamentaler Interessen anderer Individuen sind zulässig, sofern sie in diesem Sinne wirken. Mill korrigiert diese Sichtweise, indem er de facto von Menschenrechten ausgeht, deren Verletzung nicht bloß mit einer gesellschaftlichen Nutzensteigerung begründet werden kann. Er schließt damit an Smith an, der das Gemeinwohl dem Individualwohl zwar

grundsätzlich übergeordnet, der aber zugleich von Menschenrechten ausgeht,
deren Gewährleistung nur dann zur Disposition steht, wenn zentrale Interessen der Gesellschaft, wie ihre Existenz oder die Erhaltung der Rechtssicherheit, auf dem Spiel stehen.

Ökonomie

Das ökonomische Geschehen wird von den drei Autoren als ein spezifischer Ausschnitt der Gesellschaft gesehen, in dem sich die allgemeinen Ausführungen zum gesellschaftlichen Miteinander konkretisieren. Der Zusammenhalt der Gesellschaft durch die individuellen Interessen bzw. Nutzenerwägungen wird hier in besonderer Weise anschaulich, und zwar in
Form von Arbeitsteilung und Handel.

Smith, Bentham und Mill stimmen in ihrer ökonomischen Theorie im
wesentlichen überein. Ein auf den Eigeninteressen basierendes, wettbewerblich und liberal verfaßtes Wirtschaftssystem wird als sehr effizient betrachtet und daher befürwortet. Neben rein ökonomischen Vorteilen
bringt die in der damaligen Epoche stattfindende, deutliche Ausweitung des
internationalen Handels allen Autoren zufolge auch positive gesellschaftliche und politische Auswirkungen mit sich.

Gemeinsamkeiten bestehen zwischen Smith, Bentham und Mill jedoch
auch darin, daß sie die gesellschaftliche Verteilung des ständig wachsenden
Sozialprodukts kritisieren. Smith neigt dazu, diese Ungleichheiten dadurch
zu relativieren, daß zum einen seiner Auffassung zufolge materieller Wohlstand, sofern eine ausreichende Grundversorgung gesichert ist, nicht die
entscheidende Komponente des menschlichen Glücks darstellt. Zum anderen geht er, u. a. im Zusammenhang mit der Rede von der unsichtbaren
Hand, von einer Ordnung der Natur aus, die dafür sorgt, daß letztendlich
alle Menschen die notwendigen Subsistenzmittel erhalten. Diese Sicht erscheint angesichts der damaligen zeitgeschichtlichen Umstände problematisch. Offensichtlich hat Smith die künftigen wohlfahrtssteigernden Wirkungen der zu seiner Zeit beginnenden wirtschaftlichen Dynamik überbewertet. Bentham erkennt die Notwendigkeit staatlicher Armenfürsorge
und entwickelt hierzu konkrete Vorschläge. Mill schließlich widmet sich in
seinen Schriften ausführlich der Lage der gesellschaftlichen Schicht der
Lohnarbeiter und gibt verschiedene Maßnahmen an, wie sich deren
Lebensbedingungen verbessern lassen können.

Einigkeit besteht darin, daß die Gewährleistung der Sicherheit, d.h. auch
der Sicherheit des Eigentums, gesellschaftliche Priorität besitzt. Hierdurch

werden einer möglichen Verteilungspolitik Grenzen gesetzt. Die Vorschläge der drei Autoren, die zu einer gerechteren Verteilung führen sollen, bestehen demgemäß vor allem in der Schaffung von Chancengleichheit im
Beruf sowie bei Bentham und Mill in einer umfassenden Reform des Erbrechts.

Angemahnt werden vor allem von Smith und Mill die ungleichen
Machtverhältnisse zwischen den Schichten der Lohnarbeiter, der Grundbesitzer und der Unternehmer. Die Forderung nach Abbau solcher gesetzlicher Regelungen, die eine dieser Gruppen bevorteilen, wird begleitet von
dem Plädoyer für staatliche Maßnahmen im Bildungsbereich. Den beobachteten geistigen und intellektuellen Defiziten in Teilen der Bevölkerung
soll auf diese Weise begegnet werden.

Beachtenswert ist aus heutiger Sicht, daß bei allen drei Autoren der
Aspekt möglicher Grenzen des Wachstums zumindest angedacht wird. Bei
Mill wird er explizit diskutiert.

Staat

Grundsätzlich zeigen sich bei der Bestimmung der Staatsaufgaben durch
Smith, Bentham und Mill vielfache Parallelen. Sie sind davon überzeugt,
daß sowohl die individuellen Interessen als auch das Gemeinwohl am
besten dann gefördert werden, wenn den Individuen größtmögliche Handlungsfreiheit eingeräumt wird. Diese Handlungsfreiheit wird durch einen
Rahmen definiert, dem ethische Erwägungen zugrunde liegen und der vom
Staat gesetzt werden muß. Wenn eine solche Rahmensetzung nicht erfolgt,
besteht die Gefahr, daß die Individuen ihre Interessen nicht in Zusammenarbeit bzw. im Einklang mit den Interessen ihrer Mitmenschen und somit
der Gesellschaft, sondern auf deren Kosten realisieren.

Die hieraus resultierenden Vorschläge weisen ebenfalls klare Parallelen
auf. Die Bedeutung der Rechtssicherheit in vielfältigsten Hinsichten, u. a.
im Hinblick auf die Sicherheit des Eigentums, der Bildungspolitik sowie
allgemein die staatliche Aufgabe der Bereitstellung öffentlicher Güter
kommen in den Blick.

Die entscheidende Frage ist, auf welche Weise der Staat gesellschaftliche
Mißstände erkennen und darauf reagieren kann. Wie kann er erkennen,
welches die *berechtigten* Interessen der Individuen sind bzw. diejenigen, die
erheblichen Einfluß auf das gesellschaftliche Glück in Form der Summe der
individuellen Nutzen haben und die es daher zu schützen gilt? Offensichtlich wird vorausgesetzt, daß der Staat, d.h. die staatlichen Institutionen, in

der Lage sind bzw. sein müssen, einen unabhängigen und unparteiischen Standpunkt einzunehmen, der alle relevanten Informationen beinhaltet und es ermöglicht, die vielfältigen Belange der unterschiedlichen Gesellschaftsglieder zu beurteilen. Es geht hier um die grundlegende Frage, die auch in der Ethik im Zusammenhang mit der Abwägung der in einer Gesellschaft bestehenden, unterschiedlichen Interessen bzw. deren Beurteilung von entscheidender Bedeutung ist.

Mit der Figur eines unparteiischen und wohlinformierten Zuschauers können Smith und Mill ein Konstrukt anbieten, das eine solche Aufgabe leistet. Da zumindest prinzipiell jeder Mensch mittels dieser Figur urteilen und handeln kann, können dies auch die Vertreter der staatlichen Institutionen bzw. der weise Herrscher eines Landes. Daß dieser Standpunkt dabei immer wieder in Konflikt mit den Eigeninteressen der Amtsträger geraten kann, dessen sind sich Smith und Mill bewußt, es ändert jedoch nichts an der prinzipiellen Möglichkeit eines solchen Urteils. Benthams Problem besteht darin, daß er im Rahmen seines Systems nicht zeigen kann, wie der einzelne durch die eigenen Freuden und Leiden determinierte Politiker in solcher Weise handeln könnte. Die eigenen Nutzenerwägungen verhindern die Einnahme eines Standpunkts, der alleine am Interesse der Gesellschaft orientiert ist.

Gesellschaftssystem

Die verschiedenen Elemente einer Theorie von Individuum, Gesellschaft, Wirtschaft und Ethik münden in ein funktionsfähiges System der Gesellschaft. Zentrale Bedeutung kommt dabei individuellen Erwägungen und Handlungen aus Eigeninteresse zu.

Smith und Bentham ist gemeinsam, daß sie letztendlich von einem Gleichklang der individuellen Interessen ausgehen: Indem jeder einzelne sein eigenes Interesse im Rahmen der gesetzlichen Regelungen, die als institutionalisierte Ethik zu verstehen sind, verfolgt, trägt er automatisch zum Nutzen seiner Mitmenschen und der Gesellschaft bei. Dabei sind unterschiedlichste Mechanismen am Werke. Der zentrale Unterschied zwischen Smith und Bentham besteht in der Bedeutung, die der Religion beigemessen wird. In der Smithschen Darstellung *muß* das System der natürlichen Freiheit funktionieren, weil andernfalls die Welt nicht gut geschaffen wäre. Zugleich *kann* es aber auch funktionieren, weil der Schöpfergott es so gewollt hat. Bei Bentham spielen solche Überlegungen hingegen ebensowenig eine Rolle wie bei Mill.

Der bei Smith und Bentham vorhandene Gedanke der Harmonie der Interessen erscheint bei Mill weniger ausgeprägt.

Ausblick

In der neoklassischen Wohlfahrtstheorie werden wesentliche Aspekte des Benthamschen Menschenbildes aufgegriffen. Es ist zwar im Vergleich zu Smiths und Mills Verständnis des Menschen stark verengt, doch ist, wie Mill darlegt, eine solche Reduzierung in methodischer Hinsicht erlaubt und unter Umständen auch geboten. Es muß jedoch immer das Bewußtsein dafür erhalten bleiben, daß dieser abstrakte Mensch nie identisch ist mit dem realen Menschen, der sich in der alltäglichen Erfahrung zeigt, und daß die Einsichten, die auf der Basis eines dergestalt formulierten Menschenbildes gewonnen werden, immer nur für einen begrenzten Erkenntnisbereich gelten.

Literaturverzeichnis

1. Quellen

1.1 Adam Smith

1.1.1 Englischsprachige Ausgaben

Glasgow Edition of the Works and Correspondance of Adam Smith
(Oxford 1976ff.: Clarendon Press).

Bd. 1: The Theory of Moral Sentiments, hg. v. A. L. Macfie,   *TMS*
D. D. Raphael (1976). [I.i.5.5 = 1. Teil, 1. Abschnitt, 5. Kapitel,
5. Absatz.]

Bd. 2: An Inquiry into the Nature and Causes of the Wealth of   *WN*
Nations, hg. v. R. H. Campbell, A. S. Skinner, W. B. Todd,
2 Bde. (1976). [IV.vii.b.3 = 4. Buch, 7. Kapitel, 2. Teil, 3. Absatz.]

Bd. 3: Essays on Philosophical Subjects, hg. v. P. D. Wightman,   *EPS*
J. R. Bryce (1980).
    Dieser Bd. enthält u. a.:
    The History of Astronomy [II.1 = 2. Abschnitt, 1. Abs.],   *HA*
    The History of Ancient Physics [§ 6 = 6. Absatz],   *HAP*
    Of the External Senses [§ 17 = 17. Absatz],   *External Senses*
    Of the Nature of that Imitation which takes place in what   *Imitative Arts*
    are called The Imitative Arts [II.1 = 2. Teil, 1. Abs.],
    Review of Johnson's Dictionary [§ 1 = 1. Absatz],
    Letter to the Edinburgh Review [§ 5 = 5. Absatz].

Bd. 4: Lectures on Rhetoric and Belles Lettres, hg. v. J. C.   *LRBL*
Bryce (1983). [I.2 = 1. Teil, 2. Abschnitt der Numerierung.]
    Dieser Bd. enthält auch:
    Considerations Concerning the First Formation   *Languages*
    of Languages [§ 2 = 2. Absatz].

Bd. 5: Lectures on Jurisprudence, hg. v. R. L. Meek,   *LJ*
D. D. Raphael, P. G. Stein (1978).
    Dieser Band enthält:
    Vorlesungsmitschrift von 1762/63   *LJ(A)*
    [I.4 = 1. Teil, 2. Abschnitt der Numerierung],
    Vorlesungsmitschrift von 1763/64   *LJ(B)*
    [§ 5 = 5. Abschnitt der Numerierung].

Bd. 6: The Correspondance of Adam Smith, hg. v. E. C. Mossner,   *Letter*
I. S. Ross (1987). [Letter 10 = 10. Brief dieser Sammlung.]
    Dieser Band enthält auch:
    Smith's Thoughts on the State of the Contest with America

1.1.2 Übersetzungen

Theorie der ethischen Gefühle. Nach der Aufl. letzter Hand   *TMS* dt.
übers. u. mit Einl., Anmerkungen u. Registern hg. v. W.
Eckstein. Mit einer Bibliographie v. G. Gawlick (Hamburg 1985:
Meiner).

Der Wohlstand der Nationen. Eine Untersuchung seiner Na-   *WN* dt.
tur und seiner Ursachen. Aus dem Engl. übertr. u. mit einer
umfassenden Würdigung des Gesamtwerkes hg. v. H. C.
Recktenwald, 5. Aufl. (München 1990: dtv).

Vorlesungen über Rechts-, Polizei-, Steuer- u. Heereswesen,   *LJ(B)* dt.
gehalten in der Universität Glasgow von Adam Smith. Nach der
Ausg. v. E. Cannan ins Deutsche übertr. v. S. Blach. Mit einem
Geleitwort v. J. Jastrow (Halberstadt 1928: Meyer).

1.2 Jeremy Bentham

1.2.1 Englischsprachige Ausgaben

1.) *The Collected Works of Jeremy Bentham* (London/Oxford
1968ff.: Athlone Press/Clarendon Press).

An Introduction to the Principles of Morals and Legislation,   *IPML*
hg. v. J. H. Burns, H. L. A. Hart (London 1970: Athlone
Press). [I.5 = 1. Kapitel, 5. Absatz.]

Of Laws in General, hg. v. H. L. A. Hart (London 1970:   *OLG*
Athlone Press).

A Comment on the Commentaries and A Fragment on   *CoC*
Government, hg. v. J. H. Burns, H. L. A. Hart (London   *FG*
1977: Athlone Press). [FG: I.3 = 1. Kapitel, 3. Abschnitt.]

Constitutional Code, Bd. 1, hg. v. F. Rosen, J. H. Burns   *CC*
(Oxford 1983: Clarendon Press).

Deontology, together with A Table of the Springs of Action   *D*
and Article on Utilitarianism, hg. v. A. Goldworth (Oxford   *TSA*
1983: Clarendon Press). [Article on Utilitarianism Long   *AULV*
Version: *AULV*; Short Version: *AUSV*]   *AUSV*

Chrestomathia, hg. v. M. J. Smith, W. H Burston (Oxford 1984:
Clarendon Press).

First Principles preparatory to Constitutional Code, hg. v. P.
Schofield (Oxford 1989: Clarendon Press).
       Dieser Bd. enthält:
       Economy as applied to Office,   *Office*
       Identification of Interests,   *Identification*

Supreme Operative,   *Operative*
Constitutional Code Rationale.   *CCR*

Securities against Misrule and other Constitutional Writings for
Tripoli and Greece, hg. v. P. Schofield (Oxford 1990: Clarendon
Press).

Official Aptitude Maximized; Expense Minimized, hg. v. P. Scho-field
(Oxford 1993: Clarendon Press).

Colonies, Commerce, and Constitutional Law; Rid Yourselves
of Ultramaria and other Writings on Spain and Spanish America, hg.
v. P. Schofield (Oxford 1995: Clarendon Press).

2.) *Works of Jeremy Bentham*, hg. v. J. Bowring, 11 Bde.   B I/X
(Edinburgh 1843).

Bd. 1 enthält u. a.:
  Principles of the Civil Code,   *Civil Code*
  Principles of Penal Law.   *PPL*

Bd. 2 enthält u. a.:
  Principles of Judicial Procedure with the Outlines
  of a Procedure Code,
  The Rationale of Reward,   *Reward*
  An Essay on Political Tactics,
  The Book of Fallacies, from unfinished papers,   *Book of Fallacies*
  Anarchical Fallacies,
  Principles of International Law.   *PIL*

Bd. 3 enthält u. a.:
  Pannomial Fragments,   *PF*
  Nomography; or the Art of Inditing Laws.   *Nomography*

Bd. 4 enthält u. a.:
  Panopticon; or the Inspection-House,   *Panopticon*
  Panopticon versus New South-Wales,
  Emancipate your Colonies!,
  Jeremy Bentham to his Fellow-Citizens of France,   *Peers and Senates*
  on Houses of Peers and Senates,
  Codification Proposal adressed by Jeremy Bentham   *CP*
  to all Nations professing Liberal Opinions.

Bd. 8 enthält u. a.:
  A Fragment on Ontology [I.5 = 1. Kapitel, 5. Abschnitt],   *Ontology*
  Essay on Logic,   *Logic*
  Essay on Language,   *Language*
  Tracts on Poor Laws and Pauper Management.   *Pauper Management*

Bd. 9 enthält:
  The Constitutional Code.   *CC*

Bd. 10 enthält:

Memoirs of Bentham; including Autobiographical *Memoirs*
Conversations and Correspondance.

3.) *Jeremy Bentham's Economic Writings*. Critical Edition based S I/III
on his printed works and unprinted manuscripts, hg. v. W.
Stark, 3 Bde. (London 1952/4: George Allen & Unwin).

Bd. 1 enthält u. a.:

Defense of Usury, *DU*
Colonies and Navy,
Manual of Political Economy, *MPE*
Supply without Burthen; or Escheat vice Taxation, *SWB*
Tax with Monopoly.

Bd. 3 enthält u. a.:

The True Alarm, *TA*
Of the Balance of Trade, *BT*
Defence of a Maximum,
Institute of Political Economy, *IPE*
Observations on the Restrictive *Observations*
and Prohibitory Commercial System.

4.) Parekh, B. (Hg.; 1973); Bentham's Political Thought PAREKH 1973
(London: Croom Helm).

Dieser Bd. enthält u. a.:

Value of a Pain or Pleasure, *Value*
What a Law Is,
Leading Principles of a Constitutional Code, for any State, *Leading Principles*
Declaration of Rights,
Nature of Political Reasoning,
Summary of Basic Principles.

5.) Weitere Schriften:

Analysis of the Influence of Natural Religion on the Temporal *Analysis*
Happiness of Mankind (1822).

Rationale of Judicial Evidence, 5 Bde., hg. v. J. St. Mill (1827).

1.2.2 Übersetzungen

Eine Einführung in die Prinzipien der Moral und der Gesetz- *IPML* dt.
gebung. In: Höffe (Hg.; 1992) 55/83. [Übersetzung von Kapitel I
bis V.3.]

Vertheidigung des Wuchers, worin die Unzuträglichkeit der *DU* dt.
gegenwärtigen gesetzlichen Einschränkungen der Bedingungen

beim Geldverkehr bewiesen wird. In einer Reihe von Briefen an einen Freund. Nebst einem Brief an Adam Smith. Dt. hg. v. J. A. Eberhard (Halle 1788: Gebauer).

Jeremy Benthams Grundsätze für ein künftiges Völkerrecht und einen dauernden Frieden (Principles of international law), übers. v. C. Klatscher. Mit einer Einl. hg. v. O. Kraus (Halle a. S. 1915: Niemeyer).   *PIL* dt.

Traités de Legislation Civile et Penale, hg. v. E. Dumont, 2. Aufl. (Paris 1820).   *Traités*

Jeremias Bentham's, des englischen Juristen, Prinzipien der Ge-   *Traités* dt.
setzgebung. Hg. v. E. Dumont, nach der 9. Aufl. übers. (Köln 1833: Arend). [Übersetzung des ersten Teils der Traités.]

1.3 John Stuart Mill

1.3.1 Englischsprachige Ausgaben

Collected Works of John Stuart Mill (Toronto/London 1963ff.: University of Toronto Press/Routledge & Kegan Paul).

Bd. 1: Autobiography and Literary Essays, hg. v. J. M. Robson,   *Autobiography*
J. Stillinger (1981). [IV = 4. Kapitel.]

Bde. 2/3: Principles of Political Economy with Some of Their   *PPE*
Applications to Social Philosophy, hg. v. J. M. Robson, mit einer Einführung v. V. W. Bladden (1965). [II.1.3 = 2. Buch, 1. Kapitel, 3. Abschnitt.]

Bd. 4: Essays on Economics and Society, hg. v. J. M. Robson, mit einer Einführung v. Lord Robbins (1967).
   Dieser Bd. enthält u. a.:
   Essays on Some Unsettled Questions   *Essays*
   of Political Economy,
   On the Definition of Political Economy; and on the   *Definition*
   Method of Investigation Proper to It.

Bde. 7/8: A System of Logic Ratiocinative and Inductive. Being a   *Logic*
Connected View of the Principles of Evidence and the Methods of Scientific Investigation, hg. v. J. M. Robson, mit einer Einführung v. R. F. McRae (1973/4). [II.2.3 = 2. Buch, 2. Kapitel, 3. Absatz.]

Bd. 10: Essays on Ethics, Religion and Society, hg. v. J. M. Robson, mit Einführungen v. F. E. L. Priestley, D. P. Dryer (1969).
   Dieser Bd. enthält u. a.:
   Remarks on Bentham's Philosophy,   *Remarks*
   Bentham,   *Bentham*
   Utilitarianism [II.2 = 2. Kapitel, 2. Absatz],   *Utilitarianism*

Comment on Bentham in Bulwer's England and the English.   *Bulwer*

Bde. 18/19: Essays on Politics and Society, hg. v. J. M. Robson, mit
einer Einführung v. A. Brady (1977).
  Bd. 18 enthält u. a.:
  On Liberty.   *Liberty*
  Bd. 19 enthält u. a.:
  Considerations on Representative Government.   *Considerations*

Bd. 23: Newspaper Writings, hg. v. A. P. Robson, J. M. Robson, mit
Einführungen von A. P. Robson, J. M. Robson (1986).
  Dieser Bd. enthält u. a.:
  Death of Jeremy Bentham.   *Death*

1.3.2 Übersetzungen

John Stuart Mill's Selbstbiographie. Aus d. Engl. v. C. Kolb   *Autobiography* dt.
(Stuttgart 1874: Meyer & Zeller).

Grundsätze der Politischen Ökonomie mit einigen ihrer   *PPE* dt.
Anwendungen auf die Sozialphilosophie. Nach der Ausgabe
letzter Hand übers. v. W. Gehrig u. eingel. v. H. Waentig, 2
Bde. (Bd. 1: 2. Aufl.) (Jena 1921/4: Fischer).

Einige ungelöste Probleme der politischen Ökonomie. Hg.   *Essays* dt.
v. H. G. Nutzinger, Einleitungen v. M. Bischoff u. a.
(Frankfurt/New York 1976: Campus).
  Dieser Bd. enthält:
  Über die Definition der politischen Ökonomie und   *Definition* dt.
  die ihr angemessene Forschungsmethode.

System der deduktiven und induktiven Logik. Eine   *Logic* dt.
Darlegung der Grundsätze der Beweislehre und der
Methoden wissenschaftlicher Forschung. Übers. und mit
Anmerkungen v. T. Gomperz, 3 Bde. (= J. St. Mill;
Gesammelte Werke, übers. v. T. Gomperz, Bd. 2/4, Aalen
1968 [Nachdruck von Leipzig 1884]: Scientia.)

Der Utilitarismus. Übers., Anm. und Nachwort v. D.   *Utilitarianism* dt.
Birnbacher (Stuttgart 1985: Reclam).

Über die Freiheit. Aus d. Engl. übers. v. B. Lemke. Mit   *Liberty* dt.
Anh. u. Nachwort hg. v. M. Schlenke (Stuttgart 1988:
Reclam).

Betrachtungen über die repräsentative Demokratie   *Considerations* dt.
(Considerations on representative Government). Neu übers.
v. H. Irle-Dietrich. Hg. mit einer Einl. v. K. L. Shell
(Paderborn 1971: Schönigh).

2. Sekundärliteratur

Ahmad, S. (1994); Adam Smith's Four Invisible Hands. In: Wood (Hg.; 1994) Bd. 7, 63/69.

Altmann, J. (1994); Volkswirtschaftslehre. 4., völlig überarb. u. stark erw. Auflage (Stuttgart/Jena: Fischer).

Anzenbacher, A. (1992); Einführung in die Ethik (Düsseldorf: Patmos).

Aristoteles (NE); Die Nikomachische Ethik. Übers. u. mit einer Einf. u. Erläut. versehen v. O. Gigon (München 1991: dtv).

Armengaud, A. (1985); Großbritannien und Irland, Frankreich, Belgien und die Niederlande 1850-1914: Die Bevölkerung. In: Handbuch der Europäischen Wirtschafts- und Sozialgeschichte, Bd. 5, 286/301.

Arnim, H. H. v. (1993); Hat die Demokratie Zukunft? In: Frankfurter Allgemeine Zeitung, Nr. 276, 27.11.1993.

Bairoch, P. (1976); Die Landwirtschaft und die Industrielle Revolution 1700-1914. In: Europäische Wirtschaftsgeschichte, 297/332.

Ball, T. (1993); Was Bentham a Feminist? In: Parekh (Hg.; 1993) Bd. 4, 230/8.

Bauer, J. E. (1990); Art. Deismus. In: Handbuch religionswissenschaftlicher Grundbegriffe, hg. v. H. Cancik, B. Gladigow, M. Laubscher, Bd. 2 (Stuttgart u. a.: Kohlhammer) 207/15.

Baumgardt, D. (1952); Bentham and the Ethics of Today. With Bentham Manuscripts hitherto unpublished (Princeton: Princeton University Press).

Beck, U. (1986); Risikogesellschaft. Auf dem Weg in eine andere Moderne (Frankfurt a. M.: Suhrkamp).

Berger, F. R. (1984); Happiness, Justice and Freedom. The Moral and Political Philosophy of John Stuart Mill (Berkeley u. a.: University of California Press).

Bergier, J.-F. (1976); Das Industriebürgertum und die Entstehung der Arbeiterklasse 1700-1914. In: Europäische Wirtschaftsgeschichte, 261/96.

Bernholz, P./Breyer, F. (1984); Grundlagen der Politischen Ökonomie, 2., völlig neu gestaltete Aufl. (Tübingen: Mohr).

Bernholz, P./Faber, M. (1986); Überlegungen zu einer normativen ökonomischen Theorie der Rechtsvereinheitlichung. In: Rabels Zeitschrift für ausländisches und internationales Privatrecht, 50 (1986) 35/60.

Bernoulli, D. (1954); Exposition of a New Theory of Risk. Übers. von L. Sommer. In: Econometrica, 22 (1954) 23/36. (Lat.: Specimen Theoriae Novae de Mensura Sortis, 1738.)

Bertocci, P. A. (1987); Art. Theism. In: The Encyclopedia of Religion, hg. v. M. Eliade, Bd. 14 (New York/London: Macmillan/Collier Macmillan) 421/7.

Birnbacher, D. (1985); Nachwort. In: Mill; Utilitarianism dt., 117/26.

Birnbacher, D./Hoerster, N. (1993); Einleitungen. In: D. Birnbacher, N. Hoerster (Hg.); Texte zur Ethik. 9. Aufl. (München: dtv).

Blaug, M. (1971); Systematische Theoriegeschichte der Ökonomie, Bd. 1 (München: Nymphenburger). (Engl.: Economic Theory in Retrospect. Revised Ed., 1968.)

Böckle, F. (1985); Fundamentalmoral (München: Kösel).

Bogen, J./Farell, D. M. (1987); Freiheit und Glück in Mills Plädoyer für Freiheit. In: G. Claeys (Hg.); Der soziale Liberalismus John Stuart Mills. Aus dem Engl. v. C. Lattek (Baden-Baden: Nomos) 57/75. (Engl.: Freedom and Happiness in Mill's Defence of Liberty. In: The Philosophical Quarterly, 28 [1978] 325/38.)

Bohnen, A. (1964); Die utilitaristische Ethik als Grundlage der modernen Wohlfahrtsökonomik. Mit einem Herausgeber-Geleitwort von G. Weisser (Göttingen: Schwartz).

Bohnen, A. (1992); Der hedonistische Kalkül und die Wohlfahrtsökonomik. Über die Rolle der utilitaristischen Ethik im wirtschaftswissenschaftlichen Denken. In: Gähde/Schrader (Hg.; 1992) 318/39.

Boralevi, L. C. (1993); In Defence of a Myth. In: Parekh (Hg.; 1993) Bd. 4, 239/55.

Bowring, J. (1834); Einleitung. In: Jeremy Bentham; Deontologie oder die Wissenschaft der Moral. Aus dem Manuscript v. Jeremy Bentham geordnet u. hg. v. J. Bowring. Aus dem Engl. übertr., 2 Bde. (Leipzig: Allg. niederländische Buchhandlung) Bd. 1, VII/X; Bd. 2, 1/33.

Bozovic, M (1995); Introduction: 'An utterly dark spot'. In: Jeremy Bentham; The Panopticon Writings (London/New York: Verso) 1/27.

Briefs, G. (1915); Untersuchungen zur klassischen Nationalökonomie. Mit besonderer Berücksichtigung der Durchschnittsprofitrate (Jena: Fischer).

Brühlmeier, D. (1988); Die Rechts- und Staatslehre von Adam Smith und die Interessentheorie der Verfassung (Berlin: Duncker & Humblot).

Bryce, J. C. (1980); Introduction. In: Smith; *EPS*, 217/9.

Bryce, J. C. (1983); Introduction. In: Smith; *LRBL, 1/37.*

Buchanan, J. M. (1984); Die Grenzen der Freiheit. Zwischen Anarchie und Leviathan (Tübingen: Mohr). (Engl.: The Limits of Liberty. Between Anarchy and Leviathan, 1975.)

Büscher, M. (1991); Gott und Markt – religionsgeschichtliche Wurzeln Adam Smiths und die „Invisible Hand" in der säkularisierten Industriegesellschaft. In: Meyer-Faye/Ulrich (Hg.; 1991) 123/44.

Burns, J. H./Hart, H. L. A. (1970); Introduction. In: Bentham; *IPML*, xxxvii/xliii.

Campbell, R. H./Skinner, A. S. (1976); General Introduction. In: Smith; *WN, 1/66.*

Cipolla, C. M. (1976); Die Industrielle Revolution in der Weltgeschichte. In: Europäische Wirtschaftsgeschichte, 1/10.

Crimmins, J. E. (1993); Bentham's Metaphysics and the Science of Divinity. In: Parekh (Hg.; 1993) Bd. 2, 72/93.

Crimmins, J. E. (1993a); Bentham on Religion: Atheism and the Secular Society. In: Parekh (Hg.; 1993) Bd. 2, 113/128.

Dasgupta, P. S./Heal, G. M. (1979); Economic Theory and Exhaustible Resources (Nisbet/Cambridge University Press).

Dinwiddy, J. (1990); Bentham (Oxford/New York: Oxford University Press).

Dinwiddy, J. (1993); Bentham on Private Ethics and the Principle of Utility. In: Parekh (Hg.; 1993) Bd. 2, 404/22.

Eckstein, W. (1985); Einleitung des Herausgebers. In: Smith; TMS dt., XI/LXXI.

Eisenberg, C. (1994); Die englische Arbeiterschaft im Wandel von Wirtschaft und Gesellschaft 1815-1880. In: Gruner/Wendt (Hg.; 1994) 137/59.

Emerson, R. L. (1990); Science and moral philosophy in the Scottish Enlightenment. In: M. A. Stewart (Hg.); Studies in the Philosophy of the Scottish Enlightenment (Oxford: Clarendon Press) 11/36.

Engert, J. T. (1986); Art. Deismus. In: Lexikon für Theologie und Kirche, 2., völlig neu bearb. Aufl., hg. v. J. Höfer, K. Rahner, Bd. 3 (Freiburg 1959, Neudruck 1986: Herder) 195/9.

Esser, A. (1973); Art. Interesse. In: Handbuch philosophischer Grundbegriffe, hg. v. H. Krings, H. M. Baumgartner, C. Wild, Bd. 2 (München: Kösel) 738/47.

Eucken, W. (1965); Die Grundlagen der Nationalökonomie, 8. Aufl. (Berlin u. a.: Springer).

Europäische Wirtschaftsgeschichte. The Fontana History of Europe in 4 Bänden, hg. v. C. M. Cipolla, dt. Ausgabe hg. v. K. Borchardt. Bd. 3: Die Industrielle Revolution (Stuttgart/New York 1976: Fischer) (Engl.: The Fontana economic history of Europe, hg. v. C. M. Cipolla, 1973.)

Faber, M./Manstetten, R. (1988); Der Ursprung der Volkswirtschaftslehre als Bestimmung und Begrenzung ihrer Erkenntnisperspektive. In: Schweizerische Zeitschrift für Volkswirtschaft und Statistik, 124 (1988) 97/121.

Faber, M./Manstetten, R./Petersen, T. (1997); Homo Oeconomicus and Homo Politicus. Political Economy, Constitutional Interest and Ecological Interest. In: Kyklos 50 (1997) 457/83.

Felderer, B./Homberg, S. (1994); Makroökonomik und neue Makroökonomik. 6. verb. Aufl. (Berlin u. a.: Springer).

Friedman, M. (1985); Adam Smiths Bedeutung für 1976. In: Recktenwald (Hg.; 1985) 208/21. (Engl.: Adam Smith's Relevance for 1976. In: F. R. Glahe [Hg.; 1978]; Adam Smith and the Wealth of Nations, 1776-1976. Bicentennial Essays, 7/20.)

Fry, M. (Hg.; 1992); Adam Smith's legacy. His place in the development of modern economics (London/New York: Routledge).

Fuchs, H.-J. (1976); Art. Interesse, I. In: Historisches Wörterbuch der Philosophie, hg. v. J. Ritter, K. Gründer, Bd. 4 (Basel/Stuttgart: Schwabe) 479/85.

Gabler Wirtschaftslexikon, 12., vollst. neu bearb. u. erw. Auflage (Wiesbaden 1988: Gabler).

Gähde, U. (1992); Zum Wandel des Nutzenbegriffs im klassischen Utilitarismus. In: Gähde/Schrader (Hg.; 1992) 83/110.

Gähde, U./Schrader, W. H. (Hg.; 1992); Der klassische Utilitarismus. Einflüsse – Entwicklungen – Folgen (Berlin: Akademie).

Galbraith, J. K. (1990); Die Entmythologisierung der Wirtschaft. Grundvoraussetzungen ökonomischen Denkens (München: Knaur). (Engl.: Economics in Perspective. A Critical History, 1987.)

Ganoczy, A. (1987); Art. Deismus. In: Lexikon der katholischen Dogmatik, hg. v. W. Beinert (Freiburg u. a.: Herder) 81/2.

Gaulke, J. (1996); John Stuart Mill (Hamburg: Rowohlt).

Gawlick, G. (1972); Art. Deismus. In: Historisches Wörterbuch der Philosophie, hg. v. J. Ritter u. a., Bd. 2 (Basel/Stuttgart: Schwabe) 44/7.

Gestrich, C. (1981); Art. Deismus. In: Theologische Realenzyklopädie, hg. v. G. Krause u. a., Bd. 8 (Berlin/New York: de Gruyter) 392/406.

Goldworth, A. (1969); The Meaning of Bentham's Greatest Happiness Principle. In: Journal of the History of Philosophy, 7 (1969) 315/21.

Goldworth, A. (1983); Editorial Introduction. In: Bentham; D, xi/xxxvi.

Goldworth, A. (1993); Bentham's Concept of Pleasure: Its Relation to Fictitious Terms. In: Parekh (Hg.; 1993) Bd. 2, 214/24.

Goldworth, A. (1993a); The Sympathetic Sanction and Sinister Interest in Bentham's Utilitarianism. In: Parekh (Hg.; 1993) Bd. 2, 487/98.

Gomberg, P. (1993); Self and Others in Bentham and Sidgwick. In: Parekh (Hg.; 1993) Bd. 2, 499/511.

Gruner, W. D. (1994); Friede als nationales Interesse: Großbritanniens Aufstieg zur politischen und ökonomischen Großmacht. In: Gruner/Wendt (Hg.; 1994) 1/36.

Gruner, W. D./Wendt, B.-J. (Hg.; 1994); Großbritannien in Geschichte und Gegenwart (Hamburg: Krämer).

Haan, H./Niedhart, G. (1993); Geschichte Englands vom 16. bis zum 18. Jahrhundert (= Geschichte Englands, Bd. 2; München: Beck).

Halévy, E. (1952); The Growth of Philosophic Radicalism. Übers. v. M. Morris mit einem Vorwort v. A. D. Lindsay (London: Faber & Faber). (Frz.: La Formation du radicalisme philosophique, 1901/4.)

Handbuch der Europäischen Wirtschafts- und Sozialgeschichte, hg. v. W. Fischer u.a. (Stuttgart: Klett-Cotta). Bd. 4: Europäische Wirtschafts- und Sozialgeschichte von der Mitte des 17. Jahrhunderts bis zur Mitte des 19. Jahrhunderts, hg. v. I. Mieck (1993). Bd. 5: Europäische Wirtschafts- und Sozialgeschichte von der Mitte des 19. Jahrhunderts bis zum ersten Weltkrieg, hg. v. W. Fischer (1985).

Harrison, R. (1983); Bentham (London u. a.: Routledge & Kegan Paul).

Harrison, R. (1994); Introduction. In: Jeremy Bentham; A Fragment on Government. The new authoritative Edition by J. H. Burns and H. L. A. Hart, with an Introduction by R. Harrison (Cambridge University Press) vi/xxx.

Hart, H. L. A. (1970); Introduction. In: Bentham; *OLG*, xxxi/xlii.

Hart, H. L. A. (1982); Natural Rights: Bentham and John Stuart Mill. In: H. L. A. Hart; Essays on Bentham. Studies in Jurisprudence and Political Theory (Oxford: Clarendon Press) 79/104.

Hart, H. L. A. (1993); Bentham and the Demystification of the Law. In: Parekh (Hg.; 1993) Bd. 3, 421/35.

Hauer, P. (1991); Leitbilder der Gerechtigkeit in den marktwirtschaftlichen Konzeptionen von Adam Smith, John Stuart Mill und Alfred Müller-Armack (Frankfurt a. M. u. a.: Lang).

Heilbroner, R. L. (1994); The Socialization of the Individual in Adam Smith. In: Wood (Hg.; 1994) Bd. 5, 122/134.

Helvétius, C. A. (1972); Vom Menschen, seinen geistigen Fähigkeiten und seiner Erziehung. Hg., übers. u. mit einer Einl. v. G. Mensching (Frankfurt a. M.: Suhrkamp). (Frz.: De l'homme, de ses facultés et de son education, 1772.)

Hirschman, A. O. (1984); Engagement und Enttäuschung. Über das Schwanken der Bürger zwischen Privatwohl und Gemeinwohl. Übers. v. S. Offe (Frankfurt a. M.: Suhrkamp). (Engl.: Shifting Involvements. Private Interests and Public Action, 1982.)

Hirschman, A. O. (1987); Politische Begründungen des Kapitalismus vor seinem Sieg. Autorisierte Übers. v. S. Offe (Frankfurt a. M.: Suhrkamp). (Engl.: The Passions and the Interests. Political Arguments for Capitalism before its Triumph, 1977.)

Höffe, O. (1979); Zur Theorie des Glücks im klassischen Utilitarismus. In: O. Höffe; Ethik und Politik. Grundmodelle und -probleme der praktischen Philosophie (Frankfurt a. M.: Suhrkamp).

Höffe, O. (1984); Art. Nutzen, Nützlichkeit. In: Historisches Wörterbuch der Philosophie, hg. v. J. Ritter, K. Gründer, Bd. 6 (Basel/Stuttgart: Schwabe) 992/1008.

Höffe, O. (Hg.; 1992); Einführung in die utilitaristische Ethik. Klassische und zeitgenössische Texte 2., überarb. u. akt. Aufl. (Tübingen: Francke).

Höffe, O. (1992a); Einleitung. In: Höffe (Hg.; 1992) 7/51.

Höffe, O. (1992b); Schwierigkeiten des Utilitarismus mit der Gerechtigkeit. Zum 5. Kapitel von Mills 'Utilitarismus'. In: Gähde/Schrader (Hg.; 1992) 292/317.

Hoffmann, F. (1910); J. Bentham und Ad. Smith. In: Jahrbuch für Gesetzgebung, Verwaltung und Volkswirtschaft im Deutschen Reich, 34 (1910) 33/89.

Hollander, S. (1973); The Economics of Adam Smith (Toronto/Buffalo: University of Toronto Press). (Teilweise dt.: Die Bedeutung von Nutzen und

Nachfrage im 'Wohlstand der Nationen'. In: Recktenwald [Hg.; 1985] 193/207.)

Hollander, S. (1987); Classical economics (Oxford/New York: Basil Blackwell).

Holsten, W. (1962); Art. Theismus, I. Religionsgeschichtlich. In: Die Religion in Geschichte und Gegenwart. Handwörterbuch für Theologie und Religionswissenschaft, 3., völlig neu bearb. Aufl., hg. v. K. Galling u. a., Bd. 6 (Tübingen: Mohr) 733.

Hornig, G. (1984); Der englische Deismus. In: Handbuch der Dogmen- und Theologiegeschichte, hg. v. C. Andresen. Bd. 3: G. A. Benrath u. a.; Die Lehrentwicklung im Rahmen der Ökumenizität (Göttingen: Vandenhoeck & Ruprecht) 115/25.

Hueber, A. (1991); Die philosophische und ethische Begründung des homo oeconomicus bei Adam Smith (Frankfurt a. M. u. a.: Lang).

Hume, L. J. (1993); The Political Functions of Bentham's Theory of Fictions. In: Parekh (Hg.; 1993) Bd. 3, 522/33.

Jones, P./Skinner, A. S. (Hg.; 1992); Adam Smith Reviewed (Edinburgh: Edinburgh University Press).

Kant, I.; Werke in zwölf Bänden. Werkausgabe. Hg. v. W. Weischedel. Neuauflage (Frankfurt a. M. 1984: Suhrkamp). KrV: Kritik der reinen Vernunft, Bde. 3 und 4, KpV: Kritik der praktischen Vernunft, Bd. 7, GMS: Grundlegung der Methaphysik der Sitten, Bd. 7.

Kaufmann, F.-X. (1984); Solidarität als Steuerungsform – Erklärungsansätze bei Adam Smith. In: Kaufmann/Krüsselberg (Hg; 1984) 158/184.

Kaufmann, F.-X./Krüsselberg, H.-G. (Hg.; 1984); Markt, Staat und Solidarität bei Adam Smith (Frankfurt a. M./New York: Campus).

Keilbach, W. (1986); Art. Theismus. In: Lexikon für Theologie und Kirche, 2., völlig neu bearb. Aufl., hg. v. J. Höfer, K. Rahner, Bd. 10 (Freiburg 1965, Neudruck 1986: Herder) 16/8.

Keller, A. (1974); Art. Sein. In: Handbuch philosophischer Grundbegriffe, hg. v. H. Krings u. a., Bd. 3 (München: Kösel) 1288/1304.

Kessler, M. (1995); Art. Deismus. In: Lexikon für Theologie und Kirche, 3., völlig neu bearb. Aufl., hg. v. W. Kasper u. a., Bd. 3 (Freiburg u. a.: Herder) 60/2.

Kirchgässner, G. (1991); Homo oeconomicus. Das ökonomische Modell individuellen Verhaltens und seine Anwendung in den Wirtschafts- und Sozialwissenschaften (Tübingen: Mohr).

Kittsteiner, H. D. (1984); Ethik und Teleologie: Das Problem der „unsichtbaren Hand" bei Adam Smith. In: Kaufmann/Krüsselberg (Hg.; 1984) 41/73.

Klein, J. (1962); Art. Theismus, II. Philosophisch. In: Die Religion in Geschichte und Gegenwart. Handwörterbuch für Theologie und Religionswissenschaft, 3., völlig neu bearb. Aufl., hg. v. K. Galling u. a., Bd. 6 (Tübingen: Mohr) 733/8.

Köhler, W. R. (1979); Zur Geschichte und Struktur der utilitaristischen Ethik (Frankfurt a. M.: Haag & Herchen).

Krüsselberg, H.-G. (1984); Wohlfahrt und Institutionen: Betrachtungen zur Systemkonzeption im Werk von Adam Smith. In: Kaufmann/Krüsselberg (Hg.; 1984) 185/216.

Kurz, H. D. (Hg.; 1990); Adam Smith (1723-1790) – Ein Werk und seine Wirkungsgeschichte (Marburg: Metropolis).

Kutschera, F. v. (1982); Grundlagen der Ethik (Berlin/New York: de Gruyter).

Lilley, S. (1976); Technischer Fortschritt und die Industrielle Revolution 1700-1914. In: Europäische Wirtschaftsgeschichte, 119/63.

Long, D. (1993); Censorial Jurisprudence and Political Radicalism: A Reconsideration of the Early Bentham. In: Parekh (Hg.; 1993) Bd. 3, 1046/74

Longuet-Higgins, H. C. (1992); 'The History of Astronomy': a twentieth-century view. In: Jones/Skinner (Hg.; 1992) 79/92.

Lyons, D. (1991); In the Interest of the Governed. A Study in Bentham's Philosophy of Utillity and Law (Oxford: Clarendon Press).

Macfie, A. L. (1967); The Individual in Society. Papers on Adam Smith (London: Allen & Unwin).

Macfie, A. L. (1967a); The Scottish Tradition in Economic Thought. In: Macfie (1967) 19/41.

Macfie, A. L. (1967b); 'The Invisible Hand' in the Theory of Moral Sentiments. In: Macfie (1967) 101/25.

Macfie, A. L. (1971); The Invisible Hand of Jupiter. In: Journal of the History of Ideas, 32 (1971) 595/9.

Macfie, A. L. (1985); Adam Smiths 'Theorie der ethischen Gefühle' als Grundlage für seinen 'Wohlstand der Nationen'. In: Recktenwald (Hg.; 1985) 131/57. (Engl.: Adam Smith's Moral Sentiments as Foundation for his Wealth of Nations. In: Macfie [1967] 59/81.)

Mann, F. K. (1956); Art. Smith, Adam. In: Handwörterbuch der Sozialwissenschaften, hg. v. E. v. Beckerath u. a., Bd. 9 (Stuttgart u.a.: Fischer u. a.) 288/94.

Manstetten, R. (1995); Die Einheit und Unvereinbarkeit von Ökologie und Ökonomie. In: Gaia 4 (1995) 40/51.

McReynolds, P. (1993); The Motivational Psychology of Jeremy Bentham. In: Parekh (Hg.; 1993) Bd. 2, 179/213.

Medick, H. (1973); Naturzustand und Naturgeschichte der bürgerlichen Gesellschaft. Die Ursprünge der bürgerlichen Sozialtheorie als Geschichtsphilosophie und Sozialwissenschaft bei Samuel Pufendorf, John Locke und Adam Smith (Göttingen: Vandenhoeck & Ruprecht).

Meek, R. L./Raphael, D. D./Stein, P. G. (1978); Introduction. In: Smith; LJ, 1/42.

Mestmäcker, E. J. (1977); Selbstliebe und soziale Gerechtigkeit bei Adam Smith. In: Festschrift für Konrad Duden zum 70. Geburtstag, hg. v. H.-M. Pawlowski u. a. (München: Beck) 319/34.

Meyer-Faye, A./Ulrich, P. (Hg.; 1991); Der andere Adam Smith. Beiträge zur Neubestimmung von Ökonomie als Politischer Ökonomie (Bern/Stuttgart: Haupt).

Mieck, I. (1993); Wirtschaft und Gesellschaft Europas von 1650 bis 1850. In: Handbuch der europäischen Wirtschafts- und Sozialgeschichte, Bd. 4, 1/233.

Milne, A. T. (1962); Catalogue of the Manuscripts of Jeremy Bentham in the Library of University College, London, 2. Aufl. (London: Athlone Press).

Mittelstraß, J. (1975); Über Interessen. In: J. Mittelstraß (Hg.); Methodologische Probleme einer normativ-kritischen Gesellschaftstheorie (Frankfurt a. M.: Suhrkamp) 126/59.

Moore, G. E. (1996); Principia Ethica. Erw. Ausgabe. Aus d. Engl. übers. u. hg. v. B. Wisser. Übers. d. Anhangs v. M. Sandhop (Stuttgart: Reclam). (Engl.: Principia Ethica, 1903.)

Mossner, E. C./Ross, I. S. (1987); Einleitung. In: Smith; Correspondance, Appendix C, 386/7.

Muck, O. (1983); Philosophische Gotteslehre (Düsseldorf: Patmos).

Müller, A. (1956); Die sozial- und wirtschaftsphilosophische Bedeutung des Utilitarismus unter besonderer Berücksichtigung Englands, speziell von Jeremy Bentham (Berlin: Diss. FU Berlin).

Muller, J. Z. (1993); Adam Smith in his Time and Ours. Designing the Decent Society (New York u. a.: Free Press u. a.).

Nagel, E. (1950); Editor's Introduction. In: John Stuart Mill's Philosophy of Scientific Method, hg. mit einer Einführung v. E. Nagel (New York: Hafner) xv/xlviii.

Niedhart, G. (1987); Geschichte Englands im 19. und 20. Jahrhundert (= Geschichte Englands, Bd. 3; München: Beck).

Niedhart, G. (1993); Großbritannien 1750-1850. In: Handbuch der europäischen Wirtschafts- und Sozialgeschichte, Bd. 4, 401/61.

Nutzinger, H. G. (1976); Gesamteinleitung und Einleitung zu Essay 5. In: Mill; Essays dt., 10/7, 142/5.

Nutzinger, H. G. (1991); Das System der natürlichen Freiheit bei Adam Smith und seine ethischen Grundlagen. In: Adam Smiths Beitrag zur Gesellschaftswissenschaft (= Ökonomie und Gesellschaft, hg. v. T. Schmid-Schönbein u. a., Jahrbuch 9; Frankfurt a. M./New York: Campus) 79/100.

Oakley, A. (1994); Classical economic man. Human agency and methodology in the political economy of Adam Smith and J. S. Mill (Aldershot: Elgar).

Ogden, C. K. (1932); Bentham's Theory of Fictions (London: Kegan Paul).

Oncken, A. (1985); Adam Smith und Immanuel Kant. In: Recktenwald (Hg.; 1985) 315/29.)

Orth, E. W. (1982); Art. Interesse, I/II u. IV/V. In: Geschichtliche Grundbegriffe. Historisches Lexikon zur politisch-sozialen Sprache, hg. v. O. Brunner, W. Conze, R. Koselleck, Bd. 3 (Stuttgart: Klett-Cotta) 305/10, 318/36.

Parekh, B. (Hg.; 1973); Bentham's Political Thought (London: Croom Helm).

Parekh, B. (1973a); Introduction. In: Parekh (Hg.; 1973) 13/44.

Parekh, B. (Hg.; 1993); Jeremy Bentham. Critical Assessments, 4 Bde. (London/ New York: Routledge).

Patzen, M. (1992); Zur Diskussion des Adam-Smith-Problems – ein Überblick. In: Meyer-Faye/Ulrich (Hg.; 1992) 21/54.

Persky, J. (1995); Retrospectives. The Ethology of Homo Economicus. In: Journal of Economic Perspectives, 9 (1995) 221/31.

Petersen, T. (1996); Individuelle Freiheit und allgemeiner Wille. Buchanans politische Ökonomie und die politische Philosophie (Tübingen: Mohr).

Pollard, S. (1992); Der klassische Utilitarismus: Einflüsse, Entwicklungen, Folgen. In: Gähde/Schrader (Hg.; 1992) 11/33.

Pollard, S. (1994); Großbritannien, die Industrielle Revolution und ihre welthistorische Bedeutung. In: Gruner/Wendt (Hg.; 1994) 115/35.

Priestley, F. E. L. (1969); Introduction. In: Mill; Essays on Ethics, Religion and Society, vii/lxii.

Prisching, M. (1990); Adam Smith und die Soziologie – Zur Rezeption und Entfaltung seiner Ideen. In: Kurz (Hg.; 1990) 53/92.

Raphael, D. D. (1991); Adam Smith. Aus dem Engl. v. U. Remmert (Frankfurt a. M./New York: Campus). (Engl.: Adam Smith, 1985.)

Raphael, D. D./Macfie, A. L. (1976); Introduction. In: Smith; TMS, 1/52.

Raphael, D. D./Skinner, A. S. (1980); General Introduction. In: Smith; EPS, 1/21.

Rawls, J. (1979); Eine Theorie der Gerechtigkeit. Übers. v. H. Vetter (Frankfurt a. M.: Suhrkamp). (Engl.: A Theory of Justice, 1971.)

Recktenwald, H. C. (Hg.; 1985); Ethik, Wirtschaft und Staat. Adam Smiths politische Ökonomie heute (Darmstadt: Wissenschaftl. Buchgesellschaft).

Recktenwald, H. C. (1985a); Eine Adam-Smith-Renaissance anno 1976? Eine Neubeurteilung seiner Originalität und Gelehrsamkeit. In: Recktenwald (Hg.; 1985) 345/90.

Recktenwald, H. C. (1986); Das Selbstinteresse – Zentrales Axiom der ökonomischen Wissenschaft. Abhandlungen der geistes- und sozialwissenschaftlichen Klasse, Nr. 2 (Mainz/Stuttgart: Akad. d. Wissenschaften u. d. Literatur/ Steiner).

Recktenwald, H. C. (1989); Adam Smith. In: J. Starbatty (Hg.); Klassiker des ökonomischen Denkens, Bd. 1 (München: Beck) 134/55.

Recktenwald, H. C. (1990); Würdigung des Werkes. In: Smith; *WN* dt., XV/LXXIX.

Robson, J. M. (1964); John Stuart Mill and Jeremy Bentham, with some Observations on James Mill. In: M. MacLure, F. Watt; Essays in English Literature from the Renaissance to the Victorian Age (University of Toronto Press) 245/68.

Robson, J. M. (1968); The Improvement of Mankind. The Social and Political Thought of John Stuart Mill (London/Toronto: Routledge & Kegan Paul/ University of Toronto Press).

Rosen, F. (1992); Bentham, Byron and Greece. Constitutionalism, Nationalism, and Early Liberal Political Thought (Oxford: Clarendon Press).

Rosen F./Burns, J. H. (1983); Editorial Introduction. In: Bentham, *CC*, xi/xlv.

Ryan, A. (1987); Introduction. In: Utilitarianism and other Essays. J. S. Mill and Jeremy Bentham, hg. v. A. Ryan (London: Penguin) 7/63.

Schefold, B. (1981); Nachfrage und Zufuhr in der klassischen Ökonomie. In: F. Neumark (Hg.); Studien zur Entwicklung der ökonomischen Theorie I (Berlin: Duncker & Humblot) 53/91.

Schernikau, F. (1992); Zur Verbindung von Ethik und Ökonomie am Beispiel der Wohlfahrtstheorie. Ein dogmengeschichtlicher Abriß von Adam Smith bis in die Gegenwart unter besonderer Berücksichtigung von kardinaler Meßbarkeit und interpersoneller Vergleichbarkeit (Frankfurt a. M. u. a.: Lang).

Schlenke, M. (1988); Nachwort. In: Mill; *Liberty* dt., 165/79.

Schofield, P. (1989); Editorial Introduction. In: Bentham; First Principles preparatory to Constitutional Code, xv/xliii.

Schofield, P. (1990); Editorial Introduction. In: Bentham; Securities against Misrule and other Constitutional Writings for Tripoli and Greece, xv/li.

Schofield, P. (1995); Editorial Introduction. In: Bentham; Colonies, Commerce, and Constitutional Law: Rid Yourselves of Ultramaria and other Writings on Spain and Spanish America, xv/lxv.

Schrader, W. H. (1992); Überlegungen zum Utilitätsprinzip in der moral-sense-Theorie und bei Bentham. In: Gähde/Schrader (Hg.; 1992) 266/291.

Schumpeter, J. A. (1965); Geschichte der ökonomischen Analyse. Nach dem Manuskript hg. v. E. Schumpeter. Mit einem Vorwort v. F. K. Mann, Bd. 1 (Göttingen: Vandenhoeck & Ruprecht).

Seckler, M./Kessler, M. (1985); Die Kritik der Offenbarung. In: Handbuch der Fundamentaltheologie, hg. v. W. Kern, H. J. Pottmeyer, M. Seckler, Bd. 2 (Freiburg u. a.: Herder) 29/59.

Semmel, B. (1993); The Philosophic Radicals and Colonialism. In: Parekh (Hg.; 1993) Bd. 3, 1075/86.

Shackleton, R. (1993); The Greatest Happiness of the Greatest Number: The History of Bentham's Phrase. In: Parekh (Hg.; 1993) Bd. 2, 353/67.

Shell, K. L. (1971); Einleitung. In: Mill; *Considerations* dt., 7/23.

Skinner, A. S. (1985); Adam Smith: Philosophie und Wissenschaft. In: Recktenwald (Hg.; 1985) 289/314. (Engl.: Adam Smith: Philosophy and Science. In: Scottish Journal of Politcal Economy, 19 [1972], 307/19.)

Skinner, A. S./Wilson, T. (Hg.; 1975); Essays on Adam Smith (Oxford: Clarendon Press).

Spaemann, R./Löw, R. (1991); Die Frage Wozu? Geschichte und Wiederentdeckung des teleologischen Denkens. 3. Aufl., erw. Neuausgabe (München/ Zürich: Piper).

Starbatty, J. (1985); Die englischen Klassiker der Nationalökonomie. Lehre und Wirkung (Darmstadt: Wissenschaftl. Buchgesellschaft).

Stark, W. (1952); Introduction. In: Bentham; *Economic Writings*, Bd. 1, 11/78.

Stark, W. (1952a); Introduction. In: Bentham; *Economic Writings*, Bd. 2, 7/113.

Stark, W. (1954); Introduction. In: Bentham; *Economic Writings*, Bd. 3, 7/59.

Stark, W. (1960); Die Geschichte der Volkswirtschaftslehre in ihrer Beziehung zur sozialen Entwicklung (Dordrecht: Reidel). (Engl.: The History of Economics in its Relation to Social Development, 1944.)

Steintrager, J. (1993); Language and Politics: Bentham on Religion. In: Parekh (Hg.; 1993) Bd. 2, 94/112.

Stewart, D. (Stewart); Account of the Life and Writings of Adam Smith, LL.D., hg. v. I. S. Ross. In: Smith; *EPS*, 269/351.

Stigler, G. J. (1975); Smith's Travels on the Ship of State. In: Skinner/Wilson (Hg.; 1975) 237/46.

Stigler, G. J. (1985); Der Ökonom und der Staat. In: Recktenwald (Hg.; 1985) 222/35. (Engl.: The Economist and the State. In: The American Economic Review, 15 [1965] 1/18.)

Störig, H. J. (1985); Kleine Weltgeschichte der Philosophie. Lizenzausgabe nach der 12. überarb. u. erw. Aufl., 2 Bde. (Frankfurt a. M.: Fischer).

Streissler, E. (1984); Zur Vorgeschichte der wirtschaftspolitischen Vorstellungen Adam Smiths. In: Kaufmann/Krüsselberg (Hg.; 1984) 15/40.

Sturn, R. (1990); Natürliche Freiheit und soziale Kontingenz – Individualismus und Kollektivismus der Smitschen Handlungstheorie. In: Kurz (Hg.; 1990) 93/117.

Supple, B. (1976); Der Staat und die Industrielle Revolution 1700-1914. In: Europäische Wirtschaftsgeschichte, 195/231.

Thieme, H. J. (1990); Wirtschaftssysteme. In: Vahlens Kompendium der Wirtschaftstheorie und Wirtschaftspolitik, v. D. Bender u. a., 4., überarb. u. erw. Aufl., Bd. 1, (München: Vahlen) 1/49.

Thomas, W. (1979); The Philosophic Radicals. Nine Studies in Theory and Practice 1817-1841 (Oxford: Clarendon Press).

Thomas, W. (1979a); Introduction. In: Thomas (1979) 1/13.

Thomas, W. (1979b); Bentham and his Circle. In: Thomas (1979) 15/45.

Trapp, M. (1987); Adam Smith – politische Philosophie und politische Ökonomie. Mit einer Einführung v. H. C. Recktenwald (Göttingen: Vandenhoeck & Ruprecht).

Urmson, J. O. (1992); Zur Interpretation der Moralphilosophie John Stuart Mills. In: Höffe (Hg.; 1992) 123/34. (Engl.: The Interpretation of the Moral Philosophy of J. S. Mill. In: The Philosophical Quarterly, 3 [1953] 33/9.)

Veldhuis, R. (1986); Art. Deismus. In: Evangelisches Kirchenlexikon. Internationale theologische Enzyklopädie, hg. v. E. Fahlbusch u. a., Bd. 1 (Göttingen: Vandenhoeck & Ruprecht) 795/7.

Viner, J. (1985); Adam Smith und Laissez-Faire. In: Recktenwald (Hg.; 1985) 72/109. (Engl.: Adam Smith and Laissez-Faire. In: Journal of Politcal Economy, 35 [1927] 198/232.)

Waibl, E. (1984); Ökonomie und Ethik. Die Kapitalismusdebatte in der Philosophie der Neuzeit (Stuttgart: Fromann-Holzboog).

West, E. G. (1975); Adam Smith and Alienation. Wealth Increases, Men Decay? In: Skinner/Wilson (Hg.; 1975) 540/52.

Wightman, W. P. D. (1980); Introduction: In: Smith; *EPS*, 5/30.

Wille, E./Gläser, M. (1985); Staatsaufgaben bei Adam Smith. Eine Würdigung unter Allokationsaspekten. In: Recktenwald (Hg.; 1985) 262/86.

Wilson, C. (1993); England 1650-1750. In: Handbuch der europäischen Wirtschafts- und Sozialgeschichte, Bd. 4, 364/400.

Winch, D. (1976); Das Aufkommen der Volkswirtschaftslehre als Wissenschaft. In: Europäische Wirtschaftsgeschichte, 333/77.

Wörterbuch der philosophischen Begriffe (1955); hg. v. J. Hoffmeister, 2. Aufl. (Hamburg: Meiner).

Wolf, J.-C. (1992); John Stuart Mills 'Utilitarismus'. Ein kritischer Kommentar (Freiburg/München: Alber).

Wood, A. W. (1987); Art. Deism. In: The Encyclopedia of Religion, hg. V. M. Eliade, Bd. 4 (New York/London: Macmillan/Collier Macmillan) 262/4.

Wood, J. C. (Hg.; 1983/4); Adam Smith. Critical Assessments, 4 Bde. (London/Canberra: Croom Helm).

Wood, J. C. (Hg.; 1991); John Stuart Mill. Critical Assessments, 4 Bde. (London/New York: Routledge).

Wood, J. C. (Hg.; 1994); Adam Smith. Critical Assessments. Second Series, Bd. 5/7 (London/New York: Routledge).

Wünsche, H.-F. (1991); Die immanente Sozialorientierung in Adam Smiths Ordnungsdenken – ein Paradigma für die Soziale Marktwirtschaft. In: Meyer-Faye/Ulrich (Hg.; 1991) 249/76.

Verzeichnis der Abkürzungen

Anm.:	Anmerkung
App.:	Appendix
Art.:	Artikel
bes.:	besonders
concl.:	conclusion
d. h.:	das heißt
Herv.:	Hervorhebung
Hg.:	Herausgeber
hg.:	herausgegeben
i. e.:	das heißt
insbes.:	insbesondere
intro.:	introduction
m. E.:	meines Erachtens
pref.:	preface
u.a.:	unter anderem
u.ö.:	und öfter
z.T.:	zum Teil
zit.:	zitiert
zugl.:	zugleich

Anschrift:

Dr. Olaf Hottinger

Im Taubhaus 48 B

62233 Rödermark